U0935995

徐州统计年鉴

XUZHOU STATISTICAL YEARBOOK

2015

（总第28期）

徐 州 市 统 计 局
国家统计局徐州调查队 编

中国统计出版社
China Statistics Press

图书在版编目(CIP)数据
徐州统计年鉴. 2015 / 徐州市统计局, 国家统计局徐州调查队编.
- 北京 : 中国统计出版社, 2015.7
ISBN 978-7-5037-7439-3

Ⅰ. ①徐…
Ⅱ. ①徐… ②国…
Ⅲ. ①统计资料 - 徐州市 - 2015 - 年鉴
Ⅳ. ①C832.533-54

中国版本图书馆 CIP 数据核字(2015)第 116184 号

徐州统计年鉴-2015

作　　者 / 徐州市统计局　国家统计局徐州调查队
责任编辑 / 陈越月
装帧设计 / 陈　燕　贺　凤
出版发行 / 中国统计出版社
地　　址 / 北京市丰台区西三环南路甲 6 号
邮　　编 / 100073
电　　话 / 邮购(010)63376909　　书店(010)68783171
网　　址/ http://csp.stats.gov.cn
印　　刷 / 徐州市今日彩色印刷有限公司
经　　销 / 新华书店
开　　本 / 890mm×1240mm　1/16
字　　数 / 1200 千字
印　　张 / 32.6
版　　别 / 2015 年 7 月第 1 版
版　　次 / 2015 年 7 月第 1 次印刷
书　　价 / 300.00 元

如有印装差错，由本社发行部调换。

《徐州统计年鉴–2015》编辑委员会

《徐州统计年鉴–2015》编辑部

编 者 说 明

《徐州统计年鉴-2015》是一部全面、系统反映徐州市国民经济和社会发展情况的资料性年刊。书中汇集了徐州市及各县(市)2014年经济和社会各方面的统计数据,以及历史重要年份和改革开放以来的主要统计数据。

全书内容分为26个篇目,即:1.综合;2.国民经济核算;3.人口;4.从业人员和职工工资;5.固定资产投资;6.对外经济贸易和国际旅游;7.能源消费与库存;8.财政、金融和保险;9.物价指数;10.人民生活;11.自然资源、城市概况和环境保护;12.农林牧渔业;13.工业;14.建筑业;15.交通运输和邮电;16.批发零售和住宿餐饮业;17.科技和教育;18.卫生和社会服务;19.文化和体育;20.公共管理及其他;21.县(市)社会经济;22.乡镇基本情况;附录1.小康社会进程监测;附录2.江苏省市、县主要经济指标;附录3.淮海经济区主要经济指标;附录4.企业选介。为方便读者使用,大部分篇末附有《主要统计指标解释》。

与2014版《徐州统计年鉴》相比较,本年鉴在统计内容和编辑上主要做了如下修订:

1.根据统计方法制度的变化和用户需求,对部分篇章作了适当的修订和完善。

2.根据实际情况,对第一篇综合,第二篇国民经济核算,第七篇能源消费与库存,第八篇财政、金融和保险,第十篇人民生活,第十四篇建筑业,第十九篇文化和体育等部分内容进行了调整。

本年鉴部分数据合计数或相对数由于单位取舍不同产生的计算误差均未作机械调整;年鉴文稿中所用数字,如有与表中数据不一致的,读者在引用时均以表中数据为准;凡与本年鉴有出入的历史资料数据,均以本年鉴为准。

本年鉴表中的符号使用说明:“…”表示数据不足本表最小单位数;“空格”表示该项统计指标数据不详或无该项数据;“#”表示其中的主要项。

本年鉴编辑过程中,得到中国统计出版社和江苏省统计局综合处的悉心指导,得到市财政局、市交通局、市农委、市农机局、市国土局、市气象局、市水利局、市城乡建设局、市环保局、市卫计委、市民政局、市人保局、市司法局、市教育局、市旅游局、市商务局、市文广新局、市体育局、市政协、市妇联、市邮政管理局、人民银行徐州中心支行、市公安交警支队、市公安消防支队、市车管所、市保险协会、市各通信公司等各有关部门、单位以及广大统计工作人员的大力支持,在此我们表示诚挚的感谢。恳祈各界人士和读者对年鉴的不足之处批评指正,以期进一步提高编辑水平,更好地为广大读者服务。

目　录

五、固定资产投资

六、对外经济贸易和国际旅游

七、能源消费与库存

八、财政、金融和保险

九、物价指数

十、人民生活

十一、自然资源、城市概况和环境保护

十二、农林牧渔业

十三、工　　业

十四、建筑业

十五、交通运输和邮电

十六、批发零售和住宿餐饮业

十七、科技和教育

十八、卫生和社会服务

十九、文化和体育

二十、公共管理及其他

二十一、县（市）社会经济（1978-2014）

二十二、乡镇基本情况

CONTENTS

CHART OF THE ACHIEVEMENTS OF XUZHOU´S NATIONAL ECONOMY AND SOCIAL DEVELOPMENT

Chapter 1 GENERAL SURVEY

Chapter 2 NATIONAL ACCOUNTS

Chapter 3 POPULATION

Chapter 4 EMPLOYMENT AND WAGES

Chapter 5 INVESTMENT IN FIXED ASSETS

Chapter 6 FOREIGN ECONOMY & TRADE AND INTERNATIONAL TOURISM

Chapter 7 ENERGY CONSUMPTION AND STOCK

Chapter 8 FINANCE, BANKING AND INSURANCE

Chapter 9 PRICE INDICES

Chapter 10 PEOPLE´S LIVELIHOOD

Chapter 11 NATURAL RESOURCES, GENERAL SURVEY OF CITIES AND ENVIROMENTAL PROTECTION

Chapter 12 AGRICULTURE FORESTRY, ANIMAL HUSBANDRY AND FISHERY

Chapter 13 INDUSTRY

Chapter 14 CONSTRUCTION

Chapter15 TRANSPORTATION, POSTAL AND TELECOMMUNICATIONS SERVICES

Chapter 16 WHOLESALE, RETAIL AND ACCOMMDATIONS CATERING INDUSTRY

Chapter 17 SCIENCE AND TECHNOLOGY, EDUCATION

Chapter 18 PUBLIC HEALTH AND SOCIAL SERVICES

Chapter 19 CULTURE AND SPORTS

Chapter 20 PUBLIC MANAGEMENT AND OTHERS

Chapter 21 SOCLAL ECONOMIC OF COUNTIES (CITIES) (1978-2014)

Chapter 22 BASIC CONDITIONS OF COUNTRY AND TOWN (1978-2014)

地区生产总值（亿元）

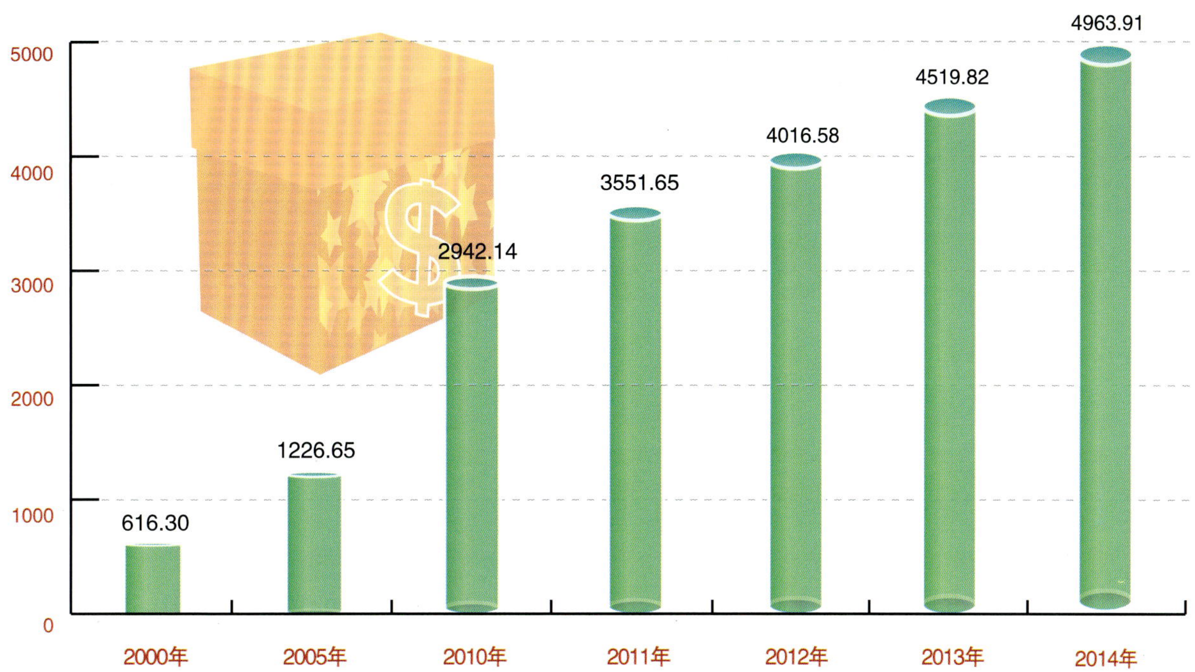

三次产业比重（%）

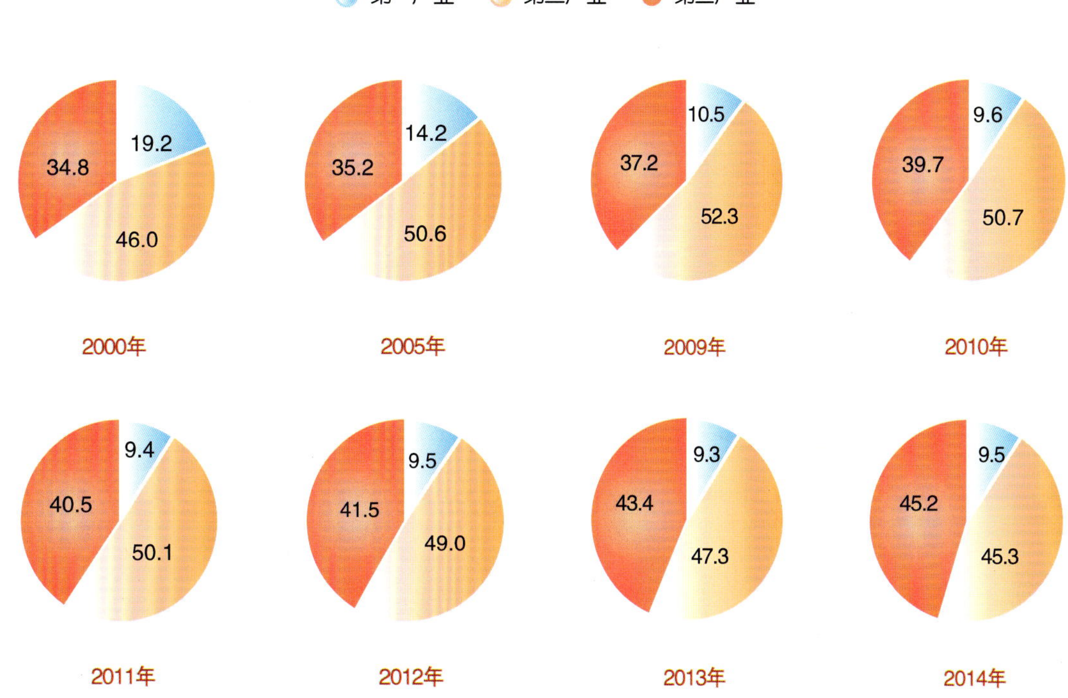

总人口（万人）

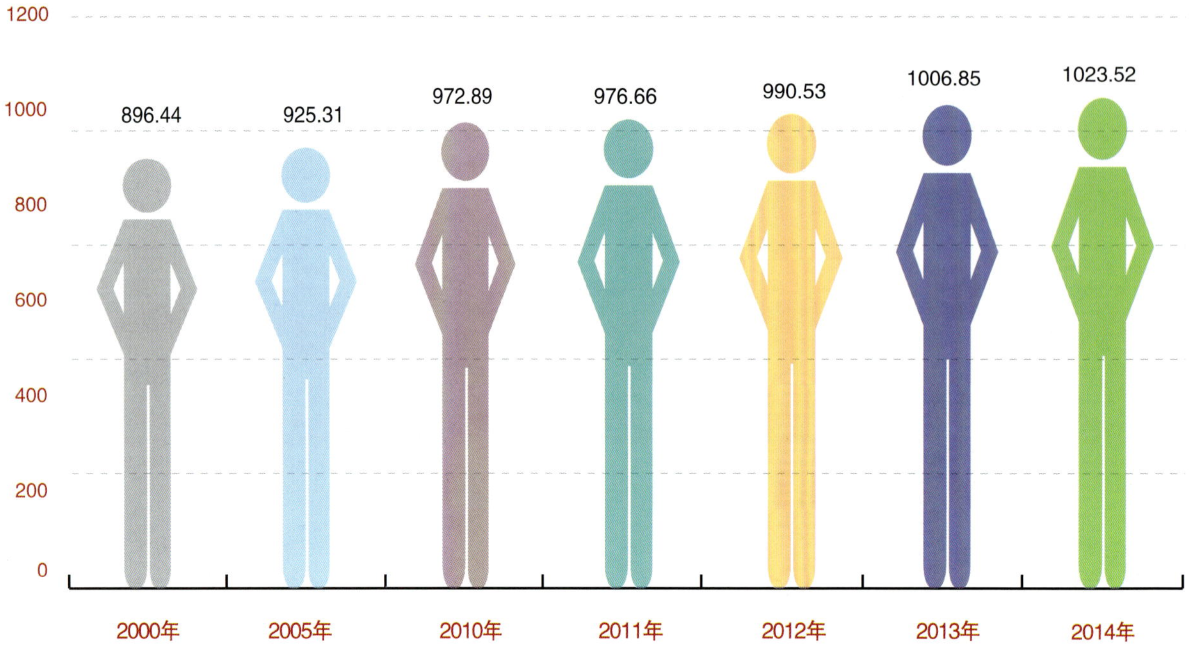

农业人口与非农业人口之比（%）

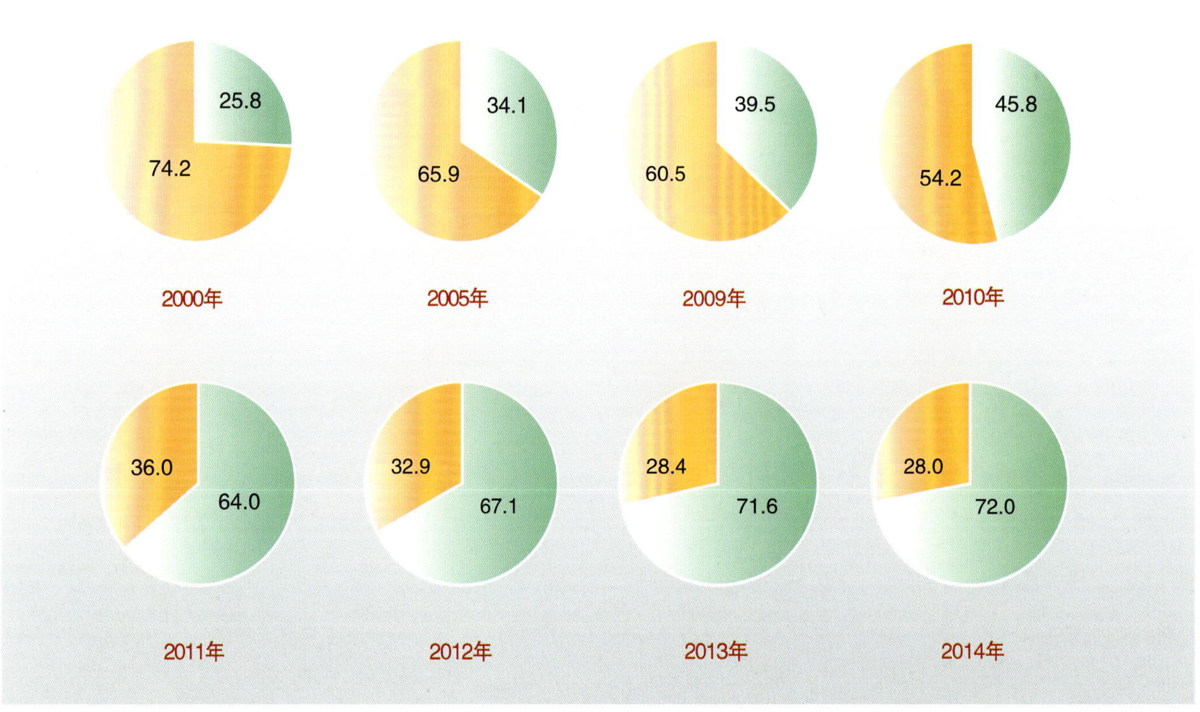

全社会从业人员与职工人数（万人）

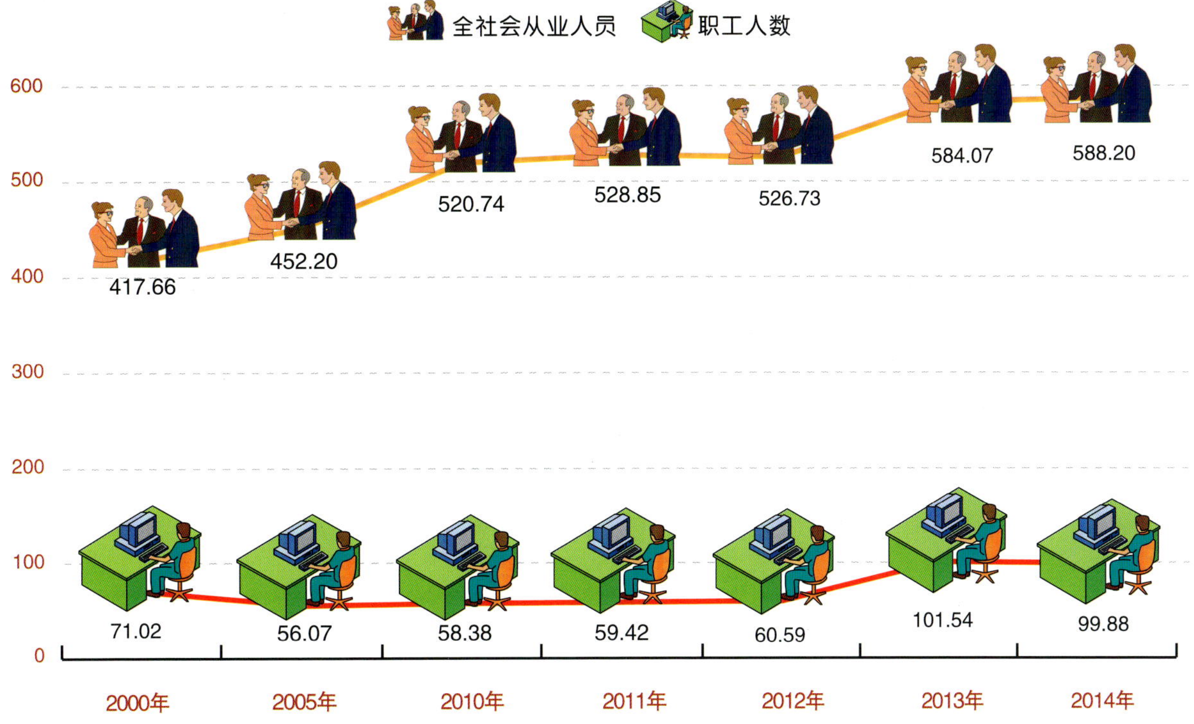

全社会从业人员三次产业构成（%）

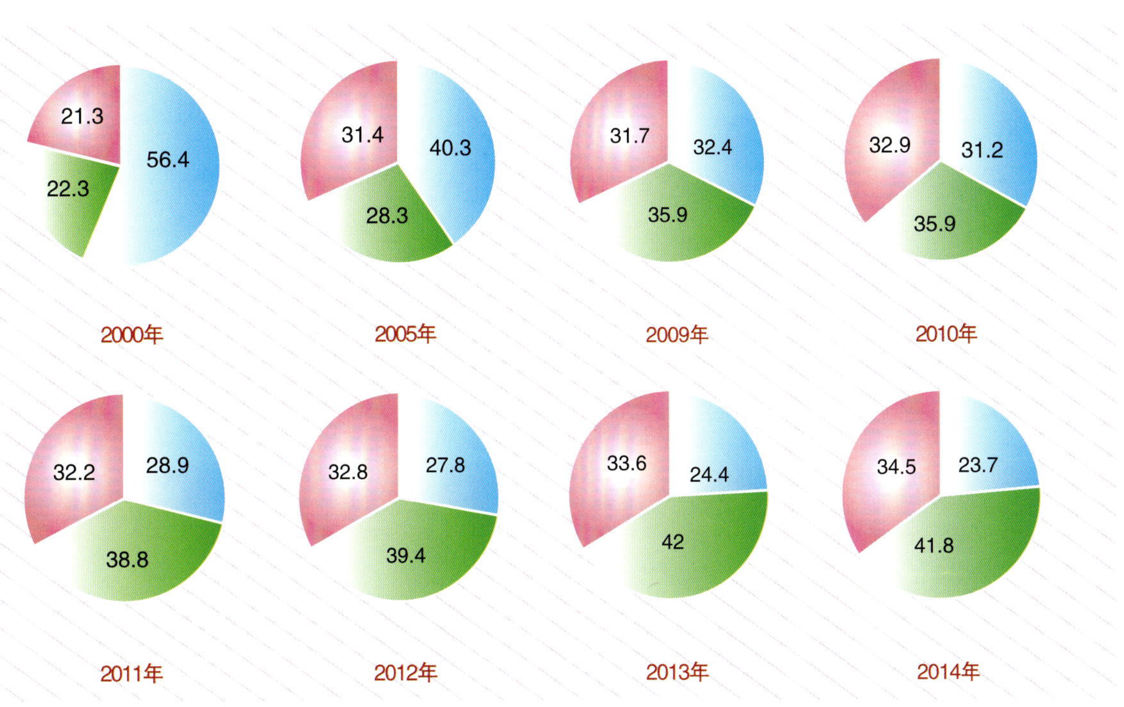

固定资产投资完成额（亿元）

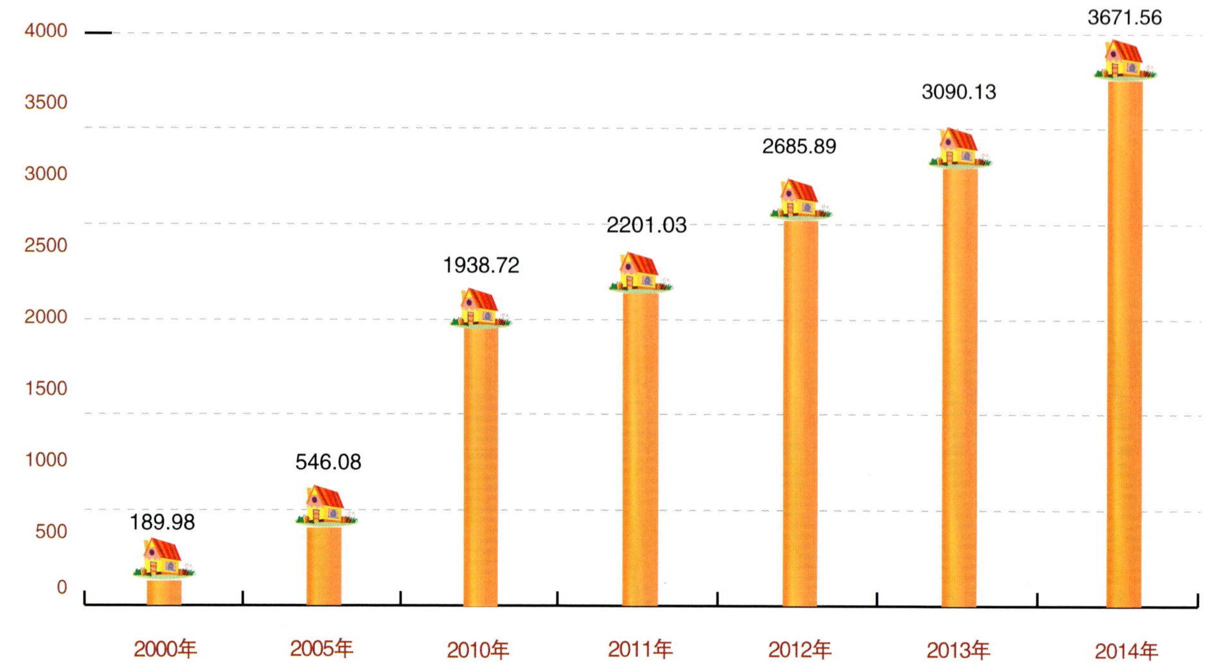

固定资产投资竣工房屋面积（万平方米）

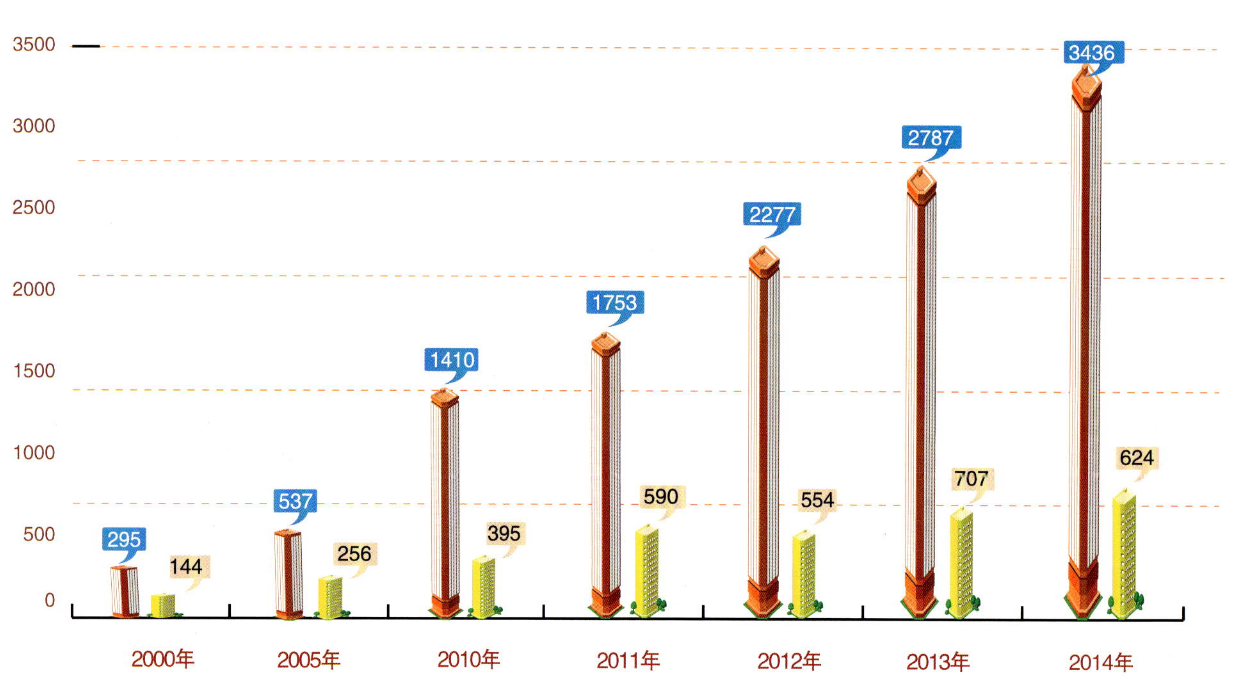

财政收支（亿元）

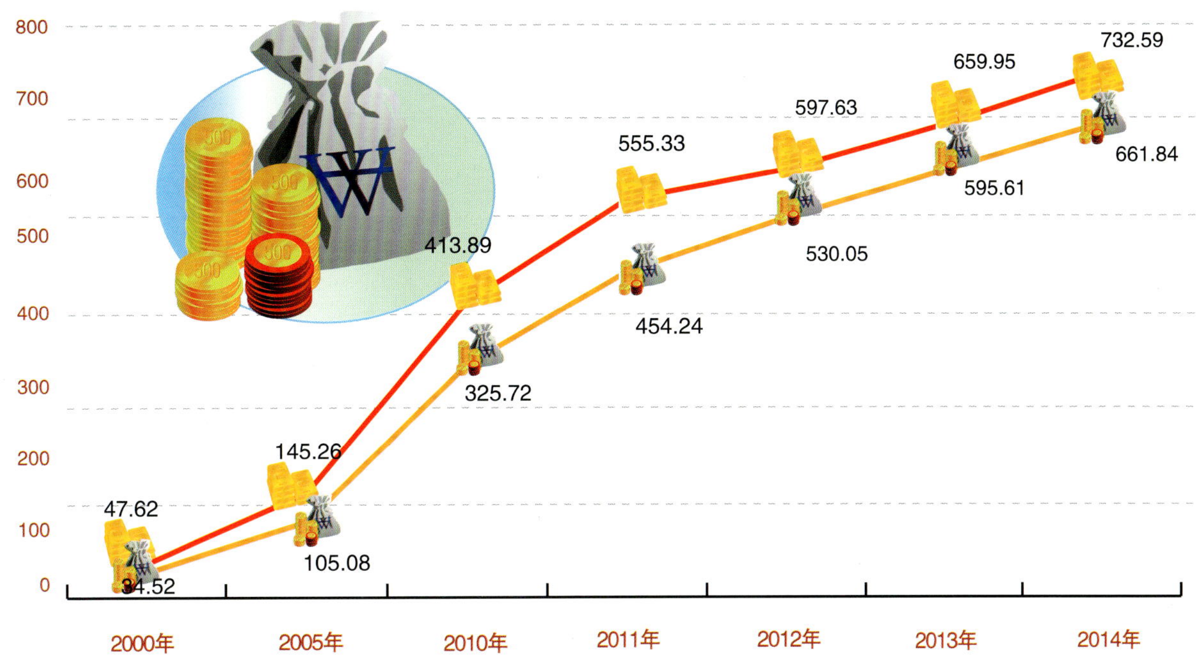

金融机构存贷款（亿元）

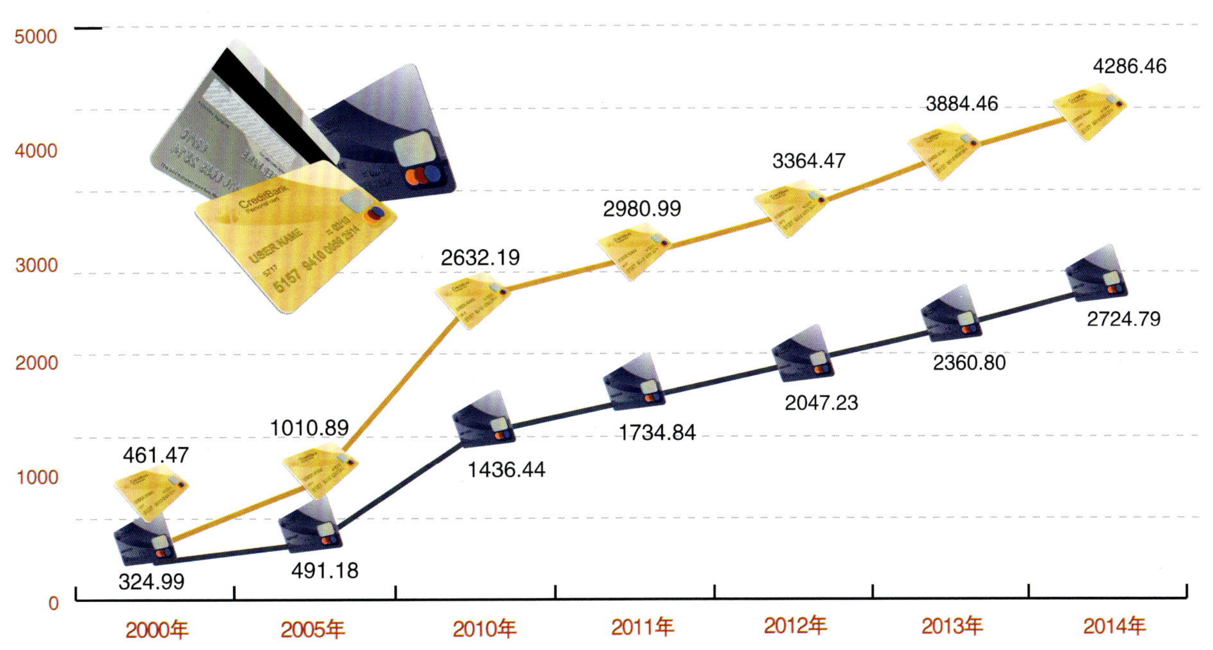

社会消费品零售总额（亿元）

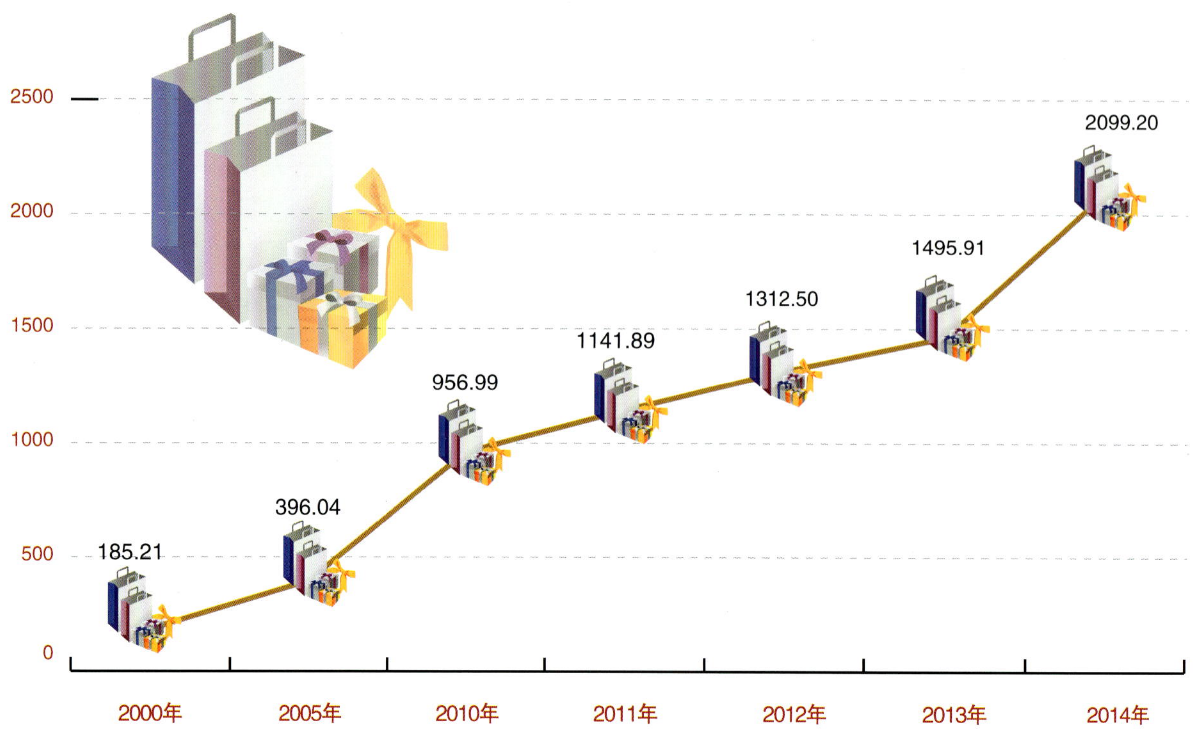

价格总指数（%）

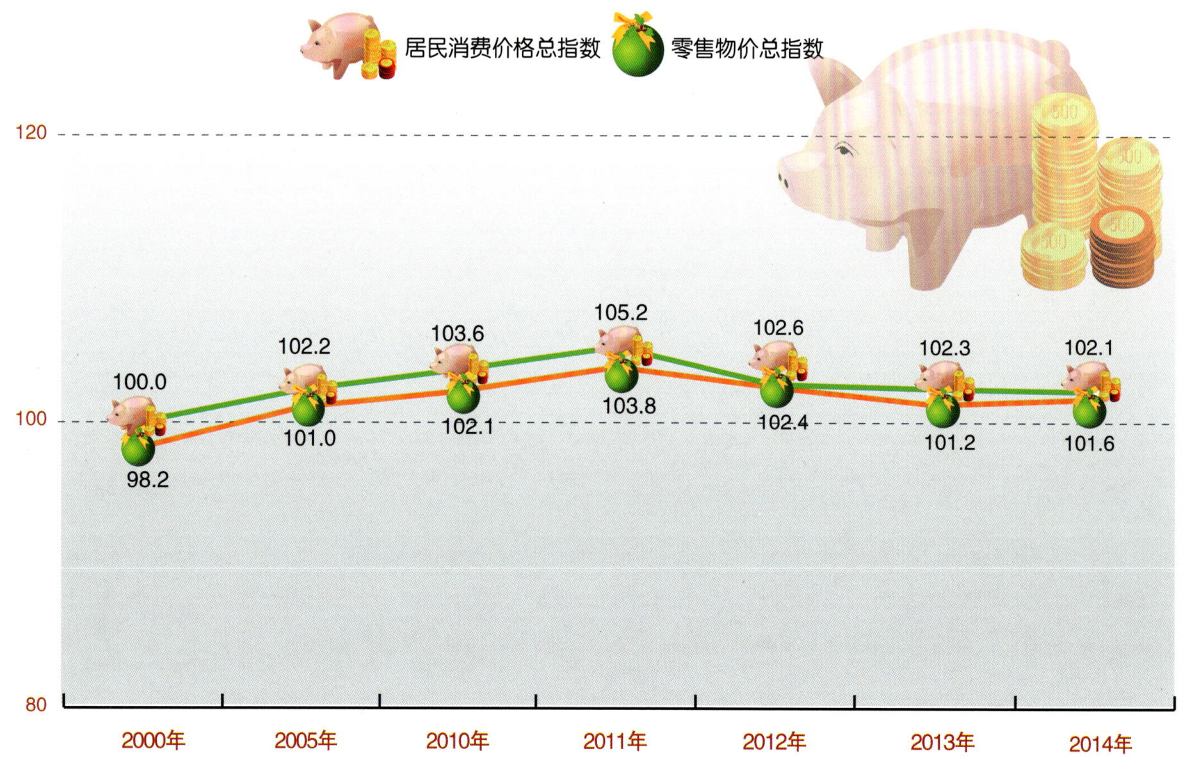

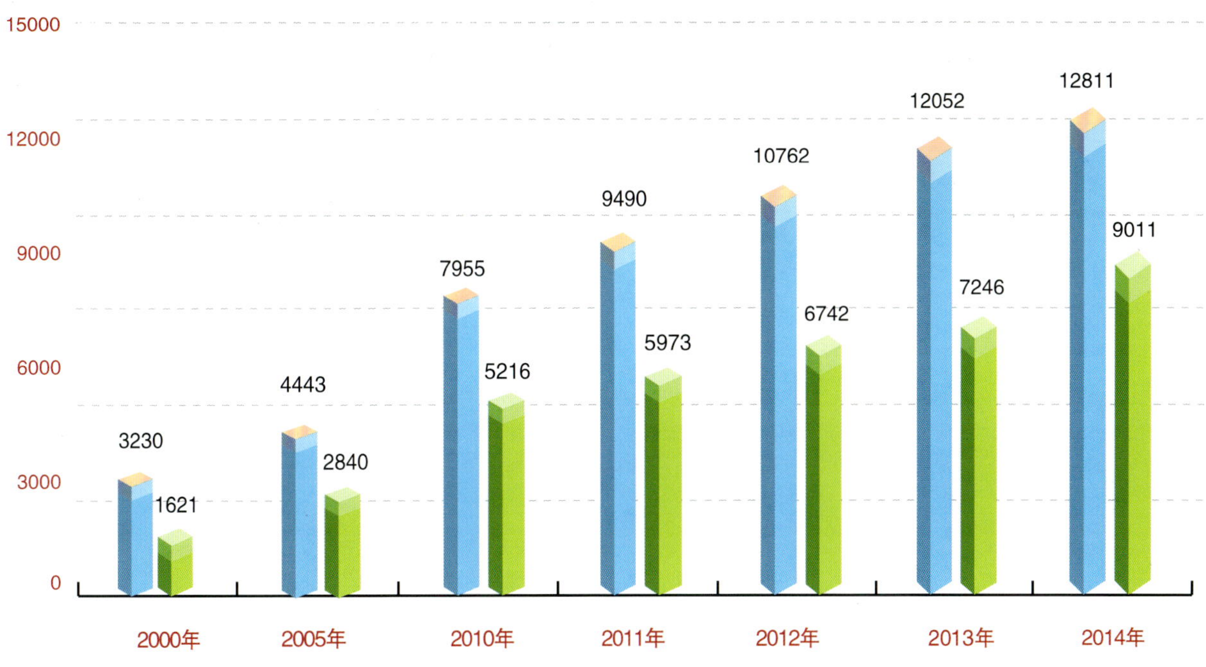

农村居民收入与支出（元）
农民人均收入
农民人均生活消费支出
15000
12000
9000
6000
3000
0
3230
1621
4443
2840
7955
5216
9490
5973
10762
6742
12052
7246
12811
9011
2000年
2005年
2010年
2011年
2012年
2013年
2014年

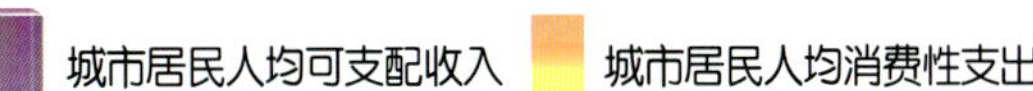

注：2013年及以前为纯收入口径、2014年为可支配收入口径

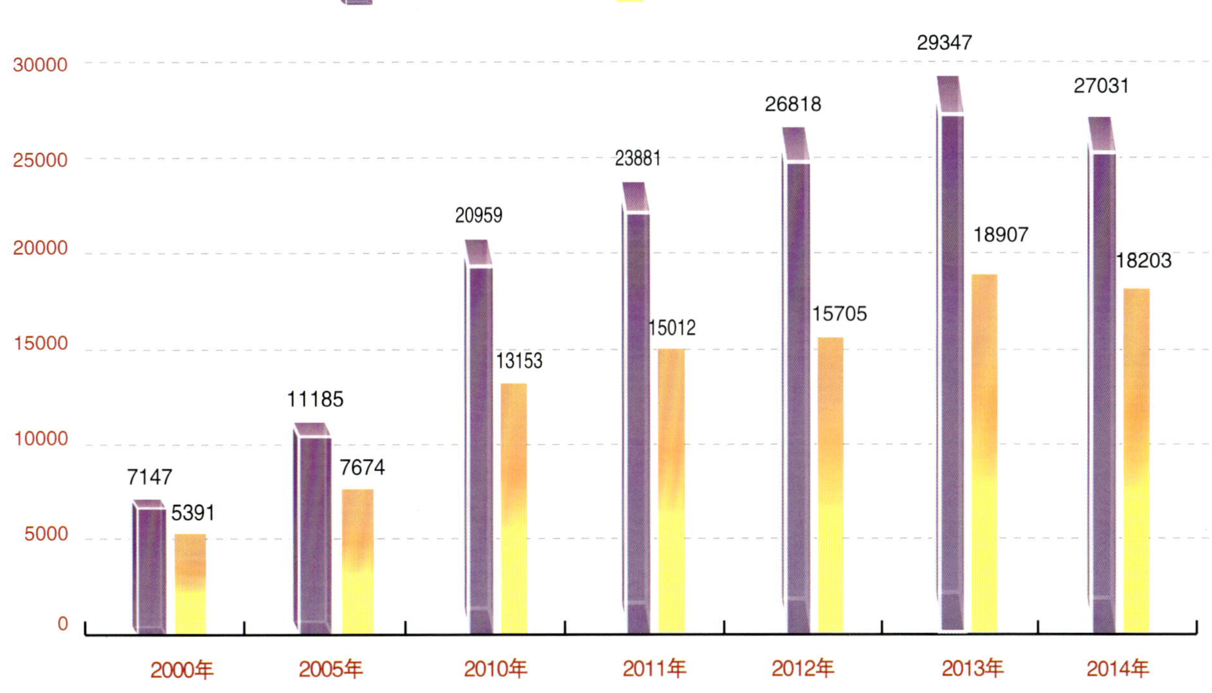

城市居民收入与支出（元）
城市居民人均可支配收入
城市居民人均消费性支出
30000
25000
20000
15000
10000
5000
0
7147
5391
11185
7674
20959
13153
23881
15012
26818
15705
29347
18907
27031
18203
2000年
2005年
2010年
2011年
2012年
2013年
2014年

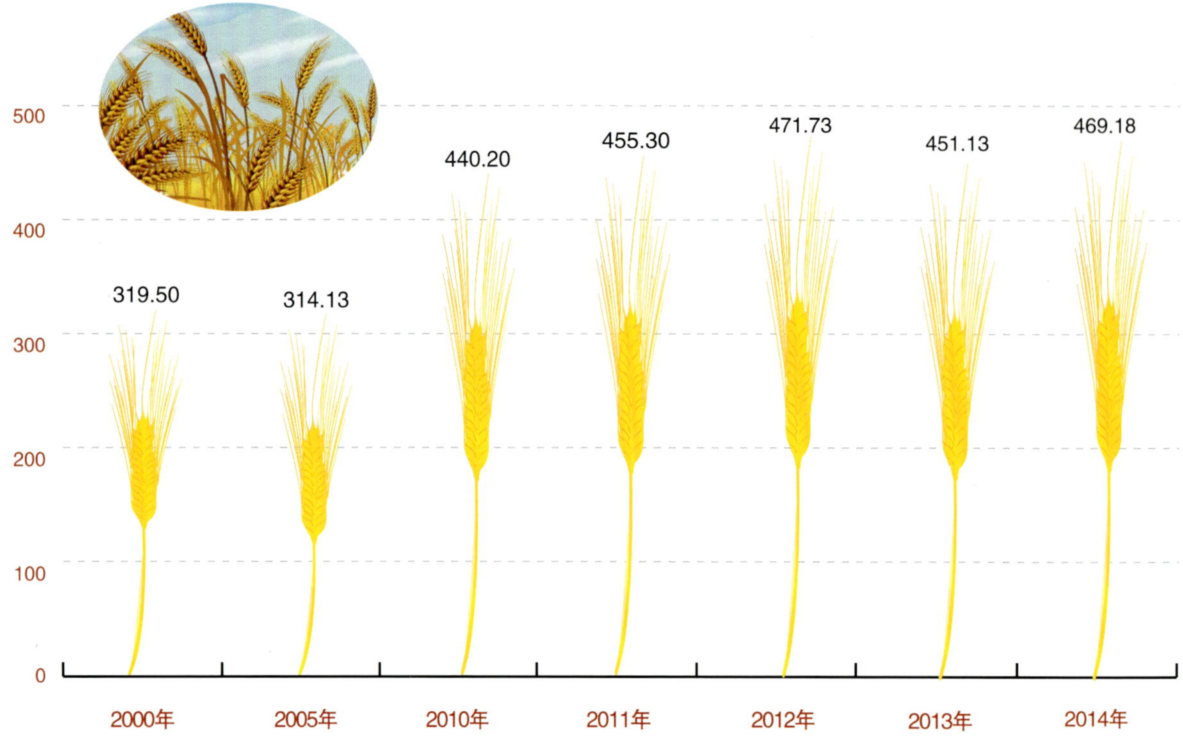
粮食总产量（万吨）
500
400
300
200
100
0
319.50
314.13
440.20
455.30
471.73
451.13
469.18
2000年
2005年
2010年
2011年
2012年
2013年
2014年

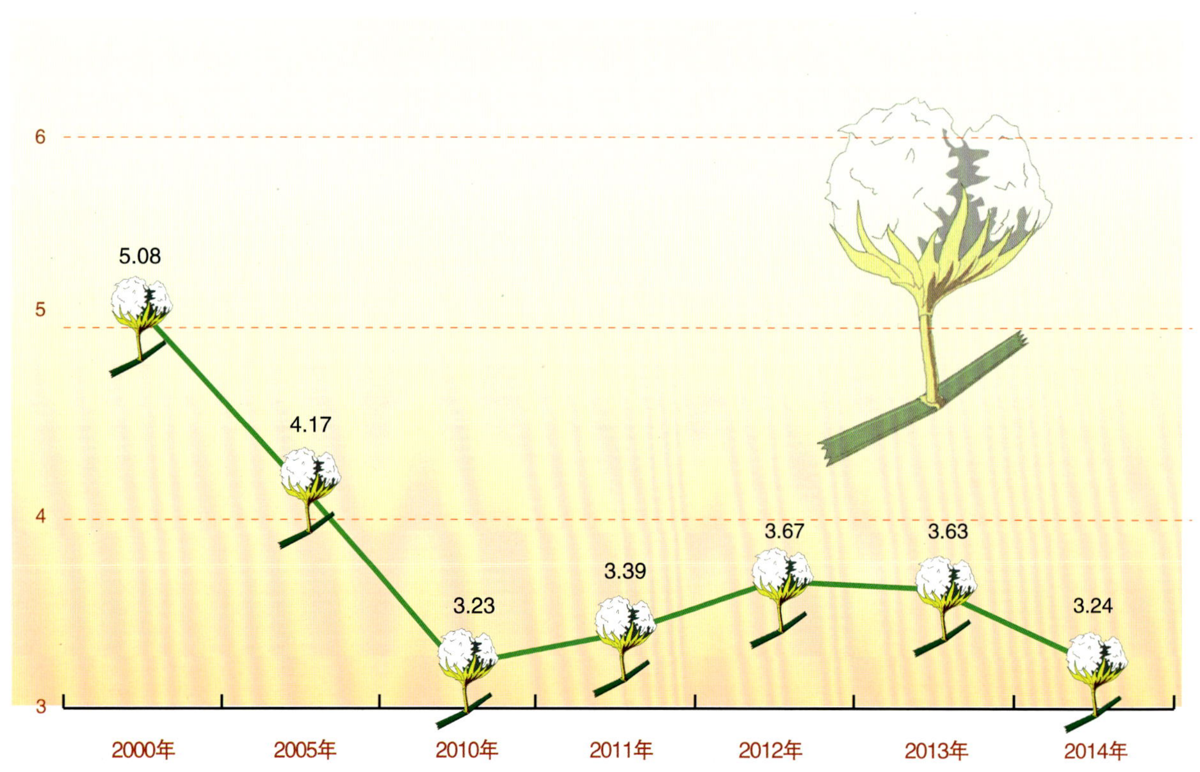
棉花总产量（万吨）
6
5
4
3
5.08
4.17
3.23
3.39
3.67
3.63
3.24
2000年
2005年
2010年
2011年
2012年
2013年
2014年

油料总产量（万吨）

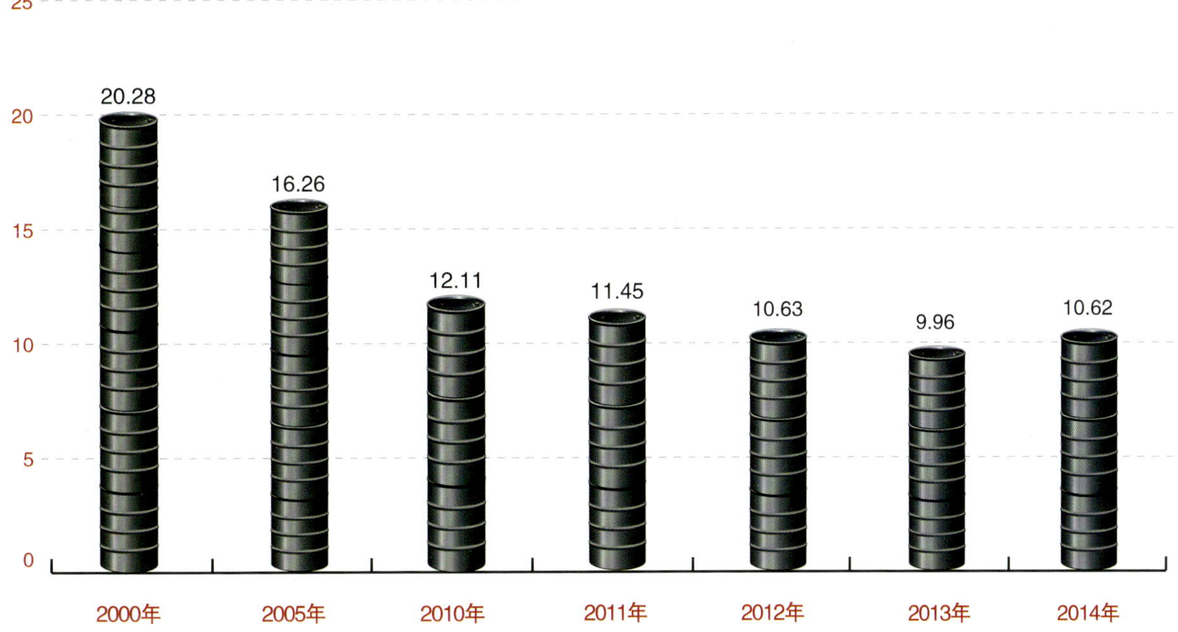

水产品总产量（万吨）

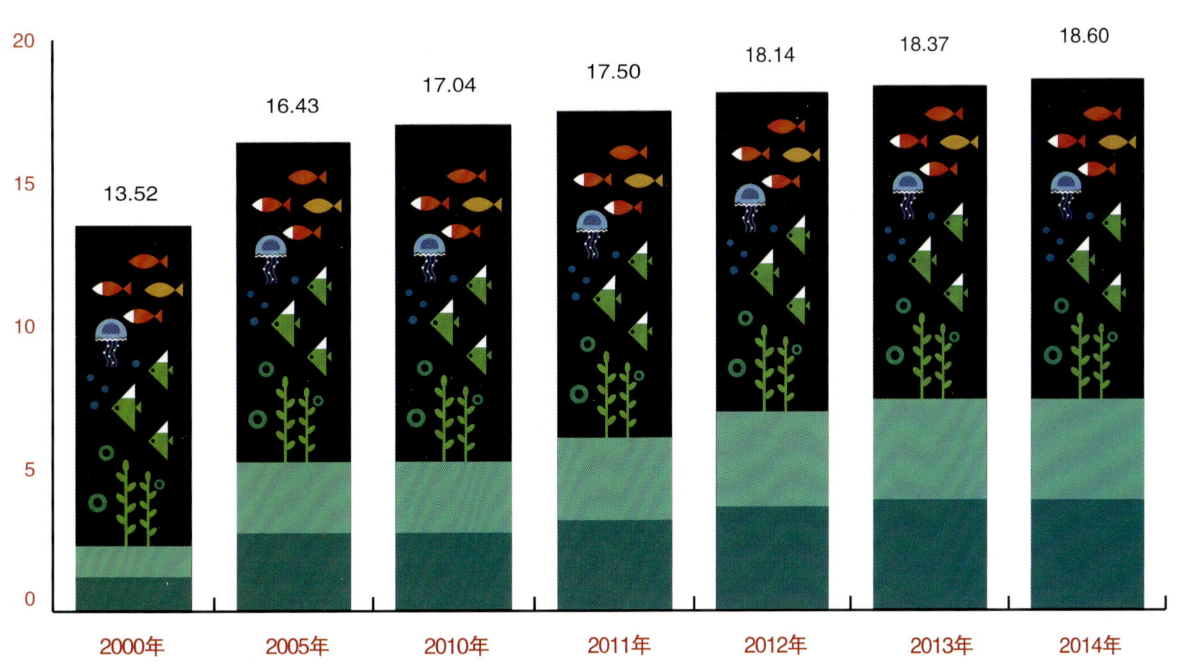

发电量（亿千瓦时）

原煤（万吨）

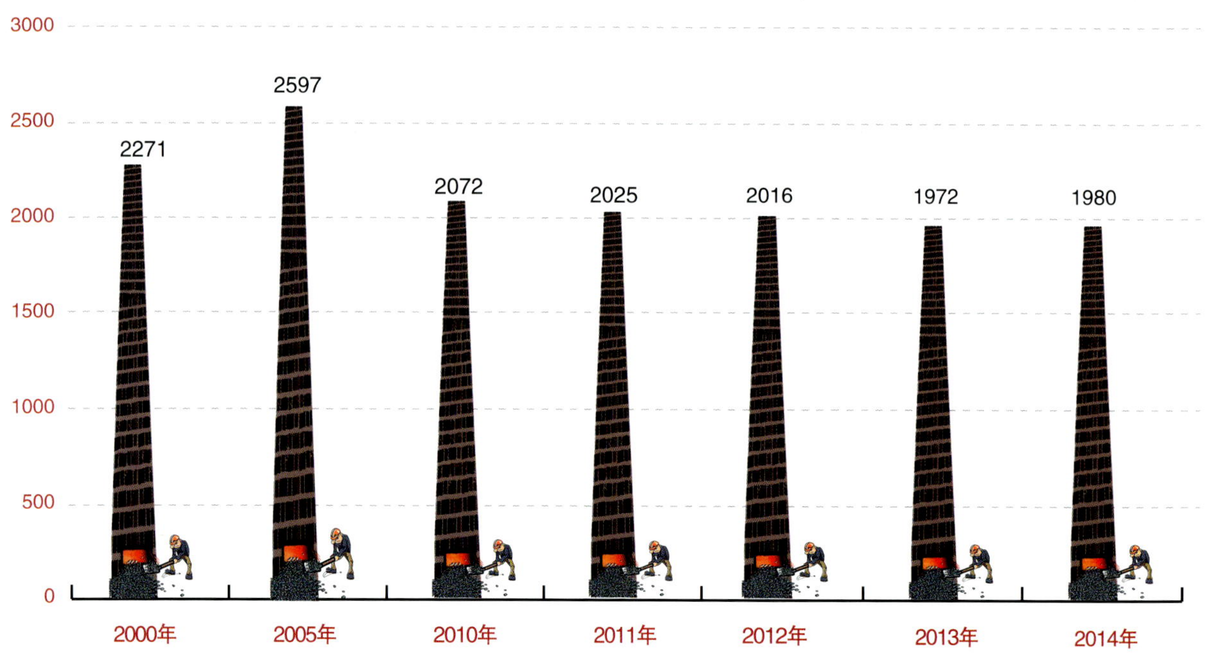

全社会供水量（万立方米）

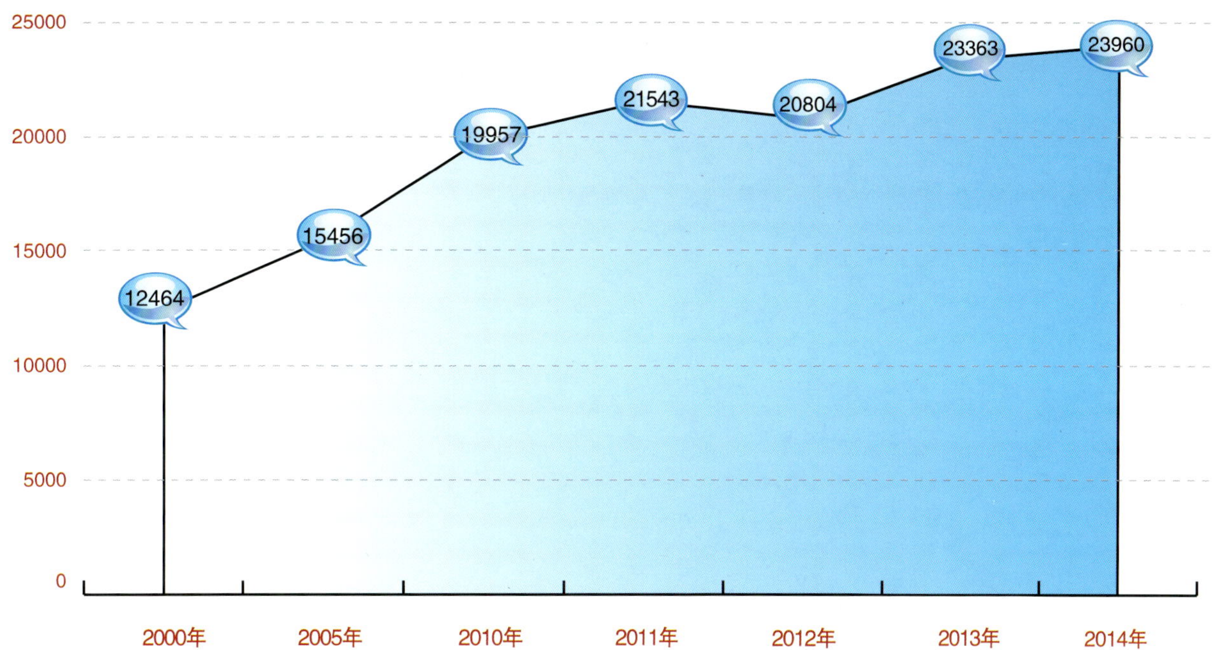

煤气、天然气供应量（万立方米）

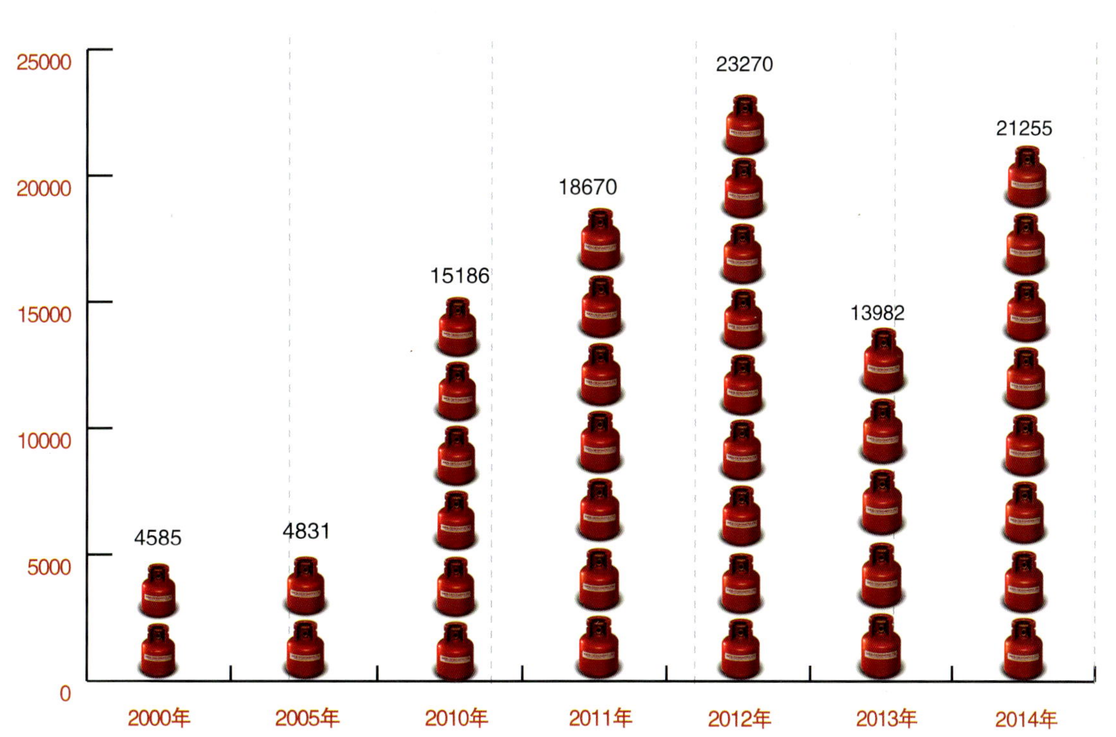

全社会客运量（万人）

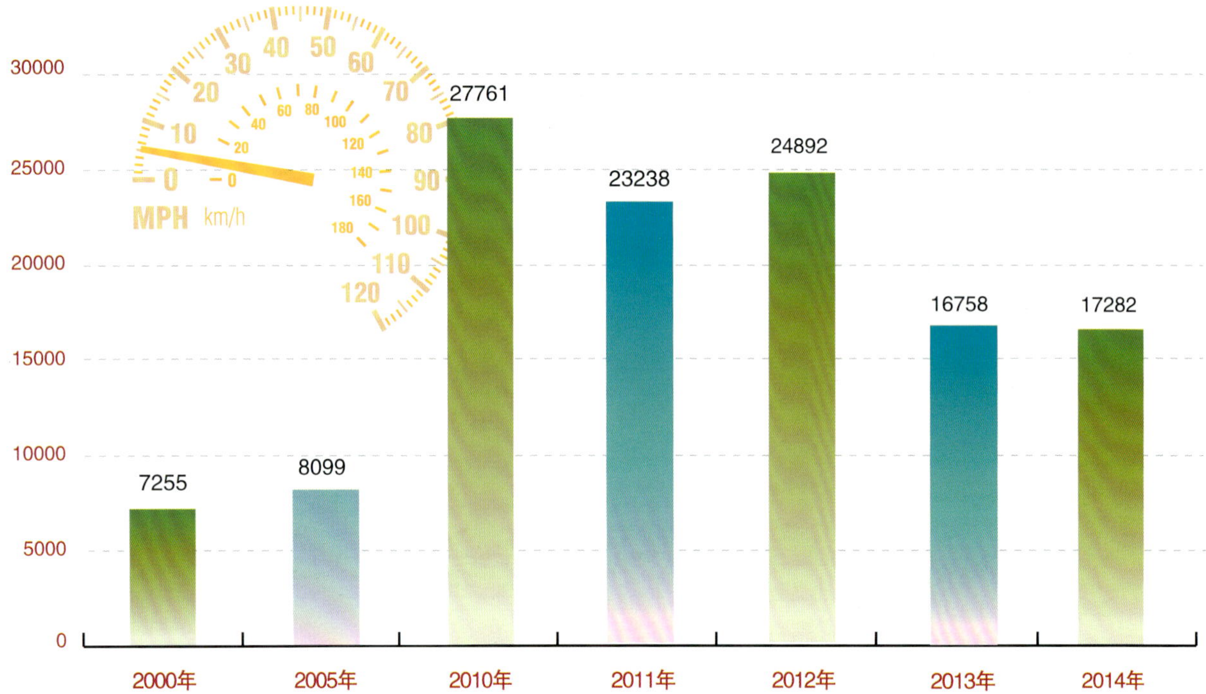

全社会货运量（万吨）

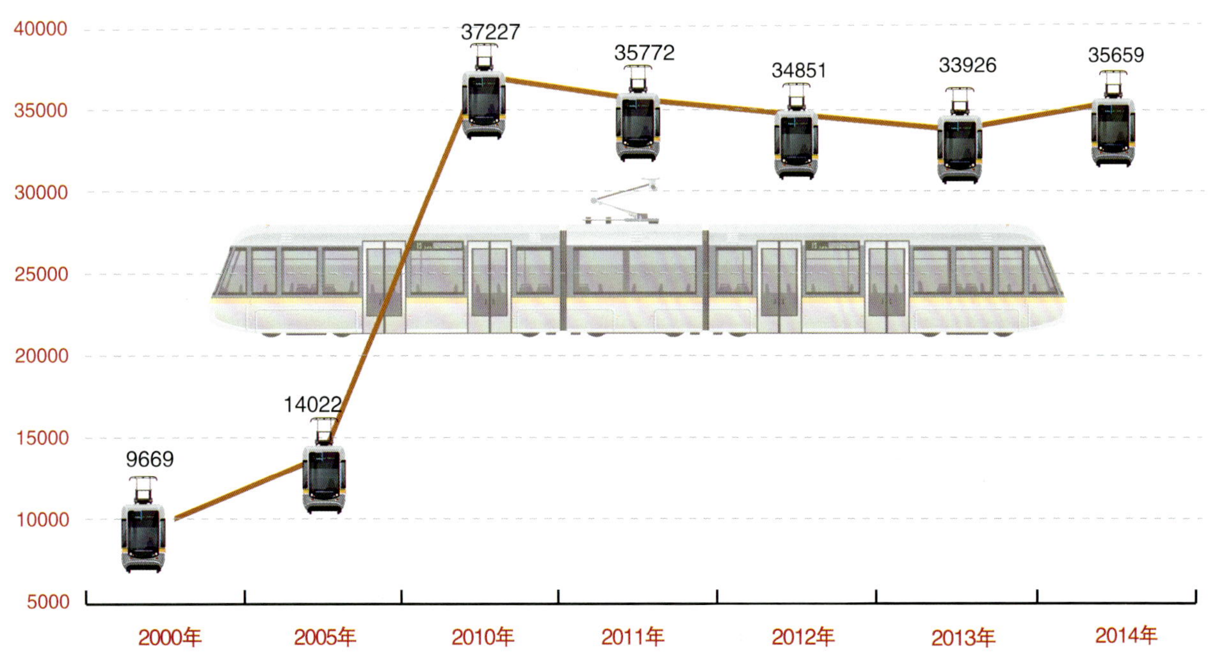

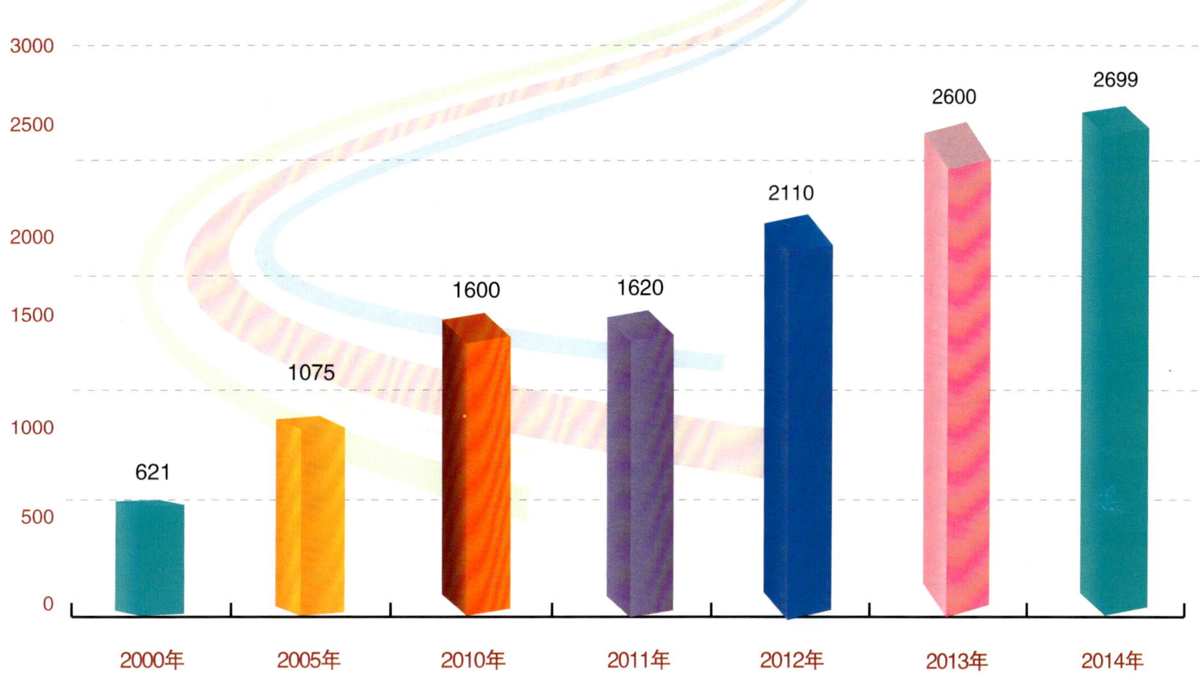
城市铺装道路长度（公里）
3000
2500
2000
1500
1000
500
0
621
1075
1600
1620
2110
2600
2699
2000年
2005年
2010年
2011年
2012年
2013年
2014年

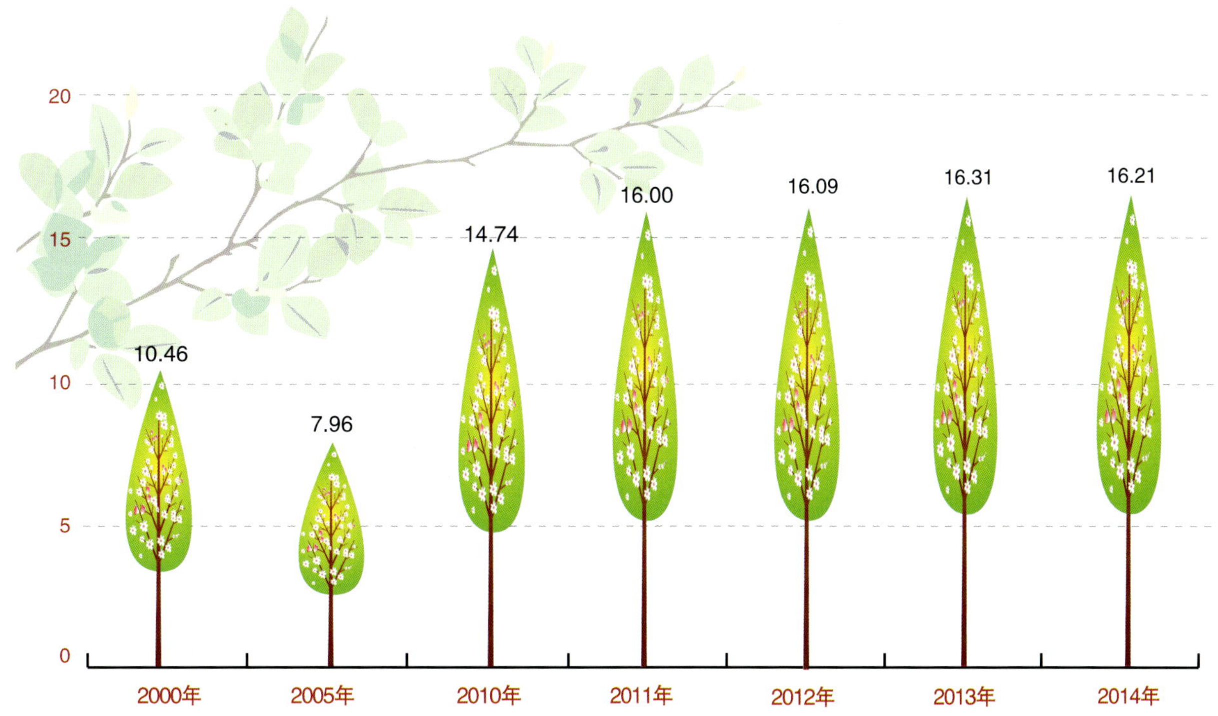
城市人均绿地（平方米）
20
15
10
5
0
10.46
7.96
14.74
16.00
16.09
16.31
16.21
2000年
2005年
2010年
2011年
2012年
2013年
2014年

固定电话用户（万户）

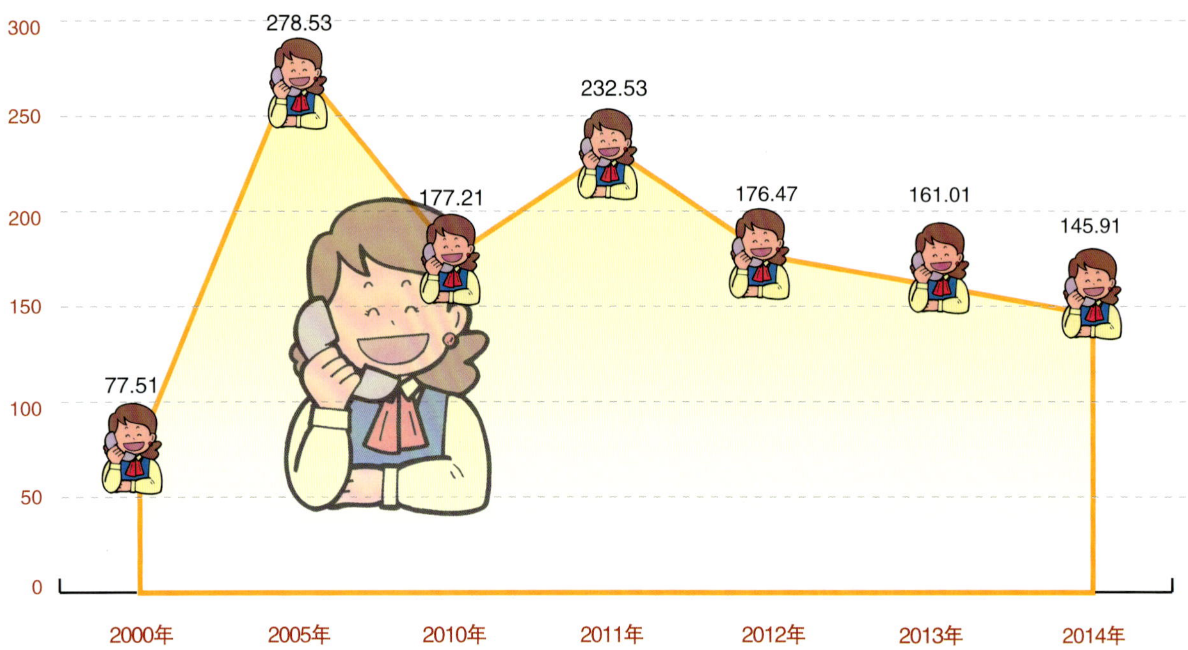

邮电业务总量（亿元）

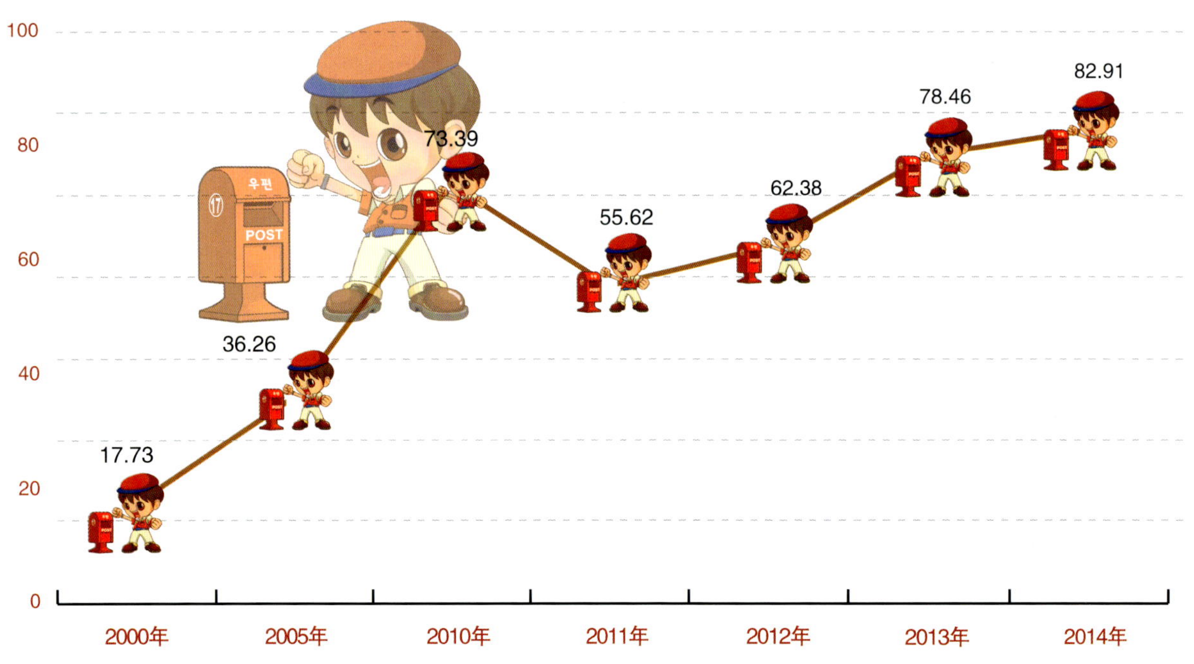

实际到帐注册外资（万美元）

进出口总额（万美元）

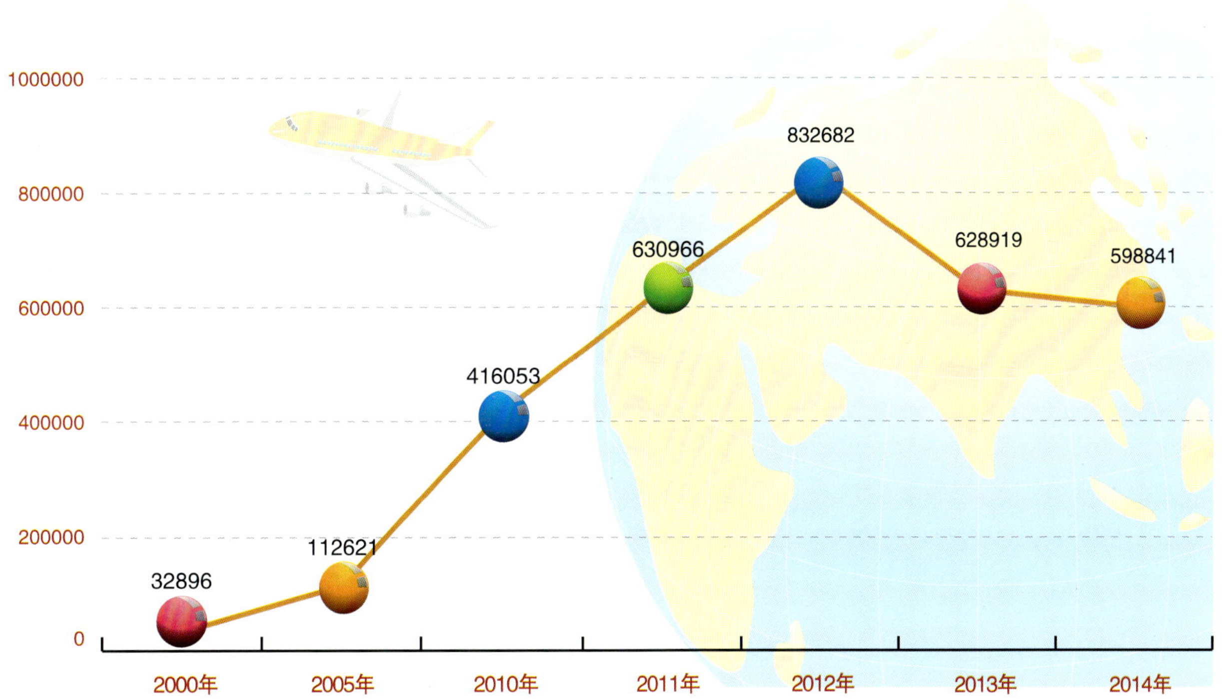

医生与床位数

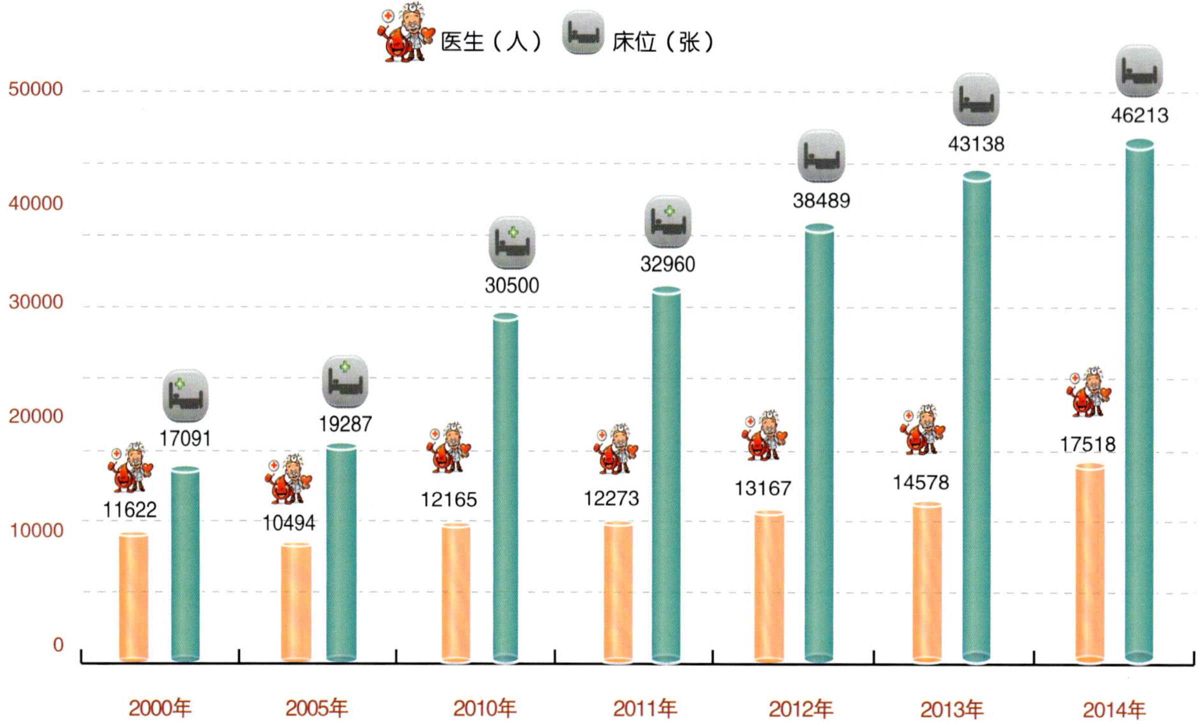

全社会专业技术人员（万人）

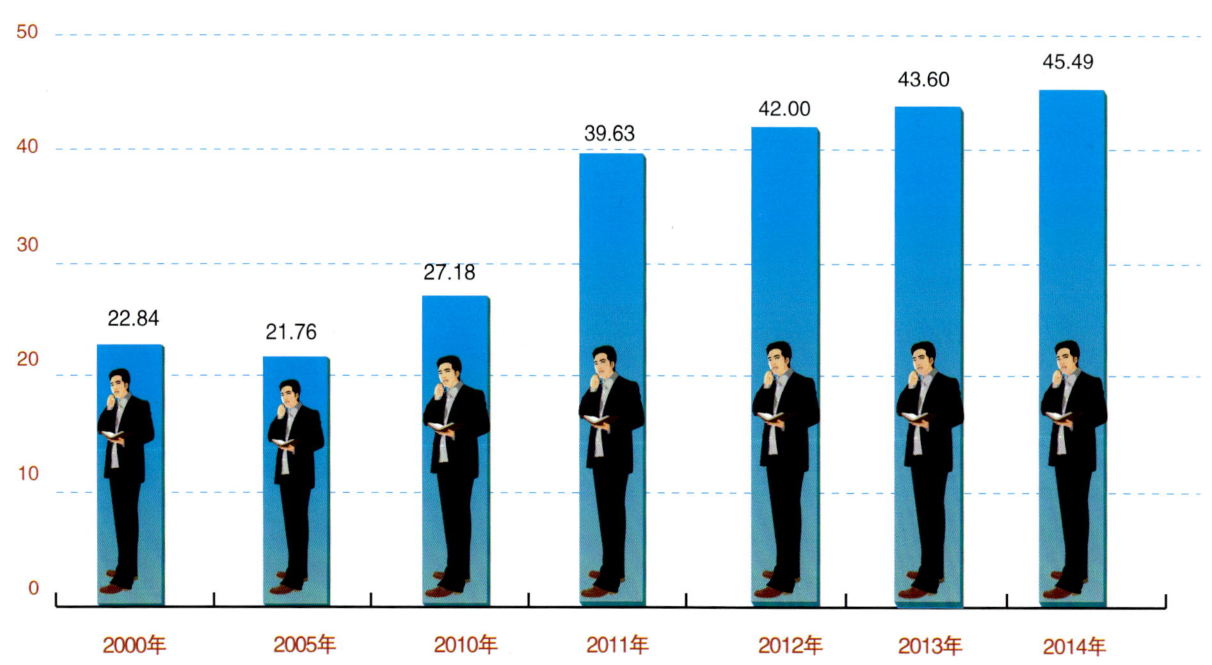

综合 GENERAL SURVEY

版面负责人：卓卫华　牛坚强
编　　　辑：徐向忠　冯洋洋

江苏省统计条例

（2014年1月16日江苏省第十二届人民代表大会常务委员会第八次会议通过）

第一条 为了加强统计管理和监督，规范统计行为，维护统计调查对象的合法权益，保障统计资料的真实性、准确性、完整性和及时性，发挥统计服务经济社会发展的作用，根据《中华人民共和国统计法》等法律、行政法规，结合本省实际，制定本条例。

【释义】 本条是关于本条例立法目的和依据的规定。

根据本条规定，制定本条例的目的，是加强统计管理和监督，规范统计行为，维护统计调查对象的合法权益，保障统计资料的真实性、准确性、完整性和及时性，发挥统计服务经济社会发展的作用。

本条例所指的统计，是指运用各种统计方法对国民经济和社会发展情况进行统计调查、统计分析，提供统计资料和统计咨询意见，实行统计监督等活动的总称。

统计调查对象。是指在统计调查活动中，提供关于自身情况的统计资料的单位和个人。包括国家机关、企业事业单位和其他组织、个体工商户以及个人。

统计调查对象的合法权益。是指符合宪法、法律规定的统计调查对象的权利和利益，主要包括：独立填报统计资料和抵制、举报统计违法行为的权利，拒绝非法调查的权利，对其提供统计资料要求保密的权利，查询政府统计资料和订正错误统计数据的权利，委托民间统计调查组织代理其统计事务的权利等。联合国官方统计的基本原则规定，统计机构在选择统计资料来源时应考虑到数据的质量、及时性、代价及其给被调查者造成的负担；统计机构所搜集的个人数据，不管是涉及自然人还是法人，都应严格保密，而且只能用于统计。

统计资料。是指统计的成果，是通过统计调查得到的反映国民经济和社会发展情况的统计信息的总称。

统计资料的真实性、准确性，是指统计调查对象应当向统计机构或者统计人员提供真实、客观的统计数据；统计资料的完整性，是指统计调查对象应当提供其所掌握的统计调查项目所要求的全部资料；统计资料的及时性，是指统计调查对象应当按照统计调查制度规定的时间提供统计资料。保障统计资料的真实性、准确性、完整性和及时性，是统计工作的根本要求。统计调查对象提供不真实或者不完整的统计资料，或者迟报、拒报统计资料的，应当依法承担相应的法律责任。

统计服务经济社会发展的作用。即为政府及社会提供有关国民经济和社会发展情况的数据资料，为政府管理经济社会事务提供决策依据，同时为社会公众提供信息服务。制定本条例，对《统计法》作出补充、细化和完善，可以更好地发挥统计服务经济社会发展的重要作用，提高政府决策的科学性，增强统计信息服务社会的功能。

《中华人民共和国统计法》等法律、行政法规。主要是指《统计法》及《统计法实施细则》、《行政监察法》、《公务员法》、《行政机关公务员处分条例》、《行政处罚法》、《行政复议法》、《行政诉讼法》、《电子签名法》等。

第二条 本条例适用于本省行政区域内地方各级人民政府、县级以上地方人民政府统计机构和有关部门组织实施的统计活动与统计监督管理。

【释义】 本条是关于本条例适用范围的规定。

本条在适用范围上突出“地方”，明确规定本条例仅仅调整地方政府及其部门的统计活动。即本条例适用于本省行政区域内地方各级人民政府、县级以上地方人民政府统计机构和有关部门组织实施的统计活动。国家统计局派出调查机构负责实施国家统计调查，不属于本条例的调整范围。

同时，本条在适用范围上突出“统计监督管理”。即明确本条例适用于地方各级人民政府、县级以上地方人民政府统计机构和有关部门对全社会统计活动（包括民间统计调查活动）的监管。

编辑：王中彬

徐州自然概貌

位　置

徐州市位于江苏省的西北部，东经 116°22′ ~ 118°40′、北纬 33°43′ ~ 34°58′ 之间，东西长约 210 公里，南北宽约 140 公里，土地总面积 11259 平方公里。地处苏、鲁、豫、皖四省交界，为东部沿海与中部地带、上海经济区与环渤海经济圈的结合部。"东襟淮海，西接中原，南屏江淮，北扼齐鲁"，素有"五省通衢"之称。京沪、陇海两大铁路在此交汇，京杭大运河傍城而过贯穿徐州南北，公路四通八达，北通京津，南达沪宁，西接兰新，东抵海滨，为全国重要水陆交通枢纽和东西、南北经济联系的重要"十字路口"。

地　貌

徐州市地貌，根据成因和区域特征自西向东大致可分为丰、沛黄泛冲积平原，铜、邳、睢低山剥蚀平原，沂、沭河洪冲积平原三个地貌区。地形由平原和山丘岗地两部分组成，以平原为主，约占全市总面积的 90%，属黄淮平原一部分，地势低平，海拔高度在 20 ~ 50 米之间，大致由西北向东南降低，系黄河、淮河的支流长期合力冲积所成。丘陵岗地约占 10%，为鲁中南低山丘陵向南延续部分，海拔高度大都在 100 ~ 300 米之间，多属顶平坡缓的侵蚀残丘。

水　系

徐州市位于淮河流域，分属三个水系：故黄河水系、沂沭泗水系、濉安河水系。故黄河是历史上的黄河故道，自成独立水系，是沂沭泗水系和濉安河水系的分水岭，徐州境内长 196km，流域面积 885km²。故黄河以北为沂沭泗水系，境内面积 8479km²，流域内主要骨干河道有沂河、沭河、中运河及邳苍分洪道，并有南四湖及骆马湖两座湖泊调蓄洪水。故黄河以南为濉安河水系，境内面积 2020km²，分为安河和濉河，均直接排入洪泽湖。主要支流有龙河、潼河、徐沙河、闸河、奎河、灌沟河、琅河、阎河、看溪河、运料河等。徐州境内有两座湖泊、五座中型水库及六十九座小型水库。各水系河网密布，河、湖、库相互沟通，已初步形成具有防洪、除涝、供水、灌溉、降渍等功能的水利工程体系。

气　候

徐州市位居中纬度地区，属暖温带季风气候区，既受东南季风影响，又受西北季风控制，资源丰富，光、热、水配合较好，有利于农作物的生长，气候资源的地区差异较大，有利于农林牧渔的综合发展。其主要气候特点有：气候温和，四季分明，光照充足，雨量适中；四季之中，冬、夏季长，春、秋季短，春季天气多变，夏季高温多雨，秋季天高气爽，冬季寒潮频袭；以中运河为界，东部属暖温带湿润季风区，西部属暖温带半湿润季风区；主要气象灾害有旱、涝、风、霜冻、冰雹等；全年太阳辐射总量约 119.4 千卡 / 平方厘米，平均日照时数 2100 小时左右，平均降水量 900 毫米左右，无霜期 200–230 天。

土　壤

徐州市土壤，根据成土条件、过程、土体结构和性质的差异，主要分为棕土、褐土、紫色土、潮土、砂姜黑土、水稻土六大类。其中棕土、褐土为暖温带湿润、半湿润气候和落叶植被环境下的地带性土壤，面积分别为 33.9 千公顷和 77.5 千公顷；潮土类为本区冲积平原的主要土类，面积约为 649.9 千公顷，占全市土壤总面积的 79.5%。此外在一些湖荡洼地中还有少量的沼泽土类。

矿　产

徐州市地层发育齐全，地质构造复杂，岩浆活动频繁，地质历史时期环境多变，为不同类型矿产的形成和储存，提供了良好的条件。现已查明和开采的矿产资源有铁、铜、煤、石灰石、大理石、钾、磷、岩盐、石膏、石英岩（砂）、粘土、白云岩等。其中铁矿主要属接触交代型内生铁矿，以磁铁矿、赤铁矿为主，矿石品位高，含量多为大于 50% 的富矿，同时，部分矿体中还伴有铜、金、银等有色和稀贵金属，具有较高的综合开发利用价值，已探明储量 8300 万吨；煤矿具有储量大、层次多、煤层厚、质量好、分布稳定而有规律等特点，已探明储量 39 亿吨以上，预测储量在 69 亿吨以上；岩盐已探明储量 5.53 亿吨，预测储量 21 亿吨；石膏已探明储量 3.2 亿吨，预测储量 44.4 亿吨。此外，金刚石及其伴生矿物亦多处有所发现。

1-1 行政区划、土地面积与人口密度

（2014 年底） 单位:个

地 区	镇	办事处	村民委员会	居民委员会	土地面积（平方公里）	人口密度（人 / 平方公里）
全市合计	**100**	**59**	**2002**	**764**	**11259**	**909**
市 区	23	48	469	330	3038	1091
鼓楼区		7		64	59	5131
云龙区		8	24	48	118	2792
贾汪区	5	4	97	54	683	758
泉山区		14		114	108	5195
铜山区	17	11	294	26	1777	740
开发区	1	4	54	24	293	983
县(市)	77	11	1533	434	8221	842
丰 县	12	3	343	68	1446	830
沛 县	15		244	150	1349	968
睢宁县	16		268	132	1767	813
新沂市	13	4	219	45	1571	712
邳州市	21	4	459	39	2088	890

注:根据区划调整,2010 年以后市区范围包含铜山区,与往年数据不可比;从 2014 年开始,开发区从鼓楼区单列,鼓楼区数据与往年不可比。

1–2　各行政区划街道办事处(镇)名称

(2014 年底)

地　区	街道办事处或镇数(个)	街道办事处或镇名称
鼓楼区	7	黄楼街道、丰财街道、琵琶街道、牌楼街道、铜沛街道、环城街道、九里街道
云龙区	8	彭城街道、子房街道、黄山街道、骆驼山街道、大郭庄街道、翠屏山街道、大龙湖街道、潘塘街道
贾汪区	9	老矿街道、大泉街道、大吴街道、潘安湖街道、青山泉镇、紫庄镇、塔山镇、汴塘镇、江庄镇
泉山区	14	王陵街道、七里沟街道、永安街道、湖滨街道、段庄街道、翟山街道、奎山街道、和平街道、金山街道、泰山街道、庞庄街道、火花街道、桃园街道、苏山街道
铜山区	28	三河尖街道、张双楼街道、垞城街道、张集街道、义安街道、利国街道、电厂街道、拾屯街道、铜山街道、新区街道、三堡街道、何桥镇、黄集镇、马坡镇、郑集镇、柳新镇、刘集镇、大彭镇、汉王镇、棠张镇、张集镇、房村镇、伊庄镇、单集镇、利国镇、大许镇、茅村镇、柳泉镇
开发区	5	金山桥街道、东环街道、大黄山街道、大庙街道、徐庄镇
丰　县	15	中阳里街道、凤城街道、孙楼街道、首羡镇、顺河镇、常店镇、欢口镇、师寨镇、华山镇、梁寨镇、范楼镇、宋楼镇、大沙河镇、王沟镇、赵庄镇
沛　县	15	龙固镇、杨屯镇、大屯镇、沛城镇、胡寨镇、魏庙镇、五段镇、张庄镇、张寨镇、敬安镇、河口镇、栖山镇、鹿楼镇、朱寨镇、安国镇
睢宁县	16	睢城镇、王集镇、双沟镇、岚山镇、李集镇、桃园镇、官山镇、高作镇、沙集镇、凌城镇、邱集镇、古邳镇、姚集镇、魏集镇、梁集镇、庆安镇
新沂市	17	新安街道、北沟街道、墨河街道、唐店街道、瓦窑镇、港头镇、合沟镇、草桥镇、窑湾镇、棋盘镇、马陵山镇、新店镇、邵店镇、时集镇、高流镇、阿湖镇、双塘镇
邳州市	25	东湖街道、运河街道、戴圩街道、炮车街道、邳城镇、官湖镇、四户镇、宿羊山镇、八义集镇、土山镇、碾庄镇、港上镇、邹庄镇、占城镇、新河镇、八路镇、铁富镇、岔河镇、陈楼镇、邢楼镇、戴庄镇、车辐山镇、燕子埠镇、赵墩镇、议堂镇

1–3 主要年份国民经济和社会发展主要指标

指 标		1978	1990	1995	2000	2005	2010	2011	2012	2013	2014
年末人口	**（万人）**	**645.41**	**807.14**	**851.15**	**896.44**	**925.31**	**972.89**	**976.66**	**990.53**	**1 006.85**	**1 023.52**
# 非农业人口		74.51	138.26	168.62	231.11	315.85	445.38	625.50	665.06	720.62	737.39
从业人数	**（万人）**	**283.64**	**408.50**	**425.43**	**417.66**	**452.20**	**520.74**	**528.85**	**526.73**	**584.07**	**588.20**
# 职工人数		60.12	87.35	92.39	71.02	56.07	58.38	59.42	60.59	101.54	99.88
# 国有经济单位		41.16	63.69	72.52	57.74	40.13	38.59	38.94	39.50	32.98	34.06
城镇集体经济		18.96	23.53	19.13	8.30	3.60	2.89	2.93	2.62	3.04	3.32
乡村劳动者		223.52	317.88	323.77	326.17	348.00	366.23	365.05	356.67	361.44	358.77
地区生产总值（当年价格）	**（亿元）**	**21.39**	**112.84**	**403.46**	**616.30**	**1 226.65**	**2 942.14**	**3 551.65**	**4 016.58**	**4 519.82**	**4 963.91**
第一产业		9.40	38.69	100.67	118.57	174.24	282.82	334.54	382.46	418.88	473.54
第二产业		8.95	44.91	184.14	283.56	620.13	1 490.92	1 777.04	1 968.52	2 140.03	2 246.24
# 工业		8.06	40.93	165.94	243.54	527.93	1 268.61	1 509.82	1 666.62	1 807.98	1 883.70
第三产业		3.04	29.24	118.65	214.16	432.29	1 168.40	1 440.07	1 665.60	1 960.91	2 244.13
固定资产投资	**（亿元）**										
固定资产投资						546.08	1 938.72	2 201.03	2 685.89	3 090.13	3 671.56
# 房地产开发投资			1.22	6.07	28.05	62.57	205.32	255.12	310.07	380.47	468.88
# 住宅投资					19.18	46.79	169.70	235.97	238.37	288.94	316.95
固定资产投资竣工的住宅建筑面积	（万平方米）	36.40	58.40	91.90	143.62	255.92	395.22	589.50	554.30	702.67	623.70
财政	**（亿元）**										
财政总收入		3.27	10.23	25.30	47.62	145.26	413.89	555.33	597.63	659.95	732.59
# 公共财政预算收入					22.45	55.22	222.16	318.42	366.76	422.84	472.33
地方财政支出		1.77	8.56	18.02	34.52	105.08	325.72	454.24	530.05	595.61	660.93
物价	**（%）**										
城市居民消费价格总指数		100.0	104.5	116.9	100.0	102.2	103.6	105.2	102.6	102.3	102.1
城市商品零售价格总指数		100.1	103.9	113.2	98.2	101.0	102.1	103.8	102.4	101.2	101.6
人民生活											
职工工资总额	（亿元）	3.14	18.59	50.68	65.31	107.26	198.51	234.77	266.48	458.72	501.18
职工平均工资	（元）	554	2 179	5 537	9 339	18 849	34 243	39 493	44 070	47 013	50 268
农民人均收入	（元）	112	661	1 800	3 230	4 443	7 955	9 490	10 762	12 052	12 811

注：2005 年及以后从业人员及乡村劳动者中未剔除外出打工人员数；2007 年及以后财政总收入及财政支出中不包括基金收入（支出）；2010 年以前固定资产投资竣工的住宅建筑面积为城镇口径；2013 年及以前“农民人均收入”为纯收入口径，2014 年起为可支配收入口径（后同）。

1-3　续表 1

指　　标	1978	1990	1995	2000	2005	2010	2011	2012	2013	2014
城市居民人均可支配收入　（元）		1 687	4 665	7 147	11 185	20 959	23 881	26 818	29 347	27 031
城乡居民储蓄存款余额　（亿元）	0.89	44.64	140.06	305.80	650.61	1 324.39	1 495.42	1 794.72	2 089.77	2 377.44
城市居民人均现住房面积　（平方米）		11.07	12.71	14.51	17.12	21.16	23.44	23.81	28.90	33.40
农民人均生活用房面积　（平方米）		18.73	19.51	22.52	29.36	41.83	44.75	45.60	47.50	49.73
国有工业企业　（亿元）										
利税总额	2.14	5.32	20.62	13.11	56.68	127.88	147.40	173.01	189.46	0.66
利润总额		–0.71	5.27	0.24	15.37	33.21	33.86	44.58	48.24	–0.44
固定资产原价	17.20	72.97	173.09	132.63	47.47	111.45	180.74	194.74	78.18	15.18
固定资产净值	10.19	50.92	117.62	84.14	28.22	68.14	134.90	138.00	48.50	10.77
运输、邮电										
全社会客运量　（万人次）	2 030	3 156	6 071	7 255	8 099	27 761	23 238	24 892	16 758	17 282
全社会货运量　（万吨）	2 608	6 073	10 859	9 669	14 022	37 227	35 772	34 851	33 926	35 659
内河港口货物吞吐量　（万吨）		837	1 399	1 452	4 189	6 308	6 662	7 208	8 226	9 202
邮电业务总量　（亿元）	0.07	0.62	3.88	17.73	36.26	73.39	55.62	62.38	78.46	82.91
邮电业务收入　（亿元）				13.06	27.05	48.14	55.41	61.58	69.40	70.30
计费函件(不含广告)　（万件）		2 463	2 579	2 512	2 041	4 728	4 770	4 527	2 613	1 568
订销报刊累计份数　（万份）		10 291	17 075	16 451	9 116	10 845	10 133	10 117	12 236	11 706
国内外贸易、旅游										
社会消费品零售总额　（亿元）	7.71	42.23	115.07	185.21	396.04	956.99	1 141.89	1 312.50	1 495.91	2 099.20
进出口总额(海关数)　（万美元）		1 015	24 696	32 896	112 621	416 053	630 966	832 682	628 919	598 841
# 出口总额		599	14 724	18 715	75 196	263 060	415 941	628 769	489 709	467 657
实际到帐注册外资　（万美元）		1 324	10 432	20 790	26 057	101 330	146 569	170 021	150 047	165 786
接待国外旅游人数(含港澳台)　（人次）		4 325	4 988	17 825	73 010	158 277	182 180	199 488	25 849	29 485
科技、教育　（万人）										
专业技术人员	3.09	12.53	18.40	22.84	21.76	27.18	39.63	42.00	43.60	45.49
高等学校在校学生	0.21	1.16	1.86	4.61	9.27	11.88	13.17	13.36	13.63	13.72
中等专业学校在校学生	0.29	1.11	2.45	3.41	5.12	5.54	3.93	4.72	4.81	4.71
普通中学在校学生	45.98	31.38	42.47	58.43	81.51	52.07	46.36	42.61	37.52	35.93
小学在校学生	95.62	84.77	110.34	126.06	72.24	53.02	57.10	62.85	66.18	75.45

注:2014 年城乡一体化住户调查后,城市居民人均可支配收入与往年口径不一致,不可比;实际利用外资 2005 年及以后实际到帐注册外资,口径与往年不可比;2011 年及以后邮电业务总量按 2010 年价格计算;2013 年起接待国外旅游人数和专业技术人员统计口径有调整，与往年不可比;进出口总额、出口总额 1997 年及以前年度数字为自营进出口总额。

1-3　续表 2

指　　标		1978	1990	1995	2000	2005	2010	2011	2012	2013	2014
卫生											
卫生机构数	（个）	652	1 058	1 052	993	1 384	1 213	1 365	1 311	4 454	4 620
床位数	（张）	11 325	17 303	18 596	17 736	19 888	30 500	32 960	38 489	43 138	46 213
卫生技术人员数	（万人）	1.57	2.44	2.94	3.05	2.83	3.24	3.53	3.81	4.36	4.70
# 医生		0.49	0.99	1.12	1.16	1.05	1.18	1.23	1.32	1.46	1.75
主要工农业产品产量	**（万吨）**										
粮食		206.15	399.00	406.13	319.50	314.13	440.20	455.30	471.73	451.13	469.18
棉花		2.47	5.57	5.91	5.08	4.17	3.23	3.39	3.67	3.63	3.24
油料		1.59	4.77	8.35	20.28	16.26	12.11	11.45	10.63	9.96	10.62
水果		2.62	14.13	35.78	81.91	87.52	106.31	114.21	118.77	92.81	116.11
生猪存栏	（万头）	149.21	170.81	215.78	201.07	214.26	293.19	315.36	313.49	297.20	306.91
猪、牛、羊肉		5.18	18.73	31.15	27.51	35.05	46.58	48.13	52.97	47.87	51.11
蚕茧	（吨）	525	6 032	22 100	15 176	13 212	6 805	7 510	6 941	6 815	7 977
水产品		0.72	3.70	8.49	13.52	16.43	17.04	17.50	18.14	18.37	18.60
生铁		15.19	29.22	52.00	37.10	152.53	304.92	337.63	375.37	522.43	437.80
铝锭		0.31	0.76	1.94	0.50	1.08	10.87	11.00	11.25	5.71	1.22
原煤		1 445	2 032	2 344	2 271	2 597	2 072	2 025	2 016	1 972	1 980
发电量	（亿千瓦时）	27.08	104.40	119.38	146.87	309.97	399.57	453.66	527.69	574.70	517.28
合成氨		7.07	13.40	14.86	19.16	36.96	66.40	82.35	74.82	98.61	93.00
农用化肥	（折 100%）	4.91	12.52	19.76	15.42	29.58	48.05	52.73	53.36	53.98	54.23
水泥		66.68	297.67	1 031.48	983.36	1 295.66	3 205.35	2 850.29	2 778.85	2 488.69	2 749.01
纱		1.68	3.63	4.64	7.16	23.01	81.58	77.76	83.89	103.88	152.92
布	（万米）	5 474	12 112	13 883	8 196	10 551	16 056	11 064	16 966	18 059	27 015
机制纸及纸板		2.47	16.44	71.60	32.65	48.91	105.54	79.13	123.11	38.34	44.40
卷烟	（万箱）	14.74	33.50	34.00	34.40	57.57	60.94	64.01	64.41	68.46	71.73
饮料酒	（万千升）	1.35	4.99	11.42	8.50	20.28	45.73	52.37	66.23	68.02	64.00
多晶硅	（吨）						17 799	29 414	37 097	50 440	66 876
汽车起重机	（台）		419	683	1 087	5 368	18 623	18 695	14 139	7 939	7 864
装载机	（辆）			1 298	1 777	9 442	15 212	23 895	19 199	18 967	11 945
压路机	（台）						6 874	5 070	3 604	4 460	4 048

注：2013 年、2014 年卫生机构数统计口径变化与往年不可比。

1-4　国民经济主要指标发展速度

指　标	指数(2014年为以下各年的%)							1979-2014年平均增长(%)	2001-2014年平均增长(%)
	1978	1990	1995	2000	2005	2010	2013		
从业人数	**207.4**	**144.0**	**138.3**	**140.8**	**130.1**	**117.4**	**100.7**	**2.0**	**2.5**
# 职工人数	166.1	114.3	108.1	140.6	178.1	171.4	98.4	1.4	2.5
# 国有经济	90.6	58.5	51.4	64.6	92.9	96.9	103.3	-0.3	-3.1
城镇集体经济	19.1	15.4	19.0	43.7	100.8	121.4	109.1	-4.5	-5.7
地区生产总值(可比价格)	**23 206.7**	**4 399.1**	**1 230.3**	**805.4**	**404.7**	**207.7**	**110.5**	**16.3**	**16.1**
第一产业	5 037.7	1 223.9	470.4	399.4	271.8	189.5	103.7	11.5	10.4
第二产业	25 097.7	5 001.6	1 219.9	792.2	362.2	179.8	108.9	16.6	15.9
# 工业	23 371.0	4 602.2	1 135.2	773.5	356.8	176.8	109.2	16.4	15.7
第三产业	73 820.1	7 674.9	1 891.4	1 047.9	519.1	251.8	113.6	20.1	18.3
固定资产投资额									
# 房地产开发投资		38 432.8	7 724.5	1 671.6	749.4	294.8	123.2		22.3
财政									
财政总收入	22 403.4	7 161.2	2 895.6	1 538.4	504.3	229.7	111.0	16.2	21.6
# 公共财政预算收入				1 883.5	765.7	190.3	111.7		23.3
地方财政支出	37 392.1	7 731.8	3 672.8	1 917.3	629.8	258.0	111.1	17.9	23.5
人民生活									
职工年平均工资	9 073.6	2 306.9	907.9	538.3	266.7	161.3	106.9	13.3	12.8
农民人均收入	11 977.1	2 029.4	745.3	415.3	302.0	168.6	111.3	14.2	10.7
城市居民人均可支配收入		1 602.3	579.4	378.2	241.7	144.0	109.1		10.0
城乡居民年末储蓄存款余额	267 128.1	5 325.8	1 697.4	777.4	365.4	208.6	113.8	24.5	15.8
运输、邮电									
全社会旅客运输量	851.4	547.6	284.7	238.2	213.4	71.9	102.9	6.1	6.4
全社会货物运输量	1 367.3	587.2	328.4	368.8	254.3	138.7	81.8	7.5	9.8
邮电业务总量	118 442.9	13 372.6	2 136.9	467.6	228.7	156.0	105.7	21.7	11.6
国内外贸易、旅游									
社会消费品零售总额	27 227.0	4 970.9	1 824.3	1 133.4	530.0	260.4	113.0	16.9	18.9
进出口总额		58 999.1	2 424.9	1 820.4	531.7	260.2	95.2		23.0
# 出口总额		78 073.0	3 176.2	2 498.8	621.9	308.3	95.5		25.8
实际利用外资		12 521.6	1 589.2	797.4	636.2	237.6	115.0		16.0
国际旅游人数		681.7	591.1	165.4	40.4	21.2	114.0		3.7

1-4 续表

指　　标	指数(2014 年为以下各年的%)							1979-2014 年平均增长(%)	2001-2014 年平均增长(%)
	1978	1990	1995	2000	2005	2010	2013		
科技、教育									
专业技术人员	1 472.2	363.0	247.2	199.2	209.1	182.8	104.3	7.8	5.0
高等学校在校学生	6 485.7	1 174.1	732.3	295.4	146.9	108.4	99.9	12.3	8.0
中等专业学校在校学生	1 462.1	382.0	173.1	124.3	82.8	74.3	88.1	7.7	1.6
普通中学在校学生	78.1	114.5	84.6	61.5	44.1	60.5	95.8	-0.7	-3.4
小学在校学生	78.9	89.0	68.4	59.9	104.4	145.7	114.0	-0.7	-3.6
卫生									
卫生机构数	708.6	436.7	439.2	465.3	333.8	395.2	103.7	5.6	11.6
床位数	408.1	267.1	248.5	260.6	232.4	173.7	107.1	4.0	7.1
卫生技术人员数	299.4	192.6	159.9	154.1	166.1	152.6	107.9	3.1	3.1
# 医生	357.1	176.8	156.3	150.9	166.7	150.9	108.2	3.6	3.0
主要工农业产品产量									
粮食	227.6	117.6	115.5	146.8	149.4	109.7	104.0	2.3	2.8
棉花	131.2	58.2	54.8	63.8	77.7	84.4	89.3	0.8	-3.2
油料	667.9	222.6	127.2	52.4	65.3	84.6	106.6	5.4	-4.5
水果	4 431.7	821.7	324.5	141.8	132.7	110.7	125.0	11.1	2.5
生猪存栏	205.7	179.7	142.2	152.6	143.2	123.3	103.3	2.0	3.1
水产品	2 583.3	502.7	219.1	137.6	113.2	109.7	101.3	9.5	2.3
生铁	2 882.2	1 498.3	841.9	1 180.1	287.0	177.5	83.8	9.8	19.3
铝锭	393.4	160.4	62.9	243.9	112.9	11.4	21.4	3.9	6.6
原煤	137.0	97.4	84.5	87.2	76.2	88.5	100.4	0.9	-1.0
发电量	1 910.2	495.5	433.3	352.2	166.9	156.4	90.0	8.5	9.4
合成氨	1 315.4	694.0	625.8	485.4	251.6	152.2	94.3	7.4	11.9
农用化肥(折 100%)	1 104.5	433.1	274.4	351.7	183.3	123.4	100.5	6.9	9.4
水泥	4 122.7	923.5	266.5	279.6	212.2	103.6	110.5	10.9	7.6
纱	9 102.4	4 212.7	3 295.7	2 135.8	664.6	247.6	147.2	13.3	24.4
布	493.5	223.0	194.6	329.6	256.0	162.8	149.6	4.5	8.9
机制纸及纸板	1 797.6	270.1	62.0	136.0	90.8	36.3	115.8	8.4	2.2
卷烟	486.6	214.1	211.0	208.5	124.6	121.6	104.8	4.5	5.4
饮料酒	4 740.7	1 282.6	560.4	752.9	315.6	212.6	94.1	11.3	15.5
多晶硅						375.7	132.6		39.2
汽车起重机		1 876.8	1 151.4	723.5	146.5	49.0	99.1		15.2
装载机			920.3	672.2	126.5	125.8	63.0		14.6
压路机		504.7	213.4	164.2	166.3	86.6	90.8		3.6

1–5　各时期国民经济主要指标平均增长速度

单位：%

指　　标	"一五"时期	"二五"时期	调整时期	"三五"时期	"四五"时期	"五五"时期
年末总人口	**2.9**	**0.6**	**1.9**	**2.9**	**1.7**	**1.4**
职工人数	**4.4**	**11.0**	**–3.6**	**7.8**	**14.1**	**8.8**
#国有单位	4.4	11.0	–3.6	7.8	5.7	9.1
地区生产总值	**9.9**	**4.4**	**7.4**	**8.9**	**7.9**	**15.3**
第一产业	–0.2	–1.28	11.1	7.2	5.1	10.7
第二产业	34.3	3.5	12.5	15.7	10.5	20.0
#工业						
第三产业	16.3	6.0	–0.8	4.2	7.7	16.0
农林牧渔业总产值	**1.3**	**–1.1**	**9.0**	**4.7**	**7.7**	**6.2**
固定资产投资额	**43.3**	**25.2**	**10.2**	**5.3**	**10.6**	**31.7**
#房地产开发投资						
财政						
财政收入	18.5	3.2	4.5	11.8	5.2	12.9
财政支出	26.0	–4.5	12.0	3.6	11.5	13.4
人民生活						
职工工资总额	9.2	12.5	–2.9	3.5	13.5	16.3
职工年平均工资	2.6	–0.9	3.0	–1.6	–1.6	7.0
城乡居民储蓄存款余额	29.1	4.8	17.3	4.3	14.7	33.6
运输、邮电						
客运量						
货运量						
邮电业务总量	14.9	16.8	–1.8	2.4	7.8	6.8
内外贸易						
社会消费品零售总额	14.3	5.0	1.5	2.9	10.9	13.8
教育						
高等学校在校学生数			–28.4			12.2
中等专业学校在校学生数	7.0	0.8	–7.3			17.1

1-5　续表 1

单位:%

指　　标	"一五"时期	"二五"时期	调整时期	"三五"时期	"四五"时期	"五五"时期
普通中学在校学生数	23.2	9.6	0.5	23.9	5.1	10.0
小学在校学生数	8.4	1.6	15.5	–1.9	10.8	–1.3
卫生						
卫生机构数	14.3	6.1	3.7	–0.6	7.4	9.2
床位数	17.6	24.1	–0.5	4.4	5.6	5.3
卫生技术人员数	16.3	13.3	6.5	6.0	8.9	8.7
# 医生	20.4	12.0	5.6	–0.3	4.7	10.6
主要工农业产品产量						
粮食	1.2	0.6	1.4	6.4	7.3	6.0
棉花	13.3	–12.2	34.3	25.6	2.8	5.5
油料	–8.4	–13.7	32.9	–10.4	2.8	21.1
水果	–4.1	–13.2	8.5	14.5	9.9	9.5
生猪存栏	12.5	0.4	13.1	3.0	10.0	2.2
水产品	1.7	–0.1	14.0	–19.3	24.9	18.2
生铁		65.4	–0.6	23.1	19.1	8.1
铝锭			6.7	9.3	7.7	5.3
原煤	10.0	20.0	1.8	6.0	7.3	10.9
发电量	35.1	33.1	5.6	10.3	17.2	24.5
合成氨				80.4	27.0	29.4
农用化肥(折 100%)		89.0	22.9	24.6	30.0	3.1
水泥		68.8	9.7	7.6	23.0	16.7
纱	1.4	22.5	60.8	15.0	5.9	13.5
布	17.7	11.1	17.3	17.9	13.9	16.6
机制纸及纸板	150.6	11.7	–1.6	20.0	4.3	22.9
卷烟	–2.0	1.0	38.4	9.7	1.9	10.1
饮料酒	15.7	2.8	–3.6	9.7	12.8	17.5

1-5　续表 2　　　　　　　　　　　　　　　　　　　　单位：%

指　　标	“六五”时期	“七五”时期	“八五”时期	“九五”时期	“十五”时期	“十一五”时期
年末总人口	**1.4**	**2.7**	**1.1**	**1.0**	**0.6**	**1.0**
职工人数	**3.7**	**2.3**	**1.1**	**–1.7**	**–4.6**	**0.8**
# 国有单位	4.1	2.9	2.6	–1.6	–7.0	–0.8
地区生产总值	**11.3**	**7.0**	**16.5**	**12.0**	**12.6**	**14.4**
第一产业	8.2	0.8	9.0	8.3	4.9	4.8
第二产业	12.5	8.3	21.0	12.9	14.6	15.9
# 工业	11.7	9.2	21.0	12.4	14.5	16.5
第三产业	14.2	12.1	17.3	12.5	13.5	15.3
农林牧渔业总产值	**10.5**	**3.9**	**10.7**	**8.9**	**4.6**	**9.1**
固定资产投资额	**7.6**	**9.3**	**36.8**	**25.4**	**19.7**	**27.7**
# 房地产开发投资			32.7	38.8	8.5	26.3
财政						
财政收入	10.0	12.2	19.9	13.5	24.5	28.8
财政支出	13.4	20.5	16.1	13.9	24.9	25.4
人民生活						
职工工资总额	15.8	14.8	22.2	6.2	10.4	13.1
职工年平均工资	11.5	12.1	20.5	8.5	15.1	12.7
城乡居民储蓄存款余额	36.6	35.5	25.7	16.9	16.3	15.3
运输、邮电						
客运量	5.7	–2.5	14.0	3.6	1.8	27.9
货运量	14.1	–0.7	12.3	–2.3	7.7	21.6
邮电业务总量	11.2	34.5	44.5	35.5	15.4	15.1
内外贸易						
社会消费品零售总额	16.4	12.6	22.2	10.0	12.7	19.3
进出口总额				15.7	27.9	29.9
实际到帐注册外资				13.0	14.1	34.7
教育						
高等学校在校学生数	31.0	3.1	8.7	19.9	13.2	5.1
中等专业学校在校学生数	6.4	5.0	17.2	6.8	3.6	1.6

1-5 续表 3

单位:%

指　　　标	"六五"时期	"七五"时期	"八五"时期	"九五"时期	"十五"时期	"十一五"时期
普通中学在校学生数	-3.0	0.2	6.2	6.6	6.9	-8.6
小学在校学生数	-1.9	-0.7	5.4	2.7	-10.5	-6.0
卫生						
卫生机构数	4.2	0.1	-0.1	-1.1	6.9	-2.6
床位数	4.6	2.3	1.5	-0.9	2.3	8.9
卫生技术人员数	3.8	3.5	3.8	0.7	-1.5	2.7
# 医生	6.2	4.9	2.5	0.7	-2.0	2.4
主要工农业产品产量						
粮食	10.9	1.5	0.4	-4.7	-0.4	7.0
棉花	9.6	-4.6	1.2	-3.0	-3.9	-5.0
油料	27.2	-14.6	11.8	19.4	-4.3	-5.7
水果	9.1	19.6	20.4	18.0	1.3	4.0
生猪存栏	5.7	-2.2	4.8	-1.4	1.3	6.5
水产品	8.2	15.8	18.1	9.8	4.0	0.7
生铁	0.2	12.1	12.2	-6.5	32.7	14.9
铝锭	2.4	19.8	20.6	-23.7	16.6	58.7
原煤	3.7	2.4	2.9	-0.6	2.7	-4.4
发电量	4.1	12.3	2.7	4.2	16.1	5.2
合成氨	2.9	-1.3	2.1	5.2	14.1	12.4
农用化肥(折 100%)	1.5	9.6	-4.8		13.9	10.2
水泥	8.0	28.2	-1.0		5.7	19.9
纱	2.9	8.4	5.0	9.1	26.3	28.8
布	-0.4	10.5	2.8	-10.0	5.2	8.8
机制纸及纸板	15.6	20.5	34.2	-14.5	8.4	16.6
卷烟	6.1	5.1	0.3	0.2	10.8	1.1
饮料酒	7.0	11.9	18.0	-5.7	19.0	17.7
汽车起重机		5.2	10.3	9.7	37.6	28.2
装载机				6.5	39.7	10.0
压路机		1.9	18.8	5.4	-0.3	23.1

1-6 徐州的一天

指 标		1985	1990	1995	2000	2005	2010	2011	2012	2013	2014
全市每天创造的财富											
地区生产总值	（万元）	1 522	3 092	11 054	16 885	33 607	80 607	97 305	110 043	123 831	135 998
第一产业		607	1 060	2 758	3 248	4 774	7 748	9 165	10 478	11 476	12 974
第二产业		651	1 230	5 045	7 769	16 990	40 847	48 686	53 932	58 631	61 541
工业		568	1 121	4 546	6 672	14 464	34 756	41 365	45 661	49 534	51 608
建筑业		83	109	499	1 096	2 526	6 091	7 321	8 271	9 152	9 989
第三产业		264	801	3 251	5 868	11 843	32 011	39 454	45 633	53 724	61 483
# 运输和邮电业			198	810	1 567	3 523	6 648	9 178	8 873	11 764	10 853
批发、零售、住宿和餐饮业			187	869	1 594	3 358	10 517	14 133	16 279	18 759	21 434
财政总收入	（万元）	158	280	693	1 305	3 980	11 339	15 215	16 373	18 081	20 071
# 公共财政预算收入					615	1 513	6 087	8 724	10 048	11 585	12 940
生铁	（吨）	453	800	1 425	1 016	4 179	8 354	9 250	10 284	14 313	11 995
原煤	（万吨）	4.93	5.57	6.40	6.22	7.12	5.68	5.55	5.52	5.40	5.40
发电量	（万千瓦时）	1 599	2 860	3 271	4 024	8 492	10 947	12 429	14 457	15 745	14 172
水泥	（吨）	5 562	8 155	28 247	26 941	35 498	87 818	78 090	76 133	68 183	75 315
布	（万米）	20.14	33.18	38.00	22.45	28.91	43.99	30.31	46.48	49.48	74.00
机制纸及纸板	（吨）	178	451	1 962	895	1 340	2 892	2 168	3 373	1 050	1 216
卷烟	（箱）	715	918	932	942	1 577	1 670	1 754	1 765	1 876	1 965
全市每天消费量											
社会消费品零售总额	（万元）	640	1 157	3 183	5 074	10 850	26 219	31 285	35 959	40 984	57 512
城市居民每人生活费支出	（元）	1.85	3.86	10.09	14.77	21.02	36.04	41.13	43.03	51.80	49.87
# 食品消费		1.00	2.22	5.04	5.44	7.42	12.32	14.31	15.68	17.36	14.66
农民每人生活费支出	（元）	0.90	1.47	3.11	4.44	7.78	14.29	16.36	18.47	19.85	24.69
# 食品消费		0.47	0.78	1.86	1.87	3.31	5.37	5.95	6.61	7.10	7.89
每天其他经济活动											
货物运输量	（万吨）	17.21	16.64	29.75	26.49	38.42	101.99	98.01	95.48	92.95	47.35
旅客运输量	（万人次）	9.84	8.65	16.63	19.88	22.19	76.06	63.67	68.20	45.91	97.70
房屋建筑竣工面积	（平方米）	3 539	3 063	5 022	8 078	14 720	12 523	15 410	13 192	19 251	13 934
# 住宅竣工面积	（平方米）	1 839	1 600	2 517	3 935	7 012	10 372	13 538	11 678	16 865	11 811
邮寄函件	（万件）	7.05	8.15	8.59	6.88	5.59	12.95	13.07	12.40	7.16	4.30
每天人口变动和婚姻											
出生人数	（人）	235	432	228	460	192	596	487	531	580	563
死亡人数	（人）	93	98	108	122	62	218	196	125	92	83
结婚对数	（对）	145	189	178	153	146	279	321	349	342	328
离婚对数	（对）	2	1	3	4	17	30	35	39	51	49

注：2010 年之前房屋建筑竣工面积和住宅竣工面积为固定资产投资中的竣工面积，2010 年之后为房地产开发中的竣工面积。

1-7　徐州市国民经济主要指标占全省比重

（2014 年）

指　　标		全　省	徐州市	徐州市占全省的比重（%）
年末人口	**（万人）**	**7 960.06**	**1 023.52**	**12.9**
从业人数	**（万人）**	**4 760.83**	**588.20**	**12.4**
在岗职工人数		1 512.79	99.88	6.6
地区生产总值(GDP)(当年价格)	**（亿元）**	**65 088.32**	**4 963.91**	**7.6**
第一产业		3 634.33	473.54	13.0
第二产业		31 057.47	2 246.24	7.2
第三产业		30 396.52	2 244.13	7.4
人均 GDP	（元）	81 874	57 655	70.4
社会消费品零售总额	**（亿元）**	**23 458.07**	**2 099.20**	**8.9**
进出口总额	（亿美元）	5 637.62	59.88	1.1
# 出口总额		3 418.69	46.77	1.4
实际到帐注册外资	（亿美元）	281.74	16.58	5.9
财政总收入	**（亿元）**	**18 201.33**	**732.59**	**4.0**
公共财政预算收入		7 233.14	472.33	6.5
地方财政支出		8 466.48	661.84	7.8
城镇非私营单位在岗职工平均工资	**（元）**	**61 783**	**50 268**	**81.4**
农民人均可支配收入	（元）	14 958	12 811	85.6
城镇居民人均可支配收入	（元）	34 346	24 080	70.1
城乡居民储蓄存款余额	（亿元）	36 847.53	2 377.44	6.5

1-7　续表　　　　　　　　　　（2014 年）

指　　标		全　省	徐州市	徐州市占全省的　比　重（%）
全社会客运量	**（万人）**	**156 016**	**17 282**	**11.1**
全社会货运量	（万吨）	208 623	35 659	17.1
邮电业务总量	（亿元）	1 680.80	82.91	4.9
专业技术人数(国有＋集体)	（万人）	117.98	12.30	10.4
高等学校在校学生		169.86	13.72	8.1
普通中学在校学生		288.62	35.93	12.4
小学在校学生		471.48	75.45	16.0
医院、卫生院	（个）	1 524	281	18.4
卫生机构床位数	（万张）	39.23	4.62	11.8
# 医院、卫生院		30.93	4.32	14.0
卫生技术人员数		45.85	4.70	10.3
# 执业医师、执业助理医师		17.86	1.75	9.8
主要工农业产品产量	**（万吨）**			
粮食		3 490.62	469.18	13.4
棉花		15.95	3.24	20.3
油料		146.6	10.62	7.2
水产品产量		518.84	18.60	3.6
原煤		2 019.20	1 979.63	98.0
发电量	（亿千瓦时）	4 347.07	517.28	11.9
水泥		19 360.55	2 749.01	14.2
农用化肥	（折 100%）	235.01	54.23	23.1
纱		568.33	152.92	26.9
布	（亿米）	91.26	27.02	29.6

1–8　主要年份国民经济和社会发展结构指标

单位：%

指　　标	1978	1990	1995	2000	2005	2009	2010	2011	2012	2013	2014
人口结构											
农业人口	88.5	82.9	80.2	74.2	65.9	60.5	54.2	36.0	32.9	28.4	28.0
非农业人口	11.5	17.1	19.8	25.8	34.1	39.5	45.8	64.0	67.1	71.6	72.0
就业结构											
产业结构											
第一产业	72.1	61.0	56.9	56.4	40.3	32.4	31.2	28.9	27.8	26.2	23.7
第二产业	15.3	23.4	25.3	22.3	28.3	35.9	35.9	38.8	39.4	40.6	41.8
第三产业	12.6	15.6	17.8	21.3	31.4	31.7	32.9	32.2	32.8	33.2	34.5
经济类型结构											
职工人数	21.2	21.4	21.7	17.0	12.4	11.6	11.2	11.2	11.5	11.1	17.0
# 国有经济	68.5	72.9	78.5	81.3	71.6	66.0	66.1	65.5	65.2	54.9	34.1
城镇集体经济	31.5	26.9	20.7	11.7	6.4	5.2	5.0	4.9	4.3	5.1	3.3
农村劳动力	78.8	77.8	76.1	78.1	77.0	71.6	70.3	69.0	67.7	66.6	61.0
城镇私营及个体劳动者		0.8	1.9	4.6	8.3	13.8	15.4	16.8	17.8	19.3	18.7
其他从业人员			0.3	0.3	2.3	3.0	3.1	3.5	3.0	3.0	3.4
地区生产总值产业结构											
第一产业	44.0	34.3	25.0	19.2	14.2	10.5	9.6	9.4	9.5	9.3	9.5
第二产业	41.8	39.8	45.6	46.0	50.6	52.3	50.7	50.1	49.0	47.3	45.3
第三产业	14.2	25.9	29.4	34.8	35.2	37.2	39.7	40.5	41.5	43.4	45.2
地区生产总值支出结构											
总消费			45.3	48.9	50.4	48.3	46.1	46.4	47.4	49.0	49.3
居民消费			84.9	80.5	79.5	74.8	73.0	72.0	70.9	68.1	67.8
政府消费			15.1	19.5	20.5	25.2	27.0	28.0	29.1	31.9	32.2
资本形成总额			44.3	49.5	55.6	57.6	58.3	58.6	55.2	59.5	59.2
固定资产形成			64.1	85.7	88.0	97.4	97.4	91.1	91.2	94.7	93.9
存货增加			35.9	14.3	12.0	2.6	2.6	8.9	8.8	5.3	6.1
财政总收入相当于地区生产总值比例	**15.3**	**9.1**	**6.2**	**7.3**	**12.0**	**13.3**	**14.1**	**15.6**	**14.9**	**14.6**	**14.8**
科教文卫事业费占财政支出的比例		**33.1**	**40.4**	**33.5**	**24.1**	**28.6**	**41.4**	**30.5**	**31.9**	**31.5**	**31.7**
农林牧渔业总产值结构											
农　业	84.1	65.0	59.4	65.7	62.7	62.4	62.9	61.0	61.5	61.7	62.5
林　业	2.7	2.3	2.4	2.6	2.7	2.2	2.0	1.8	1.8	1.7	1.7
牧　业	12.5	30.0	35.0	26.1	27.2	28.1	28.3	30.8	30.3	30.0	29.1
渔　业	0.7	2.7	3.2	5.6	5.4	5.4	4.9	4.3	4.1	4.1	4.0
农林牧渔服务业					2.0	2.0	2.1	2.2	2.3	2.5	2.7
农作物播种面积结构											
粮食作物	74.1	86.1	76.8	59.3	56.3	65.2	65.0	65.5	65.0	64.8	65.0
经济作物	23.7	8.8	9.9	10.7	13.0	8.0	7.6	7.3	7.4	7.1	6.9
其他作物	2.2	5.1	13.3	30.0	30.7	26.7	27.4	27.2	27.6	28.1	28.1

1-8　续表　　　　单位:%

指　　标	1978	1990	1995	2000	2005	2009	2010	2011	2012	2013	2014
工业总产值按经济类型分											
国有工业	74.7	68.2	57.0	26.9	9.5	5.5	4.5	3.5	3.3	3.0	2.0
集体工业	25.3	31.3	36.2	12.9	0.1	0.5	0.3	0.2	0.2	0.2	0.2
其他工业		0.5	6.8	60.2	90.4	93.9	95.2	96.3	96.5	96.8	97.8
工业总产值按轻重工业分											
轻工业	39.6	45.6	42.5	44.0	32.0	28.9	27.4	27.7	28.3	29.7	31.1
重工业	60.4	54.4	57.5	56.0	68.0	71.1	72.6	72.3	71.7	70.3	68.9
货运量结构											
铁　路	56.7	43.8	18.6	17.6	10.6	8.5	26.7	15.7	13.2	3.1	2.6
公　路	25.0	45.9	61.9	49.5	43.6	48.9	39.6	47.0	48.8	45.6	47.6
水　运	3.6	7.6	10.9	5.8	6.3	8.3	6.8	8.0	8.0	14.1	14.1
管　道	14.7	2.7	8.6	27.1	39.5	34.3	26.8	29.3	30.0	37.2	35.7
在校学生结构											
大学生	0.1	1.0	1.2	2.4	5.0	10.2	10.2	10.3	10.3	10.6	10.0
中学生	32.6	28.6	30.1	33.2	53.2	48.0	44.5	44.2	41.5	38.2	34.8
小学生	67.2	70.4	68.8	64.5	41.8	41.9	45.3	44.5	48.2	51.2	55.2
专任教师结构											
大　学		3.6	3.3	3.6	6.3	7.8	8.0	8.4	8.7	9.0	9.1
中　学		37.4	38.1	39.3	46.4	47.7	48.8	51.4	49.8	47.5	46.1
小　学		59.0	58.6	57.1	47.3	44.5	43.2	40.2	41.5	43.4	44.8
城市居民消费结构											
食品		57.4	49.9	36.8	35.3	34.1	34.2	34.8	36.4	33.5	29.4
衣着		14.0	15.1	10.0	9.5	10.3	10.8	10.2	10.0	9.3	7.5
娱乐文教		8.7	8.7	14.4	16.5	12.1	11.4	16.3	13.1	13.4	10.5
居住		2.3	6.0	6.3	11.3	8.5	9.2	9.1	10.3	7.8	16.8
用品及其他		17.5	20.3	32.5	27.4	35.0	34.4	29.6	30.1	35.9	35.8
农村居民消费结构											
食品		53.4	59.9	42.2	42.6	38.6	37.6	36.3	35.8	35.8	32.0
衣着		10.3	7.2	6.2	6.9	8.1	8.3	8.2	8.2	8.3	8.0
娱乐文教		6.2	6.5	12.0	16.7	14.7	15.3	18.5	18.5	18.0	10.2
居住		17.8	15.4	19.9	10.8	16.3	15.6	14.3	14.1	14.7	18.8
用品及其他		18.5	17.6	31.8	23.0	22.3	23.1	22.7	23.4	23.2	31.0
卫生技术人员结构											
# 医生	31.0	40.5	38.1	38.1	37.1	37.7	36.0	36.8	36.4	37.1	37.3
护师、护士		28.3	33.4	28.6	30.3	35.0	36.6	30.7	40.5	41.4	41.9
治理污染资金使用结构											
治理废水		69.7	68.2	34.7	15.6	23.4	29.6	37.5	13.3	1.0	5.2
治理废气		26.8	18.1	64.4	81.6	45.5	61.4	47.3	86.7	97.3	70.8
治理固体废物		1.3	12.8	0.7	0.7	16.5	7.6				
治理噪声		2.0	0.8	0.1	1.3						
其他		0.2		0.1	0.8	14.6	1.4	15.2		1.7	24.0

1-9 全市法人单位数及从业人员数

项　　目	法人单位数(个)		从业人员数(万人)	
	2013	2014	2013	2014
合　计	**84 984**	**100 809**	**286.77**	**286.18**
按机构类型分				
企业	71 595	85 612	247.07	244.55
事业单位	3 597	3 738	20.96	20.96
机关	977	1 022	6.83	6.57
社会团体	1 327	1 398	1.78	1.84
民办非企业单位	1 548	1 614	2.91	2.96
基金会	18	18	0.02	0.02
居委会	665	672	0.64	0.65
村委会	2 052	2 076	1.57	1.58
其他组织机构	3 205	4 659	4.99	7.07
按登记注册类型分				
内资	84 516	100 304	278.17	277.58
国有	5 363	5 571	36.15	35.94
集体	1 017	1 067	3.98	4.00
股份合作	112	126	0.34	0.80
联营	81	87	0.16	0.19
国有联营	10	13	0.01	0.05
集体联营	37	39	0.07	0.06
国有与集体联营	7	8	0.01	0.01
其他联营	27	27	0.07	0.07
有限责任公司	3 877	4 527	55.80	47.30
国有独资公司	102	105	10.11	8.66
其他有限责任公司	3 775	4 422	45.69	38.64
股份有限公司	728	808	13.77	10.50
私营	60 805	72 129	148.46	154.32
私营独资	19 800	22 325	30.06	33.07
私营合伙	927	1 134	1.78	1.96
私营有限责任公司	38 808	47 049	110.46	113.32
私营股份有限公司	1 270	1 621	6.17	5.97
其他	12 533	15 989	19.51	24.53

1-9　续表

项　目	法人单位数(个)		从业人员数(万人)	
	2013	2014	2013	2014
港澳台商投资	234	262	4.49	4.59
与港澳台商合资经营	82	86	2.38	2.35
与港澳台商合作经营	11	11	0.08	0.10
港澳台商独资	128	152	1.89	2.01
港澳台商投资股份有限公司	11	11	0.15	0.13
其他港、澳、台商投资	2	2		
外商投资	234	243	4.12	4.01
中外合资经营	122	123	2.42	2.31
中外合作经营	3	5	0.14	0.12
外资企业	99	104	1.55	1.57
外商投资股份有限公司	6	6	0.01	0.01
其他外商投资	4	5		
按行业分				
农、林、牧、渔业	754	4 127	1.20	6.60
采矿业	184	194	10.29	10.12
制造业	17 426	19 626	100.35	99.86
电力、燃气及水的生产和供应业	193	240	1.69	1.85
建筑业	2 991	3 887	54.29	47.07
批发和零售业	31 767	36 445	42.93	45.36
交通运输、仓储和邮政业	2 360	2 739	8.76	8.04
住宿和餐饮业	848	967	2.16	2.33
信息传输、软件和信息技术服务业	1 543	1 870	2.36	2.38
金融业	122	777	3.79	2.13
房地产业	2 602	3 062	4.84	5.34
租赁和商务服务业	6 598	7 725	8.66	8.98
科学研究和技术服务业	4 775	5 397	7.18	7.64
水利、环境和公共设施管理业	686	792	1.71	1.80
居民服务、修理和其他服务业	1 186	1 482	1.55	1.85
教育	1 994	2 143	13.45	13.54
卫生和社会工作	1 120	1 188	6.33	6.08
文化、体育和娱乐业	1 317	1 428	1.78	1.92
公共管理、社会保障和社会组织	6 518	6 720	13.45	13.28

注:根据经济普查相关规定,2013 年金融业法人单位数为省级金融业主管部门反馈数。

1-10　全市产业活动单位数及从业人员数

项　　　目	产业活动单位(个)		从业人员数(万人)	
	2013	2014	2013	2014
合　计	**93 896**	**111 009**	**261.82**	**288.91**
按机构类型分				
企业	76 037	91 197	222.59	245.70
事业单位	6 707	6 951	20.99	22.63
机关	1 457	1 518	6.21	6.32
社会团体	1 333	1 414	1.44	1.53
民办非企业单位	1 542	1 607	2.88	2.92
基金会	18	18	0.02	0.02
居委会	656	671	0.63	0.65
村委会	2 049	2 077	1.57	1.58
其他组织机构	4 097	5 556	5.50	7.57
按登记注册类型分				
内资	93 347	110 392	253.39	280.13
国有	9 591	10 129	38.01	39.60
集体	1 944	2 046	4.41	4.80
股份合作	166	175	0.44	0.93
联营	112	116	0.19	0.22
国有联营	23	24	0.03	0.06
集体联营	46	48	0.07	0.07
国有与集体联营	14	15	0.02	0.02
其他联营	29	29	0.07	0.07
有限责任公司	4 029	4 838	31.59	38.71
国有独资公司	105	128	1.37	5.22
其他有限责任公司	3 924	4 710	30.21	33.49
股份有限公司	1 264	1 775	11.96	12.67
私营	62 605	74 156	146.52	157.35
私营独资	20 278	22 854	30.49	33.90
私营合伙	967	1 177	1.82	2.01
私营有限责任公司	40 001	48 415	108.12	116.14
私营股份有限公司	1 359	1 710	6.10	5.31
其他	13 636	17 157	20.27	25.85

1-10　续表

项　　目	产业活动单位(个)		从业人员数(万人)	
	2013	2014	2013	2014
港澳台商投资	262	306	4.30	4.53
与港澳台商合资经营	89	96	2.34	2.34
与港澳台商合作经营	11	11	0.08	0.06
港澳台商独资	147	184	1.74	2.00
港澳台商投资股份有限公司	12	12	0.15	0.13
其他港、澳、台商投资	3	3	0.00	0.00
外商投资	287	311	4.13	4.25
中外合资经营	136	140	2.29	2.36
中外合作经营	3	5	0.14	0.12
外资企业	129	143	1.67	1.73
外商投资股份有限公司	11	14	0.02	0.03
其他外商投资	8	9	0.01	0.01
按行业分				
农、林、牧、渔业	764	4 151	1.23	6.68
采矿业	193	217	6.31	6.56
制造业	17 495	19 781	96.85	101.22
电力、燃气及水的生产和供应业	300	339	2.24	2.14
建筑业	3 168	4 138	37.57	44.25
批发和零售业	33 321	38 258	43.33	47.02
交通运输、仓储和邮政业	2 710	3 274	8.33	9.05
住宿和餐饮业	944	1 074	2.33	2.52
信息传输、软件和信息技术服务业	1 915	2 500	2.52	2.85
金融业	1 500	2 304	3.06	4.39
房地产业	2 734	3 235	4.88	5.80
租赁和商务服务业	6 808	7 958	8.53	8.72
科学研究和技术服务业	4 895	5 554	7.15	7.81
水利、环境和公共设施管理业	746	852	1.76	1.87
居民服务、修理和其他服务业	1 228	1 517	1.60	1.89
教育	2 639	2 819	13.14	14.00
卫生和社会工作	3 811	3 914	6.53	6.58
文化、体育和娱乐业	1 356	1 468	1.76	1.95
公共管理、社会保障和社会组织	7 369	7 656	12.69	13.62

主要统计指标解释

平均每年增长速度 在我国计算平均增长速度有两种方法,一种是习惯上经常使用的“水平法”,又称几何平均法,是以间隔期最后一年的水平同基期水平对比来计算平均每年增长(或下降)速度。另一种是“累计法”,又称代数平均法或方程法,是以间隔期内各年水平的总和同基期水平对比来计算平均每年增长(或下降)速度。

在一般正常情况下,两种方法计算的平均每年增长速度比较接近,但在经济发展不平衡,出现大起大落时,两种方法计算的结果差别较大。

本《年鉴》内所列的平均每年增长速度,除固定资产投资是用“累计法”计算以外,其余均用“水平法”计算。从某年到某年平均增长速度的年份,均不包括基期年在内。如改革开放30年的平均增长速度是以1978年为基期计算的,则写为1979-2008年平均增长速度,余类推。

各个计划时期 表内所用各个“时期”代表的年份如下:恢复时期为1950年到1952年;第一个五年计划时期(简称一五时期)为1953年到1957年;第二个五年计划时期(简称二五时期)为1958年到1962年;三年调整时期为1963年到1965年;第三个五年计划时期(简称三五时期)为1966年到1970年;第四个五年计划时期(简称四五时期)为1971年到1975年;第五个五年计划时期(简称五五时期)为1976年到1980年;第六个五年计划时期(简称六五时期)为1981年到1985年;第七个五年计划时期(简称七五时期)为1986年到1990年;第八个五年计划时期(简称八五时期)为1991年到1995年,第九个五年计划时期(简称九五时期)为1996年到2000年。第十个五年计划时期(简称十五时期)为2001年到2005年;第十一个五年计划时期(简称十一五时期)为2006年到2010年。

“倍数”的用法 倍,就是跟原数相同的数。倍数,只能用于数字的增加,不能用于数字的减少。如“增长多少倍”、“扩大多少倍”、“提高多少倍”都可以,但不能说“降低多少倍”、“缩小多少倍”、“减少多少倍”。因为减少一倍就减完了,再无什么可减了。运用倍数时,还要注意词的准确。如“增加了两倍”即原来是一,现在是三;“增加到两倍”,即原来是一,现在是二。这里的“了”和“到”不能缺少,也不能互换。

“百分数”的用法 百分数,是用一百做分母的分数,在数学中用“%”来表示,在文章中一般都写作“百分之多少”。百分数与倍数不同,它既可以表示数量的增加,也可以表示数量的减少。运用百分数时,也要注意概念的精确。如“比过去增长30%,即过去为100,现在是“130”;比过去降低30%,即过去是100,现在是“70”;“降低到原来的30%”,即原来是100,现在是“30”。

运用百分数时,还要注意有些数最多只能达到100%,如产品合格率,种子发芽率等;有些百分数只能小于100%,如粮食出粉率等;有些百分数却可以超过100%,如产品产量计划完成情况等。

“番”的用法与“倍”的关系 增加一倍,就是增加100%;翻一番,也是增加100%。除了一倍与一番相当外,两倍与两番以上数字含义就不同了,而且数字越大,差距越大。如增加两倍,就指增加200%;翻两番,就是400%(一番二、二番是四、三番就是八),所以说翻两番就是增加了300%,翻三番就是增加了700%。“番”是按几何级数计算的,“倍”是按算术级数计算的。

计算翻番公式为:

n=[lg(报告期数÷基数)]÷lg2

n表示翻番数 lg是常用对数符号

国民经济核算

NATIONAL ACCOUNTS

版面负责人：卓卫华

编　　辑：王　楠

江苏省统计条例

（2014年1月16日江苏省第十二届人民代表大会常务委员会第八次会议通过）

第三条 县级以上地方人民政府应当加强对统计工作的组织领导，将统计事业纳入本地区国民经济和社会发展规划，建立健全统计机构，加强统计队伍建设，为统计工作提供必要的保障，确保统计工作正常开展。

【释义】 本条是关于地方各级人民政府对统计工作组织领导和保障职责的规定。

统计工作是政府管理经济社会事务的一项重要的基础性工作。为了科学、有效地开展统计工作，地方各级人民政府应当加强对统计工作的组织领导，为统计工作提供必要的保障。

对统计工作的组织领导主要体现在：一是高度重视统计工作，将其作为本级政府的一项经常性基础工作进行研究、规划、布置；二是加强对重大国情国力普查项目和重大省情省力项目的规划、组织和领导，加强对本级政府统计调查项目的规划、组织和领导，确保统计调查顺利实施；三是加强对政府统计机构、统计人员的领导和监督，保障其依法履行职责。

为统计工作提供必要的保障，主要包括：一是提供组织保障，依照规定设置统计机构，配备统计人员，加强对统计人员的专业培训和职业道德教育，提高统计人员的专业素质，保障统计队伍的稳定性；二是提供制度保障，加强统计法制建设，保障政府统计机构、统计人员依法独立行使统计调查、统计报告、统计监督的职权不受侵犯，防止对统计工作的违法干预，加大对统计违法行为的监督检查和惩处力度；三是提供科学技术保障，加强统计科学研究，健全科学的统计指标体系，不断改进统计调查方法，加强统计信息化建设；四是提供物质保障，将统计工作所需经费列入政府财政预算，按时拨付，为开展统计工作提供必要的物质条件。

第四条 县级以上地方人民政府统计机构(以下简称政府统计机构)负责本行政区域内统计工作的组织实施、管理协调和监督检查。

县级以上地方人民政府有关部门依法组织、管理本部门职责范围内的统计工作，实施统计调查。

【释义】 本条是关于政府统计机构及有关部门职责的规定。

县级以上地方人民政府统计机构的职责。是指依法管理协调、监督检查统计工作，组织实施统计调查。具体职责主要包括：(1)组织管理本行政区域内的统计工作；(2)依法制定、审批地方统计调查项目；(3)完成国家和地方统计调查任务；(4)依法管理和公布本行政区域的统计资料；(5)对本行政区域内的经济和社会发展情况进行统计分析，提供咨询意见，实行统计监督；(6)组织指导本行政区域内各部门、各单位加强统计基础建设；(7)监督检查本行政区域内的政府统计活动、民间统计调查活动，依法查处统计违法行为。

县级以上地方人民政府有关部门的职责。是指依法管理统计工作，组织实施统计调查。具体职责主要包括：(1)组织指导、综合协调本部门职责范围内的统计工作；(2)依法制定本部门、本行业的地方统计调查项目；(3)完成国家、部门和地方统计调查任务；(4)依法管理和公布本部门、本行业的统计资料；(5)依法对本部门、本行业的经济和社会发展情况进行统计分析，提供咨询意见，实行统计监督；(6)依法组织指导本部门、本行业的各单位加强统计基础建设；(7)依法监督检查职责范围内的统计活动，及时移送有关涉嫌统计违法的材料，协助政府统计机构查处统计违法案件。

本条例所称的政府统计机构。是指县级以上地方人民政府统计机构。

编辑：王中彬

2-1 主要年份地区生产总值

（当年价格） 单位：万元

年 份	地区生产总值	第一产业	第二产业	工 业	建筑业	第三产业	# 交通、仓储邮电通信业	# 批发零售、住宿餐饮业	人均地区生产总值
1949	17 274	13 388	1 282			2 604			46
1952	22 978	16 401	2 717			3 860			60
1957	36 912	17 195	11 501			8 216			83
1962	45 752	20 558	14 176			11 018			100
1965	56 658	26 883	19 016			10 759			117
1970	86 926	39 808	33 926			13 192			156
1975	126 877	53 488	54 233			19 156			207
1978	213 899	94 036	89 475	80 640	8 835	30 388			334
1979	248 679	107 103	106 042	95 109	10 933	35 534			383
1980	286 203	112 976	129 855	117 494	12 361	43 372			436
1981	303 742	125 809	131 965	120 773	11 192	45 968			456
1982	354 094	144 961	152 552	136 971	15 581	56 581			522
1983	422 603	169 141	177 376	152 040	25 336	76 086			468
1984	496 828	203 530	205 616	182 030	23 586	87 682			713
1985	555 667	221 573	237 589	207 209	30 380	96 505			790
1986	630 445	246 074	259 605	219 901	39 704	124 766			886
1987	719 853	272 596	296 863	254 061	42 802	150 394			999
1988	846 322	302 814	364 213	325 963	38 250	179 295			1 152
1989	992 598	347 872	402 214	366 541	35 673	242 512			1 319
1990	1 128 406	386 894	449 104	409 314	39 790	292 408	72 126	68 281	1 438
1991	1 300 510	436 804	501 072	457 482	43 590	362 634	82 331	92 901	1 598
1992	1 621 503	468 032	702 902	623 641	79 261	450 569	96 581	117 949	1 969
1993	2 205 695	558 606	1 036 980	934 658	102 322	610 109	148 636	159 699	2 656
1994	3 147 560	797 131	1 482 083	1 346 900	135 183	868 346	208 401	224 935	3 754
1995	4 034 596	1 006 725	1 841 433	1 659 430	182 003	1 186 438	295 570	317 301	4 762
1996	4 880 421	1 156 698	2 232 087	1 997 969	234 118	1 491 636	374 708	406 308	5 706
1997	5 042 259	1 079 337	2 338 385	2 081 981	256 404	1 624 537	413 969	447 971	5 841
1998	5 367 632	1 124 458	2 479 489	2 158 727	320 762	1 763 685	469 179	488 742	6 159
1999	5 770 945	1 135 814	2 700 239	2 340 678	359 561	1 934 892	518 356	521 626	6 583
2000	6 162 952	1 185 711	2 835 638	2 435 429	400 209	2 141 603	571 968	581 651	6 948
2001	6 814 908	1 260 273	3 143 812	2 698 419	445 393	2 410 823	633 089	653 360	7 579
2002	7 493 386	1 340 458	3 511 425	3 028 844	482 581	2 641 503	685 237	726 092	8 297
2003	8 522 604	1 346 800	4 198 275	3 627 200	571 075	2 977 529	724 227	846 509	9 401
2004	10 311 200	1 615 900	5 116 400	4 353 500	762 900	3 578 900	1 003 800	985 500	11 596
2005	12 266 500	1 742 400	6 201 400	5 279 300	922 100	4 322 900	1 285 800	1 225 700	13 861
2006	14 647 400	1 900 500	7 564 900	6 475 000	1 089 900	5 181 900	1 580 100	1 475 600	16 665
2007	17 478 700	2 075 800	9 093 300	7 870 100	1 223 200	6 309 600	1 917 100	1 818 400	20 003
2008	21 188 400	2 300 000	11 057 600	9 527 000	1 530 600	7 830 800	2 299 100	2 312 000	24 350
2009	23 901 600	2 499 000	12 490 400	10 652 800	1 837 600	8 912 200	2 496 800	2 738 400	27 514
2010	29 421 400	2 828 200	14 909 200	12 686 100	2 223 100	11 684 000	2 851 800	3 838 600	34 084
2011	35 516 500	3 345 400	17 770 400	15 098 200	2 672 200	14 400 700	3 350 100	5 158 700	41 407
2012	40 165 800	3 824 600	19 685 200	16 666 200	3 019 000	16 656 000	3 825 900	5 941 800	46 877
2013	45 198 200	4 188 800	21 400 300	18 079 800	3 340 400	19 609 100	4 293 900	6 847 000	52 694
2014	49 639 100	4 735 400	22 462 400	18 837 000	3 646 100	22 441 300	4 785 700	7 823 500	57 655

注：根据国家统计局《三次产业划分规定》(国统字[2012]108 号)要求，2013 年起原第一产业中的农林牧渔服务业调整到第三产业中，原第二产业中的金属制品、机械和设备修理业调整到第三产业中，产业划分调整后，工业与建筑业合计要大于等于第二产业；1993-2004 年数据是 2004 年第一次经济普查调整修订数据；2006-2008 年数据是第二次经济普查调整修订数据；2013 年数据是第三次经济普查调整修订数据(下同)。

2–2 主要年份地区生产总值构成

（当年价格）

年份	绝对数(万元)				构成(%)		
	地区生产总值	第一产业	第二产业	第三产业	第一产业	第二产业	第三产业
1949	17 274	13 388	1 282	2 604	77.5	7.4	15.1
1952	22 978	16 401	2 717	3 860	71.4	11.8	16.8
1957	36 912	17 195	11 501	8 216	46.6	31.2	22.2
1962	45 752	20 558	14 176	11 018	44.9	31.0	24.1
1965	56 658	26 883	19 016	10 759	47.4	33.6	19.0
1970	86 926	39 808	33 926	13 192	45.8	39.0	15.2
1975	126 877	53 488	54 233	19 156	42.2	42.7	15.1
1978	213 899	94 036	89 475	30 388	44.0	41.8	14.2
1979	248 679	107 103	106 042	35 534	43.1	42.6	14.3
1980	286 203	112 976	129 855	43 372	39.5	45.4	15.1
1981	303 742	125 809	131 965	45 968	41.4	43.4	15.2
1982	354 094	144 961	152 552	56 581	40.9	43.1	16.0
1983	422 603	169 141	177 376	76 086	40.0	42.0	18.0
1984	496 828	203 530	205 616	87 682	41.0	41.4	17.6
1985	555 667	221 573	237 589	96 505	39.9	42.8	17.3
1986	630 445	246 074	259 605	124 766	39.0	41.2	19.8
1987	719 853	272 596	296 863	150 394	37.9	41.2	20.9
1988	846 322	302 814	364 213	179 295	35.8	43.0	21.2
1989	992 598	347 872	402 214	242 512	35.0	40.5	24.5
1990	1 128 406	386 894	449 104	292 408	34.3	39.8	25.9
1991	1 300 510	436 804	501 072	362 634	33.6	38.5	27.9
1992	1 621 503	468 032	702 902	450 569	28.9	43.3	27.8
1993	2 205 695	558 606	1 036 980	610 109	25.3	47.0	27.7
1994	3 147 560	797 131	1 482 083	868 346	25.3	47.1	27.6
1995	4 034 596	1 006 725	1 841 433	1 186 438	25.0	45.6	29.4
1996	4 880 421	1 156 698	2 232 087	1 491 636	23.7	45.7	30.6
1997	5 042 259	1 079 337	2 338 385	1 624 537	21.4	46.4	32.2
1998	5 367 632	1 124 458	2 479 489	1 763 685	20.9	46.2	32.9
1999	5 770 945	1 135 814	2 700 239	1 934 892	19.7	46.8	33.5
2000	6 162 952	1 185 711	2 835 638	2 141 603	19.2	46.0	34.8
2001	6 814 908	1 260 273	3 143 812	2 410 823	18.5	46.1	35.4
2002	7 493 386	1 340 458	3 511 425	2 641 503	17.9	46.9	35.2
2003	8 522 604	1 346 800	4 198 275	2 977 529	15.8	49.3	34.9
2004	10 311 200	1 615 900	5 116 400	3 578 900	15.7	49.6	34.7
2005	12 266 500	1 742 400	6 201 300	4 322 800	14.2	50.6	35.2
2006	14 647 400	1 900 500	7 564 900	5 182 000	13.0	51.6	35.4
2007	17 478 600	2 075 800	9 093 300	6 309 500	11.9	52.0	36.1
2008	21 188 400	2 320 000	11 057 600	7 810 800	10.9	52.2	36.9
2009	23 901 600	2 499 000	12 490 400	8 912 200	10.5	52.3	37.2
2010	29 421 400	2 828 200	14 909 200	11 684 000	9.6	50.7	39.7
2011	35 516 500	3 345 400	17 770 400	14 400 700	9.4	50.1	40.5
2012	40 165 800	3 824 600	19 685 200	16 656 000	9.5	49.0	41.5
2013	45 198 200	4 188 800	21 400 300	19 609 100	9.3	47.3	43.4
2014	49 639 100	4 735 400	22 462 400	22 441 300	9.5	45.3	45.2

2-3 主要年份地区生产总值指数

（按可比价格计算、以 1978 年为 100）

年 份	地区生产总值	第一产业	第二产业			第三产业			人均地区生产总值
				工 业	建筑业		#交通、仓储邮电通信业	#批发零售、住宿餐饮业	
1978	100.0	100.0	100.0	100.0	100.0	100.0			100.0
1979	106.0	92.1	117.4	117.5	117.2	115.4			105.3
1980	121.3	96.3	143.7	144.5	136.1	133.0			119.2
1981	127.0	104.3	146.7	149.3	122.9	139.2			122.9
1982	145.5	112.8	171.8	172.1	168.9	169.7			138.4
1983	172.7	126.8	202.1	193.8	277.9	228.0			161.6
1984	197.5	144.7	232.9	230.3	256.2	256.5			182.8
1985	207.6	142.9	258.6	251.4	324.4	257.8			190.2
1986	224.3	146.3	276.6	261.5	415.3	311.3			203.2
1987	240.6	146.2	305.0	290.6	436.1	343.2			215.3
1988	251.0	132.2	347.5	346.1	360.5	334.5			220.2
1989	263.4	145.3	345.5	349.6	307.3	387.4			225.6
1990	291.3	149.0	384.7	389.5	340.4	456.7	100.0	100.0	239.4
1991	334.7	165.8	422.8	423.8	417.0	581.4	101.4	139.2	265.3
1992	407.0	176.2	566.1	561.5	611.7	707.6	115.9	162.4	318.6
1993	459.1	184.5	730.3	745.1	592.7	679.3	134.4	188.8	356.7
1994	537.1	200.2	867.6	885.9	695.8	832.8	176.9	218.4	399.3
1995	625.2	229.0	996.0	1 008.2	893.4	1 012.7	229.6	268.2	460.1
1996	722.7	248.0	1 181.3	1 188.7	1 130.2	1 171.7	245.0	320.3	524.2
1997	810.1	282.2	1 319.5	1 326.6	1 265.8	1 311.1	293.5	362.6	582.2
1998	908.9	306.8	1 497.6	1 489.8	1 620.2	1 463.2	331.9	385.8	646.8
1999	1 000.7	325.8	1 653.4	1 637.4	1 874.6	1 632.9	374.1	422.5	707.9
2000	1 100.8	341.4	1 827.0	1 806.1	2 120.2	1 828.8	423.9	475.3	769.6
2001	1 221.9	363.6	2 048.1	2 021.0	2 393.7	2 044.6	469.3	538.0	842.7
2002	1 361.2	386.5	2 320.5	2 310.0	2 599.6	2 277.7	529.4	604.2	934.6
2003	1 531.4	379.5	2 719.6	2 728.1	2 924.6	2 576.1	591.3	705.1	1 047.2
2004	1 745.8	417.5	3 135.7	3 118.2	3 532.9	2 929.0	685.3	798.2	1 185.4
2005	1 995.4	434.1	3 606.1	3 557.9	4 278.4	3 453.3	846.4	956.2	1 360.9
2006	2 297.7	452.8	4 248.1	4 196.3	5 006.0	3 995.7	973.3	1 121.6	1 577.3
2007	2 650.4	471.4	4 998.2	5 037.4	5 200.4	4 637.6	1 137.8	1 296.6	1 829.6
2008	3 009.5	498.7	5 698.9	5 791.1	5 602.7	5 351.0	1 306.2	1 544.3	2 085.3
2009	3 429.3	526.1	6 528.3	6 572.4	6 841.5	6 185.3	1 446.0	1 860.8	2 379.3
2010	3 909.4	548.3	7 554.0	7 630.3	7 742.6	7 063.6	1 534.2	2 223.7	2 729.1
2011	4 439.1	572.9	8 653.8	8 817.2	8 429.9	8 084.7	1 707.2	2 717.4	3 117.2
2012	5 025.1	602.1	9 908.6	10 086.9	9 728.1	9 168.0	1 860.8	3 114.1	3 531.8
2013	5 616.0	620.6	11 129.5	11 405.5	10 488.5	10 337.5	2 021.7	3 685.3	3 942.9
2014	6 203.3	643.3	12 123.3	12 451.2	11 263.4	11 745.1	2 238.8	4 138.7	4 339.0

2-4 主要年份地区生产总值指数

（按可比价格计算、以上年为 100）

年份	地区生产总值	第一产业	第二产业	工业	建筑业	第三产业	#交通、仓储邮电通信业	#批发零售、住宿餐饮业	人均地区生产总值
1978	100.0	100.0	100.0	100.0	100.0	100.0			100.0
1979	106.0	92.1	117.4	117.5	117.2	115.4			105.3
1980	114.4	104.6	122.4	123.0	116.1	115.3			113.2
1981	104.7	108.3	102.1	103.3	90.3	104.7			103.1
1982	114.6	108.1	117.1	115.3	137.4	121.9			112.6
1983	118.7	112.4	117.6	112.6	164.5	134.4			116.8
1984	114.4	114.1	115.2	118.8	92.2	112.5			113.1
1985	105.1	98.8	111.0	109.2	126.6	100.5			104.0
1986	108.0	102.4	107.0	104.0	128.0	120.8			106.8
1987	107.3	99.9	110.3	111.1	105.0	110.2			106.0
1988	104.3	90.4	113.9	119.1	82.7	97.5			102.3
1989	104.9	109.9	99.4	101.0	85.2	115.8			102.5
1990	110.6	102.5	111.3	111.4	110.8	117.9			106.1
1991	114.9	111.3	109.9	108.8	122.5	127.3	101.4	139.2	110.8
1992	121.6	106.3	133.9	132.5	146.7	121.7	114.3	116.7	120.1
1993	112.8	104.7	129.0	132.7	96.9	96.0	116.0	116.3	112.0
1994	117.0	108.5	118.8	118.9	117.4	122.6	131.6	115.7	111.9
1995	116.4	114.4	114.8	113.8	128.4	121.6	129.8	122.8	115.2
1996	115.6	108.3	118.6	117.9	126.5	115.7	106.7	119.4	113.9
1997	112.1	113.8	111.7	111.6	112.0	111.9	119.8	113.2	111.1
1998	112.2	108.7	113.5	112.3	128.0	111.6	113.1	106.4	111.1
1999	110.1	106.2	110.4	109.9	115.7	111.6	112.7	109.5	109.4
2000	110.0	104.8	110.5	110.3	113.1	112.0	113.3	112.5	108.7
2001	111.0	106.5	112.1	111.9	112.9	111.8	110.7	113.2	109.5
2002	111.4	106.3	113.3	114.3	108.6	111.4	112.8	112.3	110.9
2003	112.5	98.2	117.2	118.1	112.5	113.1	111.7	116.7	112.0
2004	114.0	110.0	115.3	114.3	120.8	113.7	115.9	113.2	113.2
2005	114.3	104.0	115.0	114.1	121.1	117.9	123.5	119.8	114.8
2006	115.1	104.3	117.8	117.9	117.0	115.7	115.0	117.3	115.9
2007	115.3	104.1	117.7	120.0	103.9	116.1	116.9	115.6	116.0
2008	113.5	105.8	114.0	115.0	107.7	115.4	114.8	119.1	114.0
2009	113.9	105.5	114.6	113.5	122.1	115.6	110.7	120.5	114.1
2010	114.0	104.2	115.7	116.1	113.2	114.2	106.1	119.5	114.7
2011	113.5	104.5	114.6	115.6	108.9	114.5	111.3	122.2	114.2
2012	113.2	105.1	114.5	114.4	115.4	113.4	109.0	114.6	113.3
2013	111.8	103.1	112.3	113.1	107.8	112.8	108.6	118.3	111.6
2014	110.5	103.7	108.9	109.2	107.4	113.6	110.7	112.3	110.0

2–5 市区主要年份地区生产总值

（当年价格）

单位：万元

年份	地区生产总值	第一产业	第二产业	工业	建筑业	第三产业	#交通、仓储邮电通信业	#批发零售、住宿餐饮业	人均地区生产总值
1949	2 999	130	1 180			1 689			100
1952	4 800	243	2 416			2 141			215
1957	13 961	311	9 972			3 678			367
1962	17 942	330	12 136			5 476			392
1965	20 029	299	14 484			5 246			391
1970	34 074	642	27 317			6 115			625
1975	50 598	1 111	42 074			7 413			841
1978	76 966	1 473	63 559	59 772	3 787	11 934			1 169
1979	92 885	1 453	76 488	72 392	4 096	14 944			1 347
1980	114 121	1 404	92 906	87 787	5 119	19 811			1 588
1981	115 615	1 911	92 268	86 945	5 323	21 436			1 564
1982	132 620	2 651	102 819	96 100	6 719	27 150			1 742
1983	158 974	3 277	120 463	104 405	16 058	35 234			2 031
1984	178 795	2 573	139 174	127 450	11 724	37 048			2 236
1985	201 382	3 944	155 271	142 093	13 178	42 167			2 469
1986	226 245	3 473	167 736	146 660	21 076	55 036			2 717
1987	261 723	3 641	185 152	162 570	22 582	72 930			3 086
1988	290 004	5 416	197 585	183 348	14 237	87 003			3 357
1989	393 946	26 854	243 492	229 027	14 465	123 600			3 036
1990	465 430	28 945	286 638	267 966	18 672	149 847	47 377	34 909	3 486
1991	527 063	34 667	302 487	281 089	21 398	189 909	52 387	52 176	3 864
1992	691 488	35 101	423 675	380 596	43 079	232 712	60 256	66 734	5 005
1993	1 010 701	43 486	636 807	584 435	52 372	330 408	95 675	101 473	7 217
1994	1 407 532	48 151	872 348	809 989	62 359	487 033	128 744	144 742	9 922
1995	1 756 497	65 060	1 023 748	938 593	85 155	667 689	174 146	214 297	12 199
1996	2 099 264	73 753	1 155 934	1 039 063	116 871	869 577	223 403	283 423	14 356
1997	2 268 272	66 222	1 263 562	1 122 431	141 131	938 488	244 896	308 787	15 291
1998	2 443 284	69 244	1 395 261	1 186 598	208 663	978 779	253 128	337 690	16 224
1999	2 578 059	65 613	1 406 279	1 175 659	230 620	1 106 167	277 688	371 413	16 945
2000	2 903 331	66 504	1 561 564	1 289 353	272 211	1 275 263	329 705	429 898	18 551
2001	3 225 039	69 606	1 702 464	1 401 992	300 472	1 452 969	376 668	482 627	19 959
2002	3 593 285	74 009	1 911 036	1 585 572	325 464	1 608 240	410 094	544 230	21 970
2003	4 259 982	74 000	2 343 692	1 998 038	345 654	1 842 290	461 838	628 954	25 672
2004	5 383 900	80 700	3 052 100	2 607 600	444 500	2 251 100	575 700	761 400	28 544
2005	6 258 100	117 900	3 551 600	3 116 700	434 900	2 588 600	622 500	936 100	31 203
2006	7 272 800	111 800	4 111 800	3 720 300	391 500	3 049 200	683 300	1 167 000	38 836
2007	8 686 000	162 800	4 820 900	4 432 500	388 400	3 702 300	750 000	1 478 200	45 407
2008	9 984 800	177 100	5 517 000	5 183 700	333 300	4 290 700	937 900	1 803 400	50 586
2009	11 433 600	174 200	6 189 200	5 775 800	413 400	5 070 200	1 078 500	2 119 300	56 833
2010	17 794 700	521 200	9 673 700	8 831 100	842 600	7 599 800	1 532 100	2 906 400	57 743
2011	21 151 700	632 600	11 495 300	10 340 000	1 155 300	9 023 800	1 239 300	3 266 900	68 564
2012	24 029 300	677 900	13 070 100	11 792 100	1 278 000	10 281 300	1 845 900	4 021 400	76 923
2013	26 417 600	725 100	14 231 800	12 819 300	1 412 500	11 460 700	2 043 100	4 584 100	83 976
2014	27 929 400	916 000	14 452 400	12 795 200	1 657 200	12 561 000	2 191 200	5 017 600	87 617

2-6 市区主要年份生产总值构成

（当年价格）

年份	绝对数(万元)				构成(%)		
	地区生产总值	第一产业	第二产业	第三产业	第一产业	第二产业	第三产业
1949	2 999	130	1 180	1 689	4.3	39.4	56.3
1952	4 800	243	2 416	2 141	5.1	50.3	44.6
1957	13 961	311	9 972	3 678	2.2	71.4	26.4
1962	17 942	330	12 136	5 476	1.8	67.7	30.5
1965	20 029	299	14 484	5 246	1.5	72.3	26.2
1970	34 074	642	27 317	6 115	1.9	80.2	17.9
1975	50 598	1 111	42 074	7 413	2.2	83.2	14.6
1978	76 966	1 473	63 559	11 934	1.9	82.6	15.5
1979	92 885	1 453	76 488	14 944	1.6	82.3	16.1
1980	114 121	1 404	92 906	19 811	1.2	81.4	17.4
1981	115 615	1 911	92 268	21 436	1.7	79.8	18.5
1982	132 620	2 651	102 819	27 150	2.0	77.5	20.5
1983	158 974	3 277	120 463	35 234	2.1	75.8	22.1
1984	178 795	2 573	139 174	37 048	1.4	77.9	20.7
1985	201 382	3 944	155 271	42 167	2.0	77.1	20.9
1986	226 245	3 473	167 736	55 036	1.5	74.2	24.3
1987	261 723	3 641	185 152	72 930	1.4	70.7	27.9
1988	290 004	5 416	197 585	87 003	1.9	68.1	30.0
1989	393 946	26 854	243 492	123 600	6.8	61.8	31.4
1990	465 430	28 945	286 638	149 847	6.2	61.6	32.2
1991	527 063	34 667	302 487	189 909	6.6	57.4	36.0
1992	691 488	35 101	423 675	232 712	5.1	61.3	33.6
1993	1 010 701	43 486	636 807	330 408	4.3	63.0	32.7
1994	1 407 532	48 151	872 348	487 033	3.4	62.0	34.6
1995	1 756 497	65 060	1 023 748	667 689	3.7	58.3	38.0
1996	2 099 264	73 753	1 155 934	869 577	3.5	55.1	41.4
1997	2 268 272	66 222	1 263 562	938 488	2.9	55.7	41.4
1998	2 443 284	69 244	1 395 261	978 779	2.8	57.1	40.1
1999	2 578 059	65 613	1 406 279	1 106 167	2.6	54.5	42.9
2000	2 903 331	66 504	1 561 564	1 275 263	2.3	53.8	43.9
2001	3 225 039	69 606	1 702 464	1 452 969	2.2	52.8	45.0
2002	3 593 285	74 009	1 911 036	1 608 240	2.0	53.2	44.8
2003	4 259 982	74 000	2 343 692	1 842 290	1.7	55.0	43.3
2004	5 383 900	80 700	3 052 100	2 251 100	1.5	56.7	41.8
2005	6 258 100	117 900	3 551 600	2 588 600	1.9	56.8	41.4
2006	7 272 800	111 800	4 111 800	3 049 200	1.5	56.5	41.9
2007	8 686 100	162 800	4 820 900	3 702 400	1.9	55.5	42.6
2008	9 984 800	177 100	5 517 000	4 290 700	1.8	55.3	43.0
2009	11 433 600	174 200	6 189 200	5 070 200	1.5	54.1	44.3
2010	17 794 700	521 200	9 673 700	7 599 800	2.9	54.4	42.7
2011	21 151 700	632 600	11 495 300	9 023 800	3.0	54.3	42.7
2012	24 029 300	677 900	13 070 100	10 281 300	2.8	54.4	42.8
2013	26 417 600	725 100	14 231 800	11 460 700	2.7	53.9	43.4
2014	27 929 400	916 000	14 452 400	12 561 000	3.3	51.7	45.0

2-7 市区主要年份地区生产总值指数

（按可比价格计算、以 1978 年为 100）

年 份	地区生产总值	第一产业	第二产业	工 业	建筑业	第三产业	#交通、仓储邮电通信业	#批发零售、住宿餐饮业	人均地区生产总值
1978	100.0	100.0	100.0	100.0	100.0	100.0			100.0
1979	119.4	79.8	119.5	120.6	102.4	123.6			114.0
1980	145.1	76.4	144.9	145.7	131.5	154.7			132.9
1981	146.9	101.1	144.5	145.0	136.3	165.2			130.8
1982	169.5	131.6	163.3	162.9	169.9	207.4			146.6
1983	204.3	156.8	193.3	179.5	410.9	268.9			171.8
1984	228.6	116.8	222.3	217.6	297.1	276.0			188.2
1985	244.4	162.4	238.3	232.6	328.3	286.8			197.2
1986	264.7	131.8	251.9	235.3	514.4	349.6			209.2
1987	289.4	124.6	267.9	250.9	536.7	423.8			224.5
1988	286.3	150.9	265.6	262.6	313.0	413.3			218.2
1989	334.9	716.1	294.5	294.7	290.7	502.8			249.8
1990	391.6	711.7	345.8	344.1	372.7	595.9	100.0	100.0	286.5
1991	456.6	911.7	358.9	352.0	467.4	833.7	100.4	160.4	329.2
1992	591.3	859.7	479.5	463.2	734.8	1 079.6	115.9	176.0	419.7
1993	667.0	1 097.8	625.3	623.5	648.8	909.0	129.3	223.3	465.0
1994	779.1	999.0	704.7	706.4	675.4	1 163.5	176.4	247.6	341.8
1995	867.9	1 273.7	741.3	733.9	870.6	1 432.3	230.7	306.8	417.1
1996	979.9	1 348.8	813.9	793.3	1 175.3	1 713.0	262.8	357.4	455.0
1997	1 078.9	1 583.5	904.2	873.4	1 446.7	1 846.6	293.5	375.3	493.7
1998	1 173.8	1 721.3	1 010.9	945.0	2 162.8	1 913.1	306.1	409.5	529.2
1999	1 270.1	1 772.9	1 064.5	985.6	2 446.1	2 180.9	337.6	447.6	566.8
2000	1 432.7	1 804.8	1 185.9	1 089.1	2 869.3	2 529.8	419.0	490.6	621.5
2001	1 580.3	1 913.1	1 279.4	1 186.0	3 193.5	2 820.7	490.2	535.2	664.0
2002	1 776.3	2 012.6	1 472.5	1 363.9	3 445.8	3 147.9	537.7	587.1	737.4
2003	2 064.1	1 934.1	1 750.8	1 668.0	3 618.1	3 585.5	625.1	655.2	844.3
2004	2 435.6	2 282.2	1 988.9	2 035.0	4 204.2	4 105.4	715.7	750.2	987.0
2005	2 813.2	2 257.1	2 337.0	2 376.8	5 150.2	4 667.8	959.8	865.7	1 072.9
2006	3 251.5	2 056.2	2 731.7	2 802.3	5 721.3	5 357.7	1 104.7	1 009.4	1 208.0
2007	3 765.6	2 118.8	3 175.0	3 262.3	6 584.2	6 196.4	1 289.4	1 151.3	1 369.0
2008	4 266.4	2 226.9	3 603.6	3 735.3	7 005.6	7 070.1	1 454.4	1 341.3	1 518.1
2009	4 890.7	2 426.5	4 061.7	4 178.6	8 959.5	8 293.5	1 690.1	1 535.7	1 706.3
2010	5 678.0	2 318.7	4 613.1	4 679.6	11 934.1	10 059.6	1 789.8	1 934.4	1 953.0
2011	6 401.0	2 373.2	5 222.1	5 248.3	14 822.0	11 352.0	1 939.6	2 064.2	2 181.5
2012	7 225.8	2 466.9	5 913.3	5 944.3	16 748.0	12 827.2	2 168.8	2 419.6	2 432.4
2013	8 042.3	2 541.4	6 563.8	6 598.1	18 591.5	14 386.0	2 412.3	2 778.1	2 682.9
2014	8 845.7	2 638.1	7 400.5	7 439.6	20 954.2	15 363.5	2 446.7	3 087.8	2 956.5

2-8 市区主要年份地区生产总值指数

（按可比价格计算、以上年为100）

年份	地区生产总值	第一产业	第二产业	工业	建筑业	第三产业	#交通、仓储邮电通信业	#批发零售、住宿餐饮业	人均地区生产总值
1978	100.0	100.0	100.0	100.0	100.0	100.0			100.0
1979	119.4	79.8	119.5	120.6	102.4	123.6			114.0
1980	121.5	95.7	121.3	120.8	128.4	125.2			116.6
1981	101.2	132.3	99.7	99.5	103.7	106.8			98.4
1982	115.4	130.2	113.0	112.3	124.7	125.5			112.1
1983	120.5	119.1	118.4	110.2	241.8	129.7			117.2
1984	111.9	74.5	115.0	121.2	72.3	102.6			109.5
1985	106.9	139.0	107.2	106.9	110.5	103.9			104.8
1986	108.3	81.2	105.7	101.2	156.7	121.9			106.1
1987	109.3	94.5	106.4	106.6	104.3	121.2			107.3
1988	98.9	121.1	99.1	104.7	58.3	97.5			97.2
1989	117.0	474.6	110.9	112.2	92.9	121.7			114.5
1990	116.9	99.4	117.4	116.8	128.2	118.5			114.7
1991	116.6	128.1	103.8	102.3	125.4	139.9	100.4	160.4	114.9
1992	129.5	94.3	133.6	131.6	157.2	129.5	115.4	109.7	127.5
1993	112.8	127.7	130.4	134.6	88.3	84.2	111.6	126.9	110.8
1994	116.8	91.0	112.7	113.3	104.1	128.0	136.4	110.9	73.5
1995	111.4	127.5	105.2	103.9	128.9	123.1	130.8	123.9	122.0
1996	112.9	105.9	109.8	108.1	135.0	119.6	113.9	116.5	109.1
1997	110.1	117.4	111.1	110.1	123.1	107.8	111.7	105.0	108.5
1998	108.8	108.7	111.8	108.2	149.5	103.6	104.3	109.1	107.2
1999	108.2	103.0	105.3	104.3	113.1	114.0	110.3	109.3	107.1
2000	112.8	101.8	111.4	110.5	117.3	116.0	124.1	109.6	109.7
2001	110.3	106.0	107.9	108.9	111.3	111.5	117.0	109.1	106.8
2002	112.4	105.2	115.1	115.0	107.9	111.6	109.7	109.7	111.1
2003	116.2	96.1	118.9	122.3	105.0	113.9	116.3	111.6	114.5
2004	118.0	118.0	113.6	122.0	116.2	114.5	114.5	114.5	116.9
2005	115.5	98.9	117.5	116.8	122.5	113.7	134.1	115.4	108.7
2006	115.6	91.1	116.9	117.9	111.1	114.8	115.1	116.6	112.6
2007	115.8	103.0	116.2	116.4	115.1	115.7	116.7	114.1	113.4
2008	113.3	105.1	113.5	114.5	106.4	114.1	112.8	116.5	110.9
2009	114.6	109.0	112.7	111.9	127.9	117.3	116.2	114.5	112.4
2010	116.1	95.6	113.6	112.0	133.2	121.3	105.9	126.0	114.5
2011	112.7	102.4	113.2	112.2	124.2	112.8	108.4	106.7	111.7
2012	112.9	103.9	113.2	113.3	113.0	113.0	111.8	117.2	111.5
2013	111.3	103.0	111.0	111.0	111.0	112.2	111.2	114.8	110.3
2014	110.0	103.8	112.7	112.8	112.7	106.8	101.4	111.1	110.2

2-9 分行业地区生产总值

（当年价格） 单位：亿元

行业	全市			市区		
	2012	2013	2014	2012	2013	2014
地区生产总值	**4 016.58**	**4 519.82**	**4 963.91**	**2 402.93**	**2 641.76**	**2 792.94**
农、林、牧、渔业	382.46	432.38	489.87	67.79	74.59	94.94
农业	263.00	297.87	339.44	47.10	49.61	64.61
林业	7.61	8.58	9.30	0.74	1.55	0.97
牧业	83.22	92.23	102.38	15.48	17.8	21.85
渔业	17.80	20.21	22.42	3.25	3.55	4.18
农、林、牧、渔服务业	10.82	13.50	16.33	1.21	2.08	3.34
工业	1 666.62	1 807.98	1 883.70	1 179.21	1 281.93	1 279.52
采矿业	168.00	143.56	133.74	156.12	146.63	117.47
制造业	1 447.43	1 596.21	1 682.65	975.96	1 081.10	1 106.24
电力、燃气及水的生产和供应	51.19	68.21	67.31	47.13	54.19	55.81
建筑业	301.91	334.04	364.61	127.80	141.25	165.72
批发和零售业	530.85	606.55	691.15	367.31	414.03	452.90
批发业	375.84	423.08	479.87	274.84	313.53	342.24
零售业	155.01	183.47	211.28	92.47	100.5	110.66
交通运输、仓储和邮政业	323.85	359.51	396.13	131.71	146.33	159.25
住宿和餐饮业	63.34	78.15	91.20	34.83	44.38	48.87
住宿业	15.47	18.75	21.55	3.39	3.5	3.92
餐饮业	47.87	59.41	69.65	31.45	40.88	44.94
信息传输、计算机服务和软件业	58.74	69.88	82.43	52.88	57.98	59.87
金融业	144.31	177.32	206.89	100.69	104.7	117.43
房地产业	148.26	167.49	177.54	73.45	79.35	76.94
房地产开发经营业	45.53	52.41	47.80	22.93	26.87	27.43
物业管理、中介服务业和其他房地产活动	10.82	17.80	20.84	14.47	14.44	11.97
居民自有住房服务业	91.92	97.29	108.89	36.05	38.04	37.55
租赁和商务服务业	62.94	84.88	103.88	43.74	49.4	57.35
科学研究、技术服务和地质勘查业	22.61	36.30	43.63	17.73	20.59	31.91
水利、环境和公共设施管理业	11.85	13.54	16.05	7.29	8.85	9.61
居民服务和其他服务业	43.42	53.53	62.13	13.02	16.21	20.27
教育	67.96	78.98	93.99	63.87	71.25	72.06
卫生、社会保障和社会福利业	63.53	71.81	84.65	44.42	47.16	52.30
文化、体育和娱乐业	14.76	18.85	24.42	6.52	7.07	9.12
公共管理和社会组织	109.18	128.63	151.64	70.69	76.69	84.86

2-10 主要年份按收入法计算的地区生产总值

（当年价格） 单位:亿元

年份	全市					市区				
	地区生产总值	劳动者报酬	生产税净额	固定资产折旧	营业盈余	地区生产总值	劳动者报酬	生产税净额	固定资产折旧	营业盈余
2000	616.30	369.66	97.48	76.94	72.21					
2001	681.49	401.22	111.17	85.85	83.25					
2002	749.34	385.23	135.11	89.32	139.69					
2003	852.26	400.57	149.43	108.49	193.77					
2004	1 031.11	468.03	132.84	179.22	251.02					
2005	1 226.65	609.74	150.82	169.12	296.97					
2006	1 464.74	628.41	272.32	211.12	352.89					
2007	1 747.86	739.01	312.13	220.34	476.38					
2008	2 118.84	870.28	374.79	265.06	608.71					
2009	2 390.16	1 000.21	464.09	284.06	641.80					
2010	2 942.14	1 202.72	517.33	354.70	867.40	1 779.47	599.07	380.08	181.11	619.21
2011	3 551.65	1 371.68	653.81	367.07	1 159.09	2 115.17	721.95	453.44	216.62	722.96
2012	4 016.58	1 534.98	793.65	499.89	1 188.04	2 402.93	787.15	577.74	294.52	743.52
2013	4 519.82	1 697.61	885.72	560.11	1 376.38	2 641.76	863.17	638.29	323.18	817.14
2014	4 963.91	1 890.52	914.08	653.33	1 505.98	2 792.94	946.73	618.30	329.45	898.46

2–11 按支出法计算的地区生产总值

指　　标	绝对数(亿元)(当年价格)		构成(%)		指数(%)(可比价,上年 =100)	
	2013 年	2014 年	2013 年	2014 年	2013 年	2014 年
地区生产总值	**4 519.82**	**4 963.91**	**100.0**	**100.0**	**111.8**	**110.5**
最终消费支出	2 213.23	2 446.98	49.0	49.3	114.2	112.8
居民消费支出	1 507.19	1 658.34	33.3	33.4	109.8	111.6
城镇居民	1 148.50	1 250.49	25.4	25.2	112.0	110.3
农村居民	358.69	407.84	7.9	8.2	103.2	116.0
政府消费支出	706.04	788.64	15.6	15.9	125.0	115.2
资本形成总额	2 688.73	2 941.04	59.5	59.2	115.0	114.8
固定资本形成总额	2 546.06	2 762.86	56.3	55.7	119.6	114.0
存货变动	142.67	178.19	3.2	3.6	69.7	127.8
货物和服务净流出	–382.13	–424.12	–8.5	–8.5	27.1	41.7

2–12 市区按支出法计算的地区生产总值

指　　标	绝对数(亿元)(当年价格)		构成(%)		指数(%)(可比价,上年 =100)	
	2013 年	2014 年	2013 年	2014 年	2013 年	2014 年
地区生产总值	**2 641.76**	**2 792.94**	**58.4**	**56.3**	**111.0**	**110.0**
最终消费支出	958.35	1 108.09	21.2	22.3	99.9	129.2
居民消费支出	687.26	817.28	15.2	16.5	98.9	129.5
城镇居民	617.65	734.14	13.7	14.8	97.5	129.6
农村居民	69.61	83.13	1.5	1.7	99.0	128.5
政府消费支出	271.09	290.81	6.0	5.9	102.8	128.4
资本形成总额	1 460.98	1 659.53	32.3	33.4	101.8	114.1
固定资本形成总额	1 358.62	1 527.00	30.1	30.8	104.8	113.6
存货变动	102.36	132.52	2.3	2.7	75.3	120.3
货物和服务净流出	222.43	25.32	4.9	0.5		14.0

主要统计指标解释

国内生产总值(GDP) 指一个国家(地区)所有常住单位在一定时期内生产活动的最终成果。国内生产总值有三种表现形态,即价值形态、收入形态和产品形态。从价值形态看,它是所有常住单位在一定时期内所生产的全部货物和服务价值超过同期投入的全部非固定资产货物和服务价值的差额,即所有常住单位的增加值之和;从收入形态看,它是所有常住单位在一定时期内所创造并分配给常住单位和非常住单位的初次分配收入之和;从产品形态看,它是所有常住单位在一定时期内最终使用的货物和服务减去进口货物和服务价值。在实际核算中,国内生产总值的三种表现形态表现为三种计算方法,即生产法、收入法和支出法。三种方法分别从不同的方面反映国内生产总值及其构成。对于地区(省、市、县),GDP中文名称为"地区生产总值"。

当年价格 指报告期的实际价格,如工厂的出厂价格,农产品的收购价格,商业的零售价格等。使用当年价格计算的数字,是为了使国民经济各项指标互相衔接,便于考察当年社会经济效益,便于对生产和流通、生产和分配、生产和消费进行经济核算和综合平衡。

按当年价格计算的价值指标,在不同年份之间进行对比时,因为包含有各年间价格变动的因素,不能确切地反映实物量的增添变动。必须消除价格变动因素后,才能真实反映经济发展动态。因此,在计算增长速度时都使用按可比价格计算的数字。

可比价格 指在不同时期的价值指标对比时,扣除了价格变动的因素,以确切反映物量的变化。按可比价格计算有两种方法:一种是直接用产品产量乘某一年的不变价格计算;另一种是用价格指数换算。

不变价格 指用同类产品的年平均价格作为固定价格,来计算各年产品价值。按不变价格计算的产品价值消除了价格变动因素,不同时期对比可以反映生产的发展速度。新中国成立后,随着工农业产品价格水平的变化,国家统计局先后五次制定了全国统一的工业产品不变价格和农业产品不变价格,从1949年到1957年使用1952年工(农)业产品不变价格,从1957年到1971年使用1957年不变价格,从1971年到1981年使用1970年不变价格, 从1981年到1990年使用1980年不变价格,从1990年开始使用1990年不变价格。

三次产业 根据社会生产活动历史发展的顺序对产业结构的划分,产品直接取自自然界的部门称为第一产业,对初级产品进行再加工的部门称为第二产业, 为生产和消费提供各种服务的部门称为第三产业。它是世界上通用的产业结构分类,但各国的划分不尽一致。我国的三次产业划分是:

第一产业是指农、林、牧、渔业(不含农、林、牧、渔服务业)。

第二产业是指采矿业(不含开采辅助活动),制造业(不含金属制品、机械和设备修理业),电力、热力、燃气及水生产和供应业,建筑业。

第三产业即服务业,是指除第一产业、第二产业以外的其他各业。第三产业包括:批发和零售业,交通运输、仓储和邮政业,住宿和餐饮业,信息传输、软件和信息技术服务业,金融业,房地产业,租凭和商务服务业,科学研究和技术服务业,水利、环境和公共设施管理业,居民服务、修理和其他服务业,教育,卫生和社会工作,文化、体育和娱乐业,公共管理、社会保障和社会组织,国际组织,以及农、林、牧、渔业中的农、林、牧、渔服务业,采矿业中的开采辅助活动,制造业中的金属制品、机械和设备修理业。

版面负责人：李跃东

编　　辑：闫礼建

江苏省统计条例

（2014 年 1 月 16 日江苏省第十二届人民代表大会常务委员会第八次会议通过）

第五条 县级以上地方人民政府应当加强统计信息化建设，构建统计公共信息系统和业务平台，支持和实现资源共享、业务协同。

省人民政府统计机构应当会同有关部门对全省统计信息化建设进行统一规划，推进统计信息搜集、处理、传输、存储技术和统计数据库体系的现代化。

政府统计机构应当制定统计信息安全应急处置预案，建立和完善统计资料备份系统，保障统计资料安全。

【释义】 本条是关于统计信息化建设的规定。

在统计工作中，广泛应用现代化信息技术，对于提高统计效率，减少干扰，深度开发统计信息资源，减轻调查对象负担，具有重要作用。同时，大数据时代，还可以利用统计信息技术、统计数据库体系，提升统计资料的利用度。

本条分三款，对统计信息化建设作出如下规定：一是明确责任分工。地方各级人民政府负责构建公共信息系统和业务平台，省人民政府统计机构负责全省统一规划，各级政府统计机构负责建立灾备系统保障资料安全。二是明确方向和重点。方向是“实现资源共享、业务协同”，通过加强统计信息化，实现政府各部门之间，省、市、县、乡各级政府及部门之间的资源共享、业务协同，真正构建一个“大统计”的格局。重点则是“构建统计公共信息系统和业务平台”，这是实现“资源共享、业务协同”的桥梁，也是近期统计信息化规划和建设的重点。三是明确政府统计机构的主要任务。省人民政府统计机构负责会同有关部门制定全省统计信息化建设规划，着力实现统计技术和数据库体系的现代化；各级政府统计机构负责制定统计信息安全应急处置预案、建立数据备份系统，以保障统计资料安全。

统计公共信息系统。是指运用计算机公共网络建立的统计资料的搜集、处理、传输、存储系统。

统计业务平台。是指计算机公共网络所需的硬件或软件的操作环境。

统计信息安全应急处置预案。是指对统计信息安全突发事件的应急管理、指挥、救援计划等。

统计资料灾难备份系统。是指利用技术、管理手段以及相关资源，确保已有的统计资料在发生故障时可以恢复和继续运营的系统。

第六条 政府统计机构应当建立统计信用制度，定期将政府统计调查对象依法履行统计义务的信用信息提供给公共信用信息机构，供社会公众查询。

【释义】 本条是关于统计信用制度的规定。

建立并完善统计诚信体系，是社会诚信体系建设的重要组成部分，是保障源头数据质量的重要手段。本条作出如下规范：一是建立统计信用制度。目前，统计法律、行政法规尚未对建立统计信用制度提出明确要求。本条规定，政府统计机构应当结合统计工作实际，建立以政府统计调查对象依法履行统计义务的信用信息为内容的统计信用制度，推进统计信用体系建设。二是明确统计信用信息的使用和管理。本条对统计信用信息的使用和管理也作出规范，明确政府统计机构定期将统计信用信息提供给公共信用信息机构，供社会公众查询、使用。

政府统计调查对象。是指在政府统计调查活动中，提供统计资料的单位和个人。政府统计调查对象的范围除国家机关、企业事业单位、个体工商户和个人以外，还包括社会团体、基层群众性自治组织、民办非企业单位、农村承包经营户等各类其他组织。具体到每一个地方统计调查项目，按照统计调查制度的规定，政府统计调查对象可能包括上述范围的全部或者部分对象。

编辑：王中彬

3-1 主要年份人口数及构成

（年底数）　　单位：万人

年份	总人口	按性别分				按户口性质分			
		男		女		农业人口		非农业人口	
		人口数	比重(%)	人口数	比重(%)	人口数	比重(%)	人口数	比重(%)
1949	372.61	186.90	50.2	185.71	49.8	340.89	91.5	31.72	8.5
1952	390.60	195.09	49.9	195.51	50.1	362.62	92.8	27.98	7.2
1957	450.86	225.50	50.0	225.36	50.0	401.62	89.1	49.24	10.9
1962	463.94	233.10	50.2	230.84	49.8	410.56	88.5	53.38	11.5
1965	490.87	248.12	50.5	242.75	49.5	434.30	88.5	56.57	11.5
1970	565.88	286.11	50.6	279.77	49.4	508.33	89.8	57.55	10.2
1975	616.98	313.92	50.9	303.06	49.1	549.55	89.1	67.43	10.9
1978	645.41	329.21	51.0	316.20	49.0	570.90	88.5	74.51	11.5
1979	652.47	333.30	51.1	319.44	48.9	572.40	87.7	80.34	12.3
1980	659.86	336.37	51.0	323.49	49.0	576.22	87.3	83.64	12.7
1981	672.02	343.13	51.1	328.89	48.9	585.14	87.1	86.88	12.9
1982	684.45	350.08	51.1	334.37	48.9	594.34	86.8	90.11	13.2
1983	692.94	355.10	51.2	337.84	48.8	599.89	86.6	93.05	13.4
1984	700.04	358.91	51.3	341.13	48.7	603.98	86.3	96.06	13.7
1985	707.56	363.42	51.4	344.14	48.6	605.66	85.6	101.90	14.4
1986	715.41	367.27	51.3	348.14	48.7	610.43	85.3	104.98	14.7
1987	725.88	372.76	51.4	352.12	48.6	616.53	84.9	109.35	15.1
1988	743.78	382.42	51.4	361.36	48.6	621.93	83.6	121.85	16.4
1989	761.81	390.65	51.3	371.16	48.7	629.65	82.7	132.16	17.3
1990	807.14	412.92	51.2	394.22	48.8	668.88	82.9	138.26	17.1
1991	820.17	419.73	51.2	400.44	48.8	675.69	82.4	144.48	17.6
1992	826.74	423.34	51.2	403.40	48.8	676.90	81.9	149.84	18.1
1993	833.94	427.03	51.2	406.91	48.8	678.33	81.3	155.61	18.7
1994	843.21	431.56	51.2	411.65	48.8	683.15	81.0	160.06	19.0
1995	851.15	435.79	51.2	415.36	48.8	682.53	80.2	168.62	19.8
1996	859.43	440.95	51.3	418.48	48.7	682.89	79.5	176.54	20.5
1997	867.16	444.54	51.3	422.62	48.7	684.73	79.0	182.43	21.0
1998	875.78	450.53	51.4	425.25	48.6	687.36	78.5	188.42	21.5
1999	877.53	452.68	51.6	424.85	48.4	684.36	78.0	193.17	22.0
2000	896.44	461.12	51.4	435.32	48.6	665.33	74.2	231.11	25.8
2001	901.86	463.64	51.4	438.21	48.6	661.15	73.3	240.71	26.7
2002	904.44	465.45	51.5	438.99	48.5	654.14	72.3	250.30	27.7
2003	908.66	467.80	51.5	440.86	48.5	624.16	68.7	284.50	31.3
2004	916.85	471.36	51.4	445.49	48.6	614.31	67.0	302.54	33.0
2005	925.31	476.08	51.5	449.23	48.5	609.46	65.9	315.85	34.1
2006	934.73	481.46	51.5	453.27	48.5	613.97	65.7	320.76	34.3
2007	940.95	484.56	51.5	456.39	48.5	617.49	65.6	323.46	34.4
2008	946.86	488.31	51.6	458.55	48.4	610.21	64.4	336.65	35.6
2009	957.61	494.55	51.6	463.06	48.4	579.09	60.5	378.52	39.5
2010	972.89	502.44	51.6	470.45	48.4	527.51	54.2	445.38	45.8
2011	976.66	505.72	51.8	470.94	48.2	351.16	36.0	625.50	64.0
2012	990.52	513.26	51.8	477.26	48.2	325.46	32.9	665.06	67.1
2013	1 006.85	521.91	51.8	484.94	48.2	286.23	28.4	720.62	71.6
2014	1 023.52	530.37	51.8	493.15	48.2	286.13	28.0	737.39	72.0

3-2 主要年份户数、平均人口及人口密度

年　份	户　数 （万户）	平均每户人口 （人）	年平均人口 （万人）			人口密度 （人 / 平方公里）
				农业人口	非农业人口	
1949	85.85	4.34				331
1952	91.05	4.29	384.46	357.37	27.07	347
1957	104.97	4.30	445.51	398.88	46.63	400
1962	115.02	4.03	458.18	402.01	56.17	412
1965	116.76	4.20	485.20	429.36	55.84	436
1970	124.88	4.53	557.98	499.57	58.41	503
1975	132.87	4.64	611.72	545.36	66.36	548
1978	143.57	4.50	640.77	567.85	72.92	573
1979	146.72	4.45	649.07	571.65	77.42	580
1980	149.43	4.42	656.30	574.31	81.99	586
1981	155.52	4.32	665.94	580.68	85.26	597
1982	157.29	4.35	678.24	589.74	88.50	608
1983	158.32	4.38	688.69	597.11	91.58	616
1984	161.16	4.34	696.49	601.93	94.56	622
1985	163.80	4.32	703.80	604.82	98.98	628
1986	168.46	4.25	711.48	608.04	103.44	635
1987	173.15	4.19	720.65	613.48	107.17	645
1988	182.07	4.09	734.83	619.23	115.60	661
1989	191.43	3.98	752.80	625.79	127.01	677
1990	204.40	3.95	784.47	649.26	135.21	717
1991	209.15	3.92	813.65	672.28	141.37	729
1992	214.47	3.85	823.46	676.30	147.16	734
1993	216.59	3.85	830.34	677.62	152.72	741
1994	220.58	3.82	838.58	680.74	157.84	749
1995	227.60	3.74	847.18	682.84	164.34	756
1996	232.50	3.70	855.29	682.71	172.58	763
1997	238.73	3.63	863.29	683.81	179.48	770
1998	249.75	3.51	871.47	686.04	185.43	778
1999	257.66	3.41	876.66	685.86	190.80	779
2000	270.80	3.31	886.99	674.85	212.14	796
2001	275.91	3.27	899.15	663.24	235.91	801
2002	279.22	3.24	903.15	657.64	245.51	803
2003	282.84	3.21	906.55	639.15	267.40	807
2004	285.00	3.22	912.75	619.23	293.52	814
2005	286.44	3.23	921.08	611.89	309.19	822
2006	284.25	3.29	930.02	611.71	318.31	830
2007	279.33	3.37	937.84	615.73	322.11	836
2008	277.76	3.41	943.91	613.86	330.05	841
2009	278.46	3.44	952.24	594.65	357.59	851
2010	277.28	3.51	965.25	553.30	411.95	864
2011	273.21	3.57	974.78	439.34	535.44	867
2012	274.09	3.61	983.59	338.31	645.28	879
2013	275.57	3.65	998.69	305.85	692.84	894
2014	277.82	3.68	1 015.19	286.18	729.00	909

3-3　主要年份人口自然变动

单位：人、‰

年　份	出　生		死　亡		自然增长	
	人　数	出生率	人　数	死亡率	人　数	自然增长率
1949		24.95				
1952	129 371	33.65				
1957	138 958	31.19	40 675	9.13	98 273	22.06
1962	164 440	35.89	34 635	7.56	129 805	28.33
1965	181 877	37.48	44 313	9.13	137 564	28.35
1970	185 564	33.26	37 511	6.72	148 053	26.54
1975	125 373	20.50	36 260	5.93	89 113	14.57
1978	102 744	16.03	35 276	5.51	67 468	10.52
1979	85 371	13.15	34 814	5.36	50 557	7.79
1980	125 947	19.19	44 562	6.79	81 385	12.40
1981	120 099	18.03	36 366	5.46	83 733	12.57
1982	119 391	17.60	32 890	4.85	86 501	12.75
1983	98 387	14.29	32 972	4.79	65 415	9.50
1984	98 214	14.10	35 109	5.04	63 105	9.06
1985	85 653	12.17	33 919	4.82	51 734	7.35
1986	97 011	13.64	33 463	4.70	63 548	8.94
1987	110 981	15.40	33 568	4.66	77 413	10.74
1988	169 348	23.04	35 284	4.80	134 064	18.24
1989	170 011	22.58	34 013	4.52	135 998	18.06
1990	157 605	20.09	35 867	4.57	121 738	15.52
1991	156 429	19.23	40 402	4.97	116 027	14.26
1992	101 899	12.37	42 462	5.16	59 437	7.21
1993	99 582	11.99	42 517	5.12	57 065	6.87
1994	113 310	13.51	41 946	5.00	71 364	8.51
1995	83 162	9.82	39 442	4.66	39 442	5.16
1996	81 414	9.52	41 982	4.91	39 432	4.61
1997	99 902	11.57	40 210	4.66	59 692	6.91
1998	91 325	10.48	41 298	4.74	50 027	5.74
1999	71 921	8.20	34 545	3.94	37 376	4.26
2000	167 764	18.91	44 483	5.02	123 281	13.89
2001	69 383	7.72	29 094	3.24	40 289	4.48
2002	69 905	7.74	33 811	3.74	36 094	4.07
2003	85 756	9.46	34 229	3.78	51 527	5.68
2004	132 605	14.53	42 775	4.69	89 830	9.84
2005	125 308	13.60	22 775	2.47	102 533	11.13
2006	138 879	14.93	34 254	3.68	104 644	11.25
2007	190 322	20.29	133 825	14.27	56 497	6.02
2008	170 661	18.08	106 845	11.32	63 816	6.76
2009	182 950	19.21	68 358	7.18	114 592	12.03
2010	217 399	22.52	79 390	8.22	138 009	14.30
2011	177 663	18.23	71 598	7.35	106 065	10.88
2012	193 812	19.71	45 778	4.65	148 045	15.05
2013	211 582	21.19	33 430	3.35	178 152	17.84
2014	205 463	20.24	30 120	2.97	175 343	17.27

注：2007年以后公安户籍死亡人口中含有补报往年未销户人口。

3-4 市区主要年份人口数及构成

（年底数） 单位：万人

年份	总人口	按性别分				按户口性质分			
		男		女		农业人口		非农业人口	
		人口数	比重(%)	人口数	比重(%)	人口数	比重(%)	人口数	比重(%)
1949	29.94	15.91	53.1	14.03	46.9	4.30	14.4	25.64	85.6
1952	22.21	11.53	51.9	10.68	48.1	3.19	14.4	19.02	85.6
1957	38.66	19.93	51.6	18.73	48.4	3.00	7.8	35.66	92.2
1962	45.35	23.63	52.1	21.72	47.9	8.46	18.7	36.89	81.3
1965	51.73	27.76	53.7	23.97	46.3	7.32	14.2	44.41	85.8
1970	53.86	28.68	53.2	25.18	46.8	8.82	16.4	45.04	83.6
1975	61.24	33.21	54.2	28.03	45.8	10.32	16.9	50.92	83.1
1978	67.07	36.57	54.5	30.50	45.5	11.08	16.5	55.99	83.5
1979	70.87	38.74	54.7	32.13	45.3	10.05	14.2	60.82	85.8
1980	72.85	39.71	54.5	33.14	45.5	9.92	13.6	62.93	86.4
1981	74.96	40.78	54.4	34.18	45.6	10.18	13.6	64.78	86.4
1982	77.29	42.16	54.5	35.13	45.5	10.48	13.6	66.81	86.4
1983	79.28	43.34	54.7	35.94	45.3	10.69	13.5	68.59	86.5
1984	80.64	44.04	54.6	36.60	45.4	10.73	13.3	69.91	86.7
1985	82.48	44.99	54.5	37.49	45.5	10.31	12.5	72.17	87.5
1986	84.08	45.83	54.5	38.25	45.5	10.24	12.2	73.84	87.8
1987	85.57	46.45	54.3	39.12	45.7	10.32	12.1	75.25	87.9
1988	87.20	47.27	54.2	39.93	45.8	9.88	11.3	77.32	88.7
1989	89.27	48.34	54.2	40.93	45.8	9.92	11.1	79.35	88.9
1990	90.66	48.98	54.0	41.68	46.0	10.09	11.1	80.57	88.9
1991	91.86	49.52	53.9	42.34	46.1	10.00	10.9	81.86	89.1
1992	93.65	50.48	53.9	43.17	46.1	9.64	10.3	84.01	89.7
1993	95.17	51.14	53.7	44.03	46.3	9.64	10.1	85.53	89.9
1994	142.84	74.73	52.3	68.11	47.7	49.13	34.4	93.71	65.6
1995	145.14	75.74	52.2	69.39	47.8	48.65	33.5	96.48	66.5
1996	147.34	76.91	52.2	70.42	47.8	47.13	32.0	100.21	68.0
1997	149.34	77.90	52.2	71.44	47.8	47.12	31.5	102.22	68.5
1998	151.87	79.09	52.1	72.78	47.9	47.40	31.2	104.47	68.8
1999	152.41	79.12	51.9	73.29	48.1	46.90	30.8	105.51	69.2
2000	160.61	83.28	51.9	77.33	48.1	51.51	32.1	109.10	67.9
2001	162.54	84.27	51.8	78.27	48.2	50.49	31.1	112.05	68.9
2002	164.55	85.30	51.8	79.25	48.2	43.47	26.4	121.08	73.6
2003	167.33	86.87	51.9	80.46	48.1	31.89	19.1	135.44	80.9
2004	167.42	86.76	51.8	80.66	48.2	28.76	17.2	138.66	82.8
2005	179.87	93.21	51.8	86.66	48.2	30.22	16.8	149.65	83.2
2006	181.61	94.11	51.8	87.50	48.2	27.88	15.4	153.73	84.6
2007	182.93	94.70	51.8	88.23	48.2	26.87	14.7	156.06	85.3
2008	184.40	95.38	51.7	89.02	48.3	26.42	14.3	157.98	85.7
2009	186.22	96.29	51.7	89.93	48.3	26.91	14.4	159.31	85.6
2010	312.72	161.06	51.5	151.66	48.5	108.50	34.7	204.22	65.3
2011	315.67	162.58	51.5	153.09	48.5	70.59	22.4	245.08	77.6
2012	320.85	165.27	51.5	155.58	48.5	71.07	22.2	249.78	77.8
2013	326.36	167.96	51.5	158.40	48.5	40.89	12.5	285.47	87.5
2014	331.47	170.37	51.4	161.10	48.6	38.87	11.7	292.60	88.3

注：因区划调整 2010 年以后市区为包含铜山区口径，与往年不可比。

3–5 市区主要年份户数、平均人口及人口密度

年份	户数（万户）	平均每户人口（人）	年平均人口（万人）	农业人口	非农业人口	人口密度（人/平方公里）
1949	5.99	5.00				667
1952	5.31	4.18	22.34	3.21	19.13	621
1957	8.73	4.43	38.04	4.50	33.54	721
1962	9.76	4.65	45.74	7.90	37.84	2 153
1965	10.31	5.02	51.27	7.23	44.04	2 970
1970	11.11	4.85	54.52	8.68	45.84	3 092
1975	12.95	4.73	60.16	10.11	50.05	3 515
1978	14.76	4.54	65.82	11.13	54.69	3 636
1979	15.80	4.49	68.97	10.57	58.40	3 842
1980	16.82	4.33	71.86	9.99	61.87	3 950
1981	18.22	4.11	73.90	10.05	63.85	4 063
1982	19.60	3.94	76.13	10.33	65.80	4 189
1983	20.64	3.84	78.29	10.59	67.70	4 297
1984	21.70	3.72	79.96	10.71	69.25	4 371
1985	22.79	3.62	81.56	10.52	71.04	4 470
1986	23.71	3.55	83.28	10.28	73.00	4 557
1987	24.46	3.50	84.83	10.28	74.55	4 638
1988	25.56	3.41	86.39	10.10	76.29	4 726
1989	26.57	3.36	88.24	9.90	78.34	4 838
1990	27.44	3.30	89.97	10.01	79.96	4 914
1991	28.18	3.26	91.26	10.05	81.21	4 979
1992	28.84	3.25	92.76	9.82	82.94	5 076
1993	29.42	3.24	94.41	9.64	84.77	5 158
1994	42.92	3.33	141.86	49.13	93.71	1 483
1995	44.02	3.30	143.99	48.89	95.10	1 507
1996	44.76	3.29	146.24	47.89	98.35	1 530
1997	45.72	3.27	148.34	47.12	101.22	1 551
1998	46.66	3.25	150.60	47.26	103.34	1 577
1999	47.35	3.22	152.14	47.15	104.99	1 583
2000	49.74	3.23	156.51	49.20	107.31	1 547
2001	50.65	3.21	161.58	51.00	110.31	1 566
2002	51.22	3.21	163.55	46.98	116.57	1 576
2003	51.81	3.23	165.94	37.68	128.26	1 612
2004	52.29	3.20	167.38	30.33	137.05	1 613
2005	56.29	3.20	179.03	35.78	143.25	1 543
2006	56.59	3.21	180.74	29.05	151.69	1 566
2007	56.84	3.22	182.27	27.38	154.90	1 577
2008	57.15	3.23	183.67	26.65	157.02	1 590
2009	57.52	3.24	185.31	26.67	158.64	1 605
2010	95.16	3.29	314.58	110.36	204.22	1 029
2011	94.77	3.33	314.20	89.55	224.65	1 039
2012	95.27	3.36	318.26	70.83	247.43	1 056
2013	96.14	3.39	323.61	55.98	267.63	1 074
2014	96.93	3.42	328.90	39.86	289.04	1 092

3-6 市区主要年份人口自然变动

单位：人、‰

年 份	出 生		死 亡		自然增长	
	人 数	出生率	人 数	死亡率	人 数	自然增长率
1949						23.44
1952	8 237	36.87	2 784	12.46	5 453	24.41
1957	14 012	36.84	2 898	7.62	11 114	29.22
1962	18 156	39.70	3 022	6.61	15 134	33.09
1965	12 905	25.10	2 840	5.50	10 065	19.60
1970	14 121	25.90	3 217	5.90	10 904	20.00
1975	10 242	17.02	2 821	4.69	7 421	12.33
1978	7 190	10.92	3 001	4.56	4 189	6.36
1979	9 081	13.17	3 129	4.54	5 952	8.63
1980	11 590	16.13	3 405	4.74	8 185	11.39
1981	13 518	18.29	3 478	4.71	10 040	13.59
1982	13 343	17.53	3 455	4.54	9 888	12.99
1983	10 570	13.50	3 294	4.21	7 276	9.29
1984	9 512	11.90	3 325	4.16	6 187	7.74
1985	9 612	11.78	3 429	4.20	6 183	7.58
1986	12 006	14.42	3 253	3.91	8 753	10.51
1987	14 076	16.59	3 472	4.09	10 604	12.50
1988	13 299	15.39	3 598	4.17	9 701	11.22
1989	12 535	14.21	3 642	4.13	8 893	10.08
1990	7 662	8.52	3 525	3.92	4 137	4.60
1991	8 139	8.92	4 013	4.40	4 126	4.52
1992	8 131	8.77	3 953	4.26	4 178	4.51
1993	8 885	9.41	4 252	4.50	4 633	4.91
1994	15 513	10.94	4 873	3.44	10 640	7.50
1995	11 960	8.31	5 650	3.92	6 310	4.39
1996	11 831	8.09	5 939	4.06	5 892	4.03
1997	14 429	9.73	5 590	3.77	8 839	5.96
1998	14 758	9.80	8 273	5.49	6 485	4.31
1999	12 234	8.04	5 819	3.82	6 415	4.22
2000	23 718	15.15	8 152	5.21	15 566	9.94
2001	11 175	6.92	4 366	2.70	6 809	4.22
2002	11 598	7.09	5 444	3.33	6 154	3.76
2003	11 459	6.91	5 540	3.34	5 919	3.57
2004	13 234	7.91	6 690	4.00	6 544	3.91
2005	17 323	9.68	5 551	3.10	11 772	6.58
2006	19 567	10.83	5 368	2.97	14 199	7.86
2007	23 946	13.14	15 701	8.61	8 245	4.53
2008	24 004	13.07	9 462	5.15	14 542	7.92
2009	25 797	13.92	5 511	2.97	20 286	10.95
2010	64 556	20.72	31 217	9.92	33 339	10.60
2011	59 766	19.02	19 167	6.10	40 599	12.92
2012	58 680	18.43	10 139	3.18	48 541	15.25
2013	62 770	19.40	11 104	3.43	51 666	15.97
2014	56 863	17.29	10 068	3.06	46 795	14.23

注：出生人口中含往年补报出生人口，下同。

3-7　市区分区户数、人口数

（2014 年底）　　单位：人

地　区	总户数（户）	总人口（人）	男	女	农业人口	非农业人口
市　区	**969 344**	**3 314 666**	**1 703 697**	**1 610 969**	**388 667**	**2 925 999**
鼓楼区	179 249	590 881	301 310	289 571	92	590 789
云龙区	106 538	329 491	164 517	164 974	27	329 464
贾汪区	139 656	517 584	270 995	246 589	171 419	346 165
泉山区	181 503	561 128	285 076	276 052	122	561 006
铜山区	362 398	1 315 582	681 799	633 783	217 007	1 098 575

3-8　市区分区人口自然变动

（2014 年底）　　单位：人、‰

年　份	出　生		死　亡		自然增长	
	人　数	出生率	人　数	死亡率	人　数	自然增长率
市　区	**56 863**	**17.29**	**10 068**	**3.06**	**46 795**	**14.23**
鼓楼区	9 232	15.79	2 109	3.61	7 123	12.18
云龙区	4 836	14.84	1 021	3.13	3 815	11.71
贾汪区	11 172	21.76	992	1.93	10 180	19.83
泉山区	6 721	12.04	1 649	2.95	5 072	9.09
铜山区	24 902	19.05	4 297	3.29	20 605	15.76

主要统计指标解释

总人口数 是指在一定时点、一定地域范围内所有的有生命的个人总和，它是由不同性别、不同年代出生的人所组成,是反映一个国家人口资源的重要指标。

人口总数随人口的出生、死亡、迁入、迁出的变动而变动,也随计算时地域范围和依据的人口范畴（户籍人口和常住人口)的不同而不同,如户籍人口统计中的人口总数和人口普查所取得的人口总数,由于统计的口径不同,在相同地域范围内得到的人口数也不尽相同。

户籍人口 是指在户口管理部门登记了常住户口的人。本《年鉴》内所列人口数均为户籍人口。

农业人口 依靠从事农业生产(包括林、牧、渔业)维持生活的全部人口，包括实际从事农业生产的人口以及由他们所抚养的人口。由于改革开放,一些人外出务工经商,其户口性质仍为农村户口的人也统计在农业人口范围内。

非农业人口 不依靠从事农业生产的职业来维持生活的人口,主要指城镇的非农业户口性质的人口。

年平均人数 是指一年内的各个时点人口的平均数。在实际统计工作中,由于资料的限制,无法按理论上所讲的方法计算,一般根据年初、年末人数按简单算术平均数计算,也常用年中人数来表示年平均人数。

出生率 一定时期内出生人数与同期平均人口数之比。又称总出生率或粗出生率。它反映人口的出生水平。出生人口数是指活产,即离开母体时有生命现象的活产婴儿总和。

出生率通常以年为单位计算,计算方法为:年出生人数除以年平均人数,以千分数表示。

死亡率 一定时期内(通常为一年)死亡人数与同期平均人数(或期中人数)之比。说明该时期人口的死亡强度。计算方法为:年死亡人数除以年平均人数,以千分数表示。

自然增长率 它是表明人口自然增长的趋势和程度（或速度)的指标,即一定时期内人口自然增长数(出生人数减死亡人数)与同期平均人口数之比。通常以一年为期计算,用千分数表示。计算公式为:人口自然增长率 =(全年出生人数减死亡人数) / 年平均总人数 × 1000‰。实际工作中,一般用出生率减死亡率计算而得。

从业人员和职工工资

EMPLOYMENT AND WAGES

版面负责人：李跃东　卓卫华

编　　　辑：闫礼建　徐向忠

《江苏省统计条例》释义

江苏省统计条例

（2014年1月16日江苏省第十二届人民代表大会常务委员会第八次会议通过）

第七条 地方各级人民政府和有关部门应当鼓励支持、依法规范民间统计调查，引导从事民间统计调查活动的社会中介机构等民间统计调查组织(以下称民间统计调查组织)参与政府统计调查活动，发挥其在促进经济社会发展中的作用。

地方各级人民政府和有关部门应当扶持统计调查行业组织，发挥其联系政府、社会的作用，促进行业的自律和有序发展。

【释义】 本条是关于民间统计调查以及民间统计调查组织参与政府统计活动的规定。

民间统计和政府统计都是我国社会主义市场经济体制下统计事业的重要组成部分。本条对民间统计调查作出如下规范：一是明确民间统计调查是政府统计的有益补充。地方各级人民政府和有关部门应当鼓励支持、依法规范民间统计调查，发挥其在促进经济社会发展中的作用，这就为民间统计调查的健康发展提供了重要的法律保障，有利于民间统计调查组织发展壮大。二是明确引导社会中介机构等民间统计调查组织参与政府统计调查活动。民间统计调查组织构接受行政机关或者企事业单位的委托代理政府统计调查事务，对于减轻基层统计机构和统计调查对象的负担，加强统计基础建设具有推动作用，应当积极引导和大力扶持，但这种活动在法律意义上仍然属于政府统计调查活动，是其必要的延伸和有益的发展。三是明确扶持统计调查行业组织，促进统计调查行业的公平竞争和有序发展。为规范发展民间统计调查活动，本条第二款规定，地方各级人民政府和有关部门应当扶持统计调查行业组织，发挥其联系政府、社会的作用，促进行业自律和有序发展。

民间统计调查。是指除各级人民政府、县级以上人民政府统计机构和有关部门等组织实施的政府统计调查以外，由民间统计调查组织、个人运用统计方法搜集、整理有关经济社会状况的统计资料的活动。

从事民间统计调查活动的社会中介机构等民间统计调查组织。包括市场调查、市场咨询机构等专业的调查机构，也包括统计事务所、会计师事务所等中介服务机构，还包括从事统计科研的高校、研究机构等。

2013年10月，经省民政厅批准，我省成立了"江苏省统计调查服务行业协会"。

第八条 地方统计调查应当按照地方统计调查项目组织实施。地方统计调查项目包括县级以上地方人民政府、政府统计机构及有关部门的统计调查项目。

地方统计调查项目应当执行国家统计标准和部门统计标准，与国家统计调查项目、部门统计调查项目互相衔接，下级地方统计调查项目不得与上级地方统计调查项目重复。

地方统计调查项目的制定应当进行必要性、可行性论证，听取有关部门、专家和公众的意见，并根据经济社会发展需要科学合理设置统计指标。与人口、社会相关的统计调查项目应当合理设置分性别统计指标。

【释义】 本条是关于地方统计调查依照统计调查项目组织实施，以及确保统计调查项目科学设置的规定。

本条对地方统计调查作出如下规范：一是明确地方统计调查项目的范围：即指县级以上地方人民政府、政府统计机构及有关部门制定的统计调查项目，省、设区的市、县(市、区)人民政府有关部门制定的统计调查项目也属于地方统计调查项目。二是明确地方统计调查的协调分工。即地方统计调查项目应当与国家统计调查项目、部门统计调查项目互相衔接，下级地方统计调查项目不得与上级地方统计调查项目重复，以防止"数出多门"，减轻基层统计机构和统计调查对象的负担。三是规定科学论证和征求意见是制定地方统计调查项目的必经程序。即作为制定机关的政府统计机构、有关部门应当在地方统计调查项目履行审批手续前，进行科学论证，听取各方意见，并提供相应证明一并提交给审批机关。四是规定地方统计调查项目执行国家统计标准和地方统计标准。这是促进统计现代化、科学化、规范化的基础，是一项重要的统计基础工作。

统计调查项目。是指在一定时期内，为实现特定统计调查目的，经过依法批准组织实施的政府统计调查。国家对统计调查项目，按照国家统计调查项目、部门统计调查项目和地方统计调查项目，实行分类管理。国家统计调查项目，是指全国性基本情况的统计调查项目；部门统计调查项目，是指国务院有关部门的专业性统计调查项目。

地方统计调查项目的必要性论证。主要是指：地方统计调查项目是否具有法定依据，或者确为公共管理和服务所必需；是否与已有统计调查项目的主要内容不重复；主要统计指标是否不能通过已有行政记录或者统计资料加工整理取得等。

地方统计调查项目的可行性论证。主要是指：地方统计调查项目是否符合申请机关工作职责；是否有明确的调查目的、调查对象和资料用户；申请机关是否具备项目执行能力；从技术上要获得准确的统计资料是否具有现实可行性；是否有相应的经费保障等。

统计标准。是指根据经济社会管理现代化的需要，按照国家有关规定，对统计调查采用的指标涵义、计算方法、分类目录、调查表式和统计编码等的标准化所作出的统一规范。根据制定机关和适用范围的不同，统计标准分为两种：(1)国家统计标准，是由国家统计局制定，或者由国家统计局和国务院标准化主管部门共同制定；(2)部门统计标准，是由国务院有关部门制定，并报经国家统计局审批。

统计指标简称指标。是指反映同类社会经济现象总体综合数量特征的范畴及其具体数值。主要包括四项内容：(1)指标名称，说明所反映现象数量特征的性质和内容；(2)统计的时间界限和空间范围；(3)计量单位；(4)指标的数值。依照内容、作用、表现形式和功能作用等，统计指标有不同的分类。

编辑：王中彬

4-1 从业人员

单位:万人

年　份	从业人数	职工人数	国有经济单位	城镇集体经济单位	其他经济类型单位	城镇私营企业从业人员和个体劳动者	乡村劳动者	其他从业人员
1978	283.64	60.12	41.16	18.96			223.52	
1979	282.72	61.94	41.04	20.90		0.19	220.59	
1980	292.22	64.97	45.16	19.81		0.53	226.72	
1981	302.62	67.64	47.80	19.84		0.74	234.25	
1982	314.75	70.10	50.18	19.92		0.36	244.29	
1983	322.66	72.17	52.60	19.57		0.57	249.92	
1984	337.62	76.65	53.40	23.25		1.10	259.87	
1985	349.04	78.06	55.19	22.87		1.56	269.42	
1986	357.72	80.41	56.82	23.58	0.01	1.15	276.16	
1987	367.36	82.15	58.96	23.17	0.02	1.44	283.77	
1988	381.43	85.87	61.88	23.96	0.04	2.29	293.27	
1989	390.31	85.39	61.88	23.42	0.09	3.16	301.76	
1990	408.50	87.35	63.69	23.53	0.13	3.27	317.88	
1991	419.35	89.59	65.55	23.85	0.19	2.60	327.16	
1992	421.81	90.25	67.10	22.87	0.28	3.04	328.52	
1993	423.40	91.83	69.40	21.54	0.89	3.62	326.87	1.08
1994	423.45	91.39	70.80	19.60	0.99	5.12	325.78	1.16
1995	425.43	92.39	72.52	19.13	0.74	8.03	323.77	1.24
1996	428.26	94.16	73.94	18.78	1.44	8.98	324.22	0.91
1997	432.88	93.85	74.41	17.76	1.68	12.42	325.31	1.30
1998	421.09	77.72	63.66	9.79	4.27	17.33	324.69	1.35
1999	418.65	75.07	61.95	9.39	3.73	17.81	324.35	1.42
2000	417.66	71.02	57.74	8.30	4.98	19.21	326.17	1.26
2001	415.78	67.64	53.65	7.01	6.98	20.58	326.26	1.29
2002	391.81	61.76	44.55	4.92	12.28	16.09	312.46	1.50
2003	382.03	59.15	43.32	4.25	11.58	17.73	303.00	2.15
2004	395.50	56.31	40.19	3.90	12.22	28.73	307.37	3.08
2005	452.20	56.07	40.13	3.60	12.34	37.74	348.00	10.39
2006	469.15	56.91	39.87	3.57	13.47	43.51	352.75	15.98
2007	477.21	57.56	40.00	3.35	14.21	53.61	354.55	11.49
2008	486.05	58.34	39.53	3.44	15.37	59.38	354.38	13.95
2009	501.17	58.29	38.49	2.99	16.81	68.93	358.75	15.20
2010	520.74	58.38	38.59	2.89	16.90	80.17	366.23	15.96
2011	528.85	59.42	38.94	2.93	17.55	88.82	365.05	15.56
2012	526.73	60.59	39.50	2.62	18.46	93.62	356.67	15.85
2013	584.07	101.54	32.98	3.04	65.51	104.88	361.44	16.21
2014	588.20	99.88	34.06	3.32	62.49	109.77	358.77	19.78

注:2013 年起职工人数为城镇非私营单位与一套表四上企业(单位)合并数据,且为在岗职工与劳务派遣工之和(下同)。

4-2 从业人员构成

单位:%

年份	从业人数	职工人数	国有经济单位	城镇集体经济单位	其他经济类型单位	城镇私营企业从业人员和个体劳动者	乡村劳动力	其他从业人员
1978	100	21.2	68.5	31.5			78.8	
1979	100	21.9	66.3	33.7		0.1	78.0	
1980	100	22.2	69.5	30.5		0.2	77.6	
1981	100	22.4	70.7	29.3		0.2	77.4	
1982	100	22.3	71.6	28.4		0.1	77.6	
1983	100	22.4	72.9	27.1		0.2	77.4	
1984	100	22.7	69.7	30.3		0.3	77.0	
1985	100	22.4	70.7	29.3		0.4	77.2	
1986	100	22.5	70.7	29.3	…	0.3	77.2	
1987	100	22.4	71.8	28.2	…	0.4	77.2	
1988	100	22.5	72.1	27.9	…	0.6	76.9	
1989	100	21.9	72.5	27.4	0.1	0.8	77.3	
1990	100	21.4	72.9	26.9	0.2	0.8	77.8	
1991	100	21.4	73.2	26.6	0.2	0.6	78.0	
1992	100	21.4	74.3	25.4	0.3	0.7	77.9	
1993	100	21.7	75.6	23.4	1.0	0.8	77.2	0.3
1994	100	21.6	77.5	21.4	1.1	1.2	76.9	0.3
1995	100	21.7	78.5	20.7	0.8	1.9	76.1	0.3
1996	100	22.0	78.5	20.0	1.5	2.1	75.7	0.2
1997	100	21.7	79.3	18.9	1.8	2.9	75.1	0.3
1998	100	18.5	81.9	12.6	5.5	4.1	77.1	0.3
1999	100	17.9	82.5	12.5	5.0	4.3	77.5	0.3
2000	100	17.0	81.3	11.7	7.0	4.6	78.1	0.3
2001	100	16.3	79.3	10.4	10.3	4.9	78.5	0.3
2002	100	15.8	72.1	8.0	19.9	4.1	79.7	0.4
2003	100	15.5	73.2	7.2	19.6	4.6	79.3	0.6
2004	100	14.2	71.3	6.9	21.7	7.3	77.7	0.8
2005	100	12.4	71.6	6.4	22.0	8.3	77.0	2.3
2006	100	12.1	70.1	6.3	23.7	9.6	75.2	3.1
2007	100	12.1	69.4	5.8	24.6	11.2	74.3	2.4
2008	100	12.0	67.8	5.9	26.3	12.2	72.9	2.9
2009	100	11.6	66.0	5.2	28.8	13.8	71.6	3.0
2010	100	11.2	66.1	5.0	29.0	15.4	70.3	3.1
2011	100	11.2	65.5	4.9	29.5	16.8	69.0	2.9
2012	100	11.5	65.2	4.3	30.5	17.8	67.7	3.0
2013	100	17.4	32.5	3.0	64.5	18.0	61.9	2.8
2014	100	17.0	34.1	3.3	62.6	18.7	61.0	3.4

4-3 市区从业人员

单位:万人

年份	从业人数	职工人数	国有经济单位	城镇集体经济单位	其他经济类型单位	城镇私营企业从业人员和个体劳动者	乡村劳动者	其他从业人员
1978	43.76	39.20	28.07	11.13			4.56	
1979	46.66	42.12	28.90	13.22		0.02	4.52	
1980	47.26	42.71	30.76	11.95		0.12	4.43	
1981	49.16	44.41	32.44	11.97		0.19	4.56	
1982	51.19	46.28	34.24	12.04		0.21	4.70	
1983	53.74	48.37	36.37	12.00		0.37	5.00	
1984	55.88	50.01	37.69	12.32		0.75	5.12	
1985	58.14	51.42	39.51	11.91		1.18	5.54	
1986	58.95	52.69	40.30	12.38	0.01	0.72	5.54	
1987	59.82	53.34	41.09	12.23	0.02	0.97	5.51	
1988	61.42	54.06	42.03	11.98	0.05	1.90	5.46	
1989	61.35	54.01	42.22	11.70	0.09	1.72	5.62	
1990	62.50	55.05	43.12	11.81	0.12	1.82	5.63	
1991	63.48	56.05	43.93	11.93	0.19	1.93	5.50	
1992	63.35	56.07	44.57	11.27	0.23	2.06	5.22	
1993	63.95	56.13	44.88	10.59	0.66	2.65	4.92	0.25
1994	80.20	55.75	45.21	9.69	0.85	3.11	20.71	0.63
1995	82.89	55.92	45.98	9.52	0.42	5.11	21.19	0.67
1996	82.21	56.12	45.78	9.30	1.04	5.24	20.45	0.40
1997	82.85	55.41	45.53	9.00	0.87	7.17	19.85	0.42
1998	74.39	44.72	38.92	3.60	2.20	10.52	18.87	0.28
1999	71.29	42.84	37.62	3.48	1.74	9.09	18.96	0.39
2000	72.16	40.10	34.32	2.88	2.90	10.61	21.02	0.43
2001	72.81	38.12	32.08	2.24	3.79	11.91	22.27	0.51
2002	63.22	34.33	25.23	1.70	7.40	6.92	21.27	0.71
2003	62.74	32.64	24.45	1.40	6.79	8.21	21.24	0.64
2004	71.37	30.71	21.99	1.21	7.51	17.42	21.78	1.46
2005	91.10	30.35	22.31	1.02	7.02	23.77	28.19	8.79
2006	99.74	30.18	22.00	1.00	7.18	26.55	30.25	12.75
2007	96.42	30.55	22.39	0.84	7.32	29.74	29.40	6.73
2008	99.17	30.30	21.79	1.14	7.37	30.19	29.68	9.00
2009	103.83	30.00	21.33	0.84	7.83	34.13	31.44	8.27
2010	178.91	35.22	24.17	1.03	10.02	43.98	88.20	11.51
2011	179.52	35.48	24.29	1.13	10.06	48.84	88.82	10.38
2012	182.27	35.82	24.51	0.87	10.43	51.59	87.93	6.93
2013	205.84	54.85	14.69	0.92	39.23	60.36	83.28	7.35
2014	204.33	52.84	15.03	0.77	37.04	62.01	84.20	5.28

注:因区划调整,2010年以后市区为包含铜山区口径,与往年不可比(下同)。

4-4 市区从业人员构成

单位：%

年份	从业人数	职工人数	国有经济单位	城镇集体经济单位	其他经济类型单位	城镇私营企业从业人员和个体劳动者	乡村劳动者	其他从业人员
1978	100	89.6	71.6	28.4			10.4	
1979	100	90.3	68.6	31.4		…	9.7	
1980	100	90.4	72.0	28.0		0.2	9.4	
1981	100	90.3	73.0	27.0		0.4	9.3	
1982	100	90.4	74.0	26.0		0.4	9.2	
1983	100	90.0	75.2	24.8		0.7	9.3	
1984	100	89.5	75.4	24.6		1.3	9.2	
1985	100	88.5	76.8	23.2		2.0	9.5	
1986	100	89.4	76.5	23.5	…	1.2	9.4	
1987	100	89.2	77.0	22.9	0.1	1.6	9.2	
1988	100	88.0	77.7	22.2	0.1	3.1	8.9	
1989	100	88.0	78.2	21.7	0.1	2.8	9.2	
1990	100	88.1	78.3	21.5	0.2	2.9	9.0	
1991	100	88.3	78.4	21.3	0.3	3.0	8.7	
1992	100	88.5	79.5	20.1	0.4	3.3	8.2	
1993	100	87.8	80.0	18.9	1.1	4.1	7.7	0.4
1994	100	69.5	81.1	17.4	1.5	3.9	25.8	0.8
1995	100	67.5	82.2	17.0	0.8	6.2	25.5	0.8
1996	100	68.3	81.6	16.6	1.8	6.4	24.9	0.4
1997	100	66.9	82.2	16.2	1.6	8.6	24.0	0.5
1998	100	60.1	87.0	8.1	4.9	14.1	25.4	0.4
1999	100	60.1	87.8	8.1	4.1	12.8	26.6	0.5
2000	100	55.6	85.6	7.2	7.2	14.7	29.1	0.6
2001	100	52.4	84.2	5.9	9.9	16.3	30.6	0.7
2002	100	54.3	73.5	5.0	21.5	10.9	33.6	1.1
2003	100	52.0	74.9	4.3	20.8	13.1	33.9	1.0
2004	100	43.0	71.6	3.9	24.4	24.4	30.5	2.0
2005	100	33.3	73.5	3.4	23.1	26.1	30.9	9.7
2006	100	30.3	72.8	3.3	23.9	26.6	30.3	12.8
2007	100	31.7	73.3	2.7	24.0	30.8	30.5	7.0
2008	100	30.6	71.9	3.8	24.3	30.4	29.9	9.1
2009	100	28.9	71.1	2.8	26.1	32.9	30.3	8.0
2010	100	19.7	68.6	2.9	28.4	24.6	49.3	6.4
2011	100	19.8	68.5	3.2	28.4	25.0	49.5	5.8
2012	100	19.7	68.4	2.4	29.1	28.3	48.2	3.8
2013	100	26.6	26.8	1.7	71.5	29.3	40.5	3.6
2014	100	25.9	28.4	1.5	70.1	30.3	41.2	2.6

4–5 分三次产业从业人数及构成

单位：万人、%

年 份	从业人数	第一产业		第二产业		第三产业	
		人 数	比 重	人 数	比 重	人 数	比 重
1978	283.64	204.41	72.1	43.56	15.3	35.67	12.6
1979	282.72	204.52	72.4	45.06	15.9	33.14	11.7
1980	292.22	209.96	71.8	49.69	17.0	32.57	11.2
1981	302.62	216.86	71.7	51.80	17.1	33.96	11.2
1982	314.75	221.17	70.3	57.62	18.3	35.96	11.4
1983	322.66	223.59	69.3	61.30	19.0	37.77	11.7
1984	337.62	223.01	66.0	69.74	20.7	44.87	13.3
1985	349.04	222.57	63.8	78.65	22.5	47.82	13.7
1986	357.72	222.38	62.2	84.04	23.5	51.30	14.3
1987	367.35	225.07	61.3	89.84	24.4	52.45	14.3
1988	381.43	226.65	59.4	97.06	25.5	57.72	15.1
1989	390.31	235.21	60.2	95.49	24.5	59.61	15.3
1990	408.50	249.36	61.0	95.41	23.4	63.73	15.6
1991	419.35	260.56	62.1	93.90	22.4	64.89	15.5
1992	421.81	258.67	61.3	98.13	23.3	65.01	15.4
1993	423.40	247.05	58.3	105.18	24.9	71.17	16.8
1994	423.45	247.36	58.4	103.56	24.5	72.53	17.1
1995	425.43	242.09	56.9	107.66	25.3	75.68	17.8
1996	428.26	239.60	55.9	108.63	25.4	80.03	18.7
1997	432.88	240.85	55.6	106.11	24.5	85.92	19.9
1998	421.09	242.24	57.5	92.02	21.9	86.83	20.6
1999	418.65	235.80	56.3	92.26	22.0	90.59	21.7
2000	417.66	235.35	56.4	93.24	22.3	89.07	21.3
2001	415.78	230.49	55.4	95.79	23.0	89.50	21.6
2002	391.81	216.01	55.1	94.83	24.2	80.97	20.7
2003	382.03	196.26	51.4	103.31	27.0	82.46	21.6
2004	395.50	189.72	48.0	111.45	28.2	94.33	23.8
2005	452.20	182.63	40.3	127.69	28.3	141.88	31.4
2006	469.15	177.20	37.8	144.99	30.9	146.96	31.3
2007	477.21	170.31	35.7	152.18	31.9	154.72	32.4
2008	486.05	163.19	33.5	168.99	34.8	153.87	31.7
2009	501.17	162.08	32.4	180.01	35.9	159.08	31.7
2010	520.74	162.36	31.2	187.13	35.9	171.25	32.9
2011	528.85	152.81	28.9	204.94	38.8	171.10	32.2
2012	526.73	146.43	27.8	207.69	39.4	172.61	32.8
2013	584.07	142.76	24.4	245.42	42.0	195.89	33.5
2014	588.20	139.24	23.7	246.13	41.8	202.82	34.5

4-6 市区分三次产业从业人数及构成

单位：万人、%

年 份	从业人数	第一产业		第二产业		第三产业	
		人 数	比 重	人 数	比 重	人 数	比 重
1978	43.76	3.90	8.9	24.66	56.4	15.20	34.7
1979	46.66	3.83	8.2	27.73	59.4	15.10	32.4
1980	47.26	3.65	7.7	29.47	62.4	14.14	29.9
1981	49.16	3.65	7.4	30.60	62.3	14.91	30.3
1982	51.19	3.56	7.0	32.25	63.0	15.38	30.0
1983	53.74	3.50	6.5	34.59	64.4	15.65	29.1
1984	55.88	3.28	5.9	36.60	65.5	16.00	28.6
1985	58.14	2.78	4.8	39.89	66.9	16.47	28.3
1986	58.95	2.84	4.8	38.85	65.9	17.26	29.3
1987	59.82	2.79	4.6	40.25	67.3	16.78	28.1
1988	61.42	2.71	4.4	40.46	65.9	18.25	29.7
1989	51.35	2.86	4.7	39.94	65.1	18.55	30.2
1990	62.50	2.91	4.7	39.41	63.0	20.19	32.3
1991	63.48	2.83	4.4	39.97	63.0	20.68	32.6
1992	63.35	2.71	4.3	41.23	65.1	19.41	30.6
1993	63.95	2.24	3.5	40.79	63.8	20.92	32.7
1994	80.20	11.46	14.3	43.90	54.7	24.84	31.0
1995	82.89	11.83	14.3	45.71	55.1	25.35	30.6
1996	82.21	11.86	14.4	44.61	54.3	25.74	31.3
1997	82.85	10.96	13.2	44.24	53.4	27.65	33.4
1998	74.39	10.21	13.7	34.85	46.9	29.33	39.4
1999	71.29	10.06	14.1	33.38	46.8	27.85	39.1
2000	72.16	11.18	15.5	32.22	44.6	28.76	39.9
2001	72.81	12.78	17.6	31.19	42.8	28.84	39.6
2002	63.22	11.73	18.6	27.21	43.0	24.28	38.4
2003	62.75	10.71	17.1	26.78	42.7	25.26	40.2
2004	71.38	10.01	14.0	27.80	39.0	33.56	47.0
2005	91.10	12.06	13.2	32.08	35.2	46.95	51.5
2006	99.74	12.41	12.4	34.35	34.5	52.98	53.1
2007	96.42	9.26	9.6	33.07	34.3	54.09	56.1
2008	99.17	10.70	10.8	39.72	40.0	48.75	49.2
2009	103.83	11.82	11.4	42.22	40.7	49.79	47.9
2010	178.91	37.58	21.0	64.85	36.2	76.48	42.8
2011	179.52	36.11	20.1	70.85	39.5	72.56	40.4
2012	182.27	35.58	19.0	72.88	40.0	74.81	41.0
2013	207.24	32.97	15.9	82.49	39.8	91.78	44.3
2014	204.33	31.86	15.6	82.31	40.3	90.16	44.1

4-7 分行业城镇私营个体从业人员

（2014 年底） 单位：人

行业	全市	市区
合计	**1 097 658**	**620 095**
第一产业	16 190	7 978
第二产业	332 554	152 818
工业	233 543	110 439
建筑业	99 011	42 379
第三产业	748 914	459 299
交通运输、仓储和邮政业	70 278	32 166
信息传输、计算机服务和软件业	12 307	8 466
批发和零售业	431 204	265 885
住宿和餐饮业	42 600	27 177
金融业	1 609	704
房地产业	28 992	16 129
租赁和商务服务业	62 625	42 112
科学研究、技术服务和地质勘查业	40 221	28 425
水利、环境和公共设施管理业	1 758	1 233
居民服务和其他服务业	48 401	31 757
教育	1 774	941
卫生、社会保障和社会福利业	1 928	1 485
文化、体育和娱乐业	5 038	2 645
其他	179	174

4-8 分行业乡村从业人员

（2014 年底） 单位：万人

行业	全市	市区
合计	**358.77**	**84.20**
第一产业	136.31	30.56
# 农业	113.15	23.88
第二产业	152.69	34.95
工业	101.07	24.57
建筑业	51.62	10.38
第三产业	69.77	18.69
交通运输、仓储和邮政业	15.00	4.95
信息传输、计算机服务和软件业	1.64	0.51
批发和零售业	21.73	6.07
住宿、餐饮业	9.74	2.29
金融和保险业	1.25	0.32
房地产和社会服务业	1.84	0.40
科学研究、技术服务和地质勘查业	0.52	0.16
教育、文化、艺术和广播电视业	2.95	0.65
卫生、体育和社会福利业	2.00	0.45
公共管理和社会组织	0.96	0.23
其他	12.14	2.66

4–9 主要年份在岗职工人数

（年底数）

单位：万人

年　份	全市合计	国有经济单　位	城镇集体经济单位	其他经济类型单位	市区合计	国有经济单　位	城镇集体经济单位	其他经济类型单位
1949	6.11	6.11			4.88	4.88		
1952	8.11	8.11			6.00	6.00		
1957	10.04	10.04			6.86	6.86		
1962	16.94	16.94			16.81	12.21	4.60	
1965	15.18	15.18			15.23	10.45	4.78	
1970	22.12	22.12			18.94	13.84	5.10	
1975	42.69	29.21	13.48		27.06	19.86	7.20	
1978	60.12	41.16	18.96		39.20	28.07	11.13	
1979	61.94	41.04	20.90		42.12	28.90	13.22	
1980	64.97	45.16	19.81		42.71	30.76	11.95	
1981	67.64	47.80	19.84		44.41	32.44	11.97	
1982	70.10	50.18	19.92		46.28	34.24	12.04	
1983	72.17	52.60	19.57		48.37	36.37	12.00	
1984	76.65	53.40	23.25		50.01	37.69	12.32	
1985	78.06	55.19	22.87		51.42	39.51	11.91	
1986	80.41	56.82	23.58	0.01	52.69	40.30	12.38	0.01
1987	82.15	58.96	23.17	0.02	53.34	41.09	12.23	0.02
1988	85.87	61.88	23.96	0.04	54.06	42.03	11.98	0.05
1989	85.39	61.88	23.42	0.09	54.01	42.22	11.70	0.09
1990	87.35	63.69	23.53	0.13	55.05	43.12	11.81	0.12
1991	89.59	65.55	23.85	0.19	56.05	43.93	11.93	0.19
1992	90.25	67.10	22.87	0.28	56.07	44.57	11.27	0.23
1993	91.83	69.40	21.54	0.89	56.13	44.88	10.59	0.66
1994	91.39	70.80	19.60	0.99	55.75	45.21	9.69	0.85
1995	92.39	72.52	19.13	0.74	55.92	45.98	9.52	0.42
1996	94.16	73.94	18.78	1.44	56.12	45.78	9.30	1.04
1997	93.85	74.41	17.76	1.68	55.41	45.53	9.00	0.87
1998	77.72	63.66	9.79	4.27	44.72	38.92	3.60	2.20
1999	75.07	61.95	9.39	3.73	42.84	37.62	3.48	1.74
2000	71.02	57.74	8.30	4.98	40.10	34.32	2.88	2.90
2001	67.64	53.65	7.01	6.98	38.12	32.08	2.24	3.79
2002	61.76	44.55	4.92	12.28	34.33	25.23	1.70	7.40
2003	59.15	43.32	4.25	11.58	32.64	24.45	1.40	6.79
2004	56.31	40.19	3.90	12.22	30.71	21.99	1.21	7.51
2005	56.07	40.13	3.60	12.34	30.35	22.31	1.02	7.03
2006	56.91	39.87	3.57	13.47	30.18	22.00	1.00	7.18
2007	57.56	40.00	3.35	14.21	30.55	22.39	0.84	7.32
2008	58.34	39.53	3.44	15.37	30.30	21.79	1.14	7.37
2009	58.29	38.49	2.99	16.81	30.00	21.33	0.84	7.83
2010	58.38	38.59	2.89	16.90	35.22	24.17	1.03	10.02
2011	59.42	38.94	2.93	17.54	35.48	24.30	1.13	10.05
2012	60.59	39.50	2.62	18.46	35.82	24.51	0.87	10.43
2013	101.53	32.98	3.04	65.51	54.84	14.69	0.92	39.23
2014	99.88	34.06	3.32	62.50	52.84	15.03	0.77	37.04

4-10 在岗职工人数

（年底数）　　单位：人

项目	在岗职工人数		国有经济单位		城镇集体经济单位		其他经济类型单位	
	2013	2014	2013	2014	2013	2014	2013	2014
总　计	**1 015 350**	**998 797**	**329 828**	**340 632**	**30 444**	**33 227**	**655 078**	**624 938**
按企业、事业、机关分								
企业	781 861	764 061	108 416	118 335	20 327	22 800	653 118	622 926
事业	171 818	172 853	159 786	160 450	10 117	10 427	1 915	1 976
机关	59 816	60 002	59 816	60 002				
民间非营利组织	36	36					36	36
其他	1 819	1 845	1 810	1 845			9	
按国民经济行业分								
农、林、牧、渔业	13 445	13 105	13 339	13 001	71	69	35	35
采矿业	91 633	81 656	3 010	2 529	280	425	88 343	78 702
制造业	229 823	230 106	5 269	6 332	2 199	2 092	222 355	221 682
电力、煤气及水的生产和供应业	18 613	18 339	6 865	6 622	123	143	11 625	11 574
建筑业	281 926	271 786	41 002	47 217	7 310	9 732	233 614	214 837
批发和零售业	39 313	35 607	7 088	7 165	3 813	3 695	28 412	24 747
交通运输、仓储及邮政业	44 810	46 508	17 526	16 844	1 115	1 521	26 169	28 143
住宿和餐饮业	5 680	5 275	1 523	1 374	313	249	3 844	3 652
信息传输、计算机服务和软件业	8 876	8 359	1 726	1 489	398	399	6 752	6 471
金融业	17 008	16 738	6 125	5 588	3 324	3 400	7 559	7 750
房地产业	11 797	11 360	2 275	1 662	399	343	9 123	9 355
租赁和商务服务业	16 130	18 056	6 415	8 777	875	759	8 840	8 520
科学研究、技术服务和地质勘查业	9 849	11 839	6 433	8 405	296	219	3 120	3 215
水利、环境和公共设施管理业	11 273	13 196	9 427	11 366	799	790	1 047	1 040
居民服务和其他服务业	990	1 120	709	652	69	70	212	398
教育	102 109	102 664	99 202	99 445	29	29	2 878	3 190
卫生、社会保障和社会福利业	41 710	43 257	32 110	32 934	8 904	9 232	696	1 091
文化、体育和娱乐业	4 303	4 223	3 722	3 627	127	60	454	536
公共管理和社会组织	66 062	65 603	66 062	65 603				
按隶属关系分（国有经济）								
中央	26 188	21 618	26 188	21 618				
省	31 376	36 369	31 376	36 369				
省辖市	54 479	57 058	54 479	57 058				
县及县以下	214 950	222 554	214 950	222 554				
其他	2 835	3 033	2 835	3 033				

4–11 市区在岗职工人数

（年底数） 单位：人

项目	在岗职工人数		国有经济单位		城镇集体经济单位		其他经济类型单位	
	2013	2014	2013	2014	2013	2014	2013	2014
总计	**548 506**	**528 447**	**146 929**	**150 300**	**9 249**	**7 742**	**392 328**	**370 405**
按企业、事业、机关分								
企业	448 558	427 681	49 140	51 691	7 467	5 959	391 951	370 031
事业	71 826	72 517	69 676	70 360	1 782	1 783	368	374
机关	28 113	28 249	28 113	28 249				
民间非营利组织								
其他	9						9	
按国民经济行业分								
农、林、牧、渔业	5 368	5 055	5 306	4 993	27	27	35	35
采矿业	61 089	53 173	3 010	2 529	185	329	57 894	50 315
制造业	143 661	148 456	5 269	6 332	954	985	137 438	141 139
电力、煤气及水的生产和供应业	14 268	13 941	3 859	3 706	123	143	10 286	10 092
建筑业	123 270	105 205	6 593	4 394	2 654	1 508	114 023	99 303
批发和零售业	24 326	20 379	3 321	3 226	952	869	20 053	16 284
交通运输、仓储及邮政业	32 498	33 004	10 803	9 937	636	412	21 059	22 655
住宿和餐饮业	4 519	4 074	1 381	1 227	173	93	2 965	2 754
信息传输、计算机服务和软件业	5 828	5 526	17	15	4	4	5 807	5 507
金融业	10 340	10 540	2 702	2 720	844	872	6 794	6 948
房地产业	7 590	7 316	1 034	959	181	125	6 375	6 232
租赁和商务服务业	10 464	12 837	4 685	7 370	467	436	5 312	5 031
科学研究、技术服务和地质勘查业	5 927	7 828	4 084	6 180	207	120	1 636	1 528
水利、环境和公共设施管理业	4 861	6 187	3 789	5 181	161	157	911	849
居民服务和其他服务业	362	221	202	171	50	50	110	
教育	39 915	39 877	38 978	39 070	25	25	912	782
卫生、社会保障和社会福利业	20 776	21 549	18 828	19 440	1 606	1 587	342	522
文化、体育和娱乐业	3 132	3 099	2 756	2 670			376	429
公共管理和社会组织	30 312	30 180	30 312	30 180				
按隶属关系分（国有经济）								
中央	20 103	16 217	20 103	16 217				
省	19 344	23 981	19 344	23 981				
省辖市	51 509	53 960	51 509	53 960				
县及县以下	53 669	53 654	53 669	53 654				
其他	2 304	2 488	2 304	2 488				

4-12 女性在岗职工人数

（2014 年底） 单位：人

项 目	女性从业人员人数		国有经济单位		城镇集体经济单位		其他经济类型单位	
	2013	2014	2013	2014	2013	2014	2013	2014
总 计	**330 828**	**333 235**	**137 285**	**140 534**	**12 635**	**12 651**	**180 908**	**180 050**
按企业、事业、机关分								
企业	217 762	217 874	31 858	33 000	6 130	5 979	179 774	178 895
事业	94 542	96 461	86 940	88 669	6 505	6 672	1 097	1 120
机关	17 689	18 001	17 689	18 001				
民间非营利组织	35	35					35	35
其他	800	864	798	864			2	
按国民经济行业分								
农、林、牧、渔业	8 025	7 799	7 976	7 750	24	24	25	25
采矿业	6 945	16 425	576	432	69	68	16 300	15 925
制造业	87 318	86 860	1 662	1 905	802	827	84 854	84 128
电力、煤气及水的生产和供应业	4 666	4 775	1 688	1 686	52	59	2 926	3 030
建筑业	35 940	34 938	4 120	4 081	685	641	31 135	30 216
批发和零售业	20 470	19 006	2 611	2 997	1 470	1 395	16 389	14 614
交通运输、仓储及邮政业	12 897	13 796	5 438	5 249	459	524	7 000	8 023
住宿和餐饮业	3 284	3 189	829	778	216	152	2 239	2 259
信息传输、计算机服务和软件业	3 832	4 049	746	620	195	185	2 891	3 244
金融业	12 894	12 774	4 694	4 417	1 423	1 466	6 777	6 891
房地产业	4 411	4 945	847	663	191	190	3 373	4 092
租赁和商务服务业	4 540	4 969	599	1 294	388	365	3 553	3 310
科学研究、技术服务和地质勘查业	3 262	3 254	2 203	2 288	121	48	938	918
水利、环境和公共设施管理业	5 052	6 134	4 061	4 861	671	799	320	474
居民服务和其他服务业	323	399	202	186	12	13	109	200
教育	55 131	56 655	53 679	54 927	32	40	1 420	1 688
卫生、社会保障和社会福利业	30 120	31 483	23 929	24 904	5 781	5 841	410	738
文化、体育和娱乐业	1 966	1 920	1 673	1 631	44	14	249	275
公共管理和社会组织	19 752	19 865	19 752	19 865				

4-13 主要年份职工工资总额

单位:万元

年份	全市				市区			
	全部职工	国有经济单位	城镇集体经济单位	其他经济类型单位	全部职工	国有经济单位	城镇集体经济单位	其他经济类型单位
1949	1 962	1 962			1 707	1 707		
1952	3 680	3 680			3 177	3 177		
1957	5 709	5 709			4 251	4 251		
1962	10 295	10 295			8 042	8 042		
1965	9 418	9 418			7 106	7 106		
1970	11 199	11 199			8 136	8 136		
1975	21 093	15 939	5 154		14 896	11 824	3 072	
1978	31 439	23 706	7 733		22 573	17 598	4 975	
1979	36 925	27 781	9 144		27 260	21 129	6 131	
1980	44 954	34 084	10 870		32 809	25 473	7 336	
1981	47 170	35 891	11 279		34 194	26 615	7 579	
1982	51 676	39 575	12 101		37 389	29 355	8 033	
1983	55 388	43 349	12 039		40 701	32 699	8 001	
1984	80 714	60 828	19 886		58 779	46 285	12 493	
1985	93 432	72 426	21 006		68 323	55 947	12 376	
1986	110 187	85 424	24 754	9	80 480	65 838	14 633	9
1987	117 231	91 512	25 689	30	84 543	69 518	14 995	28
1988	149 139	117 615	31 454	70	104 028	86 618	17 340	64
1989	165 525	132 521	32 819	185	118 228	100 083	17 960	185
1990	185 938	150 380	35 187	371	132 593	112 898	19 324	371
1991	208 723	169 855	38 397	471	149 964	127 972	21 524	468
1992	244 828	202 261	41 831	736	175 433	151 564	23 203	666
1993	304 255	253 382	47 734	3 139	218 454	189 200	26 586	2 668
1994	407 761	349 729	53 041	4 991	287 245	253 793	28 832	4 620
1995	506 766	437 394	66 563	2 809	355 676	317 499	36 295	1 880
1996	584 442	506 673	68 847	8 922	402 383	358 696	36 286	7 401
1997	609 772	534 263	64 613	10 896	419 217	375 289	36 310	7 618
1998	592 951	514 526	48 949	29 476	396 614	357 549	23 395	15 670
1999	624 029	546 719	49 089	28 221	417 883	378 034	23 453	16 396
2000	653 127	565 585	42 684	44 858	439 909	390 587	18 473	30 849
2001	700 349	596 699	39 062	64 588	482 073	423 530	15 307	43 235
2002	742 489	572 711	31 159	138 619	516 553	397 782	13 763	105 008
2003	802 685	621 748	29 756	151 181	569 467	440 515	12 119	116 832
2004	894 607	679 066	33 849	181 692	641 470	483 484	15 473	142 513
2005	1 072 593	825 124	35 199	212 270	763 816	587 518	14 430	161 868
2006	1 250 866	943 120	40 150	267 595	888 450	679 934	14 744	193 772
2007	1 367 407	1 034 032	42 865	290 510	932 620	720 634	13 729	198 257
2008	1 549 543	1 141 926	56 183	351 434	1 032 278	776 277	20 991	235 010
2009	1 808 200	1 289 097	58 151	460 952	1 179 995	860 207	17 196	302 592
2010	1 985 130	1 431 819	70 534	482 777	1 404 233	1 034 203	29 191	340 839
2011	2 347 680	1 673 845	91 401	582 434	1 621 227	1 187 306	41 355	392 566
2012	2 664 762	1 890 555	92 391	681 817	1 813 377	1 326 132	33 376	453 870
2013	4 587 245	1 617 517	119 932	2 849 796	2 806 363	867 345	37 131	1 901 887
2014	5 011 775	1 782 705	144 653	3 084 417	2 997 160	963 758	37 083	1 996 319

4-14　主要年份职工平均工资

单位：元

年　份	全　市				市　区			
	全部职工	国有经济单　位	城镇集体经济单位	其他经济类型单位	全部职工	国有经济单　位	城镇集体经济单位	其他经济类型单位
1949	321	321			349	349		
1952	503	503			529	529		
1957	573	573			619	619		
1962	548	548			590	590		
1965	599	599			594	680	407	
1970	553	553			547	587	436	
1975	509	564	392		580	595	426	
1978	554	593	430		605	664	446	
1979	605	676	459		647	731	464	
1980	715	791	535		768	828	613	
1981	720	772	569		770	820	633	
1982	755	808	609		807	857	667	
1983	780	840	621		841	898	667	
1984	1 105	1 178	884		1 175	1 228	1 014	
1985	1 231	1 351	941		1 220	1 303	944	
1986	1 403	1 537	1 077	1 828	1 400	1 503	1 067	645
1987	1 463	1 601	1 119	2 021	1 511	1 625	1 136	1 934
1988	1 798	1 973	1 349	2 101	1 800	1 935	1 329	1 633
1989	1 965	2 177	1 410	2 224	2 189	2 370	1 535	2 189
1990	2 179	2 417	1 531	3 050	2 708	2 618	1 636	3 091
1991	2 379	2 644	1 647	2 656	2 715	2 913	1 804	2 521
1992	2 753	3 052	1 867	2 838	3 151	3 426	2 068	3 115
1993	3 355	6 698	2 245	3 702	3 914	4 244	2 512	4 119
1994	4 524	5 013	2 732	5 202	5 186	5 658	2 971	5 583
1995	5 537	6 101	3 481	3 957	6 381	6 938	3 791	4 669
1996	6 279	6 933	3 707	6 308	7 208	7 878	3 916	7 197
1997	6 521	7 211	3 636	6 580	7 533	8 214	3 994	8 764
1998	7 717	8 149	5 150	7 023	8 999	9 234	6 998	7 796
1999	8 447	8 955	5 351	7 731	9 911	10 169	7 015	9 945
2000	9 339	9 908	5 243	9 531	11 144	11 442	6 706	11 940
2001	10 501	11 174	5 630	10 171	12 837	13 143	7 041	13 710
2002	11 887	12 683	6 235	11 264	14 929	15 633	8 246	14 027
2003	13 551	14 327	6 777	13 209	17 518	18 073	8 528	17 405
2004	15 809	16 864	8 387	14 789	20 898	22 046	12 735	18 876
2005	18 849	20 373	9 597	16 670	24 838	26 223	13 545	22 230
2006	21 896	23 639	11 058	19 673	29 191	30 969	14 163	26 047
2007	23 711	25 791	12 674	20 465	30 652	32 299	15 904	27 338
2008	26 824	29 000	16 253	23 534	33 982	35 610	18 075	31 689
2009	31 173	33 575	19 527	27 715	39 392	40 387	20 230	38 766
2010	34 243	37 406	24 377	28 737	40 254	43 371	28 185	34 075
2011	39 493	43 102	30 823	33 008	45 909	49 355	36 327	38 794
2012	44 070	47 890	35 540	37 076	50 715	54 249	37 936	43 510
2013	47 013	50 192	40 499	45 680	51 903	59 051	40 505	49 445
2014	50 268	53 761	43 619	48 784	55 387	63 929	48 059	52 170

4-15 职工工资总额

单位：万元

项目	在岗职工工资总额		国有经济单位		城镇集体经济单位		其他经济类型单位	
	2013	2014	2013	2014	2013	2014	2013	2014
总计	**4 587 245**	**5 011 775**	**1 617 517**	**1 782 705**	**119 932**	**144 653**	**2 849 796**	**3 084 417**
按企业、事业、机关分								
企业	3 411 372	3 707 854	494 001	539 231	75 767	93 879	2 841 604	3 074 744
事业	848 168	945 838	795 934	885 505	44 165	50 774	8 069	9 559
机关	318 958	348 459	318 958	348 459				
民间非营利组织	103	114					103	114
其他	8 644	9 511	8 624	9 511			20	
按国民经济行业分								
农、林、牧、渔业	30 041	30 681	29 705	30 336	266	274	70	71
采矿业	571 959	532 443	16 679	13 050	893	1 575	554 387	517 818
制造业	1 014 798	1 084 551	45 081	52 084	5 043	5 880	964 674	1 026 587
电力、煤气及水的生产和供应业	123 324	132 148	58 841	60 997	537	797	63 947	70 354
建筑业	990 681	1 170 146	147 456	155 584	21 860	34 414	821 365	980 149
批发和零售业	129 483	132 716	26 935	27 613	9 420	9 458	93 128	95 645
交通运输、仓储及邮政业	229 492	262 142	100 137	112 919	3 555	5 769	125 800	143 454
住宿和餐饮业	17 127	17 290	4 869	4 279	1 058	654	11 201	12 356
信息传输、计算机服务和软件业	52 646	56 759	7 286	7 213	1 100	1 280	44 260	48 266
金融业	130 100	134 009	39 215	38 977	28 650	30 953	62 235	64 079
房地产业	52 929	55 653	10 423	8 705	966	924	41 541	46 025
租赁和商务服务业	50 203	55 486	15 688	17 053	2 458	2 309	32 058	36 124
科学研究、技术服务和地质勘查业	48 271	67 377	32 589	50 009	963	968	14 719	16 400
水利、环境和公共设施管理业	44 953	56 663	39 199	50 905	2 967	3 151	2 787	2 607
居民服务和其他服务业	3 954	4 497	3 275	2 908	112	176	566	1 413
教育	500 396	555 846	489 123	541 005	108	91	11 166	14 751
卫生、社会保障和社会福利业	233 542	270 233	190 234	218 794	39 661	45 720	3 648	5 719
文化、体育和娱乐业	18 645	19 371	16 084	16 509	317	261	2 245	2 601
公共管理和社会组织	344 700	373 765	344 700	373 765				
按隶属关系分（国有经济）								
中央	148 777	143 926	148 777	143 926				
省	194 440	244 521	194 440	244 521				
省辖市	315 575	348 261	315 575	348 261				
县及县以下	947 092	1 033 428	947 092	1 033 428				
其他	11 633	12 570	11 633	12 570				

4-16 市区职工工资总额

单位：万元

项目	在岗职工工资总额		国有经济单位		城镇集体经济单位		其他经济类型单位	
	2013	2014	2013	2014	2013	2014	2013	2014
总 计	**2 806 363**	**2 997 160**	**867 345**	**963 758**	**37 131**	**37 083**	**1 901 887**	**1 996 319**
按企业、事业、机关分								
企业	2 217 945	2 331 963	289 369	310 243	29 075	27 869	1 899 501	1 993 852
事业	411 420	473 610	400 998	461 928	8 056	9 214	2 367	2 468
机关	176 978	191 587	176 978	191 587				
民间非营利组织								
其他	20						20	
按国民经济行业分								
农、林、牧、渔业	12 250	11 618	12 015	11 374	165	173	70	71
采矿业	388 371	351 464	16 679	13 050	521	1 202	371 170	337 212
制造业	741 679	786 503	45 081	52 084	2 569	3 363	694 029	731 056
电力、煤气及水的生产和供应业	95 148	101 032	39 278	39 766	537	797	55 334	60 469
建筑业	472 682	520 337	34 789	22 332	6 684	4 682	431 209	493 323
批发和零售业	89 146	88 597	16 491	16 429	3 066	2 894	69 588	69 274
交通运输、仓储及邮政业	183 762	204 472	73 626	81 716	1 594	1 495	108 542	121 261
住宿和餐饮业	13 563	13 674	4 409	3 787	560	226	8 594	9 660
信息传输、计算机服务和软件业	41 221	44 725	50	59	7	9	41 163	44 658
金融业	87 410	89 560	19 781	20 747	10 820	11 000	56 809	57 813
房地产业	36 618	39 087	6 187	6 105	483	388	29 948	32 594
租赁和商务服务业	29 378	33 459	10 875	12 265	1 237	1 150	17 266	20 044
科学研究、技术服务和地质勘查业	31 391	48 385	23 507	40 734	569	350	7 315	7 301
水利、环境和公共设施管理业	24 735	32 785	21 665	29 977	737	769	2 333	2 039
居民服务和其他服务业	1 854	1 254	1 445	1 136	65	118	345	
教育	223 996	257 058	219 779	252 627	98	80	4 119	4 351
卫生、社会保障和社会福利业	132 982	158 053	123 480	146 566	7 418	8 387	2 084	3 100
文化、体育和娱乐业	13 879	14 391	11 911	12 295			1 968	2 095
公共管理和社会组织	186 299	200 710	186 299	200 710				
按隶属关系分（国有经济）								
中央	117 181	113 024	117 181	113 024				
省	148 820	193 810	148 820	193 810				
省辖市	301 285	331 940	301 285	331 940				
县及县以下	290 329	314 733	290 329	314 733				
其他	9 731	10 251	9 731	10 251				

4–17 职工平均工资

单位:元

项目	在岗职工年平均工资		国有经济单位		城镇集体经济单位		其他经济类型单位	
	2013	2014	2013	2014	2013	2014	2013	2014
总　计	**47 013**	**50 268**	**50 192**	**53 761**	**40 499**	**43 619**	**45 680**	**48 784**
按企业、事业、机关分								
企业	45 885	48 546	48 411	48 670	38 857	41 291	45 690	48 785
事业	49 646	55 158	50 109	55 661	43 663	48 695	42 785	48 748
机关	53 589	58 206	53 589	58 206				
民间非营利组织	28 694	31 583					28 694	31 583
其他	46 224	51 467	46 342	51 467			21 667	
按国民经济行业分								
农、林、牧、渔业	20 901	22 818	20 819	22 735	37 451	39 696	20 706	20 794
采矿业	61 268	61 877	54 794	49 078	32 129	37 502	61 577	62 411
制造业	43 945	46 979	84 707	80 901	23 313	28 268	43 174	46 172
电力、煤气及水的生产和供应业	64 500	70 535	80 516	87 363	43 274	56 134	54 712	60 592
建筑业	41 276	43 940	43 861	40 256	33 303	35 507	41 104	44 968
批发和零售业	33 036	37 572	38 044	38 528	24 673	25 673	32 912	39 083
交通运输、仓储及邮政业	51 423	57 058	57 960	66 891	31 913	37 608	47 948	52 112
住宿和餐饮业	29 489	32 746	31 391	31 557	33 581	26 281	28 414	33 623
信息传输、计算机服务和软件业	59 791	66 799	42 359	48 508	27 633	32 002	66 188	73 020
金融业	76 760	80 182	64 679	70 064	86 063	90 985	82 354	82 703
房地产业	45 460	48 874	47 419	52 343	24 446	27 322	45 901	49 035
租赁和商务服务业	31 604	31 130	25 016	19 910	29 790	30 707	36 475	42 464
科学研究、技术服务和地质勘查业	48 966	56 213	50 385	58 566	32 647	44 196	47 556	50 805
水利、环境和公共设施管理业	40 019	42 639	41 626	44 292	37 089	39 580	27 433	26 067
居民服务和其他服务业	39 978	40 114	46 263	44 538	16 261	25 114	26 708	35 495
教育	49 323	54 679	49 596	54 956	37 103	31 379	39 849	46 342
卫生、社会保障和社会福利业	56 549	63 012	59 999	67 088	44 567	49 550	52 562	54 675
文化、体育和娱乐业	42 404	45 676	42 237	45 556	24 742	43 433	48 690	46 698
公共管理和社会组织	52 373	57 083	52 373	57 083				
按隶属关系分(国有经济)								
中央	56 774	66 359	56 774	66 359				
省	60 038	66 074	60 038	66 074				
省辖市	58 120	61 096	58 120	61 096				
县及县以下	45 866	48 556	45 866	48 556				
其他	40 322	40 996	40 322	40 996				

4–18 市区职工平均工资

单位:元

项目	在岗职工年平均工资		国有经济单位		城镇集体经济单位		其他经济类型单位	
	2013	2014	2013	2014	2013	2014	2013	2014
总 计	**51 903**	**55 387**	**59 051**	**63 929**	**40 505**	**48 059**	**49 445**	**52 170**
按企业、事业、机关分								
企业	50 254	52 904	58 237	59 005	39 391	47 004	49 431	52 156
事业	57 704	65 659	57 989	66 016	45 105	51 560	65 562	66 161
机关	63 114	67 931	63 114	67 931				
民间非营利组织								
其他	21 667						21 667	
按国民经济行业分								
农、林、牧、渔业	22 829	22 713	22 648	22 506	61 074	63 926	20 706	20 794
采矿业	62 032	62 000	54 794	49 078	28 481	37 105	62 507	62 790
制造业	51 338	52 928	84 707	80 901	26 956	34 420	50 221	51 780
电力、煤气及水的生产和供应业	64 472	70 068	91 302	96 872	43 274	56 134	53 556	59 446
建筑业	41 722	45 583	52 960	50 812	25 866	31 443	41 407	45 565
批发和零售业	36 567	43 447	49 672	50 849	32 242	33 419	34 607	42 512
交通运输、仓储及邮政业	56 195	62 768	67 541	81 651	24 951	35 005	51 293	54 768
住宿和餐饮业	29 730	33 261	31 268	31 273	32 370	24 333	28 849	34 414
信息传输、计算机服务和软件业	71 328	78 590	29 529	39 267	18 000	21 500	71 489	78 734
金融业	84 938	85 222	74 169	77 068	130 676	126 874	83 592	83 184
房地产业	49 000	52 720	61 376	63 729	26 410	31 016	47 672	51 483
租赁和商务服务业	28 456	26 468	23 734	17 115	26 490	26 684	32 732	39 738
科学研究、技术服务和地质勘查业	52 820	60 823	57 111	64 472	27 617	29 133	45 128	48 131
水利、环境和公共设施管理业	50 938	51 428	56 907	55 431	45 519	48 390	26 307	25 231
居民服务和其他服务业	51 368	56 482	71 905	66 029	12 900	23 640	31 327	
教育	56 377	64 581	56 578	64 796	39 240	32 160	47 781	55 005
卫生、社会保障和社会福利业	65 047	74 493	66 782	76 584	46 132	52 748	60 237	63 391
文化、体育和娱乐业	44 243	46 153	43 170	46 084			52 074	46 564
公共管理和社会组织	61 658	66 615	61 658	66 615				
按隶属关系分(国有经济)								
中央	58 085	69 327	58 085	69 327				
省	76 632	79 590	76 632	79 590				
省辖市	58 727	61 558	58 727	61 558				
县及县以下	54 141	58 600	54 141	58 600				
其他	41 268	41 535	41 268	41 535				

4–19　城镇登记失业人数及失业率

单位：人

年　份	当年需要安置的人数	当年已安置就业的人数	年末城镇登记失业人数	#失业青年	#失业女青年	年末城镇登记失业率（%）
1981	42 995	22 600	10 294	10 294		1.52
1982	28 451	18 432	5 144	5 144		0.73
1983	20 261	8 336	10 633	10 633		1.44
1984	22 729	13 584	8 396	8 396		1.08
1985	27 051	14 654	11 605	11 605		1.45
1986	30 373	18 158	11 854	11 854		1.43
1987	32 082	16 469	15 200	15 200		1.78
1988	36 679	22 722	13 469	13 469		1.50
1989	74 534	22 780	50 947	50 947		5.44
1990	71 500	44 775	22 440	22 440		2.42
1991	50 367	29 702	18 622	18 622	12 054	1.98
1992	42 113	19 787	18 754	18 754	11 627	1.97
1993	37 681	19 406	16 997	16 275	9 615	1.81
1994	33 896	17 241	15 576	14 875	8 815	1.70
1995	31 238	14 971	15 390	15 078	8 869	1.60
1996	31 431	14 568	15 276	13 795	7 742	1.50
1997	29 154	13 083	15 073	13 181	7 232	1.62
1998	27 155	13 481	13 163	10 398	6 295	1.30
1999	28 125	13 087	15 038	12 981	8 035	1.52
2000	34 107	14 078	18 625	8 482	4 433	1.89
2001	44 654	16 512	26 836	9 956	5 650	2.40
2002	60 674	21 098	38 099			3.58
2003	66 044	22 521	37 980	7 430	3 492	4.30
2004	67 288	27 905	37 231	6 571	3 815	4.03
2005	66 614	31 263	33 560	10 385	5 980	3.44
2006	78 964	45 611	32 581	9 589	5 273	3.03
2007	84 262	50 696	33 488	17 268	9 478	2.80
2008	88 393	54 628	33 665			2.70
2009	96 903	61 063	35 738			2.86
2010	106 308	72 665	33 613			2.63
2011	115 628	77 798	37 824			2.55
2012	117 890	82 521	35 369			2.39
2013	156 404	122 597	33 785			2.14
2014	132 486	100 534	31 914			1.91

主要统计指标解释

从业人员 指从事一定社会劳动并取得劳动报酬或经营收入的全部劳动力。包括:

(1)全部职工

(2)城镇私营企业从业人员

(3)城镇个体劳动者

(4)农村社会劳动者

(5)其他社会劳动者

这一指标反映了一定时期内全部劳动力资源的实际利用情况,是研究基本国情国力的重要指标。

各单位的从业人员是指在各级国家机关、政党机关、社会团体及企业、事业单位中工作,并取得劳动报酬的全部人员。包括职工、再就业的离退休人员、民办教师以及在各单位中工作的外方人员和港、澳、台方人员。

各单位的从业人员反映了各单位实际参加生产或工作的全部劳动力。

职工 指在国有经济、城镇集体经济、联营经济、股份制经济、外商和港、澳、台投资经济、其他经济单位及其附属机构工作,并由其支付工资的各类人员。

合同制职工 指各单位根据国务院国发(1986)77号文件和国务院令第99号的规定,通过签订有固定期限劳动合同、无固定期限劳动合同和以完成一项工作为期限劳动合同所使用的职工。包括实行全员劳动合同制单位的全部职工。

使用的农村劳动力 指国有经济、城镇集体经济、联营经济、股份制经济、外商和港、澳、台投资经济、其他经济单位的职工中,现仍保留农村户籍关系的人员。

长期职工 指用工期限在一年以上(含一年)的职工。包括原固定职工、合同制职工、长期临时工以及国有单位使用的城镇集体所有制单位的人员和其他使用期限在一年以上的原计划外用工。

临时职工 指用工期限不超过一年的职工。包括各单位根据国家有关规定招用的,签订一年以内的劳动合同或使用期不超过一年的临时性、季节性用工。

其他从业人员 指劳动统计制度规定不作职工统计,但实际参加社会劳动并取得劳动报酬的人员。

各单位的其他从业人员是指单位中除职工以外的全部参加本单位生产或工作并取得劳动报酬的人员。包括再就业的离退休人员、民办教师以及在各单位中工作的外方人员和港、澳、台方人员。

城镇集体经济单位职工 指在城镇集体经济单位及其管理部门工作并由其支付工资的各类人员。

其他经济单位职工 指在联营经济、股份制经济、外商投资经济、港、澳、台投资经济单位工作,并由其支付工资的各类人员。

城镇个体劳动者 指经工商行政管理部门核准登记,领取营业执照,参加生产经营活动,户口在城镇的全部人员。

农村社会劳动者 指农村人口中经常参加合作经济组织(包括乡(镇)办企业事业单位)和家庭副业生产劳动的劳动力。凡是由合作经济组织分配劳动任务或承包各种生产任务,并从中直接取得实物、现金收入和从承包的生产任务中获得实物、现金收入的劳动力,不管从事何种劳动,都要统计为农村社会劳动者。国家从乡(村)调用的建勤民工;由集体经费支付工资或补贴的乡(村)脱产管理干部;乡(村)劳动力到国有经济单位或城镇集体经济单位工作,其收入交给合作经济组织,并从中取得实物或现金收入的合同工、临时工、亦工亦农人员;自行外出,但户口没有转出的劳动力,都应包括在内。

城镇登记失业人员 指有非农业户口,在一定的劳动年龄内(16岁以上及男50岁以下、女45岁以下),有劳动能力,无业而要求就业,并在当地就业服务机构进行待业登记的人员。

城镇登记失业率 是城镇登记失业人数同城镇在业人数加城镇登记失业人数之比。计算公式为:

$$城镇失业率=\frac{城镇登记失业人数}{\begin{matrix}城镇在\\业人数\end{matrix}+\begin{matrix}城镇登记\\失业人数\end{matrix}}\times 100\%$$

从业人员劳动报酬 各单位一定时期内直接支付给本单位全部从业人员的劳动报酬总额。包括职工工资总额和本单位其他从业人员劳动报酬两部分。

职工工资总额 指各单位在一定时期内直接支付给本单位全部职工的劳动报酬总额。

工资总额的计算原则应以直接支付给职工的全部劳动报酬为根据。各单位支付给职工的劳动报酬以及其他根据有关规定支付的工资,不论是计入成本的还是不计入成本的,不论是按国家规定列入计征奖金税项目的,还是未列入计征奖金税项目的,不论是以货币形式支付的还是以实物形式支付的,均包括在工资总额内。

计时工资 指按计时工资标准(包括地区生活费补贴)和

工作时间支付给个人的劳动报酬，以及根据国家法律、法规和政策规定，因病、工伤、产假、计划生育假、婚丧假、事假、探亲假、定期休假、停工学习、执行国家或社会义务等原因按计时工资标准或计时工资标准的一定比例支付的工资。

计件标准工资 是指实行计件工资制的单位按照批准的计件单价和规定的劳动定额或工作量应支付给计件工人的劳动报酬。

计件超额工资 是计件工资的一部分，指计件工人超额完成定额任务后所得的工资。即计件工人实得的全部计件工资减去应得的计件标准工资后的数额。某些企业的工人由于从事生产的工作物等级高于本人工资等级，因而其计件标准工资高于本人标准工资，其计件超额工资也应是全部工资减去应得的计件标准工资后的数额。

奖金 指支付给职工的超额劳动报酬和增收节支的劳动报酬。

津贴和补贴 指为了补偿职工特殊或额外的劳动消耗和因其他特殊原因支付给职工的津贴，以及为了保证职工工资水平不受物价影响支付给职工的物价补贴。

其他从业人员劳动报酬 指各单位在一定时期内直接支付给本单位其他从业人员的全部劳动报酬。

职工平均工资 指企业、事业、机关单位的职工在一定时间内平均每人所得的货币工资额。它表明一定时期职工工资收入的高低程度，是反映职工工资水平的主要指标。计算公式为：

$$\text{职工平均工资}=\frac{\text{报告期实际支付的全部职工工资总额}}{\text{报告期全部职工平均人数}}$$

职工平均实际工资 指扣除物价变动因素后的职工平均工资。计算公式为：

$$\text{职工平均实际工资}=\frac{\text{报告期职工平均工资}}{\text{报告期全部职工生活费价格指数}}$$

固定资产投资

INVESTMENT IN FIXED ASSETS

版面负责人：许　清

编　　　辑：张　虹　孙　伟

江苏省统计条例

（2014 年 1 月 16 日江苏省第十二届人民代表大会常务委员会第八次会议通过）

第九条 制定地方统计调查项目，应当同时制定该项目的统计调查制度，并按照下列规定审批：

（一）省人民政府统计机构单独制定或者与有关部门共同制定的，报国家统计局审批；

（二）设区的市、县（市、区）人民政府统计机构单独制定或者与有关部门共同制定的，报省人民政府统计机构审批；

（三）县级以上地方人民政府有关部门单独制定或者与其他部门共同制定的，报本级人民政府统计机构审批。

变更统计调查制度内容的，应当报经原审批机关批准。

【释义】 本条是关于地方统计调查项目及统计调查制度制定和审批权限的规定。

根据制定机关的不同，本条对地方统计调查项目的审批作出规范：一是由省人民政府统计机构单独制定或者与有关部门共同制定的，报国家统计局审批；二是由设区的市、县(市、区)人民政府统计机构单独制定或者与有关部门共同制定的，报省人民政府统计机构审批；三是由县级以上地方人民政府有关部门单独制定或者与其他部门共同制定的，报本级人民政府统计机构审批。

鉴于统计调查制度一经批准公布即产生法律效力，本条第二款同时规定，需要变更统计调查制度内容的，应当依照本条第一款规定报经原审批机关批准。未经批准，擅自变更统计调查制度的内容的，依法承担相应的法律责任。

统计调查制度。是指实施一项统计调查必须遵守的技术性规范，是统计调查项目的核心内容。统计调查制度对调查目的、调查内容、调查方法、调查对象、调查组织方式、调查表式、统计资料的报送和公布等作出规定。因此，制定地方统计调查项目，应当同时制定该调查项目的统计调查制度。

对地方统计调查项目的制定及审批权限作出明确规定，有利于从制度和程序上加强对政府统计调查项目的管理，有利于保障国家、部门和地方统计调查项目之间明确分工，互相衔接，避免重复。

第十条 除涉及国家秘密的以外，地方统计调查项目及其统计调查制度，应当及时向社会公布。经国家统计局批准的，由省人民政府统计机构自批准之日起十日内公布；经县级以上地方人民政府统计机构批准的，由审批机关自批准之日起十日内公布。

【释义】 本条是关于地方统计调查项目及其统计调查制度向社会公布义务的规定。

本条规定了有关政府统计机构公布地方统计调查项目及其统计调查制度的具体责任：一是省人民政府统计机构单独制定或者与有关部门共同制定，并报经国家统计局审批批准的，由省人民政府统计机构负责公布；二是设区的市、县(市、区)人民政府统计机构单独制定或者与有关部门共同制定，并报经省人民政府统计机构审批批准的，由作为审批机关的省人民政府统计机构负责公布；三是县级以上人民政府有关部门单独制定或者与其他部门共同制定，并报经本级人民政府统计机构审批批准的，由作为审批机关的本级人民政府统计机构负责公布。

本条所称的十日、五日。是指按照工作日计算，不包括法定节假日。

本条所称的公布。是指应当以社会公众可以查询的方式公布，并确保在统计调查表的有效期限内可以查询和确认。

编辑：王中彬

5-1 全社会固定资产投资

单位:万元

年份	全社会固定资产投资完成额	# 城镇规模以上	农村规模以上	# 城乡个私	# 城镇个私
1978	32 052	32 052			
1979	39 965	39 965			
1980	46 737	46 737			
1981	31 140	31 140			
1982	45 100	45 100			
1983	61 776	61 776			
1984	72 575	72 575			
1985	81 993	81 993			
1986	186 435	111 793	46 816	27 826	13 530
1987	223 523	120 516	54 252	48 755	15 040
1988	203 704	101 872	62 359	39 473	16 000
1989	211 255	88 112	70 066	73 077	16 730
1990	244 092	117 535	84 417	42 140	19 460
1991	300 167	153 137	99 315	47 715	22 890
1992	448 089	256 335	132 420	59 334	23 160
1993	513 891	308 967	134 000	70 924	15 986
1994	772 145	407 060	247 278	117 807	31 959
1995	1 036 880	532 002	407 263	97 615	20 696
1996	1 365 558	713 616	542 778	109 164	18 626
1997	1 521 073	812 015	573 291	135 767	21 696
1998	1 882 611	1 137 480	510 507	211 098	7 529
1999	2 202 118	1 313 145	404 029	422 971	47 274
2000	2 521 865	1 540 283	359 501	541 440	81 474
2001	2 878 503	1 715 698	137 554	182 724	109 437
2002	3 231 237	1 776 036	121 704	272 936	128 717
2003	3 830 289	2 447 598	412 593	292 571	130 034
2004	4 452 726	3 187 501	717 778	726 871	281 055
2005	6 013 112	4 509 921	950 880	1 613 051	881 267
2006	7 529 941	5 985 211	816 056	2 386 794	1 800 453
2007	9 607 018	7 695 881	1 027 195	6 310 559	5 364 624
2008	12 506 684	10 150 379	1 467 142	4 397 099	3 293 322
2009	16 245 718	13 375 634	2 314 293	7 555 693	5 821 889
2010	20 492 595	16 469 766	2 917 392	9 003 877	6 810 346

注:1.2002 年以前城镇、农村规模以上分别为城镇、农村集体以上; 2.2010 年以后不再统计全社会固定资产投资。

5-2 固定资产投资

单位:万元

年 份	全 市	#城乡个私	市 区	#城乡个私
1978	32 052		27 988	
1979	39 965		34 622	
1980	46 737		40 763	
1981	31 140		26 990	
1982	45 100		38 339	
1983	61 776		54 607	
1984	72 575		64 757	
1985	81 993		69 413	
1986	158 609	27 826	106 534	5 816
1987	174 768	48 755	118 110	6 935
1988	164 231	39 473	95 271	7 917
1989	158 178	73 077	85 194	7 378
1990	201 952	42 140	117 947	9 486
1991	252 452	47 715	142 140	10 426
1992	388 755	59 334	233 176	9 293
1993	442 967	70 924	205 394	6 145
1994	654 338	117 807	316 251	11 149
1995	939 265	97 615	425 293	13 867
1996	1 256 394	109 164	584 478	18 347
1997	1 385 306	135 767	752 279	36 649
1998	1 647 987	211 098	1 098 821	19 776
1999	1 717 174	422 971	1 153 101	100 599
2000	1 899 784	541 440	1 269 190	150 387
2001	1 853 252	182 724	1 401 933	87 082
2002	1 897 740	272 936	1 461 694	94 483
2003	2 860 191	292 571	1 788 761	49 681
2004	3 905 279	726 871	2 041 714	130 810
2005	5 460 801	1 613 051	2 492 481	465 764
2006	6 801 267	2 386 794	2 936 655	631 616
2007	8 723 076	6 310 559	3 617 867	2 402 901
2008	11 617 521	4 397 099	5 218 485	2 177 161
2009	15 689 927	7 555 693	6 270 237	2 248 229
2010	19 387 158	9 003 877	10 220 846	3 953 299
2011	22 010 274	8 934 776	11 930 894	3 448 110
2012	26 858 891	9 599 343	14 485 002	2 939 545
2013	30 901 313	12 552 369	16 824 224	4 944 903
2014	36 715 594	17 262 719	19 315 592	7 573 667

注:2011 年以前为城镇规模以上固定资产投资(计划总投资 50 万元以上),2011 年起,统计的起点标准提高到 500 万元,不再区分城镇和农村(下同)。

5-3 各时期固定资产投资完成额

单位:万元

时 期	合 计	基本建设	更新改造	其他投资	房地产开发
1949	**257**	**257**			
恢复时期	**2 065**	**2 065**			
"一五"时期	**15 602**	**15 602**			
"二五"时期	**70 222**	**70 222**			
调整时期	**14 262**	**14 262**			
"三五"时期	**18 586**	**18 586**			
"四五"时期	**63 127**	**60 974**	**2 153**		
"五五"时期	**151 718**	**134 899**	**12 287**	**4 532**	
1976	14 432	14 432			
1977	18 532	18 532			
1978	32 052	29 141	1 870	1 041	
1979	39 965	32 579	6 402	984	
1980	46 732	40 215	4 015	2 507	
"六五"时期	**292 584**	**177 653**	**79 905**	**35 026**	
1981	31 140	22 524	5 465	3 151	
1982	45 100	24 312	14 281	6 507	
1983	61 776	37 279	17 443	7 054	
1984	72 575	48 622	17 164	6 789	
1985	81 993	44 916	25 552	11 525	
"七五"时期	**539 828**	**285 696**	**180 358**	**61 560**	**12 214**
1986	111 793	66 508	29 063	16 222	
1987	120 516	75 020	31 166	14 330	
1988	101 872	40 804	46 889	14 179	
1989	88 112	46 274	34 590	7 248	
1990	117 535	57 090	38 650	9 581	12 214
"八五"时期	**1 657 501**	**826 093**	**526 087**	**151 031**	**154 290**
1991	153 137	74 263	50 691	13 114	15 069
1992	256 335	116 204	94 656	29 404	16 071
1993	308 967	126 040	119 234	35 333	28 360
1994	407 060	205 272	131 971	35 682	34 135
1995	532 002	304 314	129 535	37 498	60 655
"九五"时期	**5 516 539**	**2 909 525**	**1 257 699**	**449 088**	**900 227**
1996	713 616	375 182	186 272	71 520	80 642
1997	812 015	419 068	202 617	74 937	115 393
1998	1 137 480	591 413	270 144	90 292	185 631
1999	1 313 145	720 580	283 647	70 847	238 071
2000	1 540 283	803 282	315 019	141 492	280 490
"十五"时期	**13 636 754**	**5 179 894**	**1 925 784**	**847 621**	**1 799 272**
2001	1 715 698	921 817	359 585	120 944	313 352
2002	1 776 036	1 020 760	398 013	107 174	250 089
2003	2 447 598	1 344 223	520 720	281 697	300 958
2004	3 187 501	1 893 094	647 466	337 806	309 135
2005	4 509 921				625 738
"十一五"时期	**53 676 871**				**6 661 018**
2006	5 985 211				707 983
2007	7 695 881				1 001 097
2008	10 150 379				1 308 123
2009	13 375 634				1 590 593
2010	16 469 766				2 053 222
"十二五"时期	**116 486 072**				**14 145 359**
2011	22 010 274				2 551 217
2012	26 858 891				3 100 707
2013	30 901 313				3 804 668
2014	36 715 594				4 688 767

注:2002 年以前为城镇集体以上投资,2005 年以后取消了基本建设和更新改造的分类。

5-4 市区固定资产投资完成额

单位:万元

年 份	合 计	基本建设	更新改造	其他投资	房地产开发
1978	27 988	25 927	1 144	917	
1979	34 622	28 415	5 418	789	
1980	40 763	35 533	3 171	2 059	
1981	26 990	20 409	4 270	2 311	
1982	38 339	21 143	11 801	5 395	
1983	54 607	33 224	15 401	5 982	
1984	64 757	44 088	14 998	5 671	
1985	69 413	38 898	22 367	8 148	
1986	95 150	60 380	24 007	10 763	
1987	104 174	70 483	24 933	8 758	
1988	78 745	35 361	36 892	6 492	
1989	68 047	38 675	27 081	2 294	
1990	95 455	45 083	32 432	5 726	12 214
1991	119 408	60 097	39 380	6 875	13 056
1992	195 860	86 709	75 680	19 008	14 463
1993	201 019	68 547	88 506	20 131	23 835
1994	253 437	130 328	78 598	19 578	24 933
1995	338 392	196 442	76 004	17 063	48 883
1996	443 879	252 482	91 128	38 360	61 909
1997	577 803	316 030	134 249	42 989	84 535
1998	902 936	481 654	205 674	65 758	149 850
1999	1 048 339	614 299	211 568	32 237	190 235
2000	1 205 265	681 585	236 759	62 123	224 798
2001	1 328 481	741 555	295 767	62 149	229 010
2002	1 401 555	832 978	325 980	72 250	170 347
2003	1 788 761	1 134 523	420 109	53 217	180 912
2004	2 231 004	1 557 209	448 594	35 911	189 290
2005	2 451 166				362 170
2006	2 924 555				451 565
2007	3 607 867				478 393
2008	5 185 735				741 589
2009	6 162 667				797 912
2010	9 664 307				1 266 145
2011	11 930 894				1 517 773
2012	14 485 002				1 995 752
2013	16 824 224				2 611 336
2014	19 315 592				2 996 808

5-5 各时期投资新增固定资产

单位:万元

时 期	合 计	基本建设	更新改造	其他投资	房地产开发
1949	**248**	**248**			
恢复时期	**1 776**	**1 776**			
“一五”时期	**12 643**	**12 643**			
“二五”时期	**52 985**	**52 985**			
调整时期	**11 619**	**11 619**			
“三五”时期	**11 759**	**11 759**			
“四五”时期	**35 169**	**35 169**			
“五五”时期	**120 222**	**108 726**	**8 258**	**3 238**	
1976	9 446	9 446			
1977	9 458	9 458			
1978	30 475	27 986	1 789	700	
1979	30 209	25 844	3 807	558	
1980	40 634	35 992	2 662	1 980	
“六五”时期	**225 890**	**129 838**	**63 086**	**32 966**	
1981	22 041	15 323	4 097	2 621	
1982	31 357	15 074	11 754	4 529	
1983	35 124	14 919	12 514	7 691	
1984	51 932	30 733	13 882	7 317	
1985	85 436	53 789	20 839	10 808	
“七五”时期	**439 936**	**226 017**	**147 703**	**54 849**	**11 367**
1986	89 636	48 050	25 724	15 862	
1987	96 080	60 055	27 876	8 149	
1988	95 252	48 063	33 199	13 990	
1989	74 117	34 597	31 245	8 275	
1990	84 851	35 252	29 659	8 573	11 367
“八五”时期	**1 130 113**	**526 560**	**375 736**	**128 774**	**99 043**
1991	114 583	50 726	39 636	10 026	14 195
1992	186 138	92 456	56 505	26 802	10 375
1993	191 284	76 848	84 971	26 428	3 037
1994	252 013	108 300	87 916	33 537	22 260
1995	386 095	198 230	106 708	31 981	49 176
“九五”时期	**4 160 683**	**2 118 938**	**1 041 554**	**417 666**	**582 526**
1996	610 805	319 035	172 302	58 363	61 105
1997	757 218	425 798	178 475	67 624	85 321
1998	752 613	303 985	250 117	80 716	117 795
1999	968 298	520 106	179 786	86 004	182 402
2000	1 071 749	550 014	260 874	124 958	135 903
“十五”时期	**8 627 742**	**2 848 831**	**1 427 736**	**731 525**	**1 122 436**
2001	1 070 252	582 891	134 992	110 582	241 787
2002	1 549 933	786 760	559 860	77 321	125 992
2003	1 295 044	672 868	270 887	225 322	125 967
2004	1 718 860	806 312	461 997	318 300	132 251
2005	2 993 653				496 439
“十一五”时期	**36 739 637**				**3 820 079**
2006	3 024 852				298 673
2007	6 163 555				448 651
2008	5 513 772				497 972
2009	9 252 496				1 261 300
2010	12 784 962				1 313 483
“十二五”时期	**90 921 023**				**7 736 203**
2011	15 040 675				1 539 050
2012	20 447 653				1 360 822
2013	24 690 737				2 684 251
2014	30 741 958				2 152 080

5-6 市区投资新增固定资产

单位:万元

年份	合计	基本建设	更新改造	其他投资	房地产开发
1978	26 866	25 315	970	581	
1979	25 972	22 452	3 066	454	
1980	35 533	31 935	2 033	1 565	
1981	18 034	13 109	3 078	1 847	
1982	25 881	12 913	9 497	3 471	
1983	29 766	12 206	10 875	6 685	
1984	44 568	26 544	11 892	6 132	
1985	75 673	49 688	17 681	8 204	
1986	73 299	42 141	20 519	10 629	
1987	80 186	54 202	21 992	3 891	
1988	75 532	42 957	26 722	5 853	
1989	55 544	28 219	24 011	3 314	
1990	64 294	21 322	13 423	6 171	11 367
1991	84 047	26 233	27 873	4 974	13 000
1992	150 991	81 358	42 839	17 559	9 235
1993	119 722	36 283	52 825	12 914	16 700
1994	135 861	51 271	49 550	16 641	18 399
1995	207 292	64 720	51 384	14 704	43 484
1996	375 765	211 880	91 132	29 017	43 735
1997	537 990	329 431	102 839	42 557	62 163
1998	553 824	205 359	192 031	60 488	95 946
1999	731 316	421 070	124 137	34 668	151 441
2000	772 075	456 828	185 994	40 513	88 740
2001	662 624	408 353	79 246		175 025
2002	1 193 645	600 972	483 374	41 657	67 642
2003	762 273	498 133	183 849	31 992	48 299
2004	909 183	526 150	263 125	38 431	81 477
2005	1 579 550				246 009
2006	1 764 597				89 433
2007	2 344 769				448 651
2008	2 719 346				234 540
2009	3 723 923				797 912
2010	8 237 121				697 580
2011	6 991 822				826 774
2012	10 519 995				623 425
2013	12 075 838				1 583 159
2014	15 337 399				1 154 480

5-7 固定资产投资竣工房屋建筑面积

单位:万平方米

年 份	竣工的房屋建筑面积	基本建设	更新改造	其他投资	房地产开发
1978	75.6	64.8	4.2	6.6	
1979	97.3	78.0	13.4	5.9	
1980	113.5	96.3	6.8	10.4	
1981	109.4	84.2	14.4	10.8	
1982	110.1	60.5	27.5	22.1	
1983	132.4	63.5	39.0	29.9	
1984	131.6	68.4	30.5	32.7	
1985	129.2	63.7	29.3	36.2	
1986	153.0	63.6	42.4	47.0	
1987	124.2	60.3	27.2	36.7	
1988	105.1	44.7	31.0	29.4	
1989	80.9	42.8	23.9	14.2	
1990	111.8	38.0	27.7	8.9	37.2
1991	115.6	42.3	25.7	14.4	33.2
1992	129.6	54.7	25.9	18.2	30.8
1993	160.1	62.2	32.8	17.3	47.8
1994	140.3	43.5	25.4	15.8	55.6
1995	183.3	89.0	17.8	15.9	60.6
1996	224.0	86.0	37.2	17.8	83.0
1997	261.5	101.9	34.3	21.6	130.7
1998	245.4	84.4	11.7	21.9	127.4
1999	380.8	118.1	6.1	46.9	209.8
2000	294.8	123.7	23.4	60.7	87.0
2001	431.1	179.1	16.1	35.5	200.4
2002	385.5	186.4	20.4	46.5	132.3
2003	211.6	66.6	7.6	26.0	111.4
2004	199.6	53.0	13.0	29.3	104.3
2005	537.3				320.1
2006	463.4				172.3
2007	767.5				265.7
2008	685.2				224.4
2009	689.3				407.9
2010	1 409.6				457.1
2011	1 752.8				562.5
2012	2 276.7				481.5
2013	2 787.0				702.7
2014	3 436.1				508.6

5-8 市区固定资产投资竣工房屋建筑面积

单位:万平方米

年份	竣工的房屋建筑面积	基本建设	更新改造	其他投资	房地产开发
1978	60.7	53.5	2.0	5.2	
1979	80.9	64.5	11.1	5.3	
1980	86.5	72.5	5.1	8.9	
1981	85.2	68.0	9.1	8.1	
1982	78.2	41.9	19.0	17.3	
1983	104.4	48.4	31.3	24.7	
1984	103.4	51.7	25.3	26.4	
1985	98.4	46.7	25.4	26.3	
1986	112.8	52.0	33.5	27.3	
1987	65.3	41.3	21.0	3.0	
1988	52.1	26.0	19.0	7.1	
1989	51.9	31.0	17.3	3.6	
1990	75.2	22.2	20.0	2.0	31.0
1991	67.0	20.3	17.8	2.4	26.5
1992	76.0	28.0	9.0	11.0	28.0
1993	97.4	29.6	17.7	7.7	42.4
1994	84.9	18.2	14.6	7.6	44.5
1995	97.2	31.2	5.1	7.3	53.6
1996	116.1	35.6	13.7	5.2	61.6
1997	136.9	39.7	10.1	10.0	77.1
1998	159.6	35.2	7.3	7.0	110.1
1999	261.1	64.3	3.8	11.9	181.1
2000	162.2	64.1	16.5	23.9	57.7
2001	194.3	48.6	8.9	17.1	119.6
2002	167.6	71.2	12.4	17.7	66.3
2003	75.6	32.5	6.6		36.5
2004	102.8	19.6	7.0	4.3	71.9
2005	231.8				127.7
2006	186.5				43.9
2007	248.2				86.4
2008	251.1				76.4
2009	375.0				233.5
2010	732.4				227.0
2011	710.5				276.0
2012	966.8				179.2
2013	1 223.6				403.9
2014	1 401.2				170.4

5-9 固定资产投资竣工住宅建筑面积

单位：万平方米

年　份	竣工的房屋住宅面积	基本建设	更新改造	其他投资	房地产开发
1978	36.4	33.7	0.4	2.3	
1979	50.5	44.7	3.6	2.2	
1980	61.2	58.2	0.2	2.8	
1981	64.3	53.3	7.7	3.3	
1982	58.8	37.3	9.9	11.6	
1983	73.8	38.5	16.1	19.2	
1984	65.8	35.2	12.3	18.3	
1985	67.1	32.3	10.4	24.4	
1986	76.1	31.9	18.1	26.1	
1987	48.7	25.6	6.9	16.2	
1988	33.0	15.5	8.1	9.4	
1989	29.7	18.0	7.3	4.4	
1990	58.4	12.2	9.4	2.1	34.7
1991	55.4	19.3	5.1	3.4	27.6
1992	64.6	26.2	6.8	4.8	26.8
1993	74.3	25.4	8.0	1.6	39.3
1994	73.8	21.1	4.3	6.4	42.0
1995	91.9	31.5	2.7	2.8	54.9
1996	114.1	31.7	8.4	3.0	71.0
1997	134.7	41.0	2.1	6.1	85.5
1998	140.6	26.9	0.4	6.0	107.3
1999	228.3	32.9	0.1	7.3	188.0
2000	143.6	31.9	3.5	33.7	74.5
2001	213.4	63.2		7.0	143.2
2002	155.7	43.0	0.9	9.3	102.6
2003	101.4	8.0	2.2	1.0	90.2
2004	92.8	3.7			89.1
2005	255.9				250.2
2006	149.3				136.7
2007	226.5				225.6
2008	198.4				198.4
2009	357.5				356.1
2010	395.2				378.6
2011	589.5				494.1
2012	554.3				426.2
2013	706.7				615.6
2014	623.7				431.1

5-10 市区固定资产投资竣工住宅建筑面积

单位:万平方米

年份	竣工的房屋住宅面积	基本建设	更新改造	其他投资	房地产开发
1978	32.2	30.4		1.8	
1979	43.9	38.7	3.2	2.0	
1980	50.8	48.3	0.2	2.3	
1981	50.9	42.7	5.6	2.6	
1982	46.8	29.0	7.6	10.2	
1983	63.1	31.9	13.6	17.6	
1984	57.0	28.6	11.4	17.0	
1985	53.4	24.2	9.2	20.0	
1986	68.8	27.6	16.6	24.6	
1987	36.5	19.5	5.8	11.2	
1988	22.9	10.2	11.5	1.2	
1989	22.1	14.8	6.3	1.0	
1990	48.8	8.0	6.8	1.0	33.0
1991	39.8	19.3	5.1	3.4	12.0
1992	46.0	20.0	6.8	4.0	15.2
1993	54.4	12.2	3.8	1.5	36.9
1994	48.8	8.7	3.2	3.8	33.1
1995	63.7	15.2	0.5		48.0
1996	70.9	14.5	2.7	0.2	53.5
1997	81.0	16.8	1.1	2.6	60.5
1998	101.7	7.9	0.4		93.4
1999	173.6	11.3			162.3
2000	73.0	7.5	3.5	14.6	47.4
2001	94.9	13.5		2.8	78.6
2002	65.3	16.2	0.9	1.7	46.5
2003	30.8	1.6	2.2		27.0
2004	91.3	19.6	7.0	4.3	60.4
2005	102.0				102.0
2006	46.7				36.7
2007	65.9				65.9
2008	55.9				55.9
2009	196.3				196.3
2010	177.0				176.9
2011	254.8				252.6
2012	167.0				167.0
2013	377.7				355.7
2014	246.7				137.8

5-11 固定资产投资情况(不含房地产)

（2014 年） 单位:万元

指 标	全 市	#市 区
计划投资		
建设项目计划总投资	45 713 333	24 320 832
# 本年新开工项目	29 310 892	14 765 173
自开始建设累计完成投资	40 110 063	20 966 425
自年初累计完成投资	**32 026 827**	**16 318 784**
# 本年新开工项目	24 827 684	11 653 997
# 国有经济控股	5 299 874	3 387 762
# 住宅	333 022	93 352
# 基础设施投资	6 201 042	3 295 840
# 民间投资	25 972 539	12 333 508
按构成分		
建筑工程	16 852 270	8 697 408
安装工程	1 082 639	592 477
设备工器具购置	12 297 509	6 202 069
# 用于更新的设备	756 537	443 631
其他费用	1 794 409	826 830
按建设性质分		
新 建	22 590 115	11 586 971
扩 建	4 322 533	1 779 396
改 建	4 054 494	2 180 612
按登记注册类型分		
内 资	30 939 651	15 431 408
国有	4 809 053	3 188 461
集体	614 506	307 633
股份合作	50 890	
联营企业	671 690	396 330
国有联营	239 560	16 500
集体联营企业	41 086	5 486
国有与集体联营企业	45 660	45 660
其他联营企业	345 384	328 684
有限责任公司	3 367 701	1 626 390
国有独资公司	152 139	83 679
其他有限责任公司	3 215 562	1 542 711
股份有限公司	2 114 461	1 337 401
私营	17 241 237	7 563 035
私营独资企业	4 459 718	1 258 626
私营合伙企业	43 420	5 240
私营有限责任公司	12 451 105	6 103 065
私营股份有限公司	286 994	196 104
其他	2 070 113	1 012 158
港澳台商投资	208 655	129 595
合资经营	130 405	117 595
合作经营		
独资	62 500	12 000
股份有限公司	12 750	
其他港澳台商投资企业	3 000	
外商投资	857 039	747 149
合资经营	298 153	274 243
合作经营	22 050	22 050
独资	411 470	330 020
股份有限公司	120 836	120 836
其他外商投资企业	4 530	

5-11 续表 1 （2014 年） 单位：万元

指 标	全 市	#市 区
个体经营	21 482	10 632
个体户	5 500	
个人合伙	15 982	10 632
按产业分		
第一产业	420 306	122 486
第二产业	19 769 346	8 837 646
工业	19 769 346	8 837 646
#能源工业	2 076 090	1 337 366
原材料工业	4 157 828	1 953 813
机电工业	6 490 611	3 607 644
轻纺工业	7 004 622	1 982 483
第三产业	11 837 175	7 358 652
按国民经济行业分		
农、林、牧、渔业	447 516	122 486
农业	255 286	100 056
林业	4 700	
畜牧业	101 520	22 430
渔业	58 800	
农、林、牧、渔服务业	27 210	
采矿业	473 166	222 866
煤炭开采和洗选业	156 658	117 258
石油与天然气开采业业	1 500	
黑色金属矿采选业	96 378	86 878
有色金属矿采选业	190 000	
非金属矿采选业	21 500	11 600
开采辅助活动		
其他采矿业	7 130	7 130
制造业	17 471 022	7 572 936
农副食品加工业	1 192 076	318 592
食品制造业	327 342	108 198
酒、饮料和精制茶制造业	422 592	326 622
烟草制品业	146 173	146 173
纺织业	1 003 730	160 109
纺织服装、服饰业	431 351	110 570
皮革、毛皮、羽毛(绒)及其制品业和制鞋业	166 790	
木材加工及木、竹、藤、棕、草制品业	849 784	24 398
家具制造业	578 698	270 235
造纸及纸制品业	158 382	84 322
印刷业和记录媒介的复制业	81 250	39 300
文教、工美、体育和娱乐用品制造业	160 642	37 212
石油加工、炼焦及核燃料加工业	424 201	351 591
化学原料及化学制品制造业	1 093 360	377 752
医药制造业	671 280	38 300
化学纤维制造业	21 750	8 650
橡胶和塑料制品业	432 956	68 185
非金属矿物制品业	1 530 273	710 175
黑色金属冶炼及压延加工业	922 199	648 228
有色金属冶炼及压延加工业	251 798	106 460
金属制品业	937 291	436 817
通用设备制造业	2 092 330	1 269 801
专用设备制造业	1 506 736	915 414
汽车制造业	257 718	112 220
铁路、船舶、航空航天和其他运输设备制造业	454 224	258 566
电气机械及器材制造业	816 261	399 765
计算机、通信和其他电子设备制造业	273 044	107 904
仪器仪表制造业	153 007	107 157

5-11 续表 2 （2014 年） 单位：万元

指　　标	全　　市	#市　区
其他制造业	26 164	
废弃资源综合利用业	73 820	24 320
金属制品、机械和设备修理业	13 800	5 900
电力、燃气及水的生产和供应业	1 838 958	1 047 744
电力、热力的生产和供应业	1 317 526	772 562
燃气生产和供应业	176 205	95 955
水的生产和供应业	345 227	179 227
建筑业		
房屋建筑业		
土木工程建筑业		
建筑安装业		
建筑装饰和其他建筑业		
批发和零售业	1 744 613	959 133
批发业	715 604	425 374
零售业	1 029 009	533 759
交通运输、仓储和邮政业	1 330 719	944 059
铁路运输业	47 090	42 900
道路运输业	381 849	266 449
水上运输业	237 243	167 493
航空运输业		
管道运输业	52 425	4 825
装卸搬运和其他运输服务业	17 400	4 200
仓储业	584 712	448 192
邮政业	10 000	10 000
住宿和餐饮业	844 688	678 358
住宿业	479 403	420 713
餐饮业	365 285	257 645
信息传输、软件和信息技术服务业	128 218	104 239
电信、广播电视和卫星传输服务	5 550	1 950
互联网和相关服务	10 500	4 000
软件和信息技术服务业	112 168	98 289
金融业	167 956	166 566
货币金融服务	126 819	125 429
资本市场服务	32 637	32 637
保险业		
其他金融活动	8 500	8500
房地产业	467 063	155 513
房地产业	467 063	155 513
租赁和商务服务业	1 298 508	1 059 177
租赁业	52 220	35 250
商务服务业	1 246 288	1 023 927
科学研究和技术服务业	197 256	125 036
研究与试验发展	97 125	55 125
专业技术服务业	24 850	6 700
科技推广和应用服务业	75 281	63 211
水利、环境和公共设施管理业	3 600 027	1 746 279
水利管理业	357 937	141 854
生态保护和环境治理业	56 315	56 315
公共设施管理业	3 185 775	1 548 110
居民服务、修理和其他服务业	329 265	202 625

5-11 续表 3 （2014 年） 单位:万元

指 标	全 市	#市 区
居民服务业	275 355	162 095
机动车、电子产品和日用产品修理业	30 630	21 130
其他服务业	23 280	19 400
教育	585 878	446 888
教育	585 878	446 888
卫生和社会工作	320 174	165 863
卫生	289 473	165 343
社会工作	30 701	520
文化、体育和娱乐业	427 815	382 785
新闻出版业		
广播、电视、电影和音像业	92 976	88 856
文化艺术业	119 736	104 426
体育	25 544	25 544
娱乐业	189 559	163 959
公共管理和社会组织	353 985	216 231
中国共产党机关		
国家机构	250 367	180 647
人民政协、民主党派		
社会保障		
群众团体、社会团体和其他成员组织	68 034	
基层群众自治组织	35 584	35 584
本年新增固定资产	28 589 878	14 182 919
项目个数 （个）		
施工项目个数	2 986	1 174
本年新开工	2 461	936
全投项目个数	2 596	1 041
房屋建筑面积 （平方米）		
施工房屋面积	42 995 255	19 711 386
#住宅	2 020 618	1 142 220
竣工房屋面积	29 274 780	12 308 346
#住宅	1 926 602	1 088 842
本年资金来源合计		
上年末结余资金	65 532	30 482
本年资金来源小计	32 958 102	16 883 619
国家预算内资金	794 331	344 914
国内贷款	3 396 215	1 702 999
债券		
利用外资	551 896	373 296
#外商直接投资	108 166	12 166
自筹资金	27 069 015	14 307 745
#企事业单位自有资金	6 207 182	3 126 877
股东投入资金		
借入资金		
其他资金来源	1 146 645	154 665
本年各项应付款合计	2 472 946	1 703 090
其中:工程款	655 472	299 429

5–12 主要年份房地产投资与销售情况

项　　目	2000	2005	2010	2011	2012	2013	2014
企业个数　（个）	**108**	**165**	**324**	**374**	**349**	**377**	**415**
投资完成额　（万元）	**280 490**	**625 738**	**2 053 222**	**2 551 217**	**3 100 707**	**3 804 668**	**4 688 767**
按构成分							
建筑工程	207 412	443 842	1 415 802	1 730 734	2 201 797	2 798 239	3 219 634
安装工程	12 904	27 867	180 429	237 251	248 917	242 240	447 314
设备工器具购置	3 104	4 421	48 979	92 012	103 974	106 206	104 249
其他费用	57 070	149 608	408 012	491 220	546 019	657 983	917 570
按工程用途分							
住宅	191 782	467 936	1 696 983	2 199 609	2 383 681	2 889 379	3 169 514
#经济适用房屋	50 168	410 893	96 320				
办公楼	6 916	45 104	65 046	56 078	124 277	236 588	306 250
商业营业用房	68 964	89 115	233 634	197 678	410 289	539 895	943 431
其他	12 828	23 583	57 559	97 852	182 460	138 806	269 572
按资金来源分							
#国内贷款	101 610	128 526	564 358	485 349	615 576	731 229	909 134
利用外资		30 605	21 247	7 236	111 126	132 597	156 146
自筹投资	53 974	249 819	808 743	1 249 202	1 578 584	1 984 130	2 216 401
其他投资	119 564	372 014	1 761 756	1 409 150	2 225 886	3 001 351	2 684 856
房屋建筑面积（万平方米）							
施工面积	306.90	672.98	1 710.17	1 932.97	2 281.57	3 035.43	3 370.18
#住宅	241.70	541.34	1 438.21	1 657.62	1 904.06	2 451.21	2 594.14
竣工面积	87.00	320.14	457.13	562.47	481.51	702.67	508.59
#住宅	74.50	250.15	378.57	494.14	426.23	615.57	431.06
土地开发及购置							
本年土地开发面积	63.40	124.56					
本年土地购置面积	110.60	86.34	67.57	86.96	168.67	350.57	309.23
商品房销售情况							
房屋实际销售面积	129.00	273.04	621.75	639.38	698.34	856.82	738.03
#住宅	119.90	252.99	548.71	575.14	623.84	765.84	650.39
商品房销售额　（万元）	152 149	506 098	2 325 498	2 860 072	3 427 468	4 573 050	3 837 231

主要统计指标解释

固定资产投资额　指以货币形式表现的在一定时期内建造和购置固定资产的工作量以及与此有关的费用的总称。

计划总投资　是反应固定资产投资在建总规模的重要指标,也是检查工程进度,计算建设周期的依据之一。

计划总投资是指在建的建设工程按照总体设计（或按设计概算或预算)规定的内容全部建成计划需要的总投资。没有总体设计的建设工程，分别按报告期施工工程的计划总投资合计数填报。单纯购置单位应填报单纯购置的计划总投资。

自开始建设累计完成投资　是指建设项目从开始建设到本年底止累计完成的全部投资。它是反映整个建设项目或企、事业单位建设总进度的指标,其计算范围原则上应与“计划总投资”指标包括的工程内容相一致。报告期前已建成投产或停、缓建工程完成的投资以及拆除、报废工程的投资,仍应包括在内,但转出的“在建工程”累计投资应予以扣除,转入的"在建工程"以前年度完成的投资应当包括。

本年完成投资　指从本年1月1日起至本年最后一天止完成的全部投资额。本年完成投资是反映本年的实际投资规模,计算有关投资效果,进行国民经济核算和经济分析的重要指标。

建筑工程　是指各种房屋、建筑物的建造工程,又称建筑工作量。这部分投资额必须兴工动料，通过施工活动才能实现,是固定资产投资额的重要组成部分。

安装工程　指各种设备、装置的安装工程,又称安装工作量。

设备工器具购置　是指报告期内购置或自制的，达到固定资产标准的设备、工具、器具的价值。新建单位及扩建单位的新建车间,按照设计或计划要求购置或自制的全部设备、工具、器具,不论是否达到固定资产标准均计入“设备工器具购置”中。

其他费用　指在固定资产建造和购置过程中发生的,除建筑安装工程和设备、工器具购置投资完成额以外的应当分摊计入固定资产投资的费用,不指经营中财务上的其他费用。

本年新增固定资产　指报告期内交付使用的固定资产价值。包括本年内建成投入生产或使用的工程投资和达到固定资产标准的设备工器具的投资以及有关应摊入的费用。

FOREIGN ECONOMY & TRADE AND INTERNATIONAL TOURISM

对外经济贸易和国际旅游

版面负责人：王廷宝

编　　辑：吕廷婷

江苏省统计条例

（2014 年 1 月 16 日江苏省第十二届人民代表大会常务委员会第八次会议通过）

第十一条 地方统计调查项目及其统计调查制度未经批准或者虽经批准但未依法公布的，不得组织实施。紧急情况下，经省人民政府批准实施的临时性统计调查项目除外。

前款所称的紧急情况，是指重大自然灾害等突发事件对本省经济社会发展产生重大影响的情形。

【释义】 本条是关于地方统计调查项目禁止性行为及对特殊情形加以解释的规定。

为规范地方统计调查项目管理，维护统计调查对象的合法权益，本条例第十条规定，地方统计调查项目及其统计调查制度应当自批准之日起 10 日内公布；第二十六条规定，未依法公布的，统计调查对象有权拒报。本条进一步明确，规定除紧急情况以外，依法公布是地方统计调查项目及其统计调查制度生效的前置条件，即地方统计调查项目及其统计调查制度未经批准，或者虽经批准但是未依法公布的，均不得组织实施统计调查。

本条所称的紧急情况。是指发生重大自然灾害等突发事件，对经济社会发展产生重大影响的情形，依照《突发事件应对法》等法律、法规的规定执行。

第十二条 省人民政府统计机构应当建立全省统一的基本单位名录库，作为政府统计调查的基础。

政府统计机构应当利用行政记录等资料对基本单位名录库进行日常维护和更新。机构编制、民政、工商行政、税务、质量监督等有关部门，应当按照有关规定向本级人民政府统计机构提供统计所需的行政记录，不得以任何理由拒绝提供。

【释义】 本条是关于基本单位名录库建立、更新维护管理的规定。

对于基本单位名录库建立、更新维护管理，本条作出如下规范：一是明确了基本单位名录库的法律地位。即作为政府统计调查的基础，从而突出了其作为政府统计调查对象“身份证”的重要地位和作用。二是规定了更新维护基本单位名录库的义务。由于基本单位变动频繁，更新维护涉及多个有关部门，如何掌握其变化情况，一直是一个难点。本条对名录库的更新维护责任作出规定，即省统计局负责建立全省统一的基本单位名录库，政府统计机构利用行政记录等资料对基本单位名录库进行维护更新；有关部门负有提供相关行政记录的法定义务，以保障名录库更新维护。三是依法保障基本单位名录库及时更新。本条规定，机构编制、民政、工商行政、税务、质量监督等有关部门应当按照规定，向本级人民政府统计机构提供统计所需的行政记录，不得以任何理由拒绝提供。

基本单位名录库。是指在我省境内从事经济和社会活动的所有法人单位、产业活动单位(分支机构)基本信息的数据库。基本单位，是指法人单位和产业活动单位；基本信息，包括识别信息、属性信息和数据信息等。近些年来，我省已通过经济普查和统计登记，初步建立了基本单位名录库，但是，按照国务院关于“要最大限度地衔接和统一有关部门的单位认定标准和代码，加快相关部门之间的网络互联，在中央、省(自治区、直辖市)、地、县四级逐步建立和完善部门间相互衔接、互为补充、信息共享且能适时更新的基本单位名录库系统，为国家的行政管理现代化提供基础信息”的要求，还有较大差距，仍需做大量艰苦细致的工作。

行政记录。是指政府部门为实现管理、控制和服务等目的，通过办证、登记、审批等方式搜集并保存的关于自然人、国家机关、企业事业单位和其他组织的相关信息。采用行政记录的主要优势在于：减轻基层单位填报负担，节约统计成本，改善多个统计专业领域的数据基础等。

编辑：王中彬

6-1 利用外资签订协议(合同)情况

单位:万美元

年 份	合 计		对外借款		外商直接投资	
	合同数(个)	合同外资额	合同数(个)	合同外资额	合同数(个)	合同外资额
1980	3	506	2	206		
1981						
1982	3	3 678				
1983	2	29				
1984	2	55				
1985	9	406			2	41
1986	5	414	2	290	3	124
1987	11	973			1	66
1988	17	3 574	5	2 106	8	470
1989	17	2 475	5	1 530	11	937
1990	10	1 604	4	1 113	6	491
1991	27	1 978	1	1 281	26	697
1992	218	8 111	3	525	215	7 586
1993	432	25 022	11	433	421	24 589
1994	173	19 516			173	19 516
1995	159	10 866			159	10 866
1996	122	20 791	6	3 283	116	17 508
1997	59	23 626	8	13 390	51	10 236
1998	83	27 817	4	5 162	79	22 655
1999	56	24 468			56	24 468
2000	99	25 720			99	25 720
2001	62	29 078			62	29 078
2002	119	44 066			119	44 060
2003	166	57 301			166	57 301
2004	186	69 689			186	69 689
2005	173	81 733			173	81 733
2006	151	81 095			151	81 095
2007	166	135 827			166	135 827
2008	122	172 608			122	172 608
2009	145	110 956			145	110 956
2010	204	189 233			204	189 233
2011	218	258 369			218	258 369
2012	211	243 884			211	243 884
2013	171	244 661			171	244 661
2014	189	302 142			189	302 142

注:1989 年以前合同数、合同外资金额分三部分:对外借款、外商直接投资、外商其他投资。本表中不含外商其他投资。1989 年以后合同数、合同外资额包括两部分:对外借款、外商直接投资。2004 年以后合同数、合同外资额为新批外商投资项目个数和新签协议注册外资额(下同)。

6-2 实际利用外资情况

单位:万美元

年 份	合 计	#对外借款	#外商直接投资
1985	55		
1986	618	253	
1987	214		40
1988	434	37	127
1989	2 191	1 022	371
1990	1 324	578	110
1991	1 225	978	247
1992	2 378	1 578	800
1993	4 161	433	3 728
1994	6 898	1 237	5 661
1995	10 432		10 432
1996	17 284	3 232	14 052
1997	19 020	10 091	8 929
1998	22 816		22 816
1999	20 184		20 184
2000	20 790		20 790
2001	21 840		21 840
2002	25 023		25 023
2003	34 095		34 095
2004	30 399		30 399
2005	26 057		26 057
2006	24 433		24 433
2007	44 291		44 291
2008	58 251		58 251
2009	69 781		69 781
2010	101 330		101 330
2011	146 569		146 569
2012	170 021		170 021
2013	150 047		150 047
2014	165 786		165 786

注:2004 年以后实际利用外资为实际到帐注册外资,下同。

6-3 主要年份对外经济情况

单位:万美元

指标	1990	1995	2000	2005	2010	2011	2012	2013	2014
自营进出口总额	1 015	24 696	32 896	112 621	416 053	630 966	832 682	628 919	598 841
自营出口	599	14 724	18 715	75 196	263 060	415 941	628 769	489 709	467 657
#三资企业	599	5 626	7 794	36 282	111 952	113 270	145 400	147 695	142 804
自营进口	416	9 972	14 181	37 425	152 993	215 025	203 914	139 210	131 184
#三资企业	416	8 454	9 765	29 056	98 975	123 976	91 436	50 105	52 613
新批外商投资项目个数(个)	10	159	99	173	204	218	211	171	189
新批协议注册外资额	1 604	10 866	25 720	81 733	189 233	258 369	243 884	244 661	302 142
实际到帐注册外资额	1 324	10 432	20 790	26 057	101 330	146 569	170 021	150 047	165 786
新签对外承包工程劳务合同额		3 256	8 010	31 500	12 648	14 459	59 061	25 905	61 881
对外承包工程劳务营业额		2 228	6 995	30 000	14 610	16 365	20 812	25 509	29 919
期末在外人数(人)		2 316	2 802	18 200	1 761	1 420	2 137	2 494	
新批海外投资企业(家)		1		1	6	10	19	20	24
年末实有三资企业(家)	31	877	553	599	944	1 789	1 393	1 367	1 262
#投产开业企业	20	486	415	599	944	1 789	1 393	1 367	1 262

注:进出口总额1998年以后为海关数;2000年及以后年末在外人数为当年新派人数。

6-4 主要年份国际旅游人数和收入

单位:人

指标	1990	1995	2000	2005	2010	2011	2012	2013	2014
过夜旅游者人数	**4 325**	**4 988**	**17 825**	**73 010**	**158 277**	**182 180**	**199 488**	**25 849**	**29 485**
外国人	971	2 985	11 324	51 417	121 446	138 659	151 258	19 973	22 210
港澳台同胞	3 354	2 003	6 501	21 593	36 831	43 521	48 230	5 875	7 275
过夜者人天数 (人天)	**10 318**	**19 749**	**320 914**	**521 067**	**1 019 251**	**1 174 174**	**1 300 785**	**94 622**	**110 307**
外国人	3 131	12 926	182 885	346 684	724 714	831 461	907 000	71 173	83 008
港澳台同胞	7 187	6 823	138 029	174 383	294 537	342 713	393 785	23 449	27 299
过夜的外国人按国别分									
日本	401	792	2 720	5 992	13 409	11 364	9 377		
菲律宾	7	13	20	519	3 815	1 589	782		
新加坡	9	89	1 006	2 107	8 304	10 202	11 271		
泰国	33	37	23	727	3 763	1 895	4 750		
印度尼西亚	1	64	51	915	1 485	3 084	2 605		
美国	109	494	3 305	9 361	15 615	16 597	18 329		
加拿大	17	56	383	3 020	4 876	8 891	11 868		
英国	41	74	198	2 277	7 961	7 642	7 043		
法国	25	134	68	2 121	5 374	6 419	6 130		
德国	100	342	244	6 803	12 568	13 951	13 075		
意大利	13	66	81	1 009	1 976	1 165	1 303		
俄罗斯	50	51	141	1 027	3 282	4 767	4 236		
澳大利亚	35	62	390	3 225	4 869	6 749	6 965		
新西兰	6	8	22	1 523	2 536	3 247	3 946		
马来西亚		115	83	860	3 603	2 508	2 674		
韩国		216	1 454	2 543	12 362	14 344	14 094		
西班牙		15	10	553	489	462	380		
国际旅游收入 (万美元)		**229**	**1 307**	**5 658**	**15 287**	**18 700**	**21 000**	**2 193**	**2 975**

注:俄罗斯旅游人数1992年及以前为前苏联数,德国1991年及以前的数字为西德数。2013年及以后入境人数不再分国别进行统计。

主要统计指标解释

利用外资 指我国各级政府、部门、企业和其他经济组织通过对外借款、吸收外商直接投资以及用其他方式筹措的境外现汇、设备、技术等。

对外借款 是我国利用外资的主要部分。包括我国通过外国政府贷款,国际金融组织贷款,外国银行商业贷款,出口信贷以及对外发行债券、股票等方式,从境外筹措的资金。

外商直接投资 是指外国企业和经济组织或个人 (包括华侨、港澳台同胞以及我国在境外注册的企业)按我国有关政策、法规,用现汇、实物、技术等在我国境内开办外商独资企业、与我国境内的企业或经济组织共同举办中外合资经营企业、合作经营企业或合作开发资源的投资(包括外商投资收益的再投资)以及政府有关部门批准的项目投资总额内,企业从境外借入的资金。

对外承包工程 包括各对外承包公司以招标议标承包方式承揽的下列业务:(1)承包国外工程建设项目;(2)承包我国对外经援项目;(3)承包我国驻外机构的工程建设项目;(4)承包我国境内利用外资进行建设的工程项目;(5)与外国承包公司合营或联合承包工程项目时我国公司分包部分;(6)以服务成果向业主收费的技术服务项目(包括承担地形地貌测绘;地质资源勘探与普查;建设区域规划;提供设计文件、图纸、生产工艺技术资料和工程技术经济咨询;工程项目的可行性考察、研究和评估;进行技术指导和培训人员等);(7)对外承包兼营的房屋开发业务。对外承包工程的营业额是以货币表现的本期内完成的对外承包工程的工作量,包括以前年度签订的合同和本年度新签订的合同在报告期完成的工作量。

对外劳务合作 指以收取工资的形式向业主或承包商提供技术和劳动服务的活动。我国对外承包公司在境外开办的合营企业,中国公司同时又提供劳务的,其劳务部分也纳入劳务合计统计。劳务合作营业额按报告期内向雇主提交的结算数(包括工资、加班费和奖金等)统计。

旅游人数 指来我国参观、访问、旅行、探亲、访友、休养、考察、参加会议和从事经济、科技、文化、教育、体育、宗教等活动的外国人、华侨、港澳和台湾同胞的人数。不包括外国在我国的常住机构,如使领馆、通讯社、企业办事处的工作人员;来我国常驻的外国专家、留学生以及在岸逗留不过夜人员。

旅游外汇收入 指国内各部门为来我国旅游的外国人、华侨、港澳和台湾同胞提供商品和劳务而获得的外汇收入。包括供应商品、饮食和提供住宿、交通、邮电、文化娱乐、导游等各项服务所得到的全部外汇收入。

能源消费与库存

ENERGY CONSUMPTION AND STOCK

版面负责人：陈晓红

编　　　辑：王玉叶　李家平

江苏省统计条例

（2014 年 1 月 16 日江苏省第十二届人民代表大会常务委员会第八次会议通过）

第十三条 国家机关、企业事业单位和其他组织，应当在依法设立或者变更后三十日内，到所在地县(市、区)人民政府统计机构建立或者变更统计调查关系。县(市、区)人民政府统计机构应当书面告知其统计权利和义务，并及时更新基本单位名录库。

县(市、区)人民政府统计机构应当根据基本单位名录库等有关信息，书面告知尚未建立统计调查关系的统计调查对象与政府统计机构建立统计调查关系。

【释义】 本条是关于统计调查关系建立的规定。

建立统计调查对象与行政机关之间的统计调查法律关系，是核实和完善专业统计信息，全面掌握统计调查对象情况的主要途径。本条作出规定：一是明确建立统计调查关系是有关统计调查对象的义务。即国家机关、企业事业单位和其他组织应当在设立或变更后的三十日内，主动到所在地县(市、区)政府统计机构建立统计调查关系。二是明确政府统计机构负有告知义务。即对未主动建立调查关系的，应告知其义务，督促其建立统计调查关系。三是对建立统计调查关系的，政府统计机构应当主动告知统计调查对象其依法享有的统计权利和应尽的统计义务。

同时，为严格规范政府行为，本条及本条例其他条款对“书面”行政行为作出规范。即政府统计机构依法建立统计调查关系、告知统计调查对象其权利和义务，补正、催报统计资料，以及进行统计检查查询时，应当作出“书面”行政行为。这是基于作出可能导致相对人承担法律责任的行政行为，必须确保相关记录等证据的完整、有效，以减少不必要的行政争议。依照《电子签名法》、《政府信息公开条例》等法律法规，“书面”，包括纸介质方式，也包括数据电文方式。

第十四条 国家机关、企业事业单位和其他组织，应当配备与统计任务相适应的统计信息技术设备，按照统计调查制度规定的使用计算机网络报送等方式报送统计资料。

【释义】 本条是关于有关统计调查对象通过计算机网络报送统计资料义务的规定。

当前，政府统计调查运用现代信息技术已经成为常态，统计数据的搜集、传输、加工、整理、存储、提供和发布等都离不开现代技术的支持。国家统计局已建立了统计联网直报制度，利用现代信息技术和计算机网络，极大地提高了统计数据质量和统计工作效率。但是，由于运用现代信息技术报送统计资料的法律规范尚存在缺失，监管上无法可依，造成少数统计调查对象以种种理由不配合、不通过联网直报报送统计调查表。本条作出规定：政府统计调查对象应当配备与统计任务相适应的统计信息技术设备，并按照统计调查制度规定的、通过计算机网络等方式报送统计资料，从而为开展统计联网直报提供了重要的法律依据。

编辑：王中彬

7-1 规模以上工业企业综合能源分行业消费量

指标	2013			2014		
	单位数（个）	综合能源消费量（吨标准煤）	产值单耗（吨标准煤/万元）	单位数（个）	综合能源消费量（吨标准煤）	产值单耗（吨标准煤/万元）
全部工业企业	**27 14**	**25 585 663**	**0.24**	**2 577**	**24 084 633**	**0.21**
按轻重工业分						
轻工业	991	2 291 953	0.07	966	2 101 261	0.06
重工业	1 723	23 293 710	0.31	1 611	21 983 372	0.27
按行业门类分						
采矿业	54	2 277 093	0.61	42	1 894 378	0.55
煤炭开采和洗选业	12	2 163 144	0.75	9	1 828 314	0.69
石油和天然气开采业						
黑色金属矿采选业	7	80 939	0.65	3	44 164	0.42
有色金属矿采选业						
非金属矿采选业	35	33 010	0.05	30	21 901	0.03
开采辅助活动						
其他采矿业						
制造业	2 632	14 480 187	0.15	2 506	13 393 446	0.12
农副食品加工业	229	176 491	0.03	221	181 476	0.03
食品制造业	46	86 505	0.09	46	76 892	0.06
酒、饮料和精制茶制造业	30	571 240	0.17	26	542 839	0.16
烟草制品业	1	10 368	0.01	1	10 671	0.01
纺织业	244	240 723	0.06	243	243 052	0.05
纺织服装、服饰业	76	26 084	0.02	80	26 714	0.02
皮革、毛皮、羽毛及其制品和制鞋业	17	16 068	0.02	17	26 101	0.04
木材加工和木、竹、藤、棕、草制品业	415	637 526	0.07	362	529 335	0.05
家具制造业	32	8 478	0.02	32	8 289	0.01
造纸和纸制品业	43	86 253	0.09	34	99 535	0.12
印刷和记录媒介复制业	19	6 731	0.03	18	4 371	0.02
文教、工美、体育和娱乐用品制造业	50	41 445	0.04	50	42 282	0.04
石油加工、炼焦和核燃料加工业	12	1 323 197	0.65	10	556 299	0.6
化学原料和化学制品制造业	230	2 593 847	0.16	212	2 965 622	0.17
医药制造业	57	340 030	0.08	55	296 256	0.06
化学纤维制造业	18	33 437	0.05	20	29 667	0.03
橡胶和塑料制品业	98	121 617	0.05	106	112 638	0.04
非金属矿物制品业	227	1 977 255	0.40	214	1 924 376	0.34
黑色金属冶炼和压延加工业	109	4 831 436	0.70	93	4 995 718	0.67
有色金属冶炼和压延加工业	49	119 127	0.06	45	85 846	0.03
金属制品业	128	711 220	0.22	118	117 470	0.03
通用设备制造业	97	101 884	0.02	95	106 326	0.02
专用设备制造业	102	53 990	0.02	114	73 700	0.02
汽车制造业	33	13 499	0.02	30	9 876	0.02
铁路、船舶、航空航天和其他运输设备制造业	19	14 332	0.02	18	13 427	0.01
电气机械和器材制造业	119	215 725	0.03	110	212 636	0.03
计算机、通信和其他电子设备制造业	49	48 009	0.02	50	37 693	0.01
仪器仪表制造业	66	67 619	0.01	67	57 247	0.01
其他制造业	9	4 220	0.03	10	4 859	0.03
废弃资源综合利用业	5	1 299	0.01	6	1 285	0.02
金属制品、机械和设备修理业	3	534	0.02	3	947	0.03
电力、热力、燃气及水生产和供应业	28	8 828 382	4.35	29	8 796 808	2.87
电力、热力生产和供应业	21	8 818 685	4.48	20	8 787 019	2.96
燃气生产和供应业	1	284	0.01	3	519	0.01
水的生产和供应业	6	9 413	0.27	6	9 270	0.24

7-2 规模以上工业企业能源购进、消费及库存

（2014 年）

单位:吨

指标		企业单位数（个）	年初库存	购进量	消费量			年末库存
					合计	工业生产消费	非工业生产消费	
原煤		528	1 367 314	26 781 247	44 050 253	44 018 853	31 400	1 690 713
无烟煤		29	90 257	1 576 055	1 543 747	1 543 747		123 020
炼焦烟煤		6	101	17 700	14 134 397	14 134 397		101
一般烟煤		494	1 276 957	25 187 492	24 849 449	24 825 509	23 940	1 567 488
褐煤		2			3 522 660	3 515 200	7 460	
洗精煤		14	296 883	15 790 817	15 640 082	15 640 082		447 618
其他洗煤		4	92 975	678 228	845 213	845 213		74 769
煤制品		1		2 887	2 887	2 887		
焦炭		43	45 944	3 572 014	3 785 947	3 785 947		55 650
其他焦化产品		1	1 302	36 000	37 302	37 302		
焦炉煤气	（万立方米）	5		377	48 438	48 438		
高炉煤气	（万立方米）	1			43 768	43 768		
转炉煤气	（万立方米）							
发生炉煤气	（万立方米）							
天然气(气态)	（万立方米）	30		5 882	6 131	6 087	44	
液化天然气(液态)		2		118	118	118		
煤层气(煤田)	（万立方米）							
原油								
汽油		52	428	2 572	2 663	1 303	1 360	349
煤油		3	1	2 211	2 210	2 210		1
柴油		108	2 486	89 317	89 345	86 025	3 321	2 450
燃料油		3	1 022	881	1 150	1 088	62	753
液化石油气		1		69	69	48	21	
炼厂干气								
石脑油								
润滑油		2	2	280	280	280		
石蜡								
溶剂油		1		72	72	72		
石油焦								
石油沥青								
其他石油制品		1		65	65	65		
热力	（百万千焦）	49		12 965 766	14 265 450	13 879 202	386 248	
电力	（万千瓦时）	2 736		2 642 903	2 999 200	2 971 133	28 067	
煤矸石用于燃料								
城市生活垃圾用于燃料		1			305 680	305 680		
生物质废料用于燃料		1		480	480	480		
余热余压	（百万千焦）							
其他工业废料用于燃料								
其他燃料	（吨标准煤）	2		2 306	2 306	2 306		

7-3 规模以上加工转换工业企业能源消费、投入及产出

（2014 年） 单位：吨

指标		企业单位数（个）	工业生产消费量	加工转换投入合计	#火力发电	供热	原煤入洗	炼焦	能源加工转换产出
原煤		25	39 321 798	38 360 490	21 685 223	2 122 122	14 125 697	427 449	
无烟煤		1	1 152 931	245 674	47 362	198 312			
炼焦烟煤		3	14 125 697	14 125 697			14 125 697		
一般烟煤		22	20 527 970	20 473 919	18 502 719	1 543 751		427 449	
褐煤		2	3 515 200	3 515 200	3 135 142	380 058			
洗精煤		8	14 939 306	14 939 306				14 939 306	9 297 512
其他洗煤		4	845 213	845 213	217 194	628 019			2 801 276
煤制品									
焦炭		2	222 389						11 586 026
其他焦化产品									885 768
焦炉煤气	（万立方米）	3	47 456	1 840	848	992			110 039
高炉煤气	（万立方米）	1	43 768	43 768	17 507	26 261			
转炉煤气	（万立方米）								
发生炉煤气	（万立方米）								
天然气(气态)	（万立方米）	2	551						
液化天然气(液态)									
煤层气(煤田)	（万立方米）								
原油									
汽油		4	394						
煤油		1	1 619						
柴油		19	7 502	2 752	2 752				
燃料油		1	269	269	269				
液化石油气		1	48						
炼厂干气									
石脑油									
润滑油		1	273						
石蜡									
溶剂油									
石油焦									
石油沥青									
其他石油制品		1	65						
热力	（百万千焦）	8	6 159 467						44 801 271
电力	（万千瓦时）	32	644 610						5 158 668
煤矸石用于燃料									
城市生活垃圾用于燃料		1	305 680	305 680	305 680				
生物质废料用于燃料									
余热余压	（百万千焦）								
其他工业废料用于燃料									
其他燃料	（吨标准煤）								
能源合计(折标准)	**（吨标准煤）**	**32**	**44 044 302**	**41 712 049**	**15 239 758**	**1 774 740**	**10 575 220**	**14 122 330**	**30 829 982**

7-4　规模以上工业企业分品种能源消费

（2014 年）　　单位:吨

指　　标	原煤	无烟煤	炼焦烟煤	一般烟煤	褐煤	洗精煤	其它洗煤
全部工业企业	**44 050 253**	**1 543 747**	**14 134 397**	**24 849 449**	**3 522 660**	**15 640 082**	**845 213**
按轻重工业分							
轻工业	1 543 298	43 405	3 008	1 496 885			
重工业	42 506 955	1 500 342	14 131 389	23 352 564	3 522 660	15 640 082	845 213
按行业门类分							
采矿业	17 667 598		14 125 697	19 241	3 522 660		148 778
煤炭开采和洗选业	17 663 444		14 125 697	15 087	3 522 660		148 778
石油和天然气开采业							
黑色金属矿采选业	4 154			4 154			
有色金属矿采选业							
非金属矿采选业							
开采辅助活动							
其他采矿业		1 543 747					
制造业	6 499 281	24 524	8 700	4 946 834		11 250 580	
农副食品加工业	56 990	7 568		32 466			
食品制造业	18 449			10 881			
酒、饮料和精制茶制造业	653 399			653 399			
烟草制品业							
纺织业	35 741			35 741			
纺织服装、服饰业	1 869			1 869			
皮革、毛皮、羽毛及其制品和制鞋业	22 863	22 720		22 863			
木材加工和木、竹、藤、棕、草制品业	539 750		4 002	513 028			
家具制造业	2 934	2 551		2 934			
造纸和纸制品业	30 403			27 852			
印刷和记录媒介复制业							
文教、工美、体育和娱乐用品制造业	8 619			8 619			
石油加工、炼焦和核燃料加工业		1 469 425				7 215 398	
化学原料和化学制品制造业	2 253 843		3 008	781 410		3 004 267	
医药制造业	141 761			141 761			
化学纤维制造业	10 095			10 095			
橡胶和塑料制品业	11 787	7 456		11 787			
非金属矿物制品业	2 268 786	318		2 261 330			
黑色金属冶炼和压延加工业	317 940	964		317 622		1 030 869	
有色金属冶炼和压延加工业	7 721	1 758		6 757			
金属制品业	17 068	22		15 310		47	
通用设备制造业	12 056			12 034			
专用设备制造业	15 035		1 690	13 345			
汽车制造业	1 055			1 055			
铁路、船舶、航空航天和其他运输设备制造业		6 442					
电气机械和器材制造业	56 150			49 708			
计算机、通信和其他电子设备制造业	1 200			1 200			
仪器仪表制造业	11 449			11 449			
其他制造业	2 318			2 318			
废弃资源综合利用业							
金属制品、机械和设备修理业							
电力、热力、燃气及水生产和供应业	19 883 374			19 883 374		4 389 502	696 435
电力、热力生产和供应业	19 883 374			19 883 374		4 389 502	696 435
燃气生产和供应业							
水的生产和供应业							

7-4 续表 1 （2014 年）

指 标	焦 炭	其他焦化产品	焦炉煤气（万立方米）	高炉煤气（万立方米）	天然气（气态）（万立方米）	液 化天然气（液态）	汽 油
全部工业企业	**3 785 947**	**37 302**	**48 438**	**43 768**	**6 131**	**118**	**2 663**
按轻重工业分							
轻工业	8 913				985	103	718
重工业	3 777 034	37 302	48 438	43 768	5 146	15	1 945
按行业门类分							
采矿业	33 926				439		904
煤炭开采和洗选业					439		874
石油和天然气开采业							
黑色金属矿采选业	33 926						
有色金属矿采选业							
非金属矿采选业							
开采辅助活动							
其他采矿业							
制造业	3 751 579	37 302	5 968	43 768	5 692	118	1 729
农副食品加工业					61		25
食品制造业	2 701				341		52
酒、饮料和精制茶制造业					16		301
烟草制品业					410		
纺织业							37
纺织服装、服饰业							
皮革、毛皮、羽毛及其制品和制鞋业					153		
木材加工和木、竹、藤、棕、草制品业							2
家具制造业	700						
造纸和纸制品业							
印刷和记录媒介复制业							60
文教、工美、体育和娱乐用品制造业	5 512					103	5
石油加工、炼焦和核燃料加工业							
化学原料和化学制品制造业	288		353		80		286
医药制造业							71
化学纤维制造业							
橡胶和塑料制品业							
非金属矿物制品业			24		603		23
黑色金属冶炼和压延加工业	3 700 161	37 302	4 633	43 768	420	15	266
有色金属冶炼和压延加工业	9 726				1 708		
金属制品业	3 235				1 333		41
通用设备制造业	3 281		958		541		193
专用设备制造业	1 301						114
汽车制造业					9		36
铁路、船舶、航空航天和其他运输设备制造业							
电气机械和器材制造业	24 673						42
计算机、通信和其他电子设备制造业							10
仪器仪表制造业					16		165
其他制造业							
废弃资源综合利用业							
金属制品、机械和设备修理业							
电力、热力、燃气及水生产和供应业	442		42 470				30
电力、热力生产和供应业	442		42 470				13
燃气生产和供应业							17
水的生产和供应业							

7-4 续表 2 （2014 年）

指 标	煤 油	柴 油	液化石油气	热力（百万千焦）	电力（万千瓦时）	煤矸石用于燃料	城市生活垃圾用于燃料
全部工业企业	**2 210**	**89 345**	**69**	**14 265 450**	**2 999 200**		**305 680**
按轻重工业分							
轻工业		41 044		6 538 788	558 225		
重工业	2 210	48 301	69	7 726 662	2 440 975		305 680
按行业门类分							
采矿业	1 619	17 147	69	517 899	171 669		
煤炭开采和洗选业	1 619	9 993	69	517 899	154 115		
石油和天然气开采业							
黑色金属矿采选业		438			7 696		
有色金属矿采选业							
非金属矿采选业		6 716			9 858		
开采辅助活动							
其他采矿业							
制造业	591	68 554		13 065 398	2 547 309		
农副食品加工业		20 573		36 383	84 106		
食品制造业		5		893 692	19 815		
酒、饮料和精制茶制造业		9 011		337 357	43 537		
烟草制品业		611		36 252	3 547		
纺织业		17		38 395	176 018		
纺织服装、服饰业				2 835	20 572		
皮革、毛皮、羽毛及其制品和制鞋业		185			5 987		
木材加工和木、竹、藤、棕、草制品业		52			112 759		
家具制造业					4 494		
造纸和纸制品业				1 771 874	13 682		
印刷和记录媒介复制业		3		5 560	3 327		
文教、工美、体育和娱乐用品制造业					23 599		
石油加工、炼焦和核燃料加工业					41 343		
化学原料和化学制品制造业		943		5 065 441	877 920		
医药制造业		46		3 303 711	66 949		
化学纤维制造业					18 272		
橡胶和塑料制品业				711 895	64 972		
非金属矿物制品业		7 375			201 834		
黑色金属冶炼和压延加工业		3 322		677 502	366 055		
有色金属冶炼和压延加工业		509			37 485		
金属制品业	565	1 784			65 563		
通用设备制造业	26	7 989		184 502	51 506		
专用设备制造业		1 153			48 906		
汽车制造业		72			7 283		
铁路、船舶、航空航天和其他运输设备制造业		775			10 702		
电气机械和器材制造业		11 247			106 515		
计算机、通信和其他电子设备制造业					30 002		
仪器仪表制造业		2 868			36 152		
其他制造业					2 606		
废弃资源综合利用业		13			1 031		
金属制品、机械和设备修理业					770		
电力、热力、燃气及水生产和供应业		3 645		682 153	280 222		305 680
电力、热力生产和供应业		3 645		682 153	272 277		305 680
燃气生产和供应业					402		
水的生产和供应业					7 543		

7-5 工业企业分行业分地区用水量

（2014 年） 单位：万立方米

指标	企业数	取水量		用水量	
		2013	2014	2013	2014
全部工业企业	**2 571**	**23 177.09**	**22 366.60**	**23 177.09**	**22 366.60**
按轻重工业分					
轻工业	1 033	2 372.67	2 183.82	2 372.67	2 183.82
重工业	1 538	20 804.42	20 182.78	20 804.42	20 182.78
按行业门类分					
采矿业	48	4 056.34	3 962.60	4 056.34	3 962.60
煤炭开采和洗选业	11	3 644.91	3 470.09	3 644.91	3 470.09
石油和天然气开采业					
黑色金属矿采选业	3	383.01	457.56	383.01	457.56
有色金属矿采选业					
非金属矿采选业	34	28.42	34.95	28.42	34.95
开采辅助活动					
其他采矿业					
制造业	2 500	7 749.41	7 454.13	7 749.41	7 454.13
农副食品加工业	239	147.74	148.70	147.74	148.70
食品制造业	48	147.38	142.99	147.38	142.99
酒、饮料和精制茶制造业	29	666.18	642.56	666.18	642.56
烟草制品业	1	38.45	37.26	38.45	37.26
纺织业	256	453.04	483.42	453.04	483.42
纺织服装、服饰业	83	27.01	28.20	27.01	28.20
皮革、毛皮、羽毛及其制品和制鞋业	20	72.01	74.39	72.01	74.39
木材加工和木、竹、藤、棕、草制品业	204	107.74	114.06	107.74	114.06
家具制造业	37	4.44	6.02	4.44	6.02
造纸和纸制品业	39	53.49	56.12	53.49	56.12
印刷和记录媒介复制业	19	18.65	17.32	18.65	17.32
文教、工美、体育和娱乐用品制造业	51	27.46	27.57	27.46	27.57
石油加工、炼焦和核燃料加工业	11	30.92	105.93	30.92	105.93
化学原料和化学制品制造业	228	2 754.29	2 631.47	2 754.29	2 631.47
医药制造业	59	533.89	339.24	533.89	339.24
化学纤维制造业	22	83.42	71.60	83.42	71.60
橡胶和塑料制品业	106	100.76	81.83	100.76	81.83
非金属矿物制品业	230	688.28	673.99	688.28	673.99
黑色金属冶炼和压延加工业	98	744.73	775.99	744.73	775.99
有色金属冶炼和压延加工业	49	357.38	374.4	357.38	374.40
金属制品业	128	66.33	73.64	66.33	73.64
通用设备制造业	102	336.89	278.07	336.89	278.07
专用设备制造业	120	71.05	64.15	71.05	64.15
汽车制造业	33	37.58	36.53	37.58	36.53
铁路、船舶、航空航天和其他运输设备制造业	19	25.49	28.87	25.49	28.87
电气机械和器材制造业	124	69.42	70.23	69.42	70.23
计算机、通信和其他电子设备制造业	52	26.21	26.43	26.21	26.43
仪器仪表制造业	72	49.64	35.44	49.64	35.44
其他制造业	10	2.23	2.37	2.23	2.37
废弃资源综合利用业	7	7.07	5.07	7.07	5.07
金属制品、机械和设备修理业	4	0.24	0.26	0.24	0.26
电力、热力、燃气及水生产和供应业	23	11 371.33	10 949.86	11 371.33	10 949.86
电力、热力生产和供应业	21	11 367.54	10 945.35	11 367.54	10 945.35
燃气生产和供应业	2	3.79	4.52	3.79	4.52
水的生产和供应业					

注：本表汇总数据不含水的生产供应业。

7-6 工业企业重复用水量

单位：万立方米

指　　标	企业数	取水量		用水量	
		2013	2014	2013	2014
全部工业企业	**145**	**24 104.57**	**23 187.86**	**429 411.88**	**425 400.83**
按轻重工业分					
轻工业	41	3 294.74	2 999.73	878.92	968.29
重工业	104	20 809.84	20 188.14	428 532.96	424 432.54
按行业门类分					
采矿业	2	4 056.34	3 962.60	1 173.32	1 324.73
煤炭开采和洗选业	1	3 644.91	3 470.09	665.72	684.79
石油和天然气开采业					
黑色金属矿采选业	1	383.01	457.56	507.60	639.94
有色金属矿采选业					
非金属矿采选业		28.42	34.95		
开采辅助活动					
其他采矿业					
制造业	125	7 749.41	7 454.13	10 393.50	12 439.14
农副食品加工业	6	147.74	148.70	2.63	0.99
食品制造业	1	147.38	142.99	61.76	53.48
酒、饮料和精制茶制造业	6	666.18	642.56	189.40	200.89
烟草制品业	1	38.45	37.26	10.20	12.30
纺织业	9	453.04	483.42	256.20	282.13
纺织服装、服饰业	3	27.01	28.20	0.08	0.10
皮革、毛皮、羽毛及其制品和制鞋业	1	72.01	74.39	15.23	16.62
木材加工和木、竹、藤、棕、草制品业	4	107.74	114.06	0.99	1.06
家具制造业	1	4.44	6.02	0.01	0.01
造纸和纸制品业	2	53.49	56.12	0.21	201.21
印刷和记录媒介复制业		18.65	17.32		
文教、工美、体育和娱乐用品制造业		27.46	27.57		
石油加工、炼焦和核燃料加工业	4	30.92	105.93	0.09	248.88
化学原料和化学制品制造业	19	2 754.29	2 631.47	4 557.19	4 949.20
医药制造业	3	533.89	339.24	271.82	122.57
化学纤维制造业		83.42	71.60		
橡胶和塑料制品业	4	100.76	81.83	1.16	0.30
非金属矿物制品业	22	688.28	673.99	1 029.15	1 037.71
黑色金属冶炼和压延加工业	15	744.73	775.99	3 990.50	5 305.58
有色金属冶炼和压延加工业	1	357.38	374.40	0.03	0.03
金属制品业	2	66.33	73.64	0.38	0.38
通用设备制造业	8	336.89	278.07	2.42	2.26
专用设备制造业	3	71.05	64.15	0.21	0.15
汽车制造业	1	37.58	36.53	1.41	1.79
铁路、船舶、航空航天和其他运输设备制造业		25.49	28.87		
电气机械和器材制造业	3	69.42	70.23	0.50	0.50
计算机、通信和其他电子设备制造业	2	26.21	26.43	0.84	0.74
仪器仪表制造业	2	49.64	35.44	1.02	0.15
其他制造业	2	2.23	2.37	0.08	0.10
废弃资源综合利用业		7.07	5.07		
金属制品、机械和设备修理业		0.24	0.26		
电力、热力、燃气及水生产和供应业	18	12 298.82	11 771.13	417 845.06	411 636.97
电力、热力生产和供应业	18	11 367.54	10 945.35	417 845.06	411 636.97
燃气生产和供应业		3.79	4.52		
水的生产和供应业		927.49	821.26		

7-7 工业企业用水情况(一)

单位:万立方米

指 标	企业数	取水量		取水量减外供水量	
		2013	2014	2013	2014
合 计	**2 571**	**23 177**	**22 367**	**23 177**	**22 367**
按水源分					
地表淡水	175	13 681	12 732	13 681	12 732
地下淡水	1 796	8 402	8 500	8 402	8 500
自来水	590	1 176	1 123	1 176	1 123
海水					
陆地苦咸水					
矿井水					
雨水	3	2	2	2	2
再生水(中水)	3	19	10	19	10
海水淡化水					
其他水	4				
外排水量	2 571	4 109	5 205		
重复用水量	145	429 412	425 401		
直流冷却水量(河湖水)					
直流冷却水量(海水)					
污水处理企业污水处理量					

注:本表汇总数据不含水的生产和供应业。

7-8 工业企业用水情况(二)

单位:万立方米

指 标	企业数	取水量		取水量减外供水量	
		2013	2014	2013	2014
合 计	**6**	**14 056**	**14 418**	**13 128**	**13 596**
按水源分	1	5 798	6 493		
地表淡水	4	8 254	7 920		
地下淡水	5	1	1	13 128	13 596
自来水					
海水					
陆地苦咸水					
矿井水					
雨水					
再生水(中水)	1	3	3		
海水淡化水					
其他水					
外排水量	6	215	750		
重复用水量					
直流冷却水量(河湖水)					
直流冷却水量(海水)					
污水处理企业污水处理量	1	3	3		

注:本表汇总数据为水的生产和供应业

7-9 主要年份全社会用电情况

单位:万千瓦时

指　　标	1990	1995	2000	2005	2010	2011	2012	2013	2014
全社会用电量	**509 155**	**705 549**	**670 550**	**1 382 016**	**2 460 074**	**2 873 024**	**3 185 730**	**3 364 173**	**3 324 661**
全行业用电	493 133	649 319	597 739	1 255 025	2 175 168	2 556 637	2 806 270	2 919 423	2 891 860
农林牧渔水利业	46 842	52 536	55 689	49 166	30 234	37 785	40 510	47 357	49 996
# 排　灌	28 822	29 660	41 439	33 672	12 969	16 281	15 530	17 079	18 115
工业	420 161	560 719	494 267	1 096 270	1 918 967	2 259 107	2 460 756	2 529 738	2 474 827
轻工业	51 213	62 219	64 812	115 283	220 519	254 005	261 937	288 374	279 922
重工业	368 948	498 500	429 455	980 987	1 698 448	2 005 102	2 198 819	2 241 364	2 194 905
建筑业	3 087	3 875	5 401	9 734	18 841	20 536	22 302	28 825	34 484
交通运输、仓储和邮政业	9 292	10 292	18 183	19 110	35 385	48 085	59 893	62 417	64 474
# 交通运输业	8 722	9 234	10 735	12 925	28 022	39 704	51 245	53 157	54 681
邮电通信业	570	1 058	2 448	2 915	2 073	2 110	2 289	2 399	2 310
商业、住宿和餐饮业	4 128	7 848	11 280	31 478	54 311	63 016	71 992	78 945	80 579
其他事业合计	9 623	14 049	17 919	49 269	102 367	76 122	87 685	97 821	103 843
# 公共照明业	340	513	987	1 587	6 486	7 300	8 679	9 389	10 138
城乡居民生活用电	16 022	56 230	72 811	126 991	284 906	316 387	379 460	444 750	432 801
乡村	7 757	29 393	38 639	65 654	133 924	141 061	161 805	261 800	262 370
城镇	8 265	26 837	34 172	61 337	150 982	175 326	217 655	182 950	170 431

7-10 市区主要年份全社会用电情况

单位:万千瓦时

指　　标	1990	1995	2000	2005	2010	2011	2012	2013	2014
全社会用电量	**352 732**	**435 287**	**417 022**	**487 927**	**1 499 408**	**1 726 166**	**1 700 543**	**1 014 182**	**1 079 938**
全行业用电	347 502	416 201	386 628	435 880	1 357 449	1 574 753	1 521 165	883 273	959 256
农林牧渔水利业	1 891	5 122	4 372	5 065	9 330	10 428	11 315	2 744	3 172
# 排　灌	492	1 906	1 375	465	1 731	1 741	2 014	761	1 202
工业	329 405	385 287	349 333	364 398	1 195 500	1 391 151	1 305 919	702 396	767 986
轻工业	26 906	36 310	37 963	42 118	83 409	84 414	81 069	34 994	34 278
重工业	302 499	348 977	311 370	322 280	1 112 091	1 306 737	1 224 850	667 402	733 708
建筑业	937	1 884	2 342	3 768	11 073	11 628	12 373	9 609	9 774
交通运输、仓储和邮政业	5 944	8 200	9 309	11 673	27 369	36 407	45 727	38 815	40 274
# 交通运输业	5 727	7 635	7 789	8 038	24 253	32 762	41 575	35 934	37 735
邮电通信业	217	565	1 520	1 944	1 388	1 384	1 470	965	889
商业、住宿和餐饮业	2 106	4 516	6 927	18 212	34 289	39 054	44 116	40 125	40 503
其他事业合计	7 219	11 192	14 345	32 764	72 116	77 092	59 165	46 753	47 927
# 公共照明业	206	306	729	633	3 040	3 881	5 008	3 987	4 036
城乡居民生活用电	5 230	19 086	30 394	52 047	141 959	151 414	179 378	130 909	120 682
乡村	673	4 127	5 389	9 894	53 882	61 377	102 281	27 467	25 350
城镇	4 557	14 959	25 005	42 153	88 077	90 037	77 097	103 442	95 332

7-11 全社会用电分行业、分地区情况

（2014 年） 单位:万千瓦时

指标	全市合计	丰县	沛县	铜山区	睢宁县	新沂市	邳州市
全社会用电总计	**3 324 661**	**180 395**	**319 266**	**478 291**	**214 402**	**374 617**	**256 791**
全行业用电合计	**2 891 860**	**135 153**	**272 382**	**422 483**	**167 182**	**336 491**	**197 488**
第一产业	49 996	6 411	11 016	8 523	7 541	4 482	7 035
农、林、牧、渔业	49 996	6 411	11 016	8 523	7 541	4 482	7 035
第二产业	2 509 311	110 850	243 885	385 124	139 766	309 866	158 633
工业	2 474 827	108 024	239 381	381 233	136 184	306 978	154 074
轻工业	279 922	22 132	50 350	31 601	55 432	40 822	27 556
重工业	2 194 905	85 892	189 031	349 632	80 752	266 156	126 518
采矿业	121 525	3 460	26 488	13 947	68	372	2 718
煤炭开采和洗选业	102 356	2 209	25 371	969			16
石油和天然气开采业	152		9	13	10		
黑色金属矿采选业	5 714		1 007	4 678			
有色金属矿采选业	5 860			5 851			
非金属矿采选业	5 405	1 251	101	1 898	44	281	1 352
其他采矿业	2 038			538	14	91	1 350
制造业	2 034 350	88 563	190 603	345 646	123 224	283 650	128 625
食品、饮料和烟草制造业	72 441	8 933	12 229	12 716	5 926	10 613	7 450
纺织业	94 834	8 349	33 484	2 466	22 148	13 287	2 934
服装鞋帽、皮革羽绒及其制品业	9 146	299	870	168	3 928	2 188	518
木材加工及制品和家具制品业	44 772	8 573	3 603	1 890	6 560	4 086	16 128
造纸及纸制品业	10 965	187	224	4 349	789	1 092	607
印刷业和记录媒介的复制	2 424	74	174	427	62	25	196
文体用品制造业	739	10	79	5	13	85	314
石油加工、炼焦及核燃料加工业	94 927	3 036	8 200	15 528	1 713	2	48 648
化学原料及化学制品制造业	240 668	45 683	27 022	16 076	1 116	126 608	13 587
医药制造业	5 351	75	193	339	792	515	467
化学纤维制造业	3 142	52	64	386	306	12	2 233
橡胶和塑料制品业	49 462	1 081	20 391	1 550	6 580	4 059	4 297
非金属矿物制品业	223 452	2 015	6 071	75 793	5 469	25 740	7 614
黑色金属冶炼及压延加工业	382 154		45 909	175 294	7 411	59 949	772
有色金属冶炼及压延加工业	42 189	34	10 672	873	141	4 698	3 267
金属制品业	101 357	1 629	12 824	6 452	37 001	23 667	3 614
通用及专用设备制造业	92 895	3 376	3 824	25 238	16 691	612	2 630
交通运输、电气、电子设备制造业	553 122	4 524	3 664	5 246	5 916	5 037	11 508
工艺品及其他制造业	4 694	525	264	629	81	1 020	728
废弃资源和废旧材料回收加工业	5 616	108	842	221	581	355	1 113
电力、燃气及水的生产和供应业	318 952	16 001	22 290	21 640	12 892	22 956	22 731
电力、热力的生产和供应业	275 811	14 516	20 869	18 693	11 644	20 816	21 058
燃气生产和供应业	25 342	35	64	84	263	67	343
水的生产和供应业	17 799	1 450	1 357	2 863	985	2 073	1 330
建筑业	34 484	2 826	4 504	3 891	3 582	2 888	4 559
第三产业	332 553	17 892	17 481	28 836	19 875	22 143	31 820
交通运输、仓储和邮政业	64 474	926	987	5 654	1 748	4 753	6 948
信息传输、计算机服务和软件业	24 380	2 289	2 120	2 788	2 370	2 532	2 583
商业、住宿和餐饮业	80 579	5 687	5 463	4 614	6 297	5 975	9 139
金融、房地产、商务及居民服务业	59 277	2 618	2 649	3 211	2 145	2 857	3 797
公共事业及管理组织	103 843	6 372	6 262	12 569	7 315	6 026	9 353
城乡居民生活用电合计	**432 801**	**45 242**	**46 884**	**55 808**	**47 220**	**38 126**	**59 303**
城镇	170 431	12 393	12 595	7 305	13 870	8 970	16 675
乡村	262 370	32 849	34 289	48 503	33 350	29 156	42 628

主要统计指标解释

能源消费量 指能源使用单位在报告期内实际消费的一次能源或二次能源的数量。就每种能源的实物消耗而言，是其消费量；如果将实际消费的各种能源折标准量相加所得到的能源消费量合计数据是企业投入消费的全部能源，没有扣除能源品种加工转换的重复因素。

工业企业的能源消费量 包括工业企业在生产过程中作为燃料、动力、原料、辅助材料使用的能源以及工艺用能、非生产用能。

工业生产能源消费 指工业企业为进行工业生产活动所消费的能源。

用作原材料的能源消费 指能源产品不作能源使用，即不作燃料、动力使用，而作为生产另外一种产品(非能源产品)的原料或作为辅助材料使用，作原料使用时通常构成这种产品的实体。

工业企业非工业生产能源消费 指在工业企业能源消费中，除“工业生产能源消费”以外的能源消费。

能源库存量 能源库存量是指企业能源库存量，它是企业在报告期的某时间点所拥有的各种能源数量。根据企业的生产经营活动性质，企业库存量分为生产企业产成品库存、经销企业(批发、零售企业)用于经营销售的库存、使用企业用于消费的库存。

综合能源消费量 指报告期内工业企业在工业生产活动中实际消费的各种能源的总和净值。计算综合能源消费量时，需要先将使用的各种能源折算成标准燃料后再进行计算。

取水量 指企业从各种水源直接提取或者从市场购买的用于厂区、办公区内工业生产活动的水量，以实际获得的新水量为准。用于工业生产活动的水量，包括主要生产用水、辅助生产用水(如机修、运输、空压站等)和附属生产用水(如绿化、办公室、浴室、食堂、厕所、保健站等)，不包括非工业生产单位的用水量（如基建用水、厂内居民家庭用水和企业附属幼儿园、学校、对外营业的浴室、游泳池等的用水量)和居民生活用水量。

外供水量 指企业外供给其他单位的水或水产品的量，以离厂水量为准。包括外供给其他企业或市场的原水、自来水、再生水(中水)、海水淡化水、矿泉水、纯净水等。不包括直流冷却水量、未利用直接排放的矿井水和雨水量、北方地区供暖企业供给城镇热力网内循环的热水量、进入城镇污水管网和直接排到自然环境中的水量。

陆地地表水 指河流、湖泊、水库等地表水源的水，不包括海水。地表水分为淡水和咸水。陆地咸水湖的水为咸水。一般的河流、湖泊、水库的水是淡水。

地表淡水 指陆地表面形成的径流及地表贮存的淡水。包括江、河、淡水湖、水库等。

地下淡水 指地下径流或埋藏于地下的，经过提取可被利用的淡水。包括井水、地热水等。

自来水 指自来水厂将地表淡水、地下淡水经过“混凝、沉淀、过滤、消毒”等净水工序，达到国家饮用水标准，通过城镇自来水管网供给工业生产、居民生活使用的水。

海水 指海洋的水。海水的取水量包括企业用来淡化、制盐、化工生产等海水资源利用所提取的海水量，以及用于海水循环冷却补充水、脱硫、洗涤、除尘、冲渣、印染等的海水直接利用量，不包括海水直流冷却水量。

其他水 指上述水资源品种没有涵盖的，或者界定不清的水及水的产品。包括软化水、除盐水、蒸汽(需折算成同等质量的水)、蒸汽冷凝水、管道供应的热水(不含北方地区城镇热力网内循环的热水)、瓶(桶)装纯净水、矿泉水、经过初步处理未达到自来水标准的水。不包括地热水、碳酸饮料、茶饮料、果汁饮料、酒类、污(废)水。

重复用水量 指在确定的用水单元或系统内，所有未经处理和处理后又重复使用的水量总和。

直流冷却水量 指企业取自河流、水库、湖泊、海洋，经一次使用后，直接排放回河流、水库、湖泊、海洋的冷却水量，多见于火(核)电企业。直流冷却水不填报取水量、外供水量、外排水量。企业从直流冷却水系统中取水用做其他用途，则该部分应计入取水量。

利用河、湖、水库等的淡水进行直流冷却填报直流冷却水量(河湖水)，利用海水进行直流冷却填报直流冷却水量(海水)。

污水处理企业污水处理量 指污水处理企业取自企业外部并实际处理的污(废)水量。本指标仅限污水处理企业填报。

财政、金融和保险

FINANCE, BANKING AND INSURANCE

版面负责人：卓卫华

编　　辑：王　楠

江苏省统计条例

（2014年1月16日江苏省第十二届人民代表大会常务委员会第八次会议通过）

第十五条 有下列情形之一的，政府统计机构、有关部门应当告知政府统计调查对象在规定期限内补正：

（一）未按照统计调查制度规定的方式报送统计资料的；

（二）以纸介质方式报送统计调查表，没有填表人、统计调查对象单位负责人签字，或者未加盖单位公章的；

（三）以数据电文方式报送统计资料，没有电子签名等身份识别标志的；

（四）发现报送的统计数据有错误的；

（五）其他按照统计调查制度应当补正的情形。

【释义】 本条是关于统计资料上报管理及统计调查对象补正统计资料义务的规定。

为加强对统计调查对象报送统计资料的监管，保障源头数据的准确性和及时性，本条创制了补正的法律规范，规定在五种情形下，政府统计机构、有关部门应当告知政府统计调查对象在规定期限内补正，并规定补正统计资料是统计调查对象的法定义务。具体规定如下：

一是未按照统计调查制度规定的方式报送统计资料。依照本条例第三十条规定，统计调查制度是政府统计调查对象真实、准确、完整、及时地提供统计调查所需资料的重要法律依据，它规定了统计调查对象报送统计调查表等统计资料的方式。本条第一项规定：统计调查对象未按照规定方式报送统计资料的，政府统计机构、有关部门应当要求其补正。由此，较为妥善地解决了统计调查对象不配合联网直报工作所造成的统计管理难题。

二是以纸介质方式报送统计调查表，没有签字，或者未加盖单位公章。根据统计法律法规，统计调查对象报送统计资料，应当由本单位领导人或者统计负责人审核、签署或者盖章后上报，有关财务统计资料由财务会计机构或者会计人员提供，并经财务会计负责人审核、签署或者盖章。本条第二项规定：以纸介质方式报送统计调查表，填表人、统计调查对象单位负责人没有签字，或者未加盖单位公章的，政府统计机构、有关部门应当告知统计调查对象在规定期限内补正。

三是以数据电文方式报送统计资料，没有电子签名等身份识别标志。依据《电子签名法》等法律法规，数据电文是指以电子、光学、磁或者类似手段生成、发送、接收或者储存的信息；电子签名，是指数据电文中以电子形式所含、所附用于识别签名人身份并表明签名人认可其中内容的数据。本条第三项规定：以数据电文方式报送统计资料，没有电子签名等身份识别标志的，政府统计机构、有关部门应当告知政府统计调查对象补正。

四是发现报送的统计数据有错误。由于疏忽等原因，统计调查对象报送统计资料时有差错发生，如数据填报错行或者错列、计量单位使用错误等。本条第四项规定：发现统计调查对象报送的统计数据有错误的，政府统计机构、有关部门应当告知政府统计调查对象补正。

五是其他按照统计调查制度应当补正的情形。是指未执行统计调查制度的其他情况，包括报送的统计调查表的表式、报送渠道存在错误等。本条第五项规定，出现其他按照统计调查制度应当补正的情形时，政府统计机构、有关部门应当告知政府统计调查对象补正。

政府统计机构、有关部门应加强统计资料的日常管理，健全统计调查表的领用、报送等管理制度，完善统计调查表的审核程序，强化责任追究。

编辑：王中彬

8-1 主要年份财政收入、支出情况

单位:万元

年份	全市			市区		
	财政收入	财政支出	财政收入占地区生产总值比重(%)	财政收入	财政支出	财政收入占地区生产总值比重(%)
1952	2 770	1 324	12.1	660	752	13.8
1957	6 476	4 202	17.5	3 327	1 573	23.8
1962	7 564	3 339	16.5	4 720	687	26.3
1965	8 638	4 686	15.2	5 327	1 121	26.6
1970	15 069	6 026	17.3	10 772	2 293	31.6
1975	19 456	9 608	15.3	12 721	3 610	25.1
1978	32 674	17 690	15.3	22 950	7 887	29.8
1979	32 484	18 707	13.1	24 081	6 877	25.9
1980	35 715	17 982	12.5	26 814	6 714	23.5
1981	38 273	17 563	12.6	28 497	6 339	24.6
1982	43 114	21 655	12.2	30 670	7 981	23.1
1983	43 887	25 921	10.4	30 492	9 779	19.2
1984	47 454	30 779	9.6	32 250	12 009	18.0
1985	57 538	33 704	10.4	39 448	13 366	19.6
1986	65 741	45 505	10.4	45 248	19 051	20.0
1987	71 134	49 005	9.9	48 746	20 550	18.6
1988	82 796	58 865	9.8	55 880	23 409	19.3
1989	95 384	74 502	9.6	65 610	30 589	16.7
1990	102 326	85 640	9.1	70 338	34 593	15.1
1991	103 467	98 117	8.0	70 215	41 538	13.3
1992	109 670	95 599	6.8	73 690	37 513	10.7
1993	147 114	122 174	6.7	95 765	50 567	9.5
1994	197 489	143 559	6.3	128 227	62 329	9.1
1995	253 020	180 186	6.3	160 606	78 225	9.1
1996	302 406	213 530	6.2	188 190	85 349	9.0
1997	351 388	250 673	7.0	221 624	103 183	9.8
1998	395 108	283 443	7.4	254 176	119 325	10.4
1999	436 074	130 573	7.6	282 311	130 573	11.0
2000	476 168	345 246	7.7	311 151	153 038	10.7
2001	525 924	400 797	7.7	338 498	172 809	10.5
2002	655 566	520 174	8.7	438 281	258 477	12.2
2003	828 226	624 582	9.7	559 422	301 885	13.1
2004	1 102 216	717 332	10.7	768 436	318 329	14.3
2005	1 452 629	1 050 786	12.0	1 034 482	511 441	16.2
2006	1 808 512	1 270 099	12.7	1 231 212	576 615	16.5
2007	2 207 263	1 474 369	13.1	1 509 317	623 115	16.8
2008	2 685 991	1 990 464	13.4	1 782 700	842 950	17.2
2009	3 188 865	2 565 349	13.3	1 987 842	1 048 541	19.2
2010	4 138 904	3 257 198	14.1	2 887 987	1 621 085	16.2
2011	5 553 294	4 542 420	15.6	3 726 172	2 240 383	17.6
2012	5 976 325	5 300 461	14.9	3 864 175	2 513 222	16.1
2013	6 599 518	5 956 105	14.6	4 207 502	2 776 771	15.9
2014	7 325 949	6 618 386	14.8	4 571 862	3 012 921	16.4

注:2007年及以后财政决算制度改革,财政总收入及财政支出中不包括基金收入、支出,与往年不可比(下同)。

8-2 财政收入

指标	全市			市区		
	2012	2013	2014	2012	2013	2014
财政总收入	**5 976 325**	**6 599 518**	**7 325 949**	**3 864 175**	**4 207 502**	**4 571 862**
上划中央收入	**2 308 742**	**2 371 078**	**2 602 670**	**1 840 726**	**1 955 624**	**2 161 284**
增值税(75%)	984 252	970 990	1 040 173	688 047	703 055	750 034
消费税	898 155	974 277	1 091 976	877 555	953 808	1 069 204
企业所得税(60%)	300 171	312 107	329 844	195 755	222 847	242 862
个人所得税(60%)	126 164	113 704	140 677	79 369	75 914	99 184
公共财政预算收入	**3 667 583**	**4 228 440**	**4 723 279**	**2 023 449**	**2 251 878**	**2 410 578**
税收收入	2 841 376	3 411 115	3 864 340	1 519 320	1 722 820	1 891 239
增值税(25%)	328 083	395 202	460 601	229 348	273 622	317 557
营业税	1 068 992	1 346 986	1 551 609	488 421	550 161	600 890
企业所得税(40%)	200 114	208 070	219 900	130 502	148 564	161 912
个人所得税(款)(40%)	84 111	75 804	93 783		50 610	66 122
资源税	88 676	102 190	103 556		29 177	33 946
城市维护建设税	217 211	243 124	273 825	160 380	174 688	193 097
房产税	67 475	100 704	113 388		57 647	60 916
印花税	32 997	40 068	43 290		23 214	23 539
城镇土地使用税	99 841	126 371	140 129		64 909	77 493
土地增值税	336 314	397 922	490 263		192 672	195 301
车船税(款)	26 929	27 487	30 120		11 611	12 972
耕地占用税(款)	20 475	16 449	24 804		4 997	9 912
契税(款)	251 883	330 746	319 072	119 610	140 948	137 582
非税收入	826 207	817 324	858 939	504 129	529 058	519 340
专项收入	127 628	136 927	159 410	83 230	89 736	105 390
行政事业性收费收入	296 023	334 417	364 423	201 354	249 732	225 478
罚没收入	80 586	115 403	114 525	35 895	68 871	66 140
国有资本经营收入	198 903	125 362	38 511	135 835	81 949	2 533
国有资源(资产)有偿使用收入	110 269	92 620	166 745	40 321	31 493	113 492
其他收入(款)	12 798	12 595	15 325	7 495	7 277	6 307
政府性基金收入	**2 590 958**	**3 759 482**	**4 919 379**	**1 293 136**	**2 031 316**	**2 413 778**

8-3 财政支出

指标	全市			市区		
	2012	2013	2014	2012	2013	2014
公共财政预算支出	**5 300 461**	**5 956 105**	**6 609 256**	**2 513 222**	**2 776 771**	**3 012 921**
# 一般公共服务	534 644	569 997	588 122	270 971	290 565	304 034
国防	11 315	10 854	13 315	8 516	6 650	9 251
公共安全	275 584	302 717	335 044	172 087	187 952	213 677
教育	1 125 220	1 217 155	1 323 990	496 326	509 327	517 355
科学技术	124 459	144 855	162 560	75 307	84 514	105 360
文化体育与传媒	55 031	60 216	77 348	30 696	34 802	37 821
社会保障和就业	521 576	576 373	660 167	265 796	314 533	355 181
医疗卫生	389 796	451 648	530 025	151 154	169 985	187 114
环境保护	128 622	134 809	142 542	68 298	64 417	79 526
城乡社区事务	693 932	800 832	894 465	278 190	322 075	378 750
农林水事务	802 965	1 012 442	1 094 571	313 091	389 367	425 963
交通运输	107 542	106 214	113 013	56 849	55 046	58 687
资源勘探电力信息等事务	198 704	212 208	231 554	136 921	125 443	84 567
商业服务业等事务	71 616	66 086	78 779	36 969	38 621	57 852
金融监管支出	11 571	2 949	4 222	2 721	27 473	3 812
国土资源气象等事务	63 196	49 469	92 015	45 496	23 444	44 051
住房保障支出	93 984	144 832	154 176	60 247	94 003	90 158
粮油物资管理事务	7 169	9 542	7 110	3 422	5 003	4 110
其他支出	58 535	46 987	60 209	34 370	33 838	47 922
政府性基金支出	**2 586 600**	**3 835 236**	**4 983 012**	**1 244 908**	**2 082 611**	**2 403 829**
# 一般公共服务	28			28		
教育	30 648	94 848	53 134	9 736	58 913	23 602
文化体育与传媒	745	439	2 325	611	431	1 949
社会保障和就业	10 435	8 594	13 103	6 560	5 117	6 218
城乡社区事务	2 496 684	3 646 117	4 818 734	1 200 301	1 978 026	2 341 248
农林水事务	23 960	53 780	29 279	12 675	22 856	8 095
交通运输	3 013	5 774	19 023	2 117	2 605	5 208
资源勘探电力信息等事务	4 995	5 353	5 879	2 695	3 020	3 418
其他支出	16 092	20 211	25 997	10 185	11 523	14 091

8-4 历年金融机构(人民币)存贷款

(年底数)

单位:万元

年 份	全 市			市 区			人均储蓄(元/人)	
	金融机构各项存款余额	#居民储蓄	金融机构各项贷款余额	金融机构各项存款余额	#居民储蓄	金融机构各项贷款余额	全 市	市 区
1952		270			206		1	9
1957		968			647		2	17
1962		1 222			686		3	15
1965		1 974			1 157		4	22
1970		2 442			1 449		4	27
1975		4 839			2 694		8	44
1978	60 759	8 921	105 787	45 019	4 299	73 384	14	64
1979	28 597	13 499	47 821	11 793	6 018	17 239	21	85
1980	123 807	20 596	108 921	100 870	8 868	64 142	31	122
1981	86 748	27 635	137 656	44 213	11 249	62 784	41	150
1982	96 635	36 462	156 417	47 298	14 836	71 216	53	192
1983	121 321	52 715	193 450	59 799	19 645	87 887	76	248
1984	160 671	74 664	266 637	77 453	26 601	119 256	107	330
1985	176 808	97 867	311 936	89 970	37 810	162 538	138	458
1986	251 158	140 701	391 209	131 915	51 139	223 965	197	608
1987	367 499	191 242	496 401	217 669	69 314	290 223	263	810
1988	495 318	246 993	596 632	219 746	88 630	320 346	332	1 016
1989	559 847	327 806	671 512	257 604	125 709	413 739	430	1 408
1990	724 345	446 418	804 071	349 864	174 611	433 478	553	1 926
1991	891 658	555 370	963 003	425 565	213 526	492 026	677	2 324
1992	1 064 281	668 470	1 089 149	508 880	258 326	565 390	809	2 758
1993	1 360 184	857 542	1 346 993	670 666	319 747	735 634	1 028	3 360
1994	1 758 108	1 110 985	1 618 177	944 480	477 133	899 760	1 318	3 340
1995	2 329 318	1 400 566	2 046 385	1 282 165	578 274	1 155 867	1 645	3 984
1996	2 950 050	1 828 200	2 388 715	1 624 215	811 756	1 323 614	2 217	5 510
1997	3 484 093	2 163 437	3 005 351	1 905 377	970 956	1 672 573	2 495	6 502
1998	3 768 104	2 438 696	3 226 763	2 053 563	1 110 556	1 752 920	2 785	7 313
1999	4 135 005	2 692 128	3 341 758	2 349 069	1 297 842	1 885 371	3 068	8 515
2000	4 614 682	3 058 002	3 249 902	3 124 162	1 860 652	2 230 387	3 411	11 585
2001	5 297 006	3 576 909	3 742 657	3 581 695	2 202 744	2 536 851	3 966	13 552
2002	6 180 183	4 167 882	3 982 506	4 195 444	2 592 741	2 678 214	4 608	15 756
2003	7 277 202	4 822 259	4 614 147	4 254 019	3 024 793	2 598 658	5 307	18 077
2004	8 414 573	5 563 129	4 751 280	4 768 459	3 445 990	2 640 115	6 068	20 584
2005	10 108 940	6 506 064	4 911 786	5 806 876	3 997 284	2 758 306	7 031	22 223
2006	11 937 168	7 228 920	5 650 749	6 865 004	4 377 454	3 133 756	7 734	24 105
2007	14 038 244	7 886 337	6 842 230	8 170 216	3 488 669	4 015 157	8 409	19 140
2008	17 191 438	9 745 131	7 965 786	10 066 026	5 850 811	4 749 346	10 292	31 729
2009	21 726 238	11 397 620	11 325 649	15 272 845	6 911 095	7 926 396	11 902	37 112
2010	26 321 873	13 243 885	14 364 443	18 281 038	7 908 879	9 901 281	13 613	25 291
2011	29 809 912	14 954 211	17 348 392	20 386 726	8 684 472	11 820 976	15 312	27 511
2012	33 644 736	17 947 175	20 472 296	22 500 556	10 292 339	13 785 329	18 119	32 077
2013	38 844 633	20 897 714	23 608 014	25 950 180	11 833 905	15 528 718	24 325	37 356
2014	42 864 617	23 774 417	27 247 917	28 455 976	13 066 281	17 965 025	27 554	40 738

注:因区划调整,2010年及以后市区人均储蓄存款余额含铜山区,与往年不可比。

8-5 主要年份金融机构(人民币)综合存贷款

单位:万元

指 标	2011	2012	2013	2014
金融机构综合存款余额	**29 809 912**	**33 644 736**	**38 844 633**	**42 864 617**
# 单位存款	14 164 769	14 945 580	16 552 677	17 494 391
# 活期	5 773 196	6 244 340	6 673 685	7 355 691
定期	2 959 156	3 125 577	4 102 170	3 311 470
通知存款	269 304	266 907	202 542	286 074
保证金存款	3 235 769	3 483 542	3 322 085	2 952 952
个人存款	15 026 698	18 068 666	21 549 845	24 658 403
# 储蓄存款	14 954 211	17 947 175	20 897 714	23 774 417
财政性存款	344 933	395 272	439 596	481 903
临时性存款	112 162	153 309	230 912	112 963
委托存款	95 215	5 030	52	38
其他存款	66 135	76 880	71 551	116 919
金融机构综合贷款余额	**17 348 392**	**20 472 296**	**23 608 014**	**27 247 917**
# 境内贷款	17 347 561	20 471 064	23 606 855	27 246 873
# 短期贷款	9 690 876	11 658 992	13 038 233	13 978 987
# 个人贷款及透支	2 307 267	2 237 878	2 434 476	2 396 867
# 个人消费贷款	139 702	123 742	214 832	231 495
单位普通贷款及透支	6 364 647	8 359 953	9 519 093	10 601 066
# 经营贷款	6 246 368	8 223 920	9 245 248	10 329 363
中长期贷款	6 872 802	7 832 488	9 480 629	11 622 666
# 个人贷款	3 417 032	4 187 147	5 179 181	6 206 421
# 个人消费贷款	2 844 302	3 427 429	4 295 733	5 255 813
单位普通贷款	2 760 690	2 684 676	3 247 886	4 449 368
# 经营贷款	471 935	575 330	661 909	947 907
融资租赁				2 061
票据融资	772 570	881 273	1 018 095	1 537 915
各项垫款	11 314	98 311	69 897	105 244

8-6 保险业务主要指标

单位:万元

指　　标	2010	2011	2012	2013	2014
保险公司数　　(个)	**40**	**46**	**50**	**53**	**55**
#财产保险公司	20	20	21	21	23
人寿保险公司	20	26	29	32	32
保险收入	**820 183**	**896 097**	**858 619**	**947 545**	**1 064 593**
财产险	206 331	256 490	282 776	324 292	376 973
#企业财产险	9 998	13 573	14 647	14 120	14 493
家庭财产险	795	608	897	739	516
机动车辆保险	174 735	214 627	233 579	269 845	310 297
运输及责任险	4 868	5 973	7 642	7 444	7 849
人寿险	613 851	639 607	575 842	623 253	687 620
#人身意外伤害险	10 206	11 150	11 440	13 252	15 160
健康险	6 662	7 084	7 669	8 309	9 279
寿险	140 316	171 632	129 785	153 110	306 308
各项赔款和给付	**152 305**	**220 705**	**257 408**	**351 983**	**363 711**
财产险	76 844	104 182	145 898	168 709	199 942
#企业财产险	1 154	4 482	4 900	3 203	7 115
家庭财产险	56	39	47	61	41
机动车辆保险	67 692	90 239	128 801	148 586	170 071
运输及责任险	1 085	1 546	2 390	3 118	3 695
人寿险	75 461	116 523	111 510	183 274	163 769
#人身意外伤害险	3 066	3 180	2 999	3 199	3 950
健康险	4 771	4 856	5 138	5 527	6 762
寿险	21 484	25 079	31 328	32 178	41 517

主要统计指标解释

财政收入 是指政府为履行其职能、实施公共政策和提供公共物品与服务需要而筹集的一切资金的总和，是国家为了实现其职能,凭借政治权力,对一部分社会产品进行分配和再分配的经济活动。财政收入表现为政府部门在一定时期内(一般为一个财政年度)所取得的货币收入。主要包括:中央财政收入和地方财政收入。中央财政和地方财政是财政体制上划分中央政府和地方政府以及地方各级政府之间财政管理权限的一项分配制度。它具体规定了各级政府筹集资金、支配使用资金的权力、范围和责任,使各级政府在财政管理上有责有权。这对于正确处理中央和地方之间,以及地方各级之间的分配关系,充分发挥各级政府的积极性,更好地完成国家财政收支任务,促进社会主义建设的发展有着极其重要的意义。

中央财政收入 包括:关税、海关代征消费税和增值税，消费税,中央企业所得税,地方银行和外资银行及非银行金融企业所得税,铁道、银行总行、保险总公司等集中缴纳的营业税、所得税、利润和城市维护建设税,增值税的75%部分,证券交易税(印花税)50%部分和海洋石油资源税。

地方财政收入 又称为公共财政预算收入，包括:(1)税收收入——我国财政收最主要的来源。国内增值税的25%、营业税、企业所得税的40%、个人所得税的40%、资源税、城市维护建设税、房产税、印花税(证券印花税的3%+其余印花税的全部)、城镇土地使用税、土地增值税、车船税、耕地占用税、契税、烟叶税、其他税收收入。(2)非税收入。专项收入、行政事业性收费收入、罚没收入、国有资本经营收入、国有资源有偿使用收入、其他收入。

地方财政总收入 包括地方公共财政预算收入、上划中央收入和政府性基金收入(含缴库社会保险基金)。上划中央收入是指按现行分税制财政体制规定,在当地缴纳、与地方分享的税种的中央级收入，包括国内增值税的75%、国内消费税、纳入分享范围的企业所得税的60%和个人所得税的60%四项。政府性基金收入是国家通过向社会征收以及出让土地、发行彩票等方式取得收入。

财政支出 是国家政权为行使其职能，对筹集的财政资金进行有计划的分配使用的总称。体现政府的活动范围和方向,反映财政资金的分配关系。主要包括基本建设支出、增拨企业流动资金、企业挖潜改造资金、新产品试制费、地质勘探费、工交商部门事业费、支援农村生产支出和各项农业事业费、文教科学卫生事业费、抚恤和社会救济费、国防费、行政管理费及债务支出。在我国,由于存在预算外资金,所以财政支出的概念也就有狭义与广义之分：狭义的财政支出仅指公共财政预算支出；广义的财政支出则包括预算内支出和预算外支出。

物价指数 PRICE INDICES

版面负责人：王　莹

编　　　辑：高　杰

江苏省统计条例

（2014 年 1 月 16 日江苏省第十二届人民代表大会常务委员会第八次会议通过）

第十六条 政府统计调查对象未按照统计调查制度规定时间报送统计资料的，政府统计机构和有关部门应当书面催报。政府统计调查对象应当在催报规定的期限内报送统计资料。

【释义】 本条是关于统计资料书面催报的规定。

确保统计资料的及时性是《统计法》及本条例的立法目的之一。本条规定：发现政府统计调查对象未按照统计调查制度规定时间报送统计资料时，政府统计机构、有关部门应当书面催报，统计调查对象应当在催报规定的期限内报送统计资料。

统计调查制度规定时间。统计调查制度是政府统计调查对象及时地提供统计调查所需资料的法律依据，它规定了统计调查对象报送统计资料的明确时间。统计调查对象未按照统计调查制度规定时间报送统计资料，即构成迟报统计资料违法行为，政府统计机构、有关部门应当书面催报。

催报规定的期限。政府统计机构、有关部门书面催报统计资料时，根据月报、季报、半年报、年报等统计调查表性质的不同，应当分别规定具体的催报期限，要求行为人在催报规定的期限内补报有关统计资料。统计调查对象在催报规定的期限内，仍未补报的，即构成拒报统计资料违法行为。

第十七条 地方各级人民政府、政府统计机构和有关部门、单位的主要负责人及其他负责人，应当支持和保障政府统计机构、统计人员独立行使法定职权，不得有下列行为：

（一）自行修改统计资料、编造虚假统计数据；

（二）要求政府统计机构、统计人员或者其他机构、人员拒报、虚报、瞒报或者伪造、篡改统计资料；

（三）对依法履行职责或者拒绝、抵制统计违法行为的统计人员打击报复；

（四）对揭发、检举统计违法行为的人员打击报复；

（五）对本地区、本部门、本单位发生的统计违法行为不履行监督管理职责。

【释义】 本条是关于地方各级人民政府、部门和单位主要负责人及其他负责人保障政府统计机构和统计人员独立行使法定职权的规定。

统计机构、统计人员独立行使法定职权，是保障统计资料客观真实的基础。只有保障政府统计机构和统计人员独立行使职权不受侵犯，才能保证其独立、客观地进行统计调查，提出统计报告，实行统计监督。本条作出如下规定：一是明确了“主要负责人”是“支持和保障政府统计机构、统计人员独立行使法定职权”的“第一责任人”。主要负责人等领导人是管统计、用统计的权力主体，能否保障统计数据真实性、能否保障政府统计机构和统计人员独立行使职权，关键在各级领导人。本条对《统计法》第六条提及的“负责人”，细化规定为“主要负责人及其他负责人”，强调了“一把手”的责任，对于依法保障统计数据真实性具有重要意义。二是明确了领导人对统计数据没有审定权，更没有调整权。政府统计机构和统计人员是政府统计活动的实施主体，独立调查、独立上报是《统计法》和本条例赋予统计机构、统计人员“独立行使的法定职权”。如果有关领导人审定统计数据，要求政府统计机构修改调整统计数据，就违反了法律规定，构成统计违法行为。三是明确了五种禁止性行为。即地方各级人民政府、政府统计机构和有关部门、单位的主要负责人及其他负责人不得有本条所列的禁止性行为。其中，自行修改统计资料，是指行为人没有按照规定的权限、程序和要求，擅自修改统计资料的行为；编造虚假统计数据，是指行为人没有事实根据，凭主观臆测捏造不真实的统计数据的行为；打击报复，是指行为人利用职权，对依法履职或拒绝、抵制统计违法行为的统计人员采取撤职、降级、调离岗位、经济处罚等方式进行打击、迫害的行为。

编辑：王中彬

9–1 城市(市区)物价总指数

（以上年价格为 100）

年 份	居民消费价格总指数	商品零售价格总指数
1978	100.0	100.1
1979	100.6	101.1
1980	102.4	102.6
1981	100.4	100.8
1982	101.0	101.4
1983	100.1	100.7
1984	103.3	102.4
1985	108.7	108.3
1986	106.2	105.9
1987	109.8	110.0
1988	122.6	122.8
1989	115.6	115.6
1990	104.5	103.9
1991	108.6	108.8
1992	109.2	108.0
1993	117.6	115.1
1994	125.3	123.3
1995	116.9	113.2
1996	110.0	107.4
1997	101.9	99.9
1998	100.0	98.3
1999	98.2	96.2
2000	100.0	98.2
2001	100.3	99.3
2002	99.2	98.6
2003	101.5	100.0
2004	103.7	102.8
2005	102.2	101.0
2006	101.5	100.7
2007	104.4	103.1
2008	104.9	105.3
2009	99.9	99.8
2010	103.6	102.1
2011	105.2	103.8
2012	102.6	102.4
2013	102.3	101.2
2014	102.1	101.6

9-2 城市(市区)居民消费价格指数

(以上年价格为100)

指　　标	2014	指　　标	2014
居民消费价格总指数	**102.1**	炒菜	103.2
食品	**104.1**	其它食品	97.8
粮食	105.9	**烟酒**	**97.8**
#大米	103.1	烟草	100.0
面粉	103.2	酒	94.9
淀粉	102.8	**衣着**	**102.1**
干豆类及豆制品	108.1	服装	102.5
油脂	95.1	#男式服装	102.9
肉禽及其制品	102.1	女式服装	101.3
食用畜肉及副产品	100.2	儿童服装	110.4
禽	103.5	衣着材料	98.2
加工肉禽	106.4	#棉布	99.7
蛋	111.7	化纤布	99.4
水产品	104.8	毛线	96.4
菜	103.1	鞋袜帽	101.2
#鲜菜	103.0	鞋	101.3
调味品	103.7	袜子	100.9
#盐	100.0	帽子	98.4
糖	99.8	衣着加工服务	102.2
茶及饮料	107.4	**家庭设备用品及维修服务**	**102.7**
干鲜瓜果	115.0	耐用消费品	101.7
#鲜瓜果	101.5	家具	103.4
糕点饼干	117.1	家庭设备	100.6
液体乳及乳制品	106.2	#洗衣机	100.2
#巴氏杀菌奶或消毒奶	106.4	电风扇	104.4
在外用膳食品	102.5		
#主食	103.5		

9-2 续表 （以上年价格为100）

指　　标	2014	指　　标	2014
电冰箱(柜)	97.5	城市间交通费	100.7
空调器	101.9	通信	98.9
热水器	99.3	通信工具	97.8
微波炉	104.4	通信服务	99.1
室内装饰品	100.8	**娱乐教育文化用品及服务**	**102.2**
床上用品	100.2	文娱用耐用消费品及服务	101.3
家庭日用杂品	103.2	# 电视机	102.3
家庭服务及加工维修服务	110.1	激光视盘机	98.5
医疗保健和个人用品	**99.8**	电脑	100.8
医疗保健	99.9	修理服务	103.5
医疗器具及用品	100.0	教育	103.3
中药材及中成药	97.5	# 教材及参考书	102.9
西药	97.2	文化娱乐类	102.3
保健器具及用品	106.4	文化娱乐用品	101.9
医疗保健服务	100.0	书报杂志	106.8
个人用品及服务	99.6	文娱费	101.4
化妆美容用品	101.6	旅游	99.9
清洁化妆用品	102.4	**居住**	**101.6**
个人饰品	95.4	建房及装修材料	102.0
个人服务	98.7	租房	101.5
交通和通信	**99.5**	自有住房	102.1
交通	99.8	水、电、燃料	100.0
交通工具	97.7	# 水	100.0
车用燃料及零配件	99.3	电	100.0
车辆使用及维修费	102.8		
市区公共交通费	108.8		

9–3 城市(市区)商品零售价格指数

(以上年价格为 100)

指　　标	2014	指　　标	2014
商品零售价格总指数	**101.6**	衣着材料	98.2
食品	**104.5**	床上用品	100.0
粮食	105.9	**家用电器类及音像器材**	**100.6**
# 大米	103.1	家庭设备	100.6
面粉	103.2	文娱用耐用消费品	101.5
淀粉	102.8	音像器材	99.7
干豆类及豆制品	108.1	**文化办公用品**	**100.6**
油脂	95.1	**日用品类**	**101.6**
肉禽及其制品	102.8	日用百货	100.8
食用畜肉及副产品	100.2	日用杂品	101.6
禽	103.5	洗涤用品	102.4
肉禽加工制品	106.4	其它日用品	101.6
蛋	111.7	**体育娱乐用品**	**100.2**
水产品	104.8	体育用品	99.5
菜	103.1	娱乐用品	100.5
# 鲜菜	103.0	**交通、通信用品**	**98.9**
调味品	103.7	交通运输机械	99.0
糖	99.8	通信器材	98.5
干鲜瓜果	115.0	**家具**	**103.4**
# 鲜瓜果	117.1	**化妆品**	**102.1**
糕点饼干面包	107.4	**金银珠宝**	**95.2**
液体乳及乳制品	106.2	**中、西药品及医疗保健用品**	**99.4**
在外用膳食品	102.5	医疗器具及用品	100.0
主食	103.5	中药材及中成药	97.6
炒菜	103.2	西药	97.3
地方小吃	102.5	保健品及器具	105.0
其它食品	97.8	**书报杂志及电子出版物**	**105.4**
饮料、烟酒	**100.2**	教材及参考书	102.9
茶及饮料	107.4	书报杂志	106.8
烟草	100.0	电子音像制品	99.9
酒	94.9	**燃料**	**100.3**
服装、鞋帽	**102.0**	煤炭及制品类	97.7
服装	102.4	石油及制品类	100.8
鞋袜帽	101.2	**建筑材料及五金电料**	**100.7**
其他	99.0	建筑装潢材料类	101.0
纺织品	**99.4**	五金电料类	99.5

9-4 城市(市区)居民消费价格指数和商品零售价格指数

（2014年）

指标	以去年同月价格为100					
	1月	2月	3月	4月	5月	6月
居民消费价格总指数	**102.5**	**102.4**	**102.2**	**102.3**	**102.8**	**102.6**
食品	101.5	101.6	103.0	103.6	106.0	105.4
# 粮食	105.3	106.1	106.4	106.8	107.5	108.0
油脂类	90.7	91.1	92.0	91.4	91.6	94.4
肉禽及其制品	101.9	99.6	101.2	103.2	105.1	103.9
蛋类	101.3	98.8	101.2	102.6	103.9	102.9
水产品类	95.0	98.0	103.9	110.7	121.1	116.1
菜类	105.0	104.5	101.7	99.5	99.7	106.3
# 鲜菜	89.4	95.8	107.9	100.9	108.4	101.3
烟酒	88.0	94.8	108.1	100.4	109.6	101.8
衣着类	96.7	96.0	96.1	96.7	98.6	99.1
# 服装	105.3	105.9	106.2	103.3	101.9	100.7
衣着材料	103.2	104.2	105.3	103.3	102.4	101.3
鞋袜帽	100.5	100.5	100.5	100.5	94.6	94.8
衣着加工服务费	105.6	105.6	105.6	103.0	103.0	103.0
家庭设备用品及维修服务	102.7	102.1	101.4	102.7	102.4	102.8
医疗保健和个人用品	101.6	101.7	101.0	101.2	99.4	99.9
交通和通信	100.2	99.9	99.3	99.7	100.8	100.9
娱乐教育文化用品及服务	104.1	103.6	102.5	102.8	102.4	103.0
居住	104.1	104.0	102.3	102.1	101.8	101.7
建房及装修材料	103.6	103.7	102.8	100.4	99.9	100.2
租房	102.8	103.6	103.1	103.1	102.6	102.3
自有住房	106.0	105.6	102.7	102.7	102.5	102.3
水、电、燃料	99.3	99.4	99.6	99.7	99.9	99.9
商品零售价格总指数	**101.0**	**101.1**	**101.5**	**101.4**	**101.9**	**102.0**

9-4 续表　　　　　　　　　　　　　　（2014 年）

指　　　标	以去年同月价格为 100					
	7 月	8 月	9 月	10 月	11 月	12 月
居民消费价格总指数	**102.3**	**101.4**	**101.5**	**101.8**	**102.0**	**101.1**
食品	105.3	102.7	102.2	105.2	106.9	106.4
# 粮食	107.2	106.3	105.9	104.8	103.6	102.7
油脂类	96.7	94.9	95.0	98.7	103.5	102.3
肉禽及其制品	102.9	100.4	100.1	100.8	103.5	103.0
蛋类	100.7	97.0	97.0	98.0	100.7	99.7
水产品类	123.3	121.6	110.5	115.9	116.4	112.1
菜类	106.2	104.7	103.9	108.1	110.1	108.1
# 鲜菜	103.4	89.2	92.5	113.8	120.4	122.0
烟酒	104.1	88.2	91.7	114.8	121.4	123.5
衣着类	99.3	96.7	99.4	98.8	98.9	98.0
# 服装	100.7	101.4	101.6	99.8	99.6	99.0
衣着材料	101.3	102.3	102.4	102.0	101.5	100.4
鞋袜帽	95.0	96.6	95.8	98.8	100.3	100.9
衣着加工服务费	101.4	100.0	100.0	100.0	100.0	100.0
家庭设备用品及维修服务	102.0	102.2	105.0	104.1	104.1	101.4
医疗保健和个人用品	99.8	99.2	98.6	98.5	98.4	98.1
交通和通信	100.9	100.0	99.8	98.4	98.3	96.3
娱乐教育文化用品及服务	102.1	102.5	102.1	101.9	99.9	99.2
居住	101.2	100.8	101.2	100.5	100.2	99.7
建房及装修材料	100.0	100.9	104.7	103.1	103.2	101.5
租房	100.6	100.8	100.7	99.9	99.4	99.2
自有住房	102.0	101.1	100.9	100.2	99.8	99.4
水、电、燃料	99.8	100.0	100.3	100.6	100.5	100.4
商品零售价格总指数	**102.0**	**101.1**	**101.6**	**102.2**	**102.5**	**101.5**

主要统计指标解释

物价指数 是说明两个时期商品价格水平变动趋势和程度的相对数指标。它是以报告期的价格水平与基期的价格水平进行直接对比计算的。当物价指数大于100时,说明价格水平上涨,反之则说明价格水平下跌。编制物价指数的目的,是为了反映市场物价水平的变化情况，分析和研究物价变动对城乡人民生活和国家财政支出的影响程度。

居民消费价格指数 是反映一定时期内城乡居民所购买的生活消费品价格和服务性项目支出价格变动趋势和程度的相对数。利用居民消费价格指数,可以观察和分析价格变动对城乡居民实际生活费用支出的影响程度。

城市居民消费价格指数 是反映城市居民家庭所购买的生活消费品的价格和服务项目支出价格变动趋势和程度的相对数。根据城市居民消费价格指数,可以观察和分析价格变动对城市居民消费支出的影响程度，作为研究居民生活和确定工资政策的依据。

商品零售价格总指数 是全面反映市场商品零售价格总水平变动趋势和程度的相对数。通过它,可以观察市场商品总体价格水平升降程度，以及物价变动对城乡人民生活支出的总影响。

人民生活

PEOPLE´S LIVELIHOOD

版面负责人：徐　康

编　　　辑：高惠媛　柳　震

江苏省统计条例

（2014 年 1 月 16 日江苏省第十二届人民代表大会常务委员会第八次会议通过）

第十八条 省人民政府统计机构应当建立健全统计数据质量监控制度，规范统计方法，统一指标口径，避免政府部门统计数据的重复、交叉和不一致，保障统计数据的客观真实。

【释义】 本条是关于省人民政府统计机构建立健全统计数据质量监控制度职责和基本要求的规定。

加强统计数据质量监控一直是社会各界关注的焦点。数据质量监控是一项系统工程，需要加强项层设计，加强数据生产各道关口的监管，尤其要从统计调查制度科学设计开始，着力规范统计指标的涵义、口径、调查的范围、方法等。本条作出规定，授权省统计局建立健全统计数据监控制度，着力规范统计方法、统一指标口径，避免政府部门统计数据的重复、交叉和不一致。

统计方法即统计调查方法。是指统计资料的搜集方法，即确定或选取统计调查对象的方法。经常被采用的统计调查方法有：普查、抽样调查、定期全面统计报表、重点调查等。

指标口径。是指统计指标所采用的标准，包括统计调查的方式、范围等。

第十九条 地方各级人民政府、政府统计机构和有关部门可以按照政府采购的法律、法规规定，委托民间统计调查组织进行统计调查，实施数据搜集、核实、整理、分析和相关培训等活动。

民间统计调查组织应当在受委托的权限和范围内实施统计调查。未经委托，民间统计调查组织不得以政府或者政府部门的名义实施统计调查。

【释义】 本条是关于地方政府及政府部门委托民间统计调查组织代理统计调查事务的规定。

行政机关向中介机构等民间组织购买服务，是转变政府职能、降低行政成本的重要方式。本条作出规定，明确地方各级政府、政府统计机构和有关部门可以委托民间统计调查组织，代理相关政府统计活动，并从程序和实体上作出严格规范。具体规定如下：一是明确了委托的方式。即按照政府采购的法律、法规规定，以市场化的方式公开、公平、公正取得。二是明确了代理政府统计活动的业务范围。即包括进行统计调查，以及实施数据搜集、核实、整理、分析和相关培训等活动。三是明确了基本的禁止性要求。即有关民间统计调查组织应当在受委托的权限和范围内实施有关活动，不得超越委托范围，不得未经许可同意以行政机关的名义实施统计调查。超出受委托的权限和范围，擅自从事有关活动，属于统计违法行为。

编辑：王中彬

10-1 居民家庭基本情况

（2014 年）

单位:元

指 标		全体居民	城镇居民	农村居民
调查户数	**（户）**	**1 623**	**971**	**652**
平均每户家庭人口	（人）	3.16	3.07	3.31
平均每户就业人口	（人）	1.93	1.80	2.12
平均每一就业人口负担人数	（人）	1.64	1.71	1.56
平均每户就业面	（%）	61.08	58.49	64.14
平均每人现住房建筑面积	（平方米）	44.39	40.54	49.73
人均可支配收入		**18 744.14**	**24 079.56**	**12 811.27**
工资性收入		10 406.20	14 433.89	5 927.67
工资		9 824.76	13 647.80	5 573.80
实物福利		19.55	27.07	11.17
其他		561.89	759.02	342.70
经营净收入		4 444.91	3 743.05	5 225.34
第一产业经营净收入		1 937.94	632.23	3 389.80
第二产业经营净收入		579.39	395.36	784.01
第三产业经营净收入		1 927.59	2 715.45	1 051.54
财产净收入		917.30	1 587.38	172.21
# 利息净收入		4.46	-7.80	18.10
红利收入		22.79	35.31	8.86
储蓄性保险净收益		1.21	2.30	
转让承包土地经营权租金净收入		58.56	52.65	65.13
出租房屋财产性收入		111.51	205.08	7.46
出租机械、专利、版权等资产的收入		25.82	17.84	34.69
转移净收入		2 975.62	4 315.24	1 486.05
# 养老金或离退休金		2 288.24	4 000.68	384.12
社会救济和补助		35.70	34.28	37.28
报销医疗费		262.54	435.41	70.31
家庭外出从业人员寄回带回收入		576.70	262.92	925.60
赡养收入		234.68	367.42	87.07
其他经常转移收入		140.48	204.34	69.47
人均非收入所得		954.00	1 331.08	534.70
人均借贷性所得		1 129.68	1 447.73	776.03
人均消费支出		12 166.83	15 004.85	9 011.03
人均生产经营费用支出		2 623.85	781.36	4 672.58
第一产业经营费用支出		1 216.60	308.95	2 225.85
第二产业经营费用支出		1 015.72	99.92	2 034.04
第三产业经营费用支出		391.53	372.49	412.70
人均财产性支出		**37.92**	**66.16**	**6.51**
人均转移性支出		**621.49**	**1 010.34**	**189.12**
人均部分商业保险支出		**46.40**	**64.31**	**26.49**
人均购置资产及非经常性转移支出		**2 926.09**	**3 646.75**	**2 124.77**
购置资产支出		651.59	647.00	656.68
非经常性转移支出		2 274.51	2 999.74	1 468.09
人均借贷性支出		**1 801.20**	**2 057.43**	**1 516.28**

10-2 居民家庭人均消费支出情况

（2014年） 单位:元

指　　标	全体居民	城镇居民	农村居民
人均消费支出	**12 166.83**	**15 004.85**	**9 011.03**
食品烟酒	3 794.72	4 617.82	2 879.48
食品	2 928.01	3 445.65	2 352.43
谷物	666.10	539.20	807.19
薯类	38.73	46.12	30.51
豆类	56.94	72.59	39.54
食用油	146.98	168.24	123.33
蔬菜和食用菌	305.01	420.29	176.83
肉类	539.50	685.03	377.68
禽类	146.11	181.71	106.53
水产品	136.81	191.37	76.14
蛋类	110.98	125.73	94.59
奶类	234.74	288.18	175.31
干鲜瓜果类	296.58	402.27	179.06
糖果糕点类	98.08	130.51	62.02
其他食品	151.44	194.39	103.68
烟酒	366.98	421.73	306.10
烟草	190.13	212.34	165.42
酒类	176.86	209.39	140.68
饮料	55.67	76.88	32.08
饮食服务	444.06	673.56	188.87
食堂用餐	15.50	18.95	11.67
其他在外饮食	426.78	653.69	174.47
食品加工服务费	1.78	0.92	2.73
衣着	999.17	1 246.97	723.64
衣类	730.34	897.05	544.98
鞋类	268.84	349.93	178.67
居住	2 421.24	3 072.09	1 697.55
# 租赁房房租	44.21	53.57	33.80
住房维修及管理	274.95	371.39	167.72
水电燃料及其他	517.23	627.79	394.30
生活用品及服务	930.00	1 119.30	719.52
家具及室内装饰品	161.04	193.04	125.45
家用器具	280.85	325.27	231.46
家用纺织品	91.03	106.65	73.67
家庭日用杂品	248.97	280.46	213.96
个人用品	123.41	177.30	63.47
家庭服务	24.70	36.57	11.50

10-2　续表　（2014年）　单位：元

指　　标	全体居民	城镇居民	农村居民
交通通信	1 526.44	1 794.07	1 228.86
交通	925.17	1 060.78	774.38
交通工具	363.06	389.46	333.71
交通费	102.24	136.74	63.88
交通工具用燃料	227.35	251.10	200.94
交通工具使用及维修	232.51	283.48	175.84
# 车辆保险支出	65.54	115.76	9.70
通信	601.27	733.29	454.48
通信工具	153.77	196.55	106.20
通信服务	447.50	536.74	348.27
教育文化娱乐	1 298.31	1 641.17	917.06
教育	682.72	766.74	589.29
学前教育	95.72	107.61	82.50
小学教育	93.76	112.22	73.24
初中教育	90.93	85.69	96.76
高中教育	107.52	116.06	98.02
中专职高教育	15.90	12.02	20.22
大专及以上教育	174.74	223.05	121.01
成人教育	104.14	110.09	97.52
文化娱乐	615.59	874.43	327.78
文娱耐用消费品	182.01	237.43	120.39
其他文娱用品	157.34	197.47	112.72
文化娱乐服务	276.24	439.53	94.66
医疗保健	934.52	1 144.41	701.13
医疗器具及药品	276.39	379.75	161.46
医疗服务	658.13	764.66	539.67
门诊总费用	211.63	227.44	194.05
住院总费用	446.50	537.23	345.62
其他用品和服务	262.27	369.02	143.58
其他用品	147.93	196.96	93.41
其他服务	114.34	172.06	50.17

10-3 居民家庭年末平均每百户耐用消费品拥有量情况

（2014 年）

单位：台

指　　标		全体居民	城镇居民	农村居民
家用汽车	（辆）	16.95	22.99	7.97
摩托车	（辆）	40.12	27.22	59.32
助力车	（辆）	113.16	106.75	122.69
洗衣机		98.21	99.71	95.99
电冰箱（柜）		87.65	94.64	77.24
微波炉		55.67	71.96	31.42
彩色电视机		121.09	126.02	113.75
# 接入有线电视		86.88	96.95	71.88
空调		105.02	136.82	57.65
热水器		91.48	100.14	78.58
# 太阳能热水器		73.93	73.96	73.88
消毒碗柜		3.51	5.05	1.23
洗碗机		0.74	1.13	0.15
排油烟机		52.37	74.28	19.74
固定电话	（部）	53.44	56.20	49.34
移动电话	（部）	237.28	241.07	231.64
# 接入互联网		109.82	120.45	93.99
计算机		75.88	92.48	51.16
# 接入互联网		62.59	77.45	40.47
摄像机		7.06	11.69	0.15
照相机		25.62	37.72	7.62
中高档乐器	（架）	4.30	6.38	1.19
健身器材		3.59	5.17	1.23
组合音响	（套）	10.86	12.51	8.40

10–4 居民家庭人均全年购买主要消费品

（2014 年） 单位:公斤

指　　标		全体居民	城镇居民	农村居民
谷物		74.68	83.83	64.50
食用油		12.06	12.59	11.46
蔬菜和食用菌		73.60	98.32	46.12
猪肉		10.56	12.13	8.81
牛肉		1.73	2.40	0.98
羊肉		1.59	2.04	1.10
禽类		8.07	9.00	7.04
水产品		8.17	10.12	6.00
蛋类		11.20	12.67	9.57
奶类		19.95	25.26	14.05
干鲜瓜果类		54.10	66.46	40.36
糖果糕点类		6.57	8.00	4.99
茶叶		0.10	0.15	0.05
卷烟	（盒）	18.34	15.93	21.02
酒类		8.45	7.58	9.41
水	（吨）	20.30	28.53	11.14
电	（度）	531.55	650.07	399.77
煤炭		17.01	15.48	18.71
管道天然气	（立方米）	10.43	19.65	0.17
管道煤气	（立方米）	0.06	0.11	0.01
罐装液化石油气		18.66	17.23	20.25

10-5 居民家庭平均每百户全年购买主要消费品

（2014 年）　　单位：台

指　　标		全体居民	城镇居民	农村居民
洗衣机		6.09	6.58	5.37
电冰箱(柜)		4.80	4.63	5.06
空调器		8.18	8.01	8.43
吸尘器		0.43	0.62	0.15
抽油烟机		2.71	3.50	1.53
微波炉		1.23	1.44	0.92
非太阳能热水器		1.50	2.30	0.31
太阳能热水器		2.16	1.85	2.61
燃气炉具	（套）	3.45	3.71	3.07
太阳能炉具	（套）	0.12	0.21	
洗碗机		0.06	0.10	
消毒碗柜		0.06	0.10	
汽车	（辆）	1.23	1.34	1.07
摩托车	（辆）	0.62	0.41	0.92
自行车	（辆）	5.98	7.00	4.45
电动自行车	（辆）	14.91	12.77	18.09
电话机	（部）	1.36	0.51	2.61
移动电话机	（部）	43.97	46.02	40.91
组合音响	（套）	0.80	0.72	0.92
彩色电视机		5.72	6.37	4.75
影碟机		0.06	0.10	
摄像机		0.18	0.31	
照相机		0.85	1.01	0.61
家用台式电脑		3.20	3.29	3.07
家用笔记本电脑		2.77	3.29	1.99

10-6 居民家庭住房情况

（2014 年）

指　　标		全体居民	城镇居民	农村居民
调查户数	**（户）**	**1 623**	**971**	**652**
人均期末拥有房屋面积	**（平方米）**	**46.72**	**43.65**	**50.14**
自有现住房面积		44.18	39.76	49.11
出租住房面积		0.75	1.38	0.05
出租商用建筑物面积		0.30	0.52	0.06
偶尔居住房面积		0.48	0.79	0.14
空宅或其他用途房面积		1.01	1.20	0.79
人均现住房建筑面积		**44.39**	**40.54**	**49.73**
人均期内新购住房建筑面积		**0.49**	**0.60**	**0.36**
人均期内新建住房竣工建筑面积		**0.96**	**0.47**	**1.50**

10–7 城镇居民家庭基本情况

单位:元

指　　标		2012	2013
调查户数	**(户)**	**1 060**	**631**
平均每户家庭人口	(人)	2.91	2.85
平均每户就业人口数		1.49	1.67
平均每户就业人口负担人数		1.95	1.71
平均每户就业面	(%)	76.4	58.6
平均每人建筑面积	(平方米)	35.01	39.34
平均每人使用面积		26.26	27.60
人均家庭总收入		**23 565.29**	**25 801.86**
# 可支配收入		21 715.72	23 770.00
# 工薪收入		14 327.16	15 895.80
工资及补贴收入		14 001.18	15 704.77
其他劳动收入		325.98	191.00
经营净收入		2 850.82	2 747.62
财产性收入		402.55	646.84
# 利息		155.21	87.43
转移性收入		5 984.77	6 511.59
# 离退休金		5 235.37	5 572.40
借贷收入		**4 458.77**	**4 055.79**
# 提取储蓄存款		4 124.07	3 586.12
兑售有价证券			29.86
人均家庭总支出		**18 784.92**	**21 959.19**
# 消费性支出		13 729.64	15 962.57
食品		4 819.82	5 380.35
# 粮食		441.12	638.06
淀粉及薯类		82.86	57.76
干豆类及豆制品		76.19	81.75
油脂类		122.82	180.04
肉类		744.57	791.47
禽类		235.87	201.51
蛋类		132.38	133.67
水产品类		203.45	236.57
鲜菜		451.56	580.25
调味品		75.86	85.55
糖类		37.33	30.87
烟草类		184.42	196.79
酒类		165.34	173.31
饮料		78.29	96.50
干鲜瓜果类		427.43	441.92

注:自 2014 年起,原农村住户调查和城镇住户调查改为城乡一体化住户调查,调查方法有较大变化,为便于使用,将原调查方法取得的 2013 年及以前资料留存,编入 10–7、10–8、10–9、10–10 部分。

10-7 续表 单位:元

指 标	2012	2013
糕点类	102.51	122.33
奶及奶制品	341.82	322.49
其他食品	134.74	181.58
衣着	1 574.53	1 761.39
# 服装	1 156.47	1 300.00
衣着材料	15.18	17.60
鞋类	347.37	379.92
居住	1 616.19	1 193.75
# 租赁房房租	121.96	56.28
住房装潢支出	482.73	353.78
维修用建筑材料	35.45	73.57
水	99.90	74.69
电	443.67	388.69
燃料	196.13	159.71
家庭设备用品及服务	1 121.37	1 304.97
耐用消费品	514.26	590.69
室内装饰品	22.94	32.08
床上用品	83.85	114.88
家庭日用杂品	433.53	548.08
家庭服务	61.04	65.74
医疗保健	1 159.80	843.86
交通和通信	1 810.24	2 347.62
交通	1 099.57	1 666.10
通信	710.67	690.25
教育文化娱乐服务	2 055.31	2 543.11
文化娱乐用品	450.89	607.79
文化娱乐服务	751.36	702.33
# 团体旅游	553.82	493.44
教育	853.05	1 194.48
杂项商品和服务	642.87	587.53
# 金银珠宝饰品	129.63	216.21
化妆品	147.35	136.29
借贷支出	**12 102.18**	**7 720.92**
# 存入储蓄款	11 440.98	6 998.88
购买有价证券	1.89	

10-8 主要年份农村居民家庭基本情况

单位:元

指标	1990	1995	2000	2005	2009	2010	2011	2012	2013
调查户数 （户）	**580**	**520**	**800**	**660**	**660**	**660**	**1 300**	**1 300**	**863**
调查户人口 （人）									
常住人口	2 691	2 241	3 158	2 579	2 564	2 556	4 740	4 701	3 159
平均每户常住人口	4.64	4.31	3.95	3.91	3.88	3.87	3.65	3.62	3.66
平均每户整、半劳动力	2.95	2.75	2.49	2.62	2.74	2.79	2.58	2.42	2.61
平均每个劳动力负担人口	1.57	1.57	1.58	1.50	1.42	1.39	1.41	1.50	1.40
平均每人全年收入									
总收入	949.35	2 512.15	4 145.36	5 804.51	9 001.81	10 507.20	12 651.31	14 143.23	15 746.00
纯收入	661.42	1 800.10	3 229.67	4 443.00	6 951.21	7 955.36	9 489.99	10 762.09	12 052.38
现金收入	790.38	1 801.20	3 374.09	5 167.67	8 429.57	9 621.11	12 191.57	13 179.91	15 458.46
平均每人全年支出									
总支出	868.63	2 138.54	2 631.70	4 491.01	6 889.64	8 178.71	9 491.17	10 617.02	11 264.11
#家庭经营费用支出	213.12	595.56	649.51	1 283.88	1 794.18	2 260.23	2 798.76	3 029.51	2 946.64
第一产业生产费用支出				1 145.30	1 514.61	1 877.40	2 253.20	2 424.69	2 120.50
第二产业生产费用支出				65.50	174.38	265.72	225.64	274.30	485.90
第三产业生产费用支出				73.03	105.19	117.10	319.92	330.52	340.25
生产性固定资产支出				78.41	81.58	251.23	214.39	269.54	472.10
生活消费支出	536.03	1 136.89	1 620.93	2 840.15	4 718.82	5 216.48	5 973.42	6 742.39	7 245.66
现金支出	780.36	1 663.68	2 334.24	4 123.06	6 504.63	7 721.51	9 220.53	10 409.18	11 084.21
#生产性费用	176.06	513.08	678.52	1 304.66	1 814.03	2 417.86	2 990.30	3 145.90	3 326.73
税费支出	43.20	138.09	128.60	25.10	18.79	17.40	18.20	12.38	
生活消费支出	380.03	689.38	1 358.04	2 536.81	4 402.78	4 871.12	5 739.44	6 574.13	7 209.84
财产性支出				6.00	5.05	3.76	5.65	5.18	6.07
转移性支出				250.51	263.98	411.37	466.94	671.59	603.93
非消费性支出				**1 181.85**	**1 592.07**	**1 909.26**	**1 453.73**	**1 752.32**	**3 348.14**
非借贷性支出	58.10	197.05		291.63	639.71	803.21	915.95	1 034.97	1 296.77
储蓄借贷支出	117.30	219.83		890.22	952.36	1 106.05	537.78	717.35	2 051.37

10–9 主要年份农村居民家庭平均每人总收入和纯收入

单位：元

指　　标	1990	1995	2000	2005	2010	2011	2012	2013
总收入	**949.35**	**2 512.15**	**4 145.36**	**5 804.51**	**10 507.21**	**12 651.31**	**14 143.23**	**15 746.00**
工资性收入	186.78	241.42	1 107.20	1 712.61	3 595.91	4 220.76	4 851.23	6 090.78
在非企业组织中劳动得到收入				275.93	392.64	329.80	384.87	
在本乡地域内劳动得到的收入	132.88	123.83	452.22	522.74	1 201.94	1 489.14	1 738.67	
外出从业得到的收入				913.94	2 001.33	2 401.82	2 727.70	
家庭经营收入	771.45	2 240.22	2 855.67	3 894.07	6 334.82	7 668.86	8 410.67	8 600.50
第一产业收入				2 973.29	4 612.40	5 512.93	5 986.81	5 794.91
种植业收入	443.48	1 535.48	1 230.76	1 784.25	3 135.12	3 473.82	3 826.04	3 941.01
林业收入	11.67	22.55	111.04	91.86	119.15	148.19	138.14	164.52
牧业收入	176.12	493.93	815.88	1 068.27	1 336.82	1 817.55	1 940.11	1 557.02
渔业收入	4.94	6.50	45.90	28.91	20.90	73.38	82.53	132.36
第二产业收入				300.71	823.43	802.13	929.3	1 188.24
工业收入	5.01	7.26	179.07	241.96	525.01	584.49	645.28	936.78
建筑业收入	14.31	57.99	72.20	58.75	298.43	217.64	284.03	251.46
第三产业收入				620.07	899.99	1 353.81	1 494.56	1 617.35
# 交通、运输业和邮电业收入	9.09	45.87	114.57	194.34	294.45	487.88	529.68	1 617.35
批零贸易、饮食业收入	8.61	17.63	132.85	314.92	450.93	630.61	758.63	464.43
服务业收入	4.28	5.13	49.21	79.64	106.38	133.36	119.44	881.04
转移性收入	14.80	67.21	141.53	163.06	439.57	565.47	655.64	832.40
财产性收入	10.47	23.29	41.06	34.77	136.91	196.21	225.69	222.31
纯收入	**661.42**	**1 800.10**	**3 229.67**	**4 443.00**	**7 955.36**	**9 488.99**	**10 762.09**	**12 052.38**
工资性收入	186.78	241.42	1 107.20	1 744.70	3 595.91	4 220.76	4 815.08	5 992.19
家庭经营纯收入	458.77	1 479.44	1 939.88	2 537.46	3 830.10	4 588.09	5 162.10	5 206.43
第一产业纯收入				1 761.92	2 610.05	3 132.40	3 498.70	3 410.10
第二产业纯收入				235.24	490.88	538.61	610.09	666.15
第三产业纯收入				540.30	729.17	917.08	1 053.31	1 130.18
转移性纯收入	6.98	60.80	141.53	114.72	392.45	484.93	559.23	608.41
财产性纯收入	8.89	18.44	41.06	46.08	136.91	196.21	225.69	244.72
现金收入				**5 167.67**	**9 621.11**	**12 191.57**	**13 179.91**	**15 458.46**
非收入现金所得				**655.34**	**1 403.29**	**1 263.41**	**1 642.10**	**1 677.11**
非借贷性现金所得				160.98	439.16	533.28	714.56	714.78
借贷性现金所得				494.36	964.12	730.13	927.54	962.33

10-10 主要年份农村居民家庭平均每人生活消费支出

单位：元

指 标	1990	1995	2000	2005	2009	2010	2011	2012	2013
生活消费支出	**536.03**	**1 136.89**	**1 620.93**	**2 840.15**	**4 718.82**	**5 216.48**	**5 973.42**	**6 742.39**	**7 245.66**
食品	286.00	680.45	683.24	1 209.73	1 820.34	1 961.65	2 170.26	2 411.39	2 592.91
# 主食	80.17	340.58	243.39	292.61	344.71	395.60	441.95	452.86	408.77
副食	142.28	233.95	264.07	343.26	594.66	655.87	787.19	879.76	994.73
其他食品	56.49	85.26	113.56	227.80	382.72	408.48	505.74	573.34	659.70
在外饮食				334.14	491.61	496.23	431.78	502.22	500.14
衣着	55.38	81.94	99.85	196.53	382.31	433.81	489.67	554.93	598.96
# 服装				134.90	255.26	297.48	334.32	378.11	411.08
鞋类				45.15	107.98	118.87	132.29	147.99	150.66
居住	95.38	174.85	322.04	306.88	768.92	815.10	855.38	953.57	1 063.89
# 住房支出				130.85	571.56	598.64	611.31	686.96	733.69
电费				34.02	85.73	102.91	121.98	147.41	180.40
燃料	28.21	15.92	25.94	91.88	66.76	71.48	103.27	96.13	133.78
其他		7.79	17.12	44.83	16.84	11.69	6.68	8.12	16.02
家庭设备用品及服务	34.44	46.89	80.60	118.70	246.28	281.34	315.38	379.09	390.71
# 日用品				41.53	74.27	79.04	97.08	117.67	123.38
家具、机电				53.44	131.27	157.85	173.54	207.48	199.24
床上用品				12.14	26.16	21.81	28.29	33.91	31.30
医疗保健	19.33	41.50	99.94	206.62	236.16	293.43	310.18	365.87	410.87
# 药品				68.21	99.63	99.91	105.77	101.77	116.10
医疗费				127.57	130.76	185.80	194.39	251.31	269.42
交通和通讯	2.74	26.32	93.00	274.60	505.44	562.60	650.04	739.32	799.64
# 交通用品				91.59	221.04	253.22	346.73	398.70	402.07
通讯用品				24.18	39.94	47.45	54.25	74.69	83.12
交通客运费				56.90	55.14	53.03	53.15	51.76	52.87
通讯费				86.58	170.13	173.86	159.28	171.85	242.30
文化教育娱乐用品及服务	33.42	73.86	193.88	473.43	693.04	798.40	1 102.57	1 247.64	1 305.63
文娱用品				62.66	151.93	205.95	352.36	395.42	412.01
教育服务				363.42	403.68	413.95	512.17	561.49	519.13
文体娱乐服务				47.35	137.73	178.51	238.04	290.72	329.30
其他商品和服务	9.34	11.00	48.39	53.69	66.33	70.16	79.94	90.59	83.04

主要统计指标解释

城乡住户调查一体化改革 从2012年开始，国家统计局在全国范围开展城乡一体化住户收支与生活状况调查，通过对调查指标、抽样方法、调查过程、数据处理、数据发布“五统一”等改革措施，整合原城镇住户调查和农村住户调查、优化完善住户调查制度，全面提升住户调查能力，不断提高居民收支数据质量，努力满足合理调整收入分配关系、统筹城乡发展、加快构建社会主义和谐社会的需要。

居民家庭常住人口 指住户成员中，经常在家居住、或者调查期内居住时间超过一半的人员，以及本住户供养的学生。

居民家庭就业人口 指16周岁及以上，从事一定的社会劳动或经营活动、并取得劳动报酬或经营收入的人口。包括在党政机关、社会团体、企业、事业单位、私营企业、个体工商经营户或家庭中工作的在岗职工、再就业的离退休人员、民办教师、兼职人员及家庭帮工、雇工或自由职业等各类从业人员；私营企业和个体工商经营户的自营就业者。

居民可支配收入 指调查户可用于最终消费支出和储蓄的总和，即调查户可以用来自由支配的收入。可支配收入既包括现金，也包括实物收入。按照收入的来源，可支配收入包含四项，分别为：工资性收入、经营净收入、财产净收入和转移净收入。

居民消费支出 指住户用于满足家庭日常生活消费需要的全部支出，包括用于消费品的支出和用于服务性消费的支出。根据用途不同，消费支出可划分为食品烟酒、衣着、居住、生活用品及服务、交通通信、教育文化娱乐、医疗保健、其他用品及服务八大类。

NATURAL RESOURCES, GENERAL SURVEY OF CITIES AND ENVIROMENTAL PROTECTION

自然资源、城市概况和环境保护

版面负责人：卓卫华

编　　辑：马　萍

江苏省统计条例

（2014 年 1 月 16 日江苏省第十二届人民代表大会常务委员会第八次会议通过）

第二十条 接受委托实施政府统计调查活动的民间统计调查组织，应当有三名以上具有统计从业资格或者统计专业技术职务资格的专职人员，主管统计业务的负责人应当具有中级以上统计专业技术职务资格或者与统计专业相关的中级以上职称。

【释义】 本条是关于民间统计调查组织接受委托实施政府统计调查活动基本要求的规定。

鉴于政府统计活动具有强制性、权威性等特点，本条对参与政府统计活动的民间统计调查组织的资质作出规范:接受委托实施政府统计调查活动的民间统计调查组织,应当有三名以上具有统计从业资格或者统计专业技术职务资格的专职人员,其负责人应当具有中级以上相关专业技术资格。

统计从业资格。国家实行统计从业资格考试制度。根据国家有关规定,统计从业资格考试是在国家统计局的领导下,由省级人民政府统计机构组织实施,由县级人民政府统计机构具体承办。考试于每年 9 月份的第三个星期日公开举行。考试的承办机关应当事先公布考试大纲、考试的报名条件、报考办法、考务规则、考试的具体时间及地点等。

统计专业技术职务资格。国家实行统计专业技术职务资格考试、评聘制度。根据国家有关规定,统计专业技术职务资格实行全国统一考试制度。统计专业技术职务资格考试由人力资源和社会保障部与国家统计局共同负责。统计专业技术职务资格考试设初级资格、中级资格和高级资格三个级别。统计专业技术职务包括高级统计师、统计师、助理统计师、统计员。助理统计师和统计员为初级资格,统计师为中级资格,高级统计师为高级资格。

第二十一条 民间统计调查组织者开展民间统计调查活动时,应当向调查对象表明身份,告知调查目的,不得以任何方式强迫调查对象接受调查,不得冒用政府统计调查的名义组织实施调查,不得欺骗、蒙蔽调查对象。

民间统计调查组织者对能够识别或者推断单个调查对象身份的信息和数据应当予以保密,未经调查对象同意,不得对外提供、泄露。

【释义】 本条是关于民间统计调查活动基本要求的规定。

从维护调查对象合法权益角度出发,本条对民间统计调查行为作出禁止性规定:明确民间统计调查是自愿性调查,不具有政府统计调查所特有的强制性,规定民间统计调查组织者负有尊重调查对象自主选择权、依法保密以及不得欺骗、蒙蔽调查对象的义务。即应当向调查对象表明身份,告知调查目的,不得以任何方式强迫调查对象接受调查,不得冒用政府统计调查的名义组织实施调查,不得欺骗、蒙蔽调查对象,不得对外提供、泄露能够识别或者推断单个调查对象身份的信息和数据。

民间统计调查组织者。包括民间统计调查组织,也包括公民个人。

能够识别或者推断单个调查对象身份的信息和数据。主要包括三种情况:一是直接标明了单个调查对象身份的资料;二是资料本身虽未直接标明单个调查对象的身份,但是通过地址、编码、有关公开资料等相关信息可以识别或者推断出单个调查对象的身份;三是尽管对外提供、泄露的不是单个调查对象的资料,而是汇总资料,但由于汇总资料的特殊性,他人能够从中推断出单个调查对象的身份。

编辑:王中彬

11-1 自然资源

指　　标		2006	2007	2009	2010	2011	2012	2013	2014
土地资源	**(千公顷)**								
耕地面积		596.21	594.78	611.94	610.73	610.65	609.48	608.69	609.06
园地		74.70	74.69	74.53	57.08	56.93	56.65	56.56	56.24
林业用地面积		41.78	41.75	41.68	25.31	25.22	25.15	25.12	25.05
牧草地面积		0.07	0.07	0.06	6.18	6.11	6.52	6.47	6.37
城镇及工矿用地面积		45.34	46.20	49.24	200.99	201.16	202.59	203.32	204.82
交通用地面积		15.07	15.08	15.45	46.97	46.89	47.38	47.52	48.18
水域面积		25.63	25.61	25.82	207.87	207.38	206.23	205.47	203.80
未利用土地面积		74.81	74.13	71.37					
其他		240.62	242.22	241.05	21.36	21.63	22.49	22.90	22.90
林木资源									
活立木总蓄积量	(万立方米)	1 320.9	1 380.2	2 138.7	2 472.6	2 698.0	2 833.0	2 973.0	3 123.0
森林面积	(千公顷)	196.7	201.2	322.9	330.7	352.4	358.6	360.9	363.69
森林蓄积量	(万立方米)	947.1	995.3	2 036.3	2 459.9	2 684.0	2 818.0	2 950.0	3 097.0
森林覆盖率	(%)	25.5	26.6	28.7	30.9	31.3	31.9	32.1	32.31
水利资源	**(亿立方米)**								
水资源总量		28.36	61.58	35.13	20.24	23.38	20.24	23.04	26.97
地表径流		14.72	40.16	18.49	8.30	10.63	8.30	9.00	11.73
地下(浅层)水量		17.51	23.82	17.29	14.70	15.94	14.70	14.51	15.79
矿产资源(基础储量)	**(万吨/矿石)**								
煤炭	(万吨)	176 500	169 257	137 871	135 101	106 848	107 732	108 817	106 652
铁	(万吨)	1 290	1 308	1 484	1 581	2 336	1 804	2 119	2 036
岩盐		22 100	21 990	13 158	13 091	13 091	12 809	12 607	12 338
石膏		45 181	50 681	35 864	34 395	34 569	34 569	33 669	33 669
制碳用灰岩		20 091	20 091	20 091	20 091	20 091	20 091	20 091	20 091
水泥用灰岩		22 380	22 364	28 814	28 755	28 365	27 873	30 495	29 006
白云岩		928	928	928	928	928	928	928	928

注:2006年及以后水利资源计算方法与口径有变化,与往年数据不可比;2010年土地资源指标因国家土地利用现状分类标准有变化,部分数据与往年不可比。

11-2 主要年份气象、水文概况

指标	1990	1995	2000	2005	2010	2011	2012	2013	2014
温度 （摄氏度）									
年平均气温	14.8	14.7	15.1	15.0	15.2	14.8	15.0	15.6	15.6
年极端最高气温	37.2	36.8	37.4	38.3	37.6	39.4	39.0	38.3	38.2
出现日期 （月、日）	7月9日	6月19日	5月21日	6月23日	7月6日	6月8日	6月13日	8月11日 8月15日	7月22日
年极端最低气温	-15.8	-8.9	-9.4	-9.3	-9.4	-10.5	-9.0	-10.0	-9.0
出现日期 （月、日）	2月1日	2月2日	2月1日	1月1日	1月13日	1月10日	1月23日	1月5日	2月11日
降水 （毫米）									
年降水量	1 088.8	825.3	979.6	1 162.9	612.0	751.2	640.4	672.0	826.6
年降水日 （天）	94	66	90	90	68	78	84	78	88
一日最大降水量	82.4	94.1	151.3	99.1	100.2	76.2	75.6	83.2	63.1
出现日期 （月、日）	7月17日	8月22日	7月12日	7月8日	9月7日	5月10日	8月21日	5月26日	8月7日
日照									
年日照时间 （小时）	2 251.2	2 452.4	2 064.5	2 204.6	2 230.6	2 121.7	2 233.3	2 372.0	2 222.6
年蒸发量 （毫米）	1 595	1 797.3	1 727.6	1 062.5	1 076.6	1 010.0	1 046.7	1 017.6	1 102.9
年平均相对湿度 （%）	72	65	69	67	63	62	64	65	66
年平均风力 （米/秒）	2.3	2.0	2.2	2.1	2.1	1.8	1.9	1.9	1.7
年平均气压 （百帕）	1 017.0	1 017.3	1 011.6	1 012.0	1 011.5	1 012.4	1 011.1	1 011.3	1 012.1
年无霜期 （天）	190	182	158	235	195	196	217	204	225
霜期 （月、日）									
初霜日期	10月17日	10月5日	11月1日	10月27日	11月2日	10月28日	10月28日	11月12日	11月2日
终霜日期	4月24日	4月4日	4月6日	3月25日	4月5日	4月11日	3月24日	3月22日	3月23日
雪期 （月、日）									
初雪日期	12月12日	12月19日	1月8日	11月25日	11月28日	12月14日	12月14日	12月20日	2月5日
终雪日期	2月23日	2月4日	2月5日	3月2日	3月8日	3月1日	2月13日	2月19日	2月18日
水文(蔺家坝) （米）									
最高水位	32.02	33.40	32.15	33.59	32.84	32.84	32.84	32.75	32.81
出现日期 （月、日）	8月6日	3月9日	7月29日	9月30日	10月13日	12月8日	10月13日	3月15日	8月2日
最低水位	28.35	31.86	28.77	31.47	31.33	30.92	31.33	30.96	31.47
出现日期 （月、日）	6月17日	6月16日	6月21日	6月20日	6月27日	6月22日	6月27日	7月2日	6月23日
年均水位	31.60	33.02	31.07	32.63	32.39	32.11	32.39	32.24	32.13

11-3 市区分月气象情况

（2013 年）

月 份	平均气温（摄氏度）	降水量（毫米）	日照时数（小时）
全 年	**15.6**	**672.0**	**2 372.0**
1 月	0.1	6.3	112.6
2 月	3.5	17.6	99.0
3 月	10.1	20.1	192.3
4 月	15.0	22.4	255.9
5 月	21.5	157.4	209.1
6 月	25.7	19.9	232.3
7 月	29.7	142.5	191.3
8 月	30.0	147.0	282.9
9 月	22.6	94.4	183.9
10 月	17.2	4.0	250.3
11 月	9.0	40.4	185.3
12 月	2.4		177.1

11-4 市区分月气象情况

（2014 年）

月 份	平均气温（摄氏度）	降水量（毫米）	日照时数（小时）
全 年	**15.6**	**826.6**	**2 222.6**
1 月	3.7	2.6	149.8
2 月	2.8	30.8	98.5
3 月	12.1	17.4	226.8
4 月	16.7	71.6	195.5
5 月	23.1	57.5	293.5
6 月	25.1	67.4	170.5
7 月	27.9	119.2	240.2
8 月	25.4	174.2	180.2
9 月	21.5	142.0	119.1
10 月	17.1	83.4	208.8
11 月	9.7	57.5	140.0
12 月	1.8	3.0	199.7

11-5 城市(市区)建设基本情况

年份	市区面积(平方公里)	#建成区面积	市区人口密度(人/平方公里)	年末实有房屋建筑面积(万平方米)	#住宅	公共交通	
						年底运营车辆数(辆)	年底运营线路网长度(公里)
1978	184.5	41.3	3 636	884	351	140	
1979	184.5	42.7	3 842	955	392	161	
1980	184.5	43.8	3 950	1 029	440	144	
1981	184.5	44.3	4 063	1 105	487	160	
1982	184.5	45.2	4 189	1 174	528	165	
1983	184.5	45.6	4 297	1 276	590	162	
1984	184.5	45.9	4 371		641	168	
1985	184.5	46.5	4 470	1 467	691	174	
1986	184.5	47.0	4 557	1 863	920	182	
1987	184.5	47.3	4 638	1 964	967	185	
1988	184.5	48.1	4 726	2 030	1 000	183	
1989	184.5	48.9	4 838	2 145	1 030	196	
1990	184.5	61.8	4 914	2 245	1 076	202	
1991	184.5	63.8	4 979	2 352	1 127	211	
1992	184.5	67.0	5 076	2 465	1 180	258	
1993	184.5	67.7	5 158	2 622	1 253	308	313
1994	963.0	70.7	1 483	2 690	1 293	838	329
1995	963.0	59.1	1 507	2 751	1 325	1 072	335
1996	963.0	60.3	1 530	2 870	1 381	854	337
1997	963.0	61.5	1 551	2 980	1 442	903	343
1998	963.0	64.7	1 577	3 104	1 514	932	343
1999	963.0	67.6	1 583	3 337	1 672	919	368
2000	1 037.7	71.7	1 547	3 507	1 787	946	541
2001	1 037.7	77.9	1 566	3 650	1 858	1 119	595
2002	1 037.7	81.9	1 576	3 781	1 897	922	586
2003	1 037.7	89.1	1 612	3 835	1 914	1 006	600
2004	1 037.7	96.8	1 613	3 934	1 964	1 076	622
2005	1 159.9	118.0	1 551	5 994	4 196	1 452	650
2006	1 159.9	127.1	1 566	6 079	4 199	1 654	700
2007	1 159.9	160.0	1 577	6 304	4 392	1 741	978
2008	1 159.9	186.6	1 590	6 584	4 615	1 790	655
2009	1 159.9	205.6	1 605	6 597	4 307	1 969	679
2010	3 037.6	239.0	1 029	8 463	5 404	1 908	3 997
2011	3 037.6	249.0	1 039	7 581	5 003	2 685	3 648
2012	3 040.0	253.0	1 055	7 992	5 211	2 602	4 719
2013	3 040.0	253.0	1 084	8 668	5 615	2 429	3 786
2014	3 040.0	255.2	1 055	9 256	5 906	2 802	4 946

注:2010年年底运营线路网长度统计口径扩大到乡村线路网,与往年不可比。2011年年底运营线路网长度不包含农村客运班线。

11-5 续表1

年份	铺装道路长度（公里）	铺装道路面积（万平方米）	全社会供水			人工煤气供应总量（万立方米）	液化石油气供应总量（吨）	用气人口数（万人）
			生产能力（万立方米/日）	供水总量（万立方米）	#生活用水量			
1978	67	67	8.5	3 052	1 427			
1979	69	72	9.4	3 425	1 886			
1980	72	76	10.9	3 970	2 232			
1981	89	88	12.0	4 377	2 416			
1982	125	102	12.8	4 806	2 071			
1983	128	108	13.4	5 097	2 005			
1984	136	114	14.1	5 619	2 392		269	
1985	138	119	16.3	5 963	2 685	146	681	
1986	284	238	34.2	12 207	2 968	285	1 947	
1987	296	243	34.0	12 308	3 303	358	3 128	
1988	300	249	34.1	12 658	3 564	404	4 108	
1989	345	265	37.2	12 901	4 677	446	4 443	17.6
1990	297	263	37.9	10 744	4 328	464	7 110	25.5
1991	301	269	42.0	10 643	4 669	474	5 939	26.1
1992	355	464	56.0	12 129	5 203	509	7 736	26.8
1993	367	496	56.0	14 718	6 076	522	13 737	44.5
1994	372	747	63.0	15 506	7 498	939	15 168	61.2
1995	579	802	86.9	14 877	7 010	2 830	16 064	68.8
1996	590	830	74.6	14 067	7 653	3 967	18 886	72.0
1997	592	846	72.0	13 677	7 627	4 926	21 400	74.4
1998	593	863	74.5	13 498	7 366	4 888	24 788	77.3
1999	593	908	75.5	12 859	6 958	4 779	23 753	80.0
2000	621	987	75.5	12 464	6 926	4 585	26 196	83.4
2001	690	1 134	75.6	12 397	7 060	4 638	24 000	85.6
2002	760	1 222	72.5	11 748	7 088	4 192	22 400	88.6
2003	822	1 299	72.6	14 354	7 232	4 580	24 600	106.8
2004	865	1 357	55.0	14 008	7 499	4 057	29 400	118.5
2005	1 075	1 434	55.4	15 456	7 962	4 831	39 300	126.8
2006	1 168	1 494	49.0	11 931	6 218	5 699	33 860	113.0
2007	1 202	1 623	49.8	11 509	7 605	5 699	33 750	125.4
2008	1 307	1 855	67.9	16 155	7 718	5 125	32 208	128.8
2009	1 352	1 956	87.4	19 001	8 926	4 392	29 937	137.6
2010	1 600	2 467	94.2	19 957	8 962	1 662	29 336	150.2
2011	1 620	2 604	117.9	21 543	7 963		28 050	140.9
2012	2 110	3 239	95.5	22 029	6 906		31 030	149.9
2013	2 600	3 750	93.0	23 363	6 579		28 480	165.8
2014	2 699	4 810	113.2	23 960	4 299		28 054	167.2

11-5 续表2

年　份	排水管道长　度（公里）	路灯数（盏）	园林绿地面　积（公顷）	建成区绿化覆盖率（%）	公园数（个）	污水排放量（万吨）	垃圾粪便清运量（万吨）	公共厕所数（座）
1978	118	3 243	219	10.4				
1979	124	3 482	249	11.8				
1980	130	3 750	249	11.8				
1981	138	3 920	310	7.6				
1982	155	3 594	320	7.7				
1983	162	4 088	365	9.8				
1984	170	4 225	367	11.8				
1985	182	4 545	367	12.4				
1986	216	5 546	735	14.9				
1987	223	6 110	848	15.1				
1988	248	6 950	1 108	15.1				
1989	253	6 989	1 317	15.9	15		25	508
1990	257	7 507	1 214	27.4	15	9 965	23	503
1991	262	7 779	1 432	30.7	12	9 955	26	587
1992	281	8 551	2 358	30.8	13	7 964	28	537
1993	281	13 581	2 822	31.0	10	7 964	29	403
1994	326	11 688	2 822	31.6	14	9 700	28	448
1995	432	15 463	2 844	33.1	12	8 818	32	455
1996	395	16 140	2 881	33.2	15	7 846	38	328
1997	399	16 923	2 947	33.6	13	7 646	36	277
1998	403	20 393	3 048	33.7	13	7 682	29	258
1999	483	26 187	3 392	34.3	13	7 876	35	238
2000	643	30 937	3 662	34.4	13	5 931	36	225
2001	728	32 577	3 625	24.5	29	5 540	36	212
2002	825	36 836	3 889	26.6	31	5 620	37	266
2003	896	45 231	4 226	29.5	33	6 689	40	312
2004	926	46 087	6 455	36.6	33	7 692	45	249
2005	918	52 678	6 455	36.3	36	10 775	47	258
2006	930	53 000	6 659	37.6	30	11 704	49	297
2007	970	60 000	8 125	38.8	34	12 700	50	338
2008	1 198	56 798	9 242	40.1	40	13 924	45	482
2009	1 046	19 651	10 422	40.4	41	14 910	40	606
2010	1 334	50 723	12 913	41.3	60	18 106	48	592
2011	1 362	46 683	13 400	41.9	70	19 286	54	600
2012	1 569	267 204	14 436	42.2	70	19 690	52	488
2013	2 016	188 541	10 131	42.9	70	19 998	59	493
2014	2 094	272 114	10 324	43.3	70	20 190	79	711

注：2009年路灯盏数统计口径改变，与其它年份不可比，下同；2010年起公园数统计口径改变，与往年不可比，下同。

11-6 城市(市区)设施水平

年份	用水普及率(%)	煤气液化气普及率(%)	每万人拥有公共汽车辆(标台)	人均拥有铺装道路面积(平方米)	人均公共绿地面积(平方米)	每万人拥有公共厕所(座)	排水管道密度(公里/平方公里)
1978	85.7				2.7		2.9
1979	83.3				2.7		2.9
1980	82.6				2.7		3.0
1981	93.8				1.5		3.1
1982	94.2				1.5		3.4
1983	95.0				2.0		3.6
1984	95.0	2.4			2.0		3.7
1985	94.2	6.7			2.4		3.9
1986	92.0	8.4			2.9		4.6
1987	94.2	17.8			2.9		4.7
1988	96.0	19.5			2.9		5.2
1989	98.0	22.2	3.2	3.3	2.9	6.6	5.2
1990	98.0	31.7	3.5	3.9	3.5	6.4	5.2
1991	100.0	37.8	4.1	3.9	6.3	7.4	4.1
1992	100.0	37.8	4.5	6.6	6.3	6.7	4.2
1993	100.0	61.6	4.9	6.9	7.4	4.9	4.2
1994	100.0	75.2	9.0	9.2	7.5	3.6	4.6
1995	100.0	84.0	9.2	9.8	7.9	4.7	7.3
1996	100.0	85.1	6.5	9.8	7.9	3.3	6.6
1997	100.0	86.4	7.0	9.8	9.5	2.7	6.5
1998	100.0	87.9	7.1	9.8	9.9	2.9	6.2
1999	100.0	90.1	7.7	10.2	10.2	2.8	7.2
2000	100.0	90.8	8.1	10.7	10.5	2.4	9.0
2001	100.0	75.8	10.1	10.0	6.6	2.3	9.3
2002	100.0	76.9	8.6	10.6	6.9	2.3	10.1
2003	100.0	90.2	9.1	11.0	7.0	2.6	10.1
2004	100.0	99.7	10.8	11.4	7.4	2.1	9.6
2005	100.0	96.5	9.8	10.9	8.0	2.0	7.8
2006	100.0	96.6	12.9	12.8	9.4	2.2	7.9
2007	100.0	100.0	18.1	12.9	12.1	2.7	6.1
2008	99.9	96.4	17.2	13.9	13.0	3.6	6.4
2009	98.5	98.5	17.9	14.0	13.6	4.4	5.1
2010	99.4	99.0	19.2	16.3	14.7	1.9	5.6
2011	97.8	94.2	11.5	17.7	16.0	1.9	5.5
2012	98.1	99.3	13.7	21.5	16.1	1.6	6.2
2013	99.4	99.5	16.1	22.5	16.3	0.3	8.0
2014	97.5	98.2	11.3	28.7	16.2	0.8	8.2

注:2007 年及以后公共绿地面积统计口径改为公园绿地面积(下同)。

11-7 主要年份城市(市区)公用事业基本情况

指标	1990	1995	2000	2005	2010	2011	2012	2013	2014
城市用地及建筑物面积(平方公里)									
城市面积	184.5	963.0	1 037.7	1 159.9	3 037.6	3 037.6	3 040.0	3 040.0	3 040.0
# 建成区面积	61.8	59.1	71.7	118.0	239.0	249.0	253.0	253.0	255.2
城市建设用地面积	45.10	56.80	69.43	104.45	184.60	142.82	213.94	228.14	233.81
# 居住用地	18.30	10.90	13.48	24.24	58.18	50.18	51.31	53.36	56.52
公共设施用地		4.70	8.75	16.43	31.79	28.45	28.63	28.89	29.34
工业用地	17.10	12.70	14.68	20.96	35.15	25.79	26.05	26.16	26.94
仓储用地	2.60	2.70	2.73	3.05	4.22		19.76	20.82	21.19
对外交通用地	4.00	6.80	7.13	7.13	10.20	7.87	7.89	13.24	13.24
道路广场用地		2.70	4.56	13.39	23.06	18.05		58.44	58.45
市政公用设施用地		1.10	2.54	3.00	5.44	4.19	21.46	21.52	21.59
绿地		3.60	3.75	4.36	14.38	7.15	58.40		
特殊用地		11.70	11.81	11.89	2.18	1.14	0.44		
供水、供气及供热									
全社会供水									
供水综合生产能力 (万吨/日)	37.9	86.9	75.5	55.4	94.2	117.9	95.5	93.0	113.2
供水管道长度 (公里)	506	569	724	1 025	2 760	2 662	2 815	2 975	3 122
供水总量 (万立方米)	10 744	14 877	12 464	15 456	19 957	21 543	20 804	23 363	23 960
# 生产用水量	5 684	7 867	3 574	3 478	8 036	10 769	8 894	12 050	11 695
生活用水量	4 328	7 010	6 926	7 962	8 962	7 963	7 845	6 579	4 299
人均日生活用水量 (升)	137	198	171	123	164	150	146	146	130
用水普及率 (%)	98.0	100.0	100.0	100.0	99.4	97.8	98.1	99.4	97.5
水厂个数 (个)	4	4	4	4	4	8	8	9	9
人工煤气									
储气能力(系统内) (万立方米)	2	12	12	12					
煤气管道长度 (公里)	32	237	647	763	230				
供气总量 (万立方米)	464	2 830	4 585	4 831	1 662				
# 家庭用量	437	1 899	3 326	3 562	1 205				
家庭用气户数 (户)	10 343	61 372	110 758	148 102	34 000				
用气人口数 (万人)	4.2	20.3	34.7	47.4	10.2				
液化石油气									
储气能力 (吨)	275	450	420	2 402	4 394	1 237	4 593	4 593	4 593
供气总量 (吨)	7 110	16 064	26 169	39 300	29 336	28 050	31 030	28 480	28 054
# 家庭用量	7 074	15 084	23 158	35 100	23 466	22 800	23 450	21 297	20 872
家庭用气户数 (户)	60 706	146 628	155 723	289 500	193 243	197 050	195 610	178 746	143 146
用气人口数 (万人)	21.3	48.5	48.8	79.4	59.7	60.9	56.3	54.84	44.03
煤气和液化石油气普及率 (%)	31.7	84.0	90.8	96.5	99.0	94.2	99.3		
天然气									
储气能力 (万立方米)					26	23	98	109	100
供气管道长度 (公里)					1 253	1 170	1 787	2 085	1 844
供气总量 (万立方米)					13 524	18 670	23 270	13 982	21 255
# 家庭用量					2 927	3 272	4 620	5 659	6 184
家庭用气户数 (户)					270 824	264 239	310 161	362 662	408 036
用气人口数 (万人)					80	80	94	111	123
集中供热面积 (万平方米)				910	1 201				
# 住宅					911				

11-7 续表

指　　标		1990	1995	2000	2005	2010	2011	2012	2013	2014
城市市政设施情况										
实有道路长度	（公里）	297	579	621	1 075	1 600	1 620	2 110	2 600	2 699
道路面积	（万平方米）	263	802	987	1 434	2 467	2 604	3 239	3 750	4 810
人行道面积	（万平方米）	35	74	110	208	421	436	349	448	722
排水管道长度	（公里）	257	432	643	918	1 334	1 362	1 569	2 016	2 094
污水年排放量	（万立方米）	9 965	8 818	5 931	10 775	18 106	19 286	19 690	19 998	20 190
桥梁数	（座）	51	68	102	132	118	118	168	240	265
路灯盏数	（盏）	7 507	15 463	30 937	52 678	50 723	46 683	267 204	188 541	272 114
防洪堤长度	（公里）	27.0	52.0	34.1	44.6	67.0	67.0	92.0	96.0	96.0
公共交通										
公共汽车营运车数	（辆）	202	1 072	946	1 452	1 908	2 685	2 602	2 429	2 802
标准营运车数	（标台）	238	752	739	1 290	2 286	2 989	2 951	2 937	3 366
客运总量	（万人次）	8 511	10 740	17 040	25 750	33 436	32 997	35 152	32 606	38 325
平均每日客运量	（万人次）	23.3	29.4	46.7	70.5	91.6	90.4	96.3	89.3	105.0
出租汽车营运车数	（辆）	259	955	2 872	4 230	3 760	6 142	6 150	6 369	6 804
城市园林绿化										
绿化覆盖面积	（公顷）	1 324	2 927	3 823	7 017	14 726	13 900	14 940	15 773	15 966
# 建城区		891	1 956	2 463	4 283	9 680	10 425	10 679	10 846	11 039
园林绿地面积	（公顷）	1 324	2 844	3 662	6 455	12 913	13 400	14 436	10 131	10 324
# 公共绿地		235	647	961	1 046	2 234	2 395	2 430	2 720	2 761
公园个数	（个）	15	12	13	36	60	70	70	70	70
公园面积	（公顷）	104	521	650	358	198	338	450	2 719	1 700
游人量	（万人次）	1 054	463	323	2 340	210	250	320	522	679
人均公园绿地面积	（平方米）	3.5	7.9	10.5	8.0	14.7	16.0	16.1	16.3	16.2
建成区绿化覆盖率	（%）	27.4	33.1	34.4	36.3	41.3	41.9	42.2	42.9	43.3
城市房屋和住宅情况（万平方米）										
实有房屋建筑面积		2 245	2 751	3 507	5 994	13 368	7 581	7 992	8 668	9 256
实有住宅建筑面积		1 076	1 325	1 787	4 196	8 972	5 003	5 211	5 615	5 906
城市清洁卫生情况										
道路清扫保洁面积	（万平方米）	148	350	418	780	2 032	2 052	1 609	1 684	2 307
生活垃圾清运量	（万吨）	21	30	35	47	44.4	49.5	51.6	59.2	78.6
粪便清运量	（万吨）	2	2	1		0.2	4.1	2.8		0.8
垃圾粪便无害化处理量	（万吨）		32	36	47	44.4	43.6	51.6	59.2	78.6
环卫机械总数	（台）	113	167	172	156	362	380	372	457	570
公共厕所数	（座）	503	455	225	258	592	600	488	493	711

注：2002 年及以后垃圾粪便无害化处理量仅指生活垃圾；2006 年及以后游人量统计口径为风景名胜区的游人量。

11-8 主要年份工业企业污染治理情况

单位:万元

指　　标	2001	2003	2005	2010	2011	2012	2013	2014
单位数　（个）	**65**	**81**	**74**	**22**	**614**	**623**	**589**	**572**
当年施工项目投资来源	**6 272**	**18 228**	**47 263**	**12 516**	**13 538**	**55 271**	**38 506**	**14 174**
排污费补助				40				
政府其他补助				375	1 388	2 136		304
企业自筹				12 756	12 150	53 135	50 212	13 870
#银行贷款				1 980	540	500	230	2 756
国家预算内资金	1	300	30					
环保专项资金	90	55	2 912					
银行贷款	150	1 396	2 580					
其他资金	6 031	16 476	44 321					
当年施工项目累计完成投资额	**6 272**	**18 228**	**47 263**	**13 171**	**13 538**	**56 131**	**38 006**	**14 174**
治理废水	4 142	9 640	7 396	3 907	5 073	7 454	525	739
治理废气	1 818	8 088	38 555	8 084	6 405	48 677	48 857	10 035
治理固体废物	292	500	330	1 000				
治理噪声	15		622					
其他	5		361	180	2 060		830	3401
当年安排治理项目　（个）	**84**	**105**	**54**	**34**			**20**	**19**
治理废水	42	26	34	11			1	2
治理废气	36	78	38	21			17	14
治理固体废物	3	1	3	1				
治理噪声	2		3					
其他	1		6	1			2	3
当年竣工项目　（个）	**61**	**58**	**73**	**20**	**7**	**14**	**27**	**19**
治理废水	21	13	27	6	2	4	2	2
治理废气	35	44	35	14	3	10	22	14
治理固体废物	2	1	3					
治理噪声	2		3					
其他	1		5		2		3	3
当年竣工项目新增设计处理利用“三废”能力								
废水　（吨/日）	39 453	31 472	28 122	215 400	5 200	7 000	5 500	2 000
废气　（万标立方米/时）	84	130	234	129	147	184	381	128
固体废物　（吨/日）	358	180	305					
主要污染物减排情况								
化学需氧量(COD)　（万吨）			6.35	5.54	1.67	1.71	13.84	1.05
二氧化硫(SO_2)　（万吨）			20.01	8.96	14.30	13.64	13.61	9.85

注:2007年及以后施工项目投资来源指标有调整,2010年废气处理利用能力统计口径有调整,2011年工业企业污染治理汇总单位数口径变化,与往年不可比。

11-9 重点工业企业“三废”排放及处理情况

（2014年）

指　　标	汇总工业企业数（个）	工业废水排放总量（吨）	化学需氧量产生量（吨）	化学需氧量排放量（吨）	氨氮产生量（吨）
总　计	**572**	**9 343.52**	**76 079.11**	**10 487.35**	**4 088.54**
农、林、牧、渔服务业	1	4.67	45.22	11.52	1.60
煤炭开采和洗选业	21	3 038.84	4 733.99	2 921.99	232.56
黑色金属矿采选业	2	2.20	3.23	0.60	0.10
农副食品加工业	47	925.11	6 262.18	1 567.97	322.20
食品制造业	20	752.51	1 964.59	454.73	74.86
酒、饮料和精制茶制造业	23	852.89	18 229.07	888.34	433.92
烟草制品业	1	4.92	29.56	9.47	3.60
纺织业	19	514.09	1 422.36	498.90	66.33
皮革、毛皮、羽毛及其制品和制鞋业	5	127.58	2 814.20	320.40	180.29
木材加工和木、竹、藤、棕、草制品业	22	20.22	19.63	15.43	0.09
家具制造业	2	0.28	0.32	0.08	0.02
造纸和纸制品业	12	717.60	19 420.87	1 296.68	65.22
印刷和记录媒介复制业	3	3.47	3.12	0.99	0.04
文教、工美、体育和娱乐用品制造业	1				
石油加工、炼焦和核燃料加工业	8	108.16	750.63	102.90	53.49
化学原料和化学制品制造业	52	524.70	7 548.72	659.10	1 826.54
医药制造业	20	298.21	1 245.45	448.42	64.99
化学纤维制造业	2	76.98	200.00	200.00	0.92
橡胶和塑料制品业	5	36.46	23.86	19.68	5.04
非金属矿物制品业	142	321.79	2 970.95	192.70	62.90
黑色金属冶炼和压延加工业	25	117.47	2 020.98	83.97	24.75
有色金属冶炼和压延加工业	12	132.48	157.12	125.67	15.28
金属制品业	30	234.81	796.32	174.49	98.22
通用设备制造业	17	94.80	91.40	65.48	6.40
专用设备制造业	19	49.50	135.65	30.66	17.02
汽车制造业	4	7.13	19.83	13.84	1.90
铁路、船舶、航空航天和其他运输设备制造业	3	55.04	136.45	33.15	1.57
电气机械和器材制造业	21	28.96	30.36	15.99	0.93
计算机、通信和其他电子设备制造业	2	4.15	2.60	1.60	0.40
其他制造业	1				
废弃资源综合利用业	2	0.20	0.05		
电力、热力生产和供应业	28	288.28	5 000.38	332.59	527.35

11-9 续表 1 （2014 年）

指　　标	氨氮排放量（吨）	工业废气排放总量（亿标立方米）	二氧化硫产生量（吨）	二氧化硫排放量（吨）	氮氧化物产生量（吨）	氮氧化物排放量（吨）
总　计	**576.49**	**5 488.80**	**413 583.82**	**98 495.30**	**188 925.93**	**123 762.46**
农、林、牧、渔服务业	0.60	0.96	8.76	8.76	5.50	5.50
煤炭开采和洗选业	119.34	11.11	738.17	738.17	378.15	378.15
黑色金属矿采选业	0.05	0.03				
农副食品加工业	93.94	41.02	775.10	772.50	274.50	260.50
食品制造业	25.82	19.20	1 028.90	1 028.90	215.64	215.64
酒、饮料和精制茶制造业	58.03	21.95	829.90	829.90	339.02	338.02
烟草制品业	3.60	39.60				
纺织业	37.18	3.24	326.62	271.05	72.32	72.32
皮革、毛皮、羽毛及其制品和制鞋业	23.17	11.94	190.25	117.18	114.64	84.44
木材加工和木、竹、藤、棕、草制品业	0.09	37.26	579.70	579.70	111.72	111.72
家具制造业	0.01	0.03	3.61	3.61	0.74	0.74
造纸和纸制品业	11.83	3.37	461.65	348.97	139.54	139.54
印刷和记录媒介复制业	0.04					
文教、工美、体育和娱乐用品制造业						
石油加工、炼焦和核燃料加工业	16.78	173.64	13 845.43	9 530.25	5 680.33	5 662.19
化学原料和化学制品制造业	69.81	82.63	4 296.61	3 667.37	1 297.24	1 297.24
医药制造业	35.14	10.76	1 838.14	1 838.14	113.65	113.65
化学纤维制造业	0.92	1.08	17.92	17.92	4.10	4.10
橡胶和塑料制品业	2.35	9.05	340.00	102.00	164.00	164.00
非金属矿物制品业	6.34	817.76	9 868.04	9 839.14	18 977.37	18 977.37
黑色金属冶炼和压延加工业	3.75	1 695.60	7 793.89	7 396.27	7 866.52	7 866.52
有色金属冶炼和压延加工业	11.28	113.60	856.52	856.52	195.04	195.04
金属制品业	9.16	24.29	269.83	266.31	189.95	187.52
通用设备制造业	4.49	2.56	101.33	101.33	28.65	28.65
专用设备制造业	2.44	21.94	8.40	8.40	3.92	3.92
汽车制造业	0.89	4.18				
铁路、船舶、航空航天和其他运输设备制造业	1.09	4.38	28.24	22.59	8.45	8.45
电气机械和器材制造业	0.93	49.51	184.17	148.66	63.87	63.87
计算机、通信和其他电子设备制造业	0.28	0.16	14.32	14.32	11.70	11.70
其他制造业		0.38	24.50	24.50	8.92	8.92
废弃资源综合利用业		0.09				
电力、热力生产和供应业	37.12	2 287.49	369 153.83	59 962.85	152 660.47	87 562.77

11-9　续表 2　（2014 年）

指　　标	烟(粉)尘产生量(吨)	烟(粉)尘排放量(吨)	工业固体废物产生量(吨)	工业固体废物综合利用量(含往年贮存量)(吨)	工业固体废物贮存量(吨)	工业固体废物处置量(吨)
总　计	**11 538 234.59**	**41 234.96**	**1 357.70**	**1 438.10**	**9.68**	**4.90**
农、林、牧、渔服务业	43.60	15.10	0.01	0.01		
煤炭开采和洗选业	3 994.63	437.78	257.34	257.34		
黑色金属矿采选业	0.08	0.08	2.18	2.18		
农副食品加工业	1 627.93	486.56	1.06	1.06		
食品制造业	917.52	115.53	2.15	2.45		
酒、饮料和精制茶制造业	2 122.80	239.90	3.85	3.85		
烟草制品业	9 336.46	222.57	2.16	2.16		
纺织业	544.10	202.79	0.82	0.82		
皮革、毛皮、羽毛及其制品和制鞋业	332.27	171.79	0.97	0.43		0.54
木材加工和木、竹、藤、棕、草制品业	9 969.41	1 170.00	0.70	0.70		
家具制造业	61.77	7.40	0.01	0.01		…
造纸和纸制品业	993.15	154.08	1.86	1.86		
印刷和记录媒介复制业			…			…
文教、工美、体育和娱乐用品制造业						
石油加工、炼焦和核燃料加工业	73 627.99	2 717.88	0.13	0.13		
化学原料和化学制品制造业	37 594.39	1 128.18	13.16	13.16		
医药制造业	930.19	260.45	1.37	1.37		
化学纤维制造业	19.10	19.10	0.27	0.27		
橡胶和塑料制品业	4 453.50	196.46	1.06	1.06		
非金属矿物制品业	1 901 752.12	9 486.87	17.10	20.10		…
黑色金属冶炼和压延加工业	369 780.27	7 055.38	182.47	182.47		
有色金属冶炼和压延加工业	9 300.84	2 838.04	0.26	0.26		
金属制品业	3 794.86	760.27	14.29	15.21		…
通用设备制造业	640.04	526.83	0.44	0.44		…
专用设备制造业	2 153.13	65.47	0.19	0.18		0.04
汽车制造业	121.97	13.36	0.09	0.08	…	0.01
铁路、船舶、航空航天和其他运输设备制造业	39.00	8.40				
电气机械和器材制造业	388.40	80.76	0.31	0.30	…	
计算机、通信和其他电子设备制造业	10.46	10.46	0.04	0.04		
其他制造业	86.20	37.90	0.02	0.02		
废弃资源综合利用业						
电力、热力生产和供应业	9 103 598.42	12 805.59	853.38	930.10	9.68	4.31

主要统计指标解释

自来水综合生产能力 指年底城建部门管理的自来水厂和各单位自备水源的取水、净化、送水、出厂输水干管等环节的实际生产能力。

全年供水总量 指公用自来水厂和社会单位自备水源全年的供水总量,包括有效供水量及损失水量。

城市人口用水普及率 指城市市区用水的非农业人口数(不包括临时人口和流动人口)与市区非农业人口总数之比。

煤气供气总量 指城市煤气企业向城市生产用户、生活用户和其他用户供应全部煤气量。包括外购煤气量的损失量。

城市气化率 指使用煤气(包括人工煤气、液化石油气)的市区非农业人口数(不包括临时人口和流动人口)与市区非农业人口总数之比。

年末实有铺装道路长度 指除土路外，路面经过铺装宽度在3.5米以上的道路,包括高级、次高级道路和普通道路。

营运标准车台 是指营运车数按标台换算系数折合的标准车台总数。用以综合反映公交企业的运输能力。标准车台是以每辆车长度10米为一标准台，如营运车长8.7米，折合0.87标台,营运车长14米,折合1.4标台。计算方法:

$$\text{标准车台(标台)}=\frac{\text{各类营运车辆长度之和(米)}}{\text{标台换算系数(10米)}}$$

营运车数 是指经上级主管机关核准，可参加营运的全部车辆数。包括技术完好的、在修的、待修的、长期停驶的,以及拟报废尚未经上级主管机关批准的。但不包括非营运车辆，如架线车、货车、油灌车、工程车及其他专用车辆和借入的运客车辆。

营运线路长度 是指固定的营运线路长度，包括郊区营运线路长度,不包括临时行驾的线路长度。营运线路长度应以营运线路的起点站至终点站往返路程的二分之一长度计算。

公共绿地 指供游览休息的各种公园 (包括植物园、陵园、游乐园和风景名胜公园等)、动物园、广场绿地、河(湖)滨绿地和宽在八米以上设置有行人休息设施的林荫道绿地等。

建成区绿化覆盖率 反映建成区的绿化覆盖情况，其计算方法:

$$\text{建成区绿化覆盖率}(\%)=\frac{\text{建成区园林绿化面积}+\text{建成区道路绿化面积}}{\text{建成区面积}}\times 100\%$$

工业废水排放总量 指经过工业企业厂区所有排放口排到企业外部的工业废水量。包括外排的直接冷却水、超标排放的矿井地下水和与工业废水混排的厂区生活污水，不包括外排的间接冷却水(清污不分流的间接冷却水应计算在内)。

工业废气排放总量 指工业企业厂区内燃料燃烧和生产工艺过程中排放的各种废气总量。以标准状态下（0℃，101325Pa）每年万标立方米表示（每小时排放量的算术平均值×年排放小时数)。

工业烟尘排放量 指工业企业在厂区内的燃料燃烧过程中排入环境的烟尘量。

工业粉尘排放量 指工业企业在生产工艺过程中排放的固体微粒总重量。如钢铁企业的耐火材料粉尘,焦化企业的筛焦系统粉尘、烧结机的粉尘,石灰窑的粉尘、建材企业的水泥粉尘等。不包括电厂排入大气的烟尘。

农林牧渔业

AGRICULTURE, FORESTRY, ANIMAL HUSBANDRY AND FISHERY

版面负责人：郭绍林

编　　　辑：顾元林　蒋雪琳　刘　畅

江苏省统计条例

（2014 年 1 月 16 日江苏省第十二届人民代表大会常务委员会第八次会议通过）

第二十二条 除依法应当保密的以外，政府统计机构、有关部门开展地方统计调查取得的统计资料，应当及时向社会公布。

公布统计资料时，应当同时公布主要统计指标含义、调查范围、调查方法、计算方法、调查样本量等信息；引用其他机构或者部门资料的，应当注明资料来源。

【释义】 本条是关于政府统计机构、有关部门公布统计资料的规定。

政府统计资料的公布。是指特定主体按照一定的程序和方式向社会公开政府统计调查取得的有关资料。当前，政府统计机构定期公布统计资料已形成制度，如每年按时发表国民经济和社会发展统计公报，按时出版统计年鉴、统计月报，定期召开新闻发布会，及时公布年度、季度、月度经济社会发展情况等。

本条对政府统计资料的公布作出如下规定：一是明确政府统计资料的公布范围。鉴于政府统计资料是重要的公共产品，本条规定，除依法应当保密的以外，即除国家秘密、商业秘密以及“能够识别或者推断其身份”的统计调查对象的信息和数据等以外，其他政府统计资料应当及时向社会公公布。该规定顺应了“大数据”推动“大统计”的时代要求，规定了政府统计资料“以公开为原则、不公开为例外”的原则，有助于确立政府统计机构“数据”枢纽的地位。二是明确公布主体。根据“谁调查、谁发布、谁负责”的原则，本条规定政府统计机构、有关部门负有公布统计资料的责任，应当将开展地方统计调查所取得的统计资料，按照统计调查制度规定的内容，及时向社会公布。三是明确政府统计资料公布的规范要求。即应当同时公布主要统计指标含义、调查范围、调查方法、计算方法、调查样本量等信息；引用其他机构或者部门资料的，应当注明资料来源。

指标含义。是指对统计指标的内涵与外延所作出的解释和说明。内涵说明该指标的规定性和与其他指标的区别；外延说明该指标包涵的范围。

调查方法。是指统计资料的搜集方法，即确定或选取统计调查对象的方法。

计算方法。是指根据相关统计指标和相关基础资料，计算某一统计指标的方法，包括计算原则、计算公式和有关折算系数等。

第二十三条 地方各级人民政府编制国民经济和社会发展规划与计划、财政预算，以及制定重大经济社会发展政策等使用统计资料的，应当以政府统计机构提供的统计资料为准。

政府统计机构应当及时向本级人民政府及其有关部门提供统计资料。

【释义】 本条是关于地方政府使用统计资料以政府统计机构资料为准，以及政府统计机构向有关部门提供统计资料义务的规定。

为维护政府统计机构及其数据权威性，避免“数出多门”导致社会公众误解和不信任，本条第一款规定地方各级政府编制发展规划与计划、财政预算，制定重大政策等，应当使用统计资料，并以政府统计机构提供的资料为准。同时，为减少统计调查项目数量，避免重复调查，减轻基层和调查对象负担，提高统计效率，并促进统计资料共享机制形成，本条第二款规定了政府统计机构提供统计资料的义务，即应当及时向本级人民政府及其有关部门提供统计资料。

为此，政府统计机构、有关部门应当建立健全相关相关制度措施，促进统计资料共享机制的形成。

编辑：王中彬

12-1 主要年份农村基层组织情况

指标	1985	1990	1995	2000	2005	2010	2011	2012	2013	2014
农村组织情况 （个）										
乡个数	173	147	128							
镇个数(含城关镇)	9	35	55	107	114	113	113	113	102	98
村委会个数	3 543	3 517	3 511	3 493	2 364	2 166	2 081	2 081	2 028	2 047
村民小组个数	26 723	27 041	27 028	26 793	22 033	21 716	21 015	20 896	20 155	20 256
乡村户数、人口										
乡村户数 （万户）	135.83	204.39	170.02	174.45	178.83	187.25	186.51	181.23	179.53	176.97
乡村人口 （万人）	595.82	656.06	674.08	680.81	690.39	703.90	702.40	685.59	679.99	677.02
乡村从业人员 （万人）	**271.99**	**321.78**	**330.58**	**335.71**	**348.00**	**366.23**	**365.05**	**356.67**	**361.44**	**358.77**
按性别分										
男性	143.32	169.35	170.48	173.80	182.87	196.59	196.29	191.70	192.60	191.98
女性	128.67	152.43	160.10	161.91	165.13	169.64	168.76	164.99	168.84	166.79
按行业分										
农林牧渔业	220.26	247.48	239.66	233.14	180.78	159.67	149.58	144.50	140.10	136.31
#农业	203.74	227.10	213.35	207.14	163.24	140.59	130.09	119.12	113.15	109.21
工业	19.75	27.03	31.52	30.05	56.71	89.34	93.95	93.40	99.77	101.07
建筑业	13.04	19.38	24.65	27.32	35.32	46.21	48.16	48.73	50.74	51.62
交通运输、仓储业和邮电业	4.38	6.68	8.77	9.31	10.41	14.17	14.63	14.61	14.62	15.00
批发与零售业	4.41	6.89	7.65	11.90	13.72	18.80	20.68	21.16	21.59	21.73
金融、保险业		0.16	0.22	0.18	0.47	1.01	1.10	1.17	1.17	1.25
房地产、社会服务业	0.46	0.44	0.63	0.85	1.19	1.21	1.61	1.74	1.80	1.84
卫生、体育和社会福利业	1.06	1.09	1.18	1.32	1.41	1.74	1.80	1.86	1.90	2.00
教育、文化艺术和广播电视事业	2.43	2.61	2.39	2.50	2.11	2.74	2.89	2.95	2.96	2.95
科学研究和综合技术服务事业	0.12	0.20	0.17	0.15	0.24	0.42	0.45	0.49	0.46	0.52
乡经济组织管理业	0.46		1.49	1.47	1.27	0.84	0.83	0.84	0.89	0.96
其他非农业行业	5.62	9.82	12.25	17.52	44.37	30.08	29.37	25.22	14.19	12.14

12-2 主要年份耕地面积

单位:千公顷

年 份	年末实有耕地面积	水田	水浇地	年内减少	#国家基建占地	人均占有耕地(亩/人) 按乡村人口计算	按农林牧渔业劳动力计算
1949	836.89					3.68	
1952	859.85					3.56	
1957	834.76			25.09		3.12	
1962	701.87			23.06		2.56	
1965	678.81			5.90		2.34	
1970	672.84			5.95		1.99	
1975	651.79			21.05		1.78	
1978	642.93			9.24		1.69	
1979	640.61			1.87		1.68	
1980	637.80			2.88		1.66	
1981	635.89			1.65		1.63	
1982	634.57			2.33		1.60	
1983	633.74			0.34		1.58	4.41
1984	632.69			0.66		1.57	4.35
1985	630.46			2.82		1.56	4.29
1986	626.84	143.02	483.82	3.06	2.10	1.54	4.21
1987	625.33	150.71	474.62	1.50	1.08	1.52	4.19
1988	623.13	145.97	477.16	2.20	1.49	1.50	4.16
1989	621.90	153.86	468.04	1.23	1.13	1.48	3.99
1990	619.58	170.25	449.33	2.32	1.88	1.39	3.75
1991	617.73	184.04	433.69	1.88	1.10	1.37	3.69
1992	613.77	191.94	421.83	4.01	3.07	1.36	3.58
1993	611.15	161.03	450.12	2.62	1.24	1.35	3.73
1994	608.12	156.38	451.74	3.12	1.34	1.34	3.71
1995	604.63	161.10	442.23	4.79	1.31	1.33	3.78
1996	602.65	170.39	432.26	2.16	0.96	1.32	3.81
1997	615.40	186.44	428.96	1.17	0.85	1.35	3.87
1998	616.07	191.99	424.08	1.38	0.52	1.36	3.85
1999	615.52	213.85	401.67	1.54	1.03	1.36	3.95
2000	611.77	200.59	411.18	3.81	0.59	1.35	3.94
2001	609.69	195.31	414.38	2.72	1.63	1.33	4.01
2002	609.51	185.33	424.18	1.05	0.43	1.33	4.27
2003	609.00	205.05	403.95	3.35	0.63	1.33	4.70
2004	606.65	205.04	401.61	2.53	1.55	1.32	4.84
2005	599.64	207.82	124.97	1.87	1.39	1.30	4.98
2006	596.21	214.34	132.51	3.47	2.30	1.29	5.10
2007	594.78	210.18	135.90	2.62	1.78	1.28	5.40
2008	595.00	199.64	140.02	5.29	3.85	1.28	5.55
2009	611.94	197.55	157.75	2.17	1.03	1.31	5.77
2010	610.73	190.53	410.73	2.02		1.25	5.50
2011	610.65	190.07	411.00	2.01		1.30	6.12
2012	609.48	189.56	410.54			1.33	6.33
2013	608.69	189.11	410.22			1.34	6.52

注:“水浇地”在2004年及以前为“旱地”口径。

12–3 主要年份农林牧渔业总产值

（1990年不变价格）

单位：万元

年 份	农林牧渔业总产值	农 业	# 种植业	林 业	牧 业	渔 业	农林牧渔服务业
1949	80 236	65 097	61 773	2 218	12 040	881	
1952	95 905	78 558	74 838	3 212	12 971	1 164	
1957	102 414	78 186	74 224	4 835	18 055	1 338	
1962	96 791	72 700	69 868	3 662	19 008	1 421	
1965	125 348	92 907	90 004	8 997	21 106	2 338	
1970	158 029	118 837	105 566	4 644	32 891	1 657	
1975	228 677	178 457	172 547	10 942	37 175	2 103	
1978	248 804	191 076	187 732	14 128	40 533	3 067	
1979	288 101	223 399	212 121	16 178	45 551	2 973	
1980	308 986	243 256	238 217	13 413	48 123	4 194	
1981	329 627	262 760	257 207	10 473	51 967	4 427	
1982	373 565	289 122	283 967	12 941	66 584	4 918	
1983	432 382	344 386	335 209	13 184	69 111	5 701	
1984	503 683	388 672	375 586	14 530	94 357	6 124	
1985	509 617	366 471	354 254	15 818	119 353	7 975	
1986	539 701	388 306	373 140	14 658	125 615	11 122	
1987	558 965	395 672	378 105	15 192	135 192	12 909	
1988	575 531	383 071	361 932	14 627	163 882	13 951	
1989	584 300	388 451	359 628	15 261	165 123	15 465	
1990	617 106	388 974	360 044	14 882	196 316	16 934	
1991	653 321	407 091	384 372	11 738	215 982	18 510	
1992	714 847	435 995	401 506	13 686	244 515	20 651	
1993	796 478	453 399	413 499	21 894	295 714	25 471	
1994	871 817	482 183	441 390	22 290	337 104	30 240	
1995	1 027 284	555 518	500 806	29 108	401 517	41 141	
1996	1 137 525	605 564	548 022	28 439	459 140	44 382	
1997	1 034 702	659 292	593 339	28 712	300 797	45 901	
1998	1 102 308	688 264	621 433	29 955	331 947	52 142	
1999	1 173 788	724 032	652 241	32 957	359 148	57 651	
2000	1 231 562	754 514	676 985	33 273	379 129	64 646	
2001	1 314 282	804 945	738 517	35 204	405 637	68 496	
2002	1 394 896	862 345	795 933	36 692	423 099	72 760	
2003	1 355 438	730 532	730 532	39 101	455 613	72 950	57 242
2004	1 480 373	868 038	868 038	40 318	468 235	76 990	26 792
2005	1 539 166	878 862	878 862	42 879	499 465	84 986	32 974
2006	1 610 241	936 506	936 506	44 729	477 791	115 570	35 645
2007	1 698 325	988 077	988 077	46 628	499 172	120 259	44 189
2008	3 895 663	2 497 899	2 497 899	103 246	1 002 939	198 293	93 286
2009	4 477 204	2 692 058	2 682 058	104 233	1 353 905	237 703	89 305
2010	4 880 467	2 985 417	2 985 417	100 854	1 444 364	245 403	104 429
2011	5 427 137	3 353 732	3 303 831	103 234	1 584 936	253 732	131 503
2012	6 555 759	4 002 254	3 962 885	121 019	2 002 001	278 990	151 495
2013	7 344 227	4 505 961	4 505 961	131 303	2 220 046	309 595	177 322
2014	8 314 599	5 175 180	5 175 180	144 378	2 443 400	338 947	212 694

12-4 农林牧渔业分项产值

（2014 年）　　单位：万元

指　　标	总产值（当年价格）	构　成（%）
农林牧渔业总产值	**9 073 282**	**100.00**
农业总产值	**5 671 996**	**62.51**
种植业产值	5 671 996	62.51
# 粮食	1 249 798	13.77
油料	71 618	0.79
棉花	115 955	1.28
麻类	78	…
其他农作物	280	…
蔬菜园艺作物	3 520 107	38.80
茶、桑、水果	687 428	7.58
药材	26 732	0.29
林业产值	**153 040**	**1.69**
林木培养和种植	81 592	0.90
竹木采运	61 073	0.67
# 村及村以下竹木采伐	18 966	0.21
林产品	10 375	0.11
牧业产值	**2 641 314**	**29.11**
牲畜	1 393 471	15.36
# 牛	50 292	0.55
羊	303 235	3.34
猪	968 192	10.67
家禽的饲养	1 062 029	11.71
其他动物产品	185 814	2.05
渔业产值	**362 334**	**3.99**
# 淡水产品	362 334	3.99
农林牧渔服务业产值	**244 598**	**2.70**

12–5 主要年份农林牧渔业总产值、中间消耗及增加值

（当年价格） 单位：万元

指 标	1990	1995	2000	2005	2010	2011	2012	2013	2014
农林牧渔业总产值	**648 481**	**1 909 331**	**2 258 028**	**3 330 682**	**5 147 300**	**6 183 392**	**7 125 529**	**8 029 428**	**9 073 282**
农业产值	421 660	1 133 427	1 483 459	2 087 542	3 224 250	3 769 595	4 382 468	4 956 557	5 671 996
林业产值	14 643	45 823	58 415	88 590	102 871	111 080	125 860	141 807	153 040
牧业产值	194 679	669 430	588 828	905 295	1 458 808	1 901 923	2 162 161	2 397 650	2 641 314
渔业产值	17 499	60 651	127 326	181 405	252 765	263 374	292 940	331 267	362 334
农林牧渔服务业				67 850	108 606	137 420	162 100	202 147	244 598
农林牧渔业中间消耗	**265 505**	**899 941**	**1 072 317**	**1 631 111**	**2 391 135**	**2 838 032**	**3 300 972**	**3 705 600**	**4 174 550**
农业中间消耗	139 355	408 638	606 074	869 347	1 301 285	1 467 069	1 752 440	1 977 860	2 277 613
林业中间消耗	5 703	15 207	21 485	35 128	53 493	43 248	49 794	56 040	60 011
牧业中间消耗	116 534	443 072	386 418	609 154	875 858	1 175 643	1 329 944	1 475 334	1 617 549
渔业中间消耗	3 913	33 024	58 340	90 200	120 315	106 388	114 005	129 207	138 112
农林牧渔服务业				27 282	40 184	45 684	53 889	67 159	81 265
农林牧渔业增加值	**372 976**	**1 009 390**	**1 185 711**	**1 699 571**	**2 756 165**	**3 345 360**	**3 824 557**	**4 323 828**	**4 898 732**
农业增加值	271 509	724 789	877 385	1 218 195	1 922 965	2 302 526	2 630 028	2 978 697	3 394 383
林业增加值	8 939	30 616	36 930	53 462	49 378	67 832	76 066	85 767	93 029
牧业增加值	78 145	226 358	202 410	296 141	582 950	726 280	832 217	922 316	1 023 765
渔业增加值	14 383	27 627	68 986	91 205	132 450	156 986	178 035	202 060	224 222
农林牧渔服务业				40 568	68 422	91 736	108 211	134 988	163 333

注：2003 年及以后农林牧渔业总产值、中间消耗、增加值含农林牧渔服务业（下同）。

12–6 主要年份农林牧渔业总产值、中间消耗及增加值构成

（当年价格） 单位：%

指 标	1990	1995	2000	2005	2010	2011	2012	2013	2014
农林牧渔业总产值	**100.0**	**100.0**	**100.0**	**100.0**	**100.0**	**100.0**	**100.0**	**100.0**	**100.0**
农业产值	65.0	59.4	65.7	62.7	62.6	61.0	61.5	61.7	62.5
林业产值	2.3	2.4	2.6	2.7	2.0	1.8	1.8	1.7	1.7
牧业产值	30.0	35.0	26.1	27.2	28.3	30.8	30.3	30.0	29.1
渔业产值	2.7	3.2	5.6	5.4	5.0	4.3	4.1	4.1	4.0
农林牧渔服务业				2.0	2.1	2.2	2.3	2.5	2.7
农林牧渔业中间消耗	**100.0**	**100.0**	**100.0**	**100.0**	**100.0**	**100.0**	**100.0**	**100.0**	**100.0**
农业中间消耗	52.5	45.4	56.5	53.3	54.4	51.7	53.1	53.4	54.6
林业中间消耗	2.1	1.7	2.0	2.2	2.2	1.5	1.5	1.5	1.4
牧业中间消耗	43.9	49.2	36.0	37.3	36.6	41.4	40.3	39.8	38.7
渔业中间消耗	1.5	3.7	5.5	5.5	5.1	3.7	3.5	3.5	3.3
农林牧渔服务业				1.7	1.7	1.6	1.6	1.8	1.9
农林牧渔业增加值	**100.0**	**100.0**	**100.0**	**100.0**	**100.0**	**100.0**	**100.0**	**100.0**	**100.0**
农业增加值	72.8	71.8	74.0	71.7	69.8	68.8	68.8	68.9	69.3
林业增加值	2.4	3.0	3.1	3.1	1.8	2.0	2.0	2.0	1.9
牧业增加值	21.0	22.4	17.1	17.4	21.1	21.7	21.8	21.3	20.9
渔业增加值	3.8	2.8	5.8	5.4	4.8	4.7	4.7	4.7	4.6
农林牧渔服务业				2.4	2.5	2.7	2.8	3.1	3.3

12-7 主要年份农作物播种面积

单位：千公顷

年 份	总播种面 积	粮食作物		在粮食作物播种面积中				
		播种面积	占总播种面积(%)	小麦	稻谷	薯类	玉米	大豆
1957	1 177.89	908.19	77.1	430.05	16.85	102.38	73.84	262.07
1962	950.53	738.01	77.6	328.84	4.69	157.03	56.30	182.15
1965	948.59	678.22	71.5	259.94	22.67	139.35	46.67	146.59
1970	901.52	701.41	77.8	315.96	63.93	126.21	45.11	129.20
1975	947.18	713.49	75.3	309.46	58.41	119.87	39.87	130.48
1978	951.43	705.09	74.1	296.74	79.95	147.32	78.10	90.07
1979	968.45	729.18	75.3	318.46	125.48	113.87	47.08	71.39
1980	942.88	729.57	77.4	306.49	179.40	102.33	46.32	83.03
1981	979.52	814.85	83.2	298.89	168.43	92.35	41.24	76.57
1982	969.44	831.59	85.8	365.49	127.95	76.38	118.47	65.49
1983	984.09	852.18	86.6	388.61	133.06	89.93	137.95	86.32
1984	1 014.64	872.44	86.0	417.20	150.06	77.11	136.81	74.39
1985	1 029.63	855.12	83.1	412.26	141.52	62.80	157.29	68.23
1986	1 037.58	873.57	84.2	417.35	137.65	60.62	172.19	72.44
1987	1 045.15	874.63	83.7	419.93	132.73	58.12	186.04	66.87
1988	1 023.02	845.62	82.7	414.33	134.01	56.93	163.01	56.63
1989	1 023.21	867.63	84.8	423.58	141.54	51.87	186.99	52.18
1990	988.39	850.59	86.1	427.27	157.77	47.15	174.55	34.87
1991	1 021.19	859.15	84.1	427.42	181.57	41.77	171.87	27.43
1992	1 022.63	848.47	83.0	424.84	187.59	36.48	163.96	27.41
1993	1 002.96	808.94	80.7	403.64	147.43	35.62	175.00	39.78
1994	988.14	768.44	77.8	378.34	141.85	30.96	168.50	39.72
1995	967.30	743.12	76.8	372.20	151.26	29.84	150.25	30.29
1996	967.11	744.03	77.0	370.00	164.40	31.91	139.52	29.53
1997	982.83	753.81	76.7	370.71	178.09	27.76	133.48	35.18
1998	1 014.34	745.58	73.5	360.92	185.69	25.10	136.21	31.93
1999	990.28	686.62	69.3	326.16	203.25	21.95	105.35	21.74
2000	990.73	587.54	59.3	276.33	158.30	21.67	87.70	35.09
2001	999.24	536.91	53.7	256.38	140.67	18.51	83.51	30.91
2002	1 001.78	512.26	51.1	240.85	134.71	18.36	82.19	28.91
2003	985.81	465.79	47.2	212.58	115.87	18.09	83.32	28.75
2004	1 001.27	539.29	53.9	238.34	161.72	14.90	89.53	28.98
2005	1 024.73	576.99	56.3	260.21	177.69	10.76	90.16	31.63
2006	1 015.26	613.22	60.4	279.82	184.78	8.92	101.92	32.77
2007	1 040.39	672.42	64.6	311.13	184.67	6.90	133.98	33.73
2008	1 010.10	666.84	66.2	307.82	185.77	6.29	127.55	37.57
2009	1 056.60	689.28	65.2	319.96	185.76	5.04	135.32	41.12
2010	1 099.09	714.05	65.0	340.15	184.93	4.33	143.51	39.23
2011	1 110.29	727.26	65.5	341.71	188.68	3.92	152.40	38.28
2012	1 124.62	730.53	65.0	346.98	189.69	3.59	152.03	37.16
2013	1 126.58	729.75	64.8	346.24	190.07	4.85	153.14	34.33
2014	1 127.21	732.96	65.0	349.16	189.38	4.48	156.57	32.44

12-7 续表

单位:千公顷

年 份	经济作物		在经济作物播种面积中				其 它 作 物	
	播种面积	占总播种面积(%)	棉花	油菜籽	花生	甜菜		#蔬菜
1957	210.40	17.9	49.93	0.87	25.17		9.30	1.48
1962	200.32	21.3	29.04	0.29	14.23		10.20	3.94
1965	256.34	27.0	42.17		26.67		14.03	11.04
1970	182.27	20.2	52.05		8.75		17.84	13.45
1975	214.48	22.6	54.84	0.92	10.43		19.21	
1978	225.31	23.7	48.48	1.90	9.30		21.03	17.92
1979	217.95	22.5	54.65	2.01	10.57		20.87	14.80
1980	194.84	20.7	47.95	6.01	16.93		18.47	14.59
1981	165.47	16.9	59.48	7.81	13.62		23.59	17.25
1982	137.85	14.2	65.43	6.81	10.37		25.47	20.18
1983	104.08	10.6	69.17	14.59	14.31		27.83	18.02
1984	114.72	11.3	83.67	9.81	13.49		27.48	20.93
1985	137.25	13.3	77.32	23.02	24.26	0.33	37.26	28.17
1986	118.57	11.4	57.81	30.76	22.31		45.44	33.75
1987	123.99	11.9	68.53	30.92	18.62		46.53	35.01
1988	125.32	12.3	90.30	11.62	16.79		52.08	39.40
1989	100.59	9.8	64.83	9.37	16.08		54.99	43.78
1990	87.19	8.8	61.68	4.65	13.91		50.61	42.47
1991	114.15	11.2	77.80	9.83	15.55	0.40	47.89	39.99
1992	119.50	11.7	80.62	6.76	17.18		54.99	44.93
1993	90.45	9.0	57.68	5.46	21.14		103.57	73.81
1994	100.31	10.2	60.97	9.82	25.63	0.57	119.39	99.11
1995	95.85	9.9	62.15	7.10	23.81	0.17	128.33	113.38
1996	71.23	7.4	43.65	4.98	19.50	0.71	151.84	134.73
1997	67.17	6.8	37.54	3.35	21.64	0.08	161.85	138.68
1998	68.40	6.7	35.85	2.90	27.82	0.21	200.36	165.70
1999	68.55	6.9	23.48	2.90	38.33	0.05	235.11	215.05
2000	106.46	10.7	42.78	6.19	53.68	0.06	296.73	244.94
2001	131.18	13.1	61.51	7.54	57.26	0.20	331.15	299.16
2002	120.46	12.0	54.30	9.12	53.49	0.08	369.06	326.41
2003	141.16	14.3	72.23	9.96	50.83		370.85	338.12
2004	154.29	15.4	70.17	8.19	32.03	0.07	307.69	301.98
2005	133.26	13.0	53.33	8.83	43.75		314.48	310.97
2006	111.05	10.9	46.19	7.77	34.06		290.99	288.24
2007	74.30	7.1	40.89	5.43	27.98		293.67	270.63
2008	87.10	8.6	36.15	4.41	25.88		276.58	254.58
2009	84.72	8.0	30.45	5.41	27.76		282.08	280.08
2010	83.81	7.6	30.20	4.61	26.55		301.23	293.30
2011	81.00	7.3	29.40	3.62	25.22		302.03	297.20
2012	83.24	7.9	28.54	3.15	23.96		310.85	304.97
2013	80.45	7.1	25.68	2.52	22.92		316.38	310.67
2014	77.99	6.9	21.20	1.74	24.13		316.26	311.84

12-8 农作物播种面积和产量

指 标	2012			2013			2014		
	播种面积（千公顷）	每公顷产 量（公斤）	总产量（吨）	播种面积（千公顷）	每公顷产 量（公斤）	总产量（吨）	播种面积（千公顷）	每公顷产 量（公斤）	总产量（吨）
农作物总播种面积	**1 124.64**			**1 126.58**			**1 127.21**		
粮食	730.55	6 457	4 717 259	729.75	6 182	4 511 339	732.96	6 401	4 691 800
夏收粮食	347.69	5 992	2 083 389	347.09	5 548	1 925 539	349.78	5 851	2 046 457
夏收谷物	347.43	5 995	2 082 803	346.73	5 551	1 924 711	349.41	5 854	2 045 602
# 小麦	346.98	5 996	2 080 551	346.24	5 552	1 922 409	349.16	5 855	2 044 241
大麦	0.45	5 004	2 252	0.49	4 698	2 302	0.25	5 444	1 361
夏收豆类	0.26	2 254	586	0.36	2 300	828	0.37	2 311	855
秋收粮食	382.86	6 879	2 633 870	382.66	6 757	2 585 800	383.18	6 904	2 645 343
秋收谷物	341.72	7 367	2 517 604	343.21	7 192	2 468 230	346.04	7 299	2 525 667
# 稻谷	189.69	8 449	1 602 658	190.07	8 280	1 573 722	189.38	8 394	1 589 739
# 籼稻	65.56	8 342	546 910	62.89	8 305	522 295	58.68	8 136	477 413
玉米	152.03	6 018	914 946	153.14	5 841	894 508	156.67	5 975	935 473
秋收豆类	37.55	2 388	89 680	34.60	2 338	80 897	32.66	2 589	84 560
# 大豆	37.16	2 383	88 549	34.33	2 338	80 266	32.44	2 591	84 037
秋收薯类	3.59	7 406	26 586	4.85	7 561	36 673	4.48	7 838	35 116
棉花	28.54	1 286	36 709	25.68	1 413	36 291	21.2	1 530	32 426
油料	27.14	3 917	106 312	25.47	3 909	99 557	25.89	4 103	106 232
# 花生	23.96	4 122	98 754	22.92	4 111	94 234	24.13	4 246	102 449
油菜籽	3.15	2 391	7 531	2.52	2 102	5 296	1.74	2 162	3 762
药材类									
蔬菜瓜类	332.33	35 234	11 709 410	339.76	36 859	12 523 133	342.46	38 051	13 030 864
# 蔬菜（含菜用瓜）	304.97	35 263	10 754 117	310.67	36 758	11 419 483	311.84	38 102	11 881 654
瓜类（果用瓜）	27.36	34 916	955 293	29.09	37 939	1 103 650	30.62	37 531	1 149 210
其它农作物				5.71			4.42		

12–9 主要年份主要农产品产量

年 份	粮 食（万吨）	棉 花（万吨）	油 料（万吨）	蚕 茧（吨）	水 果（万吨）	大牲畜年末数（万头）	生猪存栏（万头）	猪牛羊肉（万吨）	水产品（万吨）
1949	74.66	0.20	1.95	70	1.01	32.71	22.19	0.51	0.29
1952	97.42	0.40	2.52	90	1.25	38.80	25.85	0.50	0.37
1957	84.23	0.75	1.62	245	1.01	39.63	46.65	1.60	0.34
1962	76.21	0.39	0.78	110	0.50	29.56	47.66	1.36	0.34
1965	90.95	0.95	1.82	320	0.75	32.12	68.92	2.17	0.49
1970	124.85	2.97	1.05	255	1.48	38.21	80.08	2.38	0.17
1975	174.66	3.41	1.21	485	2.37	35.28	129.15	4.77	0.52
1978	206.15	2.47	1.59	525	2.62	31.47	149.25	5.18	0.72
1979	235.53	2.00	2.07	705	3.93	30.09	148.45	6.15	1.03
1980	249.94	4.46	3.14	885	3.74	28.20	144.07	7.18	1.20
1981	275.10	4.32	5.04	915	4.67	27.52	144.07	7.80	1.18
1982	293.46	5.69	7.54	990	4.66	26.32	146.64	10.20	0.99
1983	367.85	7.32	5.68	1 175	5.84	26.54	152.79	8.50	1.04
1984	405.71	9.32	5.09	1 675	5.93	24.38	149.46	10.24	1.18
1985	379.70	7.05	10.48	2 030	5.77	23.59	189.96	12.90	1.77
1986	410.34	6.24	10.63	2 715	7.76	25.58	189.36	13.11	2.44
1987	403.42	7.48	10.60	3 135	7.56	27.18	180.57	14.67	3.01
1988	370.10	8.84	4.81	3 784	12.83	29.53	158.27	16.08	3.16
1989	404.40	4.69	4.99	5 258	11.28	30.98	163.39	16.78	3.37
1990	399.00	5.57	4.77	6 022	14.13	32.06	170.36	18.73	3.70
1991	411.83	7.96	6.32	7 533	13.16	33.13	170.36	19.59	4.11
1992	418.87	5.45	5.52	11 838	16.61	36.15	172.42	21.11	4.62
1993	407.30	4.79	7.12	14 814	21.33	39.27	192.04	23.15	5.75
1994	378.99	4.23	9.33	22 410	24.03	43.36	203.01	26.14	6.92
1995	406.13	5.91	8.35	22 105	35.78	49.54	215.78	28.71	8.49
1996	423.01	4.94	6.38	14 424	49.15	53.30	216.89	36.17	9.80
1997	436.51	4.27	7.87	14 555	58.15	44.57	176.51	24.92	10.66
1998	386.00	3.92	9.55	14 230	66.27	24.50	209.82	26.79	12.02
1999	418.96	2.50	14.35	14 320	75.74	17.46	190.04	25.52	12.83
2000	319.50	5.08	20.28	15 176	81.91	17.92	201.07	27.51	13.52
2001	309.43	6.79	23.10	16 841	90.80	16.78	198.43	28.80	14.17
2002	297.55	6.34	22.23	16 560	92.93	19.10	206.02	28.60	14.57
2003	210.44	4.43	10.29	15 153	80.57	17.22	206.80	30.10	14.73
2004	319.02	8.37	19.91	14 788	90.46	17.73	207.35	31.79	15.57
2005	314.13	4.17	16.26	13 212	87.52	18.22	214.26	35.05	16.43
2006	357.87	4.92	14.63	14 270	93.99	18.55	180.57	32.41	17.26
2007	374.74	4.19	11.19	13 238	98.95	11.59	190.93	35.78	16.39
2008	389.34	4.17	10.70	9 966	104.58	16.07	220.49	31.90	16.65
2009	427.67	3.84	12.56	10 214	104.88	18.80	248.95	39.40	16.95
2010	440.20	3.23	12.11	6 805	106.31	20.99	293.19	46.58	17.04
2011	455.30	3.39	11.45	7 510	114.21	23.07	315.36	48.13	17.50
2012	471.73	3.67	10.63	6 941	118.77	21.50	313.49	52.97	18.14
2013	451.13	3.63	9.96	6 815	92.81	20.87	297.20	47.87	18.37
2014	469.18	3.24	10.62	7 977	116.11	20.21	306.91	51.11	18.60

注:2006 年数据根据第二次农业普查资料进行了调整。

12-10　主要年份蚕桑、水果生产情况

单位：吨、公顷

指　　标	1978	1980	1985	1990	1995	2000	2005	2010	2012	2013	2014
蚕茧产量	**525**	**885**	**2 030**	**6 022**	**22 105**	**15 176**	**13 212**	**6 805**	**6 941**	**6 815**	**7 977**
水果产量	**26 210**	**37 355**	**576 545**	**141 335**	**357 761**	**819 139**	**875 179**	**1 063 147**	**1 187 667**	**928 102**	**1 161 138**
# 苹果	8 843	18 874	33 035	65 638	236 258	554 403	465 347	500 570	528 930	475 800	532 998
梨	11 339	10 512	17 441	21 662	35 992	131 368	184 550	229 087	231 911	130 690	222 207
葡萄				4 909	5 682	13 423	28 527	48 548	111 261	87 606	101 305
桃子	1 318	1 747	1 841	36 875	59 713	92 833	152 802	213 566	254 580	184 361	256 846
红枣				26	131	1 360	5 055	3 476	5 231	5 175	5 610
桑园面积	**1 307**	**1 467**	**2 700**	**11 100**	**43 333**	**13 667**	**13 307**	**7 734**	**7 733**	**7 734**	**7 333**
果园面积	**9 233**	**9 246**	**12 700**	**43 026**	**68 967**	**82 139**	**82 056**	**75 990**	**79 105**	**77 811**	**75 827**
# 苹果园		5 760	6 993	24 900	49 819	35 720	32 528	30 909	29 743	29 551	28 874
梨园					7 416	20 136	19 733	13 305	13 116	12 196	11 649
葡萄园					380	1 363	2 793	2 489	5 722	6 632	6 887

12-11　主要年份林业生产情况

单位：公顷

指　　标	1978	1980	1985	1990	1995	2000	2005	2010	2012	2013	2014
造林面积	4 847	3 747	7 787	3 353	5 590	4 300	7 450	5 999	4 950	6 001	5 588
# 用材林	3 453	2 006	4 620	2 240	2 218	1 893	2 346	1 459	326	177	152
经济林	993	313	2 800	466	3 354	2 387	2 538	1 003	698	1 920	1 582
防护林	401	1 428	367	620		20	2 566	3 538	3 924	3 898	3 831
林产品产量　（吨）											
板栗	23	650	380	465	1 678	2 203	3 096	2 690	2 090	1 608	1 656
白果	19	27	47	47	72	910	1 260	2 333	4 367	3 448	4 726
迹地更新面积			133	106	546	1 230	972	802	227	687	357
四旁植树　（万株）	4 734	4 208	3 108	1 776	1 538	1 493	1 790	2 202	1 005	1 317	1 371
林木种子采集量（吨）						80	80	350	955	510	510
本年育苗面积	2 800	1 777	2 180	940	921	931	2 578	3 818	6 546	6 193	6 804
中、幼龄林抚育面积											9 258
低产林改造面积					187		24		1 556	1 734	1 526
木材采伐量(万立方米)	5.05	11.55	13.79	21.42	53.00	41.68			50.47	26.53	27.86
年末实有林地面积	57 400	65 386	76 593	79 413	87 123	154 458					

12-12　主要年份畜牧业生产情况

指　　标	1978	1985	1990	1995	2000	2005	2010	2012	2013	2014
牲畜年末头数（万头）										
大牲畜	31.47	23.59	32.06	49.54	17.92	18.22	20.99	21.50	20.87	19.77
#役畜				26.60	7.43	2.59	3.84	3.43	3.18	2.70
#牛	21.00	11.27	17.17	33.70	8.82	15.34	17.54	18.69	18.28	17.37
马	3.88	3.03	1.70	1.68	0.63	0.21	0.20	0.15	0.13	0.12
驴	5.60	7.55	11.33	12.33	7.78	2.25	2.35	1.77	1.59	1.51
骡	0.99	1.74	1.86	1.83	0.69	0.42	0.90	0.90	0.87	0.77
猪	149.25	189.96	170.36	215.78	201.07	214.26	293.19	313.49	297.20	306.91
羊　（万只）	82.79	80.71	206.01	353.98	175.48	263.68	208.14	219.75	227.54	232.90
#山羊	39.14	59.08	179.66	326.05	163.38	267.24	202.60	211.78	218.91	222.04
兔　（万只）		89.01	109.12	444.22	655.83	667.16	1 056.77	1 068.06	1 077.86	1 065.07
家禽　（万只）	491.80	1 613.08	2 403.44	4 298.00	3 545.39	4 735.11	9 270.77	9 711.07	9 908.59	9 762.65
畜产品产量										
肉猪出栏头数（万头）	67.01	130.74	163.11	250.95	238.83	308.56	460.74	507.29	520.84	546.84
肉类总产量　（吨）		142 336	217 108	403 509	366 391	501 563	885 070	1 029 838	984 753	1 014 517
#猪肉	51 847	123 325	161 363	248 224	240 487	293 027	414 173	470 213	413 211	441 327
牛肉		1 715	9 243	2 747	10 958	15 656	8 864	9 801	10 878	12 270
羊肉		3 948	16 685	36 107	23 665	41 844	42 736	49 689	54 642	57 486
禽肉		11 421	25 876	67 770	67 528	113 626	340 256	430 435	436 513	431 098
兔肉		1 927	2 635	18 736	19 739	24 524	60 603	62 257	62 980	64 409
其他畜产品产量（吨）										
牛奶产量	3 814	6 997	9 889	20 821	59 035	183 851	266 981	267 755	259 218	230 554
羊奶产量										
绵羊毛产量	1 520	1 059	1 479	1 730	743	386	272 500	261 020	275 500	302 805
蜂蜜	121	283	1 035	335	120	289	556	312	320	379
禽蛋		71 541	148 806	325 152	354 001	422 021	486 249	563 150	579 238	564 057

12-13　主要年份水产品生产情况

指　　标	1978	1985	1990	1995	2000	2005	2010	2012	2013	2014
水产品产量　（吨）	**7 160**	**17 745**	**36 897**	**84 928**	**135 168**	**164 298**	**170 395**	**181 430**	**183 651**	**186 001**
按生产性质分										
捕捞产量	1 825	4 523	9 574	18 409	19 061	25 140	16 306	17 280	17 080	15 940
养殖产量	5 335	13 222	27 323	66 519	116 107	139 158	154 089	164 150	166 571	170 061
按类别分										
鱼类	6 427	14 258	37 847	76 287	116 203	116 952	151 286	161 553	164 469	167 708
虾蟹类	39	41	72	177	14 967	19 665	15 240	15 816	15 173	14 546
贝类	746	926	1 587	2 972	2 957	629	1 974	2 028	2 010	1 971
其它	53	97	201	342	1 046	1 912	1 895	2 033	1 999	1 776
水产养殖面积（公顷）	**9 493**	**17 309**	**16 751**	**26 787**	**31 363**	**35 879**	**25 694**	**26 519**	**26 160**	**26 425**

12–14　主要年份农业现代化情况

单位：千公顷

指　　标	1980	1985	1990	1995	2000	2005	2010	2012	2013	2014
农业机械化情况										
机耕面积	490.40	520.11	515.45	549.51	534.16	685.76	637.73	754.75	739.25	737.84
机播面种	100.00	212.00	325.98	277.65	253.76	401.28	413.29	560.57	624.32	652.98
# 机播小麦面积	161.38	198.74	325.55	254.22	231.76	282.30	275.05	303.21	309.33	317.96
机械植保面积			227.29	522.48	575.64	683.64	625.67	695.03	706.15	722.75
机械收获面积		160.67	286.39	367.64	419.90	516.46	505.42	634.99	662.53	682.08
农村电气化情况										
农村用电量　（万千瓦小时）	29 675	75 513	185 943	163 273	297 446	462 664	502 295	595 964	633 787	648 155
农业化学化情况										
农用化肥施用量（折纯量）（吨）	250 379	314 738	440 900	567 001	671 296	696 985	703 405	671 312	649 564	640 757
# 氮肥	163 916	194 643	259 564	299 171	311 692	316 672	328 439	311 703	298 192	294 470
磷肥	60 658	94 386	98 522	114 582	122 556	104 933	104 733	96 300	92 160	89 233
钾肥	7 374	5 536	21 899	36 576	71 045	71 824	70 820	68 572	65 974	64 254
复合肥	18 430	17 502	60 916	116 672	166 003	203 556	199 413	194 737	193 238	192 800
每公顷耕地施用量　（公斤）	397	507	728	927	1 120	1 182	1 201			
农用塑料薄膜使用量　（吨）		7 343	6 948	8 583	9 057	12 150	12 934	13 153	13 256	13 380
农药使用量　（吨）		6 268	15 162	15 047	14 341	12 556	12 441	11 273	10 709	10 567
农田水利情况										
有效灌溉面积		443.28	444.67	461.12	495.45	480.08	491.98	512.44	517.79	525.82
旱涝保收面积			360.51	395.89	348.12	420.70	428.00	427.44	445.60	476.53
农村基础设施情况　（个）										
自来水受益村数			550	1 270	1 161	1 813	1 946	1 941	1 896	1 963
通电话村数			2 228	3 493	2 364	2 207	2 166	2 081		
通宽带村数										2 025

12–15 主要年份主要农业机械拥有量

（年底数）

指　　标	1980	1985	1990	1995	2000	2005	2010	2012	2013	2014
农业机械总动力（万千瓦）	**186.19**	**253.03**	**205.11**	**374.66**	**437.73**	**547.63**	**563.71**	**615.15**	**626.68**	**757.01**
# 柴油机	118.13	160.85	134.87	295.07	350.53	469.94	483.25	520.09	529.28	545.93
电动机	56.71	79.51	62.09	76.34	83.01	71.97	6.68	81.39	82.09	94.85
主要农业机械										
大中型拖拉机（台）	6 285	6 439	4 335	7 574	7 101	11 332	13 772	18 953	21 106	23 792
（万千瓦）	22.57	23.97	16.43	25.43	25.39	44.51	57.28	83.13	96.30	113.66
小型拖拉机（台）	86 025	117 000	86 976	143 011	156 367	279 005	274 908	255 309	239 484	229 508
（万千瓦）	76.21	106.80	77.22	129.96	143.47	250.64	250.64	240.88	227.56	220.35
农用排灌动力机械（台）	35 681	51 300	51 576	52 506	60 907	59 669	61 047	75 028	78 604	81 336
（万千瓦）	42.77	54.37	53.79	60.91	70.15	66.23	67.61	77.84	80.69	84.03
# 柴油机（台）	7 460	10 800	12 154	12 339	18 720	21 553	22 276	24 687	27 005	33 034
（万千瓦）	7.74	10.80	11.84	11.80	19.18	19.96	20.71	21.49	23.96	25.51
电动机（台）	28 221	40 500	39 422	40 167	42 116	38 116	38 771	44 741	45 995	48 132
（万千瓦）	35.07	43.57	41.94	49.11	50.76	46.27	46.91	53.70	56.74	58.11
农用水泵（台）	34 062	48 000	50 561	77 396	71 639	79 572	82 443	104 268	108 730	109 288
喷灌机械（套）	804	3 512	7 012	17 841	21 406	21 560	21 866	24 817	26 494	31 484
联合收割机（台）	98	149	426	6 039	9 822	14 046	15 435	18 418	17 233	23 369
机动脱粒机（台）	35 307	57 227	8 794	68 050	31 345	21 445	21 005	17 905	15 170	13 911
机动喷雾(粉)机（万部）	0.44	0.45	0.88	1.62	1.87	2.24	2.50	4.42	4.84	5.05
农产品加工机械动力（万千瓦）	19.36	37.49	21.37	22.11	22.48	25.83	25.33	29.05	30.63	31.10
农用载重汽车（辆）	2 654	3 425	3 346	6 536		17 886	17 897	18 619	17 836	16785
（万千瓦）	16.85	25.24	25.14	11.69		29.25	28.98	34.11	32.82	31.37

12-16　主要年份农林牧渔业主要经济效益指标

指　　标	1985	1990	1995	2000	2005	2010	2012	2013	2014
每个农业劳动力创造的									
农林牧渔业总产值　（元）	1 446	2 855	4 815	9 685	18 424	32 237	49 312	57 312	66 563
每个农业劳动力创造的									
农林牧渔业增加值　（元）		1 161	3 053	5 086	9 401	17 262	26 468	30 862	35 938
每公顷耕地创造的									
种植业产值　（元）		5 811	17 876	22 959	14 498	52 793	71 905	81 430	
每公顷耕地创造的									
种植业增加值　（元）		4 380	12 014	13 927	20 315	31 486	43 152	48 936	
每个农业劳动力生产的									
粮食产量　（公斤）	1 724	1 757	1 904	1 370	1 738	2 757	3 265	3 220	3 442
每个农业劳动力生产的									
棉花产量　（公斤）	32	25	28	22	23	20	25	26	24
每个农业劳动力生产的									
油料产量　（公斤）	47	21	39	87	81	76	74	71	78
每个农业劳动力生产的									
肉类产量　（公斤）	64	82	146	157	277	554	713	703	720
每个农业劳动力生产的									
水产品产量　（公斤）	8	16	40	58	91	107	126	131	136
农民人均收入　（元）	389	661	1 800	3 230	4 443	7 955	10 762	12 052	12 811

注：产值、增加值均为现行价格。

主要统计指标解释

乡村劳动力 是指乡村人口中经常参加合作经济组织(包括乡村办企业事业单位)和从事家庭经营生产劳动的整、半劳动力。凡是在农村由合作经济组织分配劳动任务或者承包各种生产任务,并从中直接取得实物、货币收入的劳动力,不管他们从事何种劳动,都统计为乡村劳动力。国家向乡村调用的建勤民工,由集体经费支付工资或补贴的乡村半脱产管理干部,乡村分配到全民所有制单位和城镇集体所有制单位工作而收入交合作经济组织,并从中取得实物、货币收入的合同工、临时工、亦工亦农人员;自行外出,但户口没有转出的劳动力,都包括在内。

16周岁以上的在校学生和由国家支付工资的职工都不统计为乡村劳动力。

农林牧渔业总产值 农林牧渔业总产值是以货币表现的农林牧渔业的全部产品总量和对农林牧渔业生产活动进行的各种支持性服务活动的价值。它反映一定时期内农林牧渔业生产总规模和总成果。

农林牧渔业的统计范围是:

(1)农业 包括谷物和其他作物种植业、蔬菜、园艺和水果、坚果、饮料、香料的生产经营,以及中药材种植业。

(2)林业 包括林木的培育和种植(不包括茶园、桑园和果园的栽培、管理和收获等活动)、林产品的采集和竹木采运。

(3)牧业 包括除渔业养殖以外的一切动物饲养和放牧以及野生动物的捕猎和饲养。

(4)渔业 包括水生动物和海藻类植物的养殖和捕捞。

从所有制看,包括国有经济的各种专业农(农、林、牧、渔)场以及国家各级机关团体学校、科研机构、部队经营的农业;集体所有制的乡镇村各级办农场;农村各种经济组织经营的农、林、牧、渔业以及工矿企业家属集体经营的农业;农民家庭自营的农林牧渔业及兼营商品性工业等。

农业总产值的计算方法通常是按农林牧渔业产品及其副产品的产量分别乘以各自单位产品价格求得,少数生产周期较长,当年没有产品或产品产量不易统计的,则采用间接方法匡算其产值,然后将四业产品产值相加即为农业总产值。

1957年以前的农业总产值中包括了厩肥和农民自给性手工业(如农民自制衣服、鞋、袜、自己从事粮食初步加工等)。1958年及以后的农业总产值,林业中增加了村及村以下竹木采伐产值;牧业中取消了厩肥产值;副业中取消了农民自给性手工业产值,增加了村及村以下办的工业产值;渔业中增加了海洋捕捞水产品产值。1980年及以后的农业总产值,在副业中增加了农民家庭兼营工业商品部分的产值。从1984年起村及村以下办工业产值划归工业。从1993年起,取消副业。将野生动物的捕猎划入牧业,野生植物采集和农民家庭兼营商品性工业划归农业。从2003年起,执行新的国民经济行业分类标准,农林牧渔业总产值中包括了农林牧渔服务业产值。林业中增加了森林采运业产值。农业中取消了家庭兼营商品性工业产值,将野生林产品的采集划归林业。

农林牧渔业增加值 指农、林、牧、渔及农林牧渔服务业在生产货物或提供服务活动的过程中而增加的价值,为农林牧渔业现价总产值扣除农林牧渔业现价中间投入后的余额,是指各单位生产经营的最终成果。

农林牧渔业中间消耗 是指当年在农林牧渔业生产过程中所投入或消耗的各种物质产品和劳务价值的总和。包括中间物质消耗和对非物质生产部门的劳务支出两部分。

农作物总产量 是指本年度内生产的各种农作物的总产量。不论计划内外,数量多少,耕地上还是非耕地〔包括荒山、坡及江、河、湖、海滩(涂)、十边隙地等〕上的农作物产量都统计在内。农作物产量是指全社会产量,不仅要把国营农场等全民所有制生产单位和乡、村集体所有制生产单位的农作物产量统计在内,农户自营地、工矿企业职工家属办的农场和其他经营单位的农作物产量也统计在内。不仅统计卖给国家的农作物产量,生产单位自产自用的农作物产量也统计在内。农作物产量只统计晒干入库的产量。

粮食产量 指全社会的产量。包括国有经济经营的、集体统一经营的和农民家庭经营的粮食产量,还包括工矿企业家属办的农场和其他生产单位的产量。粮食除包括稻谷、小麦、玉米、高粱、谷子及其他杂粮外,还包括薯类和大豆。其产量计算方法,豆类按去豆荚后的干豆计算;薯类(包括甘薯和马铃薯,不包括芋头和木薯)1963年以前按每4公斤鲜薯折1公斤粮食计算,从1964年开始及以后改为按5公斤鲜薯折1公斤粮食计算。城市郊区作为蔬菜的薯类(如马铃薯等)按鲜品计算,并且不作为粮食统计。其他粮食一律按脱粒后的原粮计算。

油料产量 指全部油料作物的生产量。包括花生、油菜籽、芝麻、向日葵籽、胡麻籽(亚麻籽)和其他油料。不包括大豆,也不包括木本油料和野生油料。花生以带壳干花生计算。

蚕茧产量 是指本年度内生产的全部蚕茧产量,不论自用的或出售的,都统计在内。在计算蚕茧产量时,把土茧、改良茧和种茧都包括在内。蚕茧产量均按鲜茧的重量计算。

猪、牛、羊肉产量 指当年出栏并已屠宰后除去头蹄下水后带骨肉(即胴体重)的重量。

水产品产量 是指人工养殖并捕捞的水产品和捕捞天然生产的水产品产量。不论自食的或出售的,都计算在内。用作继续扩大再生产的水产品(如鱼苗、苗种、亲鱼、鱼饵及转塘鱼、存塘鱼等)不作水产品产量统计。在渔业生产单位出售以前已经变质的水产品,不论是改作饲料、肥料还是其他用途,也不作水产品产量统计。

生猪出栏量 是指国营农场等全民所有制生产单位、乡(镇)、村各种合作经济组织和农户、机关、学校、工矿企业、部队以及城镇居民饲养的,可供屠宰并已出栏的全部肉猪数量。不仅包括卖给国家及其他购买者的肉猪,还包括集体和城乡居民自宰的肉猪。

期初(末)畜禽存栏头(只)数 指本期期初(末)农村各种合作经济组织和国营农场、农民个人、机关、团体、学校、工矿企业、部队等单位以及城镇居民饲养的大牲畜、猪、羊、家禽等畜禽的存栏头(只)数。

谷物 指籽实主要供作粮食的作物。这类作物包括稻谷、小麦、玉米、谷子、高粱和其他谷物,不包括豆类和薯类作物。

林产品产量 指不经砍伐竹木的根本而取得的各种林产品数量。包括生漆、棕片、五倍子、松脂、笋干、油桐籽、油茶籽、乌柏子、核桃、板栗、白果等各种林木籽实以及修剪竹木所获得的枝叶(如荆条、柳条、蒲葵叶)等。不包括桑叶、茶叶、水果。也不包括野生的林产品。

耕地面积 是指种植农作物,并经常进行耕锄的田地。统计范围包括熟地、当年新开荒地、连续撂荒未满三年的耕地和当年的休闲地(轮歇地)。以种植农作物为主并附带种植桑树、茶树、果树和其他林木的土地以及沿海、沿湖地区已围垦利用的“海涂”、“湖田”等也包括在内。但专业性的桑园、茶园、果园、果木苗圃、林地、芦苇地、天然草原等都不包括在内。

农作物播种面积 指实际播种或移植有农作物的面积。凡是实际种植有农作物的面积,不论种植在耕地上还是种植在非耕地上,均包括在农作物播种面积中,同时还包括因遭灾而重新改种和补种的农作物面积,种一公顷算一公顷。

有效灌溉面积 是指具有一定的水源,地块比较平整,灌溉工程或设备已经配套,在一般年景下当年能够进行正常灌溉的耕地面积。包括机灌、电灌和自流灌溉面积三部分。

造林面积 是指报告期内在荒山、荒地、沙丘等一切可以造林的土地上,采用人工播种、植苗、飞机播种等方法新植的成片乔木和灌木林面积,符合“造林技术规程”要求的株数,经过检查验收,成活率在85%以上的面积。四旁植树如一侧在四行以上,连续成片面积达一亩以上,也统计在造林面积内。在造林面积中,不包括补植面积、治沙种草面积、经济林复垦面积、迹地更新面积和低产林改造面积。

农用化肥施用量 指在本年度内实际用于农业生产的化肥数量。包括氮肥、磷肥、钾肥和复合肥。按折纯法计算化肥数量,即把氮肥、磷肥、钾肥分别按含氮、含五氧化二磷、含氧化钾100%折算。

农村用电量 是指在本年度内,扣除在农村中的全民所有制工业、交通、基建单位用电量以后农村生产和生活上的全年用电总量(按全年累计数统计)。从电的来源看,既包括国家电网的供电量,也包括农村自办电站的供电量。

农业机械总动力 是指主要用于农、林、牧、渔业生产和运输的所有动力机械的动力总和。包括耕作机械、排灌机械、收获机械、农产品加工机械、运输机械、植保机械、牧业机械、林业机械、渔业机械和其他机械[内燃机按引擎马力折成瓦(特)计算,电动机按功率折成瓦(特)计算]。不包括专门用于乡(镇)、村以及村以下办工业、基本建设、非农业运输、科学试验和教学等非农业生产方面用的动力机械和作业机械。但从事农副产品初级加工的村户工业的机械应统计在内。

农业机械年末拥有量 是指国有经济、集体经济农业生产单位和合作经济组织及农户在年末统计时实际拥有的各种农业机械设备数量。包括能用未用的、需要修复的(指中修、大修)、储存备用的。但已经损坏报废的、购买(或调进)而未提货的、从非农业生产单位调来临时支援的,均不包括在内。

版面负责人：李　燕

编　　　辑：李增有　殷溪晨

江苏省统计条例

（2014年1月16日江苏省第十二届人民代表大会常务委员会第八次会议通过）

第二十四条 民间统计调查组织者发布民间统计调查资料应当客观真实，不得伪造、篡改，同时应当说明调查目的以及主要统计指标含义、调查范围、调查方法、计算方法、调查样本量等内容；引用其他组织、个人或者机构资料的，应当注明资料来源。

新闻媒体和其他单位、组织对外发布信息引用民间统计调查资料的，应当准确引用，并注明民间统计调查组织者名称，不得伪造、篡改民间统计调查资料。

【释义】 本条是关于民间统计调查资料发布和引用的规定。

对于发布和使用民间统计调查资料，本条作出如下规范：一是规定发布和引用民间统计调查资料应当客观真实的基本要求。即民间统计调查组织者、新闻媒体和其他单位、组织发布或者引用民间统计调查资料，应当客观真实、准确引用，并要注明资料来源或者民间统计调查组织者名称，不得伪造、篡改调查资料。二是规定发布民间统计调查资料的技术规范。即与本条例对政府统计资料公布方式所作规范一致，规定发布民间统计调查资料应当说明调查目的以及主要统计指标含义、调查范围、调查方法、计算方法、调查样本量等内容；引用其他组织、个人或者机构资料的，应当注明资料来源。

第二十五条 政府统计调查对象依法独立填报统计资料。任何单位和个人干涉独立填报的，统计调查对象有权抵制，并可以向地方各级人民政府、政府统计机构或者监察机关等有关部门举报。

【释义】 本条是关于政府统计调查对象独立填报统计资料，以及抵制、举报干涉其独立填报权行为的规定。

独立填报统计数据是政府统计调查对象的最基本权利。为及时取得国家管理所必需的真实、准确的统计资料，《统计法》第七条从统计调查对象履行义务的角度，规定统计调查对象必须真实、准确、完整、及时地提供统计资料。从维护统计调查对象权利的角度，本条作出规定：政府统计调查对象具有依法独立填报统计资料的权利；对任何单位和个人干涉其独立填报权利的行为，统计调查对象有权进行抵制，并可以向地方各级人民政府、政府统计机构或者监察机关等有关部门举报。

编辑：王中彬

13-1　规模以上工业企业主要经济指标

单位:万元

年　份	企业个数（个）	工业总产值（当年价）	工业销售产值（当年价）	两项资金占用	资产合计	负债合计	主营业务收入
1998	638	4 074 137	3 935 975	1 005 882	5 070 971	3 649 935	3 478 097
1999	634	4 250 673	4 142 091	1 021 559	5 264 533	3 712 439	3 709 849
2000	675	4 664 445	4 559 926	950 855	5 291 391	3 544 562	4 076 443
2001	662	5 143 552	5 006 434	811 298	5 797 488	3 837 366	4 606 718
2002	743	6 004 465	5 881 437	939 259	5 917 323	3 745 659	5 407 551
2003	835	7 261 282	7 096 979	959 127	6 635 734	4 133 204	6 708 392
2004	1 223	9 240 199	9 034 730	1 143 367	8 052 514	5 251 043	9 023 167
2005	1 253	12 282 690	12 049 881	1 237 961	9 068 114	5 732 485	12 057 772
2006	1 586	16 325 467	15 995 354	1 462 580	10 941 023	6 741 424	15 867 073
2007	1 941	21 435 726	20 985 525	1 814 542	13 044 678	7 830 995	20 982 419
2008	2 289	28 466 782	27 834 669	2 569 139	18 702 529	10 307 054	27 764 584
2009	3 108	35 975 051	35 275 524	2 848 331	23 544 459	12 864 401	35 445 466
2010	3 412	51 129 660	50 174 214	4 196 654	30 388 366	15 785 192	51 021 414
2011	2 788	69 506 533	68 246 607	8 717 219	39 645 649	21 486 793	69 407 633
2012	2 859	88 822 852	87 825 341	11 235 951	47 911 439	25 983 600	88 372 620
2013	2 874	105 230 955	104 258 179	8 734 485	53 382 687	28 324 566	105 068 789
2014	2 861	113 906 442	112 125 760	9 270 151	60 859 209	30 270 409	113 119 359

13-1　续表

单位:万元

年　份	亏损企业亏损总额	亏损企业个　数（个）	利润总额	利税总额	本年应付工资总额	本年应交增 值 税	全部职工年平 均 人 数（人）
1998	55 429	162	51 295	295 628	320 243	164 058	492 401
1999	57 131	147	62 171	317 247	317 580	171 032	518 859
2000	39 223	157	99 135	379 547	339 630	187 754	401 158
2001	40 063	138	124 653	449 361	336525	207 127	368 704
2002	33 123	126	191 770	601 687	361 629	251 984	367 149
2003	25 870	113	289 107	803 670	415 936	304 318	354 677
2004	58 968	301	434 646	1 179 748	540 145	416 170	380 727
2005	25 349	138	595 317	1 506 893	674 688	540 559	383 974
2006	21 781	112	870 389	2 032 883	832 027	699 112	424 627
2007	17 119	79	1 256 175	2 810 581	1 018 946	894 886	462 273
2008	180 810	79	2 156 619	4 515 412	1 506 205	1 547 597	559 395
2009	100 017	62	2 941 696	5 987 619	1 538 026	2 051 026	602 000
2010	55 180	60	4 578 037	8 244 983	2 448 742	2 549 410	671 931
2011	146 411	62	6 435 392	11 243 062	3 052 689	3 338 761	718 085
2012	275 106	105	7 433 779	13 199 640	3 247 280	4 054 671	732 913
2013	232 757	81	8 560 785	15 333 700	3 480 102	4 868 456	764 904
2014	206 294	130	8 997 308	16 398 508	4 221 206	5 320 383	802 715

13-2 规模以上工业企业主要经济指标

（2014 年）　　单位:万元

指标	企业个数（个）	#亏损企业	工业总产值（当年价）	工业销售产值（当年价）	#出口交货值
总计	**2 861**	**130**	**113 906 442**	**112 125 760**	**2 347 013**
按登记注册类型分					
内资企业	2 672	104	103 007 787	101 543 232	1 348 223
国有企业	8	5	165 424	162 717	783
中央企业	4	2	44 657	43 926	
地方企业	4	3	120 767	118 792	783
集体企业	12		209 591	205 677	
股份合作企业	1		7 596	7 596	
联营企业					
国有联营企业					
集体联营企业					
国有与集体联营企业					
其他联营企业					
有限责任公司	359	35	22 173 039	22 086 084	466 139
国有独资公司	10	1	7 822 591	7 809 979	343 078
其他有限责任公司	349	34	14 350 448	14 276 105	123 061
股份有限公司	66	13	5 896 915	5 849 787	135 912
私营企业	2 219	51	74 481 195	73 159 593	745 389
私营独资企业	98		3 442 441	3 366 704	
私营合伙企业	18		432 843	424 760	
私营有限责任公司	2 026	47	67 904 639	66 674 899	611 189
私营股份有限公司	77	4	2 701 272	2 693 230	134 200
其他企业	7		74 027	71 778	
港、澳、台商投资企业	86	13	6 376 901	6 143 294	243 160
合资经营企业(港或澳、台资)	41	6	4 270 091	4 063 625	109 471
合作经营企业(港或澳、台资)	1		47 850	45 458	
港澳台商独资经营企业	41	7	1 532 465	1 509 344	133 689
港澳台商投资股份有限公司	3		526 495	524 867	
外商投资企业	103	13	4 521 755	4 439 235	755 630
中外合资经营企业	69	9	2 498 900	2 416 295	173 662
中外合作经营企业	2		86 822	84 057	18 526
外资企业	32	4	1 936 033	1 938 882	563 442
外商投资股份有限公司					

13-2　续表 1　　(2014 年)　　单位:万元

指　　标	企业个数(个)	# 亏损企业	工　业总产值(当年价)	工业销售产　值(当年价)	# 出　口交货值
按经济组织类型分					
独资企业	191	16	7 285 954	7 183 325	697 914
国有企业	8	5	165 424	162 717	783
集体企业	12		209 591	205 677	
私营独资企业	98		3 442 441	3 366 704	
港澳台商独资经营企业	41	7	1 532 465	1 509 344	133 689
外资企业	32	4	1 936 033	1 938 882	563 442
合作、合伙企业	29		649 137	633 648	18 526
股份合作企业	1		7 596	7 596	
国有联营企业					
集体联营企业					
国有与集体联营企业					
其他联营企业					
私营合伙企业	18		432 843	424 760	
合作经营企业(港或澳、台资)	1		47 850	45 458	
中外合作经营企业	2		86 822	84 057	18 526
其他企业(内资)	7		74 027	71 778	
股份有限公司	146	17	9 124 682	9 067 884	270 112
股份有限公司(内资)	66	13	5 896 915	5 849 787	135 912
私营股份有限公司	77	4	2 701 272	2 693 230	134 200
港澳台商投资股份有限公司	3		526 495	524 867	
外商投资股份有限公司					
有限责任公司	2 495	97	96 846 669	95 240 903	1 360 461
国有独资公司	10	1	7 822 591	7 809 979	343 078
私营有限责任公司	2 026	47	67 904 639	66 674 899	611 189
合资经营企业(港或澳、台资)	41	6	4 270 091	4 063 625	109 471
中外合资经营企业	69	9	2 498 900	2 416 295	173 662
其他有限责任公司	349	34	14 350 448	14 276 105	123 061
在总计中:亏损企业	130	130	2 495 012	2 487 383	196 469
在总计中:国有控股企业	44	10	10 772 143	10 778 706	350 045
按轻重工业分					
轻工业	1 081	32	35 387 762	34 876 973	644 777
重工业	1 780	98	78 518 680	77 248 787	1 702 236
按企业规模分					
大型企业	57	7	25 821 427	25 471 792	936 534
中型企业	437	24	35 637 164	34 991 677	623 706
小型企业	2 360	98	52 419 927	51 634 367	786 774
微型企业	7	1	27 924	27 924	

13-2 续表2 （2014年） 单位:万元

指标	企业个数（个）	#亏损企业	工业总产值（当年价）	工业销售产值（当年价）	#出口交货值
按行业分	**2 861**	**130**	**113 906 442**	**112 125 760**	**2 347 013**
煤炭开采和洗选业	12	3	2 584 515	2 560 791	
黑色金属矿采选业	5	1	119 919	116 360	
非金属矿采选业	31	1	711 651	699 472	162
农副食品加工业	243	5	7 109 996	6 971 258	218 414
食品制造业	50	2	1 255 523	1 238 918	40 306
酒、饮料和精制茶制造业	29	2	3 474 883	3 443 615	19 822
烟草制品业	1		1 986 862	1 986 862	
纺织业	275	7	4 955 744	4 846 731	74 353
纺织服装、服饰业	90	1	1 406 876	1 393 123	35 100
皮革、毛皮、羽毛及其制品和制鞋业	23	2	721 061	710 939	21 535
木材加工和木、竹、藤、棕、草制品业	403		10 499 286	10 419 650	580 882
家具制造业	43		595 128	584 884	
造纸和纸制品业	38	2	856 984	843 100	
印刷和记录媒介复制业	19	1	226 861	219 831	10
文教、工美、体育和娱乐用品制造业	50	2	1 090 837	1 074 252	80 403
石油加工、炼焦和核燃料加工业	12	4	2 163 275	2 109 854	
化学原料和化学制品制造业	226	15	16 401 255	16 038 345	167 509
医药制造业	62	2	4 611 496	4 578 877	50 798
化学纤维制造业	22	3	868 916	856 814	19 070
橡胶和塑料制品业	113	2	2 642 467	2 503 753	769
非金属矿物制品业	242	10	5 689 436	5 608 803	14 241
黑色金属冶炼和压延加工业	98	7	7 357 265	7 199 341	57 862
有色金属冶炼和压延加工业	49	4	2 156 658	2 095 641	
金属制品业	130	3	3 424 630	3 392 985	103 345
通用设备制造业	109	14	6 178 987	6 157 402	365 912
专用设备制造业	129	14	3 913 928	3 845 975	298 925
汽车制造业	38	3	568 299	554 822	1 944
铁路、船舶、航空航天和其他运输设备制造业	22	1	1 120 250	1 129 795	69 898
电气机械和器材制造业	121	5	7 684 812	7 562 817	85 311
计算机、通信和其他电子设备制造业	53	3	3 325 696	3 265 543	35 459
仪器仪表制造业	70	6	6 026 837	5 964 498	4 984
其他制造业	10		182 004	179 317	
废弃资源综合利用业	7	1	82 599	74 863	
金属制品、机械和设备修理业	4		33 310	32 930	
电力、热力生产和供应业	23	3	1 780 121	1 770 336	
燃气生产和供应业	3		60 074	56 449	
水的生产和供应业	6	1	38 002	36 817	

13-2　续表3　　（2014年）　　单位:万元

指　　标	资产合计	#流动资产合计	#固定资产合计	#固定资产原值	累计折旧	固定资产净　值	负债合计
总　计	**60 859 209**	**25 204 740**	**28 799 045**	**43 378 887**	**15 722 616**	**27 656 270**	**30 270 409**
按登记注册类型分							
内资企业	51 947 524	21 652 213	24 335 283	36 806 144	13 551 127	23 255 017	25 490 769
国有企业	363 383	175 658	112 284	151 804	44 132	107 672	249 904
中央企业	114 323	75 242	28 243	33 774	10 144	23 630	74 473
地方企业	249 060	100 417	84 042	118 030	33 988	84 042	175 431
集体企业	57 173	23 785	33 367	44 191	10 862	33 329	31 620
股份合作企业	6 360	4 268	1 851	2 656	805	1 851	2 592
联营企业							
国有联营企业							
集体联营企业							
国有与集体联营企业							
其他联营企业							
有限责任公司	26 188 601	12 618 790	9 684 028	13 170 218	4 521 266	8 648 952	15 208 110
国有独资公司	15 993 889	8 562 539	4 730 919	5 504 421	1 781 984	3 722 436	9 311 516
其他有限责任公司	10 194 712	4 056 251	4 953 110	7 665 797	2 739 281	4 926 516	5 896 593
股份有限公司	4 434 123	2 142 383	1 305 529	2 072 789	800 156	1 272 633	1 693 947
私营企业	20 805 533	6 665 335	13 128 106	21 260 903	8 140 440	13 120 462	8 266 286
私营独资企业	841 488	371 828	442 550	797 121	354 340	442 781	355 519
私营合伙企业	113 425	18 863	89 762	157 579	67 817	89 762	18 325
私营有限责任公司	18 307 539	5 917 191	11 462 686	18 476 935	7 024 391	11 452 545	7 470 171
私营股份有限公司	1 543 080	357 454	1 133 109	1 829 268	693 893	1 135 375	422 271
其他企业	92 352	21 993	70 119	103 585	33 466	70 119	38 311
港、澳、台商投资企业	6 189 361	2 405 736	3 092 106	4 651 781	1 575 531	3 076 250	3 629 086
合资经营企业(港或澳、台资)	4 794 319	2 001 696	2 192 023	3 449 144	1 256 951	2 192 193	2 980 439
合作经营企业(港或澳、台资)	9 133	1 513	7 620	10 277	2 657	7 620	3 920
港澳台商独资经营企业	1 299 438	392 153	821 845	1 094 183	288 364	805 819	612 057
港澳台商投资股份有限公司	86 471	10 375	70 618	98 177	27 559	70 618	32 670
外商投资企业	2 722 324	1 146 791	1 371 656	1 920 962	595 958	1 325 004	1 150 555
中外合资经营企业	1 620 788	592 032	913 417	1 216 354	309 699	906 656	604 012
中外合作经营企业	21 851	12 873	8 926	38 451	29 525	8 926	12 262
外资企业	1 079 685	541 887	449 313	666 156	256 734	409 422	534 281
外商投资股份有限公司							

13-2 续表 4　　(2014 年)　　单位:万元

指　　标	资产合计	# 流动资产合计	# 固定资产合计	# 固定资产原值	累计折旧	固定资产净值	负债合计
按经济组织类型分							
独资企业	3 641 168	1 505 311	1 859 360	2 753 454	954 432	1 799 022	1 783 380
国有企业	363 383	175 658	112 284	151 804	44 132	107 672	249 904
集体企业	57 173	23 785	33 367	44 191	10 862	33 329	31 620
私营独资企业	841 488	371 828	442 550	797 121	354 340	442 781	355 519
港澳台商独资经营企业	1 299 438	392 153	821 845	1 094 183	288 364	805 819	612 057
外资企业	1 079 685	541 887	449 313	666 156	256 734	409 422	534 281
合作、合伙企业	243 121	59 510	178 277	312 547	134 270	178 277	75 410
股份合作企业	6 360	4 268	1 851	2 656	805	1 851	2 592
国有联营企业							
集体联营企业							
国有与集体联营企业							
其他联营企业							
私营合伙企业	113 425	18 863	89 762	157 579	67 817	89 762	18 325
合作经营企业(港或澳、台资)	9 133	1 513	7 620	10 277	2 657	7 620	3 920
中外合作经营企业	21 851	12 873	8 926	38 451	29 525	8 926	12 262
其他企业(内资)	92 352	21 993	70 119	103 585	33 466	70 119	38 311
股份有限公司	6 063 674	2 510 211	2 509 255	4 000 234	1 521 608	2 478 626	2 148 888
股份有限公司(内资)	4 434 123	2 142 383	1 305 529	2 072 789	800 156	1 272 633	1 693 947
私营股份有限公司	1 543 080	357 454	1 133 109	1 829 268	693 893	1 135 375	422 271
港澳台商投资股份有限公司	86 471	10 375	70 618	98 177	27 559	70 618	32 670
外商投资股份有限公司							
有限责任公司	50 911 247	21 129 709	24 252 153	36 312 651	13 112 306	23 200 345	26 262 731
国有独资公司	15 993 889	8 562 539	4 730 919	5 504 421	1 781 984	3 722 436	9 311 516
私营有限责任公司	18 307 539	5 917 191	11 462 686	18 476 935	7 024 391	11 452 545	7 470 171
合资经营企业(港或澳、台资)	4 794 319	2 001 696	2 192 023	3 449 144	1 256 951	2 192 193	2 980 439
中外合资经营企业	1 620 788	592 032	913 417	1 216 354	309 699	906 656	604 012
其他有限责任公司	10 194 712	4 056 251	4 953 110	7 665 797	2 739 281	4 926 516	5 896 593
在总计中:亏损企业	3 995 752	1 900 874	1 491 312	2 675 227	1 175 048	1 500 180	3 160 935
在总计中:国有控股企业	20 381 322	10 008 604	6 902 880	9 590 047	3 700 810	5 889 238	12 081 719
按轻重工业分							
轻工业	13 852 886	6 315 955	6 146 395	9 240 638	3 250 265	5 990 373	5 055 782
重工业	47 006 323	18 888 785	22 652 650	34 138 248	12 472 351	21 665 897	25 214 627
按企业规模分							
大型企业	31 238 152	14 805 572	11 366 826	15 649 160	5 313 922	10 335 238	17 314 534
中型企业	12 097 268	4 511 822	6 767 851	11 576 719	4 882 372	6 694 346	5 499 098
小型企业	17 408 571	5 868 997	10 578 036	16 054 113	5 513 758	10 540 355	7 378 382
微型企业	115 219	18 350	86 332	98 896	12 564	86 332	78 395

13-2　续表 5　　（2014 年）　　单位:万元

指　标	资产合计	#流动资产合计	#固定资产合计	#固定资产原值	累计折旧	固定资产净值	负债合计
按行业分	**60 859 209**	**25 204 740**	**28 799 045**	**43 378 887**	**15 722 616**	**27 656 270**	**30 270 409**
煤炭开采和洗选业	6 775 780	2 059 470	3 242 508	4 403 969	1 705 215	2 698 755	4 053 337
黑色金属矿采选业	162 222	74 652	47 014	70 780	23 765	47 014	63 908
非金属矿采选业	161 291	45 140	111 719	215 791	104 072	111 719	36 184
农副食品加工业	2 084 095	711 005	1 311 383	1 910 613	599 230	1 311 383	784 476
食品制造业	412 356	149 596	235 249	369 905	134 655	235 249	194 644
酒、饮料和精制茶制造业	2 202 383	1 115 637	440 521	717 528	309 279	408 250	741 234
烟草制品业	1 930 030	1 533 416	288 159	399 900	215 345	184 556	139 928
纺织业	1 608 811	642 738	907 774	1 404 077	496 303	907 774	669 306
纺织服装、服饰业	444 009	185 434	213 190	297 299	84 109	213 190	166 760
皮革、毛皮、羽毛及其制品和制鞋业	285 995	190 325	89 569	103 949	25 282	78 667	125 962
木材加工和木、竹、藤、棕、草制品业	2 650 952	949 092	1 638 466	2 662 417	1 029 307	1 633 110	639 052
家具制造业	186 997	47 572	138 763	217 362	78 429	138 933	56 158
造纸和纸制品业	276 354	98 197	173 463	296 418	122 956	173 463	145 986
印刷和记录媒介复制业	140 395	79 676	51 119	97 306	45 687	51 619	66 530
文教、工美、体育和娱乐用品制造业	302 213	116 628	164 719	284 390	119 672	164 719	132 527
石油加工、炼焦和核燃料加工业	1 950 809	1 029 043	632 773	1 090 805	480 138	610 667	1 296 159
化学原料和化学制品制造业	7 604 776	2 851 176	3 926 899	6 101 994	2 184 258	3 917 736	4 362 037
医药制造业	1 851 528	572 581	1 037 455	1 497 093	465 259	1 031 834	781 500
化学纤维制造业	308 009	130 325	162 469	272 630	110 160	162 469	139 052
橡胶和塑料制品业	1 093 977	239 198	822 448	1 075 527	253 079	822 448	408 330
非金属矿物制品业	2 423 433	936 265	1 312 062	1 974 493	669 969	1 304 523	1 177 843
黑色金属冶炼和压延加工业	2 949 585	873 243	1 857 670	3 236 701	1 340 905	1 895 796	1 503 425
有色金属冶炼和压延加工业	866 228	329 703	427 034	667 116	235 609	431 507	478 974
金属制品业	1 227 359	448 549	718 581	998 139	279 926	718 213	572 539
通用设备制造业	9 261 224	5 676 636	1 947 457	2 278 724	703 860	1 574 864	5 930 534
专用设备制造业	2 138 296	977 767	1 042 384	1 508 132	472 762	1 035 369	994 845
汽车制造业	384 613	146 011	200 913	287 146	86 234	200 913	144 234
铁路、船舶、航空航天和其他运输设备制造业	413 358	173 384	192 702	163 811	48 681	115 131	213 431
电气机械和器材制造业	2 432 940	959 494	1 356 971	2 236 995	882 080	1 354 915	939 188
计算机、通信和其他电子设备制造业	986 746	353 374	566 081	905 198	339 118	566 081	314 961
仪器仪表制造业	1 709 495	552 010	1 140 576	1 818 197	678 067	1 140 129	608 360
其他制造业	37 902	9 491	26 113	32 979	6 866	26 113	12 971
废弃资源综合利用业	164 079	91 365	57 050	90 924	33 875	57 050	86 226
金属制品、机械和设备修理业	8 261	6 195	1 638	1 672	34	1 638	1 763
电力、热力生产和供应业	3 015 648	662 208	2 233 597	3 550 724	1 300 215	2 250 508	2 006 516
燃气生产和供应业	101 706	36 429	41 416	64 875	23 458	41 416	64 641
水的生产和供应业	305 355	151 716	41 140	73 310	34 759	38 550	216 889

13-2 续表 6　　(2014 年)　　单位:万元

指　　标	主营业务收　入	#主营业务成本	#主营业务税金及附加	营业费用	管理费用	财务费用	#利息支出
总　计	**113 119 359**	**95 014 346**	**2 072 683**	**2 341 075**	**3 593 835**	**1 151 902**	**1 109 512**
按登记注册类型分							
内资企业	102 425 287	86 012 736	2 003 339	2 173 910	3 256 395	979 391	916 277
国有企业	163 662	130 342	1 311	5 485	28 351	6 812	6 919
中央企业	44 681	36 907	179	1 143	5 728	541	688
地方企业	118 981	93 435	1 132	4 341	22 623	6 271	6 231
集体企业	204 908	173 879	1 596	2 622	7 919	1 443	1 160
股份合作企业	7 596	6 265	65	82	944	4	4
联营企业							
国有联营企业							
集体联营企业							
国有与集体联营企业							
其他联营企业							
有限责任公司	22 866 217	17 995 575	1 353 743	515 701	1 085 843	403 423	432 451
国有独资公司	8 453 724	5 465 169	1 236 330	251 695	622 866	202 054	248 165
其他有限责任公司	14 412 493	12 530 406	117 413	264 006	462 977	201 369	184 286
股份有限公司	5 954 584	4 825 356	50 817	326 174	275 438	74 703	76 210
私营企业	73 157 153	62 821 125	595 327	1 322 432	1 855 061	492 879	399 356
私营独资企业	3 378 516	2 832 034	28 240	62 568	71 315	37 413	30 901
私营合伙企业	425 614	351 312	4 068	10 408	14 892	7 415	1 498
私营有限责任公司	66 666 169	57 279 341	542 384	1 219 981	1 719 911	432 558	354 201
私营股份有限公司	2 686 855	2 358 438	20 635	29 475	48 942	15 493	12 757
其他企业	71 167	60 195	479	1 415	2 839	128	177
港、澳、台商投资企业	6 224 700	5 199 622	40 251	62 023	181 387	154 627	171 516
合资经营企业(港或澳、台资)	4 158 568	3 512 965	25 647	22 529	94 797	131 505	149 434
合作经营企业(港或澳、台资)	45 458	42 077	384	282	528	513	347
港澳台商独资经营企业	1 493 419	1 242 018	8 540	19 676	38 116	22 422	21 544
港澳台商投资股份有限公司	527 256	402 563	5 680	19 537	47 946	186	190
外商投资企业	4 469 372	3 801 988	29 094	105 143	156 054	17 885	21 720
中外合资经营企业	2 432 663	2 052 185	17 873	72 772	99 478	14 115	11 849
中外合作经营企业	84 057	69 760	591	2 938	4 099	82	62
外资企业	1 952 652	1 680 044	10 629	29 433	52 477	3 688	9 809
外商投资股份有限公司							

13-2　续表 7　　（2014 年）　　单位:万元

指　　标	主营业务收　入	# 主营业务成本	# 主营业务税金及附加	营业费用	管理费用	财务费用	# 利息支出
按经济组织类型分							
独资企业	7 193 157	6 181 659	50 316	119 783	198 179	71 777	70 333
国有企业	163 662	133 979	1 311	5 485	28 351	6 812	6 919
集体企业	204 908	173 879	1 596	2 622	7 919	1 443	1 160
私营独资企业	3 378 516	2 832 034	28 240	62 568	71 315	37 413	30 901
港澳台商独资经营企业	1 493 419	1 331 864	8 540	19 676	38 116	22 422	21 544
外资企业	1 952 652	1 709 903	10 629	29 433	52 477	3 688	9 809
合作、合伙企业	633 891	529 609	5 588	15 124	23 302	8 142	2 088
股份合作企业	7 596	6 265	65	82	944	4	4
国有联营企业							
集体联营企业							
国有与集体联营企业							
其他联营企业							
私营合伙企业	425 614	351 312	4 068	10 408	14 892	7 415	1 498
合作经营企业(港或澳、台资)	45 458	42 077	384	282	528	513	347
中外合作经营企业	84 057	69 760	591	2 938	4 099	82	62
其他企业(内资)	71 167	60 195	479	1 415	2 839	128	177
股份有限公司	9 168 694	7 593 018	77 132	375 186	372 326	90 383	89 156
股份有限公司(内资)	5 954 584	4 831 356	50 817	326 174	275 438	74 703	76 210
私营股份有限公司	2 686 855	2 359 099	20 635	29 475	48 942	15 493	12 757
港澳台商投资股份有限公司	527 256	402 563	5 680	19 537	47 946	186	190
外商投资股份有限公司							
有限责任公司	96 123 617	87 646 341	1 939 647	1 830 982	3 000 028	981 601	947 935
国有独资公司	8 453 724	12 028 227	1 236 330	251 695	622 866	202 054	248 165
私营有限责任公司	66 666 169	57 313 825	542 384	1 219 981	1 719 911	432 558	354 201
合资经营企业(港或澳、台资)	4 158 568	3 552 180	25 647	22 529	94 797	131 505	149 434
中外合资经营企业	2 432 663	2 070 267	17 873	72 772	99 478	14 115	11 849
其他有限责任公司	14 412 493	12 681 843	117 413	264 006	462 977	201 369	184 286
在总计中:亏损企业	2 512 506	2 426 427	12 710	79 513	144 920	86 657	77 463
在总计中:国有控股企业	11 220 827	14 493 618	1 262 071	302 450	785 476	279 823	325 092
按轻重工业分							
轻工业	35 227 655	28 979 095	1 439 105	810 148	903 588	198 267	192 217
重工业	77 891 704	72 971 531	633 578	1 530 927	2 690 247	953 635	917 295
按企业规模分							
大型企业	26 362 931	27 624 132	1 351 367	686 164	1 190 615	494 331	556 560
中型企业	35 052 902	29 898 932	267 657	744 557	1 129 476	281 010	265 449
小型企业	51 675 591	44 406 962	453 611	909 976	1 272 380	373 381	284 302
微型企业	27 934	20 601	47	378	1 364	3 180	3 202

13-2 续表 8 （2014 年） 单位:万元

指　　标	主营业务收入	# 主营业务成本	# 主营业务税金及附加	营业费用	管理费用	财务费用	# 利息支出
按行业分	**113 119 359**	**95 014 346**	**2 072 683**	**2 341 075**	**3 593 835**	**1 151 902**	**1 109 512**
煤炭开采和洗选业	2 412 421	1 880 787	50 846	42 514	378 991	51 861	65 200
黑色金属矿采选业	117 871	93 225	1 095	1 882	15 824	1 802	1 736
非金属矿采选业	701 046	587 499	8 723	16 502	19 308	13 619	4 685
农副食品加工业	6 981 639	6 017 411	54 065	132 122	152 173	45 097	35 820
食品制造业	1 234 353	1 055 820	7 400	39 437	32 413	5 972	4 586
酒、饮料和精制茶制造业	3 432 138	2 897 499	46 522	137 182	82 149	52 141	52 632
烟草制品业	2 272 134	679 282	1 176 708	23 907	62 542	-23 424	97
纺织业	4 848 322	4 275 178	28 292	74 965	113 880	36 272	32 946
纺织服装、服饰业	1 392 138	1 194 030	13 958	29 882	34 248	6 596	6 150
皮革、毛皮、羽毛及其制品和制鞋业	705 508	618 780	2 333	5 266	9 264	805	575
木材加工和木、竹、藤、棕、草制品业	10 410 143	8 951 255	89 391	187 940	213 422	66 486	40 506
家具制造业	581 393	509 583	6 095	7 170	8 684	3 022	2 599
造纸和纸制品业	847 570	706 631	6 715	28 635	34 308	4 249	3 776
印刷和记录媒介复制业	209 681	170 740	1 552	2 681	8 603	1 756	1 311
文教、工美、体育和娱乐用品制造业	1 077 668	927 074	6 994	16 585	18 304	6 252	4 189
石油加工、炼焦和核燃料加工业	2 479 195	2 281 537	7 385	45 972	50 915	51 056	46 724
化学原料和化学制品制造业	15 932 878	13 771 900	132 848	237 707	360 874	242 373	238 006
医药制造业	4 661 467	3 841 445	36 886	185 078	135 777	26 190	22 624
化学纤维制造业	855 607	749 857	6 432	13 567	16 572	9 957	5 481
橡胶和塑料制品业	2 507 444	2 218 456	20 332	34 248	52 408	13 444	11 562
非金属矿物制品业	5 590 642	4 768 199	50 047	127 064	155 303	55 973	50 407
黑色金属冶炼和压延加工业	7 309 001	6 359 217	45 536	121 210	192 168	69 260	76 347
有色金属冶炼和压延加工业	2 068 160	1 849 684	16 450	24 327	44 264	11 249	11424
金属制品业	3 384 585	2 887 933	31 636	72 077	93 099	20 040	17 455
通用设备制造业	6 527 139	5 316 785	35 156	235 084	322 835	171 187	173 911
专用设备制造业	3 866 147	3 161 496	27 922	88 265	197 139	24 280	24 683
汽车制造业	544 018	463 300	5 308	9 884	17 900	5 116	4 340
铁路、船舶、航空航天和其他运输设备制造业	1 160 875	972 233	8 364	19 317	31 389	3 709	2 579
电气机械和器材制造业	7 551 518	6 423 307	48 343	135 418	247 932	35 542	27 850
计算机、通信和其他电子设备制造业	3 261 560	2 779 245	26 829	57 325	105 055	13 118	11 416
仪器仪表制造业	5 971 032	4 866 273	53 692	177 274	327 031	26 939	24 559
其他制造业	178 543	155 656	1 957	3 824	3 684	661	551
废弃资源综合利用业	178 773	180 881	836	2 084	6 292	5 065	5 382
金属制品、机械和设备修理业	32 930	27 829	988	12	11	9	
电力、热力生产和供应业	1 738 035	1 296 744	14 150	786	38 006	91 477	95 510
燃气生产和供应业	59 273	50 831	212	3 055	4 735	419	118
水的生产和供应业	36 515	26 743	690	829	6 339	2 333	1 779

13-2　续表 9　（2014 年）　单位:万元

指　　标	营业利润	利润总额	亏损企业亏损总额	利税总额	营业外收入	本年应交增值税	全部职工年平均人数（人）
总　计	**8 953 169**	**8 997 308**	**206 294**	**16 398 508**	**151 962**	**5 320 383**	**802 715**
按登记注册类型分							
内资企业	7 963 296	7 997 359	104 115	14 895 396	124 667	4 888 524	726 432
国有企业	−7 887	−4 436	7 518	6 604	3 773	9 721	6 357
中央企业	162	738	1 955	1 980	635	1 063	1 195
地方企业	−8 049	−5 174	5 563	4 624	3 138	8 658	5 162
集体企业	17 449	17 449		29 458		10 413	1 373
股份合作企业	735	732		1 377		579	146
联营企业							
国有联营企业							
集体联营企业							
国有与集体联营企业							
其他联营企业							
有限责任公司	1 451 428	1 478 617	49 923	4 004 761	87 129	1 166 400	208 597
国有独资公司	551 863	567 324	445	2 365 693	28 599	559 032	81 677
其他有限责任公司	899 565	911 293	49 479	1 639 068	58 529	607 368	126 920
股份有限公司	423 574	440 452	10 129	726 051	22 103	234 759	45 865
私营企业	6 071 887	6 058 339	36 545	10 116 794	11 563	3 462 986	463 262
私营独资企业	347 208	348 459		529 904	1 541	153 199	17 244
私营合伙企业	37 518	37 518		60 183		18 596	3 060
私营有限责任公司	5 473 330	5 457 455	35 303	9 171 407	8 839	3 171 444	424 236
私营股份有限公司	213 832	214 906	1 242	355 300	1 183	119 747	18 722
其他企业	6 111	6 206		10 352	100	3 667	832
港、澳、台商投资企业	650 347	655 694	45 431	970 290	16 071	274 037	39 701
合资经营企业(港或澳、台资)	434 114	434 969	32 224	637 576	10 688	176 651	22 056
合作经营企业(港或澳、台资)	1 674	1 674		3 242		1 183	298
港澳台商独资经营企业	163 215	167 706	13 207	246 679	5 383	70 433	16 422
港澳台商投资股份有限公司	51 344	51 344		82 794		25 770	925
外商投资企业	339 526	344 256	56 748	532 822	11 225	157 821	36 582
中外合资经营企业	194 417	198 474	10 034	321 240	6 189	104 892	23 695
中外合作经营企业	6 587	6 587		11 649		4 471	1 055
外资企业	138 522	139 194	46 714	199 933	5 036	48 458	11 832
外商投资股份有限公司							

13-2 续表 10 （2014 年） 单位:万元

指 标	营业利润	利润总额	亏损企业亏损总额	利税总额	营业外收入	本年应交增值税	全部职工年平均人数（人）
按经济组织类型分							
独资企业	658 506	668 373	67 439	1 012 578	15 733	292 223	53 228
国有企业	-7 887	-4 436	7 518	6 604	3 773	9 721	6 357
集体企业	17 449	17 449		29 458		10 413	1 373
私营独资企业	347 208	348 459		529 904	1 541	153 199	17 244
港澳台商独资经营企业	163 215	167 706	13 207	246 679	5 383	70 433	16 422
外资企业	138 522	139 194	46 714	199 933	5 036	48 458	11 832
合作、合伙企业	52 625	52 718		86 802	100	28 496	5 391
股份合作企业	735	732		1 377		579	146
国有联营企业							
集体联营企业							
国有与集体联营企业							
其他联营企业							
私营合伙企业	37 518	37 518		60 183		18 596	3 060
合作经营企业(港或澳、台资)	1 674	1 674		3 242		1 183	298
中外合作经营企业	6 587	6 587		11 649		4 471	1 055
其他企业（内资）	6 111	6 206		10 352	100	3 667	832
股份有限公司	688 750	706 702	11 371	1 164 146	23 286	380 276	65 512
股份有限公司（内资）	423 574	440 452	10 129	726 051	22 103	234 759	45 865
私营股份有限公司	213 832	214 906	1 242	355 300	1 183	119 747	18 722
港澳台商投资股份有限公司	51 344	51 344		82 794		25 770	925
外商投资股份有限公司							
有限责任公司	7 553 289	7 569 515	127 484	14 134 983	112 844	4 619 388	678 584
国有独资公司	551 863	567 324	445	2 365 693	28 599	559 032	81 677
私营有限责任公司	5 473 330	5 457 455	35 303	9 171 407	8 839	3 171 444	424 236
合资经营企业(港或澳、台资)	434 114	434 969	32 224	637 576	10 688	176 651	22 056
中外合资经营企业	194 417	198 474	10 034	321 240	6 189	104 892	23 695
其他有限责任公司	899 565	911 293	49 479	1 639 068	58 529	607 368	126 920
在总计中:亏损企业	-226 327	-206 294	206 294	-133 703	25 870	59 604	42 989
在总计中:国有控股企业	710 475	745 331	34 182	2 745 431	52 652	732 158	129 196
按轻重工业分							
轻工业	3 052 155	3 055 687	18 195	6 225 788	18 192	1 730 928	264 709
重工业	5 901 014	5 941 621	188 099	10 172 720	133 770	3 589 455	538 006
按企业规模分							
大型企业	1 751 302	1 786 537	75 082	4 412 021	110 174	1 266 922	232 512
中型企业	2 852 052	2 859 461	52 442	4 797 680	15 459	1 670 248	218 257
小型企业	4 347 388	4 348 878	78 736	7 185 903	26 324	2 382 788	351 622
微型企业	2 428	2 433	34	2 904	5	424	324

13-2　续表 11　　　　（2014 年）　　　　单位:万元

指　　标	营业利润	利润总额	亏损企业亏损总额	利税总额	营业外收　入	本年应交增值税	全部职工年平均人数（人）
按行业分	**8 953 169**	**8 997 308**	**206 294**	**16 398 508**	**151 962**	**5 320 383**	**802 715**
煤炭开采和洗选业	28 889	41 551	19 422	336 668	19 722	238 484	81 354
黑色金属矿采选业	4 425	4 263	730	14 865	97	9 508	3 494
非金属矿采选业	55 395	55 423	10	101 711	29	37 565	8 203
农副食品加工业	581 150	580 660	469	935 570	1 172	300 843	44 829
食品制造业	93 414	93 541	427	155 606	663	54 661	12 813
酒、饮料和精制茶制造业	232 040	233 932	714	381 121	5 889	100 665	26 357
烟草制品业	356 619	356 143		1 796 040	414	263 189	1 946
纺织业	321 395	320 242	5 720	580 286	1 373	231 723	60 142
纺织服装、服饰业	112 394	113 056	66	194 892	1 061	67 878	20 764
皮革、毛皮、羽毛及其制品和制鞋业	69 061	69 209	115	102 567	165	31 026	9 736
木材加工和木、竹、藤、棕、草制品业	900 848	893 602		1 462 660	3	479 641	86 688
家具制造业	46 998	47 003		78 596	36	25 499	5 334
造纸和纸制品业	67 233	67 188	272	115 316		41 413	6 000
印刷和记录媒介复制业	25 077	24 889	266	39 007	197	12 566	2 425
文教、工美、体育和娱乐用品制造业	101 236	101 376	259	155 930	214	47 556	11 113
石油加工、炼焦和核燃料加工业	70 103	63 187	13 420	118 848	33 514	48 276	9 521
化学原料和化学制品制造业	1 229 298	1 234 462	33 721	2 107 787	19 784	740 448	60 866
医药制造业	435 370	435 040	4 469	700 672	1 616	228 746	19 015
化学纤维制造业	59 385	60 338	4 039	105 451	1 006	38 677	5 528
橡胶和塑料制品业	167 561	167 294	580	317 790	198	130 164	28 901
非金属矿物制品业	436 804	450 437	4 462	770 750	16 556	270 246	42 947
黑色金属冶炼和压延加工业	489 154	493 600	45 929	871 876	6 771	332 522	42 529
有色金属冶炼和压延加工业	122 109	131 009	3 902	254 947	11 692	107 488	10 528
金属制品业	286 185	284 439	505	470 770	832	154 669	26 027
通用设备制造业	298 503	299 784	4 681	545 337	10 078	210 392	48 421
专用设备制造业	369 365	373 783	10 772	550 733	5 773	147 260	28 388
汽车制造业	42 709	42 981	1 250	76 077	283	27 788	9 611
铁路、船舶、航空航天和其他运输设备制造业	129 071	128 727	1 235	184 364	51	47 273	8 457
电气机械和器材制造业	663 899	664 210	4 435	1 054 037	2 143	341 417	33 197
计算机、通信和其他电子设备制造业	279 657	280 243	10 278	441 278	1 045	134 206	15 884
仪器仪表制造业	519 998	521 200	1 688	850 785	1 735	275 887	19 922
其他制造业	12 812	12 824		25 778	13	10 997	1 707
废弃资源综合利用业	−23 689	−23 684	30 343	−20 183	5	2 665	639
金属制品、机械和设备修理业	4 083	4 083		6 717		1 646	289
电力、热力生产和供应业	350 219	356 433	2022	495 634	6 982	124 939	7 126
燃气生产和供应业	9 262	9 406		10 892	250	1 274	682
水的生产和供应业	5 140	5 435	94	7 331	601	1 185	1 332

13-3 国有控股工业企业主要经济指标

（2014 年）　　单位:万元

指　　标	企业个数（个）	#亏损企业	工　业总产值（当年价）	工业销售产　值（当年价）	#出　口交货值
总　计	**44**	**10**	**10 772 143**	**10 778 706**	**350 045**
在总计中:亏损企业	10	10	169 581	166 686	783
按隶属关系分					
中央企业	4	2	44 657	43 926	
地方企业	4	3	120 767	118 792	783
按轻重工业分					
轻工业	10	3	2 410 710	2 409 420	783
重工业	34	7	8 361 433	8 369 286	349 261
按企业规模分					
大型企业	10	1	8 947 850	8 966 288	349 261
中型企业	13	4	779 036	782 634	783
小型企业	20	5	1 039 286	1 023 814	
微型企业	1		5 971	5 971	
按行业分					
煤炭开采和洗选业	3	1	2 249 500	2 231 822	
黑色金属矿采选业	1		67 857	67 007	
非金属矿采选业					
农副食品加工业	1		251 001	251 001	
食品制造业	2		94 278	94 135	
饮料制造业	1		42 651	42 820	
烟草制品业	1		1 986 862	1 986 862	
纺织业	1	1	6 438	6 185	783
印刷业和记录媒介的复制	1	1	5 366	5 366	
化学原料及化学制品制造业	4	2	58 947	57 190	
非金属矿物制品业	3		333 748	338 346	
有色金属冶炼及压延加工业	1		5 564	5 564	
金属制品业	1		35 238	46 500	
通用设备制造业	3	1	3 838 592	3 837 634	343 078
专用设备制造业	6	3	264 188	291 404	6 183
电气机械及器材制造业	1		278 287	269 530	
仪器仪表及文化、办公用机械制造业					
电力、热力的生产和供应业	9		1 195 451	1 191 740	
水的生产和供应业	4	1	27 930	26 867	

13-3　续表 1　（2014 年）　单位:万元

指　　标	资产合计	#流动资产合计	#固定资产合计	#固定资产原值	累计折旧	固定资产净　值	负债合计
总　计	**20 381 322**	**10 008 604**	**6 902 880**	**9 590 047**	**3 700 810**	**5 889 238**	**12 081 719**
在总计中:亏损企业	447 720	193 764	170 530	285 830	120 361	165 469	441 444
按隶属关系分							
中央企业	114 323	75 242	28 243	33 774	10 144	23 630	74 473
地方企业	249 060	100 417	84 042	118 030	33 988	84 042	175 431
按轻重工业分							
轻工业	2 341 685	1 783 387	377 957	549 848	278 028	271 821	422 155
重工业	18 039 637	8 225 217	6 524 924	9 040 199	3 422 782	5 617 417	11 659 564
按企业规模分							
大型企业	17 822 892	9 038 904	5 503 755	6 979 073	2 481 268	4 497 805	10 288 383
中型企业	1 488 954	477 714	920 712	1 466 773	551 222	915 551	1 087 350
小型企业	1 001 602	478 883	433 750	1 095 859	664 642	431 218	652 846
微型企业	67 874	13 103	44 664	48 342	3 678	44 664	53 140
按行业分	**20 381 322**	**10 008 604**	**6 902 880**	**9 590 047**	**3 700 810**	**5 889 238**	**12 081 719**
煤炭开采和洗选业	6 591 758	1 964 203	3 154 853	4 266 701	1 655 601	5 889 238	3 958 867
黑色金属矿采选业	122 371	59 033	26 632	45 206	18 574	2 611 100	56 044
非金属矿采选业							
农副食品加工业	61 060	55 846	5 083	6 285	1 203	26 632	42 672
食品制造业	47 554	26 221	18 569	33 058	14 489	5 083	28 910
饮料制造业	30 020	10 908	16 830	25 402	8 571	18 569	8 668
烟草制品业	1 930 030	1 533 416	288 159	399 900	215 345	16 830	139 928
纺织业	19 542	11 462	4 913	7 788	2 874	184 556	12 113
印刷业和记录媒介的复制	8 008	3 307	4 450	7 627	3 177	4 913	7 306
化学原料及化学制品制造业	49 232	15 179	31 600	43 515	12 463	4 450	51 151
非金属矿物制品业	626 882	249 776	313 209	455 609	142 400	31 052	327 146
有色金属冶炼及压延加工业	6 237	2 501	249	729	480	313 209	319
金属制品业	70 692	58 636	6 784	11 635	4 851	249	57 356
通用设备制造业	7 964 306	5 099 394	1 293 700	1 252 852	334 656	6 784	5 331 393
专用设备制造业	439 896	285 767	101 921	121 343	24 035	918 196	381 516
电气机械及器材制造业	83 596	57 465	26 131	167 022	140 891	97 309	56 082
仪器仪表及文化、办公用机械制造业							
电力、热力的生产和供应业	2 039 219	429 562	1 558 554	2 660 120	1 084 655	26 131	1 424 230
水的生产和供应业	279 089	145 145	40 198	70 240	32 575	1 575 465	196 459

13-3 续表2 （2014年） 单位:万元

指　　标	主营业务收　入	# 主营业务成本	# 主营业务税金及附加	营业费用	管理费用	财务费用	# 利息支出
总　计	**11 220 827**	**7 810 811**	**1 262 071**	**302 450**	**785 476**	**279 823**	**325 092**
在总计中:亏损企业	171 038	165 725	1 748	6 331	28 859	8 084	7 204
按隶属关系分							
中央企业	44 681	36 907	179	1 143	5 728	541	688
地方企业	118 981	93 435	1 132	4 341	22 623	6 271	6 231
按轻重工业分							
轻工业	2 679 516	1 039 512	1 182 463	38 857	78 758	−19 924	3 993
重工业	8 541 310	6 771 299	79 607	263 593	706 718	299 747	321 099
按企业规模分							
大型企业	9 463 519	6 356 680	1 246 830	262 530	716 460	202 025	245 816
中型企业	743 246	578 992	9 548	29 466	42 529	58 816	58 808
小型企业	1 008 092	872 754	5 693	10 453	25 882	17 670	19 120
微型企业	5 971	2 385			604	1 312	1 348
按行业分	**11 220 827**	**7 810 811**	**1 262 071**	**302 450**	**785 476**	**279 823**	**325 092**
煤炭开采和洗选业	2 072 651	1 599 888	47 653	30 136	366 428	49 326	62 866
黑色金属矿采选业	68 476	53 512	814	793	12 230	964	897
非金属矿采选业							
农副食品加工业	251 001	241 957	95	2 829	1 682	1 802	2 233
食品制造业	90 721	67 911	686	9 915	4 041	516	518
饮料制造业	32 078	24 855	4 234	436	1 718	−31	
烟草制品业	2 272 134	679 282	1 176 708	23 907	62 542	−23 424	97
纺织业	6 185	4 164	52	789	3 067	1	1
印刷业和记录媒介的复制	4 320	3 980	17	239	482	26	26
化学原料及化学制品制造业	54 986	53 338	195	1 041	3 067	1 537	561
非金属矿物制品业	338 342	230 065	2 214	29 744	31 849	22 059	22 428
有色金属冶炼及压延加工业	5 564	5 335	4	82	246	−61	
金属制品业	38 455	32 321	120	1 756	1 942	1 960	1 984
通用设备制造业	4 207 021	3 365 343	15 667	185 613	238 518	149 975	154 864
专用设备制造业	291 917	249 982	1 004	10 802	20 455	7 023	8 000
电气机械及器材制造业	264 591	237 973	1 764	3 479	4 220	3 938	2 008
仪器仪表及文化、办公用机械制造业							
电力、热力的生产和供应业	1 165 246	914 170	9 964	3	26 965	62 541	67 438
水的生产和供应业	26 894	20 001	671	742	5 787	1 619	1 118

13-3 续表 3 （2014 年） 单位:万元

指标	营业利润	利润总额	亏损企业亏损总额	利税总额	营业外收入	本年应交增值税	全部职工年平均人数（人）
总计	**710 475**	**745 331**	**34 182**	**2 745 431**	**52 652**	**732 158**	**129 196**
在总计中:亏损企业	−38 122	−34 182	34 182	−21 773	4 051	10 626	10 119
按隶属关系分							
中央企业	162	738	1 955	1 980	635	1 063	1 195
地方企业	−8 049	−5 174	5 563	4 624	3 138	8 658	5 162
按轻重工业分							
轻工业	369 228	369 598	2 209	1 823 797	1 915	271 714	6 942
重工业	341 247	375 733	31 973	921 634	50 738	460 444	122 254
按企业规模分							
大型企业	553 894	578 601	19 134	2 468 554	41 725	637 336	117 674
中型企业	51 481	55 642	9 163	113 276	4 561	48 039	7 302
小型企业	103 432	109 414	5 885	161 927	6 362	46 783	4 189
微型企业	1 669	1 674		1 674	5		31
按行业分	**710 475**	**745 331**	**34 182**	**2 745 431**	**52 652**	**732 158**	**129 196**
煤炭开采和洗选业	644	13 345	19 134	278 031	19 722	211 245	78 633
黑色金属矿采选业	546	389		7 322	94	6 119	2 863
非金属矿采选业							
农副食品加工业	2 636	2 781		3 694	145	818	361
食品制造业	7 706	7 381		11 937	8	3 870	2 190
饮料制造业	971	1 663		8 381	707	2 484	413
烟草制品业	356 619	356 143		1 796 040	414	263 189	1 946
纺织业	−1 849	−1 849	1 849	−1 450		347	763
印刷业和记录媒介的复制	−316	−266	266	−110	50	139	196
化学原料及化学制品制造业	−4 041	−3 700	6 117	−1 689	358	1 789	733
非金属矿物制品业	22 976	38 987		61 374	16 014	20 173	1 972
有色金属冶炼及压延加工业	−101	214		263	317	46	61
金属制品业	1 495	1 502		2 884	7	1 236	539
通用设备制造业	97 103	96 515	1 147	217 970	7 538	105 789	27 514
专用设备制造业	5 617	9 102	5 575	18 171	3 761	8 057	4 053
电气机械及器材制造业	13 219	13 219		31 249		16 267	292
仪器仪表及文化、办公用机械制造业							
电力、热力的生产和供应业	200 741	203 102		302 119	2 916	89 054	5 322
水的生产和供应业	3 649	3 945	94	5 503	601	866	1 195

13-4 规模以上集体工业企业主要经济指标

（2014 年）　　单位:万元

指　　标	企业个数（个）	工　业总产值（当年价）	工业销售产　值（当年价）
总　计	**12**	**209 591**	**110 530**
在总计中:亏损企业			
在总计中:农村工业	2	14 862	14 595
按登记注册类型分			
内资企业	12	209 591	110 530
集体企业	12	209 591	110 530
按经济组织类型分			
独资企业	12	209 591	110 530
集体企业	12	209 591	110 530
按轻重工业分			
轻工业	1	15 467	
重工业	11	194 125	110 530
按企业规模分			
大型企业			
中型企业			
小型企业	12	209 591	110 530
微型企业			
按行业分	**12**	**209 591**	**110 530**
黑色金属矿采选业	2	14 862	14 595
非金属矿采选业	2	41 139	41 012
农副食品加工业			
纺织服装、服饰业			
木材加工和木、竹、藤、棕、草制品业	1	15 995	15 652
造纸和纸制品业			
非金属矿物制品业	1	2 443	2 345
有色金属冶炼和压延加工业			
金属制品业	1	12 197	11 987
通用设备制造业	2	6 221	6 112
汽车制造业	1	20 101	18 826
仪器仪表制造业	1	81 167	
其他制造业	1	15 467	

13-4 续表 1 （2014 年） 单位:万元

指 标	资产合计	#流动资产合计	#固定资产合计	#固定资产原值	累计折旧	固定资产净 值	负债合计
总 计	**57 173**	**23 785**	**33 367**	**44 191**	**10 862**	**33 329**	**31 620**
在总计中:亏损企业							
在总计中:农村工业	6 028	3 124	2 904	3 597	693	2 904	2 687
按登记注册类型分							
内资企业	57 173	23 785	33 367	44 191	10 862	33 329	31 620
集体企业	57 173	23 785	33 367	44 191	10 862	33 329	31 620
按经济组织类型分							
独资企业	57 173	23 785	33 367	44 191	10 862	33 329	31 620
集体企业	57 173	23 785	33 367	44 191	10 862	33 329	31 620
按轻重工业分							
轻工业	2 487	1 388	1 099	1 647	548	1 099	1 012
重工业	54 686	22 398	32 268	42 544	10 314	32 230	30 607
按企业规模分							
大型企业							
中型企业							
小型企业	57 173	23 785	33 367	44 191	10 862	33 329	31 620
微型企业							
按行业分	**57 173**	**23 785**	**33 367**	**44 191**	**10 862**	**33 329**	**31 620**
黑色金属矿采选业	6 028	3 124	2 904	3 597	693	2 904	2 687
非金属矿采选业	6 019	2 991	3 028	3 806	778	3 028	1 674
农副食品加工业							
纺织服装、服饰业							
木材加工和木、竹、藤、棕、草制品业	3 206	1 262	1 944	3 035	1 092	1 944	1 426
造纸和纸制品业							
非金属矿物制品业	2 881	640	2 241	2 300	59	2 241	2 735
有色金属冶炼和压延加工业							
金属制品业	2 713	1 677	1 037	1 151	114	1 037	1 942
通用设备制造业	6 979	3 953	3 015	4 216	1 239	2 977	5 729
汽车制造业	7 684	709	6 974	10 181	3 206	6 974	5 076
仪器仪表制造业	19 178	8 042	11 125	14 259	3 134	11 125	9 339
其他制造业	2 487	1 388	1 099	1 647	548	1 099	1 012

13-4 续表 2 （2014 年） 单位:万元

指标	主营业务收入	# 主营业务成本	# 主营业务税金及附加	营业费用	管理费用	财务费用	# 利息支出
总计	**204 908**	**173 879**	**1 596**	**2 622**	**7 919**	**1 443**	**1 160**
在总计中:亏损企业							
在总计中:农村工业	14 862	13 249	20	199	202	238	238
按登记注册类型分							
内资企业	204 908	173 879	1 596	2 622	7 919	1 443	1 160
集体企业	204 908	173 879	1 596	2 622	7 919	1 443	1 160
按经济组织类型分							
独资企业	204 908	173 879	1 596	2 622	7 919	1 443	1 160
集体企业	204 908	173 879	1 596	2 622	7 919	1 443	1 160
按轻重工业分							
轻工业	15 451	13 653	138	471	548	16	16
重工业	189 457	160 226	1 458	2 151	7 371	1 427	1 144
按企业规模分							
大型企业							
中型企业							
小型企业	204 908	173 879	1 596	2 622	7 919	1 443	1 160
微型企业							
按行业分	**204 908**	**173 879**	**1 596**	**2 622**	**7 919**	**1 443**	**1 160**
黑色金属矿采选业	14 862	13 249	20	199	202	238	238
非金属矿采选业	41 012	36 796	261	341	723	312	53
农副食品加工业							
纺织服装、服饰业							
木材加工和木、竹、藤、棕、草制品业	14 652	13 013	74	101	168	14	14
造纸和纸制品业							
非金属矿物制品业	2 345	2 111	10	42	131		
有色金属冶炼和压延加工业							
金属制品业	11 987	10 730	75	63	117	21	21
通用设备制造业	6 076	5 250	36	88	291	76	52
汽车制造业	18 826	15 722	185	584	659	113	113
仪器仪表制造业	79 697	63 356	796	733	5 081	652	652
其他制造业	15 451	13 653	138	471	548	16	16

13-4　续表 3　　（2014 年）　　单位:万元

指　　标	营业利润	利润总额	利税总额	本年应交增值税	全部职工年平均人数（人）
总　计	**17 449**	**17 449**	**29 458**	**10 413**	**1 373**
在总计中:亏损企业					
在总计中:农村工业	954	954	2 569	1 595	250
按登记注册类型分					
内资企业	17 449	17 449	29 458	10 413	1 373
集体企业	17 449	17 449	29 458	10 413	1 373
按经济组织类型分					
独资企业	17 449	17 449	29 458	10 413	1 373
集体企业	17 449	17 449	29 458	10 413	1 373
按轻重工业分					
轻工业	624	624	1 244	482	140
重工业	16 825	16 825	28 214	9 931	1 233
按企业规模分					
大型企业					
中型企业					
小型企业	17 449	17 449	29 458	10 413	1 373
微型企业					
按行业分	**17 449**	**17 449**	**29 458**	**10 413**	**1 373**
黑色金属矿采选业	954	954	2 569	1 595	250
非金属矿采选业	2 580	2 580	4 258	1 417	167
农副食品加工业					
纺织服装、服饰业					
木材加工和木、竹、藤、棕、草制品业	1 283	1 283	2 176	819	195
造纸和纸制品业					
非金属矿物制品业	50	50	104	43	74
有色金属冶炼和压延加工业					
金属制品业	982	982	1 895	837	70
通用设备制造业	335	334	543	172	118
汽车制造业	1 563	1 563	2 813	1 065	120
仪器仪表制造业	9 079	9 079	13 858	3 983	239
其他制造业	624	624	1 244	482	140

13-5 规模以上“三资”工业企业主要经济指标

（2014 年） 单位:万元

指标	企业个数（个）	#亏损企业	工业总产值（当年价）	工业销售产值（当年价）	#出口交货值
总计	**189**	**26**	**10 898 656**	**1 0582 528**	**998 790**
在总计中:亏损企业	26	26	535 857	551 213	105 152
在总计中:国有控股企业	2		212 305	212 305	
在总计中:农村工业	1		41 488	40 489	21 268
按登记注册类型分					
港、澳、台商投资企业	86	13	6 376 901	6 143 294	243 160
合资经营企业(港或澳、台资)	41	6	4 270 091	4 063 625	109 471
港澳台商独资经营企业	41	7	1 532 465	1 509 344	133 689
港澳台商投资股份有限公司	3		526 495	524 867	
外商投资企业	103	13	4 521 755	4 439 235	755 630
中外合资经营企业	69	9	2 498 900	2 416 295	173 662
中外合作经营企业	2		86 822	84 057	18 526
外资企业	32	4	1 936 033	1 938 882	563 442
外商投资股份有限公司					
按轻重工业分					
轻工业	89	7	3 440 075	3 405 571	359 786
重工业	100	19	7 458 581	7 176 958	639 005
按企业规模分					
大型企业	16	2	5 118 497	4 877 170	427 852
中型企业	43	4	2 365 469	2 341 633	300 002
小型企业	130	20	3 414 689	3 363 726	270 936
微型企业					
按行业分					
黑色金属矿采选业	1	1	4 030	2 253	
农副食品加工业	15	2	467 620	461 102	154 661
食品制造业	8		268 258	263 259	
酒、饮料和精制茶制造业	5		109 205	95 384	15 216
纺织业	7	1	373 799	369 685	66 240
纺织服装、服饰业	7	1	200 077	198 564	2 148
皮革、毛皮、羽毛及其制品和制鞋业	11	2	434 222	427 678	21 535
木材加工和木、竹、藤、棕、草制品业	16		651 141	645 703	153 457
家具制造业	3		26 368	26 087	
造纸和纸制品业	1		173 401	173 294	
印刷和记录媒介复制业	3		92 541	87 652	10
文教、工美、体育和娱乐用品制造业	12		180 039	177 739	39 152
石油加工、炼焦和核燃料加工业	2	1	447 206	425 029	
化学原料和化学制品制造业	10	2	2 351 464	2 176 766	41 350
医药制造业	5		278 017	277 574	
化学纤维制造业	1		47 820	47 342	19 070
橡胶和塑料制品业	8		643 524	563 107	
非金属矿物制品业	6		160 839	160 425	6 918
黑色金属冶炼和压延加工业	5	3	372 355	408 844	51 174
有色金属冶炼和压延加工业	2		269 454	268 111	
金属制品业	4	1	83 912	84 414	5 633
通用设备制造业	9	2	193 003	201 782	11 262
专用设备制造业	13	3	828 519	800 323	275 978
汽车制造业	1	1	2 858	2 925	1 944
铁路、船舶、航空航天和其他运输设备制造业	3	1	604 486	618 570	66 098
电气机械和器材制造业	8	1	272 700	280 192	44 894
计算机、通信和其他电子设备制造业	6	1	392 407	387 617	22 050
仪器仪表制造业	7	2	263 759	257 509	
其他制造业	1		19 562	19 562	
废弃资源综合利用业	1	1	8 388	1 326	
电力、热力生产和供应业	5		617 609	616 265	
燃气生产和供应业	3		60 074	56 449	

13-5 续表 1 （2014 年） 单位:万元

指标	资产合计	# 流动资产合计	# 固定资产合计	# 固定资产原值	累计折旧	固定资产净值	负债合计
总 计	**8 911 685**	**3 552 527**	**4 463 762**	**6 572 742**	**2 171 489**	**4 401 253**	**4 779 640**
在总计中:亏损企业	801 657	412 180	246 989	461 970	192 687	269 284	592 199
在总计中:国有控股企业	276 218	125 091	139 566	486 595	347 029	139 566	129 656
在总计中:农村工业	5 968	1 894	4 075	5 413	1 338	4 075	951
按登记注册类型分							
港、澳、台商投资企业	6 189 361	2 405 736	3 092 106	4 651 781	1 575 531	3 076 250	3 629 086
合资经营企业(港或澳、台资)	4 794 319	2 001 696	2 192 023	3 449 144	1 256 951	2 192 193	2 980 439
港澳台商独资经营企业	1 299 438	392 153	821 845	1 094 183	288 364	805 819	612 057
港澳台商投资股份有限公司	86 471	10 375	70 618	98 177	27 559	70 618	32 670
外商投资企业	2 722 324	1 146 791	1 371 656	1 920 962	595 958	1 325 004	1 150 555
中外合资经营企业	1 620 788	592 032	913 417	1 216 354	309 699	906 656	604 012
中外合作经营企业	21 851	12 873	8 926	38 451	29 525	8 926	12 262
外资企业	1 079 685	541 887	449 313	666 156	256 734	409 422	534 281
外商投资股份有限公司							
按轻重工业分							
轻工业	1 300 998	614 105	599 261	895 250	306 721	588 530	465 182
重工业	7 610 687	2 938 423	3 864 501	5 677 492	1 864 768	3 812 724	4 314 458
按企业规模分							
大型企业	5 339 605	2 201 756	2 501 126	3 569 107	1 033 365	2 535 741	3 138 557
中型企业	1 172 078	478 880	561 193	808 463	326 589	481 874	513 293
小型企业	2 400 002	871 892	1 401 443	2 195 173	811 535	1 383 638	1 127 790
微型企业							
按行业分	**8 911 685**	**3 552 527**	**4 463 762**	**6 572 742**	**2 171 489**	**4 401 253**	**4 779 640**
黑色金属矿采选业	22 934	11 938	7 146	10 405	3 259	7 146	2 582
农副食品加工业	97 012	42 728	51 038	74 907	23 869	51 038	49 967
食品制造业	80 286	39 174	40 021	104 517	64 495	40 021	32 112
酒、饮料和精制茶制造业	105 762	32 785	55 006	76 229	21 223	55 006	36 427
纺织业	259 105	126 842	117 847	176 808	58 960	117 847	88 854
纺织服装、服饰业	120 136	68 698	29 307	42 964	13 657	29 307	25 637
皮革、毛皮、羽毛及其制品和制鞋业	177 887	129 086	45 801	42 904	8 005	34 899	65 907
木材加工和木、竹、藤、棕、草制品业	150 068	28 761	120 213	191 450	71 237	120 213	27 258
家具制造业	44 383	12 504	31 672	36 395	4 553	31 842	3 068
造纸和纸制品业	42 112	21 402	20 710	29 408	8 698	20 710	20 338
印刷和记录媒介复制业	55 204	37 021	16 265	43 258	26 993	16 265	18 678
文教、工美、体育和娱乐用品制造业	53 119	23 798	29 309	38 028	8 719	29 309	21 655
石油加工、炼焦和核燃料加工业	109 898	17 899	90 155	115 442	25 286	90 155	59 865
化学原料和化学制品制造业	3 866 978	1 567 920	1 751 692	2 453 051	706 484	1 746 567	2 624 823
医药制造业	78 969	5 678	61 017	88 698	27 681	61 017	14 409
化学纤维制造业	9 687	1 333	8 354	11 545	3 191	8 354	1 255
橡胶和塑料制品业	431 144	44 419	383 837	456 908	73 071	383 837	90 940
非金属矿物制品业	21 297	10 548	9 748	12 906	3 158	9 748	6 343
黑色金属冶炼和压延加工业	372 547	193 892	91 518	244 776	114 938	129 839	329 820
有色金属冶炼和压延加工业	69 285	5 531	51 952	82 079	30 127	51 952	14 598
金属制品业	80 155	37 543	40 773	57 358	16 586	40 773	28 978
通用设备制造业	274 362	155 977	107 512	165 128	59 778	105 349	82 591
专用设备制造业	533 897	306 970	206 989	302 298	97 712	204 586	162 222
汽车制造业	1 602	1 157	436	1 520	1 084	436	740
铁路、船舶、航空航天和其他运输设备制造业	182 058	28 918	135 949	87 931	27 792	60 139	77 554
电气机械和器材制造业	159 453	90 408	62 872	97 786	37 045	60 741	45 244
计算机、通信和其他电子设备制造业	210 443	80 142	102 307	147 614	45 307	102 307	131 236
仪器仪表制造业	134 747	94 469	38 377	58 883	22 973	35 910	81 834
其他制造业	14 123	2 745	11 378	12 848	1 470	11 378	1 781
废弃资源综合利用业	134 635	80 333	42 060	72 291	30 230	42 060	75 820
电力、热力生产和供应业	916 692	215 481	661 084	1 171 535	510 451	661 084	492 467
燃气生产和供应业	101 706	36 429	41 416	64 875	23 458	41 416	64 641

13-5 续表 2　　（2014 年）　　单位:万元

指　　标	主营业务收　　入	# 主营业务成本	# 主营业务税金及附加	营业费用	管理费用	财务费用	# 利息支出
总　计	**10 694 072**	**9 001 611**	**69 344**	**167 166**	**337 440**	**172 512**	**193 236**
在总计中:亏损企业	632 755	616 787	1 435	24 639	32 458	13 408	15 418
在总计中:国有控股企业	212 267	165 279	1 600	217	4 128	1 450	3 449
在总计中:农村工业	41 488	37 071	382	159	240	85	67
按登记注册类型分							
港、澳、台商投资企业	6 224 700	5 199 622	40 251	62 023	181 387	154 627	171 516
合资经营企业(港或澳、台资)	4 158 568	3 512 965	25 647	22 529	94 797	131 505	149 434
港澳台商独资经营企业	1 493 419	1 242 018	8 540	19 676	38 116	22 422	21 544
港澳台商投资股份有限公司	527 256	402 563	5 680	19 537	47 946	186	190
外商投资企业	4 469 372	3 801 988	29 094	105 143	156 054	17 885	21 720
中外合资经营企业	2 432 663	2 052 185	17 873	72 772	99 478	14 115	11 849
中外合作经营企业	84 057	69 760	591	2 938	4 099	82	62
外资企业	1 952 652	1 680 044	10 629	29 433	52 477	3 688	9 809
外商投资股份有限公司							
按轻重工业分							
轻工业	3 393 427	2 882 820	18 586	64 712	90 039	13 763	12 455
重工业	7 300 645	6 118 790	50 758	102 454	247 401	158 749	180 780
按企业规模分							
大型企业	4 866 476	4 101 470	26 789	61 711	133 412	126 224	147 614
中型企业	2 362 062	2 056 826	17 309	46 158	73 644	7 443	9 263
小型企业	3 465 534	2 843 315	25 246	59 297	130 384	38 845	36 359
微型企业							
按行业分	**10 694 072**	**9 001 611**	**69 344**	**167 166**	**337 440**	**172 512**	**193 236**
黑色金属矿采选业	2 027	1 810	55	1	887		
农副食品加工业	464 064	400 591	3 234	8 124	8 821	1 859	1 327
食品制造业	263 693	224 737	1 193	6 324	8 289	745	499
酒、饮料和精制茶制造业	94 103	78 758	396	3 335	3 035	2 136	1 941
纺织业	368 269	334 761	2 525	8 116	7 564	3 076	2 935
纺织服装、服饰业	198 332	160 407	1 486	9 071	11 341	1 623	1 738
皮革、毛皮、羽毛及其制品和制鞋业	424 869	371 601	1 132	2 623	5 982	132	98
木材加工和木、竹、藤、棕、草制品业	643 502	576 199	6 002	3 455	4 180	2 313	1 819
家具制造业	26 066	23 626	242	217	287	79	58
造纸和纸制品业	173 294	135 481	864	10 750	15 584	289	298
印刷和记录媒介复制业	81 851	65 494	793	801	4 718	677	665
文教、工美、体育和娱乐用品制造业	177 084	152 602	1 619	3 477	3 436	1 461	1 230
石油加工、炼焦和核燃料加工业	442 160	383 251	3 556	13 195	12 352	3 475	1 859
化学原料和化学制品制造业	2 171 277	1 821 581	12 864	6 154	63 220	117 845	134 666
医药制造业	273 640	237 290	2 004	774	1 960	458	427
化学纤维制造业	47 342	42 448	473	236	331	66	62
橡胶和塑料制品业	563 743	493 104	6 609	12 583	10 668	3 642	3 421
非金属矿物制品业	159 228	136 376	1 639	2 551	2 833	175	97
黑色金属冶炼和压延加工业	390 477	356 377	1 241	17 361	14 402	988	7 595
有色金属冶炼和压延加工业	262 261	234 450	2 479	3 168	4 594	323	323
金属制品业	83 866	70 625	538	1 623	2 241	1 032	676
通用设备制造业	207 372	162 018	1 117	7 218	13 801	1 683	1 657
专用设备制造业	800 814	658 067	4 115	6 545	32 261	-204	452
汽车制造业	2 890	2 504	25	197	360	32	21
铁路、船舶、航空航天和其他运输设备制造业	633 871	521 374	1 043	3 788	5 116	1 463	459
电气机械和器材制造业	287 547	236 425	1 479	5 528	11 571	284	629
计算机、通信和其他电子设备制造业	390 488	286 342	3 362	18 626	49 891	1 693	1 752
仪器仪表制造业	257 667	207 442	2 273	8 077	19 226	978	1 088
其他制造业	19 562	16 471	225	196	192	196	196
废弃资源综合利用业	104 865	119 322			3 957	4 630	4 962
电力、热力生产和供应业	618 578	439 246	4 552		9 607	18 945	20 171
燃气生产和供应业	595 273	50 831	212	3 055	4 735	419	118

13-5　续表 3　　（2014 年）　　单位:万元

指　　标	营业利润	利润总额	亏损企业亏损总额	利税总额	营业外收入	本年应交增值税	全部职工年平均人数（人）
总　计	**989 873**	**999 949**	**102 179**	**1 503 112**	**27 296**	**431 858**	**76 283**
在总计中:亏损企业	−103 149	−102 179	102 179	−93 537	3 849	69 901	9 502
在总计中:国有控股企业	60 744	61 283		78 660	604	15 777	285
在总计中:农村工业	3 552	3 552		5 795		1 862	790
按登记注册类型分							
港、澳、台商投资企业	650 347	655 694	45 431	970 290	16 071	274 037	39 701
合资经营企业(港或澳、台资)	434 114	434 969	32 224	637 576	10 688	176 651	22 056
港澳台商独资经营企业	163 215	167 706	13 207	246 679	5 383	70 433	16 422
港澳台商投资股份有限公司	51 344	51 344		82 794		25 770	925
外商投资企业	339 526	344 256	56 748	532 822	11 225	157 821	36 582
中外合资经营企业	194 417	198 474	10 034	321 240	6 189	104 892	23 695
中外合作经营企业	6 587	6 587		11 649		4 471	1 055
外资企业	138 522	139 194	46 714	199 933	5 036	48 458	11 832
外商投资股份有限公司							
按轻重工业分							
轻工业	326 127	331 924	3 798	503 879	6 658	153 366	33 911
重工业	663 745	668 025	98 381	999 233	20 637	278 492	42 372
按企业规模分							
大型企业	431 643	433 180	44 523	636 354	13 848	175 009	32 376
中型企业	171 763	172 039	10 648	289 359	2 857	99 794	23 315
小型企业	386 467	394 731	47 008	577 399	10 591	157 056	20 592
微型企业							
按行业分							
黑色金属矿采选业	−725	−730	730	−511	3	164	199
农副食品加工业	41 340	41 803	185	63 638	483	18 602	2 345
食品制造业	22 521	22 692		34 043	240	10 155	2 651
酒、饮料和精制茶制造业	6 559	8 004		12 160	1 449	3 761	921
纺织业	12 429	12 990	2 197	27 656	854	12 142	7 516
纺织服装、服饰业	14 637	15 687	66	26 305	1 058	9 133	2 974
皮革、毛皮、羽毛及其制品和制鞋业	43 400	43 445	115	62 889	50	18 313	6 200
木材加工和木、竹、藤、棕、草制品业	50 353	50 353		86 620		30 265	6 209
家具制造业	1 616	1 616		2 724		867	557
造纸和纸制品业	10 326	10 326		19 828		8 638	678
印刷和记录媒介复制业	9 959	9 662		15 794	67	5 340	489
文教、工美、体育和娱乐用品制造业	14 565	14 562		26 187	3	10 006	2 818
石油加工、炼焦和核燃料加工业	26 330	26 337	6 846	48 273	7	18 381	1 906
化学原料和化学制品制造业	198 174	201 273	1 136	296 073	12 409	81 935	8 156
医药制造业	31 155	31 158		45 423	3	12 261	970
化学纤维制造业	3 787	3 787		6 391		2 130	635
橡胶和塑料制品业	37 337	37 337		74 055		30 109	6 747
非金属矿物制品业	15 653	14 285		22 497		6 573	920
黑色金属冶炼和压延加工业	−36 704	−35 556	42 695	−26 020	3 372	8 079	4 292
有色金属冶炼和压延加工业	17 248	15 463		30 289		12 347	965
金属制品业	8 267	8 297	218	9 443	91	609	591
通用设备制造业	26 280	26 482	1 192	34 261	409	6 662	1 832
专用设备制造业	98 188	99 154	4 650	116 057	1 581	11 136	4 085
汽车制造业	−213	−133	133	−108	86		79
铁路、船舶、航空航天和其他运输设备制造业	101 257	101 262	1 235	135 317	39	33 012	2 261
电气机械和器材制造业	35 288	35 304	153	49 398	88	12 615	3 020
计算机、通信和其他电子设备制造业	29 505	29 487	10 200	45 380	425	12 530	2 678
仪器仪表制造业	19 693	21 068	84	32 141	1 408	8 800	1 759
其他制造业	2 283	2 283		3 843		1 335	256
废弃资源综合利用业	−30 349	−30 343	30 343	−30 343	5		65
电力、热力生产和供应业	170 453	173 192		222 519	2 919	44 686	827
燃气生产和供应业	9 262	9 406		10 892	250	1 274	682

13-6 主要年份主要工业产品产量

单位：万吨

年 份	铁矿石（成品矿）	生 铁	原 煤	发电量（亿千瓦小时）	铝 锭（吨）	硫 酸（吨）	合成氨	农用化肥（折 100%）	水 泥
1949			81	0.07					
1952	21.93		112	0.20					
1957	38.57	0.13	180	0.90					
1962	39.39	1.66	447	3.76	672			0.01	1.06
1965	45.98	1.63	472	4.43	930	5 594	0.05	0.32	14.52
1970	31.69	4.61	633	7.24	1 453	7 746	1.03	0.89	23.09
1975	25.12	11.08	899	15.99	2 103	10 840	3.41	2.68	33.29
1978	40.95	15.19	1 445	27.08	3 135	22 162	7.07	4.91	66.68
1979	44.49	18.16	1 510	38.65	3 616	21 559	9.72	6.96	79.77
1980	29.55	16.36	1 506	47.78	2 721	31 856	12.40	9.96	93.68
1981	23.36	12.18	1 451	50.48	3 686	21 690	12.64	10.14	109.32
1982	24.74	11.71	1 492	52.37	3 614	34 902	12.98	10.67	133.52
1983	30.02	14.73	1 580	53.70	3 378	50 119	14.12	11.99	152.45
1984	30.80	15.74	1 682	54.84	3 210	44 138	15.07	12.45	169.47
1985	30.48	16.52	1 803	58.35	3 062	35 469	14.33	11.59	203.03
1986	30.75	19.90	1 770	74.67	5 629	34 370	14.03	12.65	249.8
1987	33.59	22.82	1 866	89.98	5 649	46 067	15.05	14.03	293.35
1988	47.35	24.80	1 931	102.97	5 574	51 157	14.11	13.38	344.49
1989	51.57	23.39	2 042	105.64	5 929	56 695	13.50	13.22	291.01
1990	27.62	29.22	2 032	104.40	7 568	62 041	13.40	12.52	297.67
1991	26.25	28.60	2 118	106.75	8 096	83 813	11.32	13.17	348.87
1992	32.33	31.84	2 115	103.74	11 241	77 784	9.42	10.89	437.21
1993	98.53	35.63	2 138	111.92	12 081	60 200	11.68	10.68	542.69
1994	113.60	41.34	1 967	114.37	12 347	65 275	14.75	16.73	590.36
1995	95.00	52.00	2 344	119.38	19 385	85 610	14.86	19.76	1 031.48
1996	110.91	48.96	2 301	118.91	11 735	67 841	14.28	24.60	1 040.45
1997	49.62	55.78	2 243	139.17	11 294	87 388	16.98	24.01	975.83
1998	17.82	49.89	2 134	134.55	10 321	81 131	19.22	20.13	864.35
1999	17.82	40.36	2 089	136.65	11 828	3 746	16.69	16.68	937.84
2000	43.30	37.10	2 271	146.87	5 002		19.16	15.42	983.36
2001	15.34	51.05	2 261	155.29	12 055		19.08	16.49	892.69
2002	14.63	48.75	2 404	170.31	12 354	45 100	22.66	19.96	1 008.34
2003	15.54	95.10	2 572	198.95	12 566	50 000	21.55	17.89	1 134.82
2004	24.77	136.69	2 528	235.10	12 866	72 000	17.75	21.89	1 285.58
2005	14.45	152.53	2 597	309.97	10 764	66 600	36.96	29.58	1 295.66
2006	19.69	230.72	2 827	363.02	69 741	116 000	52.11	38.00	1 538.60
2007	21.74	245.76	2 363	316.56	98 474	249 105	55.97	38.15	1 812.31
2008	23.86	194.85	2 314	342.44	100 007	181 950	62.36	41.88	1 867.36
2009	50.31	246.60	2 236	330.77	106 997	64 400	61.11	43.93	2 654.32
2010	65.64	304.92	2 072	399.57	108 668	37 100	66.40	48.05	3 205.35
2011	75.18	337.63	2 025	453.66	109 980	77 200	82.35	52.73	2 850.29
2012	74.44	375.37	2 016	527.69	112 506	95 886	74.82	53.36	2 778.85
2013	75.99	522.43	1 972	574.70	57 076	143 983	98.61	53.98	2 488.69
2014	78.72	437.80	1 980	517.28	12 194	180 019	93.00	54.23	2 749.01

13-6　续表　　单位:万吨

年　份	纱	布（万米）	机制纸及纸板	卷　烟（万箱）	饮料酒（万千升）	多晶硅（吨）	锻压机械（吨）	汽　车起重机（吨）	装载机（辆）	压路机（台）
1949	…			0.86	0.02					
1952	0.03	129	…	2.73	0.15					
1957	0.04	291	0.23	2.47	0.30					
1962	0.10	493	0.40	2.60	0.35					
1965	0.41	796	0.36	6.89	0.31					
1970	0.84	1 811	0.91	10.93	0.49					
1975	1.12	3 474	1.12	12.00	0.90					
1978	1.68	5 474	2.47	14.74	1.35					
1979	1.87	5 873	2.56	16.72	1.64					
1980	2.11	7 487	3.15	19.45	2.02					
1981	2.26	8 604	3.35	22.26	2.51			321		362
1982	2.45	8 860	4.19	26.23	2.67			245		485
1983	2.28	7 979	4.85	23.03	2.82			256		413
1984	2.29	7 307	5.69	26.04	2.54			244		520
1985	2.43	7 350	6.48	26.10	2.84			325		730
1986	2.67	7 954	8.61	30.12	3.23			414		957
1987	3.07	8 981	11.62	31.02	3.88			382		1 247
1988	3.54	11 032	13.87	32.22	4.38			438		1 224
1989	4.36	13 504	15.31	33.00	4.96			428		858
1990	3.63	12 112	16.44	33.50	4.99			419		802
1991	3.25	10 769	17.66	34.00	5.66			496		993
1992	3.93	11 938	18.83	34.00	6.85			696	723	1 392
1993	3.65	12 790	22.36	35.06	7.66			1 067	1 026	2 281
1994	4.20	11 673	32.13	33.09	9.80			1 005	929	2 183
1995	4.64	13 883	71.60	34.00	11.42			683	1 298	1 897
1996	5.16	12 807	69.65	34.02	13.85		14 977	414	1 358	1 979
1997	5.48	9 077	79.33	34.00	13.31		12 329	480	1 739	2 066
1998	4.49	7 361	44.67	34.50	13.18		9 451	516	1 706	2 478
1999	5.70	7 721	23.53	34.50	9.00		7 392	710	1 890	3 110
2000	7.16	8 196	32.65	34.40	8.50		11 942	1 087	1 777	2 466
2001	7.36	6 954	28.41	36.50	14.47		12 669	1 586	2 791	2 832
2002	8.89	6 315	43.52	37.80	14.43		13 430	2 961	3 997	3 816
2003	11.30	6 884	48.88	40.00	16.69		16 297	4 664	8 098	5 825
2004	47.38	7 231	58.74	55.20	42.16		12 653	5 264	10 146	4 724
2005	23.01	10 551	48.91	57.57	20.28		19 847	5 368	9 442	2 434
2006	33.64	7 800	69.62	57.45	21.50		24 119	7 298	8 799	2 697
2007	44.14	14 832	129.81	60.48	27.26		30 218	10 349	11 010	2 025
2008	48.84	13 016	99.11	56.68	27.99	1 849	22 668	12 932	11 623	2 721
2009	61.75	16 591	122.40	59.00	30.11	7 318	16 353	16 053	9 494	4 675
2010	81.58	16 056	105.54	60.94	45.73	17 799		18 623	15 212	6 874
2011	77.76	11 064	79.13	64.01	52.37	29 414		18 695	23 895	5 070
2012	83.89	16 966	123.11	64.41	66.23	37 097		390 261	19 199	3 604
2013	103.88	18 059	38.34	68.46	68.02	50 440		319 676	18 967	4 460
2014	152.92	27 015	44.40	71.73	64.00	66 876		342 894	11 945	4 048

注:自 2012 年起,汽车起重机的单位由台改为吨。

13-7 主要工业产品产量

（2014年）

产品名称		产量	产品名称		产量
原煤	（万吨）	1 979.63	# 氮肥	（万吨）	41.60
洗煤	（万吨）	1 209.88	磷肥	（万吨）	11.90
铁矿石成品矿	（万吨）	78.70	化学农药	（万吨）	25.06
发电量	（亿千瓦/时）	517.28	塑料树脂及共聚物	（万吨）	25.50
配合饲料	（万吨）	71.99	多晶硅	（万吨）	6.69
发酵酒精（商品量）	（万吨）	33.26	轮胎外胎	（万条）	307.06
饮料酒（商品量）	（万千升）	64.00	塑料制品	（万吨）	50.75
卷烟	（万箱）	71.73	# 农业用薄膜	（万吨）	3.68
纱	（万吨）	152.92	水泥	（万吨）	2 749.01
布	（万米）	27 015	生铁	（万吨）	437.76
# 棉布	（万米）	20 405	软饮料	（万吨）	224.00
家用电冰箱	（万台）	414.70	成品钢材	（万吨）	597.72
丝	（吨）	5 574.05	# 焊接钢管	（万吨）	7.26
多晶硅	（吨）	66 876.00	铝	（万吨）	1.21
服装	（万件）	10 977.92	铝材	（万吨）	40.52
液体乳	（吨）	827 400.8	汽车起重机	（台）	7 864
机制纸及纸板	（万吨）	44.40	矿山设备	（吨）	4 482
焦炭	（万吨）	1 158.60	人造板	（万立方米）	2 699.06
氢氧化钠（折100%）	（吨）	119.07	装载机	（辆）	11 945
合成氨	（万吨）	92.99	压路机	（台）	4 048
农用化学肥料	（万吨）	54.23	组合音响	（万台）	220
			摩托车	（万辆）	67.94

主要统计指标解释

工业　指从事自然资源的开采，对采掘品和农产品进行加工和再加工的物质生产部门。具体包括:(1)对自然资源的开采,如采矿、晒盐、森林采伐等(但不包括禽兽捕猎和水产捕捞);(2)对农副产品的加工、再加工,如粮油加工、食品加工、轧花、缫丝、纺织、制革等;(3)对采掘品的加工、再加工,如炼铁、炼钢、化工生产、石油加工、机器制造、木材加工等,以及电力、自来水、煤气的生产和供应等;(4)对工业品的修理、翻新,如机器设备的修理、交通运输工具(包括小卧车)的修理等。

1984 年以前农村的村及村以下办工业归属农业,1984 年以后划归工业。

国有企业　指企业全部资产归国家所有,并按《中华人民共和国企业法人登记管理条例》规定登记注册的非公司制的经济组织。不包括有限责任公司中的国有独资公司。

国有控股企业　包括:(1) 在企业的全部实收资本中,国有经济成分的出资人拥有的实收资本(股本)所占企业全部实收资本(股本)的比例大于 50%的国有绝对控股。(2)在企业的全部实收资本中,国有经济成分的出资人拥有的实收资本(股本)所占比例虽未大于 50%,但相对大于其他任何一方经济成分的出资人所占比例的国有相对控股;或者虽不大于其他经济成分,但根据协议规定拥有企业实际控制权的国有协议控股。(3)投资双方各占 50%,且未明确由谁绝对控股的企业,若其中一方为国有经济成分的,一律按国有控股处理。

集体企业　指企业资产归集体所有,并按《中华人民共和国企业法人登记管理条例》规定登记注册的经济组织。

股份合作企业　指以合作制为基础,由企业职工共同出资入股,吸收一定比例的社会资产投资组建,实行自主经营,自负盈亏,共同劳动,民主管理,按劳分配与按股分红相结合的一种集体经济组织。

联营企业　指两个及两个以上相同或不同所有制性质的企业法人或事业单位法人,按自愿、平等、互利的原则,共同投资组成的经济组织。联营企业包括国有联营企业、集体联营企业、国有与集体联营企业和其他联营企业。

有限责任公司　指根据《中华人民共和国公司登记管理条例》规定登记注册,由两个以上,五十个以下的股东共同出资,每个股东以其所认缴的出资额对公司承担有限责任,公司以其全部资产对其债务承担责任的经济组织。有限责任公司包括国有独资公司以及其他有限责任公司。

股份有限公司　指根据《中华人民共和国公司登记管理条例》规定登记注册,其全部注册资本由等额股份构成并通过发行股票筹集资本,股东以其认购的股份对公司承担有限责任,公司以其全部资产对其债务承担责任的经济组织。

私营企业　指由自然人投资设立或由自然人控股,以雇佣劳动为基础的营利性经济组织。包括按照《公司法》、《合伙企业法》、《私营企业暂行条例》以及《个人独资企业法》规定登记注册的私营独资企业、私营合伙企业、私营有限责任公司、私营股份有限公司和个人独资企业。

与港澳台商合资经营企业　指港澳台地区投资者与内地的企业依照《中华人民共和国中外合资经营企业法》及有关法律的规定,按合同规定的比例投资设立,分享利润和分担风险的企业。

与港澳台商合作经营企业　指港澳台地区投资者与内地企业依照《中华人民共和国中外合作经营企业法》及有关法律的规定,依照合作合同的约定进行投资或提供条件设立,分配利润、分担风险和亏损的企业。

港澳台商独资经营企业　指依照《中华人民共和国外资企业法》及有关法律的规定,在内地由港澳台地区投资者全额投资设立的企业。

港澳台商投资股份有限公司　指根据国家有关规定,经商务部(原外经贸部)批准设立,并且其中港、澳、台商的股本占公司注册资本的比例达 25%以上的股份有限公司。凡其中港、澳、台商的股本占公司注册资本的比例小于 25%的,属于内资中的股份有限公司。

中外合资经营企业　指外国企业或外国人与中国内地企业依照《中华人民共和国中外合资经营企业法》及有关法律的规定,按合同规定的比例投资设立,分享利润和分担风险的企业。

中外合作经营企业　指外国企业或外国人与中国内地企业依照《中华人民共和国中外合作经营企业法》及有关法律的规定,依照合作合同的约定进行投资或提供条件设立,分配利润、分担风险和亏损的企业。

外资企业　指依照《中华人民共和国外资企业法》及有关法律的规定,在中国内地由外国投资者全额投资设立的企业。

外商投资股份有限公司　指根据国家有关规定,经商务部(原外经贸部)批准设立,并且其中外资的股本占公司注册资本的比例达 25%以上的股份有限公司。凡其中外资股本占公司注册资本的比例小于 25%的,属于内资中的股份有限公司。

轻工业　指主要提供生活消费品和制作手工工具的工业。按其所使用的原料不同,可分为两大类:(1)以农产品为原料的轻工业是指直接或间接以农产品为基本原料的轻工业。主要包括食品制造、饮料制造、烟草加工、纺织、缝纫、皮革和毛皮制作,造纸以及印刷等工业;(2)以非农产品为原料的轻工业,是指以工业品为原料的轻工业。主要包括文教体育用品、化学药品制造、合成纤维制造、日用化学制品、日用玻璃制品、日用金属制品、手工工具制造、医疗器械制造、文化和办公用机械制造等工业。

重工业　是指为国民经济各部门提供物质技术基础的主要生产资料的工业。按其生产性质和产品用途,可以分为下列三类:(1)采掘(伐)工业,是指对自然资源的开采,包括石油开采、煤炭开采、金属矿开采、非金属矿开采和木材采伐等工业;(2)原材料工业,指向国民经济各部门提供基本材料、动力和燃料的工业。包括金属冶炼及加工、炼焦及焦炭化学、化工原料、水泥、人造板以及电力、石油和煤炭加工等工业;(3)加工工业,是指对工业原材料进行再加工制造的工业。包括装备国民经济各部门的机械设备制造工业、金属结构、水泥制品等工业,以及为农业提供的生产资料如化肥、农药等工业。

根据上述划分原则，修理业中以重工业产品为修理作业对象的划为重工业，反之划为轻工业。

工业总产值（当年价格） 指工业企业在报告期内生产的以货币形式表现的工业最终产品和提供工业劳务活动的总价值量。包括三部分：生产的成品价值、对外加工费收入、自制半成品在制品期末期初差额价值。

新产品产值 新产品是指采用新技术原理、新设计构思研制、生产的全新产品，或在结构、材质、工艺等某一方面比原有产品有明显改进，从而显著提高了产品性能或扩大了使用功能的产品。本报表中的新产品产值既包括经政府有关部门认定并在有效期内的新产品，也包括企业自行研制开发，未经政府有关部门认定，从投产之日起一年之内的新产品。

工业销售产值（当年价格） 指以货币形式表现的，工业企业在报告期内销售的本企业生产的工业产品或提供工业性劳务价值的总价值量。工业销售产值包括销售成品价值和对外加工费收入

工业增加值 是以货币形式表现的，工业企业在报告期内工业生产活动的最终成果，是企业生产过程中新增加的价值。

固定资产原值 固定资产原值指企业在建造、购置、安装、改建、扩建、技术改造某项固定资产时所支出的全部货币总额。它一般包括买价、包装费、运杂费和安装费等。

固定资产净值 是指固定资产原价减去历年已提折旧额后的净额。

流动资产 流动资产是指可以在一年或者超过一年的一个营业周期内变现或者耗用的资产，包括现金及各种存款、短期投资、应收及预付货款、存货等。

利税总额 指产品销售税金及附加和利润总额之和。

资金利税率 指在一定时期内已实现的利润、税金总额与同期的资产（固定资产净值和流动资产）之比。计算公式：

$$\text{资金利税率}(\%)=\frac{\text{报告期累计实现利税总额}}{\text{固定资产净值平均余额}+\text{流动资产平均余额}}\times 100\%$$

税率反映每单位（通常是每万元）资金所提供的利润税金额。它是考察和评价部门或企业资金运用的经济效益、分析资金投入效果的主要分析指标。

工业成本利润率 指在一定时期内实现的利润与成本费用之比，是反映工业生产成本及费用投入的经济效益指标，同时也是反映降低成本的经济效益的指标。计算公式：

$$\text{工业成本费用利润率}(\%)=\frac{\text{利润总额}}{\text{成本费用总额}}\times 100\%$$

工业增加值率 指在一定时期内工业增加值占工业总产值的比重，反映工业生产附加价值的高低。计算公式：

$$\text{工业增加值率}(\%)=\frac{\text{工业增加值}}{\text{工业总产值}}\times 100\%$$

流动资产周转次数 指在一定时期内流动资产的周转次数，反映流动资产的周转速度。计算公式：

$$\text{流动资金周转次数}=\frac{\text{产品销售收入}}{\text{全部流动资产平均余额}}\times 100\%$$

产品销售率 指一定时期内销售产值与同期全部工业总产值之比，反映工业产品生产已实现销售的程度。计算公式：

$$\text{工业产品销售率}(\%)=\frac{\text{报告期现价工业销售产值}}{\text{报告期现价工业总产值}}\times 100\%$$

产品销售收入 指企业销售产品的销售收入和提供劳务等主要经营业务取得的业务总额。

产品销售工厂成本 指企业销售产品和提供劳务等主要经营业务的实际成本。

全员劳动生产率 指根据产品的价值量指标计算的平均每一个职工在单位时间内的产品生产量。是考核企业经济活动的重要指标，是企业生产技术水平、经营管理水平、职工技术熟练程度和劳动积极性的综合表现。目前我国的全员劳动生产率是将工业企业的工业增加值除以同一时期全部职工的平均人数来计算的。计算公式：

$$\text{全员劳动生产率}=\frac{\text{工业增加值}}{\text{全部职工平均人数}}$$

资本金 指企业在工商行政管理部门登记的注册资金合计。企业资本金按投资主体可分为国家资本金、法人资本金、个人资本金和外商资本金等。资本金合计包括企业各种投资主体注册的全部资本金。

总资产 指企业拥有或控制的全部资产。包括流动资产、长期投资、固定资产、无形及递延资产、其他长期资产等，即为企业资产负债表的资产总计项。

(1)流动资产　指企业可以在一年内或者超过一年的一个生产周期内变现或耗用的资产合计。包括现金及各种存款、短期投资、应收及预付款项、存货等。

(2)固定资产　指企业固定资产净值、固定资产清理、在建工程、待处理固定资产损失所占用的资金合计。

(3)无形资产指企业长期使用而没有实物形态的资产。包括专利权、非专利技术、商标权、著作权、土地使用权、商誉等。

总负债 指企业承担并需要偿还的全部债务。包括流动负债和长期负债等，即为企业资产负债表的负债合计项。

(1)流动负债指企业在一年内或者超过一年的一个营业周期内需要偿还的债务合计，其中包括短期借款，应付及预收款项、应付工资、应交税金和应交利润等。

(2)长期负债指企业在一年以上或者超过一年的一个生产周期以上需要偿还的债务合计，其中包括长期借款、应付债务、长期应付款项等。

所有者权益 指企业投资人对企业净资产的所有权。企业净资产等于企业全部资产减去全部负债后的余额，其中包括投资者对企业的最初投入，以及资本公积金、盈余公积金和未分配利润，对股份制企业即为股东权益。

建筑业

CONSTRUCTION

版面负责人：许　清

编　　　辑：刘云祥

江苏省统计条例

（2014年1月16日江苏省第十二届人民代表大会常务委员会第八次会议通过）

第二十六条 有下列情形之一的，政府统计调查对象有权拒绝政府统计调查：

(一)未书面告知统计权利和义务的；

(二)统计调查项目及其统计调查制度未经批准或者虽经批准但未依法公布的；

(三)统计调查表未标明法定标志或者法定标志不完整的；

(四)统计调查表超过有效期限的；

(五)现场调查时，统计人员未出示政府统计机构或者有关部门颁发的工作证件的。

【释义】 本条是关于政府统计调查对象拒绝非法调查的规定。

遏制非法统计调查，减轻被调查者的负担，是政府统计调查对象和社会各界的一致诉求。《统计法》从统汁调查表管理的角度，规定统计调查对象对非法统计调查表或者过期统计调查表有拒绝调查权。从促进依法行政、保护统计调查对象的角度，本条规定了五种违法行为，统计行政行为不具有法律效力，政府统计调查对象有权拒绝调查。具体规定如下：

一是未书面告知统计权利和义务。依照本条例第十三规定，建立统计调查法律关系时，政府统计机构负有告知责任，应当主动书面告知统计调查对象统计权利和统计义务，促使统计调查对象支持和配合政府统计工作，真实、准确、完整、及时地提供统计资料。从维护统计调查对象权利的角度，本条规定政府统计机构不依法履行告知责任，即未被书面告知统计权利和统计义务的，统计调查对象有权拒绝政府统计调查。

二是统计调查项目及其统计调查制度未经批准或者虽经批准但未依法公布。为严格规范统计行政行为，减轻基层部门和统计调查对象负担，本条例第八条至十一条作出规定，地方统计调查按照统计调查项目组织实施，统计调查项目及其统计调查制度按照规定权限和程序依法审批；依法公布是其生效的前置条件，未经批准或者虽经批准但未依法公布，属于违法行为。本条则从维护统计调查对象合法权益的

角度，规定统计调查项目及其统计调查制度未经批准或者虽经批准但未依法公布的，统计调查对象有权拒绝政府统计调查。

三是统计调查表未标明法定标志或者法定标志不完整，或者统计调查表超过有效期限。根据《统计法》第十五条规定，统计调查表应当标明表号、制定机关、批准或者备案文号、有效期限等标志；未标明上述法定标志或者超过有效期限的统计调查表，不产生法律效力。从保护统计调查对象的角度，本条规定，统计调查表未标明法定标志或者法定标志不完整，或者超过有效期限的，统计调查对象有权拒绝政府统计调查。

四是现场调查时，统计人员未出示政府统计机构或者有关部门颁发的工作证件。《统计法》第三十条规定，统计人员进行统计调查时，应当出示工作证件，向统计调查对象表明身份。从维护统计调查对象的合法权益，防止统计人员以外的其他人员假冒政府统计调查名义，非法开展统计调查，本条规定，现场调查时，统计人员未出示政府统计机构或者有关部门颁发的工作证件的，统计调查对象有权拒绝政府统计调查。

编辑：王中彬

14-1 建筑业企业主要经济指标

项目	2007	2008	2009	2010	2011	2012	2013	2014
企业个数（个）	349	449	425	364	347	389	443	413
#国有及国有控股企业	63	53	54	45	48	36	41	39
#内资企业	342	446	424	363	345	385	437	409
港、澳、台商投资企业	2	3	1	1	1	3	5	3
外商投资企业	1				1	1	1	1
期末从业人数（人）	315 712	277 214	314 073	337 490	403 721	469 181	476 577	519 304
建筑业总产值（亿元）	310.26	376.89	431.58	535.72	648.07	881.66	1 089.66	1 321.04
#建筑工程	298.17	342.16	400.52	510.88	631.59	829.68	1 020.97	1 254.94
安装工程	10.14	28.03	28.38	22.55	11.85	30.46	59.68	48.25
竣工产值（亿元）	267.95	313.18	358.54	419.39	497.72	661.74	801.89	1 069.93
利润总额（亿元）	19.08	17.49	19.53	24.50	28.33	36.32	58.61	58.55
税金总额（亿元）	3.82	11.16	11.99	15.13	20.70	25.96	29.47	38.47
房屋建筑施工面积（万平方米）	3 401.18	3 933.17	4 381.23	4 872.40	5 517.02	7 702.88	9 578.95	11 606.80
#本年新开工面积	2 274.18	2 280.08	2 795.05	3 120.05	3 145.48	4 707.61	5 115.57	4 180.30
房屋建筑竣工面积（万平方米）		2 365.29	2 414.14	2 530.61	2 584.80	3 247.33	3 853.46	5 274.97
房屋建筑面积竣工率（%）		60.10	55.10	51.90	46.90	42.20	40.02	45.45

注:本表资料包括有工作量的施工总承包和专业承包企业,不含劳务分包企业。

14-2 建筑业总承包和专业承包生产经营情况

（2014 年）　　单位：千元

项　　目	单位个数	签订的建筑合同额	上年结转建筑合同额	本年新签建筑合同额	直接从建设单位承揽工程完成的产值	自行完成施工产值	分包出去工程的产值
总　计	**413**	**175 405 468**	**55 051 412**	**120 354 056**	**128 096 188**	**127 895 293**	**200 895**
按行业分							
房屋建筑业	238	148 299 894	47 957 973	100 341 921	103 088 085	103 004 340	83 745
土木工程建筑业	81	18 313 181	5 037 574	13 275 607	17 534 488	17 530 576	3 912
建筑安装业	27	4 346 873	1 268 544	3 078 329	3 518 984	3 418 418	100 566
建筑装饰和其他建筑业	67	4 445 520	787 321	3 658 199	3 954 631	3 941 959	12 672
按登记注册类型分							
内资企业	409	175 241 732	55 042 230	120 199 502	127 839 494	127 638 599	200 895
国有企业	39	18 282 524	4 580 433	13 702 091	11 412 888	11 401 888	11 000
集体企业	19	2 663 201	561 095	2 102 106	2 908 717	2 908 717	
股份合作企业	2	548 615	22 360	526 255	493 757	493 757	
有限责任公司	141	80 585 566	32 025 114	48 560 452	59 654 725	59 539 265	115 460
股份有限公司	33	5 536 757	1 624 020	3 912 737	4212 837	4 179 682	33 155
私营企业	172	67 562 069	16 217 708	51 344 361	49 106 570	49 071 290	35 280
其他企业	3	63 000	11 500	51 500	50 000	44 000	6 000
港、澳、台商投资企业	3	92 376	1 051	91 325	63 893	63 893	
与港澳台商合资经营企业	1	6 443	1 051	5 392			
与港澳台商合作经营企业	2	85 933		85 933	63 893	63 893	
外商投资企业	1	71 360	8 131	63 229	192 801	192 801	
中外合资经营企业	1	71 360	8 131	63 229	192 801	192 801	
按企业控股情况分							
国有控股	55	29 625 483	8 799 325	20 826 158	22 717 117	22 705 517	11 600
集体控股	31	5 199 038	1 129 521	4 069 517	5 133 119	5 061 181	71 938
私人控股	316	139 570 575	44 962 970	94 607 605	99 391 372	99 274 015	117 357
港澳台商控股	1	6 443	1 051	5 392			
其他	10	1 003 929	158 545	845 384	854 580	854 580	
按资质等级分							
施工总承包序列	286	166 655 410	53 079 534	113 575 876	121 064 626	120 983 732	80 894
施工总承包序列特级工程	1	4 848 578	1 763 829	3 084 749	6 648 415	6 648 415	
施工总承包序列一级工程	31	91 922 399	32 522 487	59 399 912	65 164 760	65 164 520	240
施工总承包序列二级工程	105	46 739 551	12 917 878	33 821 673	31 596 475	31 591 412	5 063
施工总承包序列三级工程	149	23 144 882	5 875 340	17 269 542	17 654 976	17 579 385	75 591
专业承包序列	127	8 750 058	1 971 878	6 778 180	7 031 562	6 911 561	120 001
专业承包序列一级工程	21	4 712 316	1 556 419	3 155 897	3 432 642	3 421 642	11 000
专业承包序列二级工程	38	2 121 425	226 639	1 894 786	1 918 497	1 917 454	1 043
专业承包序列三级工程	65	1 848 443	178 306	1 670 137	1 615 457	1 507 499	107 958
专业承包序列不分等级工程	3	67 874	10 514	57 360	64 966	64 966	

14-2 续表 1　　（2014 年）　　单位：千元

项　　目	从建设单位以外承揽工程完成的产值	建筑业总产值	#装饰装修产值	建筑工程产值	安装工程产值	其他建筑业产值	在外省完成的产值
总　计	**4 208 840**	**132 104 133**	**2 859 124**	**125 493 706**	**4 823 517**	**1 786 910**	**61 397 061**
按行业分							
房屋建筑业	772 039	103 776 379	1 295 512	101 990 217	433 044	1 353 118	46 760 787
土木工程建筑业	2 820 851	20 351 427	6 621	18 119 976	1 919 040	312 411	11 174 228
建筑安装业	195 761	3 614 179		1 271 185	2 339 147	3 847	1 954 005
建筑装饰和其他建筑业	420 189	4 362 148	1 556 991	4 112 328	132 286	117 534	1 508 041
按登记注册类型分							
内资企业	4 201 773	131 840 372	2 799 313	125 229 945	4 823 517	1 786 910	61 361 871
国有企业	1 191 659	12 593 547	46 385	9 566 857	3 011 690	15 000	5 092 931
集体企业	15 954	2 924 671	23 926	2 842 724	81 947		380 814
股份合作企业		493 757		493 757			
有限责任公司	646 873	60 186 138	885 591	58 770 270	614 583	801 285	33 680 217
股份有限公司	109 601	4 289 283	12 585	3 996 605	287 611	5 067	1 205 312
私营企业	1 966 637	51 037 927	1 822 326	49 253 083	819 286	965 558	20 885 860
其他企业	271 049	315 049	8 500	306 649	8 400		116 737
港、澳、台商投资企业	7 067	70 960	59 811	70 960			35 190
与港澳台商合资经营企业	6 825	6 825		6 825			
与港澳台商合作经营企业	242	64 135	59 811	64 135			35 190
外商投资企业		192 801		192 801			
中外合资经营企业		192 801		192 801			
按企业控股情况分							
国有控股	1 414 172	24 119 689	106 196	20 725 057	3 049 328	345 304	13 491 848
集体控股	188 199	5 249 380	30 483	5 113 761	134 359	1 260	471 206
私人控股	2 587 644	101 861 659	2 722 445	99 066 780	1 354 533	1 440 346	47 253 083
港澳台商控股	6 825	6 825		6 825			
其他	12 000	866 580		581 283	285 297		180 924
按资质等级分							
施工总承包序列	1 675 148	122 658 880	1303 121	117 403 813	3 578 983	1 676 084	57 567 165
施工总承包序列特级工程	14 925	6 663 340		6 398 853	33 438	231 049	6 651 217
施工总承包序列一级工程	257 091	65 421 611	439 329	62 144 775	2 108 641	1 168 195	41 141 844
施工总承包序列二级工程	588 501	32 179 913	232 144	30 538 864	1 399 604	241 445	7 268 491
施工总承包序列三级工程	814 631	18 394 016	631 648	18 321 321	37 300	35 395	2 505 613
专业承包序列	2 533 692	9 445 253	1 556 003	8 089 893	1 244 534	110 826	3 829 896
专业承包序列一级工程	1 335 079	4 756 721	1 015 905	4 030 755	725 966		2 727 943
专业承包序列二级工程	808 606	2 726 060	412 379	2 415 059	227 334	83 667	803 718
专业承包序列三级工程	389 461	1 896 960	127 719	1 641 327	228 474	27 159	298 235
专业承包序列不分等级工程	546	65 512		2 752	62 760		

14-2 续表 2　　（2014 年）　　单位：千元

项　　目	竣工产值	房屋新开工面积（平方米）	房屋施工面积	实行投标承包面积	
					房屋新开工面积
总　计	**106 992 550**	**46 495 091**	**116 067 951**	**109 310 321**	**41 802 968**
按行业分					
房屋建筑业	89397 818	45 780 469	114 013 017	107 721 439	41 291 870
土木工程建筑业	10 572 271	330 242	894 855	646 261	221 718
建筑安装业	2 954 126	379 260	1 112 930	897 472	286 260
建筑装饰和其他建筑业	4 068 335	5 120	47 149	45 149	3 120
按登记注册类型分					
内资企业	106 854 725	46 424 091	115 938 691	109 181 061	41 731 968
国有企业	10 221 716	3 487 841	7 194 251	6 472 865	2 815 156
集体企业	2 389 023	980 276	1 912 059	1 536 275	772 832
股份合作企业	592 275	425 040	463 963	463 963	425 040
有限责任公司	50 494 001	20 441 770	64 611 387	63 720 594	19 959 517
股份有限公司	4 172 182	2 081 095	4 461 576	3 748 202	1 585 727
私营企业	38 674 979	18 969 469	37 250 955	33 200 162	16 142 196
其他企业	310 549	38 600	44 500	39 000	31 500
港、澳、台商投资企业	52 625				
与港澳台商合资经营企业					
与港澳台商合作经营企业	52 625				
外商投资企业	85 200	71 000	129 260	129 260	71 000
中外合资经营企业	85 200	71 000	129 260	129 260	71 000
按企业控股情况分					
国有控股	15 099 286	5 571 136	10 635 589	9 909 703	4 898 451
集体控股	4 038 331	1 075 403	2 259 501	1 807 590	791 832
私人控股	87 100 959	39 514 624	102 681 783	97 128 100	35 778 757
港澳台商控股					
其他	753 974	333 928	491 078	464 928	333 928
按资质等级分					
施工总承包序列	99 591 885	46 063 769	115 294 173	108 715 166	41 493 431
施工总承包序列特级工程	1 427 465	7 000	337 626	333 126	7 000
施工总承包序列一级工程	55 092 886	21 342 446	62 718 043	61 933 644	21 031 926
施工总承包序列二级工程	28 489 126	14 290 217	33 042 024	31 107 970	12 921 526
施工总承包序列三级工程	14 582 408	10 424 106	19 196 480	15 340 426	7 532 979
专业承包序列	7 400 665	431 322	773 778	595 155	309 537
专业承包序列一级工程	3 955 085	58 415	58 415	58 415	
专业承包序列二级工程	1 868 766	1 065	14 189	2 029	
专业承包序列三级工程	1 574 062	371 842	701 174	534 711	309 537
专业承包序列不分等级工程	2 752				

14-3 建筑业从业人员情况

（2014 年）

项　　目	单位个数（个）	从业人员平均数	工程技术人员	一级建造师
总　计	413	615 820	53 087	2 470
按登记注册类型分				
内资企业	409	614 900	53 014	2 450
国有企业	39	61 388	5 256	308
集体企业	19	14 931	1 621	45
股份合作企业	2	1 035	188	13
有限责任公司	141	277 882	22 540	907
股份有限公司	33	21 884	2 934	103
私营企业	172	236 638	19 654	884
其他企业	3	1 142	821	190
港、澳、台商投资企业	3	255	45	19
与港澳台商合资经营企业	1	32	15	0
与港澳台商合作经营企业	2	223	30	19
外商投资企业	1	665	28	1
中外合资经营企业	1	665	28	1
按行业分				
房屋建筑业	238	511 983	39 144	1 350
土木工程建筑业	81	70 700	8 712	624
建筑安装业	27	14 932	1 931	97
建筑装饰和其他建筑业	67	18 205	3 300	399

注：本表中“建筑业从业人员”数据为总承包和专业承包从业人员，不含劳务分包从业人数。

14–4 建筑业总承包和专业承包财务状况

（2014 年）　　单位：千元

项　　目	单位数（个）	年初存货	流动资产	应　收工程款	存货	资产	负债
总　计	**413**	**14 162 504**	**48 277 767**	**14 995 630**	**17 192 743**	**60 623 878**	**26 779 312**
按所有制类型分							
国有控股	54	4 933 497	15 049 913	4 802 236	5 382 944	18 954 188	11 289 694
集体控股	32	720 645	3 395 954	1 277 261	706 469	4 082 145	2 080 281
私人控股	314	8 429 175	28 813 512	8 663 268	10 652 203	36 406 574	12 755 968
港澳台商控股	1	1 301	14 387	8 500	2 044	14 803	3 845
其他	12	77 886	1 004 001	244 365	449 083	1 166 168	649 524
按企业资质等级分							
施工总承包序列	288	13 338 977	44 445 968	13 733 958	16 416 404	55 513 214	24 672 674
施工总承包序列特级工程	1	1 584 080	5 610 453	2 718 015	1 876 691	6 935 522	4 516 557
施工总承包序列一级工程	37	6 739 237	19 569 250	4 487 701	8 429 454	22 579 637	10 466 943
施工总承包序列二级工程	106	3 071 903	11 799 284	3 553 545	3 682 921	15 701 110	6 488 302
施工总承包序列三级工程	144	1 943 757	7 466 981	2 974 697	2 427 338	10 296 945	3 200 872
专业承包序列	125	823 527	3 831 799	1 261 672	776 339	5 110 664	2 106 638
专业承包序列一级工程	21	424 523	1 613 790	474 735	367 409	2 024 092	1 026 410
专业承包序列二级工程	37	255 810	1 042 761	299 353	250 622	1 581 530	416 741
专业承包序列三级工程	64	129 873	1 094 246	476 300	143 863	1 416 117	652 152
专业承包序列不分等级工程	3	13 321	81 002	11 284	14 445	88 925	11 335
按行业分							
房屋建筑业	238	8 744 752	29 372 605	8 303 452	11 303 849	37 346 751	13 602 237
土木工程建筑业	81	4 683 742	14 840 337	5 315 726	4 778 386	18 328 077	11 066 769
建筑安装业	27	235 483	1 788 076	634 633	638 276	2 043 145	924 519
建筑装饰和其他建筑业	67	498 527	2 276 749	741 819	472 232	2 905 905	1 185 787
按登记注册类型分							
内资企业	409	14 158 642	48 046 173	14 971 409	17 105 815	60 274 115	26 756 258
国有企业	36	2 877 634	7 084 380	1 313 213	2 887 782	8 921 278	4 934 792
集体企业	17	265 070	1 593 584	583 388	270 957	1 886 698	1 063 186
股份合作企业	2	12 502	143 428	39 668	20 830	181 753	18 054
有限责任公司	142	5 955 437	23 711 479	7 665 665	8 147 256	28 271 628	13 877 888
股份有限公司	40	597 701	2 035 614	598 271	737 736	2 554 721	796 874
私营企业	171	4 447 292	13 456 047	4 762 585	5 035 712	18 427 481	6 060 433
其他企业	1	3 006	21 641	8 619	5 542	30 556	5 031
港、澳、台商投资企业	3	3 862	46 994	22 195	13 868	93 873	21 829
与港澳台商合资经营企业	1	1 301	14 387	8 500	2 044	14 803	3 845
与港澳台商合作经营企业	2	2 561	32 607	13 695	11 824	79 070	17 984
港澳台商独资经营企业	1		184 600	2 026	73 060	255 890	1 225
外商投资企业	1		184 600	2 026	73 060	255 890	1 225

14-4 续表1 （2014年） 单位:千元

项目	营业收入	主营业务收入	营业成本	主营业务成本	营业税金及附加	主营业务税金及附加	其他业务利润
总计	**114 481 288**	**113 887 329**	**99 300 261**	**98 710 443**	**3 847 271**	**3 843 009**	**50 456**
按所有制类型分							
国有控股	20 865 335	20 481 300	18 260 476	17 883 047	677 315	676 689	11 795
集体控股	6 004 437	5 903 050	4 841 799	4 739 248	186 022	184 260	19 729
私人控股	85 529 598	85 421 061	74 260 636	74 150 798	2 924 732	2 922 858	18 957
港澳台商控股	10 589	10 589	8 780	8 780	378	378	−25
其他	2 071 329	2 071 329	1 928 570	1 928 570	58 824	58 824	
按企业资质等级分							
施工总承包序列	106 828 774	106 317 254	92 974 818	92 446 183	3 593 103	3 589 896	43 776
施工总承包序列特级工程	6 789 957	6 764 647	6 031 767	6 012 520	227 056	226 805	5 812
施工总承包序列一级工程	60 101 627	59 990 211	52 829 853	52 796 937	2 023 557	2 023 336	13 492
施工总承包序列二级工程	24 831 429	24 505 687	21 299 132	20 851 088	823 415	821 660	13 178
施工总承包序列三级工程	15 105 761	15 056 709	12 814 066	12 785 638	519 075	518 095	11 294
专业承包序列	7 652 514	7 570 075	6 325 443	6 264 260	254 168	253 113	6 680
专业承包序列一级工程	3 993 914	3 985 466	3 429 970	3 424 027	130 282	130 115	727
专业承包序列二级工程	1 924 935	1 885 177	1 587 673	1 551 455	63 392	62 920	
专业承包序列三级工程	1 702 041	1 667 808	1 280 454	1 261 432	59 694	59 278	5 953
专业承包序列不分等级工程	31 624	31 624	27 346	27 346	800	800	
按行业分							
房屋建筑业	88 184 326	87 881 230	76 750 929	76 356 869	2 955 887	2 953 494	9 939
土木工程建筑业	18 696 113	18 450 997	16 095 055	15 963 934	621 388	620 320	34 295
建筑安装业	3 098 881	3 086 377	2 726 148	2 723 039	108 214	107 994	33
建筑装饰和其他建筑业	4 501 968	4 468 725	3 728 129	3 666 601	161 782	161 201	6 189
按登记注册类型分							
内资企业	114 213 763	113 624 589	99 076 733	98 490 223	3 837 993	3 833 866	50 481
国有企业	8 862 739	8 511 545	7 864 172	7 513 595	275 842	275 621	7 222
集体企业	2 010 721	1 962 987	1 687 862	1 645 824	69 424	68 197	4 490
股份合作企业	476 589	476 589	444 200	444 200	15 655	15 655	
有限责任公司	51 469 354	51 362 795	44 635 281	44 510 590	1 725 214	1 723 272	18 279
股份有限公司	4 877 939	4 858 090	4 097 306	4 077 492	169 572	169 217	2 083
私营企业	46 251 372	46 187 534	40 149 126	40 099 736	1 568 238	1 567 856	18 407
其他企业	265 049	265 049	198 786	198 786	14 048	14 048	
港、澳、台商投资企业	74 724	69 939	61 576	58 268	2 530	2 395	−25
与港澳台商合资经营企业	10 589	10 589	8 780	8 780	378	378	−25
与港澳台商合作经营企业	64 135	59 350	52 796	49 488	2 152	2 017	
外商投资企业	192 801	192 801	161 952	161 952	6 748	6 748	

14–4 续表 2 （2014 年） 单位：千元

项 目	销售费用	管理费用	管理费用中的税金	财务费用	利润总额	营业利润
总 计	**588 074**	**4 393 722**	**141 886**	**413 789**	**5 854 560**	**5 873 143**
按所有制类型分						
国有控股	50 982	862 842	25 776	94 474	842 373	861 802
集体控股	24 804	551 872	17 715	24 043	367 205	377 573
私人控股	498 958	2 958 643	96 777	281 436	4 601 705	4 595 931
港澳台商控股	1	1 297	378	1	132	132
其他	13 329	19 068	1 240	13 835	43 145	37 705
按企业资质等级分						
施工总承包序列	499 424	3 806 472	120 695	388 711	5 509 050	5 504 938
施工总承包序列特级工程	2 366	220 312	2 475	4 289	250 802	250 432
施工总承包序列一级工程	249 912	2 094 434	28 080	164 200	2 739 952	2 742 634
施工总承包序列二级工程	129 935	916 363	61 844	153 661	1 512 175	1 501 050
施工总承包序列三级工程	117 211	575 363	28 296	66 561	1 006 121	1 010 822
专业承包序列	88 650	587 250	21 191	25 078	345 510	368 205
专业承包序列一级工程	45 725	275 747	11 178	7 442	102 774	101 039
专业承包序列二级工程	20 915	117 169	3 653	7 504	127 922	128 749
专业承包序列三级工程	21 268	192 471	6 330	10 093	113 980	137 583
专业承包序列不分等级工程	742	1 863	30	39	834	834
按行业分						
房屋建筑业	466 050	2 946 443	80 661	280 759	4 781 091	4 778 783
土木工程建筑业	20 361	1 103 786	48 219	93 367	675 502	702 582
建筑安装业	16 261	105 318	4 612	14 796	133 338	128 453
建筑装饰和其他建筑业	85 402	238 175	8 394	24 867	264 629	263 325
按登记注册类型分						
内资企业	585 731	4 388 739	140 417	411 461	5 829 504	5 848 078
国有企业	11 390	467 204	16 422	76 271	149 249	167 904
集体企业	23 678	114 926	11 045	14 527	99 410	99 471
股份合作企业	5 827	7 042	82	968	2 897	2 897
有限责任公司	182 120	1 797 928	28 357	174 094	2 888 435	2 899 381
股份有限公司	6 754	238 337	27 985	24 972	335 391	333 272
私营企业	346 726	1 756 768	55 514	115 393	2 329 155	2 313 944
其他企业	9 236	6 534	1 012	5 236	24 967	31 209
港、澳、台商投资企业	1 322	3 360	483	1 118	4 809	4 818
与港澳台商合资经营企业	1	1 297	378	1	132	132
与港澳台商合作经营企业	1 321	2 063	105	1 117	4 677	4 686
外商投资企业	1 021	1 623	986	1 210	20 247	20 247

主要统计指标解释

建筑业总产值(即自行完成施工产值) 指建筑业企业或附属施工单位自行完成的按工程进度计算的建筑安装生产总值。施工产值包括：

①建筑工程产值：指列入建筑工程预算内的各种工程价值。

②设备安装工程产值:指设备安装工程价值。

③房屋、构筑物修理产值:指房屋、构筑物修理所完成的价值,但不包括被修理房屋、构筑物本身的价值和生产设备的修理价值。

④非标准设备制造产值:指加工制造没有定型的、非标准的生产设备的加工费和原材料价值，不论是现场还是附属加工厂为本单位承建工程制造的非标准设备的价值，都应计算产值。

竣工产值 指在报告期内，按照设计所规定的工程内容全部完成,达到了设计规定的交工条件,经有关部门检查验收鉴定合格的单位工程价值之和。

房屋建筑施工面积 指在报告期内施工的全部房屋建筑面积。包括本期内新开工的、上期施工跨入本期继续施工、上期停建本期复工的房屋建筑面积;不包括上期开工后又停工,本期未施工的房屋建筑面积。

房屋建筑竣工面积 指在报告期内，按照设计所规定的工程内容全部完成,达到了设计规定的交工条件,经有关部门检查验收鉴定合格的房屋建筑面积。

住宅竣工面积 指房屋建筑竣工面积中供居住用的房屋建筑竣工面积。

自有机械设备年末总台数 指归本企业(或单位)所有，属于本企业固定资产的生产性机械设备年末总台数。包括施工机械、生产设备、运输设备以及其他设备。

自有机械设备年末总功率 指本企业(或单位)自有施工机械、生产设备、运输设备以及其他设备等列为在册固定资产的生产性机械设备年末总功率,按设定能力或查定能力计算。包括机械本身的动力和为该机械服务的单独动力设备，如电动机等。计算单位用千瓦,动力换算可按 1 马力 =0.735 千瓦折合成千瓦数。电焊机、变压器、锅炉不计算动力。

工程结算收入 指企业(或单位)按工程的分部分项自行完成的建筑产品价值并已与甲方在报告期内办理结算手续的工程价款收入，以及向甲方收取的除工程价款以外的按规定列作营业收入的各种款项,如临时设施费、劳动保险费、施工机械调迁费等以及向甲方收取的各种索赔款。

工程结算利润 指已结算工程实现的利润，如为亏损以“–”号表示。其计算公式为：

工程结算利润 = 工程结算收入
– 工程结算成本
– 工程结算税金及附加

企业总收入 指与企业生产经营直接有关的各项收入，包括工程结算收入和其他业务收入,即：

企业总收入 = 工程结算收入
+ 其他业务收入

TRANSPORTATION, POSTAL AND TELECOMMUNICATIONS SERVICES

交通运输和邮电

版面负责人：卓卫华

编　　　辑：王　楠

江苏省统计条例

（2014 年 1 月 16 日江苏省第十二届人民代表大会常务委员会第八次会议通过）

第二十七条 政府统计调查对象发现他人对外提供、泄露能够识别或者推断其身份的资料，或者将上述资料用于统计以外目的的，有权举报。

【释义】 本条是关于政府统计调查对象资料保密的规定。

保护政府统计调查对象的商业秘密和个人隐私是《统计法》及本条例的重要立法原则。本条从维护统计调查对象权利角度，对限制使用统计调查对象资料作出规范，即发现他人对外提供、泄露能够识别或者推断其身份的资料，或者将上述资料用于统计以外目的时，政府统计调查对象有权举报。

能够识别或者推断其身份的资料。即能够识别或者推断单个调查对象身份的信息和数据。

用于统计以外的目的。主要是指未经统计调查对象同意，利用其资料进行评比、排序，甚至编制资料出售等行为。

第二十八条 除依法应当保密的以外，社会公众有权查询统计资料。

在统计资料法定保存期限内，政府统计调查对象可以查询其报送的统计资料以及相关信息。对查询结果有疑问的，政府统计机构、有关部门应当给予解答和说明；确属错误的，应当予以订正。

【释义】 本条是关于政府统计调查对象查询政府统计资料、订正错误统计数据的规定。

政府统计调查资料来源于统计调查对象，对本单位报送的统计资料，应当享有查询和订正的权利。本条作出如下规定：一是政府统计调查对象在统计资料法定保存期限内，可以查询本单位已经报送的统计资料等相关信息；二是统计调查对象对查询结果有疑问时，政府统计机构、有关部门应当给予解答和说明；三是如发现错误并经核实，政府统计机构、有关部门应当同意统计调查对象订正，以确保统计资料的真实、准确。

统计资料法定保存期限。依照《档案法》等相关法律法规的规定执行。

第二十九条 政府统计调查对象可以通过签订合同，委托民间统计调查组织代理统计调查活动。委托合同应当自签订之日起十个工作日内，由委托方报所在地县(市、区)人民政府统计机构备案。

【释义】 本条是关于政府统计调查对象委托民间统计调查组织代理统计事务的规定。

实际工作中，企事业单位委托社会中介机构等民间统计调查组织代理统计事务已是常见的民事行为。本条规定：政府统计调查对象可以通过签订合同的形式，委托民间统计调查组织代理统计调查活动；统计调查对象应当自合同签订之日起十个工作日内，向其所在地县级(市、区)政府统计机构备案合同，以保障统计调查工作顺利开展。

编辑：王中彬

15-1 全社会客、货运量

年　份	全社会客运量（万人）	#铁路	公路	全社会货运量（万吨）	#铁路	公路	水运
1978	2 030	636	1 394	2 608	1 480	652	93
1979	2 305	671	1 634	3 154	1 555	681	89
1980	2 724	712	2 012	3 252	1 588	724	75
1981	2 958	741	2 217	3 026	1 468	703	59
1982	3 174	806	2 368	3 230	1 561	825	72
1983	3 133	859	2 274	3 605	1 642	894	71
1984	3 358	943	2 415	5 428	1 727	2 314	100
1985	3 590	967	2 617	6 280	1 814	2 643	326
1986	3 570	964	2 600	7 866	1 850	4 264	335
1987	3 602	1 073	2 528	6 962	1 944	2 966	649
1988	3 790	1 166	2 624	7 022	2 007	2 996	550
1989	3 471	985	2 486	6 394	2 078	2 673	330
1990	3 156	800	2 356	6 073	2 021	2 115	350
1991	2 962	809	2 153	6 189	2 040	2 789	351
1992	3 766	846	2 920	11 069	2 041	7 289	611
1993	4 288	852	3 435	8 832	2 127	4 475	780
1994	4 652	839	3 811	10 350	2 051	6 760	564
1995	6 071	852	5 216	10 859	2 022	6 717	1 182
1996	8 396	703	7 691	8 792	1 981	5 184	1 170
1997	7 552	764	6 786	7 851	1 736	4 396	754
1998	6 863	807	6 048	8 573	1 558	4 608	514
1999	6 647	827	5 812	8 884	1 663	4 367	655
2000	7 255	802	6 443	9 669	1 700	4 788	565
2001	7 411	793	6 610	9 785	1 613	4 906	605
2002	7 544	758	6 775	9 907	1 561	5 004	611
2003	7 056	755	6 292	10 066	1 543	5 052	620
2004	7 391	775	6 601	11 348	1 535	5 225	662
2005	8 099	878	7 202	14 022	1 487	6 114	889
2006	8 688	946	7 712	16 459	1 635	7 494	1 006
2007	10 007	1 074	8 892	18 480	1 924	8 678	1 211
2008	21 787	1 218	20 529	23 852	2 264	11 508	1 982
2009	24 042	1 263	22 728	25 708	2 191	12 577	2 133
2010	27 761	1 770	25 926	37 227	9 944	14 758	2 548
2011	23 238	1 879	21 275	35 772	5 582	16 829	2 870
2012	24 892	1 627	23 168	34 851	1 300	18 697	3 268
2013	16 758	1 832	14 814	33 926	1 054	15 455	4 799
2014	17 282	2 093	15 063	35 659	944	16 967	5 015

注：铁路货运量统计口径为发货量；交通系统于2008及2013年开展专项调查，公路和水运等指标统计口径发生变化，与往年不可比。

15-2 全社会客、货运周转量

年 份	全社会旅客周转量（万人公里）	# 铁路	公路	全社会货物周转量（万吨公里）	# 铁路	公路	水运
1978	249 885	209 321	40 564	1 461 029	1 211 408	8 148	4 175
1979	280 183	232 768	47 415	1 945 564	1 257 756	7 108	4 254
1980	328 530	271 097	27 433	2 035 244	1 306 257	8 292	5 341
1981	354 602	291 774	62 828	2 014 909	1 313 585	8 012	6 048
1982	396 156	324 347	71 089	2 153 718	1 427 133	27 578	27 401
1983	446 877	370 740	76 137	2 443 326	1 550 139	30 261	29 023
1984	524 323	435 110	89 213	2 769 988	1 659 775	31 759	39 641
1985	636 545	519 962	116 583	3 972 158	1 885 098	86 866	60 720
1986	700 973	566 359	134 614	3 357 828	2 028 709	117 208	64 142
1987	761 646	622 238	139 408	3 513 177	2 166 558	107 961	159 184
1988	863 036	698 324	164 712	3 757 313	2 292 214	120 665	157 360
1989	811 599	655 742	155 857	3 692 471	2 411 734	118 930	75 266
1990	731 765	594 649	137 116	3 646 275	2 440 213	100 950	85 224
1991	765 362	641 282	124 080	3 640 834	2 448 681	105 308	129 739
1992	876 627	690 096	186 531	4 104 274	2 616 319	335 316	247 925
1993	952 195	703 043	249 152	3 982 741	2 585 799	289 800	294 285
1994	975 802	733 088	241 388	4 387 480	2 751 855	510 032	357 622
1995	1 133 265	722 493	410 772	4 532 499	2 913 515	418 798	482 039
1996	1 255 579	649 085	606 494	4 351 716	2 881 365	453 610	303 121
1997	1 169 395	672 572	492 123	4 217 829	2 738 316	374 707	424 301
1998	1 124 114	682 681	433 247	4 347 608	2 616 333	379 284	262 986
1999	1 085 420	750 026	326 643	4 545 083	2 596 163	315 891	339 687
2000	1 245 191	798 664	436 691	5 144 815	2 932 469	360 929	290 348
2001	1 275 512	798 041	468 827	5 328 880	2 986 021	380 641	284 023
2002	1 320 343	827 071	482 892	5 442 417	3 133 544	388 254	288 283
2003	1 226 127	777 297	440 100	5 665 478	3 291 712	380 600	292 100
2004	1 433 951	952 020	466 991	6 287 747	3 387 300	393 350	313 013
2005	910 143	390 075	500 744	5 472 847	2 043 649	415 973	322 130
2006	983 361	420 286	533 069	7 882 829	3 247 052	494 458	370 967
2007	1 134 788	477 154	616 228	9 197 322	3 820 996	576 538	438 112
2008	1 894 734	541 130	1 313 499	10 979 772	4 496 224	1 310 599	595 947
2009	2 071 224	560 914	1 459 164	11 297 204	4 351 249	1 435 633	642 617
2010	2 525 059	786 149	1 673 070	27 608 783	19 747 916	1 787 616	781 570
2011	2 141 370	891 641	1 165 102	32 106 411	23 393 492	2 173 726	914 555
2012	2 153 325	780 924	1 274 989	15 071 042	5 820 209	2 464 381	1 055 362
2013	1 796 552	929 866	805 737	16 143 302	4 717 912	3 686 573	1 545 684
2014	3 081 596	1 004 496	809 600	16 141 672	4 225 227	4 057 467	1 695 912

注：铁路客、货运周转量 2005 年以前为徐州铁路分局辖区数，2005 年及以后为徐州铁路段辖区数。自 2011 年起公路水路运输量数据为营业性数据。

15-3 主要年份运输线路长度

单位：公里

指　　标	1990	1995	2000	2005	2010	2013	2014
民用航空							
民用航空线条数　（条）	4	2	13	13	22	25	25
民用航空线里程（万公里）	0.2	0.13	1.3	1.3	2.2	2.5	2.5
铁路							
铁路正线延展里程	465	465	711	736		781	1 257
铁路营业里程	258	258	359	381		386	628
公路线路里程							
按技术级别分类							
等级公路里程	2 964	2 930	2 658	10 167	14 965	15 207	15 314
高速				299	412	441	459
一级		435	634	732	1 039	1 136	1 164
二级	616	378	581	1 273	1 527	1 522	1 542
三级	214	344	572	996	1 195	1 241	1 313
四级	1 781	1 507	871	6 867	10 792	10 866	10 837
等外公路	353	266		739	1 210	1 125	1 114
按行政级别分类							
国道	307	306	362	589	730	730	730
省道	515	518	466	703	735	760	824
县道	892	872	842	693	2 309	2 311	2 311
乡道	1 049	1 073	988	8 921	5 888	5 887	5 887
内河航道通航里程	**534**	**540**	**639**	**1 039**	**1 039**	**1 033**	**1 058**
输油管道里程							
管道条数　（条）	3	3	8	14	28	30	30
延展长度	1 252	1 252	2 375	4 652	5 891	6 291	6 326

注：1.公路线路里程2000年以前为交通部门养管里程，2001年及以后为全社会口径；2007年开展县道网规划，将低级公路升级为县道；2.输油管道为中石化全公司口径；3.铁路里程为徐州市界内铁路线里程。

15-4 全社会交通运输量

（2014年）

指　　标	客运量（万人）	旅客周转量（万人公里）	货运量（万吨）	货物周转量（万吨公里）
全市合计	**17 282**	**3 081 596**	**35 659**	**16 141 672**
航空	127	1 267 500	1	6 432
铁路	2 093	1 004 496	944	4 225 227
公路	15 063	809 600	16 967	4 057 467
水运			5 015	1 695 912
管道			12 733	6 156 634
内河港口吞吐量			**9 202**	

15-5 市区全社会交通运输量

（2014年）

指　　标	客运量（万人）	旅客周转量（万人公里）	货运量（万吨）	货物周转量（万吨公里）
合　计	**12 345**	**2 659 990**	**22 756**	**12 115 055**
航　空	127	1 267 500	1	6 432
铁　路	1 842	884 304	896	4 011 167
公　路	10 376	508 186	8 931	1 876 726
水　运			196	64 097
管　道			12 733	6 156 634
内河港口吞吐量			**4 404**	

15-6 主要年份全社会民用车辆船舶数

指　　标	1990	1995	2000	2005	2010
机动车总计　　（辆）	**105 958**	**194 285**	**497 359**	**752 002**	**1 136 878**
# 私人车辆拥有量	78 370	139 813	433 885	701 767	1 050 715
汽车	39 949	78 185	214 713	308 628	432 612
# 私人车辆拥有量	2 872	7 446	19 412	262 656	356 532
# 载客汽车	7 674	17 748	29 031	78 349	160 323
# 大(中)型	1 390	1 940	2 574	8 023	293 120
小(微)型	6 282	15 808	26 457	70 326	11 865
载货汽车	21 773	39 651	35 666	36 177	281 255
# 重(中)型	16 109	27 592	24 086	20 319	87 464
轻(微)型	5 664	12 059	11 580	15 858	53 111
其他汽车	10 502	20 786	150 016	194 102	34 353
摩托车	14 361	48 131	253 357	438 479	687 361
全挂车	5 655	7 446	2 955	658	545
半挂车			4 465	4 234	16 357
运输船舶总计　　（艘）		**5 751**	**6 740**	**5 428**	**4 374**
机动船数		3 045	2 176	655	806
# 货船		2 705	1 679	351	518
拖船		340	441	304	288
货船载重量　　（吨位）		146 701	177 780	54 583	311 516
驳船数		2 706	4 564	4 773	3 568
载重量　　（吨位）		223 321	645 466	1 625 614	1 591 410

15-6　续表

指　　标	2011	2012	2013	2014
机动车总计　　（辆）	**1 128 630**	**1 263 934**	**1 339 294**	**1 402 414**
# 私人车辆拥有量	1 031 943	1 161 686	1 232 192	1 298 413
汽车	526 776	624 472	684 546	756 003
# 私人车辆拥有量	441 700	501 796	591 203	664 639
# 载客汽车	220 992	478 173	532 586	615 452
# 大(中)型	383 701	12 768	12 175	10 614
小(微)型	12 606	465 405	520 411	604 838
载货汽车	371 095	112 214	121 542	117 598
# 重(中)型	101 461	66 632	73 083	70 304
轻(微)型	61 868	45 582	48 459	47 294
其他汽车	39 593	34 085	30 418	22 953
摩托车	581 717	617 291	630 345	623 305
全挂车	457	438	406	
半挂车	19 677	21 730	23 996	23 105
运输船舶总计　　（艘）	**4 356**	**4 310**	**4 272**	**4 084**
机动船数	931	1 019	1 146	1 186
# 货船	618	711	843	857
拖船	313	430	303	329
货船载重量　　（吨位）	524 603	681 650	873 700	988 815
驳船数	3 425	3 291	3 126	2 898
载重量　　（吨位）	1 631 804	1 621 674	1 593 750	1 552 199

注:2004 年以前载客汽车和载货汽车均未含专用(特种)车。

15-7 主要年份邮政电信情况

指 标	1990	1995	2000	2005	2010	2012	2013	2014
邮电局总数 （处）	262	316	372	812		241	246	235
邮路总长度 （公里）	4 002	5 047	5 368	5 900	5 753	5 980	6 276	8 193
农村投递线路长度 （公里）	20 477	21 706	21 961	21 666	25 495	25 725	26 479	26 731
电话局用交换机总容量（万门）	5.04	45.35	136.25	348.78	1 131.70	362.27	328.10	1 440.68
固定电话年末用户 （万户）	7.23	29.45	77.51	278.53	177.21	176.47	161.01	145.91
# 城市	5.61	23.19	39.05	165.65	86.09	108.39	95.52	89.32
移动电话年末用户 （万户）		1.36	32.27	154.97	600.72	760.87	761.20	751.01
互联网宽带接入用户数（万户）				21.41	70.10	95.82	102.92	107.65
邮电业务总量 （亿元）	0.62	3.88	17.73	36.26	73.39	61.69	78.46	82.91
邮电业务收入 （亿元）			13.06	27.05	48.14	61.58	69.40	70.30
计费函件(不含广告)（万件）	2 463	2 579	2 289	2 041	4 728	4 526.58	2 303.70	1 567.58
包 件 （万件）	26	71	39	49	26	17.43	16.87	13.12
汇 票 （万张）	97	108	96	71	1267	225.98	132.91	98.46
订销报刊累计 （万份）	10 291	17 075	16 451	9 116	10 845	10 116.87	10 524.96	8 467.16
集 邮 （万枚）	301	1 257	4 525	533			40.32	432.19
特快专递 （万件）	…	44	34	78	306	231.01	52.03	38.24

注：1.1995 年以前本地电话年末用户为年末电话机数(下同)；2.2005 年前电话局用交换机总容量为电信局一家数据，2006 年及以后为所有电信部门的数据(下同)；3.2006 年及以前邮电业务总量中电信业务总量为电信业务收入；邮电业务总量按 2010 年价格计算。2011 年及以后邮电业务总量按 2010 年价格计算(下同)；4.2013 年及以后邮政方面数据为市邮政管理局全辖数(下同)。

主要统计指标解释

铁路营业里程 又称营业长度，指办理客货运输业务的铁路正线总长度。凡是全线或部分建成双线及以上的线路，以第一线的实际长度计算；复线、站线、段管线、岔线和特殊用途线以及不计算运费的联络线都不计算营业里程。铁路营业里程是反映铁路运输业基础设施发展水平的重要指标，也是计算客货周转量、运输密度和机车车辆运用效率等指标的基础资料。

公路里程 指在一定时期内实际达到《公路工程技术标准 JTJO1-88》规定的等级公路，并经公路主管部门正式验收交付使用的公路里程数。它包括大中城市的郊区公路以及通过小城镇街道部分的公路里程，也包括桥梁、渡口的长度，但不包括大中城市的街道、厂矿、林区生产用道和农业生产用道的里程。两条或多条公路共同经由同一路段，只计算一次，不得重复计算里程长度。公路里程是反映公路建设发展规模的重要指标，也是计算运输网密度等指标的基础资料。

内河航道里程 也称“内河通航里程”，是反映内河水运网规模、水平和发展情况的主要指标，是指在一定时期内，能通航运输船舶及排筏的天然河流、湖泊水库、运河及通航渠道的长度。包括全年季节性通航累计三个月以上的航道，但不包括仅供零散流放竹、木排的河道。

输油(气)管道长度 也称“输油(气)里程”，是反映管道运输发展规模和水平的主要指标，是指油品(或天然气)的实际输送距离，一般按输油(气)管道的单线长度计算。若包括复线和备用线长度则称为输油(气)管道延展长度，是指管道铺设的实际长度。我们通常使用的是不包括复线的“输油(气)管道里程”。

货(客)运量 指在一定时期内，各运输部门实际运送的货(旅客)数量。是反映运输业为国民经济和人民生活服务的数量指标，也是制定和检查运输生产计划，研究运输发展规模和速度的重要指标。货运按吨计算，客运按人计算。货物不论运输距离长短，货物类别，均按实际重量统计；旅客不论行程远近或票价多少，均按一人一次作为客运量统计。半价票、小孩票也按一人统计。

货物(旅客)周转量 指在一定时期内，由各种运输工具运送的货物(旅客)数量与其相应运输距离的乘积之总和，是反映运输业生产总成果的重要指标，也是编制和检查运输生产计划，计算运输效率、劳动生产率以及核算运输单位成本的主要基础资料。通常以吨公里和人公里为计算单位。计算货物周转量通常按发出站与到达站之间的最短距离，也就是计费距离计算。

内河主要港口货物吞吐量 指由水运进出内河主要港区范围，并经过装卸的货物数量。吞吐量可以分为进口、出口，又可以分为国内贸易和对外贸易。货物吞吐量的货种分类及其主要流向流量，反映了港口在国内外物资交流和对外贸易运输中的地位和作用。

邮电业务总量 指以价值量形式表现的邮电通信企业为社会提供各类邮电通信服务的总数量。邮电业务量按专业分类包括函件、包件、汇票、报刊发行、邮政快件、特快专递，邮政储蓄、集邮、公众电报、用户电报、传真、长途电话、出租电路、无线寻呼、移动电话、分组交换数据通信、出租代维等。计算方法为各类产品乘以相应的平均单价(不变价)之和，再加上出租电路和设备、代用户维护电话交换机和线路等的服务收入。它综合反映了一定时期邮电业务发展的总成果，是研究邮电业务量构成和发展趋势的重要指标。计算公式为：

$$\text{邮电业务总量} = \sum(\text{各类邮电业务量} \times \text{不变单价}) + \text{出租代维及其他业务收入} = \text{邮政业务总量} + \text{电信业务总量}$$

移动电话用户 是指通过移动电话交换机进入移动电话网、占用移动电话号码的电话用户。用户数量以报告期末在移动电话营业部门实际办理登记手续进入移动电话网的户数进行计算，一部移动电话统计为一户。

电话用户 指接入国家公众固定电话网，并按固定电话业务进行经营管理的电话用户。1997 年以前，电话用户分为市内电话用户和农村电话用户。从 1997 年起，电话用户数分组调整为以用户所在区域划分为“城市电话用户”和“乡村电话用户”，与过去的按市内电话和农村电话划分方法不同，而电话用户总数、电话机总部数统计范围不变。

城市电话用户 指直辖市、省辖市、地级市、县级市的市区、市郊区及县城(包括县人民政府所在地的县城关区或行政建制相当于县人民政府所在地的镇) 范围内接入局用交换机的电话用户数，包括分布在农村地区的独立工矿区、林区、驻军等接入局用交换机的电话用户数。

WHOLESALE, RETAIL AND ACCOMMDATIONS CATERING INDUSTRY

批发零售和住宿餐饮业

版面负责人：王廷宝

编　　　辑：吕延婷　柏　慧

江苏省统计条例

（2014年1月16日江苏省第十二届人民代表大会常务委员会第八次会议通过）

第三十条 政府统计调查对象应当按照法律、行政法规和本条例以及统计调查制度的规定，真实、准确、完整、及时地提供统计调查所需的资料，不得提供不真实或者不完整的统计资料，不得迟报、拒报统计资料。

【释义】 本条是关于政府统计调查对象履行报送统计资料义务的规定。

政府统计调查对象是提供统计资料的义务主体，只有其依法履行义务，才能保障源头数据质量以及宏观数据客观真实。本条规定了政府统计调查对象的基本义务，即按照法律、行政法规和本条例以及统计调查制度的规定，真实、准确、完整、及时地提供统计。调查所需的资料，并规定其不得提供不真实或者不完整的统计资料，不得迟报、拒报统计资料。

同时，本条赋予了统计调查制度以重要的法律地位。本条规定统计调查制度是统计调查对象真实、准确、完整、及时提供统计资料的依据之一，即统计调查制度设定的义务是统计调查对象的法定义务，违反统计调查制度的规定构成统计违法行为，应当承担法律责任。

第三十一条 国家机关、企业事业单位和其他组织，应当以业务活动或者生产经营中形成的原始记录和凭证为依据，记录统计台账、编制统计调查表，并按照统计调查制度的规定报送统计资料。

原始记录、凭证、统计台账、统计调查表等统计资料应当留存归档。

【释义】 本条是关于政府统计调查对象加强统计基础工作，以及源头数据来源的规定。

为了加强统计基础工作，保障统计资料的真实、准确、完整和及时，本条规定国家机关、企业事业单位和其他组织，应当建立健全原始记录和凭证、统计台账，即以业务活动或者生产经营中形成的原始记录和凭证为依据，记录统计台账、编制统计调查表，并确保原始记录、凭证、统计台账、统计调查表等统计资料留存归档。

原始记录、凭证。是指政府统计调查对象对其生产、经营、管理活动的过程和成果所作的第一手的数字和文字记录，是未经任何加工整理的初级材料，是统计调查表的来源。

统计台账。是指政府统计调查对象根据填报统计调查表要求，结合本单位管理活动的需要而设置的一种系统积累统计资料的表册，即对原始记录和凭证进行整理汇总后形成的表册。

留存归档。是指为了确保统计资料搜集、整理，而规定的一项管理制度。具体留存期限，依照有关法律法规的规定执行。

编辑：王中彬

16-1 主要年份社会消费品零售总额

单位:万元

年 份	社会消费品零售总额	按地区分			按行业分				
		市的零售额	县的零售额	县以下的零售额	批发零售贸易业	餐饮业	住宿业	制造业	其他行业
1949	9 756		6 521						
1952	11 421		5 531						
1957	22 284		9 574						
1962	28 486		14 124						
1965	29 808		12 426						
1970	34 332		13 706						
1975	57 492		23 318						
1978	77 058		31 480		64 672	2 955		6 196	3 235
1979	92 351		37 555		72 497	4 201		10 787	4 866
1980	109 523		46 069		85 005	4 626		14 022	5 870
1981	123 791		52 831		91 751	5 244		17 841	8 955
1982	138 439		59 336		105 869	5 455		15 607	11 508
1983	150 638	64 850	27 128	58 660	114 633	6 005		18 157	11 843
1984	176 386	77 927	31 616	66 843	130 149	7 393		25 637	13 207
1985	233 620	106 745	43 967	82 908	166 598	12 733		33 341	20 948
1986	266 086	119 792	52 153	94 141	188 243	14 597		36 897	26 349
1987	304 226	137 513	51 646	115 067	211 763	17 205		44 859	30 399
1988	370 405	173 147	66 514	130 744	255 523	19 743		56 087	39 052
1989	410 589	202 384	71 509	136 696	282 528	20 163		60 085	47 813
1990	422 271	227 011	59 028	136 232	285 048	19 888		58 860	58 475
1991	458 294	255 898	62 850	139 546	308 487	22 575		60 204	67 028
1992	511 243	320 843	48 975	141 425	330 716	26 823		71 835	81 869
1993	657 693	413 770	64 829	179 094	440 102	32 992		78 998	105 601
1994	879 531	597 230	74 582	207 719	570 080	66 236		85 336	157 879
1995	1 150 671	773 854	104 733	272 084	728 544	97 733		110 399	213 995
1996	1 379 729	918 002	119 829	341 898	870 375	116 992		136 101	256 261
1997	1 526 381	999 463	134 445	392 473	958 246	132 721		152 337	283 077
1998	1 606 304	1 047 323	153 199	405 782	1 048 472	145 036		135 393	277 403
1999	1 714 930	1 109 165	168 614	437 151	1 152 717	173 997		116 007	272 209
2000	1 852 142	1 180 955	177 242	493 945	1 273 493	209 461		101 421	267 767
2001	2 020 066	1 260 580	205 746	553 740	1 423 869	223 782		99 677	272 738
2002	2 239 285	1 370 267	236 261	632 756	1 574 478	258 964		110 753	295 088
2003	2 354 214	1 478 128	230 347	645 739	2 022 477	298 711			33 026
2004	3 424 611	2 131 470	381 456	911 685	2 979 537	407 099	12 733		25 242
2005	3 960 400	2 472 673	462 407	1 025 320	3 449 516	452 634	29 385		28 865
2006	4 600 776	2 883 889	537 190	1 179 697	3 938 344	590 342	40 767		31 323
2007	5 430 057	3 421 347	621 082	1 387 628	4 646 839	683 272	61 987		37 959
2008	7 005 000	4 414 184	811 491	1 779 325	5 865 763	974 335	110 408		54 494
2009	8 059 883	5 085 736	936 828	2 037 319	6 799 143	1 135 550	125 189		
2010	9 569 888	7 648 059	1 921 829		8 516 095	987 888	65 905		
2011	11 418 882	9 106 061	2 312 821		10 161 072	1 152 907	104 903		
2012	13 124 990	10 527 281	2 597 709		11 733 102	1 287 490	104 398		
2013	14 959 079	11 995 093	2 963 986		13 358 896	1 481 901	118 282		
2014	20 991 974	13 157 745	7 834 228		19 258 892	1 379 422	353 659		

注:2003 年及以后按行业划分的批发零售贸易业中包括原制造业和其它行业中原农民对非农业居民的零售额;2004 年及 2008 年为经济普查数据;2010-2013 年数据为年报修订数据;2010 年及以后“县的零售额”含县以下的零售额;2014 年为经济普查调整后数据。

16–2 市区社会消费品零售总额

单位:万元

年份	社会消费品零售总额	按行业分				
		批发零售贸易业	餐饮业	住宿业	制造业	其他行业
1978	31 480	25 956	1 373		2 327	1 824
1979	37 555	30 176	1 786		3 214	2 379
1980	46 069	34 685	2 398		5 835	3 151
1981	52 831	39 758	2 683		6 501	3 889
1982	59 336	46 294	2 709		5 775	4 558
1983	63 751	50 417	2 741		5 989	4 604
1984	76 175	57 009	3 099		10 318	5 749
1985	104 827	73 051	6 071		14 954	10 751
1986	117 965	82 599	6 462		15 130	13 774
1987	135 320	97 190	7 038		14 772	16 320
1988	169 583	120 988	8 250		19 756	20 589
1989	198 822	141 665	8 326		19 760	29 071
1990	210 156	148 845	9 103		16 750	35 458
1991	236 824	165 088	10 795		17 056	43 885
1992	274 203	186 380	14 520		19 042	54 261
1993	361 783	245 956	16 727		23 007	76 093
1994	520 845	345 014	41 842		18 521	115 468
1995	677 103	428 043	57 854		36 106	155 100
1996	799 102	499 385	71 500		39 889	188 328
1997	866 994	521 321	81 664		53 319	210 690
1998	909 671	553 957	94 665		53 159	207 890
1999	959 836	621 498	109 058		31 686	197 594
2000	1 019 913	696 416	133 386		13 576	176 535
2001	1 081 720	766 967	130 272		8 001	176 480
2002	1 168 355	826 551	144 899		7 023	189 882
2003	1 252 978	1 068 575	165 293			19 110
2004	1 832 812	1 625 315	177 740	9 229		20 528
2005	2 144 371	1 875 688	217 815	28 477		22 391
2006	2 492 194	2 169 774	268 415	2 7827		26 178
2007	2 965 333	2 597 729	298 245	43 780		25 579
2008	3 821 000	3 249 861	457 822	65 386		47 931
2009	4 392 408	3 784 107	534 994	73 307		
2010	6 052 895	5 533 213	483 775	35 907		
2011	7 210 901	6 579 220	589 311	42 370		
2012	8 371 586	7 558 073	761 086	52 427		
2013	9 532 600	8 458 043	990 800	83 757		
2014	13 157 745	12 072 129	876 584	209 032		

16-3 限额以上批发和零售业、住宿和餐饮业基本情况

（2014 年）

指　　标	法人企业数（个）	产业活动单位数（个）	其他行业及外省法人所属限额以上批零住餐产业活动单位(个)	餐饮或零售营业面积（平方米）	年末从业人员（人）
总　计	**2 236**	**2 648**	**31**	**2 942 687**	**94 221**
批发和零售业小计	**2 017**	**2 423**	**23**	**2 572 271**	**81 455**
批发业	**673**	**833**	**5**	**465 672**	**24 344**
# 国有控股	33	187		24 137	3 666
按登记注册类型分					
内资企业	665	825	5	462 047	24 089
国有企业	17	24		11 192	2 422
集体企业	3	3		8 950	131
有限责任公司	102	103	4	74 377	4 199
股份有限公司	14	166		18 675	1 910
联营企业					
私营企业	515	515	1	337 915	14 518
# 私营有限责任公司	486	486	1	265 442	13 045
其他企业	13	13		10 938	888
港、澳、台商投资企业	4	4		970	117
外商投资企业	4	4		2 655	138
按国民经济行业分					
农畜产品批发	31	31		23 942	1 363
食品、饮料及烟草制品批发	89	96	1	83 760	5 064
# 米、面制品及食用油批发	17	17	1	16 302	771
烟草制品批发	1	8			1 259
纺织、服装及日用品批发	24	24		9 257	444
# 纺织品、针织品及原料批发	12	12		6 657	209
文化、体育用品及器材批发	9	9		2 670	181
医药及医疗器材批发	15	15		10 783	2 498
矿产品、建材及化工产品批发	362	515		244 924	10 303
# 煤炭及制品批发	103	103		92 399	3 047
石油及制品批发	10	162		12 235	799
金属及金属矿批发	115	116		17 363	2 383
机械设备、五金交电及电子产品批发	100	100	4	68 774	2 902
# 农业机械批发	20	20		31 444	478
汽车、摩托车及零配件批发	6	6		17 733	95
其他批发	40	40		21 062	1 551
零售业	**1 344**	**1 590**	**18**	**2 106 599**	**57 111**
# 国有控股	20	51		113 775	2 603
按经济注册类型分					
内资企业	1 335	1 580	17	2 059 429	55 351
国有企业	10	10	8	50 405	3 235

16-3 续表1 （2014年）

指　　标	法人企业数（个）	产业活动单位数（个）	其他行业及外省法人所属限额以上批零住餐产业活动单位(个)	餐饮或零售营业面积（平方米）	年末从业人员（人）
集体企业	26	96	2	47 726	1 275
股份合作企业	1	1		5 000	55
有限责任公司	147	274	2	431 424	12 522
股份有限公司	31	47		133 979	3 478
私营企业	1 104	1 133	4	1 378 525	34 096
其他企业	14	14	1	10 000	565
港、澳、台商投资企业	3	3		15 623	534
外商投资企业	6	7	1	31 547	1 226
按国民经济行业分					
综合零售	174	333	4	713 673	15 929
# 百货零售	115	188	1	412 013	7 152
超级市场零售	56	142	3	293 035	8 568
其他综合零售	3	3		8 625	209
食品、饮料及烟草制品专门零售	140	146		117 745	4 985
纺织、服装及日用品专门零售	147	148	1	140 809	3 912
文化、体育用品及器材专门零售	61	61	3	116 804	1 953
# 图书零售	9	9	3	29 130	776
医药及医疗器材专门零售	46	105	1	46 322	2 910
汽车、摩托车、燃料及零配件专门零售	320	322		460 570	10 949
# 汽车零售	242	244		400 338	8 933
家用电器及电子产品专门零售	200	219	1	185 844	8 530
# 家用电器零售	113	127		132 946	6 216
计算机、软件及辅助设备零售	63	63		28 542	1 311
五金、家具及室内装修材料专门零售	214	214	1	265 942	4 949
# 五金零售	106	106		54 604	2 029
家具零售	43	43		121 581	1 275
无店铺及其他零售	42	42	7	58 890	2 994
按经营方式分					
独立门店	1 135	1 302	9	1 755 882	43 441
连锁总店(总部)	5	48		14 697	942
连锁门店	9	31	5	120 577	4 622
其他	195	209	4	215 443	8 106
按零售业态分					
百货商店	122	197	1	378 697	7 226
超级市场	63	98	2	145 994	4 661
大型超市	21	70	1	224 880	4 969
仓储会员店	1	1		420	36
专业店	719	784	10	833 239	23 801
专卖店	289	298	2	307 818	12 221
住宿和餐饮业小计	219	225	8	370 416	12 766
住宿业	62	62	2	109 521	4 489
# 国有控股	9	9		21 896	1 002

16-3 续表 2 （2014 年）

指　　标	法人企业数（个）	产业活动单位数（个）	其他行业及外省法人所属限额以上批零住餐产业活动单位(个)	餐饮或零售营业面积（平方米）	年末从业人员（人）
按登记注册类型分					
内资企业	61	61	2	106 921	4 464
国有企业	8	8	1	22 655	942
集体企业	3	3		1 510	141
有限责任公司	10	10		20 881	1 066
私营企业	38	38	1	61 875	2 238
其他企业					
按国民经济行业分					
旅游饭店	35	35	2	86 682	3 735
一般旅馆	27	27		22 839	754
按星级等级分					
一星	1	1		1 200	33
二星	5	5		13 790	341
三星	17	17		35 141	1 413
四星	4	4		8 065	582
五星	1	1		3 456	538
其他	34	34	2	47 869	1 582
按经营方式分					
# 独立门店	56	56	1	95 242	4 203
餐饮业	157	163	6	260 895	8 277
# 国有控股	7	7		9 332	711
按登记注册类型分					
内资企业	157	163	4	260 259	8 237
国有企业	5	5		5 850	327
集体企业	2	2	1	5 537	170
有限责任公司	19	20		38 942	1 859
股份有限公司	5	5		9 805	349
私营企业	125	130	3	198 425	5 460
# 私营独资企业	13	13	2	17 143	575
私营有限责任公司	107	108	1	175 612	4 679
其他企业					
外商投资企业			2	636	40
按国民经济行业分					
正餐服务	142	148	3	239 194	7 697
快餐服务	9	9	1	7 460	229
饮料及冷饮服务	2	2	2	4 241	77
其他餐饮服务	4	4		10 000	274
按经营方式分					
独立经营	153	159	6	256 645	8 021
连锁店总店(总部)					
连锁门店	2	2		3 310	215
其他	2	2		940	41

16-4 限额以上批发和零售业商品销售、库存总额

（2014 年） 单位：万元

指 标	销售总额	批 发	零 售	年末库存总 额
总 计	**25 169 730**	**12 818 860**	**12 350 870**	**1 100 668**
批发业	**14 787 012**	**12 331 588**	**2 455 424**	**592 568**
# 国有控股	5 708 863	5 036 398	672 465	278 958
按登记注册类型分				
内资企业	14 596 472	12 190 643	2 405 829	585 745
国有企业	834 257	790 317	43 940	64 476
集体企业	30 207	18 171	12 035	730
股份合作企业	2 054	2 054		31
有限责任公司	5 486 095	4 774 899	711 197	249 796
# 其他有限责任公司	4 650 356	4 094 708	555 648	137 449
股份有限公司	2 567 789	1 965 769	602 020	85 152
私营企业	5 502 480	4 507 786	994 693	174 108
# 私营有限责任公司	5 057 212	4 195 449	861 762	168 523
港、澳、台商投资企业	149 790	105 130	44 660	938
外商投资企业	40 750	35 815	4 936	5 886
按国民经济行业分				
农畜产品批发	296 857	214 938	81 919	14 289
食品、饮料及烟草制品批发	2 089 130	1 706 704	382 425	166 326
# 米、面制品及食用油批发	508 372	339 599	168 772	94 936
烟草制品批发	605 935	605 935		32 769
纺织、服装及日用品批发	181 580	127 041	54 539	9 052
# 纺织品、针织品及原料批发	122 561	78 218	44 342	5 685
医药及医疗器材批发	1 069 608	863 389	206 219	40 074
矿产品、建材及化工产品批发	8 023 549	6 563 460	1 460 089	186 187
# 煤炭及制品批发	2 374 589	2 089 821	284 767	51 752
石油及制品批发	1 005 053	427 031	578 022	20 081
机械设备、五金交电及电子产品批发	2 686 958	2 499 875	187 083	166 235
其他批发	376 566	308 471	68 095	9 306
零售业	**10 382 718**	**487 272**	**9 895 446**	**508 100**
# 国有控股	345 509	46 465	299 044	27 562
按登记注册类型分				
内资企业	10 193 596	487 272	9 706 324	500 736
国有企业	179 337	4 680	174 657	7 498
集体企业	200 795	30 385	170 411	6 595

16-4 续表 （2014 年） 单位:万元

指　　标	销售总额	批　发	零　售	年末库存总　额
股份合作企业	2 485		2 485	28
有限责任公司	2 185 827	192 130	1 993 697	150 621
#其他有限责任公司	2 175 889	192 130	1 983 759	150 530
股份有限公司	759 104	49 085	710 019	63 378
私营企业	6 821 990	206 440	6 615 550	271 229
#私营有限责任公司	6 532 146	203 869	6 328 277	260 728
其他企业	39 449	4 255	35 194	1 124
港、澳、台商投资企业	31 796		31 796	710
外商投资企业	157 326		157 326	6 653
按国民经济行业分				
综合零售	1 930 022	43 547	1 886 475	145 094
#百货零售	1 242 891	37 810	1 205 081	68 662
超级市场零售	675 443	5 717	669 726	75 763
食品、饮料及烟草制品专门零售	600 404	28 193	572 211	19 062
纺织、服装及日用品专门零售	840 850	110 232	730 618	22 463
文化、体育用品及器材专门零售	183 200	199	183 002	19 184
#图书零售	62 785	199	62 586	12 043
医药及医疗器材专门零售	349 952	47 930	302 022	17 128
汽车、摩托车、燃料及零配件专门零售	3 503 838	20 154	3 483 684	210 189
#汽车零售	3 121 074	17 317	3 103 757	199 209
家用电器及电子产品专门零售	1 186 064	20 994	1 165 070	35 484
#家用电器零售	835 824	11 696	824 128	22 774
五金、家具及室内装修材料专门零售	1 525 719	207 208	1 318 511	27 599
无店铺及其他零售	262 668	8 814	253 854	11 896
按经营方式分				
独立门店	8 227 297	321 165	7 906 132	402 839
连锁总店(总部)	82 259		82 259	5 682
连锁门店	673 107	102 624	570 483	56 414
其他	1 400 054	63 483	1 336 571	43 164
按零售业态分				
百货商店	1 431 138	29 889	1 401 249	101 422
超市	280 930	6 511	274 419	20 963
大型超市	344 454	3 508	340 945	25 578
专业店	4 941 624	62 919	4 878 705	201 092
专卖店	1 940 949	72 735	1 868 214	128 795

16-5 限额以上住宿餐饮业经营情况

（2014 年）　　单位：万元

指　　标	营业额	客房收入	餐费收入	商品销售收　入	其他收入	年末拥有客房数（间）	年末拥有床位数（个）	年末拥有餐位数（个）
总　计	**354 543**	**81 362**	**237 338**	**28 529**	**7 314**	**10 756**	**18 235**	**84 031**
住宿业	**103 075**	**47 867**	**39 111**	**11 744**	**4 353**	**6 006**	**10 249**	**15 324**
# 国有控股	20 530	9 001	8 308	1 560	1 662	1 351	2 189	2 931
按登记注册类型分								
内资企业	102 727	47 561	39 070	11 744	4 353	5 949	10 177	15 192
国有企业	20 424	9 200	8 290	1 553	1 381	1 228	2 008	3 202
集体企业	1 787	547	937	173	131	111	223	416
有限责任公司	20 178	8 228	8 980	1 968	1 003	1 373	2 348	3 915
其他有限责任公司	20 178	8 228	8 980	1 968	1 003	1 373	2 348	3 915
股份有限公司	519	352		8	159	103	192	
私营企业	59 820	29 233	20 864	8 043	1 680	3 134	5 406	7 659
# 私营有限责任公司	36 130	17 726	11 483	5 556	1 365	2 289	3 947	6 009
其他企业								
按国民经济行业分								
旅游饭店	85 157	35 142	35 029	10 641	4 345	4 292	7 136	12 777
一般旅馆	17 918	12 725	4 082	1 103	8	1 714	3 113	2 547
按星级登记分								
一星	1 353	642	711			40	80	340
二星	6 323	2 051	2 779	1 283	210	328	603	1 068
三星	24 242	11 330	9 593	1 522	1 797	1 525	2 781	4 844
四星	14 757	7 280	6 211	680	586	873	1 352	1 892
五星	10 420	5 097	4 193	823	306	381	578	330
其他	45 980	21 467	15 624	7 436	1 454	2 859	4 855	6 850
餐饮业	**251 469**	**33 495**	**198 227**	**16 786**	**2 961**	**4 750**	**7 986**	**68 707**
# 国有控股	13 996	5 326	8 312	115	242	638	1 072	5 684
按登记注册类型分								
内资企业	248 044	33 495	194 803	16 786	2 961	4 750	7 986	68 507
国有企业	8 979	3 029	5 761	72	117	399	713	1 750
集体企业	3 417	189	1 549	304	1 375	46	63	930
有限责任公司	35 705	8 518	25 498	1 423	265	1 149	1 788	10 119
# 其他有限责任公司	35 235	8 518	25 072	1 380	265	1 149	1 788	7 269
股份有限公司	11 857		11 781	76				5 390
私营企业	187 455	21 625	149 742	14 884	1 203	3 106	5 334	50 018
# 私营独资企业	17 661	2 750	14 069	768	73	523	1 056	5 669
私营有限责任公司	161 431	17 216	129 143	13 943	1 130	2 331	3 898	41 694
其他企业								
外商投资企业	3 424		3 424					200
按国民经济行业分								
正餐服务	227 338	31 582	177 154	15 641	2 961	4 346	7 332	59 354
快餐服务	9 164	598	8 479	87		137	274	2 107
其他餐饮服务	12 470	1 315	10 119	1 036		267	380	6 840
按经营方式分								
独立经营	245 366	33 073	192 599	16 733	2 961	4 695	7 908	67 577
连锁总店（总部）								
连锁门店	5 000		4 959	41				900
其他	1 102	422	669	12		55	78	230

16–6 亿元以上商品交易市场基本情况

（2014 年）

指　　标	市场个数（个）	营业面积（平方米）	摊位总量（个）	已出租摊位	出租率（%）
合　计	**28**	**2 461 684**	**38 110**	**33 876**	**88.9**
按经营环境分					
露天式	6	654 598	8 902	7 834	88.0
封闭式	20	1 421 586	28 023	25 073	89.5
其他	2	385 500	1 185	969	81.8
按经营方式分					
批发	19	1 831 284	28 540	26 368	92.4
零售	9	630 400	9 570	7 508	78.5
按市场类别分					
综合市场	2	245 000	8 599	6 915	80.4
生产资料综合市场	1	75 000	6 799	6 703	98.6
农产品综合市场					
专业市场	26	2 216 684	29 511	26 961	91.4
生产资料市场	9	684 984	6 216	5 375	86.5
农用生产资料市场	2	116 000	306	270	88.2
木材市场	2	130 000	502	180	35.9
建材市场	1	129 000	823	742	90.2
金属材料市场	3	209 984	2 485	2 083	83.8
农产品市场	6	763 800	11 245	10 016	89.1
蔬菜市场	1	137 200	2 700	2 695	99.8
干鲜果品市场	1	190 000	4 100	3 360	82.0
其他农产品市场	2	410 000	3 245	2 826	87.1
食品、饮料及烟酒市场					
其他食品、饮料及烟酒市场					
纺织、服装、鞋帽市场	3	202 600	8 393	8 234	98.1
鞋帽市场	1	19 700	484	328	67.8
其他纺织服装鞋帽市场	2	182 900	7 909	7 906	100.0
电器、通讯器材、电子设备市场	1	2 610	275	275	100.0
计算机及辅助设备市场	1	2 610	275	275	100.0
家具、五金及装饰材料市场	4	365 292	2 167	1 965	90.7
家具市场	2	84 792	353	344	97.5
装饰材料市场	1	275 000	1 629	1 436	88.2
五金材料市场	1	5 500	185	185	100.0
汽车、摩托车及零配件市场	2	137 398	1 015	936	92.2
汽车市场	1	17 398	35	34	97.1
机动车零配件市场	1	120 000	980	902	92.0
其他专业市场	1	60 000	200	160	80.0

16-7 亿元以上商品交易市场成交情况

（2014 年） 单位：万元

指 标	本期商品成交额	# 全年消费品零售额	本年市场交易业主缴纳税金总额	年末交易市场业主从业人员（人）
合 计	**8 547 459**	**2 339 781**	**18 236**	**96 833**
按经营环境分				
露天式	2 746 773	141 690	3 884	16 390
封闭式	5 513 840	2 165 591	13 989	78 179
其他	286 846	32 500	363	2 264
按经营方式分				
批发	7 973 267	1 965 079	14 996	80 500
零售	574 192	374 702	3 240	16 333
按市场类别分				
综合市场	152 937	12 634	170	4 732
生产资料综合市场	142 753	12 011	158	4 460
农产品综合市场				
专业市场	8 394 522	2 327 147	18 066	92 101
生产资料市场	4 674 802	132 652	11 986	28 853
农用生产资料市场	224 799	25 010	240	1 636
木材市场	103 730	88 500	441	166
建材市场	195 510	19 142	1 005	11 874
金属材料市场	2 727 913		3 810	4 177
农产品市场	1 043 849	96 612	1 938	27 525
蔬菜市场	390 700		12	9 120
干鲜果品市场	316 870	50 680	583	4 920
其他农产品市场	245 749	34 732	928	10 485
食品、饮料及烟酒市场				
其他食品、饮料及烟酒市场				
纺织、服装、鞋帽市场	1 835 231	1 760 893	2 267	27 194
鞋帽市场	25 810	3 670	48	1 023
其他纺织服装鞋帽市场	1 809 421	1 757 223	2 219	26 171
电器、通讯器材、电子设备市场	64 700	42 800	28	540
计算机及辅助设备市场	64 700	42 800	28	540
家具、五金及装饰材料市场	393 580	263 800	787	1 533
家具市场	41 700	38 400	94	1 128
装饰材料市场	271 800	192 900	338	390
五金材料市场	80 080	32 500	355	15
汽车、摩托车及零配件市场	244 360	22 390	640	5 586
汽车市场	27 560	2 510	3	196
机动车零配件市场	216 800	19 880	637	5 390
其他专业市场	138 000	8 000	420	870

16-8 限额以上批发零售业企业财务状况

（2014 年） 单位：万元

指标	年末资产负债						
	流动资产合计	# 存货	固定资产原价	累计折旧	# 本年折旧	资产总计	负债合计
总计	**5 257 234**	**850 037**	**1 666 910**	**409 283**	**117 138**	**7 380 307**	**4 775 857**
批发业	**3 392 579**	**465 552**	**726 800**	**193 756**	**50 416**	**4 540 037**	**3 008 529**
# 国有控股	1 715 021	238 310	186 582	66 564	8 374	2 229 653	1 503 488
按登记注册类型分							
内资企业	3 375 685	460 723	714 775	191 096	49 074	4 509 463	3 006 151
国有企业	297 631	62 904	86 510	36 887	4 368	371 281	93 181
集体企业	2 395	749	7 068	462	187	9 121	3 291
股份合作企业	199	33	74	12	3	261	57
联营企业							
有限责任公司	1 613 267	198 107	140 130	43 541	9 407	1 872 883	1 494 731
股份有限公司	501 456	62 119	105 519	40 442	6 736	869 648	606 807
私营企业	942 233	136 062	352 750	60 491	19 561	1 350 882	792 066
# 私营有限责任公司	900 285	129 945	329 727	55 450	17 927	1 284 815	756 183
其他企业	18 503	749	22 724	9 262	8 811	35 386	16 018
港、澳、台商投资企业	3 097	1 215	10 950	1 992	1 327	16 346	-2 941
外商投资企业	13 797	3 614	1 075	668	16	14 228	5 319
按国民经济行业分							
农畜产品批发	38 546	10 753	36 784	4 811	2 046	86 534	53 100
食品、饮料及烟草制品批发	459 985	117 282	159 618	57 667	16 153	586 282	204 066
# 米、面制品及食用油批发	133 708	75 262	17 945	4 174	584	154 968	95 953
烟草制品批发	239 987	21 560	63 705	30 781	3 415	276 477	19 276
纺织、服装及日用品批发	49 134	17 799	9 197	2 036	1 411	58 991	31 762
# 纺织品、针织品及原料批发	14 278	2 511	4 772	1 366	1 151	19 622	8 970
医药及医疗器材批发	225 292	31 377	14 883	3 614	797	260 444	240 772
矿产品、建材及化工产品批发	1 355 475	152 725	418 946	107 780	25 036	2 132 239	1 301 804
# 煤炭及制品批发	455 962	51 309	102 240	30 739	5 983	552 806	375 300
金属及金属矿批发	593 745	42 505	106 826	16 933	4 986	755 923	534 064
机械设备、五金交电及电子产品批发	1 168 593	122 809	45 095	10 589	3 012	1 270 067	1 107 983
# 农业机械批发	15 346	5 544	8 193	1 406	380	23 882	12 506
汽车、摩托车及零配件批发	33 636	7 427	3 415	441	157	38 373	27 759
其他机械设备及电子产品批发	1 092 391	103 900	18 234	5 350	1 480	1 163 982	1 047 079
其他批发	7 170	2 248	12 493	563	165	19 247	6 206
按经营方式分							
独立门店	1 720 539	237 029	528 197	124 576	38 950	2 363 832	1 454 280
连锁总店（总部）							
连锁门店	7 509	2 554	6 892	1 249	234	14 120	4 137
其他	1 664 531	225 969	191 710	67 931	11 232	2 162 085	1 550 112

16-8 续表 1 （2014 年） 单位:万元

指标	年末资产负债						
	流动资产合计	#存货	固定资产原价	累计折旧	#本年折旧	资产总计	负债合计
零售业	**1 864 655**	**384 485**	**940 110**	**215 527**	**66 722**	**2 840 270**	**1 767 328**
#国有控股	125 275	33 326	54 350	16 061	1 845	179 127	158 637
按登记注册类型分							
内资企业	1 839 582	380 060	906 160	202 721	60 944	2 783 800	1 734 708
国有企业	16 730	5 717	11 902	3 037	747	27 682	35 761
集体企业	17 909	6 954	21 037	5 339	1 275	34 866	13 545
股份合作企业	129	30	775	573	17	723	434
联营企业	881	261	720	138	45	1 723	780
有限责任公司	447 138	92 052	184 041	58 466	16 811	623 395	433 357
股份有限公司	326 404	34 296	110 944	32 066	6 593	470 409	356 044
私营企业	1 025 298	239 613	572 061	102 519	35 179	1 609 855	889 851
#私营有限责任公司	984 190	226 564	528 530	95 168	33 067	1 529 577	853 647
其他企业	5 094	1 139	4 681	584	278	15 147	4 937
港、澳、台商投资企业	3 919	322	10 790	2 184	384	12 530	4 618
外商投资企业	21 154	4 102	23 161	10 622	5 395	43 940	28 002
按国民经济行业分							
综合零售	458 163	75 135	238 680	76 201	25 038	708 109	556 394
#百货零售	223 151	31 439	136 252	38 866	11 345	364 981	275 906
超级市场零售	230 696	43 044	96 807	35 966	13 335	333 564	277 708
食品、饮料及烟草制品专门零售	90 728	19 563	77 517	21 644	4 429	167 969	67 902
纺织、服装及日用品专门零售	60 896	15 887	69 841	10 910	4 429	127 231	52 341
文化、体育用品及器材专门零售	65 592	20 661	36 685	9 617	2 109	100 021	46 112
#图书零售	32 272	11 272	12 730	5 082	448	46 339	24 797
医药及医疗器材专门零售	101 572	22 550	50 903	10 579	2 277	144 899	107 981
汽车、摩托车、燃料及零配件专门零售	632 800	177 397	216 424	44 097	14 626	890 678	603 691
#汽车零售	565 593	167 217	188 229	39 368	13 133	793 007	538 316
家用电器及电子产品专门零售	245 685	26 782	97 955	14 261	4 648	357 784	203 641
#家用电器零售	225 128	27 189	115 290	12 362	3 942	350 897	182 871
计算机、软件及辅助设备零售	36 765	7 129	22 541	4 005	1 339	59 419	31 450
五金、家具及室内装修材料专门零售	173 064	23 459	124 172	23 732	6 989	280 563	101 081
#五金零售	84 825	8 620	34 173	5 212	1 950	117 316	55 435
家具零售	17 201	6 162	32 537	5 713	1 873	46 269	15 018
无店铺及其他零售	36 156	3 051	27 934	4 486	2 177	63 016	28 185
按经营方式分							
独立门店	1 460 431	321 713	760 822	161 841	53 719	2 250 990	1 367 908
连锁总店（总部）	28 497	6 083	3 484	765	135	31 634	22 576
连锁门店	151 231	12 426	35 657	12 131	5 130	211 595	175 493
其他	224 497	44 264	140 148	40 790	7 739	346 051	201 350
按零售业态分							
超　市	60 746	19 780	56 556	16 971	2 941	111 170	50 867
大型超市	87 733	23 113	59 803	21 191	9 363	154 414	141 895
仓储会员店	563	689	200	10	2	1 000	372
百货店	325 621	32 664	147 735	41 945	14 219	479 368	376 234
专业店	722 570	173 475	413 777	73 441	24 288	1 164 722	639 381
专卖店	520 952	115 316	197 364	46 262	11 666	710 647	480 938

16-8 续表 2 （2014 年） 单位:万元

指　　标	年末资产负债							
	所有者权益合计	实收资本	国家资本	集体资本	法人资本	个人资本	港澳台资本	外商资本
总　计	**2 604 451**	**1 126 696**	**119 025**	**14 428**	**222 955**	**748 361**	**10 263**	**11 663**
批发业	**1 531 508**	**582 440**	**110 612**	**6 747**	**98 980**	**355 213**	**7 388**	**3 500**
# 国有控股	726 165	124 615	109 612	607	13 760	636		
按登记注册类型分								
内资企业	1 503 312	560 253	110 612	6 747	87 774	355 120		
国有企业	278 100	12 917	12 907		10			
集体企业	5 831	2 810		2 810				
股份合作企业	204	200				200		
联营企业								
有限责任公司	378 152	214 010	96 704	2 407	51 049	63 849		
股份有限公司	262 841	14 807		930	9 043	4 834		
私营企业	558 817	307 720	1 000		24 595	282 125		
# 私营有限责任公司	528 632	292 939	1 000		21 927	270 013		
其他企业	19 368	7 789		600	3 077	4 112		
港、澳、台商投资企业	19 287	18 655			11 206	60	7 388	
外商投资企业	8 909	3 533				33		3 500
按国民经济行业分								
农畜产品批发	33 434	17 703	6 040	2 500	503	8 659		
食品、饮料及烟草制品批发	382 216	42 767	6 970	300	12 158	20 883		2 456
# 米、面制品及食用油批发	59 015	10 204	4 529		4 000	1 675		
烟草制品批发	257 201	2 441	2 441					
纺织、服装及日用品批发	27 229	8 883			1 590	7 292		
# 纺织品、针织品及原料批发	10 653	2 505			740	1 765		
医药及医疗器材批发	19 672	15 301	397		6 925	7 979		
矿产品、建材及化工产品批发	830 435	360 773	46 704	3 937	54 385	247 315	7 388	1 044
# 煤炭及制品批发	177 505	81 503	6 083	1 600	7 948	65 872		
金属及金属矿批发	221 859	195 890	37 071	1 537	28 482	120 489	7 288	1 022
机械设备、五金交电及电子产品批发	162 084	96 371	50 500		12 608	33 263		
# 农业机械批发	11 376	6 015			1 365	4 650		
汽车、摩托车及零配件批发	10 614	4 200			140	4 060		
其他机械设备及电子产品批发	116 903	74 979	50 500		10 303	14 176		
其他批发	13 042	6 750				6 750		
按经营方式分								
独立门店	909 552	356 852	47 928	4 917	48 191	249 856	3 483	2 478
连锁总店（总部）								
连锁门店	9 983	8 519	1 300		6 800	419		
其他	611 973	217 069	61 384	1 830	43 989	104 938	3 905	1 022

16-8 续表 3　　（2014 年）　　单位：万元

指　　标	年末资产负债							
	所有者权益合计	实收资本	国家资本	集体资本	法人资本	个人资本	港澳台资本	外商资本
零售业	**1 072 943**	**544 256**	**8 413**	**7 681**	**123 975**	**393 148**	**2 875**	**8 163**
# 国有控股	20 490	18 280	8 413		9 866			
按登记注册类型分								
内资企业	1 049 092	532 494	8 413	7 681	123 806	392 388	205	
国有企业	-8 079	2 879	2 813		66			
集体企业	21 321	5 817		5 113	338	365		
股份合作企业	289	170		170				
联营企业	943	635		375		260		
有限责任公司	190 038	113 567	4 400	640	58 822	49 505	200	
股份有限公司	114 366	52 740	1 200	487	32 533	18 520		
私营企业	720 004	353 723		896	31 358	321 464	5	
# 私营有限责任公司	675 931	332 376		896	29 635	301 840	5	
其他企业	10 210	2 963			689	2 274		
港、澳、台商投资企业	7 912	2 720				50	2 670	
外商投资企业	15 938	9 042			169	710		8 163
按国民经济行业分								
综合零售	151 715	102 116	4 101	5 908	38 386	46 640	1 356	5 724
# 百货零售	89 075	68 335	4 101	4 400	31 003	28 831		
超级市场零售	55 856	32 976		1 404	7 384	17 109	1 356	5 724
食品、饮料及烟草制品专门零售	100 068	40 375	169	165	9 212	30 629	200	
纺织、服装及日用品专门零售	74 890	26 681			2 420	24 256	5	
文化、体育用品及器材专门零售	53 909	17 056	2 600	524	1 240	12 692		
# 图书零售	21 542	4 270	2 600		590	1 080		
医药及医疗器材专门零售	36 918	14 109	1 381		6 683	5 480	565	
汽车、摩托车、燃料及零配件专门零售	286 987	172 409	25	1 074	35 769	134 791	750	
# 汽车零售	254 691	152 733		390	33 045	118 548	750	
家用电器及电子产品专门零售	154 143	62 212		10	10 446	51 756		
# 家用电器零售	168 026	53 913		10	4 539	49 364		
计算机、软件及辅助设备零售	27 970	14 950			5 281	9 669		
五金、家具及室内装修材料专门零售	179 482	89 144	87		18 779	70 149		129
# 五金零售	61 881	36 955	87		11 250	25 618		
家具零售	31 250	12 037			479	11 429		129
无店铺及其他零售	34 831	20 154	50		1 040	16 755		2 309
按经营方式分								
独立门店	883 082	457 538	7 213	6 401	107 040	328 284	2 875	5 724
连锁总店(总部)	9 058	2 212	1 000	6	25	1 181		
连锁门店	36 102	20 820		390	4 110	16 320		
其他	144 701	63 686	200	885	12 800	47 363		2 438
按零售业态分								
超　市	60 303	24 842	20	1 304	2 969	20 549		
大型超市	12 520	25 399		200	12 133	5 986	1 356	5 724
仓储会员店	628	50				50		
百货店	103 134	57 505	4 081	4 190	23 821	25 412		
专业店	525 341	244 859	3 680	823	33 630	203 101	1 315	2 309
专卖店	229 709	115 308	376	890	37 778	75 931	205	129

16-8 续表 4 （2014 年） 单位：万元

指 标	损益及分配						
	主营业务收入	主营业务成本	主营业务税金及附加	其他业务利润	销售费用	管理费用	# 税金
总 计	**21 939 620**	**19 376 250**	**172 785**	**40 478**	**659 177**	**427 263**	**17 896**
批发业	**13 069 183**	**11 713 382**	**100 817**	**9 515**	**322 887**	**199 880**	**8 167**
# 国有控股	4 894 930	4 610 215	37 199	6 752	63 174	43 537	2 321
按登记注册类型分							
内资企业	12 900 609	11 570 388	98 567	9 172	320 161	195 480	7 882
国有企业	712 956	556 020	33 230	184	13 637	28 855	841
集体企业	21 223	16 242	685		609	458	
股份合作企业	2 054	1 766	33		39	30	1
联营企业							
有限责任公司	5 093 860	4 799 528	11 366	7 258	83 937	26 187	1 753
股份有限公司	2 074 754	1 923 942	2 178	950	94 335	12 408	752
私营企业	4 918 981	4 212 140	49 859	781	124 860	125 105	4 499
# 私营有限责任公司	4 505 688	3 857 884	46 165	489	118 956	110 965	4 084
其他企业	76 781	60 750	1 216		2 744	2 437	37
港、澳、台商投资企业	127 187	108 227	1 998	312	2 213	3 779	284
外商投资企业	41 387	34 767	253	31	512	622	1
按国民经济行业分							
农畜产品批发	256 178	212 300	3 577		7 095	7 468	432
食品、饮料及烟草制品批发	1 764 976	1 507 502	39 111	296	35 511	42 169	1 418
# 米、面制品及食用油批发	474 909	451 321	2 603		3 048	3 459	298
烟草制品批发	517 893	389 087	31 255	184	8 380	22 191	525
纺织、服装及日用品批发	252 864	214 039	2 284		5 999	7 058	68
# 纺织品、针织品及原料批发	121 263	99 095	1 428		2 918	5 234	43
医药及医疗器材批发	982 623	839 186	3 712	662	77 830	6 292	420
矿产品、建材及化工产品批发	7 242 775	6 557 550	37 297	1 798	151 241	99 213	4 547
# 煤炭及制品批发	2 117 434	1 905 897	10 911		43 472	26 643	890
金属及金属矿批发	2 338 993	2 183 028	13 285	1 237	28 331	34 471	1 612
机械设备、五金交电及电子产品批发	2 165 150	2 046 071	6 401	6 745	34 477	24 469	581
# 农业机械批发	108 163	93 094	957		2 624	2 128	40
汽车、摩托车及零配件批发	75 527	70 687	244		1 585	474	3
其他机械设备及电子产品批发	1 728 901	1 669 071	2 381	6 398	23 066	12 221	268
其他批发	40 147	32 618	1 823		1 162	927	71
按经营方式分							
独立门店	7 948 146	7 024 626	83 128	2 240	172 341	159 726	5 821
连锁总店(总部)							
连锁门店	41 694	33 273	1 054	9	751	871	20
其他	5 079 343	4 655 483	16 635	7 266	149 794	39 283	2 326

16-8 续表 5 （2014 年） 单位:万元

指　　标	损益及分配						
	主营业务收入	主营业务成本	主营业务税金及附加	其他业务利润	销售费用	管理费用	# 税金
零售业	**8 870 437**	**7 662 868**	**71 968**	**30 963**	**336 290**	**227 383**	**9 729**
# 国有控股	277 914	242 005	1 164	1 930	18 016	13 163	259
按登记注册类型分							
内资企业	8 713 545	7 526 975	71 074	24 488	322 141	224 784	9 710
国有企业	66 808	55 259	546	631	3 398	3 931	31
集体企业	188 446	158 424	2 433	26	4 823	4 214	158
股份合作企业	1 335	1 121	14		74	88	5
联营企业	4 112	2 686	55		226	135	51
有限责任公司	1 852 209	1 638 075	8 707	5 210	92 340	47 669	1 659
股份有限公司	616 126	534 153	3 970	12 880	42 286	20 185	1 066
私营企业	5 948 081	5 106 441	55 065	5 741	177 140	147 387	6 736
# 私营有限责任公司	5 673 849	4 873 800	51 658	5 622	169 336	140 129	6 506
其他企业	36 428	30 816	285		1 855	1 175	4
港、澳、台商投资企业	26 324	22 435	209	1 609	4 028	163	
外商投资企业	130 568	113 458	684	4 866	10 121	2 437	19
按国民经济行业分							
综合零售	1 588 838	1 363 145	14 098	25 768	93 939	44 719	1 966
# 百货零售	999 649	858 238	11 136	2 292	34 101	28 129	716
超级市场零售	577 635	495 495	2 922	23 476	59 277	15 772	1 251
食品、饮料及烟草制品专门零售	534 292	421 253	4 874	836	25 710	20 908	870
纺织、服装及日用品专门零售	512 689	410 434	7 256	22	17 037	16 427	1 224
文化、体育用品及器材专门零售	161 876	128 643	1 570	276	8 375	7 804	413
# 图书零售	54 342	42 544	159	250	4 108	3 621	157
医药及医疗器材专门零售	271 184	230 602	1 500	135	12 123	10 779	194
汽车、摩托车、燃料及零配件专门零售	3 190 401	2 867 338	18 715	2 538	83 636	69 164	2 608
# 汽车零售	2 856 875	2 576 917	15 481	2 538	75 435	59 756	2 131
家用电器及电子产品专门零售	1 046 537	892 148	10 040	989	42 478	25 931	1 479
# 家用电器零售	1 039 275	888 095	7 951	1 978	41 773	24 177	1 471
计算机、软件及辅助设备零售	224 504	184 133	3 573		8 993	7 223	264
五金、家具及室内装修材料专门零售	1 410 718	1 224 610	11 490	303	49 647	27 841	859
# 五金零售	528 314	457 870	3 570	181	16 751	11 978	324
家具零售	133 615	108 534	1 470	42	5 178	4 431	161
无店铺及其他零售	153 903	124 695	2 424	97	3 345	3 810	116
按经营方式分							
独立门店	7 341 334	6 367 759	59 426	15 235	252 018	186 961	6 948
连锁总店（总部）	64 693	52 222	301	135	4 793	2 118	277
连锁门店	262 098	225 278	880	14 019	32 497	5 768	911
其他	1 202 311	1 017 609	11 361	1 574	46 982	32 537	1 593
按零售业态分							
超　市	254 986	214 251	1 700	1 647	12 741	9 754	551
大型超市	291 206	250 385	1 548	9 980	31 978	9 242	270
仓储会员店	570	324	26		25	13	11
百货店	1 161 705	995 486	12 154	14 140	53 268	29 970	1 267
专业店	4 147 820	3 557 670	37 131	4 138	143 933	117 449	5 546
专卖店	1 913 130	1 683 855	11 777	992	52 314	41 441	1 498

16-8 续表 6 （2014 年） 单位:万元

指 标	损益及分配				
	财务费用	# 利息支出	营业利润	利润总额	应交所得税
总 计	**149 996**	**58 757**	**1 184 826**	**1 069 127**	**210 117**
批发业	**83 082**	**34 074**	**655 988**	**614 898**	**112 952**
# 国有控股	10 563	14 792	135 485	142 845	26 885
按登记注册类型分					
内资企业	79 708	34 019	643 068	603 807	110 373
国有企业	-645	1 571	82 084	86 620	21 996
集体企业	319		2 911	2 911	905
股份合作企业	18	18	169	169	34
联营企业					
有限责任公司	23 157	12 254	154 679	155 640	27 295
股份有限公司	5 752	4 330	36 672	38 383	2 400
私营企业	49 201	15 771	359 647	305 509	56 276
# 私营有限责任公司	47 317	15 670	326 184	272 193	48 958
其他企业	1 907	74	6 905	14 576	1 467
港、澳、台商投资企业	1 993		8 978	8 978	2 343
外商投资企业	1 381	55	3 942	2 113	236
按国民经济行业分					
农畜产品批发	6 654	1 539	19 081	21 109	5 926
食品、饮料及烟草制品批发	4 636	1 928	135 598	137 661	28 832
# 米、面制品及食用油批发	1 854	1 037	12 666	14 451	1 908
烟草制品批发	-6 300		73 463	72 754	18 587
纺织、服装及日用品批发	909	170	22 512	18 495	3 388
# 纺织品、针织品及原料批发	509	21	12 066	11 224	2 036
医药及医疗器材批发	2 939	2 623	53 057	52 732	13 665
矿产品、建材及化工产品批发	55 208	18 186	344 923	304 419	47 363
# 煤炭及制品批发	15 207	4 353	114 545	85 530	16 262
金属及金属矿批发	20 044	5 653	62 665	64 430	13 023
机械设备、五金交电及电子产品批发	6 860	8 864	51 182	50 952	7 511
# 农业机械批发	991	129	8 275	8 152	1 069
汽车、摩托车及零配件批发	189	116	2 435	2 741	538
其他机械设备及电子产品批发	3 664	8 097	22 818	22 090	2 324
其他批发	673	188	2 944	2 944	720
按经营方式分					
独立门店	58 157	20 473	453 833	442 146	88 246
连锁总店(总部)					
连锁门店	321	158	5 417	5 337	384
其他	24 604	13 444	196 738	167 415	24 323

16-8　续表 7　　　　（2014 年）　　　　单位:万元

指　标	损益及分配				
	财务费用	# 利息支出	营业利润	利润总额	应交所得税
零售业	**66 914**	**24 683**	**528 838**	**454 229**	**97 165**
# 国有控股	1 486	1 522	3 417	2 942	1 856
按登记注册类型分					
内资企业	66 391	24 508	524 362	449 698	95 976
国有企业	98		2 171	2 215	1 139
集体企业	1 798	1 005	17 017	16 957	4 214
股份合作企业	13	13	26	26	2
联营企业			933	933	233
有限责任公司	12 361	5 282	59 613	55 322	15 679
股份有限公司	5 374	1 093	24 327	22 625	5 242
私营企业	46 264	17 086	418 462	349 811	69 197
# 私营有限责任公司	44 470	16 331	397 296	331 800	66 110
其他企业	484	30	1 813	1 810	270
港、澳、台商投资企业	201	151	898	900	225
外商投资企业	323	24	3 578	3 630	963
按国民经济行业分					
综合零售	11 942	3 540	83 135	78 092	21 294
# 百货零售	5 607	1 483	65 841	61 699	16 902
超级市场零售	6 055	1 782	16 853	15 952	4 287
食品、饮料及烟草制品专门零售	4 236	1 022	55 114	45 620	8 230
纺织、服装及日用品专门零售	5 723	1 313	55 809	51 123	10 743
文化、体育用品及器材专门零售	585	221	14 933	11 860	1 867
# 图书零售	–164	35	4 109	3 797	74
医药及医疗器材专门零售	2 347	1 752	14 368	11 094	2 301
汽车、摩托车、燃料及零配件专门零售	24 573	11 209	127 271	94 026	19 379
# 汽车零售	21 388	10 720	108 168	79 618	15 422
家用电器及电子产品专门零售	7 512	2 813	70 696	64 626	12 191
# 家用电器零售	6 295	1 748	72 598	66 935	12 143
计算机、软件及辅助设备零售	1 479	735	19 097	18 406	3 665
五金、家具及室内装修材料专门零售	6 904	2 040	90 243	81 250	17 504
# 五金零售	2 182	687	35 892	29 275	5 702
家具零售	1 733	928	12 359	10 183	1 919
无店铺及其他零售	3 091	773	17 269	16 538	3 657
按经营方式分					
独立门店	55 769	20 663	427 812	368 228	78 213
连锁总店(总部)	192	143	5 202	5 102	555
连锁门店	2 887	271	8 156	6 373	1 987
其他	8 067	3 605	87 668	74 526	16 409
按零售业态分					
超　市	3 480	1 422	14 687	14 884	2 759
大型超市	3 939	3 207	–583	–1 773	1 293
仓储会员店			183	195	96
百货店	6 305	–88	79 745	75 020	18 935
专业店	35 985	12 330	256 085	224 788	45 324
专卖店	13 022	6 087	111 975	80 465	14 343

16-8 续表 8 （2014 年） 单位:万元

指　　标	工资、增值税		亏损企业数（个）	亏损总额
	本年应付工　资	本年应交增 值 税		
总　计	**300 483**	**474 054**	**95**	**54 373**
批发业	**110 869**	**249 733**	**30**	**14 763**
# 国有控股	36 002	39 642	3	1 289
按登记注册类型分				
内资企业	109 858	245 494	29	14 324
国有企业	23 804	22 584	2	343
集体企业	546	718		
股份合作企业	65	60		
联营企业				
有限责任公司	20 736	43 152	14	9 053
股份有限公司	8 202	13 310	2	395
私营企业	54 116	164 721	11	4 534
# 私营有限责任公司	48 477	155 309	11	4 534
其他企业	2 389	950		
港、澳、台商投资企业	390	3 993	1	438
外商投资企业	622	246		
按国民经济行业分				
农畜产品批发	4 431	5 012		
食品、饮料及烟草制品批发	33 970	34 424	3	5 887
# 米、面制品及食用油批发	3 081	1 872	1	218
烟草制品批发	20 138	21 059		
纺织、服装及日用品批发	1 936	14 233		
# 纺织品、针织品及原料批发	734	794		
医药及医疗器材批发	6 885	36 940	3	514
矿产品、建材及化工产品批发	41 860	130 637	19	7 698
# 煤炭及制品批发	12 153	70 702	7	1 896
金属及金属矿批发	10 567	24 901	6	3 376
机械设备、五金交电及电子产品批发	14 354	17 911	3	498
# 农业机械批发	1 600	1 196		
汽车、摩托车及零配件批发	472	321		
其他机械设备及电子产品批发	10 194	11 669	2	494
其他批发	747	1 284		
按经营方式分				
独立门店	81 589	160 866	23	12 851
连锁总店(总部)				
连锁门店	1 260	522	1	232
其他	28 020	88 345	6	1 679

16-8 续表 9 （2014 年） 单位：万元

指　　标	工资、增值税		亏损企业数（个）	亏损总额
	本年应付工　资	本年应交增值税		
零售业	**189 614**	**224 321**	**65**	**39 610**
# 国有控股	10 635	25 373	3	9 097
按登记注册类型分				
内资企业	184 943	221 400	65	39 610
国有企业	2 336	1 393	1	3 595
集体企业	3 857	4 288	1	130
股份合作企业	85	4		
联营企业	551	161		
有限责任公司	41 499	31 593	26	19 968
股份有限公司	14 993	31 632	4	5 341
私营企业	119 741	151 271	33	10 577
# 私营有限责任公司	112 000	142 535	29	9 650
其他企业	1 883	1 058		
港、澳、台商投资企业	1 869	630		
外商投资企业	2 802	2 290		
按国民经济行业分				
综合零售	48 285	26 527	16	20 515
# 百货零售	25 381	16 414	7	15 595
超级市场零售	22 215	9 790	9	4 921
食品、饮料及烟草制品专门零售	17 575	14 517	4	176
纺织、服装及日用品专门零售	11 766	12 300	2	104
文化、体育用品及器材专门零售	7 916	6 422	2	178
# 图书零售	3 750	1 224	1	49
医药及医疗器材专门零售	7 950	26 724		
汽车、摩托车、燃料及零配件专门零售	45 140	95 730	37	17 833
# 汽车零售	37 287	83 498	36	15 035
家用电器及电子产品专门零售	30 629	21 933	3	457
# 家用电器零售	28 549	18 799		
计算机、软件及辅助设备零售	4 683	4 658		
五金、家具及室内装修材料专门零售	17 211	17 651	1	347
# 五金零售	6 756	7 759	1	347
家具零售	4 179	3 015		
无店铺及其他零售	3 143	2 517		
按经营方式分				
独立门店	151 752	162 250	58	36 732
连锁总店（总部）	3 301	1 140		
连锁门店	9 406	3 207	2	1 560
其他	25 154	57 724	5	1 318
按零售业态分				
超　市	11 471	5 062	3	477
大型超市	13 174	5 290	7	9 166
仓储会员店	115	118		
百货店	26 938	18 689	5	10 830
专业店	78 041	112 349	27	14 567
专卖店	46 045	69 938	19	3 935

16-9 限额以上住宿餐饮业企业财务状况

（2014 年） 单位:万元

指标	年末资产负债					资产总计	负债合计
	流动资产合计	# 存货	固定资产原价	累计折旧	# 本年折旧		
总计	**123 911**	**10 339**	**239 767**	**72 748**	**13 721**	**365 574**	**204 314**
住宿业	**53 610**	**3 641**	**119 371**	**43 793**	**4 532**	**182 272**	**102 492**
# 国有控股	14 168	1 350	55 000	15 020	1 253	68 959	38 321
按登记注册类型分							
内资企业	52 957	3 637	119 177	43 632	4 529	181 586	102 230
国有企业	13 917	1 321	50 686	12 425	1 045	66 162	35 294
集体企业	245	150	691	132	52	1 385	1 344
有限责任公司	10 626	979	19 181	9 005	363	32 003	18 647
股份有限公司	189	9	1 667	955	5	894	902
私营企业	27 979	1 178	46 952	21 115	3 064	81 143	46 043
其他企业							
按国民经济行业分							
旅游饭店	46 671	3 207	112 845	42 074	4 174	166 095	93 652
一般旅馆	6 939	434	6 526	1 719	358	16 178	8 840
按星级等级分							
一星	301	12	147	80	26	452	277
二星	1 281	190	5 889	2 459	167	5 418	2 533
三星	23 681	711	30 455	15 976	1 243	54 690	34 273
四星	9 774	1 094	36 560	5 739	601	53 827	25 811
五星	1 301	185	27 959	14 348	1 944	35 002	19 551
其他	17 271	1 449	18 362	5 191	551	32 883	20 047
餐饮业	**70 301**	**6 698**	**120 396**	**28 955**	**9 189**	**183 302**	**101 822**
# 国有控股	7 693	674	18 945	7 773	1 644	20 620	14 626
按登记注册类型分							
内资企业	70 301	6 698	120 396	28 955	9 189	183 302	101 822
国有企业	5 310	640	18 718	7 704	1 610	18 079	12 110
集体企业	214	74	215	149	24	309	151
有限责任公司	20 300	676	5 141	2 091	429	26 760	14 990
股份有限公司	3 363	162	5 489	1 802	450	8 027	4 270
私营企业	40 889	5 128	90 264	17 168	6 671	129 320	69 910
私营独资企业	1 375	284	4 879	2 042	487	4 566	1 999
私营有限责任公司	38 927	4 717	84 091	14 898	6 126	123 040	66 356
其他							
按国民经济行业分							
正餐服务	66 341	6 081	111 317	26 884	8 151	172 116	96 589
快餐服务	1 838	312	2 407	265	104	4 161	1 345
其他餐饮服务	1 049	177	3 061	565	272	3 580	2 026
按经营方式							
独立门店	67 224	6 601	116 679	27 590	8 979	176 895	97 636
连锁总店(总部)							
连锁门店	2 818	52	2 777	1 346	206	5 225	3 812
其他	259	45	941	19	4	1 182	374

16-9 续表 1 （2014 年） 单位:万元

指 标	年末资产负债						港澳台资 本	主营业务收 入
	所有者权益合计	实收资本	国家资本	集体资本	法人资本	个人资本		
总 计	**161 259**	**119 177**	**45 205**	**647**	**17 726**	**55 571**	**29**	**326 888**
住宿业	**79 780**	**56 175**	**31 107**	**357**	**9 211**	**15 472**	**29**	**93 750**
# 国有控股	30 638	31 107	31 107					19 967
按登记注册类型分								
内资企业	79 357	56 060	31 107	357	9 211	15 385		93 403
国有企业	30 867	30 719	30 719					19 019
集体企业	41	147		147				1 764
有限责任公司	13 356	10 566	388	80	7 667	2 431		19 257
股份有限公司	–8	130		130				519
私营企业	35 101	14 497			1 544	12 954		52 845
其他企业								
按国民经济行业分								
旅游饭店	72 443	50 804	31 007	307	8 178	11 311		77 071
一般旅馆	7 338	5 372	100	50	1 033	4 160	29	16 679
按星级等级分								
一星	176	120				120		1 156
二星	2 885	2 326		80		2 246		5 693
三星	20 417	15 603	1 857	50	7 921	5 775		23 204
四星	28 017	29 150	29 150					14 199
五星	15 450	500			490	10		10 420
其他	12 836	8 477	100	227	800	7 321	29	39 079
餐饮业	**81 479**	**63 002**	**14 098**	**290**	**8 515**	**40 099**		**233 138**
# 国有控股	5 995	12 761	12 098		662			12 903
按登记注册类型分								
内资企业	81 479	63 002	14 098	290	8 515	40 099		233 138
国有企业	5 969	12 660	11 997		662			8 040
集体企业	158	111		80	31			2 333
有限责任公司	11 770	8 391	101		5 603	2 686		34 318
股份有限公司	3 757	3 372			1 206	2 166		10 862
私营企业	59 410	38 053	2 000		862	35 191		176 985
私营独资企业	2 568	1 725				1 725		15 530
私营有限责任公司	56 685	35 944	2 000		862	33 082		153 379
其他								
按国民经济行业分								
正餐服务	75 526	57 229	14 098	290	7 515	35 327		214 727
快餐服务	2 816	1 773			1 000	773		6 140
其他餐饮服务	1 554	2 450				2 450		11 344
按经营方式								
独立门店	79 259	60 996	14 098	290	7 309	39 299		226 390
连锁总店(总部)								
连锁门店	1 413	1 306			1 206	100		4 960
其他	808	700				700		1 789

16-9 续表 2 （2014 年） 单位：万元

指　　标	损益及分配						
	主　营 业务成本	主营业务 税金及附加	其他业务 利　润	销售费用	管理费用	# 税金	财务费用
总　计	**209 304**	**13 433**	**1 422**	**34 918**	**33 667**	**2 604**	**4 989**
住宿业	**57 589**	**3 480**	**425**	**13 060**	**10 346**	**603**	**1 616**
# 国有控股	9 071	960	131	5 452	4 514	54	689
按登记注册类型分							
内资企业	57 402	3 461	425	13 060	10 278	603	1 598
国有企业	8 591	907	131	5 395	3 933	54	632
集体企业	1 032	63		252	239	7	1
有限责任公司	12 711	583		2 773	2 303	51	-9
股份有限公司	76	29		329	99	6	1
私营企业	34 992	1 879	293	4 311	3 705	486	973
其他企业							
按国民经济行业分							
旅游饭店	47 504	2 799	425	11 541	8 659	190	1 294
一般旅馆	10 085	681		1 519	1 687	413	322
按星级等级分							
一星	737	9		149	65	7	1
二星	3 200	236		874	741	1	12
三星	12 571	1 019	293	3 832	3 878	139	597
四星	6 385	677	131	4 097	2 789	44	623
五星	8 804	594		70	72	8	47
其他	25 893	947		4 039	2 801	406	336
餐饮业	**151 715**	**9 953**	**997**	**21 858**	**23 321**	**2 001**	**3 373**
# 国有控股	7 955	658	54	1 635	3 048	86	234
按登记注册类型分							
内资企业	151 715	9 953	997	21 858	23 321	2 001	3 373
国有企业	6 982	396	54	428	1 350	86	197
集体企业	1 312	127	16	599	294		14
有限责任公司	17 645	1 486		5 268	5 875	300	585
股份有限公司	5 885	386	328	1 978	1 926		67
私营企业	119 590	7 525	583	13 394	13 799	1 613	2 511
私营独资企业	10 604	935		449	1 287	718	221
私营有限责任公司	103 756	6 311	583	11 723	12 003	891	2 266
其他							
按国民经济行业分							
正餐服务	140 076	9 464	997	19 931	21 972	1 946	3 207
快餐服务	4 031	233		188	384	24	149
其他餐饮服务	7 066	208		1 681	786	7	17
按经营方式							
独立门店	148 744	9 594	669	20 170	21 488	2 001	3313
连锁总店(总部)							
连锁门店	1 869	310	328	1 676	1 521		60
其他	1 102	49		13	313		

16-9 续表 3 （2014 年） 单位：万元

指 标	损益及分配				本 年 应付工资	亏损企业数（个）	亏损总额
	# 利息支出	营业利润	利润总额	应交所得税			
总 计	**1 312**	**32 980**	**29 242**	**5 273**	**37 909**	**25**	**6 554**
住宿业	**394**	**7 880**	**7 684**	**1 888**	**13 085**	**10**	**1 585**
# 国有控股	58	–718	–362	150	3 108	4	1 159
按登记注册类型分							
内资企业	375	7 824	7 629	1 875	13 015	10	1 585
国有企业		–439	–83	150	2 807	3	880
集体企业		177	177	5	457		
有限责任公司	58	906	918	94	2 786	2	406
股份有限公司		–15	–14	1	164	1	20
私营企业	318	7 195	6 631	1 625	6 802	4	280
其他企业							
按国民经济行业分							
旅游饭店	374	5 315	5 261	1 348	10 967	8	1 525
一般旅馆	20	2 565	2 423	540	2 118	2	60
按星级等级分							
一星		196	196	31	110		
二星	12	629	604	139	1 082		
三星	358	1 340	1 293	376	3 808	4	431
四星		–372	–68	126	1 948	1	764
五星		834	834	208	2 012		
其他	24	5 253	4 825	1 009	4 125	5	390
餐饮业	**918**	**25 100**	**21 558**	**3 385**	**24 824**	**15**	**4 969**
# 国有控股	160	–612	–455	92	2 093	2	1 463
按登记注册类型分							
内资企业	918	25 100	21 558	3 385	24 824	15	4 969
国有企业	160	–1 297	–1 137	54	831	2	1 463
集体企业	1	–12	8	2	374		
有限责任公司	230	3 768	3787	362	6 217	1	231
股份有限公司		948	–29	38	905	1	255
私营企业	527	21 681	18 916	2 927	16 305	11	3 020
私营独资企业	43	2 507	2 107	199	1 325	1	86
私营有限责任公司	484	18 354	15 989	2 643	14 415	9	2 718
其他							
按国民经济行业分							
正餐服务	835	22 261	20 353	3 139	23 071	14	4 753
快餐服务	83	1 155	1 155	220	578		
其他餐饮服务		1 585	–49	6	1 028	1	216
按经营方式							
独立门店	908	24 936	21 394	3 278	24 085	14	4 714
连锁总店（总部）							
连锁门店	11	–148	–148	13	562	1	255
其他		312	312	94	177		

主要统计指标解释

社会消费品零售额 是指各种经济类型的批发零售贸易业、餐饮业、制造业和其他行业对城乡居民和社会集团的消费品零售额和农民对非农业居民的零售额总和。这个指标反映通过各种商品流通渠道向居民和社会集团供应生活消费品来满足他们生活需要的情况,是研究人民生活、社会消费品购买力、货币流通等问题的重要指标。

批发零售贸易业 是指专门从事批发和零售贸易活动的经济部门。

批发零售贸易业商品购销存总额 是指除个体经济以外的各种经济类型的独立核算批发零售贸易业法人企业以及其他独立核算法人企业和单位附营的各类批发零售贸易单位的商品购销存总额。

商品购进总额 指批发零售贸易业各企业（附营单位）从本企业(单位)以外的单位和个人购进(包括从国外直接进口)作为转卖或加工后转卖的商品。本指标由从生产者购进额、从批发零售贸易业购进额、进口额和其他购进额项目组成。这个指标反映批发零售贸易业从国内、国外市场上购进商品总量。

商品销售总额 指批发零售贸易业各企业(附营单位)对本企业(单位)以外的单位和个人出售(包括对国(境)外直接出口)的商品(包括售给本单位消费用的商品)。本指标由对生产经营单位批发额、对批发零售贸易业批发额、出口额和对居民和社会集团商品零售额项目组成。这个指标反映批发零售贸易业在国内市场上销售商品以及出口商品的总量。

期末库存 指批发零售贸易企业(附营单位)已取得所有权的全部商品。这个指标反映批发零售贸易企业的商品库存情况,对市场商品供应的保证程度。

资本金总额 是指批发零售贸易业、餐饮业企业在工商行政管理部门登记的注册资金。资本金按投资主体分为国家资本金、法人资本金、个人资本金和外商资本金等。

流动资产 指可以在一年内或者超过一年的一个营业周期内变现或者耗用的资产。包括货币资产、短期投资、应收票据、应收帐款、坏帐准备、应收帐款净额、预付帐款、其他应收款、存货、待转其他业务支出、待摊费用、待处理流动资产净损失、一年内到期的长期债券投资、其他流动资产等项。

商品销售收入 指批发零售贸易企业商品销售收入、接受其他单位委托代销商品的收入和餐饮企业的营业收入（包括餐费收入、冷热饮收入、服务收入和其他收入)。

商品销售成本 指批发零售贸易企业已销商品应负担的进货原价和餐饮企业的原材料成本,商品进价成本。

利润总额 指企业全年实现的利润。包括营业利润、投资净收益以及营业外收支净额。

科技和教育

SCIENCE AND TECHNOLOGY, EDUCATION

版面负责人：李跃东　卓卫华　李　燕

编　　　辑：董志娟　李增有　卢川川

江苏省统计条例

（2014年1月16日江苏省第十二届人民代表大会常务委员会第八次会议通过）

第三十二条 承担经常性政府统计调查任务的国家机关、企业事业单位和其他组织，应当任用、聘用具有统计从业资格或者统计专业技术职务资格的人员从事统计工作。

【释义】 本条是关于承担经常性统计调查任务的政府统计调查对象任用、聘用有资格的人员从事统计工作的规定。

鉴于政府统计调查的强制性，为确保统计工作顺利开展，本条规定：承担经常性政府统计调查任务的国家机关、企业事业单位和其他组织，应当任用、聘用具有统计从业资格的人员，或者是具有统计专业技术职务资格的人员，从事本单位的具体统计工作。

经常性政府统计调查。是指随着统计调查对象在时间上的发展变化，而随时对变化的情况进行连续不断登记的统计调查，其主要目的是获得事物全部发展过程及其结果的统计资料。主要指大型普查、专项调查以外政府统计调查。

第三十三条 县级以上地方人民政府有关部门根据各自职责和统计任务的需要，设立从事统计工作的机构或者明确承担综合统计工作职责的机构，配备相适应的统计人员，并指定统计负责人，在本级人民政府统计机构的指导下负责本部门、本行业的统计工作。

国家级和省级开发园区根据经济和人口规模，明确承担统计工作职责的机构，配备相适应的统计人员，负责统计资料的搜集、整理、汇总、上报以及催报、查询和数据核查工作。

【释义】 本条是关于部门统计机构、开发园区统计机构设置及其职责的规定。

政府有关部门的统计工作是政府统计的重要组成部分。为加强部门统计工作，本条第一款从机构设置、管理范围、职能作出规定：县级以上地方人民政府有关部门设立从事统计工作的机构，或者明确承担综合统计工作职责的机构，履行全行业的统计管理职能。具体的机构、人员设置由政府根据统计任务的需要来确定。但无论是设立统计机构，还是明确承担综合统计工作职责的机构，都需要指定统计负责人。同时，为了保证统计工作整体协调，本款同时规定，县级以上地方人民政府有关部门应当在本级人民政府统计机构指导下开展统计工作。

鉴于我省开发园区的经济总量和人口规模相对较大，统计工作任务较为繁重，确需相适应的机构和人员承担，本条第二款对开发园区统计机构设置及其职责作出如下规定：一是明确国家级和省级开发园区统计机构的法律地位；二是规定根据经济和人口规模，明确承担统计工作职责的机构，配备相适应的统计人员；三是规定其职责，即负责统计资料的搜集、整理、汇总、上报以及催报、查询和数据核查工作。

编辑：王中彬

17-1 主要年份科学技术事业情况

指标	1985	1990	1995	2000	2005	2006	2007
科学研究机构 （个）							
国有独立科研机构	21	28	26	30	25	26	22
民办科技型企业	3	76	139	460	896	890	986
各类专业技术人员 （人）	**60 726**	**125 300**	**184 010**	**228 441**	**217 572**	**265 268**	**265 856**
# 中级职称以上人员	5 992	32 568	55 036	87 954	76 264	96 523	100 951
科学研究成果 （项）							
通过鉴定成果	48	61	55	192	131	116	128
# 达到国际水平	1	1	1	15	12	10	18
填补国内空白	3	12	18	37	96	13	49
达到省内先进水平	8	32	51	76	20	86	52
填补省内空白	10	2	47	17	3	7	9
专利申请受理量	38	143	456	474	2 205	3 389	6 174

17-1 续表

指标	2008	2009	2010	2011	2012	2013	2014
科学研究机构（个）							
国有独立科研机构	24	23	20	19	19	19	19
民办科技型企业	1 196	1 498	1 470	2 534	4 846	6 546	7 307
各类专业技术人员 （人）	**248 283**	**248 915**	**271 799**	**396 344**	**419 953**	**436 000**	**454 900**
# 中级职称以上人员	102 022	102 682	113 977	134 448	149 644		
科学研究成果（项）							
通过鉴定成果	152	186	203	179	172	297	199
完成科技成果	218	264					
# 达到国际水平	12	75	66	39	43	65	46
填补国内空白	54	32	52	51	62	90	60
达到省内先进水平	82	78	81		4	5	5
填补省内空白	4	1	4				4
专利申请受理量	6 839	6 898	9 927	14 729	18 014	23 472	14 014

注：2013 年各类专业技术人员口径由全社会口径调整为国有、集体单位口径（下同）。

17-2 规模以上工业企业办科技机构情况

（2014年）

指标	机构数（个）	机构人员合计（人）	#博士毕业	硕士毕业	本科毕业	机构经费支出（万元）	仪器和设备原价（万元）	#进口	境外机构数（个）
总　计	**1 355**	**22 920**	**505**	**3 620**	**12 794**	**529 787**	**413 804**	**22 546**	**6**
按企业规模分									
大型	92	6 767	164	2 085	3 759	229 551	241 462	16 441	3
中型	354	7 508	137	634	4 324	152 132	87 456	3 642	1
小型	904	8 609	204	900	4 700	148 002	84 756	2 464	2
微型	5	36		1	11	102	130		
按隶属关系分									
中央	5	485	8	87	270	5 934	14 694	44	
省（自治区、直辖市）	8	256	19	86	124	2 184	2 923	1 510	
地（区、市、州、盟）	66	5 013	112	1 858	2 703	158 524	102 560	8 303	3
县（区、市、旗）	23	574	19	70	355	11 968	8 618	460	
街道									
镇	9	116	4	13	71	716	753		
乡									
社区（居委会）									
村委会	4	74			27	799	149		
其他	1 240	16 402	343	1 506	9 244	349 663	284 107	12 230	3
按登记注册类型分									
内资企业	1 262	20 391	445	3 390	11 466	453 748	348 122	18 509	5
国有企业									
集体企业	2	11		1	10	51	19		
股份合作企业									
联营企业									
国有联营企业									
集体联营企业									
国有与集体联营企业									
其他联营企业									
有限责任公司	189	6 303	150	1 956	3 542	153 016	76 126	4 411	3
国有独资公司	34	3 303	57	1 551	1 679	100 836	23 341	2 314	3
其他有限责任公司	155	3 000	93	405	1 863	52 180	52 785	2 098	
股份有限公司	49	2 075	66	333	1 394	54 539	144 794	9 225	
私营企业	1 019	11 973	229	1 097	6 495	245 934	127 062	4 836	2
私营独资企业	36	386	13	40	244	7 385	4 407	651	
私营合伙企业	4	57		8	44	1 160	176		
私营有限责任公司	942	10 933	203	1 000	5 877	227 732	116 509	3 947	2
私营股份有限公司	37	597	13	49	330	9 656	5 970	238	
其他企业	3	29		3	25	208	121	36	
港、澳、台商投资企业	44	1 606	29	147	858	56 085	56 977	3 994	1
与港澳台商合资经营企业	28	1 019	20	113	527	45 521	53 107	3 543	1
与港澳台商合作经营企业									
港澳台商独资经营企业	15	562	7	26	317	10 534	3 810	391	
港澳台商投资股份有限公司	1	25	2	8	14	30	60	60	
其他港澳台投资企业									
外商投资企业	49	923	31	83	470	19 955	8 705	44	
中外合资经营企业	40	807	28	72	407	17 016	7 445	24	
中外合作经营企业	2	45	1	3	22	1 337	155		
外资企业	7	71	2	8	41	1 602	1 105	20	
外商投资股份有限公司									
其他外商投资企业									
其他									

17-2 续表 （2014 年）

指标	机构数（个）	机构人员合计（人）	# 博士毕业	硕士毕业	本科毕业	机构经费支出（万元）	仪器和设备原价（万元）	# 进口	境外机构数（个）
按国民经济行业大类分	**8**	**571**	**16**	**95**	**322**	**6 740**	**11 812**		
采矿业	6	552	16	95	307	6 710	11 799		
煤炭开采和洗选业									
黑色金属矿采选业	2	19			15	30	13		
非金属矿采选业	1 343	22 325	488	3 522	12 461	522 764	401 609	22 546	
制造业	123	1 238	27	136	709	28 850	10 978	1 134	
农副食品加工业	29	424	9	38	217	8 131	3 720	239	
食品制造业	18	568	7	53	426	22 286	106 186	4 710	
酒、饮料和精制茶制造业	1	38		7	22	954	2 267	1 510	
烟草制品业	190	1 818	20	134	1 104	32 553	11 754	391	
纺织业	34	290	3	25	212	3 500	1 250		
纺织服装、服饰业	12	127	4	11	95	3 996	775		
皮革、毛皮、羽毛及其制品和制鞋业	151	2 394	13	87	1 155	43 404	12 351	12	
木材加工和木、竹、藤、棕、草制品业	10	62	1	10	34	385	648		
家具制造业	6	70	2	7	44	2 160	563		
造纸和纸制品业	8	64	1	7	27	535	574		
印刷和记录媒介复制业	37	397	12	40	229	9 162	10 715		
文教、工美、体育和娱乐用品制造业	8	179	5	16	63	5 634	3 738	610	
石油加工、炼焦和核燃料加工业	106	2 151	49	233	1 314	71 151	68 391	4 580	
化学原料和化学制品制造业	38	1 155	46	258	615	25 113	32 488	3 985	
医药制造业	16	297	11	22	183	4 302	1 600		
化学纤维制造业	70	790	15	78	479	13 515	4 812	31	
橡胶和塑料制品业	66	978	28	102	480	11 466	28 587	1 116	
非金属矿物制品业	60	906	34	127	399	22 775	12 198	580	
黑色金属冶炼和压延加工业	13	284	8	24	158	13 356	5 631		
有色金属冶炼和压延加工业	35	349	2	37	218	5 689	3 214		
金属制品业	85	4 076	76	1 628	2 154	116 018	30 558	1 141	3
通用设备制造业	55	805	23	89	452	15 962	8 385	142	
专用设备制造业	22	334	4	30	177	4 312	2 721	36	
汽车制造业	12	144		10	77	2 229	5 068	115	
铁路、船舶、航空航天和其他运输设备制造业	70	1 278	48	149	711	34 729	18 991	1 515	
电气机械和器材制造业	32	487	15	68	289	7 481	7 344	400	2
计算机、通信和其他电子设备制造业	27	557	24	89	371	12 029	5 483	300	
仪器仪表制造业	6	46	1	7	30	962	565		
其他制造业	2	13			11	81	42		
废弃资源综合利用业	1	6			6	44	14		
金属制品、机械和设备修理业	4	24	1	3	11	284	383		
电力、热力、燃气及水生产和供应业	2	10	1	1	6	186	170		
电力、热力生产和供应业	1	7		1	2	63	52		
燃气生产和供应业	1	7		1	3	35	161		
水的生产和供应业									
按经济成分分	55	4 422	74	1 702	2 428	131 521	145 497	7 735	3
公有经济	1 300	18 498	431	1 918	10 366	398 266	268 307	14 811	3
非公有经济									
按企业控股情况分	42	3 900	68	1 644	2 011	107 120	38 652	2 548	3
国有控股	13	522	6	58	417	24 401	106 845	5 187	
集体控股	1 208	15 801	367	1 678	8 791	321 554	200 845	9 810	3
私人控股	33	1 321	25	131	748	52 756	50 854	3 851	
港澳台商控股	22	405	9	21	190	7 336	3 959	21	
外商控股	37	971	30	88	637	16 620	12 649	1 129	

17–3 规模以上工业企业科技活动人员情况

（2014 年） 单位：人

指　　标	科技活动人员	#大学本科及以上学历
总　计	14 231	8 047
按企业规模分		
大型	6 767	3 759
中型	7 464	4 288
小型		
微型		
按隶属关系分		
中央	485	270
省（自治区、直辖市）	246	118
地（区、市、州、盟）	4 855	2 596
县（区、市、旗）	440	277
街道		
镇	42	25
乡		
社区（居委会）		
村委会	69	25
其他	8 094	4 736
按登记注册类型分		
内资企业	12 324	7 082
国有企业		
集体企业		
股份合作企业		
联营企业		
国有联营企业		
集体联营企业		
国有与集体联营企业		
其他联营企业		
有限责任公司	5 223	2 849
国有独资公司	3 303	1 679
其他有限责任公司	1 920	1 170
股份有限公司	1 860	1 284
私营企业	5 241	2 949
私营独资企业	145	120
私营合伙企业	46	38
私营有限责任公司	4 736	2 590
私营股份有限公司	314	201
其他企业		
港、澳、台商投资企业	1 442	770
与港澳台商合资经营企业	912	477
与港澳台商合作经营企业		
港澳台商独资经营企业	505	279
港澳台商投资股份有限公司	25	14
其他港澳台投资企业		
外商投资企业	465	195
中外合资经营企业	398	162
中外合作经营企业	45	22
外资企业	22	11
外商投资股份有限公司		
其他外商投资企业		
其他		

17-3 续表 （2014 年） 单位:人

指标	科技活动人员	# 大学本科及以上学历
按国民经济行业大类分		
采矿业	545	305
煤炭开采和洗选业	545	305
石油和天然气开采业		
黑色金属矿采选业		
有色金属矿采选业		
非金属矿采选业		
开采辅助活动		
其他采矿业		
制造业	13 679	7 740
农副食品加工业	451	265
食品制造业	179	117
酒、饮料和精制茶制造业	462	380
烟草制品业	38	22
纺织业	725	393
纺织服装、服饰业	140	110
皮革、毛皮、羽毛及其制品和制鞋业	84	69
木材加工和木、竹、藤、棕、草制品业	1 726	848
家具制造业		
造纸和纸制品业	41	28
印刷和记录媒介复制业		
文教、工美、体育和娱乐用品制造业	91	74
石油加工、炼焦和核燃料加工业	156	49
化学原料和化学制品制造业	1 484	966
医药制造业	806	421
化学纤维制造业	165	124
橡胶和塑料制品业	420	254
非金属矿物制品业	596	268
黑色金属冶炼和压延加工业	558	225
有色金属冶炼和压延加工业	211	123
金属制品业	132	80
通用设备制造业	3 628	1 905
专用设备制造业	329	194
汽车制造业	148	98
铁路、船舶、航空航天和其他运输设备制造业	57	43
电气机械和器材制造业	617	379
计算机、通信和其他电子设备制造业	205	131
仪器仪表制造业	230	174
其他制造业		
废弃资源综合利用业		
金属制品、机械和设备修理业		
电力、热力、燃气及水生产和供应业	7	2
电力、热力生产和供应业		
燃气生产和供应业	7	2
水的生产和供应业		
按经济成分分		
公有经济	4 356	2 391
非公有经济	9 875	5 656
按企业控股情况分		
国有控股	3 890	2 005
集体控股	466	386
私人控股	7 699	4 408
港澳台商控股	1 248	705
外商控股	246	100
其他	682	443

17–4 规模以上工业企业 R&D 经费情况

（2014 年）　　　　单位：万元

指　　标	R&D 经费内部支出合　计	按活动类型分组			按资金来源分组			
		基础研究支　出	应用研究支　出	试验发展支　出	政府资金	企业资金	境外资金	其他资金
总　计	**795 796**	**1 188**	**22 591**	**772 018**	**16 888**	**769 599**		**9 310**
按企业规模分								
大型	383 082		5 249	377 833	13 110	369 367		604
中型	231 633	1 158	6 827	223 649	1 821	223 561		6 251
小型	181 082	30	10 516	170 536	1 957	176 671		2 454
微型								
按隶属关系分								
中央	27 172	11	396	26 764	3	27 168		
省（自治区、直辖市）	7 099			7 099	81	7 018		
地（区、市、州、盟）	230 682	50	3 611	227 022	12 831	217 501		350
县（区、市、旗）	28 354			28 354	589	27 765		
街道								
镇	2 425			2 425	88	2 337		
乡								
社区（居委会）								
村委会	794			794		794		
其他	499 271	1 127	18 584	479 561	3 295	487 016		8 960
按登记注册类型分								
内资企业	696 536	1 138	20 009	675 389	4 424	683 141		8 971
国有企业	1 897			1 897		1 897		
集体企业								
股份合作企业								
联营企业								
国有联营企业								
集体联营企业								
国有与集体联营企业								
其他联营企业								
有限责任公司	262 860	49	5 492	257 319	1 084	261 298		479
国有独资公司	142 597		3 611	138 986	21	142 575		
其他有限责任公司	120 264	49	1 882	118 333	1 062	118 722		479
股份有限公司	91 274		463	90 811	1 927	88 322		1 025
私营企业	340 041	1 089	14 054	324 898	1 414	331 160		7 467
私营独资企业	9 985		16	9 969	52	9 933		
私营合伙企业	2 767			2 767		2 767		
私营有限责任公司	314 980	1 089	13 018	300 873	1 324	306 834		6 822
私营股份有限公司	12 309		1 020	11 289	39	11 626		645
其他企业	464			464		464		
港、澳、台商投资企业	66 190		122	66 068	12 372	53 817		
与港澳台商合资经营企业	58 623			58 623	12 364	46 258		
与港澳台商合作经营企业								
港澳台商独资经营企业	7 567		122	7 445	8	7 559		
港澳台商投资股份有限公司								
其他港澳台投资企业								
外商投资企业	33 071	50	2 460	30 561	91	32 641		339
中外合资经营企业	30 846	50	2 460	28 337	81	30 426		339
中外合作经营企业	1 565			1 565		1 565		
外资企业	660			660	10	650		
外商投资股份有限公司								
其他外商投资企业								

17-4 续表 （2014 年） 单位：万元

指　　　标	R&D 经费内部支出合　　计	按活动类型分组			按资金来源分组			
		基础研究支　　出	应用研究支　　出	试验发展支　　出	政府资金	企业资金	境外资金	其他资金
按国民经济行业大类分								
采矿业	33 344		3 393	29 951		33 344		
煤炭开采和洗选业	29 228		396	28 832		29 228		
黑色金属矿采选业								
非金属矿采选业	4 116		2 997	1 119		4 116		
制造业	762 120	1 188	19 198	741 735	16 888	735 923		9 310
农副食品加工业	20 611	11		20 600	61	20 349		201
食品制造业	10 291	604	1 201	8 486	66	10 202		23
酒、饮料和精制茶制造业	44 895		722	44 173	149	44 343		403
烟草制品业	441			441		441		
纺织业	25 934			25 934	196	25 738		
纺织服装、服饰业	3 164			3 164		3 164		
皮革、毛皮、羽毛及其制品和制鞋业	933			933		933		
木材加工和木、竹、藤、棕、草制品业	44 439	485		43 954	13	43 565		861
家具制造业	182			182		182		
造纸和纸制品业	2 114			2 114		2 114		
印刷和记录媒介复制业	382			382		382		
文教、工美、体育和娱乐用品制造业	10 928	50		10 878	102	10 681		145
石油加工、炼焦和核燃料加工业	7 598			7 598		7 598		
化学原料和化学制品制造业	140 531		6 174	134 357	13 085	127 446		
医药制造业	32 309		1 478	30 831	162	31 418		729
化学纤维制造业	6 114			6 114	243	5 871		
橡胶和塑料制品业	12 652			12 652	42	12 610		
非金属矿物制品业	23 849	8		23 841	540	22 475		835
黑色金属冶炼和压延加工业	26 436			26 436	53	24 814		1 569
有色金属冶炼和压延加工业	14 565		3 104	11 461	206	14 196		163
金属制品业	9 115		361	8 754	31	8 669		416
通用设备制造业	163 144		3 892	159 253	826	161 713		604
专用设备制造业	39 165		1 125	38 040	367	38 048		750
汽车制造业	5 819	30		5 789	111	5 708		
铁路、船舶、航空航天和其他运输设备制造业	7 214			7 214		7 214		
电气机械和器材制造业	54 473		62	54 411	377	52 372		1 724
计算机、通信和其他电子设备制造业	20 027		663	19 364	156	19 872		
仪器仪表制造业	33 545		417	33 128	97	32 562		886
其他制造业	1 039			1 039	8	1 031		
废弃资源综合利用业	213			213		213		
金属制品、机械和设备修理业								
电力、热力、燃气及水生产和供应业	332			332		332		
电力、热力生产和供应业	272			272		272		
燃气生产和供应业								
水的生产和供应业	60			60		60		
按经济成分分								
公有经济	231 833	11	4 469	227 352	235	230 846		752
非公有经济	563 963	1 177	18 121	544 666	16 653	538 753		8 558
按企业控股情况分								
国有控股	183 305	11	4 007	179 287	103	182 852		349
集体控股	48 528		463	48 066	132	47 994		403
私人控股	458 006	1 119	15 540	441 347	3 499	446 250		8 256
港澳台商控股	61 894		122	61 772	12 306	49 587		
外商控股	19 605		2 460	17 146	10	19 595		
其他	24 459	58		24 401	837	23 320		302

17-5 规模以上工业企业新产品产出情况

（2014 年） 单位：万元

指　　标	新产品开发项目数（项）	新产品开发经费支出	新产品产值	新产品销售收入	#出口
总　计	**2 054**	**779 180**	**5 538 889**	**4 912 216**	**101 195**
按企业规模分					
大型	762	403 550	4 197 193	3 691 941	91 731
中型	476	217 445	846 836	731 674	3 311
小型	816	158 185	494 860	488 602	6 152
微型					
按隶属关系分					
中央	49	7 720	12 382	12 382	
省（自治区、直辖市）	41	7 801	301 635	308 222	1 283
地（区、市、州、盟）	627	262 487	3 379 713	2 986 005	83 430
县（区、市、旗）	67	41 390	280 570	259 674	5 804
街道					
镇	6	2 425			
乡					
社区（居委会）					
村委会	2	794			
其他	1 262	456 565	1 564 590	1 345 934	10 678
按登记注册类型分					
内资企业	1 561	651 055	4 182 497	3 573 211	54 346
国有企业	11	2 068	4 809	4 673	
集体企业					
股份合作企业					
联营企业					
国有联营企业					
集体联营企业					
国有与集体联营企业					
其他联营企业					
有限责任公司	663	251 764	2 867 213	2 435 972	41 803
国有独资公司	414	154 901	2 029 263	1 639 284	34 243
其他有限责任公司	249	96 864	837 950	796 688	7 560
股份有限公司	257	118 181	320 347	291 520	8 777
私营企业	630	279 042	990 127	841 047	3 766
私营独资企业	16	8 765	58 645	57 064	
私营合伙企业	2	658			
私营有限责任公司	575	258 636	885 123	738 986	3 766
私营股份有限公司	37	10 983	46 359	44 997	
其他企业					
港、澳、台商投资企业	96	93 170	1 061 775	1 024 352	41 350
与港澳台商合资经营企业	47	76 029	1 017 488	1 015 242	41 350
与港澳台商合作经营企业					
港澳台商独资经营企业	39	10 051	44 287	9 110	
港澳台商投资股份有限公司	10	7 090			
其他港澳台投资企业					
外商投资企业	397	34 955	294 618	314 653	5 498
中外合资经营企业	385	31 520	270 466	291 908	1 328
中外合作经营企业	2	1 565			
外资企业	10	1 871	24 151	22 745	4 170
外商投资股份有限公司					
其他外商投资企业					

17-5 续表 （2014 年） 单位:万元

指　　标	新产品开发项目数（项）	新产品开发经费支出	新产品产值	新产品销售收入	#出口
按国民经济行业大类分					
采矿业	43	10 349	291 987	291 987	
煤炭开采和洗选业	38	9 230	291 987	291 987	
黑色金属矿采选业					
非金属矿采选业	5	1 119			
制造业	2 006	768 579	5 246 903	4 620 230	101 195
农副食品加工业	44	25 657	121 749	123 065	936
食品制造业	19	6 709	22 821	19 951	
酒、饮料和精制茶制造业	55	58 840	41 372	39 250	2 642
烟草制品业	6	1 349			
纺织业	56	20 188	103 749	24 834	
纺织服装、服饰业	15	2 925	878	840	
皮革、毛皮、羽毛及其制品和制鞋业	1	933	6 964	6 672	
木材加工和木、竹、藤、棕、草制品业	76	42 266	32 820	32 781	
家具制造业	1	182			
造纸和纸制品业	3	2 114	934	888	
印刷和记录媒介复制业	1	382			
文教、工美、体育和娱乐用品制造业	12	8 458	15 506	14 972	
石油加工、炼焦和核燃料加工业	7	4 589			
化学原料和化学制品制造业	119	121 074	1 546 075	1 508 685	47 154
医药制造业	142	34 077	232 647	227 928	356
化学纤维制造业	15	5 774	6 000	1 200	30
橡胶和塑料制品业	18	8 104	24 602	23 852	
非金属矿物制品业	33	17 304	90 560	69 774	3 509
黑色金属冶炼和压延加工业	62	29 650	223 222	167 684	3 080
有色金属冶炼和压延加工业	7	9 535	3 296	3 152	
金属制品业	42	7 913	142 815	147 441	1 283
通用设备制造业	525	173 260	1 921 945	1 526 324	34 414
专用设备制造业	99	35 531	190 827	190 940	
汽车制造业	27	5 441	34 192	33 726	
铁路、船舶、航空航天和其他运输设备制造业	16	6 270	140 015	139 834	6 203
电气机械和器材制造业	119	59 633	199 311	169 806	330
计算机、通信和其他电子设备制造业	102	25 798	105 203	123 454	1 258
仪器仪表制造业	381	53 371	38 465	22 287	
其他制造业	2	1 039			
废弃资源综合利用业	1	213	937	890	
金属制品、机械和设备修理业					
电力、热力、燃气及水生产和供应业	5	252			
电力、热力生产和供应业	4	137			
燃气生产和供应业	1	115			
水的生产和供应业					
按经济成分分					
公有经济	556	239 700	2 237 384	1 845 635	42 262
非公有经济	1 498	539 480	3 301 505	3 066 581	58 933
按企业控股情况分					
国有控股	495	175 990	2 191 483	1 801 227	34 243
集体控股	61	63 710	45 901	44 409	8 019
私人控股	983	410 521	1 898 553	1 667 921	12 084
港澳台商控股	71	87 442	1 034 381	999 043	41 350
外商控股	106	19 697	263 940	284 920	5 428
其他	338	21 820	104 632	114 697	71

17-6 规模以上工业企业自主知识产权保护情况

（2014 年）

指 标	专利申请数(件)	#发明专利	有效发明专利数(件)	#境外授权
总 计	**3 973**	**1 254**	**1 665**	**35**
按企业规模分				
大型	2 083	635	659	25
中型	846	290	333	8
小型	1 044	329	668	2
微型			5	
按隶属关系分				
中央	67	18	29	
省(自治区、直辖市)	93	17	87	
地(区、市、州、盟)	1 877	569	377	24
县(区、市、旗)	106	63	73	
街道				
镇	25	3	10	
乡				
社区(居委会)				
村委会			4	
其他	1 805	584	1 085	11
按登记注册类型分				
内资企业	3 719	1 168	1 351	21
国有企业	9	5	9	
集体企业				
股份合作企业				
联营企业				
国有联营企业				
集体联营企业				
国有与集体联营企业				
其他联营企业				
有限责任公司	2 279	693	544	2
国有独资公司	1 605	446	186	
其他有限责任公司	674	247	358	2
股份有限公司	259	129	206	17
私营企业	1 167	340	591	2
私营独资企业	66	8	38	
私营合伙企业	27	10	9	
私营有限责任公司	985	295	492	2
私营股份有限公司	89	27	52	
其他企业	5	1	1	
港、澳、台商投资企业	118	39	172	12
与港澳台商合资经营企业	63	28	162	10
与港澳台商合作经营企业				
港澳台商独资经营企业	44	9	9	2
港澳台商投资股份有限公司	11	2	1	
其他港澳台投资企业				
外商投资企业	136	47	142	2
中外合资经营企业	126	43	140	2
中外合作经营企业				
外资企业	10	4	2	
外商投资股份有限公司				
其他外商投资企业				

17-6 续表 （2014 年）

指　　标	专利申请数(件)	#发明专利	有效发明专利数（件）	#境外授权
按国民经济行业大类分				
采矿业	56	10	6	
煤炭开采和洗选业	56	10	6	
黑色金属矿采选业				
非金属矿采选业				
制造业	3 908	1 242	1 648	35
农副食品加工业	97	25	41	
食品制造业	40	21	33	
酒、饮料和精制茶制造业	66	5	47	
烟草制品业	53	10	77	
纺织业	47	19	34	
纺织服装、服饰业	17	3	1	
皮革、毛皮、羽毛及其制品和制鞋业	10			
木材加工和木、竹、藤、棕、草制品业	48	15	8	
家具制造业			3	
造纸和纸制品业	16	1	1	
印刷和记录媒介复制业				
文教、工美、体育和娱乐用品制造业	92	18	30	
石油加工、炼焦和核燃料加工业	9	4	44	
化学原料和化学制品制造业	199	123	230	11
医药制造业	100	49	82	8
化学纤维制造业	30	13	3	
橡胶和塑料制品业	32	9	32	2
非金属矿物制品业	82	28	55	
黑色金属冶炼和压延加工业	92	38	92	1
有色金属冶炼和压延加工业	44	19	6	
金属制品业	76	21	56	
通用设备制造业	1 761	496	244	
专用设备制造业	280	111	80	2
汽车制造业	53	12	10	
铁路、船舶、航空航天和其他运输设备制造业	61	14	167	
电气机械和器材制造业	190	47	61	2
计算机、通信和其他电子设备制造业	140	47	73	2
仪器仪表制造业	263	88	138	7
其他制造业	10	6		
废弃资源综合利用业				
金属制品、机械和设备修理业				
电力、热力、燃气及水生产和供应业	9	2	11	
电力、热力生产和供应业	9	2	11	
燃气生产和供应业				
水的生产和供应业				
按经济成分分				
公有经济	1 682	466	222	
非公有经济	1 846	625	1 220	33
按企业控股情况分				
国有控股	1 816	518	215	
集体控股	28	8	38	
私人控股	1 808	602	1 148	21
港澳台商控股	77	18	43	12
外商控股	67	24	49	
其他	177	84	172	2

17-7 规模以上工业企业技术改造、技术获取情况

（2014 年）　　单位：万元

指　　标	引进技术经费支出	消化吸收经费支出	购买国内技术经费支出	技术改造经费支出
总　计	**52 920**	**5 278**	**7 642**	**583 015**
按企业规模分				
大型	52 725	3 348	4 919	530 350
中型	130	1 775	1 747	13 738
小型	65	155	976	38 928
微型				
按隶属关系分				
中央		1 682	238	13 055
省（自治区、直辖市）			20	496 402
地（区、市、州、盟）	52 837	1 995	375	28 543
县（区、市、旗）		746	4 270	13 609
街道				
镇				
乡				
社区（居委会）				
村委会				
其他	83	855	2 739	31 406
按登记注册类型分				
内资企业	52 852	4 968	7 556	553 306
国有企业	100			15
集体企业				
股份合作企业				
联营企业				
国有联营企业				
集体联营企业				
国有与集体联营企业				
其他联营企业				
有限责任公司	52 592	2 396	4 897	529 454
国有独资公司	49 592			497 703
其他有限责任公司	3 000	2 396	4 897	31 751
股份有限公司	130	1 972	389	15 204
私营企业	30	599	2 270	8 633
私营独资企业				
私营合伙企业				
私营有限责任公司	30	599	2 270	8 033
私营股份有限公司				600
其他企业				
港、澳、台商投资企业	3		86	29 656
与港澳台商合资经营企业	3		86	15 889
与港澳台商合作经营企业				
港澳台商独资经营企业				13 767
港澳台商投资股份有限公司				
其他港澳台投资企业				
外商投资企业	65	310		53
中外合资经营企业	15	300		49
中外合作经营企业				
外资企业	50	10		4
外商投资股份有限公司				
其他外商投资企业				

17-7 续表 （2014 年） 单位:万元

指　　标	引进技术经费支出	消化吸收经费支出	购买国内技术经费支出	技术改造经费支出
按国民经济行业大类分				
采矿业		1 682	238	507 349
煤炭开采和洗选业		1 682	238	507 349
黑色金属矿采选业				
非金属矿采选业				
制造业	52 920	3 596	7 404	46 344
农副食品加工业		320	160	1 517
食品制造业		138	68	506
酒、饮料和精制茶制造业				
烟草制品业				
纺织业	100			1 200
纺织服装、服饰业				157
皮革、毛皮、羽毛及其制品和制鞋业				
木材加工和木、竹、藤、棕、草制品业				
家具制造业				
造纸和纸制品业				
印刷和记录媒介复制业				
文教、工美、体育和娱乐用品制造业				
石油加工、炼焦和核燃料加工业				
化学原料和化学制品制造业		696	4 373	16 014
医药制造业	130	832	378	6 868
化学纤维制造业			111	2 086
橡胶和塑料制品业				
非金属矿物制品业		240	543	1 356
黑色金属冶炼和压延加工业		52	14	57
有色金属冶炼和压延加工业		245		
金属制品业			500	212
通用设备制造业	49 592		20	728
专用设备制造业	65	15		2 502
汽车制造业				160
铁路、船舶、航空航天和其他运输设备制造业	3 003		36	
电气机械和器材制造业	30	1 020	533	11 968
计算机、通信和其他电子设备制造业				1 000
仪器仪表制造业		37	667	13
其他制造业				
废弃资源综合利用业				
金属制品、机械和设备修理业				
电力、热力、燃气及水生产和供应业				29 322
电力、热力生产和供应业				29 322
燃气生产和供应业				
水的生产和供应业				
按经济成分分				
公有经济	49 692	1 940	326	524 537
非公有经济	3 228	3 338	7 316	58 478
按企业控股情况分				
国有控股	49 692	1 820	306	524 217
集体控股		120	20	320
私人控股	3 163	3 028	7 155	41 826
港澳台商控股			50	14 897
外商控股	65	310		37
其他			111	1 718

17-8 规模以上工业企业 R&D 项目情况

（2014 年）

指　　标	项　目　数（项）	参加项目人员（人）	全部项目经费内部支出（万元）
总　计	**1 665**	**22 992**	**662 854**
按项目来源分			
国家科技项目	17	180	14 067
地方科技项目	67	814	21 814
其他企业委托科技项目	23	264	5 567
本企业自选科技项目	1 502	21 238	608 417
来自境外的科技项目			
其他科技项目	56	496	12 990
按项目合作形式分			
与境外机构合作	8	55	418
与境内高校合作	205	2 933	75 880
与境内独立研究院所合作	55	943	38 573
与境内注册的外商独资企业合作	9	74	2 440
与境内注册的其他企业合作	32	529	7 802
独立研究	1 346	18 203	530 279
其他	10	255	7 461
按项目活动类型分			
基础研究	6	43	1 188
应用研究	39	697	18 236
试验发展	1 620	22 252	643 430
按项目成果形式分			
论文或专著	24	294	26 115
自主研制的新产品原型或样机、样件、样品、配	591	7 926	242 829
方、新装置	972	14 070	367 381
自主开发的新技术或新工艺、新工法	66	559	15 839
发明专利			
实用新型专利			
外观设计专利			
带有技术、工艺参数的图纸、技术标准、操作规范	12	143	10 690
基础软件			
应用软件			
其他			
按项目技术经济目标分			
科学原理的探索、发现	11	168	6 012
技术原理的研究	57	909	21 805
开发全新产品	783	11 049	348 340
增加产品功能或提高性能	525	6 644	178 329
提高劳动生产率	39	536	18 457
减少能源消耗或提高能源使用效率	110	1 436	50 143
节约原材料	17	186	3 890
减少环境污染	46	480	13 282
其他	77	1 584	22 597
按企业规模分			
大型	675	10 685	327 407
中型	462	6 926	184 689
小型	528	5 381	150 759
微型			

17-8 续表 1 （2014 年）

指 标	项 目 数（项）	参加项目人员（人）	全部项目经费内部支出（万元）
按隶属关系分			
中央	107	2 400	21 857
省（自治区、直辖市）	23	335	5 390
地（区、市、州、盟）	527	6 028	195 202
县（区、市、旗）	45	854	25 372
街道			
镇	3	76	1 412
乡			
社区（居委会）			
村委会	2	63	791
其他	958	13 236	412 831
按登记注册类型分			
内资企业	1 491	20 902	574 808
国有企业	9	92	1 740
集体企业			
股份合作企业			
联营企业			
国有联营企业			
集体联营企业			
国有与集体联营企业			
其他联营企业			
有限责任公司	666	9 307	220 333
国有独资公司	378	4 107	117 077
其他有限责任公司	288	5 200	103 257
股份有限公司	200	2 935	83 182
私营企业	615	8 562	269 153
私营独资企业	21	225	7 608
私营合伙企业	4	50	1 907
私营有限责任公司	556	7 851	248 790
私营股份有限公司	34	436	10 848
其他企业	1	6	400
港、澳、台商投资企业	62	745	60 226
与港澳台商合资经营企业	34	396	52 811
与港澳台商合作经营企业			
港澳台商独资经营企业	28	349	7 415
港澳台商投资股份有限公司			
其他港澳台投资企业			
外商投资企业	112	1 345	27 820
中外合资经营企业	107	1 249	25 716
中外合作经营企业	2	38	1 535
外资企业	3	58	570
外商投资股份有限公司			
其他外商投资企业			

17-8 续表 2 （2014 年）

指 标	项 目 数（项）	参加项目人员（人）	全部项目经费内部支出（万元）
按国民经济行业大类分			
采矿业	115	2 771	28 648
煤炭开采和洗选业	103	2 513	24 599
非金属矿采选业	12	258	4 049
制造业	1 547	20 207	633 896
农副食品加工业	50	682	16 503
食品制造业	26	475	9 394
酒、饮料和精制茶制造业	53	1 094	43 661
烟草制品业	1	15	123
纺织业	54	734	22 871
纺织服装、服饰业	12	139	2 983
皮革、毛皮、羽毛及其制品和制鞋业	1	11	928
木材加工和木、竹、藤、棕、草制品业	78	1 706	40 217
家具制造业	1	12	181
造纸和纸制品业	3	27	1 406
印刷和记录媒介复制业	1	11	278
文教、工美、体育和娱乐用品制造业	19	354	9 627
石油加工、炼焦和核燃料加工业	5	158	5 430
化学原料和化学制品制造业	107	1 768	111 741
医药制造业	89	1 082	28 222
化学纤维制造业	10	287	6 014
橡胶和塑料制品业	23	362	10 022
非金属矿物制品业	43	801	18 103
黑色金属冶炼和压延加工业	34	500	19 152
有色金属冶炼和压延加工业	14	321	13 838
金属制品业	37	331	6 992
通用设备制造业	461	4 691	133 803
专用设备制造业	84	983	32 342
汽车制造业	25	193	5 287
铁路、船舶、航空航天和其他运输设备制造业	20	346	6 586
电气机械和器材制造业	119	1 579	45 993
计算机、通信和其他电子设备制造业	90	773	18 864
仪器仪表制造业	84	657	22 129
其他制造业	2	107	1 006
废弃资源综合利用业	1	8	202
电力、热力、燃气及水生产和供应业	2	10	250
电力、热力生产和供应业	2	10	250
按经济成分分			
公有经济	576	8 366	197 566
非公有经济	1 089	14 626	465 288
按企业控股情况分			
国有控股	519	7 123	151 096
集体控股	57	1 243	46 471
私人控股	876	12 087	370 400
港澳台商控股	41	595	56 376
外商控股	79	967	17 872
其他	93	977	20 640

17-9 规模以上工业企业政府相关政策落实情况

（2014 年） 单位:万元

指　　标	来自政府部门的科技活动资金	研究开发费用加计扣除减免税	高新技术企业减免税
总　计	**19 430**	**14 268**	**23 028**
按企业规模分			
大型	14 917	7 210	10 864
中型	2 149	2 857	2 352
小型	2 364	4 202	9 813
微型			
按隶属关系分			
中央	3	1 101	
省(自治区、直辖市)	82	2 136	425
地(区、市、州、盟)	14 530	3 993	10 715
县(区、市、旗)	632	1 556	1 847
街道			
镇	88		
乡			
社区(居委会)			
村委会			
其他	4 095	5 482	10 042
按登记注册类型分			
内资企业	5 297	11 048	15 744
国有企业			
集体企业			
股份合作企业			
联营企业			
国有联营企业			
集体联营企业			
国有与集体联营企业			
其他联营企业			
有限责任公司	1 196	6 521	9 118
国有独资公司	22	2 136	
其他有限责任公司	1 174	4 385	9 118
股份有限公司	2 228	2 251	4 534
私营企业	1 874	2 275	2 092
私营独资企业	52		
私营合伙企业			
私营有限责任公司	1 780	2 246	1 685
私营股份有限公司	41	29	407
其他企业			
港、澳、台商投资企业	14 021	2 635	5 200
与港澳台商合资经营企业	14 013	2 635	5 200
与港澳台商合作经营企业			
港澳台商独资经营企业	8		
港澳台商投资股份有限公司			
其他港澳台投资企业			
外商投资企业	112	585	2 084
中外合资经营企业	102	585	2 084
中外合作经营企业			
外资企业	10		
外商投资股份有限公司			
其他外商投资企业			

17-9 续表 （2014 年） 单位：万元

指标	来自政府部门的科技活动资金	研究开发费用加计扣除减免税	高新技术企业减免税
按国民经济行业大类分			
采矿业		3 237	
煤炭开采和洗选业		3 237	
黑色金属矿采选业			
非金属矿采选业			
制造业	19 430	11 031	23 028
农副食品加工业	81	145	
食品制造业	73	82	
酒、饮料和精制茶制造业	259		
烟草制品业			
纺织业	196	126	
纺织服装、服饰业	5	3	
皮革、毛皮、羽毛及其制品和制鞋业			
木材加工和木、竹、藤、棕、草制品业	13		
家具制造业			
造纸和纸制品业			
印刷和记录媒介复制业			
文教、工美、体育和娱乐用品制造业	102		
石油加工、炼焦和核燃料加工业		2	
化学原料和化学制品制造业	14 761	4 173	8 532
医药制造业	185	574	2 057
化学纤维制造业	400	144	365
橡胶和塑料制品业	42	2	
非金属矿物制品业	615	642	542
黑色金属冶炼和压延加工业	56	169	174
有色金属冶炼和压延加工业	212		
金属制品业	32		425
通用设备制造业	852	330	449
专用设备制造业	377	2 751	6 563
汽车制造业	111	157	41
铁路、船舶、航空航天和其他运输设备制造业			
电气机械和器材制造业	700	702	3 009
计算机、通信和其他电子设备制造业	254	701	87
仪器仪表制造业	98	329	785
其他制造业	8		
废弃资源综合利用业			
金属制品、机械和设备修理业			
电力、热力、燃气及水生产和供应业			
电力、热力生产和供应业			
燃气生产和供应业			
水的生产和供应业			
按经济成分分			
公有经济	352	3 477	1 305
非公有经济	19 078	10 791	21 724
按企业控股情况分			
国有控股	110	3 327	1 135
集体控股	242	150	170
私人控股	4 156	6 930	13 179
港澳台商控股	13 906	2 334	5 200
外商控股	10	160	1 122
其他	1 006	1 367	2 223

17-10　高新技术产业情况

（2013 年）　　单位:万元

指　　标	从业人员年平均人数（人）	工业总产值	产品销售收入	出口交货值	利税总额
全市总计	**180 932**	**35 982 700**	**36 441 718**	**1 040 166**	**5 105 015**
计算机及办公设备制造业	43	2 992	3 003		65
电子及通信设备制造业	12 853	2 626 250	2 583 541	38 056	430 467
医药制造业	17 857	4 232 621	4 234 337	38 215	689 611
专用科学仪器设备制造业	6 554	1 606 940	1 570 950	4 874	215 130
电气机械及设备制造业	79 619	13 436 960	14 052 120	720 153	1 912 013
新材料制造业	63 370	14 049 329	13 971 338	238 868	1 850 443
新能源	636	27 605	26 428		7 286

17-11　高新技术产业情况

（2014 年）　　单位:万元

指　　标	从业人员年平均人数（人）	工业总产值	产品销售收入	出口交货值	利税总额
全市总计	**203 952**	**40 477 400**	**40 100 287**	**1 029 237**	**5 771 801**
电子计算机及办公设备制造业	54	2 272	2 222	30	–1
电子及通讯设备制造业	15 484	3 026 662	2 951 348	60 354	455 238
生物医药制造业	21 234	4 846 467	4 843 515	50 798	795 369
仪器仪表制造业	8 504	2 147 584	2 125 613	4 993	293 287
高端装备制造业	89 454	14 862 528	15 004 277	730 688	1 968 490
新材料制造业	68 552	15 540 576	15 124 279	182 373	2 248 196
新能源制造业	670	51 311	49 035		11 222

17-12 主要年份各类学校数

单位:所

年份	普通高等学校	中等专业学校	技工学校	职业高中	普通中学	小学
1949		4			16	1 803
1952		8			21	2 641
1957		5			62	3 109
1962	3	7			140	3 773
1965	2	11			142	4 390
1970	2	2			179	5 183
1975	2	9			228	5 113
1978	2	14	9		234	4 260
1979	2	14	9		236	4 115
1980	2	13	10		274	3 446
1981	3	13	10		395	4 316
1982	3	14	10		478	3 964
1983	4	14	10		494	3 822
1984	5	15	11	18	512	3 674
1985	5	17	11	36	551	3 618
1986	5	16	11	28	612	3 490
1987	5	17	11	29	643	3 413
1988	5	17	11	31	648	3 472
1989	4	17	12	41	654	3 441
1990	4	16	12	43	640	3 409
1991	4	15	11	45	639	3 408
1992	4	15	14	55	621	3 391
1993	4	15	14	49	610	3 390
1994	4	16	14	51	581	3 347
1995	4	16	14	52	553	3 338
1996	4	16	14	50	546	3 305
1997	4	16	14	52	525	3 288
1998	4	16	13	48	523	3 250
1999	5	14	14	47	513	3 147
2000	5	13	13	42	492	2 902
2001	5	12	10	41	498	2 710
2002	6	11	10	35	476	2 333
2003	6	11	11	31	371	945
2004	7	11	11	28	366	908
2005	7	11	11	21	367	902
2006	7	12	8	25	369	907
2007	7	12	8	26	367	917
2008	7	12	8	25	357	899
2009	7	12	8	25	350	879
2010	7	11	8	21	331	871
2011	8	11	8	18	326	856
2012	9	10	8	9	321	860
2013	9	10	6	14	321	870
2014	9	14	8	14	319	906

注:2006 年及以前职业高中为农职业中学口径,下同。

17-13 主要年份各类学校在校学生数

单位:人

年份	普通高等学校	中等专业学校	技工学校	职业高中	普通中学	小学(万人)
1949		737			6 679	14.31
1952		1 645			13 117	27.25
1957		2 312			37 302	40.85
1962	2 797	2 402			59 064	44.14
1965	1 027	1 913			59 971	67.94
1970					175 039	61.87
1975	1 455	2 903			224 829	103.54
1978	2 080	2 869	1 826		459 841	95.62
1979	2 704	5 063	2 070		408 046	98.81
1980	2 585	6 382	3 510		362 789	96.94
1981	5 634	4 573	2 919		298 335	95.27
1982	4 260	4 810	2 859		289 862	91.28
1983	6 109	5 606	2 580		290 956	91.98
1984	7 173	6 884	2 716	6 913	292 253	90.41
1985	9 955	8 708	2 915	10 369	311 015	88.01
1986	10 486	8 880	3 659	13 577	328 873	85.69
1987	11 410	9 711	3 454	14 355	327 280	83.44
1988	11 886	10 339	3 609	11 882	314 401	81.65
1989	11 783	11 101	4 151	12 344	317 647	81.92
1990	11 586	11 091	4 898	14 440	313 758	84.77
1991	12 507	11 670	5 086	17 497	309 649	89.90
1992	12 962	12 176	5 918	20 398	313 487	93.66
1993	14 238	12 918	7 639	20 098	327 372	97.07
1994	16 354	16 127	10 211	20 401	374 698	103.31
1995	18 590	24 480	10 971	22 459	424 685	110.34
1996	19 720	36 831	11 181	24 848	463 226	118.08
1997	21 162	43 831	11 793	24 969	481 154	127.42
1998	24 763	45 113	11 970	22 549	512 475	130.99
1999	32 236	42 072	10 133	19 832	543 390	129.32
2000	46 091	34 072	10 317	19 334	584 255	126.06
2001	58 730	29 616	11 362	21 425	638 488	119.84
2002	67 863	31 610	14 175	21 222	718 597	109.43
2003	71 811	33 368	18 500	21 821	802 270	96.28
2004	86 858	40 989	23 117	27 028	831 882	83.06
2005	92 666	51 166	23 000	40 492	815 113	72.24
2006	104 140	59 648	26 900	65 365	777 895	64.62
2007	113 774	59 787	26 086	72 768	733 413	58.75
2008	120 094	62 043	27 421	56 712	670 459	53.72
2009	125 676	57 091	26 922	57 385	593 875	51.79
2010	118 828	57 543	24 553	60 233	520 662	53.02
2011	131 747	39 331	23 936	53 811	463 610	57.10
2012	133 631	47 217	22 005	45 498	426 055	62.85
2013	136 313	48 143	22 707	47 906	375 213	66.18
2014	179 634	47 125	22 221	46 227	359 258	75.40

17-14　各类学校专任教师数

单位：人

年　份	普通高等学　校	中等专业学　校	技　工学　校	职业高中	普　通中　学	小　学
1978	423		83			
1979	444		184		16 932	37 511
1980	451		336			
1981	1 178	591	364		15 910	38 804
1982	1 441	686	398		15 341	38 004
1983	1 512	813	419		14 643	32 669
1984	1 740	843	444	270	14 568	32 295
1985	1 803	984	444	528	15 785	31 831
1986	2 073	1 053	476	661	16 859	33 445
1987	2 210	1 173	441	759	17 162	32 519
1988	2 135	1 142	596	862	17 668	32 948
1989	2 170	1 114	659	890	18 380	33 787
1990	2 086	1 087	642	1 047	19 097	34 520
1991	2 065	1 112	661	1 144	19 371	35 723
1992	2 020	1 110	725	1 377	19 502	36 367
1993	2 037	1 083	677	1 348	19 741	36 499
1994	2 028	1 074	848	1 440	20 416	37 915
1995	2 160	1 102	845	1 575	21 642	38 649
1996	2 045	1 165	843	1 688	22 987	39 911
1997	2 117	1 204	762	1 983	24 222	40 670
1998	2 244	1 270	951	2 053	24 944	42 305
1999	2 681	1 242	820	1 965	26 165	44 577
2000	2 883	1 236	801	1 816	27 658	45 798
2001	3 198	1 357	807	1 586	29 200	46 575
2002	3 635	1 133	587	1 461	32 131	44 837
2003	4 061	1 041	680	1 575	34 232	41 806
2004	4 686	1 114	789	1 431	35 744	39 864
2005	5 298	1 251	785	1 718	37 644	39 156
2006	5 586	1 456	711	2 185	38 821	38 719
2007	6 203	1 693	966	2 375	39 686	38 350
2008	6 433	1 766	957	2 556	39 514	36 999
2009	6 670	1 959	1 005	2 489	39 112	36 553
2010	6 257	1 926	987	2 524	38 379	33 991
2011	7 015	1 808	1 047	2 279	37 714	33 517
2012	7 418	1 642	1 147	2 557	37 179	35 419
2013	7 596	1 704	1 161	2 487	34 591	36 511
2014	7 734	1 834	1 187	2 395	34 013	38 210

17-15 每一专任教师平均负担在校学生数

单位：人

年 份	普通高等学校	中等专业学校	技工学校	职业高中	普通中学	小学
1978	4.9		22.0			
1979	6.1		11.3			
1980	5.7		10.4		21.4	25.8
1981	4.8	7.7	8.0		18.8	24.6
1982	3.0	7.0	7.2		18.9	24.0
1983	4.0	6.9	6.2		19.9	28.2
1984	4.1	8.2	6.1	25.6	20.1	28.0
1985	5.5	8.8	6.6	19.6	19.7	27.6
1986	5.1	8.4	7.7	20.5	19.5	25.6
1987	5.2	8.3	7.8	18.9	19.1	25.7
1988	5.6	9.1	16.1	13.8	17.8	24.8
1989	5.4	10.0	6.3	13.9	17.3	24.2
1990	5.6	10.2	7.6	13.8	16.4	24.6
1991	6.1	10.5	7.7	15.3	16.0	25.2
1992	6.4	11.0	8.2	14.8	16.1	25.8
1993	7.0	11.9	11.3	15.0	16.6	26.6
1994	8.1	15.0	12.0	14.2	18.4	27.2
1995	8.6	22.2	13.0	14.3	19.6	28.5
1996	9.6	31.6	13.3	14.7	20.2	29.6
1997	10.0	36.4	15.5	12.6	19.9	31.3
1998	11.0	35.5	12.6	11.0	20.5	31.0
1999	12.1	33.9	12.4	10.1	20.8	29.0
2000	16.0	27.6	12.9	10.6	21.1	27.5
2001	18.4	21.8	14.1	13.5	21.9	25.7
2002	18.7	27.9	24.1	14.5	22.4	24.4
2003	17.7	32.1	27.2	13.9	23.4	23.0
2004	18.5	36.8	29.3	18.9	23.3	20.8
2005	17.5	40.9	29.3	23.6	21.7	18.4
2006	18.6	41.0	37.8	26.6	20.0	16.7
2007	18.3	35.3	27.0	30.6	18.5	15.3
2008	18.7	35.1	28.7	22.2	17.0	14.5
2009	18.8	29.1	26.8	23.1	15.2	14.2
2010	19.0	29.9	24.9	23.9	13.6	15.6
2011	18.8	21.8	22.9	23.6	12.3	17.0
2012	18.0	28.8	19.2	17.8	11.5	17.7
2013	23.4	28.3	14.9	19.3	10.8	18.1
2014	23.2	25.7	18.7	19.3	10.6	19.7

17-16 各级各类教育事业

（2014 年） 单位:人

指　　标	学校数（所）	毕业生数	招生数	在　校学生数	教职工数	#专任教师
基础教育合计	**1 806**	**355 531**	**419 702**	**1 505 921**	**106 269**	**87 994**
学前教育	581	148 198	140 121	392 213	26 374	15 771
小学	906	73 547	164 786	754 450	37 754	38 210
普通中学	319	133 786	114 795	359 258	42 141	34 013
初中	242	79 004	71 333	217 294	24 612	21 594
高中	77	54 782	43 462	141 964	17 529	12 419
中等职业教育	**28**	**29 451**	**31 399**	**93 352**	**5 588**	**4 437**
调整后中职业学校	4	7 769	4 877	18 295	1 305	993
普通中专学校	6	3 491	7 770	24 094	841	655
成人中专学校	4	2 463	2 833	4 736	299	186
职业高中学校	14	15 728	15 919	46 227	2 842	2 395
中等技工学校	**8**	**6 268**	**8 105**	**22 221**	**1 594**	**1 187**
普通高等学校	**9**	**51 820**	**55 213**	**179 634**	**11 427**	**7 734**
职业技术培训机构	**652**	**165 639**	**173 676**		**7 041**	**5 645**

17-17 普通高等学校和中等专业学校基本情况

（2014 年） 单位:人

指　　标	毕业生数	招生数	在校学生数	教职工数	#专任教师
普通高等学校					
中国矿业大学	8 578	8 356	31 901	3 129	1 799
徐州医学院	2 418	2 737	11 306	1 235	696
江苏师范大学	5 113	5 866	4 457	2 212	1 425
江苏建筑职业技术学院	4 124	4 232	12 883	745	569
徐州工程学院	4 737	5 651	22 123	1 421	1 164
九州职业技术学院	1 495	934	3 053	226	146
徐州工业职业技术学院	3 282	3 410	10 556	657	520
中国矿业大学徐海学院	1 887	1 928	7 659	532	407
江苏师范大学科文学院	2 144	2 387	8 600	612	470
徐州医学院华方学院	509	203	1 518		
徐州幼儿师范高等专科学校	1 379	1 465	4 174	319	280
徐州生物工程职业技术学院		580	1 269	339	258
中等专业学校					
徐州生物工程职业技术学院	489	521	2 256		
徐州机电工程高等职业学校	2 925	621	4 851	548	353
江苏省徐州医药高等职业学校	1 127	1 112	3 360	290	249
江苏省徐州财经高等职业技术学校	1 765	1 076	3 564	240	202
徐州经贸高等职业学校	1 463	1 547	4 264	227	189
徐州市职业教育中心	273	802	1 371	214	185
徐州体育运动学校	77	145	428	49	21
徐州文化艺术学校	60	50	245	86	60
运河高等师范学校	506	409	1 504	181	122
徐州高等师范学校	629	429	1 552	215	191
徐州幼儿高等专科学校	301	289	776		

17-18 各阶段教育入学、升学情况

（2014 年）　　单位：%

地区	入学率		升学率	
	小学阶段入学率	初中阶段入学率	小学毕业生升学率	初中毕业生升学率
全市	**100**	**100**	**100**	**97.5**
市区	100	100	100	109.2
丰县	100	100	100	97.2
沛县	100	100	100	97.5
铜山区	100	100	100	98.7
睢宁县	100	100	100	98.2
新沂市	100	100	100	97.4
邳州市	100	100	100	97.8

主要统计指标解释

独立研究与开发机构 指有明确的任务和研究方向，有一定学术水平的业务骨干和一定数量的研究人员，具有研究、开发、开展学术工作的基本条件，主要进行科学研究与技术开发活动，并且在行政上有独立的组织形式，财务上独立核算盈亏，有权与其他单位签订合同，在银行有单独户头的单位。包括国务院各部门、中国科学院、中国社会科学院和各省、自治区、直辖市以及地(市)以上[含地(市)]各部门所属的国有独立的科学研究与技术开发机构。

独立研究与开发机构职工 指在科学研究与技术开发机构工作，并由其支付工资的各种人员。包括长期职工和临时职工，不包括编制以外的离休、退休人员和停薪留职人员，但包括招聘人员。

研究与发展经费支出 指报告期内用于研究与试验发展课题活动(基础研究、应用研究、试验发展)的全部实支出。包括用于研究与发展课题活动的直接支出，还包括间接用于研究与发展活动的一切支出(院、所管理费及维持院、所正常运转的必需费用和与研究发展有关的基本建设支出)。

其他科技人员 指大专、中专毕业和具有初级职称的从事科技活动人员。

自然科学技术人员 指已取得科学技术职称，或大学、中专的理、工、农、医科系毕业，以及国民经济各部门从工作实践中提拔，从事理、工、农、医等自然科学技术的研究、教学、生产的专业人员和在机关、企业、事业中从事科学技术业务管理工作的专业人员。

工程技术人员 指在国民经济各行业从事工程技术工作的自然科学技术专业人员，包括：高级工程师、工程师、助理工程师、技术员和未评定职称的技术人员。

农业技术人员 指在国民经济各行业从事农业技术工作的自然科学技术专业人员，包括：高级农艺师、农艺师、助理农艺师、技术员和未评定职称的技术人员。

科学研究人员 指在国民经济各行业从事科学技术活动的自然科学技术专业人员，包括：正副研究员、助理研究员、研究实习员、技术员和未评定职称的技术人员。

教学人员 指在国民经济各行业从事自然科学技术方面教学活动的专业人员，包括：正副教授、讲师、助教、教师和在中学从事自然科学技术方面教学活动的人员。

发明 专利法及其实施细则所称的发明是指对有关产品、方法或其改进所提出的新的技术方案。

普通高等学校 指按照国家规定的设置标准和审批程序批准举办，通过国家统一招生考试，招收高中毕业生为主要培养对象，实施高等教育的全日制大学、独立设置的学院和高等专科学校、短期职业大学。

成人高等学校 指按照国家有关规定审批，招收通过全国成人高教统一招生考试的具有高中毕业或同等学历的在职从业人员利用脱产、半脱产、业余或函授等多种形式对其实施高等学历教育，培养高等教育专科或本科毕业水平的专门人才，修业年限、课程设置和总学时数均按高等学历教育要求付诸实施的学校。包括广播电视大学、职工高等学校、农民高等学校、管理干部学院、教育学院、独立设置的函授学院等。

小学学龄儿童入学率 指调查范围内已入小学学习的学龄儿童占校内外学龄儿童总数(包括弱智儿童在内，但不包括盲聋哑儿童)的比重，计算公式：

$$\text{小学学龄儿童入学率}(\%)=\frac{\text{已入学的小学学龄儿童}}{\text{校内外小学学龄儿童总数}}\times 100\%$$

招生数 指新学年开学时，一年级实际招收入学的新生数。不包括留级生和复学生数。

在校学生数 指学年初具有学籍的在校学生总数。

专任教师数 指主要从事教育工作的人员数。包括临时(一年以内)调去帮助做其他工作的教学人员。高等学校函授部、夜大学的专任教师和承招科研任务、未担任教学工作仍属教师编制的人员，也计入专任教师中。专任教师不包括调离教学岗位，担任行政领导工作或其他工作的原教学人员。

卫生和社会服务

PUBLIC HEALTH AND SOCIAL SERVICES

版面负责人：卓卫华

编　　辑：马　萍

江苏省统计条例

（2014年1月16日江苏省第十二届人民代表大会常务委员会第八次会议通过）

第三十四条 乡镇人民政府和街道办事处根据经济和人口规模，明确承担统计工作职责的机构，配备相适应的统计人员，负责本区域统计工作的组织实施、管理、协调，履行政府综合统计的职能。

基层群众性自治组织应当指定专人负责统计工作。

【释义】 本条是关于乡镇、街道统计机构及其职责，以及村(居)统计岗位的规定。

统计数据来源于基层，乡镇、街道统计及村(居)委的统计工作是政府统计工作的基石。本条作出规定：乡镇人民政府和街道办事处根据其经济和人口的实际情况，确定承担统计工作职责的机构，履行政府综合统计的职能；村(居)委作为基层性群众组织应当指定专人负责统计工作。

乡镇、街道综合统计职能。主要包括：一是完成国家和地方统计调查任务，执行国家统计标准，监督检查统计法律、法规、规章和统计调查制度的实施；二是组织和协调本乡镇、街道的统计工作，组织指导本乡镇、街道的各有关单位、人员加强统计基础工作建设，组织乡镇、街道及以下的统计业务工作；三是搜集、整理、分析、提供和管理本乡镇、街道的基本统计资料。

第三十五条 政府统计机构、统计人员应当依法履行职责，如实搜集、报送统计资料，不得伪造、篡改统计资料，不得以任何方式要求任何单位和个人提供不真实的统计资料，不得有其他违反法律、行政法规和本条例规定的行为。

政府统计机构、统计人员对其负责搜集、审核、录入的统计资料与统计调查对象报送的统计资料的一致性负责。

【释义】 本条是关于政府统计机构、统计人员依法履行职责的规定。

政府统计机构、统计人员是生产、加工统计资料的责任主体。根据《统计法》第二十九条，本条对政府统计机构和统计人员的职责作出规范：一是规定如实搜集、报送统计资料是其职业底线。即不得伪造、篡改统计资料，不得以任何方式要求任何单位和个人提供不真实的统计资料。二是规定对经手的统计资料与统计调查对象报送统计资料的“一致性”负责，是其基本责任。即统计调查对象报送的统计资料，应当与政府统计机构、统计人员上报上级机关的数据一致，如果不一致，无论是何原因，应当由政府统计机构、统计人员承担相应责任，未经统计调查对象同意确认，任何违背统计调查对象意愿自行修改统计资料的行为都构成违法行为。三是不得有其他违反法律、行政法规和本条例规定的行为。这是对政府统计机构、统计人员其他法定职责的概括，如不得泄露统计调查对象的商业秘密和个人信息，不得违反法定程序公布统计资料等。

编辑：王中彬

18-1 卫生机构数

单位:个

年份	总计	医院卫生院	#医院	疗养院、所	门诊部、所
1978	652				
1979	683				
1980	858				
1981	952				
1982	969	231	35	1	678
1983	1 004	232	42	1	712
1984	1 027	233	43	1	734
1985	1 053	237	48	1	753
1986	1 030	236	47	1	731
1987	1 024	234	47	1	727
1988	1 023	228	47	1	732
1989	1 042	229	47	1	751
1990	1 058	228	46	1	767
1991	1 088	228	46	1	798
1992	1 049	228	46	1	759
1993	1 051	228	46	1	761
1994	1 051	231	46	1	758
1995	1 052	231	46	1	758
1996	1 052	231	45	1	757
1997	1 053	232	42	1	757
1998	1 261	233	43	1	966
1999	954	275	43	1	456
2000	993	274	42	1	473
2001	1 071	211	43	1	449
2002	1 047	226	113		778
2003	1 120	229	116	1	847
2004	1 344	232	119	1	926
2005	1 384	230	119	1	1105
2006	1 327	227	116	1	917
2007	1 483	238	117	1	921
2008	1 116	251	108	1	732
2009	1 169	268	102	1	828
2010	1 213	256	99	1	864
2011	1 365	266	108	1	1 009
2012	1 311	274	114	1	948
2013	4 454	277	118	1	815
2014	4 620	281	122	1	835

注:1998 年以后门诊部所中包括个体开业;2009 年包括卫生所、医务室、社区卫生服务站等;2001 年以前医院为县及县以上医院数;2008 年及以后村卫生室不再作为卫生机构统计;2013 年及以后卫生机构数统计口径调整,与往年不可比。

18-1　续表　　　　单位:个

年　份	专科防治所、站	卫生防疫站	妇幼保健院、所、站	药品检验所、站	医学研究机构	其他卫生机构
1978						
1979						
1980						
1981						
1982		14				
1983	4	15	10	7	2	17
1984	4	15	10	7	2	17
1985	9	15	12	7	2	13
1986	10	15	12	7	2	12
1987	10	14	12	7	2	13
1988	10	14	12	7	2	13
1989	9	14	12	7	2	13
1990	10	14	12	7	2	13
1991	10	15	12	7	2	12
1992	10	14	12	7	2	13
1993	9	14	13	7	2	7
1994	8	14	14	7	2	7
1995	8	14	14	7	2	8
1996	9	14	13	7	3	8
1997	9	14	13	7	3	8
1998	8	14	13	7	3	8
1999	8	14	14	7	3	9
2000	8	14	14	7	3	9
2001	8	14	14		3	9
2002	8	14	13		3	5
2003	6	14	14		3	6
2004		14	14		3	154
2005		14	14		3	17
2006		14	14		3	151
2007		14	13		3	293
2008		14	13		3	102
2009		14	13		3	42
2010		13	12		3	64
2011		13	12		3	61
2012	1	13	12		3	925
2013	1	13	12		3	5
2014	1	13	12		3	7

18–2 卫生机构人员数

单位:人

年份	总计	卫生技术人员	#医生				#护师护士	每千人口医生数
				中医	中医师	西医士		
1978		15 690	4 857					0.9
1979		16 477	4 982					0.8
1980		17 095	5 765					0.8
1981	22 581	17 696	6 542		3 117		2 888	1.0
1982	23 956	18 539	7 203	574	3 310		3 496	1.1
1983	25 237	19 267	7 635	1 079	3 639	2 917	4 298	1.1
1984	25 885	19 694	7 671	1 085	3 668	2 918	4 366	1.1
1985	27 354	20 602	7 881	1 080	3 679	3 122	4 603	1.1
1986	28 234	21 295	8 097	1 094	3 747	3 256	4 799	1.1
1987	28 710	21 337	8 023	1 017	3 677	3 329	4 917	1.1
1988	29 477	22 381	8 804	1 176	5 174	2 454	5 438	1.2
1989	30 960	23 615	9 598	1 158	6 715	1 725	6 430	1.3
1990	32 029	24 427	9 888	1 169	6 965	1 754	6 914	1.2
1991	33 771	25 818	10 298	1 108	7 205	1 985	7 289	1.3
1992	35 051	26 825	10 216	1 062	7 101	2 053	7 351	1.2
1993	36 383	27 895	10 488	1 101	7 211	2 176	7 617	1.3
1994	37 741	28 928	10 891	1 074	7 474	2 343	7 881	1.3
1995	38 533	29 380	11 204	1 082	7 605	2 517	8 167	1.3
1996	39 027	29 771	11 525	1 046	7 762	2 717	8 277	1.3
1997	40 472	31 125	12 025	1 044	7 998	2 938	8 424	1.4
1998	40 454	31 188	11 756	986	7 897	2 810	8 350	1.3
1999	39 411	30 394	11 349	933	7 843	2 515	8 421	1.3
2000	39 366	30 481	11 622	925	8 077	2 529	8 720	1.3
2001	39 099	30 275	11 635	963	8 041	2 536	8 863	1.3
2002	36 997	29 282	11 396					1.3
2003	35 369	28 030	10 692		725		8 421	1.2
2004	36 163	28 297	10 480		705		8 479	1.1
2005	35 809	28 284	10 494	721	597	124	8 574	1.1
2006	36 174	28 922	10 532	723	604		8 677	1.2
2007	38 048	29 668	11 137				9 329	1.2
2008	38 746	30 396	11 557				9 985	1.2
2009	39 408	30 821	11 613				10 801	1.0
2010	41 238	32 368	12 165				11 961	1.0
2011	43 623	34 543	12 273				13 411	1.4
2012	47 429	38 091	13 167				15 909	1.5
2013	51 601	43 573	14 578				17 859	1.9
2014	67 552	47 007	17 518				19 687	2.3

18-3 卫生机构床位数

单位：张

年份	总计	医院卫生院	#医院	疗养院	门诊部、所	其他卫生机构	每千人口医院病床位数
1978	11 325						
1979	11 971						
1980	12 299						
1981	13 392						
1982	13 644						
1983	14 067	12 167	7 185	200	1 550	150	1.8
1984	15 046	13 133	8 109	200	1 473	240	1.9
1985	15 432	13 269	8 608	200	1 762	200	1.9
1986	15 771	13 653	8 925	200	1 718	200	1.9
1987	16 147	13 845	9 107	200	1 802	300	1.9
1988	16 809	14 390	9 549	200	1 919	300	1.9
1989	17 004	14 483	9 609	200	1 921	400	1.9
1990	17 303	14 660	9 630	200	2 043	400	1.8
1991	17 557	15 059	10 186	200	1 898	400	1.8
1992	18 100	15 490	10 459	200	1 987	400	1.9
1993	18 747	15 813	10 668	200	2 310	400	1.9
1994	18 650	15 686	10 791	200	2 310	400	1.9
1995	18 596	15 647	10 783	200	2 310	400	1.8
1996	18 733	15 814	10 883	200	2 310	370	1.8
1997	18 700	15 751	10 713	200	2 310	400	1.8
1998	18 637	15 703	10 645	200	2 310	400	1.8
1999	17 992	17 368	10 621	200		400	2.0
2000	17 736	17 091	10 562	200		400	1.9
2001	17 505	16 964	10 417	200		317	1.9
2002	18 210	18 210	13 944				2.0
2003	18 487	17 961	13 650	200		326	2.0
2004	18 792	18 252	13 905	200		340	2.1
2005	19 888	19 287	14 647	200	5	104	2.2
2006	20 264	19 749	14 975	40		475	2.2
2007	21 488	20 238	15 737	40		1 210	2.3
2008	24 430	23 248	17 614	40		1 142	2.6
2009	26 600	25 081	18 852	40	28	1 451	2.8
2010	30 500	27 783	21 496	40	130	2 547	2.9
2011	32 960	30 283	23 119	40	148	2 601	2.7
2012	38 489	35 703	27 091	40	60	2 686	3.2
2013	43 138	40 179	30 829	40	57	40	3.3
2014	46 213	43 175	33 532	40	21	40	3.9

18-4 卫生机构、床位、人员数

（2014 年）

机构类别	机构数（个）	床位数（张）	诊疗人数（万人）	入院人数（万人）	工作人员数（人）	#卫生技术人员	执业医师数
总计	**4 620**	**46 213**	**6 019.30**	**149.43**	**67 552**	**47 007**	**13 416**
医院合计	122	33 532	1 925.74	109.88	33 188	27 266	7 976
综合医院	79	23 238	1 306.47	80.64	22 435	18 496	5 400
中医医院	8	4 232	314.72	14.93	4 952	4 160	1 157
中西医结合医院	2	103	1.10	0.16	81	72	16
专科医院	31	5 759	303.30	14.13	5 667	4 491	1 391
#口腔医院	5	80	27.25	0.09	394	299	160
耳鼻喉科医院							
肿瘤医院	1	1 085	98.11	3.35	1 193	989	308
儿童医院	2	1 045	110.82	6.01	1 468	1 167	339
精神病医院	5	1 174	18.83	1.06	735	547	156
传染病医院	2	500	9.63	0.82	383	322	77
皮肤病医院	1	80	6.18	0.05	115	83	16
职业病医院	2	438	4.47	0.39	80	68	31
康复医院	3	240	6.33	0.12	159	124	32
美容医院	2	40	0.59	0.02	77	65	20
其他专科医院	3	786	10.96	1.67	713	525	170
疗养院	1	40	2.05	0.05	53	47	12
社区卫生服务中心	161	2 215	372.80	4.54	3 554	2 807	1 049
卫生院	159	9 643	1 250.05	31.79	12 635	9 575	267
门诊部、所	835	21	328.56		1 970	1 833	1 040
#私营门诊部、所							
急救中心（站）	3		4.33		94	37	19
采供血机构	1				78	50	4
妇幼保健院（所、站）	12	701	127.64	3.14	1 075	856	257
妇幼保健院	2	675	102.09	3.05	848	674	173
妇幼保健所	10	26	25.53	0.09	227	182	84
疾病预防控制中心（防疫站）	13				622	455	258
卫生监督所	11				292	266	
医学科学研究机构	3				123	82	48
其他卫生机构	2		2.46	0.05	44	1	

18-4 续表 （2014 年）

机构类别						其他技术人员	管理人员	工勤人员
	执业助理医师数	注册护士	药剂人员	技师	其他			
总计	**17 518**	**19 687**	**2 439**	**2 061**	**5 302**	**2 586**	**3 927**	**6 174**
医院合计	8 381	13 750	1 415	1 167	2 553	1 288	1 874	2 760
综合医院	5 665	9 449	907	847	1 628	762	1 430	1 747
中医医院	1 223	1 956	312	143	526	256	128	408
中西医结合医院	18	37	3	2	12		9	
专科医院	1 463	2 278	190	174	386	270	303	603
#口腔医院	178	96	7	4	14	25	17	53
耳鼻喉科医院								
肿瘤医院	312	552	31	54	40	40	40	124
儿童医院	341	551	54	19	202	121	57	123
精神病医院	171	294	32	25	25	46	33	109
传染病医院	80	197	19	19	7		17	44
皮肤病医院	19	54	4	3	3	10	10	12
职业病医院	31	28	4	4	1	6	3	3
康复医院	39	52	5	5	23	3	10	22
美容医院	20	39	2	2	2	6	4	2
其他专科医院	177	246	21	23	58	9	93	86
疗养院	56	23	4	1	1	30	70	44
社区卫生服务中心	1 309	1 468	285	195	337	168	246	474
卫生院	3 679	3 018	611	487	1 780	723	478	1 859
门诊部、所	1 115	592	54	19	54			136
#私营门诊部、所								
急救中心（站）	24	10		2	1	15	15	27
采供血机构	5	15	1	27	2	8	4	16
妇幼保健院（所、站）	273	417	44	64	58	27	126	66
妇幼保健院	177	375	39	49	34	16	104	54
妇幼保健所	96	42	5	15	24	11	22	12
疾病预防控制中心（防疫站）	268	32	10	69	76	62	31	74
卫生监督所					266	10	10	6
医学科学研究机构	48	10	2	16	6	14	17	10
其他卫生机构	1							

18-5 市区卫生机构、床位、人员数

指 标		2013	2014	指 标		2013	2014
卫生机构数	**（个）**	**1 532**	**1 587**	#疗养院、所		40	40
医院		73	73	卫生院		2 090	2 218
#疗养院、所		1	1	**卫生机构人员**	**（人）**	**29 795**	**32 128**
卫生院		33	33	卫生技术人员		23 085	24 763
门诊部、所		36	39	执业医师		8 093	7 831
专科防治所、站		1	1	执业助理医师		7 284	910
疾病预防控制中心		8	8	注册护士		10 496	11 436
妇幼保健院(所、站)		7	7	药剂人员		1 179	1 276
卫生监督所		6	6	技师		1 077	1 130
医学科学研究机构		3	3	其他卫生技术人员		2 240	2 180
急救站和采供血机构		2	2	其他技术人员		1 034	1 150
病床数	**（张）**	**24 657**	**26 218**	管理人员		1 631	1 827
医院		20 303	21 654	工勤人员		2 419	2 796

18-6 医院诊疗基本情况

（2014 年）

指 标		县及县以上医院合计	非营利性	营利性	乡(镇)卫生院合计
诊疗人次	（万人次）	1 598.05	1 598.05		1 250.05
#门、急诊		1 532.55	1 532.55		1 226.81
入院人数	（人）	899 789	899 789		317 884
每百门急诊的入院人数	（人）	5.87	5.87		2.59
病床周转次数	（次）	38.40	38.40		34.30
病床工作日	（日）	387.80	387.80		265.20
病床使用率	（%）	106.24	106.24		72.65
出院者平均住院日	（日）	10.00	10.00		7.50

18-7 城市(市区)前十位疾病死亡原因和构成

(2013 年)

顺位	合计		男性		女性	
	死因	占死亡总数(%)	死因	占死亡总数(%)	死因	占死亡总数(%)
	十种死因合计	**98.78**	**十种死因合计**	**98.90**	**十种死因合计**	**98.57**
1	循环系统疾病	52.71	循环系统疾病	50.07	循环系统疾病	56.67
2	肿瘤	20.12	肿瘤	22.58	肿瘤	16.43
3	呼吸系统疾病	9.60	呼吸系统疾病	9.79	呼吸系统疾病	9.32
4	损伤和中毒外部原因	7.26	损伤和中毒外部原因	7.93	损伤和中毒外部原因	6.25
5	内分泌,营养和代谢的其他疾病	3.39	内分泌,营养和代谢的其他疾病	2.93	内分泌,营养和代谢的其他疾病	4.07
6	消化系统疾病	2.64	消化系统疾病	2.64	消化系统疾病	2.64
7	泌尿生殖系统疾病	1.11	泌尿生殖系统疾病	1.00	泌尿生殖系统疾病	1.26
8	传染病和寄生虫病	0.80	传染病和寄生虫病	0.81	传染病和寄生虫病	0.89
9	神经系统疾病	0.76	神经系统疾病	0.67	神经系统疾病	0.78
10	起源于围生期的某些情况	0.36	起源于围生期的某些情况	0.48	起源于围生期的某些情况	0.26

18-8 城市(市区)前十位疾病死亡原因和构成

(2014 年)

顺位	合计		男性		女性	
	死因	占死亡总数(%)	死因	占死亡总数(%)	死因	占死亡总数(%)
	十种死因合计	**97.50**	**十种死因合计**	**97.58**	**十种死因合计**	**97.41**
1	心脏病	24.77	恶性肿瘤	23.32	心脏病	27.88
2	脑血管病	22.66	心脏病	22.4	脑血管病	24.44
3	恶性肿瘤	20.38	脑血管病	21.31	恶性肿瘤	16.52
4	呼吸系统疾病	14.89	呼吸系统疾病	14.17	呼吸系统疾病	15.85
5	损伤和中毒	7.97	损伤与中毒	9.58	损伤与中毒	5.85
6	消化系统疾病	1.99	消化系统疾病	2.34	内分泌,营养和代谢疾病	2.22
7	内分泌营养代谢性疾病	1.75	内分泌,营养和代谢疾病	1.39	神经系统疾病	1.64
8	神经系统疾病	1.40	神经系统疾病	1.21	消化系统疾病	1.53
9	泌尿生殖系统疾病	0.92	传染病和寄生虫病	0.93	泌尿生殖系统疾病	0.92
10	传染病和寄生虫病	0.77	泌尿生殖系统疾病	0.93	传染病和寄生虫病	0.56

18-9 主要年份民政事业发展情况

指 标		2000	2005	2006	2007	2008	2010	2011	2012	2013	2014
民政事业、企业情况											
收养类单位数	（个）	368	230	214	264	267	250	284	303	244	300
职工人数	（人）	1 812	1 416	1 830	2 723	3 027	2 458	2 879	3 153	3 189	3 702
社会福利企业单位数	（个）	297	196	209	183	144	117	118	94	92	87
职工人数	（人）	14 824	7 430	7 781	5 318	6 727	10 952	7 626	7 290	7 068	6 389
优抚安置单位数	（个）	18	20	19	20	20	22	22	22	23	23
职工人数	（人）	280	199	275	200	301	314	294	294	288	261
救助类单位数	（个）	2	2	2	3	3	3	2	4	5	11
职工人数	（人）	76	65	68	85	81	72	71	72	76	105
殡仪服务事业单位数	（个）	11	19	20	19	19	20	20	21	22	28
职工人数	（人）	335	405	443	462	477	486	485	511	511	514
彩票募捐单位数	（个）	8	10	10	8	7	8	8	8	8	8
职工人数	（人）	45	67	69	66	71	76	76	77	80	81
社区服务单位数	（个）	30	40	46	47	96	84	875	1 594	2 949	3 420
职工人数	（人）	655	321	225	207	574	519	4 767	7 359	11 942	22 195
老龄事业单位数	（个）			12	12	12	11	11	11	10	11
职工人数	（人）			59	56	61	62	61	62	61	66
婚姻登记服务单位	（个）			4	1	4	4	4	4	4	17
职工人数	（人）			64	6	69	67	72	73	75	131
优抚对象优待抚恤情况											
享受定期抚恤金人数	（人）	3 506	2 873	2 598	2 586	2 473	2 143	1 892	1 633	1 116	1 137
# 城镇			377	349	340	366	272	272	217	266	162
# 烈属		2 271	2 065	1 860	1 855	2 107	1 349	1 150	897	850	566
享受定期补助人数		16 491	14 027	13 972	16 320	19 984	21 550	47 174	45 445	42 801	45 220
# 在乡复员军人		12 937	9 301	9 062	9 043	9 517	8 784	8 317	7 065	3 950	3 956
优待优抚对象户数	（户）	34 696	31 597	25 058	21 375	19 360	21 404	23 288	52 167	48 788	25 142
社会救济情况											
城镇居民最低生活保障人数	（人）	7 496	49 437	49 832	51 416	52 102	43 193	43 193	43 352	35 320	30 915
# 失业人员		1 154	9 959	8 040	12 335	11 189	9 573	18 710	19 456	14 091	12 607
城镇居民最低生活保障家庭数	（户）		18 460	19 114	20 101	21 007	18 729	18 710	19 156	16 548	15 277
农村居民最低生活保障人数	（人）	30 136	122 710	188 193	195 992	220 875	231 938	232 562	244 538	220 045	166 252
农村居民最低生活保障家庭数	（户）		65 051	104 021	106 808	126 312	116 162	109 498	109 499	109 240	85 744
城镇临时救济人次数	（人次）	19 578	7 206	7 000	77	1 832	199	314	363	1 340	1 874
农村临时救济人次数		187 629	152 990	299 900	92 585	1 039	796	1 769	3 044	3 302	5 890
农村定期救济人数	（人）	4 227	33 413		4 968	4 712	4 524	33 288	33 168		
农村五保供养户数	（户）		25 289	45 685	45 501	45 719	42 580	42 304	37 101	35 517	34 018
城镇社区服务情况											
城镇社区服务设施数	（个）	1 033	2 872	2 881	1 502	1 770	3 462	950	2 558	7 949	3 420
城镇社区服务从业人员	（人）	7 767	45 409	4 200	8 545	3 490	5 561	7 279	7 418	11 942	22 195
城镇便民、利民服务网点数	（个）	4 809	7 255		5 640	33 516	11 756	25 836	26 135	19 344	14 809
社会团体机构情况											
年末实有社团数	（个）	721	1 061	1 563	1 678	1 666	1 727	3 179	1 575	1 834	7 351
# 地级社团机构数		274	333	353	361	367	400	732	412	439	481

注：2007年及以后社会救济城镇低保失业人员为登记失业人员、彩票募捐单位数为福利彩票发行单位数。

18–10　社会福利事业基本情况

（2014 年）

指　　标	机构数 （个）	年末职工人数 （人）	年末床位 （张）	年末在院人员 （人）
总　计	**305**	**3 543**	**62 210**	**36 495**
社会福利院	5	125	1 304	684
光荣院	5	64	307	199
社会福利医院	2	265	650	646
城镇收养性老年福利机构	91	1 096	9 502	5 624
农村五保供养服务机构	193	2 126	32 633	27 832

18–11　社会福利企业基本情况

(2014 年)

指　　标	单位数 （个）	年末职工人数 （人）		年销售(营业) 收入(万元)
			# 残疾职工	
总　计	**83**	**7 608**	**3 464**	**281 503**
国有社会福利企业	2	160	80	7 550
社会福利工厂	79	7 354	3 329	272 042
其他福利企业	2	94	55	1 911

18–12　主要年份自然灾害情况

指　　标	1990	1995	2000	2005	2011	2012	2013	2014
受灾面积　（千公顷）	**383.43**	**303.98**	**463.18**	**48.19**	**314.78**	**225.86**	**74.51**	**267.40**
# 旱灾	88.93	54.88	359.45		251.28	208.01	0.20	230.00
水灾	249.43	22.52	26.50	19.42	55.63	14.37	21.26	
风雹灾	27.13	133.67	54.57	4.67	7.87		26.60	12.4
霜冻	7.47	34.33	22.66				26.44	25
病虫	60.43	28.49				3.49		
成灾面积　（千公顷）	**317.05**	**235.20**	**256.01**	**31.13**	**154.12**	**95.72**	**55.30**	112.70
# 旱灾	32.39	45.87	188.57		123.92	87.50	0.05	104.60
水灾	205.88	17.54	19.67	12.93	25.18	7.23	14.24	
风雹灾	21.69	103.36	33.77	2.64	5.03		19.26	8.00
霜冻	5.53	25.67	14.00				21.76	
病虫	54.54	19.06				0.99		
因灾损失情况								
经济损失总值　（万元）		86 146	18 448	155 890	98 342	70 960	73 778	88 952
死亡人口　（人）	22	8	7		1		1	
减产粮食　（万吨）	39.03	35.95	52.07	22.65				
死亡大牲畜　（头）	893	424	4	15				
倒塌房屋　（间）	45 814	5 289	2 841	6 972	270	116	249	3
损坏房屋　（间）	52 870	15 521	6 498	24 183	633	291	3 517	62
成灾人口　（万人）	**353.58**	**238.83**	**370.96**	**139.66**	**455.81**	**320.15**		**369.20**
因灾缺粮人口　（万人）	123.33	123.64	119.82	65.12	55.02	18.89	48.70	
因灾缺粮数量　（吨）	67 360	81 778	51 168	13 681	26 780	377.80	20 000	
得到国家救济人次数（人次）	**1 087 266**	**764 550**	**328 076**	**96 080**	**352 359**	**194 456**		**400 000**

18-13 职工基本养老保险情况

单位：人

年 份	在职职工人数	企 业	事业、机关	其 他	离休、退休退职人员数	企 业	事业、机关	其 他
1987	377 943	377 943			65 317	65 317		
1988	500 278	500 278			82 466	82 466		
1989	576 379	572 999		3 380	93 430	93 430		
1990	580 996	574 437		6 559	95 435	95 435		
1991	635 907	626 848		9 059	100 668	100 668		
1992	593 063	592 998		65	105 992	105 992		
1993	464 939	464 939			97 979	97 979		
1994	606 073	605 999		74	119 593	119 593		
1995	601 093	601 020		73	121 249	121 249		
1996	588 555	588 482		73	128 265	128 265		
1997	779 430	589 567	189 790	73	168 099	135 144	32 955	
1998	759 978	567 398	191 890	690	180 354	143 652	36 702	
1999	745 830	573 526	168 664	3 640	184 275	151 910	32 307	58
2000	691 112	558 247	121 154	11 711	188 876	161 900	26 733	243
2001	692 144	535 201	112 134	44 809	193 605	170 241	23 195	169
2002	673 307	498 608	87 419	87 280	200 480	181 011	19 217	252
2003	661 950	471 888	64 099	125 963	207 514	190 284	16 455	775
2004	633 583	410 727	55 236	167 620	217 615	199 374	15 991	2 250
2005	654 863	602 574	52 289		227 905	211 607	16 298	
2006	713 907	661 822	52 085		237 805	221 466	16 339	
2007	769 214	714 570	54 644		259 488	240 812	18 676	
2008	824 778	770 052	54 726		273 659	254 314	19 345	
2009	886 247	832 302	53 945		287 908	268 259	19 649	
2010	928 684	875 018	53 666		300 249	280 125	20 124	
2011	1 005 339	951 248	54 091		313 181	292 477	20 704	
2012	1 015 065	539 611	64 686	475 454	312 400	268 869	31 891	43 531
2013	1 081 964	560 531	64 696	521 433	521 433	322 510	28 224	50 068
2014	1 142 559	578 912	54 253	563 647	348 609	288 718	21 682	59 891

18-14　农村养老保险基本情况

年　　份	基金积累（万元）	当年保费收入（万元）	当年参保人数（万人）	总参保人数（万人）	当年领取人数（万人）
1992	610	570	3.24	3.24	0.01
1993	1 668	1 090	8.52	11.76	0.04
1994	4 014	2 163	14.32	26.08	0.10
1995	9 051	3 556	18.16	44.24	0.11
1996	11 660	1 558	16.89	61.13	0.13
1997	13 238	1 327	7.47	68.60	0.14
1998	14 367	670	1.35	69.95	0.15
1999	14 899	322	0.60	70.55	0.18
2000	14 960	180	0.20	70.75	0.20
2001	14 963	165	0.16	70.91	0.23
2002	15 160	162	0.56	71.47	0.36
2003	15 375	149	0.14	71.61	0.56
2004	15 625	236	0.25	71.86	0.70
2005	15 887	385	0.18	72.04	0.86
2006	17 041	1 290	0.38	72.03	1.03
2007	20 155	3 154	0.18	73.22	1.25
2008	22 517	3 012	4.68	77.33	1.40
2009	30 314	8 646	28.80	95.69	1.92
2010	80 886	52 488	119.67	215.37	88 .21
2011	123 331	35 626	5.31	220.69	97.32
2012	161 707	35 415		203.38	107.29
2013	196 674	33 621	208.52	327.03	118.51
2014	229 825	33 342	198.87	317.31	118.44

18-15　婚姻登记和离婚情况

年　　份	登记结婚（对）	初　婚（人）	再　婚（人）	离婚数（对）	结婚离婚比（%）
1985	52 770	104 502	1 038	669	1.27
1986	49 855	98 120	1 590	419	0.84
1987	61 529	121 365	1 653	571	0.93
1988	55 849	110 225	1 473	652	1.17
1989	54 392	106 673	2 111	665	1.22
1990	68 904	135 874	1 934	442	0.64
1991	64 793	127 810	1 777	495	0.76
1992	64 821	127 488	2 154	646	1.00
1993	58 176	114 149	2 203	907	1.56
1994	66 369	130 332	2 406	877	1.32
1995	65 505	127 837	2 173	1 056	1.61
1996	57 001	111 626	2 376	862	1.51
1997	54 954	107 133	2 775	1 196	2.18
1998	56 604	109 832	3 376	1 699	3.00
1999	55 743	108 213	3 273	1 424	2.55
2000	55 664	106 774	4 438	1 514	2.72
2001	48 820	93 764	3 708	1 729	3.54
2002	45 622	87 011	4 113	3 459	7.58
2003	46 016	88 199	3 695	2 342	5.09
2004	51 629	96 765	6 493	5 051	9.80
2005	53 419	98 829	8 009	6 085	11.40
2006	62 626	118 172	7 080	7 131	11.39
2007	68 003	127 551	8 455	8 658	12.73
2008	78 814	149 336	8 292	9 614	12.20
2009	93 612	172 923	14 301	10 261	10.96
2010	101 907	193 626	10 188	11 101	10.89
2011	117 345	214 029	20 661	12 820	10.93
2012	127 280	240 760	13 800	14 269	8.92
2013	119 843	221 051	18 635	17 802	6.70
2014	107 098	190 617	23 579	18 952	5.70

主要统计指标解释

医院 指名称为医院，设有固定床位、能收容病人住院并能为病人提供医疗、护理服务的医疗机构。包括县及县以上医院、农村乡卫生院、其他医院三部分。按所属性质分为卫生部门、工业及其他部门，集体经济单位三类。其中县及县以上医院按业务性质分为综合医院和专科医院。

卫生技术人员 指卫生事业机构支付工资的全部固定职工和合同制职工中现任职务为卫生技术工作的专业人员。包括中医师、西医师、中西医结合高级医师、护师、中药师、西药师、检验师、其他技师、中医士、西医士、助产士、中药剂士、西药剂士、检验士、其他技士、其他中医、护理员、中药剂员、西药剂员、检验员，其他初级卫生技术人员。

医生 指经卫生部门审查合格，从事医疗工作的专业人员。分为中医医生和西医医生。包括卫生技术人员中的中医师、西医师、中西医结合高级医师、中医士、西医士和其他中医。

卫生机构床位 指年末卫生机构实有固定床位数，包括正规、简易和正在消毒、修理的床位以及因扩建或大修而停用的床位，不包括产科的新生儿床、库存床、观察床、临时增设的床位、病人家属的陪侍床、接产室的待产床。

社会福利事业单位 指集中收养社会孤、老、残、幼的机构。包括由民政部门管理的社会福利院、儿童福利院、精神病人福利院和城镇集体办的福利院，以及农村集体举办的敬老院。

社会福利事业单位收养人数 包括民政部门管理的和城镇及农村集体举办的社会福利事业单位中收养的老人、少年儿童、缺乏生活自理能力的残疾人员和精神病人。

社会福利企业单位 指以安置城镇有一定劳动能力的盲、聋、哑和肢体残疾人员就业为目的，享受国家减免税待遇的国有或集体经济性质的企业。包括福利工厂、福利商业服务业、假肢厂和安置农场等单位。

文化和体育

CULTURE AND SPORTS

版面负责人：卓卫华

编　　辑：卢川川

江苏省统计条例

（2014年1月16日江苏省第十二届人民代表大会常务委员会第八次会议通过）

第三十六条 政府统计机构、有关部门应当对统计人员开展统计专业培训和职业道德教育，提高其综合素质。

统计人员应当接受统计继续教育，提高业务素质和职业道德水平。

统计人员所在单位应当支持和保障统计人员接受统计继续教育，参加统计专业培训。

【释义】 本条是关于统计人员继续教育的规定。

统计人员作为统计资料的搜集者、整理者、填报者，他们的专业素质、业务能力、职业道德水平直接关系到统计数据的真实、准确、完整、及时。本条对统计人员继续教育作出如下规范：一是规定政府统计机构、有关部门的责任。即政府统计机构、有关部门负有加强统计人员继续教育的责任，应当对统计人员开展统计专业培训和职业道德教育，提高其综合素质。二是规定统计调查对象的责任。即统计人员接受继续教育，参加统计专业培训，所在单位应当予以支持和保障。三是统计人员有接受继续教育、参加统计专业培训的权利和义务。即统计人员应当接受统计继续教育，参加统计专业培训，提高业务素质和职业道德水平。

统计人员的综合素质。包括设计统计调查制度的能力、组织开展统计调查的能力、整理和分析统计资料的能力、提出统计咨询意见的能力、查处统计违法行为的能力等。

统计专业培训。涉及经济、统计、计算机、法律等多个方面的培训。

统计职业道德。是指在统计工作各个环节都要坚持实事求是，以真实情况和原始资料为依据；要爱岗敬业，以严格的道德标准要求自己，认真做好本职工作；要坚持原则，坚决抵制弄虚作假等统计违法行为；要保守国家秘密，对统计调查对象商业秘密和个人隐私严格保密。

第三十七条 县级以上地方人民政府及其监察机关，应当对下级人民政府、本级人民政府统计机构和有关部门执行统计法律、行政法规及本条例的情况实施监督。

【释义】 本条是关于地方人民政府及其监察机关统计监督权限的规定。

依照《统计法》及本条例，县级以上地方人民政府统计机构和有关部门在统计工作中具有独立进行统计调查、统计报告、统计监督的职权，在统计监督检查中可以采取法定的监督检查措施。为了督促和保证上述行政机关依法履行职责，完成统计调查、统计报告、统计监督任务，在赋予其必要职权的同时，应当加强对其执行法律法规情况的监督。本条作出规定，规定对执行本条例情况加强监督，即县级以上地方人民政府及其监察机关对下级人民政府、本级人民政府统计机构和有关部门执行统计法律、行政法规及本条例情况应当加强监督。

县级以上地方人民政府及其监察机关对下级人民政府、本级人民政府统计机构和有关部门进行监督，主要包括：是否在法定的职权范围内履行职责，是否有超越职权、滥用职权或者怠于履行职权的行为；是否按照法定的程序进行统计调查、统计报告和统计监督，是否按照法定程序报送、公布统计资料；搜集、整理、报送的统计资料是否真实、准确、完整、及时等。

编辑：王中彬

19-1 文化事业情况

单位:个

年 份	公办文化馆 站	公 共图书馆	公共图书馆藏 书（千册）	博物馆	新华书店	电影放映单 位	#电影院影剧院	电影观众人 数（万人次）
1982	105	7		1	9	640	57	20 436
1983	105	7		2	7	690		22 886
1984	112	7	1 022	2	7	877	62	25 755
1985	112	7	1 085	4	7	919	58	20 157
1986	101	7	1 036	4	7	903	56	21 078
1987	101	7	1 079	5	7	892	55	22 545
1988	101	7	1 097	6	7	777	54	
1989	101	7	1 128	8	7	781	54	17 437
1990	101	7	1 182	8	10	767	62	17 802
1991	118	7	1 240	9	7	641	75	16 496
1992	113	7	1 375	9	7	579	80	10 317
1993	113	7	1 398	9	14	567	77	2 251
1994	125	7	1 432	9	14	553	70	382
1995	113	7	1 464	10	7	408	76	1 092
1996	113	7	1 476	10	7	433	94	1 243
1997	113	7	1 473	10	7	445	126	1 296
1998	113	7	1 509	10	7	324	132	1 676
1999	113	7	1 520	10	7	327	132	832
2000	85	7	1 565	10	7	310	103	608
2001	86	7	1 587	10	7	196	95	438
2002	86	7	1 639	10	7	196	94	366
2003	114	7	1 501	10	7	192	90	324
2004	127	7	1 533	11	7	96	96	382
2005	127	7	1 533	11	7	57	57	425
2006	125	7	1 518	13	7	21	8	50
2007	125	7	1 542	11	7	24	9	34
2008	126	7	1 626	14	7	22	6	30
2009	130	7	1 691	16	68	6	4	77
2010	157	7	2 698	17	68	6		79
2011	157	8	2 416	21	68	6	6	81
2012	157	8	6 935	21	68	6	6	81
2013	158	8	8 186	21	68	18	6	89
2014	158	8	5 304	21	68	22	6	91

注:2009 年及以后新华书店为全社会口径,与往年不可比;2009 年及以后电影放映单位为市文化局备案单位数。

19-2　主要年份广播、电视事业情况

指　　标	1990	1995	2000	2005	2010	2011	2012	2013	2014
广播电视台　（座）	**1**	**8**	**1**	**7**	**8**	**8**	**8**	**8**	**8**
广播事业									
发射台及转播台(中波)　（座）	1	2	2	2	2	2	2	2	2
发射机功率(中波)　（部 / 千瓦）	3/21	4/22	4/31	2/31	5/65	5/66	5/65	2/36	2/36
节目　（套）	2	10	9	9	10	10	11	11	11
平均每日播音时间　（小时）	18	92	97	139	189	191	186	206	206.8
广播人口覆盖率　（%）	93.0	88.3	100	100	100	100	100	100	100
制作节目时间　（小时）	1 323	8 235	20 754	32 913	50 415	56 750	45 566	47 159	50 114
# 新闻节目	193	1 249	1 317	4 125	7 075	7 550	8 181	7 191	7 280
文艺节目	379	3 869	9 595	5 427	28 159	29 031	22 229	20 901	24 298
教育节目	183	26	96		1 126	1 328	1 682	1 689	1 806
电视事业									
发射台及转播台　（座）	6	1	8		8	8	8	8	8
发射机功率(全部)　（部 / 千瓦）	20/19.55	28/50.20	30/53.25		33/60.55	33/60.56	33/55.25	33/60.56	33/60.56
节目　（套）	1	8	8	10	11	11	11	11	11
平均每周播出时间　（小时）	83	444	572	1 019	1 134	1 155	1 134	201	202
电视人口覆盖率　（%）	77.0	99.3	98.7	100.0	100.0	100.0	100.0	100.0	100.0
制作节目时间　（小时）	307	3 509	3 694	13 696	11 160	12 715	17 182	19 622	19 767
# 新闻节目	75	387	555	2 827	3 196	3 268	2 057	2 862	2 359
文艺节目	62	485	518	2 242	2 051	2 248	3 422	2 909	2 301
教育节目		13	9		639	165	1 365	1 533	1 596
有线电视用户　（万户）		12.66	25.52	80.70	218.11	241.19	265.31	269.76	271.36
有线电视入户率　（%）					78.3	87.0	97.1	98.4	98.5
县级广播电视台　（座）			6	6	7	7	7	7	7
数字电视用户　（万户）					43.80	73.20	117.53	147.43	163.25

注：1998 年及以后广播电台、电视台数根据省广播电视厅要求只统计地市级，县级电台、电视台合并统计为广播电视台。

19–3 主要年份体育事业基本情况

指　　标		1990	1995	2000	2005	2010	2011	2012	2013	2014
体育设施	**（所）**									
体育场		1	1	7	2	13	16	16	40	41
体育馆		1	1		1	12	15	15	14	15
游泳馆			1	3	2	9	30	27	28	39
体育教育										
体育运动学校	（所）	1	1	1	1	1	1	1	1	1
普通业余体校	（所）	6	6	12	14	1	11	11	4	10
在校学生数	（人）	350	680	1 506	2 603	1 617	2 015	2 374	2 705	2 437
体委系统职工人数	**（人）**	**289**	**295**	**411**		**352**	**427**	**419**	**520**	**509**
运动员				1 556	2 612	3 555	2 308	3 179	2 705	2 053
专职教练员		82	79	130	206	49	36	36	114	128
专职文化教师		31	42	46	204	89	68	68	46	74
科技人员		2	2	6	8	2	5	5	1	4
医务人员		4	4	2	8	1	4	3	2	3
管理人员		83	79	141	264	123	176	173	167	150
其他		87	89	86	216	88	138	134	211	150
等级运动员	**（人）**	**135**	**200**	**1 120**		**110**	**119**	**139**	**283**	**264**
#一级		5	50	65		6	12	15	24	25
二级		130	150	320	329	104	107	124	259	239
等级裁判员	**（人）**	**44**	**72**	**1 106**		**448**	**2 048**	**2 461**	**2 378**	**2 639**
#一级		6	17	162		54	729	647	721	756
二级		38	25	295	190	394	1 319	1 452	1 325	1 486
三级			30	638				362	332	397
各级体委举办运动会情况										
运动会次数	（次）	65	85	110			38	40	29	30
参加运动会的运动员人数	（万人）	0.60	0.96	12.00			1.10	1.20	0.7	1.5
获国内外奖章(牌)										
金质奖章(牌)	（枚）	5	7		11	104	132	195	202	235
银质奖章(牌)	（枚）	2	5			66	112	133	130	122
铜质奖章(牌)	（枚）	6	4			98.5		125	110	131
体彩情况										
体育彩票销售点个数	（个）					1 000	1 005	1 082	988	1 043
年从业人员数	（人）					2 000	2 240	2 300	1 976	1 565
体育彩票发行额	（万元）					1 149	1 149	1 455	1 970	1 352
体彩全年销售额	（亿元）					5.36	5.33	8.99	10.01	10.30
百万以上大奖个数	（个）					6	6	10	6	4

注：一、二级运动员 2001 年以后为当年新晋升数；2007、2008 年奖章数为省级以上比赛奖牌数（含国际性比赛）；2008 年部分指标由于统计口径变化，数据相应调整。等级裁判员 2013 年及以后数为新晋升数；2013 年数据依照全国第六次体育场地普查数据调整。

主要统计指标解释

文化事业机构 指从事专业文化工作和为专业文化工作服务的独立建制的单独核算的单位。不包括这些单位另外举办独立核算的其他机构和各部门的业余文化组织。

艺术表演团体 指从事戏曲、音乐、舞蹈、杂费等专业艺术表演,有独立帐户,实行单独核算的团体。不包括半工半艺、半农半艺的业余剧团。

电影放映单位 指具有放映机器设备、固定或不固定的放映场所与专职或兼职的放映技术人员,经有关部门登记批准,经常为一定的观众对象放映电影的机构。包括经批准对外开放进行营业,并与电影发行放映管理机构分帐的专用放映单位和军委系统租片单位。

电影观众人数(人次) 指各类型放映单位及军委系统租片单位映出的观众人次数。一个观众连续看了一部长片或短片专场规定的短片,为二人次。

艺术表演观众人数(人次) 指售票、包场演出或民族地区免费演出的艺术表演观众人次数。不包括彩排审查和内部观摩演出的观看人次数。

公共图书馆 文化部门举办的面向社会服务的独立的图书馆。不包括文化馆的图书室。

电视人口覆盖率 指电视覆盖人口与总人口的比率。电视覆盖人口是指能够用普通电视接收机、室外天线在离地面四米高处,在晚上收看电视,并且收视效果能达到图像基本稳定、清晰,能看清人物的形象、动作的地区内的人口数。计算公式为:

$$\text{电视人口覆盖率}(\%)=\frac{\text{年末电视覆盖人口数}}{\text{年末总人口数}}\times 100\%$$

广播人口覆盖率 指广播覆盖人口与总人口的比率。广播覆盖(或中波覆盖)人口是指能够用普通收音机在中午收听中波广播节目,并且收听效果能达到听清完整的节目内容的地区的人口数,包括只能收听外省中波广播的人口数在内。计算公式为:

$$\text{广播人口覆盖率}(\%)=\frac{\text{年末广播覆盖人口数}}{\text{年末总人口数}}\times 100\%$$

等级运动员人数 指经考核正式批准授予等级运动员称号的人数。运动员等级分为国际级运动健将、运动健将、一级运动员、二级运动员、三级运动员、少年级运动员。

等级裁判员人数 指经考核正式批准授予等级裁判员称号的人数。裁判员等级分为国际裁判、国家级裁判、一级裁判、二级裁判、三级裁判。

体育场 指有400米跑道(中心含足球场),有固定道牙,跑道6条以上,并有固定看台的室外田径场地。以看台容纳观众人数分:甲级25000人以上,乙级15000–25000人,丙级5000–15000人,丁级5000人以下。

体育馆 指有固定看台,可供篮球、排球、羽毛球、乒乓球、体操等项目比赛活动用的室内运动场地。以看台容纳观众人数分:甲级6000人以上,乙级4000–6000人,丙级2000–4000人,丁级2000人以下。

公共管理及其他

PUBLIC MANAGEMENT AND OTHERS

版面负责人：卓卫华

编　　　辑：马　萍

江苏省统计条例

（2014 年 1 月 16 日江苏省第十二届人民代表大会常务委员会第八次会议通过）

第三十八条 政府统计机构应当加强对政府统计活动、民间统计调查活动的监督检查，依法查处统计违法行为。政府统计机构在实施监督检查时，有关部门、单位和个人应当予以配合。

【释义】 本条是关于政府统计机构统计监督检查权的规定。

政府统计机构依法组织实施和管理协调本行政区域的统计工作，承担着确保统计数据真实、准确、完整、及时的责任。本条规定：政府统计机构应当对全社会统计活动(包括政府统计活动、民间统计调查活动)实施监督检查，依法查处统计违法行为；有关部门、单位和个人应当予以配合。

对政府统计活动的监督检查。是指对统计法律、法规、规章和统计调查制度的执行情况进行监督检查，对发现的统计违法行为依法及时查处。主要包括：对领导干部是否存在违法干预政府统计机构和统计人员独立行使统计职权的情况等进行监督检查；对统计调查的组织实施情况及统计资料的真实性、准确性、完整性、及时性进行监督检查；对政府统计机构和统计人员依法履行职责的情况进行监督检查等。

对民间统计活动的监督检查。主要包括：是否强迫调查对象接受调查；是否冒用政府统计调查的名义组织实施调查；是否存在欺骗、蒙蔽调查对象等情况；是否对外提供、泄露能够识别或者推断单个调查对象身份的信息和数据以及伪造、篡改调查资料或者结果等情况。

有关部门、单位和个人配合检查的义务。主要包括：一是有关单位和个人应当如实反映情况，提供相关证明和资料。如实反映情况，也就是应当按照政府统计机构的要求，将自己所掌握的有关监督检查所需要的情况，以及相关证明和资料，实事求是向政府统计机构提供。二是要为政府统计机构依法履行监督检查职权提供便利，不能消极应付，更不能采取任何方式阻碍检查。三是不得转移、隐匿、篡改、毁弃原始记录和凭证、统计台账、统计调查表、会计资料及其他相关证明和资料。对拒不配合政府统计机构检查的部门、单位和个人，应当根据《统计法》第四十一条、本条例第四十二条的规定依法追究其法律责任。

统汁违法行为。是指公民、法人或其它组织因为主观上的故意或过失，不履行法定的统计义务，或者作出统计法律、法规、规章和统计调查制度禁止作出的行为。

第三十九条 县级以上地方人民政府有关部门应当对职责范围内的统计活动实施监督检查，及时向本级人民政府统计机构移送有关涉嫌统计违法的材料，协助查处统计违法案件。

【释义】 本条是关于政府有关部门统计监督检查权的规定。

部分地方统计调查是由政府有关部门组织实施的，组织实施该项调查的有关部门掌握着统计调查及有关统计违法行为的具体情况。为了保证统计违法行为得到及时、有效查处，维护统计工作的正常秩序，本条规定：县级以上地方人民政府有关部门应当对其职责范围内组织实施的统计调查活动进行监督检查，及时向本级政府统计机构移送有关涉嫌统计违法材料，积极协助查处统计违法案件。

统计违法案件。是指政府统计机构根据法律赋予的权限，对违反统计法律、法规、规章和统计调查制度的行为进行调查，认为应依法追究行为人法律责任而立案查处的案件。

编辑：王中彬

20-1 主要年份律师、公证、调解工作情况

单位:件

项目	1990	1995	2000	2005	2010	2011	2012	2013	2014
律师工作									
律师事务所 (个)	14	36	44	59	86	93	99	101	108
律师 (人)	151	224	543	736	999	1 105	1 200	1 247	1 392
# 专职律师	123	143	247	650	976	1 086	1 176	1 194	1 333
# 女性	27	31	31	93	164	224	614	298	362
兼职律师	7	52	25	15	23	19	24	23	24
聘任担任常年法律顾问的单位(处)	507	1 659	1 494	1 347	1 664	2 791	3 506	3 586	4 551
民事诉讼代理	784	1 755	4 026	6 045	9 483	17 242	16 621	20 776	29 925
经济诉讼代理	348	1 157	2 065	1 712	4 306	5 410	6 144	1 140	13 822
刑事辩护	1 281	1 145	1 850	1 662	2 320	1 800	1 474	3 257	4 304
行政诉讼代理	22	103	242	102	518	284	87	31	42
非诉讼法律事务	159	1 269	1 107	1 154	2 232	3 092	6 400	16 958	22 071
涉外法律事务	29	3	5	11		10	8		
解答法律咨询	7 748	15 459	32 156	45 350	25 210	28 750	33 582	11 544	12 834
代写法律事务文书	1 192	2 577	3 132	5 195	2 930	3 600	4 480	1 695	2 253
公证工作									
公证处 (个)	8	10	12	12	13	12	12	11	11
公证人员 (人)	59	56	76	87	111	115	126	130	121
# 公证员	30	38	52	50	56	53	54	66	62
公证员助理	13	7	24	30	28	31	35	24	25
办理公证文书	20 702	23 006	44 501	60 805	58 572	32 905	37 186	34 161	43 022
人民调解工作									
专职司法助理人员 (人)	215	183	182	388					
人民调解委员会 (个)	4 648	4 595	4 800	3 212	3 185	3 174	3 168	3 388	3 268
调解人员 (人)	94 920	116 844	98 456	73 216	35 494	26 557	29 898	19 439	13 472
调解民事纠纷	32 719	31 160	25 562	16 449	32 621	41 808	43 811	45 558	45 574

注:调解人员 2008 年及以后不包括调解信息员。

20-2 主要年份国内公证文书分类

分 类	办证件数(件)						
	1995	2000	2010	2011	2012	2013	2014
经济公证	**13 727**	**27 696**	**27 445**	**40 410**	**20 654**	**12 610**	**7 650**
购 销	185	223	16 876				
联 营			3	3	4		
拍 卖	3	519		13	22		
贷 款	3 299	7 196	6 779	29 846	9 602	2903	3 393
担 保	42	560	147	2 029	1 240	513	81
招标、投标	6	606	553	821	479	103	109
科技合同	18	23				8	
供用电	66	43					
劳务合同	4 058	1 210	224		150	131	
建筑工程承包	106	302	543	348	8	272	
工商服务业承包	272	594					
农林牧渔业承包	1 443	1 489	1				
企业承包	96	136		1		136	6
财产租赁	1 098	4 716	1		167	229	
企业租赁	34	643					
资产经营协议	16	20			9	2	
其他经济合同	1 265	2 426	330	1 158	2 019	654	1 247
法人(代表人)资格	249	119	1	5	77	13	30
法人委托书	83	118	234	477	433	5744	19
公司章程	5	51	164	433	129		
执行许可证明	3	12		234		320	403
提 存	5	12	3	41	9	1	
其 他	1 267	6 543	1 586	5 001	6 306	1 581	2 362
民事法律关系公证	**7 262**	**13 811**	**23 087**	**32 905**	**16 532**	**21 551**	**23 943**
收 养	151	100	93	30	38	79	234
解除收养	18	6		1	1 653		
继承权	121	313	1 353	1 860		3 425	3 454
遗 嘱	96	227	381	285	121	390	318
产 权	78	152	130				2
亲属关系	39	114	163	198	405	221	204
死 亡	4	12	4	15	8	11	10
房屋买卖	187	367	887	113	108	421	87
房屋租赁	326	142	12	36	8		
留学协议	9	32	43	66	56		57
遗赠扶养协议	87	162	25	21	113		
其他民事协议	1 241	1 221				1 382	1 462
委托书	299	201	6 985	7 549	3 005	3 463	6 469
赠与书	328	533	480	385	207	211	120
声明书	800	203	4 285	4 767	1 446	3 219	3 992
现场监督	94	82	385	34	140	127	158
副本等与原本相符	31	90	528	494	398	4 432	3 481
宅基地使用权	126	47	15			12	19
证据保全	20	96	207	413	100	284	460
其 他	3 205	9 711	7 111	16 638	8 726	3 874	3 416

20-3　主要年份涉外(含港澳台)公证文书分类

分　类	办证件数(件)						
	1995	2000	2010	2011	2012	2013	2014
合　计	**2 007**	**2 994**	**8 037**	**6 045**	**8 947**	**7 615**	**11 439**
收　养	3	3				1	
遗　嘱			12				
出　生	193	347	1 682	761	961	1001	1 545
死　亡	30	15	18	97	23	19	13
生存、居住	60	76	84	89	36	54	9
学　历	162	312	1 306	763	1 909	641	248
经　历	116	123	68	220	173	374	32
国　籍	5	10	3	29	2		
婚姻状况	124	201	928	210	323	288	78
亲属关系	316	337	1 321	652	1 359	996	1 165
继承权		2	31	78	10		2
受、未受刑事处分	678	284	1 352	1 149	2 033	1104	1 473
声明书	8	17	330	96	5	296	114
委托书	58	54	180	268	17	185	103
营业证书	2	5	47	213	58		121
公司章程	1		2	16	23		4
其他法律文书		4	16	224	346	791	369
职　称	10	9		170	321	111	13
法人资格	2	2	15	184	126	4	28
商标注册		1		3			
贷　款					1		
担　保	1	6	2		2		
其他经济合同	10	25			3	20	2
副本等与原本相等	38	199	201	200	524	868	1 709
其　他	190	962	439	623	692	862	4 411

20-4　主要年份调解民间纠纷分类

分　类	调解纠纷(件)						
	1995	2000	2010	2011	2012	2013	2014
合　计	**31 160**	**25 562**	**32 621**	**41 808**	**43 811**	**45 558**	**35 574**
婚姻家庭	10 805	10 143	8 860	11 838	13 473	11 352	11 323
婚　姻	4 136	3 870			12 897	10 802	
继　承	1 179	1 327			576	550	
赡养扶养	2 892	2 466					
其　他	2 598	2 480					
房屋、宅基地	4 815	2 706	3 703	4 380	5 069	4 824	3 981
合　同	2 848	3 039	2 003	3 094	2 732	2 498	2 169
工地承包			2 696	1 492	447	2 492	1 965
邻　里	6 169	3 548	8 877	12 241	13 892	12 475	1 164
损害赔偿	1 832	2 225	3 562	3 427	3 865	3 677	4 142
其　他	4 691	3 901	2 920	5 336	4 333	8 240	10 830

20-5　政治协商会议徐州市委员会历届委员人数

届　次	委员总数(人)	中国共产党代表(人)	占代表总数比重(%)	少数民族代表(人)	占代表总数比重(%)
一届(1955 年 7 月)	83	6	7.2	1	1.2
二届(1957 年 5 月)	130	10	7.7	2	1.5
三届(1959 年 12 月)	170	12	7.1	5	2.9
四届(1961 年 5 月)	190	12	6.3	5	2.6
五届(1963 年 11 月)	190	12	6.3	4	2.1
六届(1966 年 2 月)	210	12	5.7	5	2.4
七届(1981 年 4 月)	357	18	5	10	2.8
八届(1983 年 12 月)	456	21	4.6	11	2.4
九届(1988 年 1 月)	461	20	4.3	11	2.4
十届(1993 年 3 月)	459	22	4.8	13	2.8
十一届(1998 年 1 月)	460	26	5.7	13	2.8
十二届(2003 年 1 月)	480	21	4.4	8	1.7
十三届(2008 年 1 月)	558	24	4.3	8	1.4
十四届(2012 年 6 月)	576	23	4	11	1.9

20-6 妇联组织情况

单位:个

年 份	各级妇联总计	#镇、街道级	基层妇代会总计	#农村	机关及事业单位妇委会数	各类妇女联谊组织数
1988	229	218				
1989	236	218			7	
1990	236	218			7	
1991	236	218			7	1
1992	236	218			7	1
1993	236	218	3 775	3 429	7	1
1994	236	217	3 775	3 429	7	1
1995	238	217	3 778	3 429	10	2
1996	233	221	3 820	3 440	10	2
1997	230	218	3 754	3 430	11	2
1998	231	219	4 101	3 430	71	6
1999	235	223	4 097	3 430	71	6
2000	169	157	3 527	3 062	71	6
2001	176	164	2 727	2 255	72	6
2002	176	164	2 727	2 255	76	6
2003	181	169	2 616	2 264	92	6
2004	174	162	2 617	2 295	92	6
2005	166	154	2 842	2 295	393	322
2006	164	152	2 980	2 294	396	216
2007	167	155	2 853	2 262	290	234
2008	167	155	2 619	2 271	320	30
2009	167	155	2 776	2 257	281	23
2010	167	155	1 649	2 250	316	13
2011	167	155	2 672	2 318	282	43
2012	168	156	2 678	2 238	320	70
2013	168	156	2 678	2 234	320	70
2014	173	161	2 690	2 192	313	70

20–7 交通事故发生情况

年 份	交通事故发生数（起）	交通事故死伤人数（人）	#死亡人数	每十万人交通事故发生数（起）	每起交通事故死伤人数(人)
1984	518	520	156	7.4	1.0
1985	541	501	156	7.6	0.9
1986	529	576	199	7.4	1.1
1987	1 999	1 631	448	27.5	0.8
1988	1 382	787	342	18.6	0.6
1989	1 139	825	291	15.0	0.7
1990	1 104	887	235	13.7	0.8
1991	1 374	1 071	289	16.8	0.8
1992	1 436	1 316	320	17.4	0.9
1993	1 475	1 398	337	17.8	0.9
1994	1 601	1 365	339	19.1	0.9
1995	1 383	1 396	351	16.3	1.0
1996	1 107	1 167	319	12.9	1.1
1997	1 094	1 253	319	12.6	1.1
1998	1 063	1 271	360	12.1	1.2
1999	775	1 095	326	8.8	1.4
2000	3 557	3 700	773	39.7	1.0
2001	2 099	2 407	518	23.3	1.1
2002	1 730	2 100	459	19.2	1.2
2003	1 569	1 993	458	17.3	1.3
2004	1 506	1 824	521	16.5	1.2
2005	1 289	1 619	487	13.9	1.3
2006	1 123	1 431	448	12.0	1.3
2007	1 007	1 336	373	10.7	1.3
2008	1 038	1 425	374	11.0	1.4
2009	969	1 343	371	10.1	1.4
2010	852	1 140	357	8.8	1.3
2011	733	994	364	8.6	1.4
2012	839	1 084	350	9.8	0.4
2013	914	1 154	348	10.7	0.4
2014	913	1 154	348	10.6	0.4

20-8 主要年份火灾事故发生情况

年份	火灾发生数（起）	火灾死伤人数（人）	#死亡人数	直接经济损失（万元）	平均每起火灾损失（元）
1985	118	35	11	47.72	4 044
1990	284	21	5	205.80	7 246
1991	142	19	7	122.40	8 620
1992	162	24	6	223.04	13 768
1993	108	81	23	192.45	17 819
1994	140	53	20	271.71	19 408
1995	185	75	13	345.42	18 671
1996	204	34	8	394.36	19 331
1997	903	33	15	449.65	4 980
1998	841	55	23	307.41	3 655
1999	799	60	11	289.74	3 626
2000	858	62	12	322.25	3 756
2001	1 122	42	15	244.52	2 179
2002	1 360	46	19	293.29	2 157
2003	1 103	22	10	417.76	3 787
2004	1 346	46	18	394.66	2 932
2005	1 728	36	21	488.26	2 826
2006	1 504	23	14	348.03	2 314
2007	1 123	20	17	408.91	3 641
2008	1 029	7	4	314.82	3 059
2009	884	11	8	544.95	6 165
2010	856	10	7	447.45	5 227
2011	763	9	9	387.30	5 076
2012	717	10	7	562.68	7 848
2013	2 140	18	10	1 480.30	6 917
2014	2 312	23	14	2 225	9 624

20-9 火灾事故发生情况

（2014 年）

项目		合计	按事故发生程度分			按事故发生地区分					
			特大	重大	一般	市区	县(市)	集镇镇区	农村	开发区、旅游区	其他
火灾发生数	（起）	2 312			2 312	567	369	319	739	57	261
死伤人数	（人）	23			23	11	2	5	4	1	
#死亡人数		14			14	5	1	3	4	1	
直接经济损失	（万元）	2 225			2 225	442	273	597	454	173	286
平均每起火灾损失	（元）	9 624			9 624	7 795	7 398	18 715	6 143	30 351	10 958

主要统计指标解释

律师 指受聘参加法律顾问处工作，担任法律顾问、刑(民)事代理人、刑事辩护人,办理非诉讼事件、解答法律询问、代定法律事务文书等主要从事律师业务的专职法律工作者和兼职律师。

公证人员 指在国家公证机关依法办理公证事务的司法人员。包括公证员、助理公证员和在公证处工作的其他人员。

办理公证文书 指公证处在一定时期内办结的公证文书件数。公证文书系按司法部门规定或批准的格式制作。包括国内公证和涉外公证两部分。其中国内公证分为经济合同公证和民事法律关系公证两大类。

调解人员 在人民调解委员会担负调解民间一般民事纠纷和轻微违法行为所引起的纠纷的工作人员。包括调解委员会的委员和调解小组的调解员。

调解民间纠纷 指调解委员会依照法律规定，根据自愿原则，用说服教育的方法调解民间发生的有关民事权利和义务的争执,促成当事双方达到协议的谅解,解决纠纷。包括婚姻家庭纠纷,财产权益纠纷等。不包括法院受理调解的民事案件数。

县(市)社会经济(1978–2014)

SOCLAL ECONOMIC OF COUNTIES(CITIES)

版面负责人：卓卫华　郭绍林　徐　康
许　清　李跃东

编　　辑：徐向忠　顾元林　刘　畅
柳　震　闫礼建　张　虹

江苏省统计条例

（2014 年 1 月 16 日江苏省第十二届人民代表大会常务委员会第八次会议通过）

第四十条 政府统计机构应当明确承担统计执法检查职责的内设机构，配备相适应的统计执法检查人员。

【释义】 本条是关于政府统计机构内设统计检查机构的规定。

为确保依法履行职责，本条规定：政府统计机构应当明确承担相应执法检查职责的内设机构，配备与统计执法检查任务相适应的统计执法检查人员。

统计执法检查人员。指政府统计机构根据工作需要，明确承担统计执法检查职责的内设机构，对出现的统计违法行为进行行政处理或依法采取司法诉讼等工作的人员。统计执法检查人员，应由省统计局或者地方人民政府法制部门统一培训，并经考核合格、取得执法证件后，方可从事执法工作。

第四十一条 政府统计机构在调查统计违法行为或者核查统计数据时，可以发出统计检查查询书。被查询对象收到统计检查查询书后，应当按照规定期限如实书面答复，提供相关证明和资料。

【释义】 本条是关于统计检查查询书制发及被查询对象答复义务的规定。

为规范统计执法查询，本条作出如下规范：

一是明确了统计检查查询书的法律地位。统计检查查询书，是针对被查询对象拒报统计资料，或者报送统计资料存在重大问题，政府统计机构制发的一种法律文书，被查询对象应当按照查询书规定，书面提供有关材料和各种证据。

二是严格限定了使用范围。即政府统计机构在调查统计违法行为，或者在核查统计数据时，方可制发统计检查查询书。主要包括：(1)在统计检查中，发现被检查对象有提供不真实统计数据，或者拒报、迟报等违法行为；(2)发现有关单位制发非法统计调查表以及有关人员对依法行使统计法律、法规授予的职权的统计人员进行刁难、打击报复等违法行为，需要进行检查、调查、询问时；(3)在查处统计违法案件过程中，需要对有关单位、当事人、知情人进行调查、提取证据或了解情况时；(4)在受理复议或复查统计违法案件过程中，需要查证有关情况时。

三是规定了被查询对象书面答复的义务。即在规定期限内，被查询的单位或者个人应当以书面的形式，按期据实答复有关查询问题，并提供相关证明材料佐证。被查询单位、个人不按照规定答复，属于统计违法行为，依法承担相应的法律责任。

编辑：王中彬

21-1 历年地区生产总值

（当年价格） 单位:亿元

年　份	丰　县	沛　县	铜山区	睢宁县	新沂市	邳州市
1978	1.72	2.04	3.18	2.12	2.21	2.42
1979	1.99	2.24	4.08	2.21	2.24	2.82
1980	2.32	2.54	4.18	2.69	2.38	3.11
1981	2.42	2.80	4.83	2.91	2.62	3.23
1982	3.04	3.39	5.76	3.41	2.82	3.73
1983	3.53	3.78	6.96	3.61	3.55	4.93
1984	4.14	4.85	7.95	4.90	4.27	5.69
1985	3.87	5.88	8.89	5.30	5.02	6.46
1986	4.48	6.36	10.20	5.58	5.80	7.99
1987	4.86	7.11	12.35	5.70	6.85	8.94
1988	5.37	8.96	15.29	6.26	8.46	11.29
1989	7.06	8.59	15.13	6.88	9.49	12.04
1990	7.51	9.37	16.37	8.49	10.10	13.55
1991	9.28	13.18	18.29	9.46	11.42	14.70
1992	9.77	15.56	16.38	11.45	12.69	17.10
1993	12.42	20.07	21.79	15.28	17.41	20.75
1994	14.61	25.42	32.37	22.07	28.50	29.79
1995	16.36	32.33	45.67	29.53	32.51	34.59
1996	17.13	35.81	50.37	32.59	36.50	38.94
1997	17.91	38.88	55.55	30.29	39.51	44.48
1998	19.47	43.86	60.70	32.69	43.30	50.71
1999	22.78	49.23	64.65	34.31	44.53	55.96
2000	26.28	60.15	70.91	36.61	38.91	62.68
2001	30.40	68.00	77.75	41.35	43.66	69.05
2002	34.91	76.41	86.21	47.03	47.96	76.46
2003	40.50	86.57	99.00	53.20	54.24	88.07
2004	48.89	104.75	117.39	54.04	64.55	102.26
2005	57.94	125.22	147.69	64.26	82.99	128.93
2006	68.58	150.82	181.08	78.12	103.83	161.98
2007	81.08	179.50	229.31	95.58	129.32	198.55
2008	102.43	218.89	290.58	129.93	168.66	257.13
2009	120.15	249.98	338.11	151.15	195.53	298.46
2010	150.18	301.60	462.75	200.10	241.20	365.39
2011	190.61	376.98	570.57	252.36	301.37	448.86
2012	228.73	431.30	647.60	302.45	350.16	513.49
2013	281.78	495.37	737.14	360.16	412.22	599.14
2014	341.63	564.96	835.27	419.97	473.54	684.48

21-2 历年地区生产总值指数

（按可比价格计算、以1978年为100）

年 份	丰 县	沛 县	铜山区	睢宁县	新沂市	邳州市
1978	100.0	100.0	100.0	100.0	100.0	100.0
1979	99.0	95.5	110.3	90.8	89.5	99.9
1980	114.1	107.5	113.7	109.2	93.8	108.5
1981	117.5	117.6	128.3	115.8	101.1	110.1
1982	140.8	138.1	150.4	129.6	105.9	122.6
1983	161.0	151.6	181.0	134.8	129.7	159.3
1984	181.9	188.0	200.2	174.3	151.6	175.9
1985	158.6	210.8	209.6	173.2	165.0	189.4
1986	170.4	219.0	226.2	178.9	180.5	215.1
1987	171.9	228.4	256.3	173.1	195.7	224.0
1988	167.7	254.6	289.7	169.6	221.8	241.7
1989	199.1	221.2	249.8	169.8	240.8	238.1
1990	202.1	224.3	261.3	195.9	254.7	248.8
1991	241.7	304.8	283.8	212.9	277.1	269.7
1992	245.3	347.5	359.3	249.7	312.3	308.0
1993	274.5	376.0	395.6	283.9	360.7	363.7
1994	326.4	418.9	447.0	343.5	445.8	432.1
1995	378.0	517.8	596.3	401.6	465.9	523.7
1996	408.6	577.3	647.6	425.6	515.3	573.5
1997	455.6	665.6	736.3	435.9	563.7	543.1
1998	506.2	752.1	832.8	471.6	635.3	608.8
1999	569.5	843.1	934.4	509.3	688.7	679.4
2000	632.1	936.7	1 047.5	547.0	739.7	754.8
2001	704.8	1 041.6	1 153.3	618.1	828.5	841.6
2002	787.3	1 172.8	1 287.1	685.5	927.1	943.4
2003	866.0	1 322.9	1 455.7	760.9	1 043.0	1 069.8
2004	976.0	1 504.1	1 669.7	858.3	1 185.9	1 227.1
2005	1 107.8	1 729.7	1 928.5	974.2	1 361.4	1 422.2
2006	1 275.1	2 006.5	2 250.6	1 120.3	1 575.1	1 659.7
2007	1 469.9	2 321.0	2 604.9	1 290.7	1 816.0	1 920.2
2008	1 678.6	2 664.5	2 993.0	1 474.0	2 077.5	2 204.4
2009	1 916.9	3 056.2	3 439.0	1 690.7	2 385.0	2 532.9
2010	2 183.8	3 508.5	3 941.0	1 937.5	2 740.1	2 904.7
2011	2 476.7	4 003.3	4 504.6	2 204.8	3 136.0	3 314.3
2012	2 816.0	4 559.8	5 148.8	2 506.9	3 578.2	3 781.6
2013	3 182.1	5 138.9	5 807.6	2 835.3	4 505.5	4 273.2
2014	3 551.2	5 724.7	6 481.3	3 175.5	5 028.1	4 773.2

21-3 历年地区生产总值指数

（按可比价格计算、以上年为 100）

年 份	丰 县	沛 县	铜山区	睢宁县	新沂市	邳州市
1978						
1979	99.0	95.5	110.3	90.8	89.5	99.9
1980	115.3	112.6	103.1	120.3	104.8	108.6
1981	103.0	109.4	112.8	106.0	107.8	101.5
1982	119.8	117.4	117.2	111.9	104.7	111.4
1983	114.3	109.8	120.3	104.0	122.5	129.9
1984	113.0	124.0	110.6	129.3	116.9	110.4
1985	87.2	112.1	104.7	99.4	108.8	107.7
1986	107.4	103.9	107.9	103.3	109.4	113.6
1987	100.9	104.3	113.3	96.8	108.4	104.1
1988	97.6	111.5	113.0	98.0	113.3	107.9
1989	118.7	86.9	86.2	100.1	108.6	98.5
1990	101.5	101.4	104.6	115.4	106.5	104.5
1991	119.6	135.9	108.6	108.7	113.0	108.4
1992	101.5	114.0	126.6	117.3	111.1	114.2
1993	111.9	108.2	110.1	113.7	122.7	118.1
1994	118.9	111.4	113.0	121.0	123.6	118.8
1995	115.8	123.6	133.4	116.9	104.5	121.2
1996	108.1	111.5	108.6	106.0	110.6	109.5
1997	111.5	115.3	113.7	102.4	109.4	94.7
1998	111.1	113.0	113.1	108.2	112.7	112.1
1999	112.5	112.1	112.2	108.0	108.4	111.6
2000	111.0	111.1	112.1	107.4	107.4	111.1
2001	111.5	111.2	110.1	113.0	112.0	111.5
2002	111.7	112.6	111.6	110.9	111.9	112.1
2003	110.0	112.8	113.1	111.0	112.5	113.4
2004	112.7	113.7	114.7	112.8	113.7	114.7
2005	113.5	115.0	115.5	113.5	114.8	115.9
2006	115.1	116.0	116.7	115.0	115.7	116.7
2007	115.3	115.7	115.7	115.2	115.3	115.7
2008	114.2	114.8	114.9	114.2	114.4	114.9
2009	114.2	114.7	114.9	114.7	114.8	114.9
2010	113.9	114.8	114.6	114.6	114.9	114.7
2011	113.4	114.1	114.3	113.8	114.4	114.1
2012	113.7	113.9	114.3	113.7	114.1	114.1
2013	113.0	112.7	112.8	113.1	113.2	113.0
2014	111.6	111.4	111.6	112.0	111.6	111.7

21-4 历年人均地区生产总值

（当年价格）

单位：元

年　份	丰　县	沛　县	铜山区	睢宁县	新沂市	邳州市
1978	215	254	236	224	310	213
1979	246	274	300	232	313	246
1980	284	307	305	280	330	269
1981	294	332	348	300	359	277
1982	363	292	408	347	381	315
1983	417	429	486	364	474	410
1984	486	546	549	490	562	367
1985	451	660	607	526	653	524
1986	518	700	692	550	746	641
1987	557	777	827	557	872	707
1988	608	951	1 001	603	1 058	874
1989	785	879	1 304	649	1 248	913
1990	805	916	1 345	767	1 289	985
1991	960	1 241	1 450	817	1 398	1 025
1992	997	1 445	1 878	973	1 612	1 234
1993	1 250	1 846	1 938	1 287	2 094	1 415
1994	1 451	2 299	2 863	1 845	3 150	2 013
1995	1 611	2 880	4 004	2 447	3 577	2 320
1996	1 677	3 169	4 387	2 679	3 941	2 598
1997	1 718	3 427	4 819	2 471	4 177	2 960
1998	1 845	3 834	5 221	2 647	4 515	3 375
1999	2 149	4 263	5 529	2 776	4 718	3 691
2000	2 403	4 776	6 044	2 917	4 075	4 066
2001	2 770	5 465	6 592	3 221	4 511	4 429
2002	3 179	6 302	7 292	3 648	4 949	4 888
2003	3 698	7 328	8 378	4 108	5 646	5 774
2004	4 811	8 991	10 368	4 130	6 723	6 892
2005	5 702	10 928	13 206	4 856	9 001	8 766
2006	6 722	13 091	16 158	6 616	11 038	10 903
2007	8 044	15 789	20 788	8 193	13 941	13 542
2008	10 182	19 402	26 603	11 285	18 439	17 531
2009	12 130	22 322	31 289	13 328	21 480	20 616
2010	15 414	26 727	40 362	18 498	26 360	25 186
2011	19 867	33 335	50 982	24 366	32 861	30 972
2012	24 021	38 633	58 873	29 427	38 443	35 736
2013	29 711	44 514	66 649	35 177	45 414	41 799
2014	36 086	50 772	77 674	41 087	52 195	47 761

21-5 历年年末总人口

单位:万人

年 份	丰 县	沛 县	铜山区	睢宁县	新沂市	邳州市
1978	80.53	81.07	135.85	95.06	71.53	114.30
1979	81.10	82.03	136.27	95.71	71.85	114.92
1980	81.78	83.46	137.36	96.22	72.38	115.81
1981	83.00	85.64	139.90	97.56	73.38	117.58
1982	84.21	87.43	142.58	98.95	74.48	119.51
1983	84.94	88.88	143.99	99.74	75.22	120.89
1984	85.50	88.59	145.73	100.48	76.31	122.79
1985	86.13	89.66	146.90	101.07	77.25	124.07
1986	86.68	90.93	147.97	101.96	78.28	125.51
1987	87.62	92.20	150.68	102.96	79.38	127.47
1988	89.08	96.18	154.90	104.84	80.69	130.89
1989	90.78	99.28	160.13	107.03	82.36	132.96
1990	95.78	105.36	170.35	114.40	88.37	142.22
1991	97.61	107.16	172.16	117.23	89.44	144.71
1992	98.51	108.15	172.38	118.26	89.74	146.06
1993	99.39	109.29	173.29	119.15	90.33	147.32
1994	100.67	111.84	128.56	120.09	90.62	148.59
1995	101.51	112.66	129.90	121.21	91.13	149.60
1996	102.14	113.32	130.30	122.12	94.10	150.11
1997	104.28	113.62	131.34	123.08	95.05	150.45
1998	105.57	115.16	132.77	124.25	96.15	150.02
1999	106.04	115.79	133.00	122.96	94.59	152.74
2000	109.38	118.13	128.34	128.06	96.34	155.59
2001	109.74	118.48	128.90	128.71	97.22	156.25
2002	109.80	118.92	128.94	129.09	96.58	156.56
2003	109.51	119.50	128.80	129.93	95.55	158.04
2004	110.24	120.34	129.19	131.76	96.48	161.43
2005	111.03	120.48	119.60	132.89	97.47	163.96
2006	112.11	121.74	120.72	134.04	99.06	165.46
2007	113.30	123.59	120.47	132.89	99.11	168.66
2008	114.03	123.80	122.11	132.51	100.31	169.70
2009	114.58	125.81	124.21	132.91	101.95	171.93
2010	116.49	127.94	129.27	133.12	104.01	178.62
2011	115.08	127.12	131.07	135.46	104.70	178.63
2012	116.62	128.66	134.51	137.35	107.15	179.86
2013	118.23	128.91	137.06	140.74	109.66	182.95
2014	120.05	130.63	131.56	143.58	111.89	185.89

21-6 历年年末农业人口

单位:万人

年　份	丰　县	沛　县	铜山区	睢宁县	新沂市	邳州市
1978	78.34	76.75	132.80	92.61	68.32	111.00
1979	78.77	77.47	133.36	93.08	68.45	111.23
1980	79.32	78.39	134.26	93.45	68.85	112.03
1981	80.39	79.99	136.72	94.61	69.69	113.56
1982	81.40	81.42	139.37	95.74	70.66	115.27
1983	81.98	82.04	140.96	96.45	71.22	116.55
1984	82.29	81.39	142.46	96.95	72.01	118.15
1985	82.28	81.39	143.21	97.13	72.49	118.85
1986	82.64	82.12	143.88	97.90	73.27	120.38
1987	83.13	82.80	145.43	98.59	74.26	122.01
1988	83.61	85.46	145.78	98.90	74.88	123.42
1989	84.68	87.23	148.35	99.98	75.10	124.39
1990	89.28	92.58	156.87	106.85	80.56	132.65
1991	90.74	92.83	156.98	109.39	81.11	134.64
1992	91.28	93.41	155.94	110.19	81.06	135.39
1993	91.78	94.01	155.17	110.64	80.98	136.11
1994	92.77	95.73	116.63	111.30	80.90	136.69
1995	93.12	95.89	116.09	111.74	80.68	136.36
1996	93.22	95.88	115.72	112.30	82.85	135.79
1997	94.82	95.57	115.94	112.93	83.21	135.14
1998	95.62	96.11	117.04	113.70	83.40	134.10
1999	95.75	95.95	116.88	112.04	81.24	135.60
2000	94.02	96.88	111.68	111.56	77.95	121.74
2001	93.62	97.27	110.92	111.67	76.27	120.89
2002	93.48	97.42	110.85	111.68	75.92	121.32
2003	90.54	87.09	101.09	113.29	75.80	124.46
2004	88.15	87.56	101.00	110.86	76.35	121.62
2005	88.40	87.48	94.56	109.91	77.14	121.72
2006	89.47	88.69	95.92	110.95	78.13	122.92
2007	90.20	94.09	91.06	109.99	79.70	125.60
2008	80.75	93.64	91.82	110.26	80.89	126.45
2009	65.10	81.04	85.55	110.68	82.30	127.49
2010	65.22	79.67	83.65	100.83	43.69	129.62
2011	50.45	54.62	52.69	60.95	46.11	68.45
2012	50.49	52.54	51.87	60.03	43.88	47.43
2013	49.20	52.01	24.96	55.02	41.94	47.16
2014	48.63	53.69	21.70	55.32	42.53	47.08

21-7 历年人口出生率

单位:‰

年 份	丰 县	沛 县	铜山区	睢宁县	新沂市	邳州市
1978	18.96	19.40	15.94	15.36	16.94	14.67
1979	13.03	15.91	13.58	12.35	12.34	11.93
1980	17.51	25.44	22.86	17.35	15.19	17.48
1981	16.88	19.30	21.51	14.19	18.08	16.79
1982	15.41	17.87	20.46	14.64	17.58	18.05
1983	13.44	12.81	16.46	12.05	14.46	15.63
1984	12.52	16.54	14.42	11.71	15.99	15.28
1985	11.79	11.50	12.50	9.99	14.91	12.86
1986	13.25	13.34	13.48	11.14	16.98	13.72
1987	15.89	15.08	16.52	12.02	16.30	15.33
1988	19.13	44.33	25.48	13.18	19.01	22.87
1989	21.83	31.63	31.69	15.49	19.22	18.90
1990	19.77	23.92	28.08	17.19	18.90	18.50
1991	21.24	19.90	18.31	26.21	16.72	20.93
1992	13.20	13.29	12.22	14.08	11.52	12.77
1993	13.78	15.92	12.37	10.76	10.08	11.26
1994	16.73	22.94	14.20	10.78	9.26	10.96
1995	12.67	10.68	10.75	9.90	8.29	8.75
1996	10.64	9.28	8.88	10.85	12.57	7.92
1997	23.83	8.28	13.83	10.74	9.03	7.77
1998	13.64	9.60	13.54	8.88	8.23	9.67
1999	9.49	7.73	8.32	7.49	8.00	8.44
2000	35.54	24.04	13.86	18.66	13.15	15.28
2001	7.74	8.17	7.85	6.96	8.10	8.47
2002	7.31	7.17	8.72	7.04	6.65	9.59
2003	6.45	8.92	8.85	13.76	6.91	13.18
2004	15.74	11.69	9.18	19.10	15.70	22.63
2005	13.07	9.23	14.50	14.01	15.32	19.52
2006	15.24	15.58	14.68	15.03	16.50	17.92
2007	20.13	21.01	18.86	14.67	22.31	32.02
2008	17.09	18.93	20.62	13.85	21.24	23.21
2009	17.34	19.14	20.67	14.30	16.24	30.79
2010	26.31	24.14	18.09	15.69	23.33	26.77
2011	19.17	18.51	26.52	25.46	20.70	9.13
2012	21.96	19.75	23.79	21.26	25.64	15.78
2013	20.44	20.75	24.69	26.43	25.69	18.46
2014	21.55	20.45	19.05	25.67	23.61	18.30

注:各县(市、区)出生人口中包含往年补报出生人口,下同。

21-8 历年人口自然增长率

单位:‰

年份	丰县	沛县	铜山区	睢宁县	新沂市	邳州市
1978	13.44	14.30	10.35	9.50	10.82	9.11
1979	7.55	11.13	8.16	6.60	6.36	6.52
1980	11.53	17.81	15.24	9.61	8.65	11.07
1981	11.76	14.10	15.00	9.05	11.86	11.88
1982	10.71	13.13	15.66	9.54	12.50	13.12
1983	8.55	7.72	11.59	7.16	9.38	11.13
1984	7.09	11.01	9.23	6.31	10.98	10.75
1985	6.62	6.81	7.29	5.20	9.96	8.31
1986	8.08	8.74	8.47	6.63	11.93	9.17
1987	10.76	10.73	11.38	7.49	11.36	11.06
1988	13.77	39.92	20.19	8.80	13.80	18.23
1989	16.48	27.40	27.02	11.28	14.38	14.61
1990	15.14	19.70	23.08	12.51	13.70	14.27
1991	17.07	15.42	13.00	20.70	11.60	15.66
1992	8.16	8.65	6.60	8.67	6.36	7.34
1993	8.93	11.42	6.93	5.20	4.79	5.94
1994	11.43	18.14	8.44	5.44	4.06	5.55
1995	7.83	6.42	5.97	5.02	3.42	3.63
1996	5.82	4.90	2.96	5.67	8.25	2.46
1997	19.26	4.42	7.81	5.55	4.93	2.84
1998	9.09	6.17	8.04	3.82	3.52	5.47
1999	5.69	4.80	2.86	3.22	4.18	5.04
2000	30.15	18.83	7.50	14.38	9.06	11.18
2001	4.37	4.29	4.14	4.03	4.99	5.32
2002	3.51	4.27	4.63	4.18	0.68	5.71
2003	2.85	5.47	2.97	10.06	4.67	9.29
2004	10.18	6.84	4.32	14.54	11.13	17.91
2005	10.58	5.92	11.83	12.22	13.91	17.33
2006	10.82	12.64	10.66	12.40	14.86	11.60
2007	11.82	14.06	-2.70	-6.91	1.37	17.24
2008	7.01	1.66	11.93	-2.16	11.50	9.56
2009	5.54	15.37	16.11	2.85	14.97	17.57
2010	17.19	16.66	2.84	5.89	17.79	21.40
2011	11.59	13.53	20.97	20.80	12.32	-3.36
2012	18.85	14.49	19.98	14.48	22.78	8.51
2013	16.45	14.86	20.40	25.13	23.69	15.78
2014	16.32	18.33	15.77	21.97	21.95	16.14

21-9 历年从业人员

单位:万人

年 份	丰 县	沛 县	铜山区	睢宁县	新沂市	邳州市
1978	34.29	32.05	57.76	40.84	29.23	45.71
1979	31.55	31.76	57.82	40.14	29.59	45.20
1980	32.83	34.16	59.44	41.92	30.15	46.46
1981	34.33	36.01	61.67	43.22	30.45	47.78
1982	35.75	38.04	62.54	44.42	32.74	50.07
1983	36.00	39.20	64.85	44.83	32.37	51.67
1984	38.19	41.00	68.50	46.10	34.02	53.93
1985	39.44	41.72	70.57	48.16	34.37	56.64
1986	39.98	43.20	72.07	49.64	36.18	57.70
1987	41.69	43.83	72.48	52.21	37.06	60.27
1988	43.18	46.23	75.02	53.25	38.46	63.87
1989	44.02	47.28	77.43	54.45	40.58	65.20
1990	46.85	49.73	80.08	57.42	42.66	69.25
1991	47.98	50.97	81.50	59.21	42.76	73.44
1992	48.65	51.39	82.72	58.40	43.12	74.17
1993	49.49	49.25	81.91	60.03	43.78	74.98
1994	50.34	49.81	61.46	59.55	46.18	75.89
1995	50.75	48.46	58.56	60.95	47.23	76.59
1996	51.22	49.64	58.67	61.28	47.74	77.50
1997	51.60	51.42	59.47	61.14	48.41	77.99
1998	50.93	51.45	58.22	61.28	47.10	77.72
1999	51.69	50.24	58.01	62.73	45.86	78.83
2000	52.03	55.75	55.60	63.62	44.79	73.71
2001	54.01	55.21	54.10	61.92	44.68	73.05
2002	54.02	52.73	52.44	57.15	41.37	70.88
2003	53.77	51.74	50.23	52.69	39.82	71.03
2004	53.43	51.85	52.51	52.91	42.30	71.13
2005	58.09	56.39	52.48	66.72	48.65	78.77
2006	58.74	57.52	54.37	68.38	48.67	80.73
2007	58.97	58.55	59.13	71.12	50.47	82.55
2008	59.71	57.01	62.28	72.85	50.10	84.93
2009	61.30	58.18	64.69	73.32	52.43	87.41
2010	62.76	60.80	68.38	73.09	55.57	89.61
2011	66.17	62.09	70.40	72.63	58.19	90.26
2012	66.58	62.61	70.80	72.92	59.09	90.55
2013	68.07	65.87	73.01	74.70	62.48	92.78
2014	56.31	66.55	65.63	59.93	54.30	77.54

21-10 历年在岗职工人数

单位:万人

年 份	丰 县	沛 县	铜山区	睢宁县	新沂市	邳州市
1978	2.72	3.46	4.44	3.30	3.11	3.89
1979	2.72	2.86	4.02	3.31	3.23	3.68
1980	2.95	3.66	4.58	3.73	3.58	3.76
1981	3.21	3.86	4.82	3.89	3.55	3.89
1982	3.29	4.04	5.03	3.86	3.61	3.99
1983	3.29	4.00	5.04	3.97	3.53	3.97
1984	3.61	4.37	5.52	4.00	4.12	5.02
1985	3.77	4.52	5.39	4.28	4.06	4.62
1986	3.71	4.97	5.56	4.48	4.27	4.73
1987	3.86	4.90	5.68	4.83	4.41	5.13
1988	4.25	5.41	5.84	5.21	4.70	6.40
1989	4.32	5.14	5.92	5.15	4.86	5.99
1990	4.73	5.24	6.14	5.14	4.91	6.14
1991	4.84	5.55	6.46	5.42	4.86	6.41
1992	4.80	5.79	6.69	5.44	4.91	6.44
1993	5.00	6.15	7.16	5.10	5.47	6.81
1994	5.15	6.05	6.49	5.39	5.56	7.00
1995	5.22	6.04	7.00	5.45	5.87	6.89
1996	4.99	6.53	7.53	5.63	5.99	7.36
1997	5.03	6.32	7.51	5.56	6.03	7.42
1998	3.86	5.61	7.11	4.65	5.14	6.64
1999	3.76	5.40	6.76	4.48	5.12	6.70
2000	3.80	5.06	6.41	4.31	4.94	6.41
2001	3.41	4.84	6.03	4.03	4.94	6.27
2002	3.28	4.44	5.46	3.58	4.73	5.93
2003	3.13	4.44	5.17	3.41	4.77	5.56
2004	3.03	4.03	5.04	3.44	4.88	5.17
2005	3.11	4.14	4.82	3.51	4.90	5.24
2006	3.25	4.17	5.17	3.66	5.11	5.36
2007	3.62	4.12	5.25	3.73	4.86	5.44
2008	3.67	4.07	5.63	3.84	4.97	5.85
2009	3.76	4.04	5.39	4.06	4.89	6.15
2010	3.84	3.99	5.48	4.16	4.95	6.23
2011	3.99	3.85	5.52	4.34	5.29	6.47
2012	4.07	4.05	5.70	4.54	5.73	6.38
2013	8.11	11.38	18.39	7.69	7.85	11.66
2014	8.26	11.46	17.21	8.14	8.25	10.94

21-11 历年乡村劳动力

单位:万人

年　份	丰　县	沛　县	铜山区	睢宁县	新沂市	邳州市
1978	31.57	28.59	53.32	37.54	26.12	41.82
1979	28.79	28.81	53.80	36.82	26.36	41.49
1980	29.84	30.36	54.86	38.00	23.54	42.69
1981	31.02	31.92	56.85	39.21	26.81	43.88
1982	32.43	33.96	57.51	40.53	29.10	46.06
1983	32.68	35.14	59.81	40.80	28.80	46.69
1984	34.55	36.52	62.98	41.99	29.83	48.88
1985	35.64	37.14	65.18	43.77	30.17	51.98
1986	36.24	38.13	66.51	45.04	31.78	52.92
1987	37.79	33.80	66.81	47.24	32.55	55.08
1988	38.89	40.73	69.18	47.95	33.66	57.40
1989	39.65	41.91	71.51	49.20	34.74	59.13
1990	42.07	44.27	73.94	52.15	36.78	63.04
1991	43.02	45.21	75.04	53.64	37.79	66.95
1992	43.76	45.35	75.87	52.78	37.90	67.63
1993	44.26	42.65	74.71	54.73	37.63	67.98
1994	44.96	43.06	54.86	53.90	39.66	68.63
1995	45.19	41.80	51.46	55.18	39.96	69.01
1996	45.85	42.33	51.00	55.11	40.03	69.44
1997	46.43	44.21	51.93	57.54	41.46	71.06
1998	46.62	44.34	51.13	58.26	41.51	71.06
1999	46.48	42.43	50.41	56.71	39.35	70.01
2000	46.59	47.84	48.33	57.68	38.16	66.55
2001	49.04	47.79	47.62	56.29	37.61	65.64
2002	49.90	48.73	48.73	59.33	38.33	69.56
2003	50.87	49.61	46.87	60.18	38.31	68.66
2004	51.50	50.24	50.37	61.48	39.55	70.30
2005	53.24	49.99	45.83	61.64	40.36	68.75
2006	53.48	50.40	46.73	62.76	40.37	68.76
2007	51.38	49.74	49.91	63.96	40.40	69.76
2008	51.53	47.26	51.46	64.38	40.36	69.71
2009	52.00	47.61	52.62	63.66	41.72	69.70
2010	52.81	49.46	54.41	62.83	43.43	69.50
2011	54.36	49.64	55.42	60.87	43.71	67.65
2012	55.77	52.33	58.63	62.11	47.46	72.40
2013	54.14	49.89	55.42	59.28	46.63	68.22
2014	53.18	48.94	51.65	59.97	45.46	67.02

21-12 历年固定资产投资

单位:万元

年　份	丰　县	沛　县	铜山区	睢宁县	新沂市	邳州市
1978	846	381	932	257	721	927
1979	830	575	1 394	468	1 040	1 036
1980	654	795	1 817	1 054	810	844
1981	456	552	1 226	577	726	613
1982	811	956	2 377	637	846	1 134
1983	640	1 255	2 114	538	1 137	1 485
1984	572	2 036	1 871	863	946	1 530
1985	1 016	1 917	4 021	1 034	1 609	2 983
1986	5 058	8 509	30 918	6 564	16 901	6 136
1987	6 794	9 879	26 961	8 976	18 966	26 902
1988	8 435	11 978	31 727	10 496	23 567	14 313
1989	6 587	11 901	35 441	8 836	24 988	30 930
1990	9 373	12 345	38 817	10 194	30 595	15 335
1991	14 560	16 841	52 059	11 899	34 845	17 397
1992	19 873	19 901	71 959	15 199	36 754	41 934
1993	30 578	30 026	94 013	45 751	46 133	55 851
1994	46 867	42 717	141 040	62 722	66 874	84 525
1995	63 137	79 776	190 435	82 607	92 935	88 830
1996	80 677	94 540	238 234	91 157	94 616	163 509
1997	86 698	113 573	239 240	84 216	91 756	116 662
1998	96 895	112 588	211 505	76 037	129 451	137 538
1999	109 440	144 693	214 600	102 185	155 269	165 504
2000	125 324	159 146	229 307	110 264	129 970	195 998
2001	142 671	175 018	260 666	132 805	173 082	227 638
2002	172 107	208 096	295 093	175 419	197 020	258 616
2003	247 625	310 271	395 956	240 029	236 778	383 732
2004	323 756	480 920	537 958	301 340	461 986	523 462
2005	310 470	607 311	717 791	325 584	608 550	950 910
2006	413 310	750 129	1 050 982	402 385	785 000	1 082 000
2007	505 000	1 001 518	1 469 954	508 178	922 500	1 465 814
2008	516 480	1 138 254	1 819 519	617 000	1 184 300	1 816 780
2009	650 120	1 586 504	2 397 838	1 058 325	1 583 500	2 602 000
2010	901 750	2 140 020	3 351 370	1 345 338	2 101 912	3 349 981
2011	1 039 371	2 372 031	3 473 398	1 247 240	2 207 210	3 213 528
2012	1 273 340	2 923 210	4 267 923	1 532 206	2 706 367	3 938 766
2013	1 449 732	3 312 973	4 869 369	1 747 941	3 075 835	4 490 608
2014	1 801 402	4 090 561	5 665 406	2 185 526	3 862 929	5 459 584

注:2011 年起不再统计全社会固定资产投资,统计口径改为 500 万元以上固定资产投资。

21-13 历年财政收入

单位:万元

年 份	丰 县	沛 县	铜山区	睢宁县	新沂市	邳州市
1978	1 326	1 612	1 831	1 839	1 491	1 625
1979	962	1 417	1 611	1 538	1 377	1 498
1980	1 003	1 322	1 818	1 604	1 546	1 608
1981	1 014	1 400	2 251	1 879	1 617	1 615
1982	1 341	1 751	3 609	1 820	1 800	2 123
1983	1 441	2 008	4 025	2 029	1 736	2 156
1984	1 503	2 132	4 841	2 285	1 954	2 489
1985	1 852	2 829	5 401	2 692	2 375	2 941
1986	2 195	2 944	6 336	2 960	2 622	3 400
1987	2 509	3 517	6 316	3 275	3 045	3 726
1988	2 853	4 465	7 737	3 778	3 819	4 264
1989	2 483	4 552	11 609	3 769	3 434	3 927
1990	2 831	5 227	12 021	3 879	3 721	4 309
1991	3 004	5 928	12 122	3 672	4 151	4 375
1992	3 570	6 579	12 551	3 886	4 431	4 963
1993	5 331	9 350	16 627	5 212	7 367	7 462
1994	7 851	13 335	18 225	7 574	10 702	11 575
1995	12 054	18 003	23 454	11 252	12 468	15 183
1996	14 308	21 534	30 026	14 002	15 125	19 222
1997	15 559	26 208	34 911	14 259	16 772	22 055
1998	16 586	28 004	38 507	15 360	18 204	24 271
1999	17 620	30 039	43 062	16 906	19 410	26 726
2000	17 886	33 018	48 118	16 330	20 605	29 060
2001	18 508	36 320	55 685	18 008	24 463	34 442
2002	19 662	44 582	62 452	21 137	27 284	42 168
2003	25 318	50 609	76 398	26 139	33 342	56 998
2004	27 724	63 601	92 668	29 502	40 227	80 058
2005	35 221	85 008	116 500	35 016	50 576	95 826
2006	49 318	120 271	156 800	47 073	75 278	131 022
2007	59 755	157 645	185 086	55 122	89 561	150 777
2008	81 671	203 279	236 725	78 109	114 918	188 589
2009	122 515	261 124	295 654	115 424	153 260	253 046
2010	169 252	353 923	387 417	183 819	236 023	307 900
2011	252 468	481 652	568 925	282 610	346 516	463 876
2012	305 518	539 131	663 088	337 728	404 448	525 325
2013	365 891	579 056	778 290	406 591	457 312	583 166
2014	438 794	649 830	859 746	482 701	529 191	653 571

21-14 历年财政支出

单位:万元

年份	丰县	沛县	铜山区	睢宁县	新沂市	邳州市
1978	1 590	1 314	2 088	1 680	1 447	1 684
1979	2 018	1 675	2 529	1 840	1 531	2 237
1980	1 667	1 709	2 315	1 973	1 479	2 125
1981	1 693	1 724	2 174	1 951	1 522	2 160
1982	1 896	2 182	3 082	2 127	2 016	2 371
1983	2 429	2 554	3 416	2 629	2 256	2 858
1984	2 840	3 802	3 706	2 738	2 531	3 153
1985	2 742	3 950	4 536	2 940	2 682	3 488
1986	3 653	5 073	5 628	4 067	3 538	4 495
1987	4 290	5 118	6 212	4 199	3 975	4 661
1988	5 181	6 501	7 952	5 170	5 187	5 465
1989	5 924	7 687	10 851	6 605	6 168	6 678
1990	6 896	8 989	13 543	7 252	6 811	7 556
1991	7 614	9 556	15 276	7 886	7 771	8 476
1992	7 586	9 506	15 621	8 056	8 303	9 014
1993	10 265	13 261	16 591	10 324	10 355	10 811
1994	12 891	13 324	16 611	12 675	11 454	14 275
1995	16 217	18 621	20 332	16 013	14 375	16 403
1996	20 248	21 725	27 532	19 392	17 820	21 464
1997	24 032	25 682	32 493	21 162	19 223	24 898
1998	26 558	27 162	35 526	23 762	21 683	29 529
1999	26 651	29 588	39 390	26 580	24 986	34 094
2000	29 667	31 180	40 284	26 386	28 064	36 627
2001	35 393	36 889	44 391	33 568	34 858	42 889
2002	37 866	45 020	50 338	39 808	39 122	49 543
2003	45 639	53 456	62 569	46 134	48 682	66 217
2004	55 325	67 373	78 394	54 676	58 307	84 928
2005	72 979	88 488	107 780	77 545	79 123	113 430
2006	91 672	116 118	145 418	96 865	99 903	143 508
2007	116 415	168 273	162 830	117 449	113 104	173 183
2008	157 929	203 316	224 738	167 227	157 278	237 026
2009	208 700	271 959	285 893	217 116	221 451	311 689
2010	276 883	360 103	382 972	284 511	303 498	411 118
2011	403 976	507 852	521 982	423 914	431 830	534 465
2012	476 067	611 756	616 370	482 555	547 278	679 840
2013	541 357	672 191	824 175	571 385	617 017	777 384
2014	627 100	731 506	945 903	675 628	684 991	886 240

21-15 历年常用耕地面积

（年底数） 单位:千公顷

年 份	丰 县	沛 县	铜山区	睢宁县	新沂市	邳州市
1978	89.29	83.81	159.38	103.04	84.12	118.23
1979	89.07	83.64	158.77	102.47	84.04	117.75
1980	88.30	83.03	157.90	102.43	83.76	117.66
1981	87.80	82.87	157.07	102.27	83.73	117.60
1982	87.76	82.73	156.29	102.22	83.55	117.57
1983	88.00	82.67	156.00	102.00	83.33	117.33
1984	88.03	82.46	155.15	102.08	83.49	117.23
1985	88.01	81.19	154.73	102.03	83.48	117.01
1986	88.01	81.12	151.88	102.03	83.35	116.53
1987	87.93	80.86	151.32	101.95	83.21	116.32
1988	87.81	80.77	150.63	101.91	82.54	115.79
1989	87.63	80.73	149.94	101.89	82.32	115.73
1990	87.61	80.62	148.89	101.82	82.15	114.83
1991	87.51	80.45	148.33	101.25	82.10	114.67
1992	86.01	80.38	147.53	100.79	81.63	114.16
1993	86.00	80.20	146.79	100.52	81.55	112.86
1994	85.85	79.97	115.52	100.09	81.42	112.45
1995	85.85	77.97	115.38	99.92	81.07	111.88
1996	85.68	77.91	115.15	99.62	80.47	111.44
1997	76.65	77.44	117.47	100.79	79.37	122.66
1998	76.60	77.03	117.40	100.67	80.65	122.83
1999	76.64	77.05	117.66	100.63	80.14	122.48
2000	76.70	77.22	115.99	100.63	80.57	121.37
2001	76.25	77.13	116.05	100.10	79.90	121.16
2002	76.41	76.93	116.31	100.05	79.85	121.17
2003	76.10	76.72	113.19	100.08	79.70	112.70
2004	76.09	76.56	108.97	100.08	79.57	111.84
2005	76.28	76.44	109.43	100.08	79.37	111.39
2006	75.34	75.92	109.31	99.84	79.02	112.38
2007	75.51	75.80	109.37	99.76	79.00	111.79
2008	75.72	75.48	106.52	100.00	78.76	110.68
2009	75.67	73.57	105.10	99.40	78.64	111.86
2010	75.67	75.51	106.52	97.46	78.43	111.96
2011	79.58	81.09	106.53	103.47	80.41	116.31
2012	79.75	80.92	107.02	103.41	80.23	116.33
2013	79.57	80.90	106.91	103.30	80.30	116.30

21-16 历年农业机械总动力

（年底数）　　单位:万千瓦

年　份	丰　县	沛　县	铜山区	睢宁县	新沂市	邳州市
1978	12.44	12.95	23.21	11.44	10.47	13.70
1979	12.86	14.47	26.21	12.64	14.28	14.87
1980	15.96	15.65	29.45	14.10	15.65	16.74
1981	16.77	17.27	30.82	16.04	17.15	18.35
1982	18.95	19.29	35.35	18.84	18.47	22.39
1983	20.59	21.80	40.13	20.18	20.05	25.99
1984	24.02	23.91	49.46	21.56	19.99	29.12
1985	25.74	24.32	56.19	22.93	19.91	30.07
1986	27.61	25.54	60.61	25.00	21.27	34.61
1987	30.40	28.50	72.00	26.84	22.76	36.96
1988	32.50	29.16	86.62	28.11	23.23	38.18
1989	34.39	27.70	93.14	26.25	23.44	39.96
1990	30.27	34.42	93.52	25.27	23.15	39.81
1991	30.49	34.29	72.86	25.19	22.34	40.40
1992	28.09	33.17	65.23	24.79	22.66	36.61
1993	29.56	32.81	63.29	25.59	22.73	34.90
1994	29.51	32.73	39.84	25.89	23.66	33.58
1995	30.34	34.52	36.93	23.55	24.74	29.72
1996	31.80	35.32	36.37	24.55	25.02	31.54
1997	44.92	40.34	54.86	26.98	29.97	38.24
1998	47.90	41.96	58.19	29.92	32.61	41.47
1999	50.58	43.30	72.20	31.33	36.55	46.83
2000	57.51	65.59	70.67	45.85	41.18	57.97
2001	58.11	67.20	71.06	48.66	43.09	65.02
2002	57.81	68.52	73.14	50.93	44.58	70.80
2003	59.37	69.07	73.85	53.43	46.42	75.55
2004	59.98	70.25	73.95	55.83	46.62	78.06
2005	60.44	74.62	67.30	60.02	49.76	83.15
2006	61.66	78.44	70.46	65.01	53.91	88.34
2007	62.13	79.94	71.50	66.99	56.71	94.46
2008	66.25	82.31	91.90	82.07	60.40	96.80
2009	69.13	84.10	93.90	86.26	65.84	101.40
2010	69.93	85.65	96.20	89.37	69.03	104.10
2011	73.80	89.13	98.79	96.96	72.61	111.13
2012	76.77	92.41	98.76	103.00	77.18	116.04
2013	77.83	95.94	98.92	106.30	81.13	113.25
2014	80.27	97.80	199.44	111.80	94.93	116.02

21-17 历年农林牧渔业总产值

（当年价格） 单位:万元

年 份	丰 县	沛 县	铜山区	睢宁县	新沂市	邳州市
1978	15 810	18 382	31 848	18 356	18 265	24 491
1979	20 724	19 705	42 217	18 880	18 612	28 479
1980	23 182	21 854	37 976	23 603	18 598	31 461
1981	24 163	24 754	37 987	26 421	21 157	34 168
1982	29 770	27 695	47 763	33 934	26 418	38 514
1983	35 419	33 163	60 996	35 885	33 330	43 581
1984	43 388	40 732	66 347	47 968	37 414	55 344
1985	41 474	42 583	75 225	49 402	41 786	59 884
1986	45 200	55 998	85 209	51 449	50 860	76 645
1987	52 613	62 592	94 380	51 600	63 375	83 140
1988	64 426	73 268	146 023	54 879	78 355	110 264
1989	69 328	73 819	147 659	66 570	87 884	110 596
1990	78 230	91 721	163 381	80 470	94 180	128 027
1991	91 766	93 687	175 889	89 271	104 601	135 059
1992	91 465	91 402	209 745	102 009	119 878	142 777
1993	131 067	122 049	257 302	135 878	154 151	171 199
1994	180 928	197 257	320 311	217 635	213 544	292 885
1995	239 818	247 827	399 924	269 129	256 031	384 102
1996	280 443	324 758	454 553	317 969	293 759	461 242
1997	256 802	333 973	384 232	296 479	285 292	426 967
1998	266 865	348 366	401 055	282 536	303 556	450 727
1999	279 736	354 591	381 167	278 597	312 216	459 072
2000	300 605	363 461	400 294	273 376	321 307	486 340
2001	320 867	381 637	431 471	289 274	339 682	516 544
2002	342 465	405 504	460 307	314 341	360 180	552 480
2003	366 826	422 362	405 606	325 021	308 914	580 636
2004	414 977	483 373	478 627	399 044	380 824	599 434
2005	355 373	566 218	464 871	389 692	414 548	695 374
2006	395 859	594 072	501 253	413 557	446 353	779 016
2007	437 125	651 825	541 433	442 820	507 574	830 250
2008	530 887	673 930	599 778	519 253	503 328	882 368
2009	580 693	751 617	670 996	665 887	615 434	991 811
2010	649 355	903 156	684 373	787 066	694 783	1 100 101
2011	775 231	1 090 245	856 960	950 728	806 247	1 327 479
2012	886 899	1 207 167	981 564	1 046 895	916 229	1 494 402
2013	1 027 733	1 352 225	1 152 242	1 182 998	1 028 666	1 628 505
2014	1 232 193	1 501 940	1 286 776	1 342 580	1 175 475	1 873 621

21-18 历年粮食产量

单位:万吨

年 份	丰 县	沛 县	铜山区	睢宁县	新沂市	邳州市
1978	24.82	29.08	51.50	30.57	31.47	36.94
1979	28.59	33.87	60.73	32.04	36.83	41.14
1980	30.81	32.71	63.44	37.69	38.98	44.22
1981	31.30	35.49	69.80	45.39	41.40	49.93
1982	35.09	36.30	68.95	52.62	45.55	53.33
1983	42.13	49.79	95.67	57.79	55.16	65.35
1984	49.19	56.51	103.18	64.08	58.77	71.22
1985	49.41	48.94	94.84	62.97	54.68	67.14
1986	51.27	55.30	105.80	66.17	57.32	72.59
1987	45.11	54.20	100.12	68.25	58.89	74.99
1988	38.92	52.38	94.04	59.29	52.50	71.34
1989	43.55	55.97	104.71	68.58	54.27	75.44
1990	43.72	55.69	107.60	67.29	51.54	71.20
1991	48.70	55.82	108.48	66.88	55.30	74.62
1992	46.11	55.63	111.70	68.27	55.47	79.67
1993	50.15	59.30	105.65	60.79	54.54	74.86
1994	46.64	52.62	72.63	61.02	50.61	70.92
1995	51.24	58.58	76.75	63.66	54.20	76.10
1996	52.24	62.25	79.94	69.76	54.29	78.25
1997	53.44	62.50	82.56	73.80	56.55	81.10
1998	44.19	51.91	75.87	64.62	49.79	73.00
1999	54.93	56.89	81.88	73.62	50.74	75.66
2000	40.34	45.60	56.63	53.92	39.00	64.57
2001	38.25	44.43	54.17	51.53	37.55	65.30
2002	38.06	45.22	48.88	49.49	37.69	60.38
2003	23.83	36.22	33.28	39.70	25.74	36.80
2004	43.17	47.35	51.32	58.48	35.07	62.03
2005	38.08	48.19	53.30	53.68	36.80	60.65
2006	42.77	48.03	61.58	65.47	41.98	60.30
2007	40.03	46.29	65.43	61.34	49.12	66.11
2008	43.91	51.76	65.43	74.67	52.94	69.93
2009	49.43	55.62	71.37	84.29	59.93	73.75
2010	46.01	58.11	79.20	85.31	62.67	75.88
2011	51.10	59.89	81.61	88.51	63.58	79.50
2012	52.89	61.17	84.22	91.62	65.68	82.77
2013	51.76	58.99	83.33	85.03	62.68	78.74
2014	53.49	60.71	78.94	90.98	65.97	80.85

21–19 历年棉花产量

单位:万吨

年　份	丰　县	沛　县	铜山区	睢宁县	新沂市	邳州市
1978	0.25	0.37	0.73	0.64	0.07	0.41
1979	0.32	0.31	0.60	0.41	0.01	0.35
1980	0.71	0.73	1.22	1.00	0.01	0.79
1981	0.63	0.75	1.26	0.93	0.01	0.75
1982	1.15	1.07	1.73	0.94		0.80
1983	1.43	1.25	2.33	1.28		1.04
1984	2.33	1.40	2.56	1.68		1.36
1985	1.45	1.04	1.97	1.06		1.53
1986	1.77	0.77	1.63	0.76		1.31
1987	2.05	1.09	1.94	0.85		1.56
1988	1.94	1.18	2.55	1.15	0.04	1.97
1989	1.25	0.30	1.23	0.72	0.03	1.16
1990	1.62	0.42	1.51	0.84	0.01	1.18
1991	1.98	0.86	2.36	1.05		1.70
1992	1.00	0.41	1.81	0.98		1.26
1993	1.12	0.55	1.74	0.60		0.78
1994	0.80	0.32	1.04	0.71		1.10
1995	1.01	0.55	1.54	0.85		1.69
1996	0.90	0.61	1.25	0.68		1.17
1997	0.80	0.40	0.86	0.68		1.20
1998	0.71	0.23	1.02	0.57		1.07
1999	0.36	0.09	0.71	0.39		0.70
2000	1.53	0.26	1.24	0.62		1.12
2001	1.66	0.47	1.43	1.02		1.80
2002	1.71	0.49	1.16	1.10		1.51
2003	1.45	0.31	0.78	0.58		1.03
2004	2.31	1.02	1.65	0.99		1.95
2005	0.95	0.39	0.84	0.62		1.04
2006	1.05	0.31	0.54	0.37		0.78
2007	1.60	0.52	0.63	0.34		0.86
2008	1.68	0.45	0.81	0.25		0.86
2009	1.61	0.42	0.80	0.14		0.77
2010	1.10	0.34	0.79	0.21		0.68
2011	1.30	0.38	0.71	0.17		0.70
2012	1.54	0.39	0.74	0.15		0.74
2013	1.62	0.46	0.70	0.16		0.58
2014	1.69	0.16	0.63	0.14		0.52

21-20 历年油料产量

单位:万吨

年份	丰县	沛县	铜山区	睢宁县	新沂市	邳州市
1978	0.11	0.08	0.35	0.19	0.73	0.12
1979	0.17	0.12	0.32	0.29	0.99	0.18
1980	0.28	0.23	0.50	0.44	1.37	0.33
1981	0.41	0.24	0.67	0.96	2.20	0.56
1982	0.44	0.21	0.83	2.63	2.67	0.77
1983	0.27	0.11	0.53	1.86	2.49	0.43
1984	0.30	0.26	0.52	1.69	1.92	0.41
1985	0.79	0.74	1.41	3.67	3.09	0.79
1986	1.00	0.78	1.29	3.75	3.05	0.76
1987	0.68	0.61	1.28	4.53	2.71	0.80
1988	0.36	0.46	0.40	0.61	2.67	0.31
1989	0.44	0.47	0.50	0.87	2.34	0.38
1990	0.51	0.57	0.57	0.62	2.08	0.41
1991	0.49	0.60	0.70	1.18	2.53	0.82
1992	0.50	0.43	0.66	0.97	2.21	0.75
1993	0.62	0.50	0.86	1.44	3.14	0.57
1994	0.68	0.40	0.45	2.15	4.04	1.33
1995	0.63	0.55	0.35	1.42	3.91	1.22
1996	0.68	0.70	0.32	0.96	2.75	0.70
1997	0.86	0.75	0.36	1.22	3.83	0.58
1998	1.18	1.01	0.23	2.11	4.03	0.61
1999	1.73	1.07	1.00	3.43	5.79	0.78
2000	2.68	1.44	1.40	5.28	7.65	1.21
2001	3.50	1.46	1.13	4.83	8.78	2.54
2002	2.20	1.60	1.42	5.52	9.09	1.92
2003	1.12	0.86	0.93	3.01	2.78	1.09
2004	1.56	0.81	1.78	4.73	8.67	1.97
2005	0.60	0.62	1.19	3.33	8.43	1.62
2006	0.70	0.68	0.95	2.20	6.11	1.33
2007	0.68	0.35	0.96	1.75	5.76	1.60
2008	0.62	0.36	0.73	1.95	5.40	1.47
2009	0.61	0.40	0.68	2.06	7.04	1.49
2010	0.51	0.24	0.64	1.60	7.44	1.48
2011	0.47	0.20	0.68	1.58	6.57	1.76
2012	0.47	0.20	0.69	1.66	5.83	1.63
2013	0.45	0.27	0.56	1.46	5.51	1.50
2014	0.48	0.26	0.49	1.49	6.23	1.47

21-21 历年肉类总产量

单位:万吨

年份	丰县	沛县	铜山区	睢宁县	新沂市	邳州市
1978						
1979						
1980						
1981						
1982						
1983						
1984						
1985	1.71	1.83	2.65	2.53	2.39	2.81
1986	1.79	1.70	2.86	2.88	2.40	2.36
1987	2.52	1.68	3.58	2.72	2.49	3.01
1988	2.78	2.27	4.33	3.25	2.72	3.05
1989	2.83	2.27	4.48	3.17	2.58	3.38
1990	3.03	2.61	5.12	3.56	2.86	4.13
1991	3.66	2.86	5.37	3.65	2.90	4.54
1992	3.98	2.96	6.09	4.14	3.16	5.10
1993	4.45	3.49	7.32	4.99	3.64	5.30
1994	4.55	3.81	6.56	6.17	4.93	6.23
1995	5.03	4.67	8.15	7.25	5.32	7.67
1996	7.48	6.32	9.16	8.92	5.15	8.98
1997	3.14	5.19	4.78	6.06	5.29	6.20
1998	4.76	5.67	4.55	4.82	5.58	7.26
1999	4.35	5.49	5.06	4.06	5.01	6.84
2000	4.56	6.30	5.63	3.97	6.20	7.45
2001	5.10	6.87	5.79	4.36	6.89	8.06
2002	5.23	6.94	6.03	5.32	6.11	8.26
2003	5.60	6.94	6.61	5.34	6.30	8.81
2004	5.63	7.15	6.82	6.22	6.30	9.38
2005	6.32	8.17	6.40	7.06	6.86	10.17
2006	4.29	11.36	7.14	6.43	7.34	10.56
2007	4.23	9.90	6.42	5.48	5.89	8.83
2008	7.86	11.94	7.30	7.22	7.80	13.36
2009	10.57	12.67	8.74	9.24	9.88	17.48
2010	12.01	17.61	10.23	11.04	12.70	20.42
2011	13.32	19.54	11.49	12.91	12.63	19.55
2012	15.14	19.49	12.47	15.57	14.92	20.43
2013	16.19	18.55	11.09	14.34	13.28	20.62
2014	15.93	18.96	10.59	14.93	13.89	21.08

21-22 历年工业产品销售收入

单位:万元

年 份	丰 县	沛 县	铜山区	睢宁县	新沂市	邳州市
1978	6 093	5 539	6 942	4 038	3 789	3 597
1979	5 521	4 748	8 234	6 101	5 110	7 643
1980	7 288	5 914	13 371	9 432	7 945	9 448
1981	7 594	7 593	10 992	9 663	8 080	11 276
1982	9 037	7 635	21 254	12 244	11 178	11 518
1983	9 940	8 399	23 379	13 468	12 296	12 670
1984	10 442	10 412	24 848	13 830	13 966	15 216
1985	12 089	12 889	29 743	16 709	17 718	19 573
1986	12 978	15 635	34 276	19 551	22 452	23 271
1987	17 426	19 654	43 188	24 516	28 916	26 512
1988	25 030	27 617	65 925	33 840	46 398	40 831
1989	31 697	32 552	81 245	42 265	52 302	49 290
1990	30 066	31 251	82 778	34 802	53 081	53 643
1991	30 698	36 702	91 081	39 554	55 867	59 475
1992	40 842	47 562	127 876	47 105	71 612	78 587
1993	54 946	54 946	194 665	73 764	108 146	124 530
1994	74 415	101 265	228 878	110 356	144 329	166 624
1995	123 593	167 353	463 747	155 227	195 580	271 147
1996	160 092	216 443	626 225	202 132	236 024	291 125
1997	196 218	279 907	740 342	119 934	285 216	185 141
1998	137 860	151 483	837 798	61 014	135 734	135 609
1999	155 166	163 600	942 589	68 148	152 031	158 264
2000	160 578	176 848	1 020 779	74 519	170 343	168 582
2001	173 585	193 699	1 141 803	88 199	202 297	196 712
2002	130 208	221 719	1 312 678	126 891	239 156	256 489
2003	200 799	285 100	1 209 910	181 201	287 972	352 189
2004	217 832	431 470	1 502 553	257 885	412 006	596 828
2005	288 579	659 600	1 961 668	397 786	637 953	957 120
2006	365 312	946 365	2 927 393	537 142	889 313	1 364 986
2007	494 401	1 445 039	4 188 926	661 268	1 216 672	2 014 706
2008	697 564	2 025 139	6 173 759	839 734	1 705 810	3 057 777
2009	961 436	3 100 737	8 737 012	1 414 594	2 344 880	4 524 177
2010	1 352 859	5 207 771	12 668 254	2 328 915	3 824 086	6 977 492
2011	2 164 308	7 736 896	17 578 572	3 752 484	6 014 427	10 500 899
2012	3 193 821	9 968 799	23 362 278	5 435 180	9 077 506	14 857 790
2013	4 115 015	11 642 171	28 676 326	6 827 441	12 080 336	18 660 289
2014	5 056 350	1 3053 292	29 504 312	7 731 941	13 827 788	20 204 711

21-23 历年工业利税总额

单位:万元

年份	丰县	沛县	铜山区	睢宁县	新沂市	邳州市
1978	654	751	1 294	1 088	1 173	937
1979	765	802	1 552	1 212	1 156	1 026
1980	1 070	770	2 821	1 680	1 338	1 488
1981	1 215	906	3 095	1 936	1 593	1 318
1982	1 077	1 064	3 851	1 667	1 541	1 325
1983	1 178	1 053	3 696	1 810	1 860	1 487
1984	1 352	1 920	4 086	2 334	2 422	2 485
1985	1 303	1 550	4 072	2 272	2 175	2 197
1986	936	1 688	3 224	2 257	2 383	2 545
1987	1 677	2 169	3 689	2 633	3 523	2 527
1988	2 401	3 245	6 385	3 710	5 661	3 314
1989	2 812	3 588	7 147	3 052	5 513	3 207
1990	2 332	2 153	2 400	1 743	5 400	3 149
1991	1 859	3 355	4 765	2 195	4 609	3 928
1992	3 032	4 080	9 292	2 933	6 333	5 415
1993	2 463	2 463	14 971	3 622	8 603	8 609
1994	5 903	8 184	22 357	6 591	13 445	14 062
1995	8 234	13 999	55 036	8 154	14 785	16 898
1996	11 377	13 885	54 521	11 171	11 742	19 740
1997	12 760	17 344	59 679	243	13 488	11 367
1998	6 654	10 021	67 158	-413	2 789	11 542
1999	7 112	8 777	72 330	1 191	3 545	10 051
2000	7 272	10 420	76 355	5 287	4 502	12 594
2001	7 699	12 794	90 875	6 819	6 460	13 449
2002	5 287	15 460	121 167	10 308	7 624	18 588
2003	8 287	20 846	103 248	13 715	16 006	23 195
2004	13 409	19 761	139 549	21 430	25 108	35 289
2005	18 137	33 090	194 102	30 257	38 674	59 337
2006	27 396	63 530	329 099	39 931	66 066	98 171
2007	39 878	79 715	505 331	46 627	101 417	161 090
2008	64 581	266 504	976 394	125 773	158 478	552 478
2009	122 028	453 514	1 287 571	232 828	248 118	793 915
2010	203 384	705 335	1 936 434	384 522	466 113	1 054 324
2011	331 167	1 055 409	2 651 766	616 100	785 797	1 713 339
2012	484 455	1 380 665	3 431 046	852 617	1 124 075	2 477 509
2013	619 855	1 577 595	4 371 185	1 084 012	1 409 713	2 795 984
2014	717 701	1 636 272	4 373 799	1 211 394	1 702 546	2 818 078

21-24 历年邮电业务总量

单位:万元

年 份	丰 县	沛 县	铜山区	睢宁县	新沂市	邳州市
1978	53	66	72	65	67	72
1979	56	74	70	70	78	73
1980	63	79	80	76	84	82
1981	68	88	89	82	97	94
1982	69	92	95	82	101	97
1983	74	100	107	87	106	99
1984	81	113	107	98	110	114
1985	93	130	122	112	126	128
1986	97	148	128	119	148	142
1987	108	165	128	138	162	163
1988	131	199	153	176	199	216
1989	139	213	172	193	217	222
1990	325	483	206	430	477	480
1991	386	529	593	544	543	596
1992	511	763	774	752	840	829
1993	722	1 207	1 154	1 008	1 259	1 227
1994	1 356	1 750	1 398	1 598	1 834	2 090
1995	2 200	2 594	2 335	2 575	3 405	3 354
1996	2 994	3 779	3 735	3 464	4 087	4 463
1997	4 520	5 628	4 880	5 169	5 614	6 272
1998	5 851	6 986	1 084	6 756	7 227	8 534
1999	6 981	9 140	1 164	8 144	8 275	10 724
2000	10 487	14 645	1 638	10 763	13 269	17 517
2001	10 308	12 875	2 010	11 297	11 784	16 573
2002	10 742	13 486	2 488	11 767	11 986	16 611
2003	12 905	15 924	9 207	13 946	14 313	19 077
2004	6 234	8 340	11 043	7 227	7 245	10 789
2005	7 235	9 905	5 233	8 630	9 111	12 756
2006	10 181	13 059	14 502	11 904	11 399	16 508
2007	26 922	37 403	45 696	33 023	33 868	49 353
2008	30 719	38 781	58 462	37 780	39 634	56 284
2009	40 988	51 202	46 242	46 782	44 708	59 252
2010	56 228	69 137	58 455	60 394	60 718	79 485
2011	42 916	55 635	55 410	49 128	50 933	65 536
2012	51 983	64 783		57 971	57 155	74 320
2013	65 678	81 385		75 872	72 496	97 095
2014	60 756	73 865		76 696	76 651	89 935

21-25 历年年末电话用户

单位:户

年份	丰县	沛县	铜山区	睢宁县	新沂市	邳州市
1978	992	2 044		1 517	1 391	1 716
1979	1 110	2 130		1 563	1 483	1 809
1980	1 186	2 130		1 674	1 705	1 881
1981	1 250	2 162		1 729	1 774	1 898
1982	1 229	2 237		1 799	2 132	1 863
1983	1 152	2 374		1 815	2 253	1 917
1984	1 224	2 500		1 907	2 508	2 076
1985	1 353	2 744		2 028	2 833	2 310
1986	1 462	3 122		2 167	2 965	2 348
1987	1 547	3 579		2 304	3 288	2 611
1988	1 800	4 141		2 625	3 650	2 946
1989	1 961	5 059		3 189	4 060	3 418
1990	2 256	6 011		3 659	4 316	3 791
1991	2 848	6 767		4 779	4 953	4 502
1992	3 133	8 601		5 393	7 452	5 845
1993	3 627	11 141		6 763	9 206	7 883
1994	6 910	16 834		10 704	11 529	11 767
1995	12 173	22 799		16 219	20 675	22 594
1996	21 588	33 719		29 817	39 309	34 371
1997	36 893	53 963		40 811	54 080	48 738
1998	49 871	70 380		61 097	75 566	82 685
1999	44 267	59 464		52 052	58 453	70 343
2000	65 944	81 326		73 890	80 146	100 162
2001	94 810	106 240		106 927	98 699	134 368
2002	124 422	140 187		134 598	129 540	175 820
2003	165 988	187 204	198 979	177 939	168 802	229 143
2004	208 672	239 275	282 600	228 993	209 109	293 284
2005	239 468	275 750	295 707	273 883	257 232	353 097
2006	248 726	288 165	270 251	298 558	266 937	372 969
2007	242 158	235 777	272 056	297 598	270 527	353 257
2008	220 611	230 571	241 018	270 364	237 400	312 135
2009	145 540	167 392	180 008	199 079	160 805	202 749
2010	137 603	157 466	173 708	188 348	150 520	190 971
2011	140 462	197 216	239 038	187 160	207 733	221 426
2012	100 803	146 045	161 416	155 666	132 020	154 129
2013	100 036	146 919	170 089	155 292	133 787	157 783
2014	88 545	146 269	154 977	146 843	120 367	144 323

21-26 历年社会消费品零售总额

单位:万元

年 份	丰 县	沛 县	铜山区	睢宁县	新沂市	邳州市
1978	5 581	6 587	11 569	7 448	6 594	7 799
1979	6 981	8 136	12 704	9 037	7 842	10 096
1980	8 962	9 357	13 144	10 741	8 968	12 282
1981	10 167	10 934	14 478	11 616	10 625	13 140
1982	11 883	12 036	16 486	12 343	12 169	14 186
1983	12 191	13 541	18 637	13 945	13 490	15 083
1984	14 000	16 071	21 802	16 575	14 216	17 547
1985	18 465	19 762	27 613	21 199	18 869	22 883
1986	20 579	22 168	32 365	23 307	22 833	26 869
1987	23 555	26 658	37 441	25 849	25 821	29 582
1988	28 620	31 213	43 827	30 628	30 630	35 904
1989	31 599	33 343	44 445	31 893	31 650	38 837
1990	32 267	32 521	42 464	31 685	32 118	40 060
1991	32 403	34 096	49 490	31 180	32 383	41 918
1992	34 881	35 409	53 118	32 751	34 459	46 422
1993	41 004	50 429	67 999	38 870	42 663	54 945
1994	54 011	61 581	64 651	51 600	58 291	68 552
1995	74 978	85 502	85 414	63 669	77 231	86 774
1996	91 807	104 356	110 087	72 042	90 872	111 463
1997	105 186	119 155	129 757	77 511	102 264	125 514
1998	115 033	128 715	135 971	76 110	110 139	130 665
1999	123 018	137 866	151 757	78 839	119 568	144 046
2000	134 526	156 215	164 494	82 276	131 226	163 492
2001	153 120	173 339	182 109	93 115	147 012	189 651
2002	173 596	191 614	200 440	127 452	163 521	214 305
2003	168 067	185 347	191 502	140 192	178 210	237 918
2004	190 284	347 448	281 052	233 373	228 244	295 771
2005	218 489	401 302	322 648	268 379	262 708	342 503
2006	253 188	465 918	374 434	310 894	304 810	399 337
2007	294 141	545 168	438 068	362 246	355 990	469 111
2008	374 000	701 000	575 000	460 000	455 000	619 000
2009	429 748	807 965	664 348	528 884	523 198	713 333
2010	508 844	921 280	871 283	629 654	613 273	843 942
2011	613 797	1 094 873	1 024 992	757 458	738 148	1 003 705
2012	685 764	1 244 249	1 164 333	852 198	831 300	1 140 613
2013	782 456	1 419 689	1 329 669	974 063	947 691	1 302 580
2014	1 180 588	1 921 264	1 902 559	1 396 217	1 357 182	1 978 977

21-27　历年实际利用外资

单位:万美元

年　　份	丰　县	沛　县	铜山区	睢宁县	新沂市	邳州市
1978						
1979						
1980						
1981						
1982						
1983						
1984						
1985						
1986						
1987						
1988						
1989						
1990		58				10
1991		61	19		143	
1992	531	62	154	29	44	52
1993		142		127	528	150
1994	112	330	552	47	711	265
1995	23	316	1 734	659	1 067	70
1996	520	878	1 544	604	608	820
1997	42	632	878	253	717	118
1998	426	759	1 294	91	762	280
1999	377	821	1 624	10	143	15
2000	3 477	5 240	3 448	1 164	453	464
2001	1 843	1 345	2 360	881	913	784
2002	1 518	1 840	2 458	1 242	1 828	2 586
2003	2 129	3 110	3 817	1 750	1 945	4 030
2004	701	2 037	3 254	1 998	2 859	4 811
2005	453	793	3 709	1 698	914	3 337
2006	669	1 813	3 006	385	1 197	3 940
2007	119	955	4 279	1 310	1 930	3 910
2008	482	2 394	6 073	1 134	1 326	3 012
2009	1 098	1 981	8 080	2 667	2 604	6 653
2010	3 548	8 186	5 013	5 351	4 214	4 227
2011	4 240	10 677	16 287	10 472	6 599	16 734
2012	6 889	17 022	10 225	12 932	18 450	17 991
2013	13 288	9 444	20 099	11 177	6 240	25 193
2014	10 016	7 174	22 040	12 239	3 390	18 803

21-28 历年金融机构存款余额

（年底数）　　单位:万元

年　份	丰　县	沛　县	铜山区	睢宁县	新沂市	邳州市
1978	1 837	3 136	5 345		2 316	3 106
1979	2 399	3 284	4 902		3 120	3 100
1980	2 875	4 200	9 832		4 069	1 961
1981	5 022	6 940	14 116	4 877	5 027	6 553
1982	5 088	7 023	20 008	4 838	6 008	6 372
1983	6 797	10 208	22 421	6 141	7 317	8 638
1984	8 901	14 301	29 211	8 842	8 902	13 061
1985	9 533	15 979	27 026	8 953	7 778	12 967
1986	14 755	23 518	36 338	13 134	13 392	18 106
1987	21 314	31 463	42 162	15 096	16 638	23 157
1988	33 930	50 916	101 302	26 576	24 604	38 244
1989	41 592	54 235	101 385	30 909	28 825	45 297
1990	45 540	72 942	130 105	30 578	37 086	51 235
1991	58 389	91 595	163 671	43 924	44 799	63 715
1992	68 038	109 118	191 854	56 667	53 151	76 573
1993	82 111	138 413	235 212	69 903	65 805	98 074
1994	101 203	177 476	227 397	89 463	84 266	133 823
1995	126 259	228 300	299 449	108 597	114 259	170 289
1996	160 051	282 481	397 126	129 704	144 377	212 096
1997	184 294	334 381	466 258	155 819	172 473	265 491
1998	202 842	375 402	479 798	176 429	189 829	290 241
1999	214 309	399 968	447 114	195 967	200 851	327 727
2000	234 947	435 149		232 361	211 738	376 325
2001	267 706	515 503		277 154	238 487	416 461
2002	313 444	591 085		328 267	286 770	465 173
2003	342 292	650 666	782 659	376 152	339 602	531 812
2004	381 379	766 597	1 005 189	450 926	401 685	640 338
2005	464 517	894 761	1 227 538	541 638	459 154	714 438
2006	579 389	1 022 218	1 448 235	648 257	542 146	832 182
2007	685 879	1 160 059	1 673 637	748 577	634 831	965 045
2008	818 346	1 449 307	2 102 891	874 589	762 853	1 117 426
2009	1 012 609	1 802 697	2 713 274	1 203 225	1 022 393	1 412 470
2010	1 237 618	2 105 658	3 500 298	1 552 054	1 367 829	1 777 676
2011	1 456 157	2 464 859	3 757 705	1 868 564	1 580 320	2 053 286
2012	1 744 220	2 929 076		2 155 969	1 800 078	2 514 837
2013	2 058 711	3 231 849		2 446 515	2 181 317	2 976 061
2014	2 398 365	3 365 344		2 827 866	2 353 682	3 463 384

21-29 历年金融机构贷款余额

（年底数）　　单位:万元

年　份	丰　县	沛　县	铜山区	睢宁县	新沂市	邳州市
1978	5 797	5 147	7 531		6 539	7 389
1979	6 557	6 056	507		9 046	8 416
1980	8 608	8 320	11 041		11 117	5 693
1981	10 657	10 164	14 552	14 950	12 047	12 502
1982	11 838	11 047	18 971	16 873	12 806	13 666
1983	14 961	14 973	23 631	18 659	15 731	17 608
1984	22 800	20 272	33 537	26 554	20 597	23 621
1985	23 955	21 811	30 849	26 556	21 967	24 260
1986	23 619	25 493	34 318	30 139	25 202	28 473
1987	30 051	34 615	43 078	35 710	27 659	35 065
1988	40 078	42 129	72 414	42 454	33 682	45 529
1989	42 760	48 419	30 092	45 644	39 567	51 291
1990	54 344	60 156	97 147	48 158	47 492	63 296
1991	68 054	75 465	122 990	65 786	60 662	78 020
1992	71 953	87 955	137 975	72 499	70 518	82 859
1993	83 172	104 424	165 564	81 590	82 763	93 846
1994	101 478	123 824	172 538	101 536	99 263	119 778
1995	122 433	156 109	229 780	119 301	116 298	146 597
1996	139 456	199 805	288 921	127 800	144 036	165 083
1997	162 500	270 044	340 406	154 744	194 145	210 939
1998	177 176	290 329	389 318	174 750	214 116	228 154
1999	185 233	300 287	356 499	169 663	211 732	232 973
2000	172 863	290 188		143 036	192 087	221 341
2001	186 201	302 386		158 528	200 594	358 097
2002	186 511	317 655		175 184	208 252	416 690
2003	196 355	378 965	541 456	193 408	243 692	461 613
2004	180 528	372 238	586 723	201 152	269 633	500 891
2005	190 997	344 037	630 614	217 166	275 663	495 003
2006	245 075	357 974	721 496	271 389	353 228	567 831
2007	238 736	347 166	873 131	312 390	435 818	619 833
2008	289 367	346 410	990 968	369 949	539 993	679 753
2009	466 892	520 922	1 471 172	593 081	842 694	975 664
2010	638 501	706 312	2 075 650	808 866	1 067 845	1 241 637
2010	848 770	892 845	2 426 655	982 607	1 304 818	1 498 377
2012	966 398	1 087 704		1 172 305	1 571 333	1 889 226
2013	1 146 818	1 417 916		1 392 059	1 862 149	2 260 353
2014	1 280 908	1 573 277		1 693 980	2 020 852	2 713 875

21-30 历年各类专业技术人员

单位:万人

年 份	丰 县	沛 县	铜山区	睢宁县	新沂市	邳州市
1978	0.24	0.21	0.32	0.16	0.18	0.25
1979	0.27	0.24	0.35	0.18	0.20	0.27
1980	0.29	0.27	0.39	0.21	0.23	0.30
1981	0.32	0.30	0.43	0.24	0.26	0.33
1982	0.36	0.33	0.47	0.27	0.29	0.36
1983	0.39	0.38	0.52	0.30	0.32	0.39
1984	0.43	0.42	0.57	0.34	0.36	0.43
1985	0.44	0.44	0.65	0.41	0.31	0.51
1986	0.45	0.49	0.68	0.44	0.38	0.50
1987	0.55	0.51	0.77	0.52	0.45	0.57
1988	0.65	0.63	0.79	0.63	0.53	0.66
1989	0.78	0.81	0.93	0.87	0.66	0.84
1990	0.82	0.82	0.98	0.91	0.68	0.89
1991	0.97	0.94	1.08	0.92	0.72	0.99
1992	1.00	0.93	1.18	0.98	0.77	0.85
1993	1.01	1.04	1.29	1.04	0.86	1.08
1994	1.01	1.16	1.12	1.04	0.88	1.12
1995	1.18	1.50	1.57	1.29	1.00	1.28
1996	1.40	1.56	1.70	1.43	1.43	1.29
1997	1.53	1.81	1.76	1.65	1.58	1.77
1998	1.58	2.00	1.83	1.79	1.69	2.05
1999	1.62	2.05	1.87	1.81	1.74	2.23
2000	1.67	2.16	1.95	1.86	1.91	2.39
2001	1.67	2.06	1.93	1.88	1.89	2.57
2002	1.71	2.04	1.86	1.76	1.94	2.46
2003	1.63	2.05	1.87	1.80	1.77	2.38
2004	1.40	2.87	1.88	1.80	1.65	2.10
2005	1.51	1.92	2.13	1.79	2.09	2.60
2006	1.83	3.30	2.59	1.83	2.57	3.29
2007	1.84	3.31	2.59	1.84	2.58	3.30
2008	2.27	2.51	2.25	2.60	3.39	2.55
2009	2.27	2.52	2.25	2.61	3.40	2.56
2010	2.53	2.74	2.65	2.74	3.76	2.79
2011	3.17	3.98	4.77	3.98	3.84	4.52
2012	3.29	4.08	4.88	4.09	3.96	4.71
2013	3.54	4.28	5.13	4.32	4.17	5.11a
2014	3.83	4.45	5.86	4.50	4.35	5.38

21-31 历年普通中学在校学生

单位:万人

年 份	丰 县	沛 县	铜山区	睢宁县	新沂市	邳州市
1978	9.57	5.64	7.31	5.54	4.21	6.52
1979	8.45	5.28	6.34	5.00	4.02	5.48
1980	7.69	4.32	5.74	4.61	3.80	4.40
1981	4.28	4.18	5.45	3.88	3.16	3.60
1982	4.05	3.75	5.45	3.52	3.09	3.51
1983	3.73	3.61	5.71	3.39	3.13	4.01
1984	3.71	3.65	6.18	3.57	3.06	4.08
1985	4.00	3.88	6.77	3.95	3.47	4.44
1986	4.16	4.16	6.98	4.24	3.57	5.31
1987	4.16	4.28	6.90	4.11	3.43	5.18
1988	3.94	4.32	6.73	3.84	3.31	5.10
1989	3.90	4.50	6.96	3.82	3.23	5.15
1990	3.69	4.15	7.45	3.72	3.02	5.15
1991	3.20	3.79	7.71	3.48	3.22	5.50
1992	3.31	3.89	7.74	3.61	3.38	5.51
1993	3.41	4.20	7.89	3.76	3.51	5.84
1994	4.06	5.49	6.56	4.20	3.57	6.73
1995	4.72	6.30	7.29	4.85	3.95	7.80
1996	5.28	7.05	8.18	5.66	4.49	7.67
1997	5.84	7.00	8.76	6.10	5.15	7.08
1998	6.25	7.22	9.53	6.73	5.70	7.67
1999	6.65	7.65	9.04	7.23	6.14	8.96
2000	7.14	8.06	8.21	7.82	5.89	10.85
2001	7.59	8.51	8.21	8.94	7.72	12.15
2002	8.20	9.45	9.53	10.24	8.84	13.94
2003	8.83	10.69	11.30	11.62	9.71	15.86
2004	9.42	11.49	11.92	12.62	9.97	15.80
2005	9.69	11.78	10.26	12.54	9.48	15.18
2006	10.17	11.34	10.29	12.21	8.83	13.94
2007	10.47	10.63	9.60	11.55	7.93	12.64
2008	10.12	9.93	8.28	10.95	6.93	11.27
2009	8.99	8.57	7.01	10.00	5.78	10.02
2010	7.94	7.17	5.85	8.95	4.72	9.00
2011	6.72	5.97	4.68	8.34	4.08	8.20
2012	5.80	5.25	4.35	7.42	3.85	7.94
2013	4.87	3.94	4.23	6.29	3.40	7.04
2014	4.45	3.72	4.12	5.73	3.20	6.87

21-32 历年小学在校学生

单位:万人

年 份	丰 县	沛 县	铜山区	睢宁县	新沂市	邳州市
1978	8.85	13.91	21.36	14.47	12.32	16.60
1979	9.72	13.61	21.67	14.57	12.34	18.80
1980	9.99	12.86	22.34	14.11	12.50	17.17
1981	12.75	12.67	21.26	12.96	11.61	16.29
1982	12.09	12.15	20.58	12.59	10.68	15.52
1983	11.97	11.82	19.96	13.21	10.55	16.82
1984	11.67	11.59	19.65	12.45	10.27	16.84
1985	11.29	11.14	19.63	12.23	9.72	16.38
1986	10.92	10.82	18.67	12.15	9.32	16.10
1987	10.57	11.18	17.41	11.84	9.28	15.53
1988	10.38	11.48	16.93	11.50	9.10	14.51
1989	10.55	11.75	16.84	11.30	9.21	14.30
1990	10.40	12.66	16.87	12.19	9.58	15.03
1991	11.35	14.01	17.80	13.15	10.00	15.45
1992	11.56	14.31	18.73	13.78	10.59	16.51
1993	11.76	14.34	19.56	13.90	11.41	17.61
1994	12.30	14.79	15.04	15.05	12.46	19.09
1995	12.73	15.32	15.94	16.43	13.51	21.12
1996	13.24	15.94	16.51	17.50	14.72	24.18
1997	13.86	16.69	17.46	19.13	15.79	27.42
1998	14.38	17.41	17.98	20.29	16.00	27.95
1999	14.56	17.96	17.77	20.33	14.89	27.29
2000	14.69	17.82	18.29	20.17	13.92	25.05
2001	14.90	17.68	17.16	19.32	12.89	22.25
2002	14.55	16.46	15.51	17.96	11.43	19.39
2003	13.53	14.73	13.37	16.04	9.60	16.15
2004	12.24	12.70	11.01	13.95	7.97	13.47
2005	10.83	10.59	8.09	12.27	7.00	11.78
2006	9.63	8.73	6.89	10.97	6.21	11.21
2007	8.32	7.42	5.90	9.88	5.78	10.70
2008	7.11	6.78	5.36	8.62	4.96	10.68
2009	6.43	6.37	5.22	7.60	4.88	11.17
2010	6.34	6.53	5.53	7.19	5.37	11.87
2011	6.50	6.98	6.30	7.54	6.25	12.82
2012	6.81	7.70	7.31	7.85	7.44	14.18
2013	7.02	7.75	8.56	7.24	8.55	14.58
2014	7.81	8.96	10.09	8.17	10.09	16.53

21-33 历年卫生机构数

单位:个

年　份	丰　县	沛　县	铜山区	睢宁县	新沂市	邳州市
1978	50	28	46	15	51	44
1979	50	28	46	15	51	46
1980	51	57	98	58	62	70
1981	59	66	102	69	67	76
1982	64	66	105	69	65	76
1983	64	71	96	71	77	74
1984	67	70	96	72	76	73
1985	71	70	101	74	77	73
1986	74	70	96	73	62	72
1987	74	70	92	74	62	73
1988	74	70	102	66	63	73
1989	74	79	102	70	69	77
1990	74	79	111	70	65	77
1991	74	79	149	72	65	77
1992	74	77	132	72	68	78
1993	82	109	144	72	68	82
1994	82	109	123	71	68	82
1995	82	109	123	71	68	82
1996	82	109	123	69	67	83
1997	82	109	123	69	67	84
1998	94	169	136	67	67	86
1999	86	69	61	56	47	86
2000	85	80	72	68	50	111
2001	91	89	65	56	40	101
2002	85	102	73	30	46	94
2003	152	125	71	22	51	91
2004	192	217	66	29	50	149
2005	192	192	63	29	60	149
2006	159	192	64	29	62	149
2007	154	188	63	28	187	149
2008	144	67	63	27	61	96
2009	177	66	63	37	60	138
2010	194	70	90	51	64	136
2011	530	487	498	647	440	807
2012	521	506	497	629	439	778
2013	515	598	515	623	447	739
2014	559	613	511	650	468	773

21-34 历年卫生技术人员

单位:万人

年　份	丰　县	沛　县	铜山区	睢宁县	新沂市	邳州市
1978	0.11	0.12	0.14	0.14	0.12	0.14
1979	0.10	0.13	0.14	0.14	0.12	0.18
1980	0.10	0.13	0.13	0.14	0.13	0.16
1981	0.10	0.13	0.15	0.14	0.13	0.12
1982	0.11	0.13	0.15	0.14	0.13	0.15
1983	0.11	0.13	0.15	0.14	0.14	0.14
1984	0.11	0.13	0.17	0.14	0.14	0.15
1985	0.12	0.14	0.19	0.14	0.14	0.16
1986	0.12	0.15	0.20	0.14	0.15	0.17
1987	0.12	0.15	0.20	0.15	0.14	0.17
1988	0.14	0.16	0.23	0.15	0.14	0.18
1989	0.14	0.18	0.24	0.16	0.16	0.18
1990	0.15	0.19	0.26	0.17	0.16	0.18
1991	0.16	0.21	0.29	0.18	0.17	0.20
1992	0.17	0.21	0.31	0.19	0.18	0.23
1993	0.18	0.33	0.32	0.19	0.19	0.24
1994	0.18	0.35	0.26	0.19	0.20	0.29
1995	0.19	0.36	0.27	0.19	0.20	0.31
1996	0.19	0.37	0.27	0.19	0.20	0.34
1997	0.19	0.38	0.28	0.21	0.21	0.40
1998	0.19	0.39	0.28	0.21	0.22	0.40
1999	0.19	0.38	0.28	0.21	0.22	0.43
2000	0.19	0.37	0.28	0.20	0.22	0.47
2001	0.20	0.37	0.27	0.20	0.22	0.48
2002	0.18	0.35	0.27	0.19	0.21	0.48
2003	0.19	0.33	0.28	0.19	0.16	0.47
2004	0.20	0.34	0.27	0.19	0.18	0.48
2005	0.18	0.31	0.26	0.19	0.21	0.46
2006	0.19	0.32	0.27	0.19	0.22	0.47
2007	0.20	0.33	0.25	0.19	0.22	0.48
2008	0.22	0.32	0.25	0.20	0.23	0.47
2009	0.22	0.32	0.26	0.19	0.24	0.47
2010	0.22	0.34	0.28	0.22	0.27	0.46
2011	0.23	0.36	0.29	0.24	0.29	0.53
2012	0.34	0.38	0.30	0.28	0.34	0.56
2013	0.38	0.43	0.33	0.31	0.37	0.56
2014	0.39	0.47	0.36	0.34	0.41	0.63

21-35 历年医院、卫生院床位数

单位:万张

年份	丰县	沛县	铜山区	睢宁县	新沂市	邳州市
1978	0.06	0.10	0.15	0.11	0.10	0.10
1979	0.06	0.11	0.15	0.12	0.11	0.11
1980	0.06	0.11	0.15	0.12	0.11	0.10
1981	0.08	0.11	0.15	0.12	0.11	0.10
1982	0.08	0.11	0.15	0.13	0.11	0.10
1983	0.08	0.11	0.15	0.13	0.11	0.09
1984	0.08	0.11	0.15	0.11	0.11	0.10
1985	0.08	0.10	0.16	0.11	0.12	0.10
1986	0.08	0.12	0.16	0.11	0.12	0.10
1987	0.09	0.11	0.16	0.11	0.11	0.10
1988	0.10	0.11	0.17	0.11	0.12	0.10
1989	0.10	0.11	0.17	0.11	0.12	0.10
1990	0.10	0.11	0.17	0.11	0.13	0.10
1991	0.10	0.12	0.17	0.12	0.13	0.10
1992	0.11	0.13	0.18	0.12	0.12	0.11
1993	0.10	0.17	0.18	0.12	0.12	0.13
1994	0.11	0.17	0.15	0.11	0.11	0.12
1995	0.10	0.17	0.15	0.11	0.12	0.13
1996	0.10	0.17	0.15	0.12	0.12	0.12
1997	0.10	0.17	0.14	0.11	0.11	0.12
1998	0.11	0.17	0.15	0.12	0.11	0.13
1999	0.10	0.20	0.14	0.11	0.12	0.15
2000	0.10	0.20	0.14	0.11	0.12	0.16
2001	0.10	0.20	0.14	0.11	0.13	0.15
2002	0.10	0.19	0.14	0.12	0.12	0.14
2003	0.10	0.19	0.13	0.12	0.12	0.15
2004	0.11	0.19	0.14	0.12	0.12	0.15
2005	0.11	0.20	0.14	0.12	0.13	0.15
2006	0.11	0.21	0.15	0.12	0.14	0.15
2007	0.11	0.23	0.14	0.12	0.15	0.18
2008	0.15	0.25	0.16	0.13	0.14	0.19
2009	0.18	0.26	0.17	0.15	0.18	0.21
2010	0.20	0.29	0.21	0.18	0.17	0.25
2011	0.23	0.32	0.24	0.24	0.17	0.32
2012	0.33	0.38	0.27	0.29	0.25	0.41
2013	0.36	0.41	0.28	0.35	0.28	0.45
2014	0.40	0.45	0.28	0.36	0.31	0.49

21-36 历年职工平均工资

单位:元

年 份	丰 县	沛 县	铜山区	睢宁县	新沂市	邳州市
1978	403	381	442	364	472	471
1979	503	454	464	451	496	501
1980	584	547	598	551	564	565
1981	609	548	581	541	571	587
1982	640	596	608	578	621	625
1983	635	606	616	576	641	634
1984	870	902	936	786	971	861
1985	943	1 101	960	914	995	941
1986	1 106	1 072	1 134	1 079	1 106	1 124
1987	1 164	1 141	1 160	1 132	1 217	1 174
1988	1 541	1 487	1 416	1 355	1 517	1 590
1989	1 558	1 520	1 568	1 551	1 549	1 480
1990	1 691	1 647	1 751	1 700	1 787	1 653
1991	1 725	1 837	1 838	1 742	1 928	1 777
1992	2 159	2 118	1 961	2 042	2 243	2 047
1993	2 676	2 328	2 339	2 328	2 638	2 506
1994	3 422	3 081	3 464	3 203	3 841	3 755
1995	4 071	3 890	4 442	3 964	4 580	3 964
1996	4 789	4 411	5 379	4 416	5 151	5 035
1997	4 719	5 111	5 997	4 193	5 024	4 832
1998	5 625	6 108	6 678	5 148	5 974	5 972
1999	6 264	6 687	7 260	5 476	6 533	6 382
2000	6 669	7 234	7 862	5 693	7 047	7 002
2001	7 200	7 765	8 441	5 868	7 519	7 560
2002	7 568	8 202	9 012	7 331	7 998	8 085
2003	8 254	8 838	9 708	8 242	8 313	8 659
2004	9 455	9 950	10 938	8 987	9 525	9 485
2005	11 220	11 950	13 235	10 658	11 659	11 625
2006	12 530	13 688	15 604	11 984	13 423	13 412
2007	14 406	16 128	18 725	13 825	15 855	15 746
2008	17 389	18 688	21 845	17 136	18 483	18 722
2009	20 791	22 166	25 393	20 694	22 156	22 168
2010	24 090	25 786	30 525	22 993	26 061	26 130
2011	29 872	30 713	36 726	26 606	31 986	30 633
2012	34 189	35 433	40 977	31 094	35 337	35 535
2013	35 951	44 659	44 758	34 836	38 647	40 092
2014	41 980	46 251	46 321	37 683	45 212	42 793

21-37 历年城乡居民储蓄存款余额

（年底数） 单位:万元

年份	丰县	沛县	铜山区	睢宁县	新沂市	邳州市
1978	586	624	1 507	539	632	734
1979	1 336	898	2 432	777	1 101	937
1980	1 615	1 810	3 539	1 512	1 649	1 603
1981	2 382	2 559	4 856	2 133	2 130	2 326
1982	2 958	3 404	7 008	2 539	2 681	3 036
1983	4 103	5 190	12 165	3 434	3 964	4 214
1984	6 131	7 736	17 268	5 428	4 794	6 706
1985	8 368	10 594	21 242	6 057	5 823	7 973
1986	12 708	16 225	30 893	8 861	8 585	12 290
1987	16 501	23 200	41 731	11 992	11 733	16 771
1988	21 174	32 136	52 867	15 390	14 500	22 296
1989	25 950	41 532	70 538	19 006	18 521	26 550
1990	34 202	56 573	94 683	25 825	25 157	35 367
1991	43 926	72 169	117 328	32 366	31 235	44 820
1992	49 950	86 495	139 644	41 025	37 116	55 914
1993	66 718	113 260	178 720	55 765	47 034	76 298
1994	80 922	142 420	167 956	76 328	63 093	103 133
1995	99 477	184 149	223 857	90 917	87 749	136 143
1996	123 305	232 008	275 204	107 658	108 385	169 884
1997	147 178	278 504	313 763	126 611	125 355	201 070
1998	165 461	314 558	344 175	147 203	136 191	220 552
1999	177 192	347 884	322 766	161 323	140 484	244 637
2000	198 535	374 997		190 522	159 261	274 035
2001	229 579	416 814		227 229	186 972	313 571
2002	264 249	474 533		268 767	222 142	345 541
2003	289 921	535 110	660 774	308 658	261 334	402 443
2004	330 664	611 413	778 962	372 365	310 294	492 403
2005	395 565	710 275	896 873	457 046	362 101	583 793
2006	479 684	786 261	1 030 057	532 538	404 096	648 887
2007	544 418	863 847	1 197 030	592 255	463 567	736 551
2008	659 610	1 065 308	1 526 967	719 016	559 798	890 588
2009	764 610	1 222 173	1 509 486	857 904	611 631	1 030 206
2010	924 204	1 439 169		1 065 322	710 413	1 195 898
2011	1 038 767	1 615 171	1 946 720	1 281 978	978 517	1 355 304
2012	1 292 601	1 918 117		1 525 560	1 240 984	1 677 574
2013	1 560 756	2 214 804		1 807 558	1 398 079	2 082 612
2014	1 902 973	2 523 432		2 142 900	1 690 732	2 544 222

21-38 历年农民人均收入

单位:元

年 份	丰 县	沛 县	铜山区	睢宁县	新沂市	邳州市
1978	84	131	120	54	72	55
1979	121	149	176	56	77	64
1980	117	170	205	74	163	76
1981	129	193	268	109	199	92
1982	144	215	342	164	282	123
1983	307	373	377	325	308	257
1984	419	425	478	379	424	345
1985	422	428	412	316	356	345
1986	412	451	522	378	426	427
1987	454	498	567	369	443	476
1988	462	578	646	460	535	576
1989	491	682	785	448	624	639
1990	504	613	832	519	610	648
1991	595	739	873	559	729	783
1992	669	758	982	638	760	815
1993	777	919	1 142	761	890	893
1994	1 067	1 170	1 451	1 022	1 291	1 259
1995	1 545	1 751	2 038	1 513	1 764	1 706
1996	2 162	2 362	2 770	2 121	2 301	2 360
1997	2 561	2 852	3 202	2 427	2 643	2 604
1998	2 807	3 109	3 428	2 551	2 857	2 847
1999	3 003	3 241	3 590	2 661	3 016	3 001
2000	3 129	3 365	3 748	2 664	2 814	3 121
2001	3 034	3 544	3 943	2 850	2 959	3 295
2002	3 479	3 735	3 780	3 050	3 123	3 475
2003	3 611	3 880	3 930	3 163	3 231	3 613
2004	4 027	4 325	4 402	3 465	3 613	4 004
2005	4 026	4 550	4 920	3 845	4 025	4 477
2006	4 537	5 143	5 591	4 314	4 516	5 088
2007	5 104	5 831	6 340	4 849	5 076	5 770
2008	5 724	6 593	7 167	5 452	5 698	6 526
2009	6 369	7 342	7 988	6 077	6 340	7 267
2010	7 258	8 378	9 173	7 022	7 231	8 331
2011	8 642	10 001	10 934	8 384	8 634	9 931
2012	9 783	11 351	12 421	9 541	9 808	11 282
2013	10 957	12 725	13 924	10 686	10 979	12 635
2014	11 757	13 249	15 100	11 600	12 140	12 846

注:2013 年及以前"农民人均收入"为纯收入口径,2014 年起为可支配收入口径。

21-39 历年农民人均生活消费支出

单位:元

年份	丰县	沛县	铜山区	睢宁县	新沂市	邳州市
1978	71		109		65	
1979	85		148		71	
1980	116		160		148	
1981	175		221		177	
1982	211		239		225	
1983	253	210	272	247	289	223
1984	294	272	311	278	350	247
1985	363	343	353	269	347	285
1986	398	362	390	334	424	353
1987	418	415	443	370	400	448
1988	500	511	544	386	450	447
1989	585	611	622	423	590	598
1990	565	510	575	425	537	550
1991	663	622	536	497	530	603
1992	526	579	582	546	512	684
1993	594	955	690	499	606	679
1994	864	938	927	891	1 039	992
1995	917	1 227	1 040	1 073	1 361	1 192
1996	1 455	1 699	1 610	1 325	1 344	1 467
1997	1 605	1 714	1 943	1 555	1 393	1 311
1998	1 586	1 576	1 258	1 466	1 538	1 227
1999	1 685	1 603	1 459	1 286	1 496	1 258
2000	1 468	1 741	1 384	1 429	1 358	1 583
2001	1 596	1 913	1 582	1 395	1 453	1 381
2002	1 912	2 296	1 674	1 588	1 552	1 311
2003	1 933	2 510	1 881	1 648	1 915	1 361
2004	2 230	2 110	2 200	1 861	1 862	1 257
2005	3 082	3 282	2 961	2 567	2 501	2 630
2006	3 118	3 666	3 515	2 932	3 145	3 027
2007	3 461	4 695	4 311	3 432	3 565	3 528
2008	4 085	5 318	4 807	3 746	3 756	4 218
2009	4 695	5 814	4 957	4 079	3 951	4 761
2010	5 306	6 572	5 513	4 436	4 651	4 937
2011	6 288	7 587	6 496	4 987	5 766	5 188
2012	7 095	8 558	7 149	5 616	6 481	5 866
2013	8 325	7 207	7 858	6 190	7 141	6 969
2014	7 641	8 682	8 066	7 292	8 201	7 990

21-40　县(市)社会经济主要指标

(2014 年)

指　　　标		丰　县	沛　县	铜山区	睢宁县	新沂市	邳州市
人口、就业及土地面积							
年末总人口	(万人)	120.05	130.63	131.56	143.58	111.89	185.89
年平均人口		119.14	129.77	130.71	142.16	110.78	184.42
当年出生人口	(人)	25 677	26 533	24 902	36 490	26160	33 740
当年死亡人口		6 230	2748	4 297	5 256	1 845	3 973
年末总户数	(万户)	325 592	347 822	362 398	336 446	319 131	456 091
从业人员	(万人)	56.31	66.55	65.63	59.93	54.30	77.54
第一产业		27.68	25.01	25.86	18.15	24.96	33.12
第二产业		15.5	23.66	19.48	22.68	14.92	22.40
第三产业		13.13	17.88	20.29	19.10	14.42	22.02
年末单位从业人员	(人)	85 888	124 559	193 141	83 862	90 716	112 536
按国民经济行业分							
第一产业(农林牧渔业)		94	7 352	5 693		308	306
第二产业		51 691	76 613	154 881	47 923	54 865	66 514
第三产业		34 103	40 594	32 567	35 939	35 543	45 716
按登记注册类型分							
# 国有单位		30 969	54 641	37 660	50 449	29 492	36 886
城镇集体单位		4 434	6 868	3 258	3 490	3 048	10 085
港澳台商投资单位		2 677	2 516	3 106	8 252	2 692	6 588
外商投资单位		2 106	1 422	4 095	1 302	1 513	5 968
在岗职工人数		82 601	114 575	172 110	81 360	82 451	109 363
在岗职工平均人数		78 835	113 828	178 094	73 710	81 148	108 367
私营企业从业人员		95 458	120 977	106 745	115 079	248 973	148 598
个体从业人员		42 458	53 161	35 793	43 697	55 742	88 083
年末城镇登记失业人员数		3 246	2 536	3 260	2 769	3 550	4 286
行政区域土地面积	(平方公里)	1 446	1 349	1 777	1 767	1 571	2 088
综合经济							
地区生产总值	(亿元)	341.63	564.96	835.27	419.97	473.54	684.48
第一产业		62.97	80.46	64.71	70.98	57.35	95.81
第二产业		153.97	260.78	450.81	182.44	200.05	294.59
# 工业		114.69	210.11	382.56	140.45	170.05	243.15
第三产业		124.69	223.72	319.75	166.55	216.14	294.08
地区生产总值指数(上年 =100)		111.6	111.4	111.6	112.0	111.6	111.7
第一产业		103.8	103.5	104.2	104.0	103.6	102.8
第二产业		113.4	112.4	113.7	114.5	113.4	113.2
# 工业		113.9	112.3	113.8	114.1	113.5	113.2
第三产业		112.3	112.7	109.6	112.3	111.9	112.7
固定资产投资							
固定资产投资		180.14	409.06	566.54	218.55	386.29	545.96
# 房地产开发投资		27.68	17.31	30.15	41.93	35.00	47.27

21-40 续表 1 (2014 年)

指　　标		丰　县	沛　县	铜山区	睢宁县	新沂市	邳州市
商品房销售面积	(万平方米)	47.77	46.11	47.36	74.09	80.84	119.80
# 住宅		44.55	41.75	42.74	68.40	77.81	113.67
财政、金融、保险							
上划中央收入	(亿元)	5.76	11.85	17.66	9.64	7.10	9.78
公共财政预算收入		38.12	53.13	68.32	38.63	45.82	55.58
# 税收收入		32.84	44.66	57.34	33.22	39.33	47.25
# 增值税(25%)		2.68	3.39	4.44	3.03	2.26	2.95
营业税		22.63	16.95	24.83	15.38	18.99	21.11
企业所得税(40%)		0.60	1.63	2.97	1.26	1.12	1.19
个人所得税(40%)		0.40	0.60	0.94	0.61	0.53	0.63
公共财政预算支出		62.71	73.15	94.59	67.56	68.50	88.62
# 一般公共服务		4.71	5.73	5.97	6.55	3.55	6.42
科学技术		14.31	16.84	15.18	14.10	11.61	23.35
教育		1.30	2.47	3.16	1.40	1.05	0.72
文化体育与传媒		0.77	0.59	0.66	0.53	0.27	1.81
社会保障和就业		5.46	5.38	3.46	5.87	4.86	7.40
医疗卫生		6.47	6.13	7.24	7.01	5.57	8.49
环境保护		1.89	2.27	4.25	0.96	1.25	0.92
城乡社区事务		13.45	8.93	11.03	10.02	23.57	13.45
交通运输		11.89	16.65	26.38	10.89	9.86	18.81
农林水事务		0.76	0.58	1.32	0.62	1.63	1.48
年末金融机构各项存款余额		239.84	336.53		282.79	235.37	346.34
# 居民储蓄存款		190.30	252.34		214.29	169.07	254.42
年末金融机构各项贷款余额		128.09	157.33		169.40	202.09	271.39
保费收入		6.99	9.25		5.89	5.76	8.36
财产险		2.57	2.75		2.47	3.11	3.93
人寿险		4.42	6.50		3.42	2.66	4.42
赔款和给付		2.39	2.58		2.26	2.23	2.90
财产险		1.49	1.67		1.54	1.74	2.08
人寿险		0.91	0.91		0.73	0.49	0.83
农业							
乡村户数	(万户)	23.80	23.63	28.04	25.48	21.83	34.28
乡村人口数	(万人)	93.44	91.02	100.21	103.85	83.75	129.80
乡村从业人数		53.18	48.94	51.65	59.97	45.46	67.02
# 农林牧渔业		25.28	16.57	21.56	23.59	18.42	21.89

21-40 续表 2 （2014 年）

指 标		丰 县	沛 县	铜山区	睢宁县	新沂市	邳州市
农林牧渔业总产值(当年价)	（万元）	1 232 193	1 501 940	1 286 776	1 342 580	1 175 475	1 873 621
农业		885 439	961 125	775 578	755 590	581 260	1 190 460
林业		8 505	7 017	12 540	22 018	39 095	35 728
牧业		292 225	448 197	389 186	488 466	358 340	507 590
渔业		9 824	29 991	68 096	42 771	158 823	77 356
农林牧渔服务业		35 200	55 610	41 376	33 735	37 956	62 487
农作物总播种面积	（千公顷）	147.41	148.26	174.8	187.21	160.19	229.67
#粮食作物		86.71	89.04	120.51	148.6	100.37	123.78
粮食总产量	（万吨）	53.49	60.71	78.94	90.98	65.97	80.85
油料产量		0.48	0.26	0.49	1.49	6.23	1.47
棉花产量		1.69	0.16	0.63	0.14		0.52
肉类总产量		15.93	18.96	10.59	14.93	13.89	21.08
#猪肉		5.88	5.44	6.14	6.98	8.16	7.96
牛肉		0.12	0.22	0.16	0.17	0.14	0.18
羊肉		1.47	0.69	0.64	1.68	0.53	0.48
水产品产量		0.29	1.61	4.4	2.25	5.8	2.95
农村居民人均可支配收入	（元）	11 757	13 249	15 100	11 600	12 140	12 846
农民人均消费支出		7 641	8 682	8 066	7 292	8 201	7 990
#食品烟酒		2 601	2 428	3 016	2 390	2 784	2 607
农民人均现住房建筑面积	（平方米）	44.0	47.3	58.3	47.6	45.9	66.5
规模以上工业、建筑业							
规模以上工业企业单位数	（个）	307	463	433	311	478	498
内资企业		282	453	414	293	461	464
港澳台商投资企业		11	6	9	12	9	15
外商投资企业		14	4	10	6	8	19
工业总产值(当年价)	（亿元）	520.54	1 355.17	2 990.24	782.69	1 394.28	2 050.28
内资企业		481.30	1 335.28	2 802.67	678.60	1 322.62	1 888.85
港澳台商投资企业		18.51	10.69	94.00	76.10	29.87	93.57
外商投资企业		20.74	9.19	93.56	27.98	41.79	67.86
主营业务收入		505.64	1 305.33	2 950.43	773.19	1 382.78	2 020.47
#主营业务税金及附加		2.83	6.87	25.07	4.56	14.71	18.97
利润总额		41.84	85.54	277.80	86.04	90.88	170.94
亏损企业亏损总额		0.01	0.93	1.66	0.60	1.45	1.65
利税总额		71.77	163.63	437.38	121.14	170.25	281.81
本年应交增值税		27.08	71.22	64.09	30.53	64.67	91.90
全部从业人员年平均人数	（万人）	4.60	12.12	16.09	5.93	8.35	12.13
建筑企业单位数	（个）	35	75	51	32	65	49
建筑企业期末从业人员	（万人）	4.85	9.69	9.75	3.64	4.56	5.22
建筑业总产值	（亿元）	123.50	233.75	276.92	101.58	75.54	108.30

21-40 续表 3 (2014 年)

指　　标	丰　县	沛　县	铜山区	睢宁县	新沂市	邳州市
交通运输、邮电通信、电力						
公路里程 (公里)	1 847	2 290		2 462	2 849	3 052
# 等级公路	1 847	2 290		2 281	2 348	2 738
# 高速公路	33	34		59	112	39
一级公路	110	135		161	179	129
公路客运量 (万人)	573	984		1 089	979	1 063
公路货运量 (万吨)	1 361	1 295		1 603	1 646	2 130
民用汽车拥有量 (辆)	61 894	62 864	118 203	69 259	58 786	97 014
# 私人汽车拥有量	56 849	55 475	108 711	62 928	51 968	89 393
邮政局所数 (处)	26	29		32	33	42
邮电业务总量 (亿元)	6.08	7.39		7.67	7.67	8.99
# 邮政业务总量	0.97	0.94		1.37	1.85	1.34
邮政业务收入	1.47	1.28		1.56	1.79	1.32
电信业务收入	4.64	5.89		5.78	5.24	7.03
固定电话用户 (万户)	8.85	14.63	15.50	14.68	12.04	14.43
# 农村电话用户	4.13	8.77	12.97	8.23	6.41	9.38
移动电话年末用户	80.35	96.42	90.82	91.04	83.61	114.53
国际互联网用户	12.16	15.7	18.52	15.15	15.79	18.61
全年用电量 (亿千瓦时)	18.04	31.93	47.83	21.44	37.46	25.68
# 工业用电	10.80	23.94	38.12	13.62	30.70	15.41
城乡居民生活用电	4.52	4.69	5.58	4.72	3.81	5.93
批发零售贸易、外经、旅游						
社会消费品零售总额 (亿元)	118.06	192.13	190.26	139.62	135.72	197.90
# 批发和零售业	108.85	174.84	175.04	129.15	123.78	182.07
住宿和餐饮业	9.21	17.29	15.22	10.47	11.94	15.83
进出口总额(海关数) (亿美元)	1.66	3.49	8.62	4.75	4.29	8.76
# 出口总额	1.62	3.36	7.38	2.92	2.28	7.25
外国和港、澳、台地区在华直接投资						
新签项目(合同)个数 (个)	19	9	18	21	15	46
合同外资金额 (亿美元)	1.96	1.30	2.33	1.95	1.45	6.20
实际到帐外资(商务部口径)	1.00	0.72	2.20	1.22	0.34	1.88

21-40 续表 4 （2014 年）

指 标		丰 县	沛 县	铜山区	睢宁县	新沂市	邳州市
市政公用事业、环境保护（城市）							
城市维护建设资金支出	（亿元）	7.83	17.67		0.66	3.01	5.73
供水综合生产能力（包括自备水源）	（万吨/日）	8	9		8	20	25
供水总量	（万吨）	1 967	2 767		2 170	2 737	3 441
售水量		1 353	1 886		1 640	918	745
# 居民家庭用水		1 193	1 829		1 314	1 117	1 441
用水人口	（万人）	21.36	32.87		24.98	31.54	35.84
公共汽（电）车运营车辆数	（辆）	58	95		45	154	268
公共汽（电）车客运总量	（万人次）	445	930		470	470	2 215
出租汽车数	（辆）	302	626		598	458	536
煤气（人工煤气、天然气）供气总量	（万立方米）	4 251	901		241	1 540	1 005
# 家庭用量		2 322	350		134	300	263
煤气用气人口	（万人）	21	18		3	8	9
液化石油气供气总量	（吨）		4 500		9 298	1 000	4 400
# 家庭用量			300		9 285	9 000	3 800
液化石油气用气人口	（万人）		14		22	24	25
道路面积	（万平方米）	420	990		477	648	610
排水管道长度	（公里）	308	679		206	614	568
建成区绿化覆盖面积	（公顷）	1 126	1 518		1 324	1 444	1 924
绿地面积		1 058	1 423		1 176	1 392	1 722
公园绿地面积	（公顷）	259	380		319	307	416
污水处理厂数	（座）	1	1		1	1	1
垃圾处理站数	（个）	1	1			1	1
生活垃圾无害化处理率	（%）	100	100			100	96
污水处理率		81.8	87.0		66.5	86.4	61.1
自然保护区个数	（个）					1	2
自然保护区面积	（公顷）					13 270	4 230
工业废水排放量	（万吨）	2 034	2 771	1 711	543	1 000	531
工业二氧化硫排放量	（吨）	4 321	25 825	37 702	2 144	3 691	10 590
化学需氧量排放量		11 747	20 606	25 355	11 473	12 167	18 350
工业烟尘排放量		3 916	6 047	12 908	3 719	3 471	5 695

21-40 续表 5　　(2014 年)

指　　标		丰　县	沛　县	铜山区	睢宁县	新沂市	邳州市
工业废气排放量	(亿标米)	57.91	395.6	2897.94	45.07	293.41	280.03
工业固体废物产生量	(万吨)						
工业固体废物综合利用率	(%)	100.0	100.0	99.8	86.1	100.0	100.0
环境污染治理本年投资总额	(万元)						
教育、科技、卫生							
学校总数	(个)	152	167	171	188	121	244
# 普通高等学校							
普通中等专业学校				1			
普通中学		43	42	38	44	33	51
职业高中		1	2	2	2	1	2
技工学校							
小学		108	123	130	142	97	191
在校学生总数	(人)	12.92	14.20	15.80	14.53	13.72	24.56
# 普通高等学校							
普通中等专业学校				0.39	0.25	0.17	0.70
普通中学		4.45	3.72	4.12	5.73	3.20	6.87
职业高中		0.66	1.51	1.19	0.38	0.25	0.47
技工学校							
小学		7.81	8.96	10.09	8.17	10.09	16.53
专任教师总数		9 286	9 228	9 641	10 810	7 771	13 932
# 普通高等学校							
普通中等专业学校			25	33	63	31	25
普通中学		4 864	3 676	4 888	5 554	3 545	5 250
职业高中		255	545	420	277	180	348
技工学校							
小学		4 167	4 982	4 300	4 916	4 015	8 309
幼儿园数	(个)	72	57	84	53	43	83
在园幼儿数	(人)	4.5	5.51	6.35	5.65	5.62	5.93
学龄儿童入学率	(%)	100	100	100	100	100	100
小学毕业生升学率		100	100	100	100	100	100
初中毕业生升学率		97.3	98.8	99.5	99.1	97.9	99.1
各类专业技术人员数	(人)	38 300	44 500	58 600	45 000	43 500	53 800
专利申请受理量	(件)	1 049	1 154	2 860	602	801	1 009
专利申请授权量		676	1 311	1 341	583	185	411
# 发明		27	36	59	15	15	40

21-40　续表 6　　　　(2014 年)

指　　标		丰　县	沛　县	铜山区	睢宁县	新沂市	邳州市
广播覆盖率	(%)	100.0	100.0	100.0	100.0	100.0	100.0
电视覆盖率		100.0	100.0	100.0	100.0	100.0	100.0
有线电视入户率		100.2	97.7	100.1	101.1	100.6	96.4
剧场、影剧院数	(个)	1	1	1	1	1	1
公共图书馆		1	1	1	1	1	1
公共图书馆图书总藏量	(千册、件)	206	320.0	315	411	128	438
卫生机构数		559	613	511	620	468	773
# 医院		5	11	15	8	10	15
卫生院		25	26	23	24	20	31
卫生机构床位数	(张)	3 969	4 476	2 848	3 566	3 117	4 867
# 医院		1 854	3 004	1 381	1 864	2 191	2 965
卫生院		2 026	1 472	1 407	1 532	775	1 620
卫生技术人员	(人)	3 883	4 676	3 564	3 356	4 058	6 271
# 执业(助理)医师		1 934	1 985	1 519	1 171	1 596	2 091
注册护士		1 252	1 864	1 345	1 268	1 668	2 199
# 卫生防疫人员		39	42	45	35	47	61
人民生活							
在岗职工工资总额	(亿元)	330 949	526 470	824 949	277 761	366 883	463 735
城镇居民人均可支配收入	(元)	19 363	23 078	27 100	19 687	20 984	24 151
城镇居民人均消费支出		14 573	14 807	18 702	11 315	14 215	13 726
# 食品烟酒		4 366	4 171	5 999	3 605	4 751	4 224
衣着		1 261	1 459	2 130	872	1 501	1 141
居住		2 673	3 364	1 681	2 671	2 988	2 974
生活用品及服务		1 172	934	1 259	616	1 037	1 029
医疗保健		554	989	1 169	469	450	925
交通通信		1 565	1 848	2 690	910	1 372	1 533
教育文化娱乐		2 635	1 613	3 465	2 051	1 903	1 542
城镇企业职工基本养老保险参保人数	(万人)	6.82	8.06	6.61	6.62	6.45	9.83
城镇职工基本医疗保险参保人数		20.53	27.4	16.85	19.02	16.12	41.82
城镇失业保险参保人数		3.96	8.35	6.69	5.14	5.62	8.39
社会福利收养性单位数	(个)	20	27	74	23	34	26
社会福利收养性单位床位数	(张)	4 280	5 860	8 939	4 700	4 814	5 862
社区服务设施数	(个)	353	361	878	202	423	468
社会治安							
刑事案件立案数	(件)	619	605	948	683	879	1 314
罪犯罪人数		797	773	1 165	880	945	1 390
交通事故死亡人数	(起)	22	23	77	48	40	40
交通事故损失额	(万元)	13	108	90	35	41	20
火灾事故死亡人数	(起)	2		2	1	1	2
火灾损失金额	(万元)	250	83	53	419	347	470

BASIC CONDITIONS OF COUNTRY AND TOWN

乡镇基本情况

版面负责人：郭绍林

编　　　辑：刘　畅

江苏省统计条例

（2014年1月16日江苏省第十二届人民代表大会常务委员会第八次会议通过）

第四十二条 本条例规定，政府统计机构或者有关部门有下列行为之一的，由本级人民政府、上级人民政府统计机构、本级人民政府统计机构责令限期改正，予以通报； 对直接负责的主管人员和其他直接责任人员，由任免机关或者监察机关依法给予处分：

（一）违反第十一条第一款规定，地方统计调查项目未经批准或者虽经批准但未依法公布，擅自组织实施的；

（二）违反第十二条第二款规定，拒绝向本级人民政府统计机构提供统计所需的行政记录的；

（三）违反第三十五条第一款规定，不依法履行职责，不如实搜集、报送统计资料，伪造、篡改统计资料或者要求政府统计调查对象提供不真实统计资料的；

（四）违反第三十八条、第三十九条规定，不依法履行统计监督检查职责或者不依法查处统计违法行为的。

【释义】 本条是关于政府统计机构、有关部门组织实施地方统计调查活动中违法行为及法律责任的规定。

本条规定政府统计机构或者有关部门在组织实施统计调查活动中，有下列违法行为之一的，应当承担法律责任：一是地方统计调查项目未经批准或者虽经批准但未依法公布，擅自组织实施。政府统计机构和有关部门开展地方统计调查，应当制定统计调查项目，并根据本条例第九条、第十条和第十一条的规定报经批准、公布后才能够组织实施。二是拒绝向本级人民政府统计机构提供统计所需的行政记录。本条例第十二条规定，机构编制、民政、工商行政、税务、质量监督等有关部门，应当按照有关规定向本级人民政府统计机构提供统计所需的行政记录，不得以任何理由拒绝提供。三是不依法履行职责，不如实搜集、报送统计资料，伪造、篡改统计资料或者要求政府统计调查对象提供不真实统计资料。本条例第三十五条规定，政府统计机构应当依法履行职责，如实搜集、报送统计资料，不得伪造、篡改统计资料，不得以任何方式要求任何单位和个人提供不真实的统计资料。四是不依法履行统计监督检查职责或者不依法查处统计违法行为。本条例第三十八条和第三十九条规定，政府统计机构和有关部门分别对全社会的统计活动、职责范围内的统计活动履行监督检查职责，不得不履行上述职责。

政府统计机构或者有关部门在组织实施统计调查活动中，有上述违法行为之一的，应当承担下列法律责任：一是由本级人民政府、上级人民政府统计机构或者本级人民政府统计机构责令改正，予以通报。即责令停止违法行为并予以纠正，并在一定范围内对违法行为及处理情况予以公开。二是对直接负责的主管人员和其他直接责任人员，由任免机关或者监察机关按照管理权限，根据违法行为的性质、情节及危害程度，决定给予警告、记过、记大过、降级、撤职或者开除的处分。

直接负责的主管人员。是指违法行为的决策人、事后对单位违法行为予以认可和支持的人员、由于疏于管理或放任而对违法行为负有不可推卸责任的人员。

其他直接责任人员。是指直接实施违法行为的人员。

第四十三条 违反本条例第十五条第一项、第二项、第三项规定，政府统计调查对象未在规定期限内补正的，由政府统计机构责令补正，给予警告；拒不补正的，对企业事业单位或者其他组织处以二千元以上一万元以下罚款，对个体工商户处以二百元以上一千元以下罚款。

【释义】 本条是关于政府统计调查对象未补正统计资料法律责任的规定。

本条规定政府统计调查对象未在规定期限内未补正统计资料，属于本条例所规定的违法行为，应当承担法律责任：一是未按照统计调查制度规定的方式报送统计资料；二是以纸介质方式报送统计调查表，没有签字，或者未加盖单位公章；三是以数据电文方式报送统计资料，没有电子签名等身份识别标志。

企业事业单位或者其他组织有上述违法行为的，应当承担下列责任：由政府统计机构责令补正，给予警告；拒不补正的，处二千元以上一万元以下的罚款。个体工商户有上述违法行为的，应当承担下列责任：由政府统计机构责令补正，给予警告；拒不补正的，处二百元以上一千元以下的罚款。

编辑：王中彬

22-1 分镇主要经济指标

（2014 年）

乡 镇	居委会数（个）	村委会数（个）	通宽带村数（个）	通自来水村（个）	通有线电视村（个）	乡镇行政区域面积（公顷）	年末常用耕地面积（公顷）	年末有效灌溉面积（公顷）	农业机械总动力（千瓦）
贾汪区									
大泉街道	2	11	11	11	11	7 435	2 787	454	52 197
大吴街道	11	6	6	6	6	3 840	1 324	1 205	28 827
潘安湖街道	2	4	4	4	4	2 580	842	791	30 550
青山泉镇	5	11	11	11	11	6 647	2 860	2 054	42 011
紫庄镇	3	15	15	14	15	6 668	3 200	2 373	75 113
塔山镇	3	20	20	20	20	9 468	5 513	4 476	61 590
汴塘镇		17	17	11	17	10 080	4 300	3 920	65 880
江庄镇		11	11	11	11	7 496	4 228	1 120	31 236
徐州经济技术开发区									
大黄山街道	2	12	12	12	12	4 300	1 019	368	18 231
大庙街道	6	20	20	20	20	9 126	2 433	2 280	53 200
徐庄镇		22	22	20	22	13 259	7 691	3 854	63 425
丰 县									
中阳里街道	16					990	467	438	4 287
凤城街道	12	11	11	11	11	8 846	4 160	4 160	45 554
孙楼街道		19	19	19	19	6 608	3 495	3 476	31 500
首羡镇		33	31	33	33	12 176	7 844	7 500	70 269
顺河镇		22	22	22	22	8 648	5 831	5 826	61 265
常店镇		27	27	27	27	7 727	5 000	5 000	57 669
欢口镇		27	27	27	27	10 500	6 561	6 561	92 787
师寨镇		28	28	28	28	8 011	5 238	4 650	64 500
华山镇		25	25	25	25	10 100	3 900	3 900	75 200
梁寨镇		20	20	20	20	8 680	4 550	4 550	65 168
范楼镇		31	31	31	31	11 610	7 331	6 978	75 992
宋楼镇		32	32	19	32	12 214	3 708	3 352	53 750
大沙河镇		19	19	19	19	8 150	1 539	1 500	49 133
王沟镇		31	31	31	31	12 621	8 088	8 088	76 524
赵庄镇		18	18	18	18	9 100	5 113	5 113	70 780
沛 县									
龙固镇	12	11	11	11	11	5 302	2 659	2 610	68 892
杨屯镇	7	14	14	14	14	4 100	2 070	2 034	70 245
大屯镇	15	11	11	11	11	5 540	3 375	3 091	63 619
沛城镇	16	21	21	21	21	10 560	4 260	4 241	73 586
胡寨镇	4	10	10	10	10	4 594	2 731	2 682	72 895
魏庙镇	3	14	14	14	14	5 200	3 950	3 677	60 093
五段镇	3	14	14	14	14	4 700	2 822	2 602	10 878
张庄镇	8	24	24	24	24	11 200	6 482	6 143	99 561
张寨镇	3	26	26	23	23	10 634	6 945	3 120	5 890
敬安镇	6	20	20	20	20	9 600	5 091	4 912	21 330
河口镇	2	16	16	11	16	8 257	5 485	5 276	69 568
栖山镇	4	18	18	18	18	8 951	6 225	6 184	42 920
鹿楼镇	2	22	22	18	22	12 540	5 996	5 900	85 938
朱寨镇	2	20	20	5	20	7 900	4 700	3 950	46 202
安国镇	8	23	23	23	23	10 294	5 535	5 520	59 978

22-1　续表 1　　　　（2014 年）

乡　镇	居委会数（个）	村委会数（个）	通宽带村　数（个）	通自来水　村（个）	通有线电视村（个）	乡镇行政区域面积（公顷）	年末常用耕地面积（公顷）	年末有效灌溉面积（公顷）	农业机械总 动 力（千瓦）
铜山区									
新区街道	4	7	7	7	7	6 450	2 700	2 300	30 000
三堡镇街道	4	2	2	2	2	3 540	1 837	1 800	29 840
何桥镇		15	15	15	15	7 400	5 126	4 674	48 523
黄集镇		18	18	18	18	8 340	4 566	4 566	44 976
马坡镇		12	12	1	12	6 900	3 670	3 455	70 214
郑集镇		10	10	10	10	6 800	5 062	4 247	79 692
柳新镇		19	19	19	19	8 500	4 253	4 162	38 110
刘集镇		15	15	15	15	8 360	4 143	4 126	63 105
大彭镇		14	14	12	14	7 600	3 029	2 985	41 200
汉王镇		9	9	9	9	6 420	2 053	1 220	19 234
棠张镇		17	17	16	17	8 030	4 375	3 753	47 050
张集镇	1	19	19	19	19	14 800	7 933	7 867	66 503
房村镇		20	20	20	20	13 600	7 987	7 987	89 358
伊庄镇		15	15	15	15	8 560	3 270	3 004	58 304
单集镇		21	21	18	21	13 210	7 384	2 908	64 025
利国镇	3	10	10	10	10	7 769	2 590	1 480	19 960
大许镇		23	23	16	23	12 900	6 284	5 195	99 305
茅村镇		13	13	13	13	8 396	3 845	2 710	80 760
柳泉镇	1	17	17	17	17	10 520	4 800	1 887	26 600
睢宁县									
睢城镇	25					10 173	5 650	5 007	46 746
王集镇	6	22	22	22	22	13 152	7 136	4 487	79 536
双沟镇	4	13	13	9	13	8 183	4 236	439	30 111
岚山镇	3	17	17	13	17	12 837	8 366	4 880	107 727
李集镇	4	11	11	11	11	6 368	3 744	2 564	47 038
桃园镇	4	21	21	21	21	9 682	5 339	2 214	40 676
官山镇	8	16	16	16	16	12 528	7 460	7 460	62 165
高作镇	5	8	8	8	8	4 171	2 242	1 048	26 472
沙集镇	4	13	13	13	13	4 000	3 400	2 940	36 000
凌城镇	6	19	19	19	19	9 365	5 358	4 592	62 510
邱集镇	5	28	28	28	28	14 079	8 858	7 890	84 628
古邳镇	6	20	20	20	20	10 666	5 040	4 620	42 530
姚集镇	7	29	29	29	29	16 700	6 700	1 853	64 700
魏集镇	5	20	20	20	20	12 938	7 216	5 820	56 758
梁集镇	5	8	8	7	8	11 036	5 803	5 053	61 092
庆安镇	8	15	15	15	15	11 571	7 356	6 520	54 560

22-1 续表 2 （2014 年）

乡 镇	居委会数（个）	村委会数（个）	通宽带村数（个）	通自来水村（个）	通有线电视村（个）	乡镇行政区域面积（公顷）	年末常用耕地面积（公顷）	年末有效灌溉面积（公顷）	农业机械总动力（千瓦）
新沂市									
新安街道	16	4	4	4	4	12 400	2 991	2 059	41 780
北沟街道	7					3 400	1 220	1 122	4 580
墨河街道	9					5 853	2 936	2 450	4 900
唐店街道	5	4	4	4	4	6 777	2 721	1 273	50 500
瓦窑镇		12	12	12	12	6 312	3 397	3 086	22 025
港头镇	7	4	4	4	4	7 118	3 045	2 489	40 798
合沟镇		20	20	20	20	6 872	2 845	2 760	35 250
草桥镇		16	16	16	16	10 125	3 650	2 661	29 766
窑湾镇	1	21	21	21	21	11 597	4 112	3 145	39 415
棋盘镇		28	28	28	28	17 634	6 791	2 675	51 036
马陵山镇		17	17	17	17	10 600	4 300	2 075	70 250
新店镇		15	15	15	15	12 800	4 615	2 301	58 066
邵店镇		14	14	14	14	5 800	2 656	1 371	20 178
时集镇		18	18	18	18	10 600	6 650	4 241	76 183
高流镇		14	14	14	14	12 290	7 765	7 210	67 200
阿湖镇		18	18	18	18	12 545	5 328	3 760	73 440
双唐镇		14	14	14	14	8 800	3 552	2 614	39 557
邳州市									
东湖街道	4	3	3	3	3	2 646	1 985	692	2 358
运河街道	15	12	12	12	12	7 823	2 683	1 455	43 810
戴圩街道	6	19	18	18	17	7 999	3 389	2 586	43 561
炮车街道	3	12	9	7	7	5 299	2 945	1 916	30 198
邳城镇	1	22	8	22	22	9 028	5 035	3 513	31 662
官湖镇		27	27	27	27	8 880	2 280	2 155	20 178
四户镇		17	17	17	17	8 100	4 880	4 820	72 889
宿羊山镇	1	24	24	24	24	9 013	4 641	4 641	77 612
八义集镇	1	25	19	24	25	9 112	8 399	3 086	100 927
土山镇		21	21	21	21	6 380	3 542	3 487	51 686
碾庄镇	1	27	27	27	27	12 100	7 117	6 617	58 982
港上镇	3	22	22	22	22	6 400	3 200	2 880	93 205
邹庄镇	1	16	16	16	16	7 366	5 690	5 446	34 665
占城镇	1	18	5	8	13	8 900	4 200	2 000	32 480
新河镇		19	19	19	19	9 797	4 498	3 500	19 350
八路镇		14	14	8	14	6 695	3 660	3 125	33 260
铁富镇		30	30	27	24	12 444	6 020	6 020	29 890
岔河镇		12	12	12	12	7 030	3 400	3 400	39 800
陈楼镇		11	11	11	11	3 996	1 714	375	3 417
邢楼镇		18	10	14	18	9 650	5 510	5 510	90 100
戴庄镇		16	16	16	16	7 373	3 428	2 085	13 200
车辐山镇		16	16	16	15	9 500	5 618	4 701	61 081
燕子埠镇		16	16	16	16	7 700	4 000	1 565	12 403
赵墩镇	1	27	27	26	27	12 000	5 600	3 030	42 910
议堂镇	3	12	12	12	12	5 760	2 619	2 298	36 850

22-1 续表 3 （2014 年）

乡 镇	乡镇总户数（户）	乡镇总人口（人）	乡镇从业人员数（人）	#外来从业人员	农民人均纯收入（元）
贾汪区					
大泉街道	17 718	56 258	24 929	230	10 675
大吴街道	15 602	55 521	29 135	2 019	18 474
潘安湖街道	5 320	22 150	9 199	1 564	18 584
青山泉镇	15 456	47 149	30 113	4 369	18 521
紫庄镇	16 852	50 843	24 943	157	14 093
塔山镇	18 312	71 684	27 565	1 225	13 034
汴塘镇	14 322	50 201	18 802	40	10 022
江庄镇	9 440	35 588	14 651	304	13 395
徐州经济技术开发区					
大黄山街道	13 526	54 590	25 424	906	17 408
大庙街道	26 266	98 149	42 772	5 415	18 050
徐庄镇	19 344	69 327	37 786	806	13 299
丰 县					
中阳里街道	6 452	26 748	12 956	2 715	19 910
凤城街道	18 883	67 106	32 658	882	17 409
孙楼街道	13 724	51 069	29 295	680	12 528
首羡镇	24 324	84 819	52 339	2 729	12 104
顺河镇	14 820	52 170	31 985	420	10 294
常店镇	16 196	62 747	31 980	230	10 785
欢口镇	27 969	101 751	54 797	3 784	14 270
师寨镇	16 462	67 210	43 308	1 680	10 481
华山镇	24 277	76 675	50 012	2 071	13 050
梁寨镇	19 035	65 358	33 250	830	11 300
范楼镇	23 035	83 012	40 132	238	11 021
宋楼镇	24 606	92 750	44 110	2 196	12 078
大沙河镇	14 873	62 419	27 293	1 085	13 119
王沟镇	25 931	106 345	55 794	1 408	10 312
赵庄镇	18 713	62 209	40 398	990	10 543
沛 县					
龙固镇	16 326	63 545	30 359	3 369	15 937
杨屯镇	15 860	57 688	35 062	987	14 199
大屯镇	18 997	69 389	40 630	4 587	15 345
沛城镇	63 872	193 537	98 632	10 365	16 234
胡寨镇	11 465	40 387	23 023	181	13 808
魏庙镇	16 381	60 242	37 097	354	14 288
五段镇	10 346	40 648	24 563	334	13 519
张庄镇	26 691	101 215	67 676	1 689	14 930
张寨镇	24 126	100 036	37 091	2 062	13 911
敬安镇	15 119	57 039	30 486	426	14 823
河口镇	15 230	58 943	33 068	316	13 833
栖山镇	15 815	63 522	31 423	487	14 203
鹿楼镇	21 356	77 093	47 309	147	13 308
朱寨镇	15 545	60 466	27 472	318	14 228
安国镇	21 503	82 657	44 955	1 198	14 770

22-1 续表 4 （2014 年）

乡 镇	乡镇总户数（户）	乡镇总人口（人）	乡镇从业人员数（人）	#外来从业人员	农民人均纯收入（元）
铜山区					
新区街道	12 148	49 356	26 286	1 737	20 646
三堡镇街道	7 427	24 840	12 504	1 056	20 114
何桥镇	15 406	52 714	30 735	157	12 615
黄集镇	16 993	58 946	32 370	567	13 495
马坡镇	13 371	51 901	24 182	471	14 280
郑集镇	15 892	53 906	28 528	386	14 940
柳新镇	19 978	73 441	35 921	4 724	20 896
刘集镇	18 878	64 065	28 850	1 694	15 026
大彭镇	20 150	68 710	43 621	3 452	15 740
汉王镇	11 902	45 641	15 466	119	15 137
棠张镇	15 603	57 131	36 295	5 455	17 709
张集镇	23 648	76 650	35 826	3 308	17 728
房村镇	19 587	75 958	38 258	622	13 241
伊庄镇	11 967	47 093	21 648	450	12 524
单集镇	18 874	68 334	28 558	60	11 792
利国镇	19 070	57 610	23 510	1 610	21 825
大许镇	21 414	80 807	39 157	2 536	12 919
茅村镇	20 710	76 223	32 159	1 060	17 438
柳泉镇	18 021	65 330	35 847	1 301	17 096
睢宁县					
睢城镇	84 125	262 020	170 300	42 645	16 660
王集镇	19 508	77 203	46 521	1 164	12 037
双沟镇	12 030	48 921	30 337	812	12 109
岚山镇	18 739	74 706	47 355	1 575	10 599
李集镇	13 341	52 045	31 043	1 128	13 653
桃园镇	17 760	70 618	36 956	588	11 897
官山镇	20 394	80 262	52 147	470	10 961
高作镇	9 573	35 271	22 704	603	15 287
沙集镇	13 420	57 296	29 495	130	11 442
凌城镇	17 897	72 729	39 501	391	11 151
邱集镇	24 608	101 188	55 453	157	11 384
古邳镇	17 793	72 998	46 785	995	10 868
姚集镇	22 125	94 986	45 397	536	10 796
魏集镇	18 085	72 049	42 945	51	11 406
梁集镇	11 848	51 468	27 058	432	11 236
庆安镇	16 530	63 856	35 884	1 935	10 769

22-1 续表5 （2014年）

乡 镇	乡镇总户数（户）	乡镇总人口（人）	乡镇从业人员数（人）	#外来从业人员	农民人均纯收入（元）
新沂市					
新安街道	80 622	210 620	145 600	11 178	17 993
北沟街道	18 805	56 021	23 975	2 439	13 551
墨河街道	14 342	45 721	25 522	1 760	13 360
唐店街道	10 721	38 010	23 708	3 050	10 307
瓦窑镇	8 812	32 964	21 091	1 462	12 817
港头镇	10 563	37 552	20 483	702	10 224
合沟镇	14 863	59 563	29 935	1 095	13 792
草桥镇	20 048	67 606	39 737	4 522	13 280
窑湾镇	19 444	60 305	33 196	248	12 620
棋盘镇	18 974	72 499	37 413	567	9 268
马陵山镇	18 770	57 183	33 640	160	13 725
新店镇	13 283	49 632	27 062	2 789	10 380
邵店镇	10 291	38 403	18 204	223	11 806
时集镇	12 693	52 278	27 327	37	10 430
高流镇	14 894	62 274	35 690	1 360	12 618
阿湖镇	16 925	63 105	35 349	2 584	11 088
双唐镇	10 384	39 382	25 332	1 464	10 859
邳州市					
东湖街道	6 591	23 652	12 171	2 498	18 796
运河街道	75 534	259 664	119 718	48 902	18 067
戴圩街道	19 242	71 469	34 939	5 195	16 207
炮车街道	14 425	53 421	33 765	3 320	16 337
邳城镇	17 803	74 156	36 831	152	11 872
官湖镇	29 165	99 861	63 913	18 718	19 083
四户镇	12 438	54 276	26 585	455	14 612
宿羊山镇	19 796	76 928	41 902	3 069	18 249
八义集镇	17 563	78 129	45 916	397	14 467
土山镇	12 924	53 489	33 425	998	13 766
碾庄镇	25 287	91 482	39 113	1 389	14 959
港上镇	15 604	61 915	32 317	1 305	16 435
邹庄镇	12 320	56 907	34 657	670	16 726
占城镇	10 788	42 584	19 873	456	12 495
新河镇	14 592	60 216	33 191	403	11 731
八路镇	12986	45 826	26 280	310	13 982
铁富镇	28 206	119 750	61 460	865	16 405
岔河镇	9 542	44 252	22 187	140	13 473
陈楼镇	12 227	51 113	26 473	271	16 032
邢楼镇	11 348	51 398	33 381	269	13 697
戴庄镇	11 506	51 316	30 420	596	11 585
车辐山镇	13 258	57 085	34 028	2 456	14 849
燕子埠镇	9 147	35 591	22 804	322	11 476
赵墩镇	22 012	97 610	58 813	338	12 646
议堂镇	8 833	35 482	18 432	1 125	13 380

22-1 续表 6 （2014 年）

乡　镇	农作物总播种面积（公顷）	#粮食	油料	蔬菜	设施种植业占地面积（公顷）	农业保险面积(种植业)（公顷）	市级以上农业龙头企业数（个）	市级以上农业龙头企业销售收入（万元）
贾汪区								
大泉街道	3 575	3 327	70		327	1 560	3	3 575
大吴街道	2 506	2 268		238	308	2 410	4	70 021
潘安湖街道	1 085	954	3	108	25	381		
青山泉镇	5 591	4 769	81	622	1 289	1 468	1	15 962
紫庄镇	9 232	5 748		3 231	908	5 843	2	1 804
塔山镇	11 020	6 651	2	2 779	1 681	2 709	4	5 833
汴塘镇	8 299	6 417	226	1 033	125	2 516		
江庄镇	7 745	6 827	143	473		2 540	2	2 575
徐州经济技术开发区					128			
大黄山街道	1 620	1 159		461	85	1 323		
大庙街道	5 244	4 604		640	434	4 272	2	1 200
徐庄镇	14 293	12 668	273	611		5 280	2	24 770
丰　县								
中阳里街道	726	685		41	1 185	545	25	109
凤城街道	7 066	6 060	32	849	540	1 756	19	44 760
孙楼街道	6 279	5 225	20	1 006	105	5 670	3	9 800
首羡镇	14 941	4 388	20	5 903	150	11 630	3	48 723
顺河镇	10 277	5 113	4	2 924	673	6 833	3	55 397
常店镇	7 360	6 260		1 100	557	6 400	2	325
欢口镇	12 448	11 018	87	1 120	1 038	10 447	1	215 672
师寨镇	8 440	7 264	87	887	2 571	5 779	3	5 290
华山镇	7 629	4 103	161	2 925	2 535	5 160	5	33 110
梁寨镇	9 761	5 970	4	3 097	365	6 100	7	20 253
范楼镇	12 894	7 330	40	5 217	334	11 980	3	16 832
宋楼镇	6 275	5 080	344	537	55	4 950	2	3 350
大沙河镇	3 262	2 462	356	348	175	2 243	3	16 342
王沟镇	13 029	10 821	208	1 628	585	11 059	1	6 600
赵庄镇	10 238	5 521	16	3 547		9 391	2	32 703
沛　县					68			
龙固镇	5 663	4 200	53	1 190	109	3 925		
杨屯镇	4 789	4 559		204	491	4 725	3	34 579
大屯镇	8 026	5 908		563	1 015	3 481	2	5 013
沛城镇	9 575	6 800		2 641	991	4 250	2	114 637
胡寨镇	6 933	5 600		1 333	785	4 933	4	1 500
魏庙镇	8 804	6 684		2 102	40	1 385	2	14 385
五段镇	7 840	6 646		533	3 390	6 230		
张庄镇	16 456	8 333		7 490	1 958	7 402	2	6 800
张寨镇	14 658	8 800	100	5 419	1 550	9 239	4	17 860
敬安镇	10 588	5 133	100	4 914	3 340	5 950	1	10 110
河口镇	11 693	3 740	93	7 573	1 307	4 037	3	13 682
栖山镇	13 620	6 120		6 867	1 713	4 520	1	10 054
鹿楼镇	18 331	11 813	350	3 362	1 344	4 366	2	575
朱寨镇	9 693	5 419		4 074	545	5 667		
安国镇	12 900	6 600	33	2 467		2 695		

22-1 续表 7 （2014 年）

乡 镇	农作物总播种面积（公顷）	#粮食	油料	蔬菜	设施种植业占地面积（公顷）	农业保险面积（种植业）（公顷）	市级以上农业龙头企业数（个）	市级以上农业龙头企业销售收入（万元）
铜山区								
新区街道	3 815	3 300		515	540	1 200	2	18 542
三堡镇街道	3 408	2 268		1 140	945	890	3	1 247
何桥镇	10 466	5 798		4 668	411	4 203	1	1 423
黄集镇	9 940	8 200	75	1 587	1 142	1 664	2	25 513
马坡镇	12 252	8 099		3 160	335	3 642	4	32 338
郑集镇	8 659	7 133	246	1 280	1 690	6 026	1	5 560
柳新镇	8 151	7 627		524	31	5 400		
刘集镇	9 822	7 379	190	2 166	345	5 560		
大彭镇	9 852	6 325		2 870	530	3 150	1	7 652
汉王镇	5 422	3 122	23	1 561	339	2 880	1	888
棠张镇	8 521	3 273		5 248	990	3 644	1	7 530
张集镇	12 741	9 128	100	3 126	973	4 447	2	48 271
房村镇	15 502	10 908	133	3 856	672	10 853	2	53 120
伊庄镇	7 420	5 893	311	758	43	4 867	2	4 700
单集镇	13 626	9 553	623	1 995	896	6 337	2	1 850
利国镇	5 025	4 218	277	487	350	3 460		
大许镇	13 185	10 973	30	1 477	598	11 725	1	32 881
茅村镇	5 784	5 376	11	356	2 000	4 696	1	13 874
柳泉镇	9 627	7 191	184	1 275	737	3 751		
睢宁县								
睢城镇	6 949	6 477		464	75	2 646		
王集镇	15 825	9 453	2 165	3 057	1 992	8 605	8	12 105
双沟镇	8 706	7 510	215	901	141	7 425	1	2 356
岚山镇	12 972	11 418	305	959	223	8 672		
李集镇	6 964	6 648	10	292	70	6 240		
桃园镇	9 582	7 730	138	1 647	86	7 533		
官山镇	14 195	12 900	35	1 260	245	10 440		
高作镇	4 787	4 083	9	609	257	3 234	1	23 757
沙集镇	6 736	6 235	37	454	68	4 800		
凌城镇	9 750	9 380	2	326	758	8 896	4	37 995
邱集镇	16 993	14 386	36	2 468	189	5 090	1	11 356
古邳镇	8 992	8 475	173	225	524	7 015	2	5 780
姚集镇	13 984	12 384	773	696	167	8 450	1	6 500
魏集镇	12 405	10 409	347	998	339	7 947	1	835
梁集镇	8 452	5 313	326	1 955	491	3 292		
庆安镇	12 340	11 685	96	559	186	865	12	29 680

22-1 续表 8 （2014 年）

乡　镇	农作物总播种面积（公顷）	#粮食	油料	蔬菜	设施种植业占地面积（公顷）	农业保险面积(种植业)（公顷）	市级以上农业龙头企业数（个）	市级以上农业龙头企业销售收入（万元）
新沂市								
新安街道	5 079	4 387	25	667	110	670	1	3 608
北沟街道	1 618	1 576	42			620		
墨河街道	5 342	5 125		217	587	2 237		
唐店街道	8 728	7 261	110	1 007	1 007	7 250	5	9 137
瓦窑镇	4 852	4 473		363	140	4 473	6	42 738
港头镇	8 308	6 538	25	1 445	176	6 736	5	45 802
合沟镇	5 310	4 725	14	550	490	650		
草桥镇	9 644	7 034	43	2 539	2 118	3 550	7	327 138
窑湾镇	8 430	6 971	224	1 235	801	4 109	7	32 340
棋盘镇	13 059	12 055	328	676	647	12 744	6	19 426
马陵山镇	12 421	8 915	920	2 586	659	1 286		
新店镇	8 133	7 688	98	198	174	7 688	5	3 184
邵店镇	5 472	4 567	11	854	96	4 567	5	9 678
时集镇	13 223	11 423	792	474	307	9 677	7	29 800
高流镇	10 760	7 450	1 120	350	290	7 320	7	11 822
阿湖镇	9 204	7 882	1 002	190	348	8 890	2	10 032
双唐镇	9 328	6 737	736	883	503	5 247	2	24 550
邳州市								
东湖街道	1 134	1 058		43	8	174		
运河街道	6 232	3 495		2 637	28	67		
戴圩街道	5 483	4 822	76	159	211	2 499	1	54 755
炮车街道	5 174	3 411	8	1 755	645	432	5	7 434
邳城镇	7 573	3 854	1 109	2 135	1 346	5 712	1	1
官湖镇	2 731	2 330	0	382	355	720	3	99 876
四户镇	8 465	6 800	430	628	962	7 998	1	4 290
宿羊山镇	9 459	4 448	32	4 976	1 221	5 148	4	34 121
八义集镇	20 493	12 158	142	617	261	189	1	1 371
土山镇	8 235	3 676	209	1 508	353	2 868	3	55 624
碾庄镇	13 687	7 170	92	1 688	709	5 302	12	157 908
港上镇	3 140	1 525	240	1 110	2 008	2 502	10	2 993
邹庄镇	4 983	4 407	5	556	1 453	3 271	1	45 890
占城镇	8 075	5 320	21	2 210	2 211	2 935	1	392
新河镇	12 348	9 080	181	2 998	1 520	5 590		
八路镇	6 230	4 623	482	460	2 460	2 386	1	3 260
铁富镇	8 960	5 860	136	306	765	5 970	4	82 650
岔河镇	8 435	7 038	22	94	25	5 892		
陈楼镇	1 531	1 092	65	68	35	26	1	6 571
邢楼镇	7 463	5 500	110	320	350	130		
戴庄镇	7 010	6 348	272	382	710	5 540		
车辐山镇	5 026	2 958	119	1 601	3 368	1 893	1	39 012
燕子埠镇	7 100	4 000	493	2 326	732	3 227		
赵墩镇	16 780	8 600		7 000	1 280	2 312		
议堂镇	5 646	4 469	17	884	52	5 112		

22-1 续表 9 （2014 年）

乡　镇	粮 食 总产量 （吨）	棉 花 总产量 （吨）	油 料 总产量 （吨）	蔬 菜 总产量 （吨）	肉 类 总产量 （吨）	# 猪肉 产量	牛奶 产量 （吨）
贾汪区							
大泉街道	25 986	141	78		3 880	1 551	1 850
大吴街道	14 368			6 151	3 457	2 988	4
潘安湖街道	5 812		9	3 204	1 123	824	
青山泉镇	25 120	82	223	15 012	5 066	3 978	95
紫庄镇	41 151			136 860	11 239	6 562	33
塔山镇	34 342	430	4	63 498	8 311	6 963	
汴塘镇	33 189	418	578	22 479	3 348	3 089	
江庄镇	25 024	180	750	17 650	9 845	5 961	359
徐州经济技术开发区							
大黄山街道	9 979			25 937	3 516	2 867	1 100
大庙街道	31 853			29 577	10 800	7 000	600
徐庄镇	87 305	307	732	16 067	8 124	7 221	830
丰　县							
中阳里街道	4 044			2 295	2 911	1 253	
凤城街道	36 494	248	85	41 082	7 205	3 072	
孙楼街道	30 912	50	45	42 081	9 060	2 860	
首羡镇	27 124	6 473	47	330 649	6 685	5 825	50
顺河镇	37 268	3 968	20	104 802	6 214	2 987	8 242
常店镇	48 873	844		37 489	11 630	5 650	235
欢口镇	94 287	173	283	52 187	7 582	3 442	
师寨镇	44 956	495	134	23 218	5 030	2 460	295
华山镇	25 086	512	461	80 320	13 962	6 320	92
梁寨镇	36 974	1 484	535	133 914	10 128	2 878	
范楼镇	45 364	452	123	125 692	6 312	4 548	160
宋楼镇	28 524	226	960	11 864	7 990	5 710	
大沙河镇	13 720	63	806	6 512	6 942	4 291	1
王沟镇	64 179	430	548	76 106	10 747	7 230	350
赵庄镇	34 553	1 483	52	159 805	13 518	8 021	10
沛　县							
龙固镇	30 700	55	116	43 420	4 995	3 812	18
杨屯镇	34 985			11 390	7 135	5 257	
大屯镇	56 248			41 448	14 314	13 027	16
沛城镇	53 080			107 796	12 235	7 612	380
胡寨镇	42 420			55 539	10 954	8 215	132
魏庙镇	45 022			56 525	8 368	6 965	3 375
五段镇	66 388				12 011	6 133	41
张庄镇	54 321	231		393 225	12 387	10 350	8
张寨镇	59 977	288	222	216 868	11 980	10 950	1 450
敬安镇	31 902	96	239	179 030	11 514	4 500	122
河口镇	22 130	66	252	303 450	10 230	5 342	21
栖山镇	38 595	165		269 986	9 972	7 920	114
鹿楼镇	78 819	676	92	214 235	12 675	12 366	160
朱寨镇	39 324	170		159 842	9 868	5 500	5 400
安国镇	47 990	3 380	125	137 180	13 636	7 968	

22-1 续表 10 （2014 年）

乡 镇	粮 食 总产量 （吨）	棉 花 总产量 （吨）	油 料 总产量 （吨）	蔬 菜 总产量 （吨）	肉 类 总产量 （吨）	#猪肉 产量	牛奶 产量 （吨）
铜山区							
新区街道	15 360			24 362	1 813	1 356	869
三堡镇街道	12 531			49 310	3 590	1 851	3 001
何桥镇	38 995			141 941	2 893	1 724	1 262
黄集镇	56 520	92	250	87 202	12 235	10 272	19
马坡镇	59 400			110	5 448	3 180	176
郑集镇	52 020	130	52	59 520	12 546	9 600	240
柳新镇	51 148			23 461	1 693	1 328	2 200
刘集镇	47 191	283	105	68 705	5 942	4 295	15
大彭镇	51 240	120		78 521	8 521	7 210	1 850
汉王镇	19 578	30	73	65 412	875	378	448
棠张镇	22 554	230		329 566	6 575	860	2 700
张集镇	62 084	859	204	159 552	8 010	5 619	13 300
房村镇	72 939	1 550	309	67 778	5 527	3 754	5 322
伊庄镇	41 305	528	798	46 664	2 079	524	507
单集镇	69 617	1 646	1 615	114 547	8 740	4 180	8 869
利国镇	25 205	12	869	18 321	3 688	1 916	3 429
大许镇	84 151	828	28	29 471	14 260	9 123	860
茅村镇	37 051	27	61	7 127	3 572	2 960	1 080
柳泉镇	50 138	357	579	40 944	6 642	5 059	1 542
睢宁县							
睢城镇	39 935			12 461	2 746	2 182	1 482
王集镇	50 017	962	5 131	124 046	12 429	5 241	22 291
双沟镇	49 908	137	475	58 460	6 898	5 245	6 826
岚山镇	64 187	175	1 155	29 296	8 794	5 610	60
李集镇	42 351		12	8 968	2 385	1 875	56
桃园镇	50 762	13	345	33 385	5 993	4 186	
官山镇	70 121		73	40 011	7 686	4 417	910
高作镇	27 078		36	34 102	3 247	1 762	
沙集镇	39 705		106	9 667	4 585	1 900	295
凌城镇	70 325	1	4	14 673	6 785	4 019	
邱集镇	91 004		81	92	10 765	4 986	308
古邳镇	53 154	4	520	6 315	7 260	4 498	
姚集镇	74 675	151	3 570	14 156	8 618	4 675	186
魏集镇	70 293		894	41 878	14 319	7 187	4 693
梁集镇	28 181		965	61 725	5 217	3 640	
庆安镇	58 658	82	386	16 268	8 125	5 726	596

22-1 续表 11 （2014 年）

乡 镇	粮 食 总产量 （吨）	棉 花 总产量 （吨）	油 料 总产量 （吨）	蔬 菜 总产量 （吨）	肉 类 总产量 （吨）	# 猪肉 产量	牛奶 产量 （吨）
新沂市							
新安街道	34 624		235	17 678	8 207	5 306	9 236
北沟街道	12 402		266	11 420	540	453	
墨河街道	41 350			14 130	9 680	8 250	
唐店街道	48 408		784	33 930	3 000	2 100	
瓦窑镇	34 830			18 128	12 100	10 150	
港头镇	47 150		238	59 838	6 562	1 905	178
合沟镇	27 185		110	28 560	5 084	4 382	
草桥镇	57 155		309	88 374	8 540	5 821	
窑湾镇	59 611		1 656	34 493	3 894	3 608	
棋盘镇	78 688		2 420	25 540	15 253	11 039	
马陵山镇	60 135		6 575	40 124	10 457	5 507	480
新店镇	61 780		749	11 369	11 450	10 296	
邵店镇	27 539		90	39 921	3 324	1 531	
时集镇	83 730		3 742	20 010	6 000	5 000	180
高流镇	48 920		7 230	13 820	8 620	7 010	
阿湖镇	68 079		7 765	3 053	12 062	7 678	41
双唐镇	44 831		5 048	35 489	6 859	4 550	200
邳州市							
东湖街道	7 256			1 279	2 887	2 215	345
运河街道	23 769			5 902	10 399	6 912	20
戴圩街道	35 886		159	4 092	7 698	4 259	
炮车街道	22 433	1	42	19 765	7 987	6 233	332
邳城镇	27 652	756	305	4 389	13 209	7 502	130
官湖镇	17 983			6 792	15 432	9 623	44
四户镇	40 701	41	4 540	34 099	6 778	3 201	
宿羊山镇	33 452	792	869	70 118	7 341	4 982	
八义集镇	47 025	1 426	467	4 697	15 617	9 995	231
土山镇	36 756	520	956	38 766	4 967	2 953	15
碾庄镇	44 934	1 912	223	9 376	10 270	8 501	
港上镇	10 238	172	264	7 202	5 509	3 802	10
邹庄镇	31 567	390	1 230	25 430	8 690	7 213	
占城镇	37 559	328	2 241	10 629	1 743	1 372	
新河镇	41 866	112	1 725	3 562	8 650	6 460	
八路镇	34 038	86	132	226	36 920	17 320	
铁富镇	38 560	190	656	1 365	13 625	8 659	6 980
岔河镇	46 142	25	742	4 365	5 518	3 911	
陈楼镇	6 012		91	5 073	361	246	170
邢楼镇	35 500	1 520	7 960	2 500	6 100	6 000	1 600
戴庄镇	36 214	63	1 548	6 987	1 180	884	
车辐山镇	21 896	190	272	11 598	13 865	11 259	
燕子埠镇	38 647	185	532	7 021	6 985	5 347	
赵墩镇	58 028	105		10 880	12 440	12 002	
议堂镇	34 991	71	70	12 454	3 875	2 830	

22-1 续表 12 （2014 年）

乡　镇	禽蛋产量（吨）	水产品产量（吨）	企业个数（个）	#工业企业	企业从业人员（人）	#工业企业	企业实交税金总额（万元）	工业总产值（万元）
贾汪区								
大泉街道	412	358	293	94	8 510	5 322	16 498	506 548
大吴街道	350	2 906	301	189	20 100	18 146	15 067	1 125 280
潘安湖街道	116		74	36	5 560	3 056	2 196	56 375
青山泉镇	1 451	467	259	149	24 812	20 943	84 632	1 465 026
紫庄镇	1 057	1 892	173	127	7 984	6 188	3 750	395 811
塔山镇	10 597	743	213	127	6 836	5 501	2 020	210 652
汴塘镇	2 789	1 648	255	149	4 090	2 752	1 408	80 177
江庄镇	3 812	54	535	9	6 300	4 650	10 135	374 963
徐州经济技术开发区								
大黄山街道	5 964	290	206	136	22 259	13 588	28 793	552 194
大庙街道	5 000	663	226	186	18 786	14 487	110 807	682 536
徐庄镇	3 150	630	557	276	7 498	3 782	6 937	197 820
丰　县								
中阳里街道	143	74	2 221	1 401	27 208	17 531	43 319	1 023 437
凤城街道	1 830	250	1 303	775	41 720	17 412	58 377	1 309 317
孙楼街道	4 390	140	1 680	1 390	22 200	21 300	11 926	681 780
首羡镇	2 492	133	1 623	838	20 350	18 665	77 185	1 005 965
顺河镇	3 828	1 000	2 430	780	30 022	20 800	14 800	441 000
常店镇	2 360	750	900	820	19 690	16 995	9 009	440 350
欢口镇	19 622	862	1 964	1 923	24 010	21 263	28 244	865 223
师寨镇	3 550	30	2 205	1 610	20 650	15 228	41 919	703 117
华山镇	9 190	535	2 610	1 735	27 920	20 930	6 812	418 219
梁寨镇	1 255	142	1 210	532	14 983	10 031	5 438	245 970
范楼镇	2 910	25	1 192	779	17 289	12 751	36 836	417 001
宋楼镇	5 600	690	2 280	1 700	31 960	22 110	18 620	581 242
大沙河镇	1 515	1 502	1 241	726	14 018	12 293	9 454	382 819
王沟镇	10 068	177	1 608	1 108	16 342	11 954	2 563	247 707
赵庄镇	9 980	145	3 690	2 190	30 408	21 986	10 270	357 519
沛　县								
龙固镇	2 787	2 269	836	610	18 852	12 958	25 896	765 276
杨屯镇	3 986	20 138	948	586	23 909	16 020	19 386	2 027 195
大屯镇	20 246	19 320	813	410	59 945	34 196	81 853	3 246 765
沛城镇	7 517	7 062	6 835	2 008	58 112	30 108	38 296	1 900 743
胡寨镇	6 682	4 572	735	501	10 940	8 120	39 580	921 520
魏庙镇	4 726	920	717	405	11 622	11 085	2 893	1 191 304
五段镇	9 561	9 365	722	562	5 955	5 396	1 744	265 639
张庄镇	5 064	6 344	1 341	844	16 346	9 034	6 239	652 135
张寨镇	16 852	2 430	292	161	6 995	4 402	4 410	166 000
敬安镇	6 372	3 775	1 462	690	18 540	14 820	5 409	2 684 978
河口镇	1 250	208	1 019	485	10 362	7 703	27 825	542 965
栖山镇	2 270	52	975	652	11 175	9 250	22 230	646 202
鹿楼镇	9 307	110	1 496	793	13 341	11 075	9 765	578 557
朱寨镇	13 631	326	1 422	996	16 618	12 219	34 209	630 903
安国镇	9 276	462	127	92	7 683	5 627	4 885	721 326

22-1 续表 13 （2014 年）

乡　镇	禽蛋产量（吨）	水产品产量（吨）	企业个数（个）	#工业企业	企业从业人员（人）	#工业企业	企业实交税金总额（万元）	工业总产值（万元）
铜山区								
新区街道	208	419	1 006	319	64 537	34 684	568 791	6 528 674
三堡镇街道	170	371	139	90	9 851	7 925	23 120	2 032 459
何桥镇	6 853	1 725	84	25	6 853	3 268	14 176	489 623
黄集镇	847	1 770	594	187	10 526	8 050	3 320	475 232
马坡镇	2 698	1 328	262	180	8 923	6 878	12 805	810 224
郑集镇	2 290	7 789	238	102	18 992	9 001	8 760	259 385
柳新镇	498	5 320	1 049	286	20 962	13 220	68 960	1 762 732
刘集镇	4 615	14 174	972	805	13 658	13 344	17 145	509 804
大彭镇	36 581	3 520	451	241	9 210	7 250	6 235	751 005
汉王镇	500	137	802	263	11 047	7 975	1 558	425 646
棠张镇	3 900	980	795	395	10 650	5 410	6 720	176 580
张集镇	6 986	3 921	1 309	1 053	25 864	19 533	26 762	1 846 813
房村镇	10 025	3 037	870	409	8 213	5 370	23 724	653 386
伊庄镇	368	495	324	97	4 670	2 237	6 230	112 580
单集镇	4 418	1 159	432	288	6 320	3 596	4 180	189 085
利国镇	3 079	9 823	2 069	1 340	25 050	15 330	60 352	3 101 510
大许镇	7 203	1 557	662	517	21 730	16 537	21 297	776 429
茅村镇	1 660	2 457	478	336	17 540	13 480	65 260	1 355 960
柳泉镇	4 848	2 565	594	466	20 500	15 184	58 693	1 708 248
睢宁县								
睢城镇	1 881	2 012	1 800	770	86 240	27 454	86 299	506 845
王集镇	10 965	1 401	148	85	14 730	6 626	10 417	251 005
双沟镇	6 357	1 950	536	330	4 325	2 910	6 897	70 522
岚山镇	6 590	966	160	103	5 019	4654	3 296	108 135
李集镇	1 761	1 806	347	247	14 157	9 931	8 263	545 042
桃园镇	5 700	1 073	172	142	10 854	8 095	5 518	156 957
官山镇	5 660	2 300	156	105	2 936	2 385	2 250	161 537
高作镇	12 422	767	97	38	3 447	841	2 405	30 699
沙集镇	3 670	1 200	899	430	7 150	4 980	4 240	331 250
凌城镇	3 180	2 210	175	110	9 801	7 212	8 450	306 890
邱集镇	8 488	1 830	194	151	3 205	2 812	4 235	91 641
古邳镇	2 018	17 008	466	241	8 317	3 708	5 713	148 891
姚集镇	14 833	1 175	446	369	7 025	5 566	1 875	131 600
魏集镇	1 605	2 426	1 408	880	13 641	7 132	2 378	105 696
梁集镇	6 829	4 909	158	79	6 740	4 442	4 510	99 713
庆安镇	5 468	2 568	148	98	2 869	2 156	6 385	339 680

22-1 续表 14 （2014 年）

乡 镇	禽蛋产量（吨）	水产品产 量（吨）	企业个数（个）	#工业企业	企业从业人员（人）	#工业企业	企业实交税金总额（万元）	工业总产 值（万元）
新沂市								
新安街道	5 370	887	2 021	250	99 628	32 162	99 524	1 521 364
北沟街道	143	81	108	78	10 250	6 092	21 025	981 520
墨河街道	2 550	1 115	208	166	28 365	26 847	225 500	358 336
唐店街道	2 700	1 700	1 510	263	17 342	11 262	9 263	746 283
瓦窑镇	5 832	2 144	544	388	8 100	6 517	16 210	712 332
港头镇	5 899	6 229	345	123	8 929	8 515	4 242	195 892
合沟镇	13 563	1 968	825	442	9 420	4 552	3 020	72 502
草桥镇	4 076	17 868	2 378	1 178	22 070	15 584	19 014	932 026
窑湾镇	16 716	39 987	1 692	764	14 926	11 020	40 136	210 914
棋盘镇	5 488	15 264	472	358	10 628	8 527	8 456	803 510
马陵山镇	13 801	9 105	368	196	8 308	3 385	5 291	361 396
新店镇	4 746	13 073	312	147	4 811	3 217	2 762	120 747
邵店镇	1 642	98	112	53	6 452	2 123	4 125	87 125
时集镇	5 500	265	436	85	8 468	4 466	5 747	301 590
高流镇	1 460	1 520	886	434	12 700	5 610	1 120	948 567
阿湖镇	2 052	800	1 400	1 000	13 000	9 024	5 215	221 320
双唐镇	6 500	643	1 100	608	13 179	8 962	22 350	302 614
邳州市								
东湖街道	80	143	168	36	6 628	2 165	1 327	52 987
运河街道	2 425	6 918	4 635	1 103	75 966	10 833	54 739	1 754 881
戴圩街道	6 479	4 880	386	289	21 684	15 411	14 225	2 591 560
炮车街道	8 654	5 765	896	442	15 566	12 234	32 328	1 514 321
邳城镇	1 253	1 869	312	193	5 045	2 730	5 623	399 287
官湖镇	1 976	9 657	1 935	1 371	56 460	40 235	35 665	3 602 331
四户镇	4 220	343	623	188	8 120	5 331	10 811	170 218
宿羊山镇	903	3 798	417	301	11 213	7 241	7 562	746 618
八义集镇	7 016	1 205	2 011	645	18 694	10 023	2 277	345 352
土山镇	5 786	3 332	908	248	19 382	12 465	26 862	512 829
碾庄镇	7 158	4 552	1 513	237	29 745	13 168	55 967	1 712 385
港上镇	7 203	522	912	557	14 203	6 101	3 604	557 983
邹庄镇	270	1 199	156	59	6 034	4 588	1 788	278 900
占城镇	1 713	869	98	69	2 576	1 972	742	180 516
新河镇	1 690	7 045	364	162	7 158	5 692	3 420	455 618
八路镇	5 682	4 866	236	162	3 950	2 862	3 922	104 860
铁富镇	7 126	3 216	898	118	13 080	3 060	4 580	378 950
岔河镇	7 263	854	322	230	4 367	3 231	5 032	713 002
陈楼镇	5 231	651	1 298	833	21 915	15 213	13 175	1 871 070
邢楼镇	8 130	1 100	410	320	13 655	10 680	2 600	158 000
戴庄镇	7 582	204	46	32	6 734	3 382	4 660	136 625
车辐山镇	3 701	1 108	535	270	13 561	7 016	1 755	274 869
燕子埠镇	3 016	1	115	106	1 673	1 427	1 247	186 171
赵墩镇	6 410	5 012	165	121	5 720	3 618	3 028	1 361 610
议堂镇	3 011	1 526	256	220	7 655	7 015	11 375	1 611 300

22-1 续表 15 （2014 年）

乡 镇	社会消费品零售总额（万元）	#限额以上社会消费品零售总额	固定资产投资完成额（万元）	机构在职财政供给人数(人)	公务员	事业编制	其他人员	机构在职财政供给人员工资总额（万元）
贾汪区								
大泉街道	47 040	29 420	138 568	73	29	44		279
大吴街道	24 371	3 950	420 000	107	31	43	33	729
潘安湖街道	6 178		167 054	52	7	1	44	332
青山泉镇	9 727	1 201	604 632	102	33	69		406
紫庄镇	35 608	12 312	95 110	64	30	34		314
塔山镇	10 795	9 460	82 115	94	42	52		489
汴塘镇	5 189	2 899	69 500	43	23	20		223
江庄镇	3 426	3 217	202 978	61	22	30	9	303
徐州经济技术开发区								
大黄山街道	37 867	20 992	342 705	210	28	59	123	1 259
大庙街道	287 400	227 424	435 967	246	40	86	120	2 810
徐庄镇	26 322	19 370	138 648	61	37	24		355
丰 县								
中阳里街道	230 328	201 459	733 625	76	41	29	6	248
凤城街道	143 394	115 213	260 491	113	50	51	12	473
孙楼街道	95 000	74 136	74 765	95	37	36	22	405
首羡镇	113 250	92 531	110 848	127	36	71	20	790
顺河镇	38 578	21 000	164 120	98	33	65		316
常店镇	86 970	25 786	205 930	115	39	50	26	450
欢口镇	103 516	44 639	218 750	110	51	42	17	613
师寨镇	32 401	11 260	84 475	88	38	30	20	335
华山镇	72 125	40 343	92 100	99	46	43	10	285
梁寨镇	33 129	18 976	97 360	126	43	57	26	349
范楼镇	91 248	63 620	65 654	89	37	47	5	398
宋楼镇	1 277 900	32 450	76 500	115	36	59	20	590
大沙河镇	123 418	24 755	55 287	125	36	72	17	379
王沟镇	69 889	18 140	50 060	145	35	53	57	575
赵庄镇	129 915	57 779	175 845	163	37	44	82	619
沛 县								
龙固镇	83 536	81 862	409 526	114	40	61	13	478
杨屯镇	107 569	103 850	396 200	98	37	55	6	324
大屯镇	288 277	140 675	1 039 608	277	41	184	52	1 063
沛城镇	482 375	370 056	531 284	315	75	212	28	1 836
胡寨镇	28 919	15 399	158 968	95	28	59	8	426
魏庙镇	149 497	138 008	19 700	107	27	72	8	330
五段镇	138 323	117 447	19 082	270	54	212	4	221
张庄镇	182 252	95 251	331 170	193	23	109	61	995
张寨镇	25 981	24 286	176 000	120	43	67	10	462
敬安镇	146 527	131 668	492 500	174	54	114	6	713
河口镇	47 194	39 850	125 410	119	51	60	8	403
栖山镇	78 326	61 950	189 775	135	50	75	10	477
鹿楼镇	72 306	60 826	16 365	227	95	125	7	1 285
朱寨镇	96 578	92 262	104 076	125	62	55	8	503
安国镇	86 439	50 255	363 000	112	48	61	3	392

22-1 续表 16 (2014 年)

乡 镇	社会消费品零售总额(万元)	# 限额以上社会消费品零售总额	固定资产投资完成额(万元)	机构在职财政供给人数(人)	公务员	事业编制	其他人员	机构在职财政供给人员工资总额(万元)
铜山区								
新区街道	495 303	450 183	900 427	56	32	24		304
三堡镇街道	311 571	301 475	307 336	91	32	26	33	551
何桥镇	47 623	27 192	543 261	51	32	10	9	486
黄集镇	137 874	96 585	221 447	51	35	12	4	241
马坡镇	92 287	47 633	116 232	67	42	22	3	298
郑集镇	17 600	15 826	358 260	57	37	20		352
柳新镇	184 929	138 718	461 210	154	58	43	53	429
刘集镇	115 190	91 750	243 500	73	35	26	12	317
大彭镇	54 210	49 012	405 210	96	37	47	12	565
汉王镇	114 237	98 925	203 580	64	38	18	8	321
棠张镇	85 182	85 048	486 900	60	32	28		409
张集镇	489 331	64 786	651 400	106	43	47	16	310
房村镇	276 576	190 899	283 659	61	34	26	1	299
伊庄镇	60 235	38 649	104 896	48	31	17		164
单集镇	117 252	53 724	160 195	57	33	16	8	282
利国镇	96 306	62 974	1 002 560	90	40	30	20	553
大许镇	43 403	36 556	150 616	65	32	25	8	278
茅村镇	172 126	66 508	440 000	97	39	22	36	343
柳泉镇	216 122	154 095	870 141	76	36	12	28	333
睢宁县								
睢城镇	226 695	195 585	81 253	318	126	142	50	1 589
王集镇	123 405	18 291	69 703	98	35	59	4	596
双沟镇	4 052	3 298	75 992	121	47	51	23	395
岚山镇	96 269	21 194	117 941	115	35	58	22	471
李集镇	54 326	37 804	73 523	89	35	38	16	386
桃园镇	18 046	15 034	52 922	107	36	46	25	488
官山镇	5 310	3 964	84 650	117	46	35	36	355
高作镇	21 377	10 931	51 610	113	35	52	26	227
沙集镇	87 940	21 985	98 990	120	51	69		388
凌城镇	24 360	11 050	79 950	116	33	51	32	399
邱集镇	1 475	410	57 608	110	37	73		384
古邳镇	46 132	38 415	36 896	125	55	43	27	251
姚集镇	75 000	4 200	48 000	139	46	56	37	650
魏集镇	97 189	82 895	99 620	136	38	54	44	414
梁集镇	12 559	9 853	98 660	194	41	56	97	681
庆安镇	47 025	28 012	105 680	202	43	146	13	796

22-1 续表 17 （2014 年）

乡　镇	社会消费品零售总额（万元）	#限额以上社会消费品零售总额	固定资产投资完成额（万元）	机构在职财政供给人数(人)	公务员	事业编制	其他人员	机构在职财政供给人员工资总额（万元）
新沂市								
新安街道	129 245	78 795	910 000	257	61	48	148	728
北沟街道	1 505	915	90 384	114	50	32	32	528
墨河街道	70 357	58 274	154 320	46	12	13	21	108
唐店街道	56 820	41 252	302 529	78	33	34	11	347
瓦窑镇	71 322	52 130	256 000	115	37	39	39	310
港头镇	37 058	16 982	139 450	111	49	28	34	303
合沟镇	41 112	35 668	47 552	69	31	23	15	350
草桥镇	67 595	66 791	521 400	118	47	44	27	542
窑湾镇	51 774	41 361	104 750	99	35	35	29	398
棋盘镇	80 191	74 633	448 760	81	38	36	7	379
马陵山镇	37 256	4 128	281 354	134	43	52	39	404
新店镇	28 961	21 459	151 384	161	41	36	84	728
邵店镇	42 129	36 480	162 140	127	39	50	38	281
时集镇	38 100	860	101 600	67	40	27		270
高流镇	19 050	8 785	16 820	69	29	32	8	340
阿湖镇	12 018	9 500	20 000	150	50	90	10	280
双唐镇	34 465	27 588	111 990	87	51	36		352
邳州市								
东湖街道	3 473	1 421		64	22	14	28	231
运河街道	243 186	176 751	728 444	265	96	169		1 507
戴圩街道	64 059	35 901	417 888	448	50	52	346	2 584
炮车街道	19 878	19 812	463 521	104	49	41	14	276
邳城镇	16 047	14 662	89 862	97	55	30	12	190
官湖镇	360 159	32 851	450 323	182	49	131	2	662
四户镇	6 210	6 150	13 100	84	34	41	9	268
宿羊山镇	112 191	55 244	225 267	175	34	115	26	437
八义集镇	102 964	59 641	220 719	127	49	40	38	349
土山镇	34 456	17 453	213 546	98	35	49	14	383
碾庄镇	28 154	18 625	316 276	138	59	79		816
港上镇	180 144	35 005	15 700	130	67	41	22	292
邹庄镇	16 509	9 543	123 450	98	53	36	9	288
占城镇	27 048	5 172	66 403	89	39	42	8	171
新河镇	7 664	6 356	59 148	81	46	30	5	156
八路镇	8 650	6 208	110 860	118	38	77	3	252
铁富镇	358 650	328 960	245 860	103	51	52		365
岔河镇	18 880	10 256	130 479	65	37	2	26	400
陈楼镇	51 371	37 954	193 712	83	29	47	7	260
邢楼镇	83 000	3 300	21 000	72	47	19	6	182
戴庄镇	37 210	5 500	108 500	84	34	50		300
车辐山镇	101 271	19 978	12 715	71	33	33	5	156
燕子埠镇	4 164	3 336	70 851	97	41	44	12	235
赵墩镇	106 960	9 163	83 890	185	51	14	120	1 402
议堂镇	22 145	18 029	486 500	110	49	42	19	812

22-1 续表 18 （2014 年）

乡 镇	财 政 总收入 （万元）	#公共财政预算收 入	本地可用财政收入	财 政 支 出 （万元）	#公共财政支出	年末资产总 额 （万元）
贾汪区						
大泉街道	14 358	12 673	1 013	2 882	2 882	6 716
大吴街道	13 390	9 768	2 872	5 322	5322	7 880
潘安湖街道	3 345	2 846		901	901	382
青山泉镇	70 256	66 910	3 564	8 427	3 652	1 856
紫庄镇	4 975	4 930	319	5 045	3 686	5 847
塔山镇	4 748	2 288	3 432	3 958	3 349	15 465
汴塘镇	3 451	3 451	1 189	4 705	2 156	2 781
江庄镇	24 327	21 004	1 806	2 207	2 207	3 724
徐州经济技术开发区						
大黄山街道	81 642	41 800	12 320	10 119	9 960	4 812
大庙街道	110 807	69 427	69 427	73 931	11 695	4 551
徐庄镇	2 287	1 856	2 626	6 985	6 985	9 810
丰 县						
中阳里街道	18 300	12 800	4 801	4 801	2 812	3 012
凤城街道	165 914	156 195	107 345	117 187	10 220	5 107
孙楼街道	13 256	11 505	11 430	9 268	9 268	3 366
首羡镇	21 417	16 821	14 758	14 758	14 758	14 737
顺河镇	11 484	9 211	7 106	11 484	9 211	9 385
常店镇	13 599	11 740	11 483	8 857	8 857	3 680
欢口镇	16 195	13 832	11 115	11 115	11 115	580
师寨镇	12 313	11 926	9 089	9 437	9 437	4 946
华山镇	16 029	12 205	12 205	8 210	6 649	7 136
梁寨镇	17 859	14 976	12 337	15 667	12 092	9 230
范楼镇	14 006	11 633	9 321	14 006	9 817	9 679
宋楼镇	15 208	11 048	8 642	13 884	9 139	17 645
大沙河镇	9 031	8 405	6 417	6 472	6 472	12 521
王沟镇	11 315	8 401	6 235	11 315	6 383	10 135
赵庄镇	9 188	8 236	8 038	8 966	8 966	2 562
沛 县						
龙固镇	54 555	42 498	36 560	36 818	36 560	8 362
杨屯镇	31 585	28 922	26 779	27 431	2 043	41 250
大屯镇	83 876	69 595	68 596	61 986	61 551	16 987
沛城镇	122 427	120 549	70 858	113 562	70 858	1 779
胡寨镇	12 810	10 837	10 837	10 502	10 502	2 515
魏庙镇	8 607	8 115	8 098	8 098	8 098	10 344
五段镇	13 697	8 146	5 869	4 394	4 225	1 114
张庄镇	17 837	16 205	15 409	16 238	15 960	12 774
张寨镇	11 003	10 127	10 127	10 480	10 480	2 906
敬安镇	24 024	24 024	15 043	26 816	15 043	8 927
河口镇	10 798	9 010	8 930	11 100	8 930	4 120
栖山镇	12 588	11 204	11 204	12 588	11 204	8 915
鹿楼镇	12 655	11 514	6 262	8 971	6 599	1 329
朱寨镇	16 693	15 244	15 089	15 089	15 089	3 641
安国镇	23 985	22 129	22 129	25 146	21 136	11 613

22-1 续表 19 （2014 年）

乡 镇	财 政 总收入（万元）	#公共财政预算收入	本地可用财政收入	财 政 支 出（万元）	#公共财政支出	年末资产总 额（万元）
铜山区						
新区街道				3 947	3 947	1 346
三堡镇街道	3 387	3 387				3 975
何桥镇	6 692	6 301	3 852	7 374	7 374	4 562
黄集镇	9 332	9 332	932	9 174	815	7 048
马坡镇	8 558	8 008	3 189	8 690	4 187	6 365
郑集镇	11 992	11 442	3 260	12 446	12 446	2 590
柳新镇	82 116	52 973	18 883	48 326	48 326	27 031
刘集镇	17 240	14 967	12 890	15 190	15 190	6 775
大彭镇	25 063	17 119	5 100	14 905	14 905	1 125
汉王镇	31 631	10 405	10 177	31 631	14 014	14 444
棠张镇	15 616	13 120	13 120	14 813	14 813	8 759
张集镇	21 311	17 907	4 070	18 248	18 248	13 868
房村镇	7 822	7 437	1 302	9 459	7 585	13 005
伊庄镇	7 255	7 024	2 805	8 124	8 124	2 016
单集镇	8 375	7 645	7 649	8 810	8 810	6 695
利国镇	70 876	56 092	45 865	53 877	53 877	45 236
大许镇	9 484	8 877	8 725	10 552	10 552	8 550
茅村镇	28 922	18 986	17 067	27 556	18 810	11 067
柳泉镇	33 595	31 477	31 020	31 391	31 391	16 414
睢宁县						
睢城镇	108 818	93 434	107 137	108 480	69 000	35 570
王集镇	4 582	3 866	2 452	4 579	753	1 576
双沟镇	9 088	7 063	2 025	3 580	3 580	3 260
岚山镇	8 614	5 605	3 604	8 397	3 550	9 106
李集镇	11 502	10 186	8 112	13 339	9 867	5 289
桃园镇	8 745	6 991	2 995	4 162	4 162	3 026
官山镇	8 756	5 763	4 295	8 756	1 202	7 896
高作镇	13 929	9 799	3 630	3 237	3 237	11 269
沙集镇	5 243	3 678	1 022	3 544	3 544	9 120
凌城镇	6 040	5 221	5 221	3 741	3 741	3 259
邱集镇	7 049	4 254	2 795	3 424	2 258	3 185
古邳镇	5 620	4 345	253	4 282	4 282	6 587
姚集镇	4 343	3 705	2 485	5 261	4 670	7 200
魏集镇	9 529	6 800	3 906	4 613	4 613	2 996
梁集镇	16 013	15 487	13 617	15 021	14 913	27 013
庆安镇	8 459	6 257	2 202	7 568	5 356	1 756

22-1 续表 20 （2014 年）

乡　镇	财　政总收入（万元）	#公共财政预算收　入	本地可用财政收入	财　政支　出（万元）	#公共财政支出	年末资产总　额（万元）
新沂市						
新安街道	99 343	89 822	34 760	62 785	62 785	11 900
北沟街道	13 647	11 163	1 034	1 373	1 373	413
墨河街道	4 064	1 640	1 360	398	310	230
唐店街道	22 052	20 330	20 330	4 252	3 150	5 204
瓦窑镇	24 237	22 853	21 813	21 813	20 060	3 206
港头镇	18 278	17 155	11 284	12 936	12 936	2 326
合沟镇	12 913	12 913	11 253	6 859	6 523	2 360
草桥镇	17 507	15 562	5 445	12 131	12 131	166
窑湾镇	24 019	19 553	8 445	20 459	19 617	8 659
棋盘镇	18 094	16 562	15 940	11 229	9 768	3 660
马陵山镇	13 687	13 687	10 174	4 640	4 640	1 957
新店镇	11 478	9 616	6 019	8 502	7 156	2 965
邵店镇	15 779	15 777	3 675	8 012	6 517	2 254
时集镇	13 968	12 800	12 600	12 600	12 600	2 576
高流镇	15 026	14 426	13 000	17 986	13 978	7 897
阿湖镇	16 000	14 771	5 500	9 000	6 000	3 270
双唐镇	22 334	21 429	17 035	20 631	20 631	5 081
邳州市						
东湖街道	320	234	85	276	225	98
运河街道	117 621	117 558	1 185	66 663	9 183	6 375
戴圩街道	45 849	26 985	25 954	31 759	7 432	6 912
炮车街道	39 561	39 537	27 638	34 321	33 876	9 967
邳城镇	8 049	7 087	6 215	6 723	2 492	2 180
官湖镇	53 973	53 973	34 120	38 760	90	3 948
四户镇	15 802	14 027	11 053	11 053	11 049	1 923
宿羊山镇	13 807	10 157	2 802	6 512	2 865	2 497
八义集镇	8 557	8 557	7 872	10 478	4 615	5 187
土山镇	6 620	6 345	6 120	6 010	5 810	4 926
碾庄镇	36 423	34 417	21 077	15 543	15 543	3 211
港上镇	17 235	7 443	5 101	11 290	10 023	2 786
邹庄镇	13 442	8 614	6 011	10 345	7 802	1 994
占城镇	4 891	4 198	2 204	4 017	1 481	1 826
新河镇	7 362	6 935	347	2 824	305	3 778
八路镇	5 280	5 196	1 540	1 520	810	990
铁富镇	30 655	16 562	18 690	15 460	14 566	12 580
岔河镇	14 428	8 278	7 761	8 084	2 543	1 279
陈楼镇	22 683	21 406	13 733	13 798	1 143	2 804
邢楼镇	10 500	8 800	5 400	4 840	1 650	2 400
戴庄镇	71 354	6 879	2 950	6 670	6 670	4 180
车辐山镇	7 953	7 471	3 885	5 336	4 568	4 658
燕子埠镇	5 944	5 251	235	3 842	3 842	1 155
赵墩镇	17 016	12 926	836	7 376	5 792	3 842
议堂镇	21 132	17 327	17 865	16 180	14 269	7 123

22-1 续表 21 （2014 年）

乡 镇	年末累计负债金额（万元）	#当年负债	公路里程（公里）	市场个数（个）	集贸市场成交额（万元）	公园及休闲健身广场个数（个）	各类科技人员（人）	农业技术服务机构从业人员数（个）	农业专业合作社个数（个）	农业专业合作社成员数（户）
贾汪区										
大泉街道	8 786	580	145	2	19 350	13	960	15	38	850
大吴街道	7 898	909	145	3	96 272	13	2 557	31	58	491
潘安湖街道	120		36	1	1 350	1	903	13	9	1 002
青山泉镇	1 642		115	2	8 846	7	2 892	49	37	7 322
紫庄镇	16 631	1 148	243	2	12 817	1	631	12	68	739
塔山镇	19 755	5 035	210	5	45 381	7	775	34	44	8 496
汴塘镇	7 089		302	3	524		558	8	62	2 049
江庄镇	6 074		108	1	14 075	1	364	20	17	420
徐州经济技术开发区										
大黄山街道	6 161		185	2	9 965	14	406	20	14	1 853
大庙街道	3 897		238	5	22 665	5	1 546	35	38	17 745
徐庄镇	25 120	5 163	440	5	10 407	22	961	22	34	418
丰 县										
中阳里街道	3 993		152	5	274 892	2	781	10	5	2 116
凤城街道	95 314	69 992	415	1	33 083	1	1 342	53	67	8 705
孙楼街道	2 717		230	1	10 230	1	530	15	84	16 000
首羡镇	21 754	2 819	260	4	17 520	2	1 120	15	45	1 702
顺河镇	9 623	2 633	270	2	28 957	1	826	14	86	7 500
常店镇	2 050	50	250	3	8 520		980	11	120	4 380
欢口镇	2 900		278	3	41 051	2	1 246	59	79	13 477
师寨镇	126		350	2	14 980	1	537	17	86	6 520
华山镇	3 480	420	400	5	46 352	2	1 224	14	49	6 815
梁寨镇	9 518	762	350	4	33 108	1	960	12	63	3 560
范楼镇	12 291	2 611	205	3	33 254	2	687	12	76	11 120
宋楼镇	14 532	3 223	460	5	27 750	0	1 380	25	120	45 520
大沙河镇	13 620	2 150	226	2	16 534	2	759	25	69	3 927
王沟镇	10 200	3 107	235	2	15 840	0	998	10	102	23 220
赵庄镇	4 840	1 216	311	2	66 515	5	1 120	12	88	32 258
沛 县										
龙固镇	1 852	125	210	1	37 912	5	835	95	69	7 295
杨屯镇			75	3	50 000	1	631	9	96	16 047
大屯镇	30 601	7 698	90	8	138 959	6	5 123	24	139	43 090
沛城镇	6 108		226	6	80 138	38	31	19	112	14 168
胡寨镇	9 088	2 241	79	1	4 110	3	38	21	40	2 210
魏庙镇	1 355	320	162	7	1 060	1	722	15	58	12 316
五段镇	921	31	50	2	2 027	2	902	50	28	148
张庄镇	15 059	4 268	182	3	43 914	1	1 240	27	133	11 498
张寨镇	11 842	1 978	194	3	28 300	1	1 350	12	101	17 381
敬安镇	8 927	1 361	226	3	26 806	3	796	19	95	25 420
河口镇	14 148	2 184	43	2	17 293	1	112	20	22	367
栖山镇	7 143	1 755	15	3	3 929	1	725	10	45	625
鹿楼镇	9 345	1 763	90	2	22 662	3	951	18	34	879
朱寨镇	4 266	1 880	29	4	62		1 059	5	63	472
安国镇	16 662	5 012	162	3	56 230	2	751	8	76	406

22-1 续表 22 （2014 年）

乡 镇	年末累计负债金额（万元）	# 当年负债	公路里程（公里）	市场个数（个）	集贸市场成交额（万元）	公园及休闲健身广场个数（个）	各类科技人员（人）	农业技术服务机构从业人员数（个）	农业专业合作社个数（个）	农业专业合作社成员数（户）
铜山区										
新区街道	1 327		29	2	67 864	27	698	18	26	2 521
三堡镇街道	10 524	528	245	2	33 451	4	115	16	14	3 622
何桥镇	14 131	856	84	4	4 862	20	542	103	142	875
黄集镇	16 314	444	220	4	3 755	32	1 123	18	86	4 778
马坡镇	11 874	2 152	110	3	2 050	1	470	23	56	568
郑集镇	19 109		220	4	27 392	14	1 526	26	99	6 890
柳新镇	26 562		238	6	271 812	10	1 132	10	10	158
刘集镇	25 145	2 405	185	4	12 045	18	594	48	19	505
大彭镇	15 210	14 950	60	3	9 120	1	1 520	15	36	270
汉王镇	6 520		130	3	12 469	1	510	17	73	970
棠张镇	20 462		120	3	68 200	2	65	27	49	10 480
张集镇	31 663		220	8	117 085	24	1 760	15	25	4 306
房村镇	23 719	4 883	133	6	6 515	10	727	17	71	2 792
伊庄镇	17 795	1 924	368	6	52 976	3	345	60	17	105
单集镇	21 193	566	435	4	19 113	4	702	33	60	518
利国镇	60 199	7 336	162	6	199 850	13	1 692	13	18	168
大许镇	21 794	498	252	4	36 363	4	1 578	22	81	12 332
茅村镇	19 933	735	216	1	34 450	29	962	65	69	26 669
柳泉镇	13 802		147	3	31 400	3	561	26	65	6 976
睢宁县										
睢城镇	31 959	333	175	10	256 400	9	4 225	15	125	4 022
王集镇	11 151	860	437	10	73 585	1	1 709	36	78	5 017
双沟镇	915	689	135	4	20 524	3	821	69	34	2 980
岚山镇	10 750	1 335	230	7	34 717	24	1 241	30	75	27 368
李集镇	4 048	1 350	99	3	19 164	1	983	35	46	9 315
桃园镇	8 491	1 675	77	3	28 639		948	18	74	1 228
官山镇	10 372		130	4	9 418	1	902	17	79	10 620
高作镇	11 269	4 177	210	1	49 154		823	101	57	895
沙集镇	8 232	2 126	358	4	47 300	1	635	42	20	495
凌城镇	3 067	672	248	3	11 240	1	975	48	16	2 850
邱集镇	10 399	2 227	274	5	28 892	1	1 755	22	58	1 246
古邳镇	7 392	213	57	3	4 698	1	174	59	55	301
姚集镇	6 150	50	283	5	44 600	1	1 257	18	26	136
魏集镇	912	201	102	2	68 456		1 004	30	96	5 411
梁集镇	4 843		474	12	8 601	1	1 097	18	65	9 003
庆安镇	4 765	2 695	178	7	23 125	1	1 086	39	77	406

22-1　续表 23　　　　　　　　（2014 年）

乡　镇	年末累计负债金额（万元）	# 当年负债	公路里程（公里）	市场个数（个）	集贸市场成交额（万元）	公园及休闲健身广场个数（个）	各类科技人员（人）	农业技术服务机构从业人员数（个）	农业专业合作社个数（个）	农业专业合作社成员数（户）
新沂市										
新安街道	15 873		55	15	156 740	3	1 367	26	23	2 760
北沟街道	6 133	2 045	48	3	42 264	1	1 294	12	1	60
墨河街道	50	50	11	5	4 750	1	245	35	10	65
唐店街道	3 780	1 804	50	4	36 289	1	682	11	40	2 983
瓦窑镇	2 996	155	19	5	7 521	1	821	26	70	4 325
港头镇	4 028	106	52	4	29 754	3	610	26	51	2 356
合沟镇	2 011		45	3	1 145	1	719	8	13	420
草桥镇	4 554	600	60	5	38 479	5	2 187	35	22	4 200
窑湾镇	8 659	1 013	95	2	29 513	1	928	74	94	1 820
棋盘镇	7 548	303	580	8	3 427	2	1 298	18	26	3 657
马陵山镇	2 015	240	150	4	38 420	2	1 537	10	67	4 855
新店镇	1 998	112	52	4	21 094	1	84	11	80	2 947
邵店镇	2 178	700	109	2	67 837	8	73	11	55	2 587
时集镇	1 748	252	105	3	15 900	1	609	8	98	12 315
高流镇	7 697	500	220	4	19 039	2	982	17	25	2 910
阿湖镇	2 200	400	200	8	1 400		700	7	68	6 500
双唐镇	1 584	1 200	85	6	51 280	1	459	9	18	186
邳州市										
东湖街道	17	12	117	6	3 361	3	145	3	6	594
运河街道	11 732	1 736	837	23	306 957	30	7 613	115	7	311
戴圩街道	3 305	1 899	137	2	12 211	1	535	33	13	354
炮车街道	4 411	331	198	3	28 767	1	278	17	50	3 856
邳城镇	1 142	191	153	3	30 056		115	13	41	6 703
官湖镇	6 953		330	5	2 104 658	3	1 615	19	51	20 521
四户镇	629		98	6	13 480	10	439	12	34	6 223
宿羊山镇	4 512	204	12	5	7 998	1	1 109	104	1	113
八义集镇	2 117	28	183	5	16 873	2	46	43	29	7 141
土山镇	3 705	420	629	3	29 675	5	1 345	16	60	20 356
碾庄镇	2 404	982	296	4	2 141	4	1 194	42	72	5 309
港上镇	3 307	195	230	2	10 837	4	722	22	16	17 644
邹庄镇	356	24	78	5	2 855	1	120	50	23	3 880
占城镇	2 568	105	193	3	4 368		145	16	6	323
新河镇	1 925	60	220	2	20 625	1	67	13	31	3 720
八路镇	1 380	55	200	1	720	2	320	24	19	782
铁富镇	5 980	5 214	238	6	3 065	2	364	70	56	11 265
岔河镇	737	100	203	4	9 075	4	126	13	42	12 430
陈楼镇	2 882	1 367	213	5	64 037	1	86	23	25	4 415
邢楼镇	480	120	110	6	12 500	1	460	11	25	688
戴庄镇	890		180	3	29 585	1	84	35	8	850
车辐山镇	3 015	956	165	2	2 865	2	58	23	8	416
燕子埠镇	1 155	77	84	2	9 538		391	7	27	4 126
赵墩镇	5 132	432	138	6	2 060		204	64	2	11
议堂镇	45		310	1	3 985		205	15	14	1 652

22-1 续表 24 （2014 年）

乡　镇	学校总数（个）	在校学生总数（人）	教师总数（人）	幼儿园、托儿所（个）	影剧院（个）	体育场馆（个）	医疗卫生机构个数（个）	医疗卫生机构床位（床）	执业(助理)医生(人)
贾汪区									
大泉街道	8	10 825	611	18	2	2	2	147	123
大吴街道	9	5 204	562	18	1	1	4	120	114
潘安湖街道	3	663	110	6			1	16	8
青山泉镇	6	6 375	496	11	1	1	16	225	106
紫庄镇	10	6 249	459	11		2	2	120	104
塔山镇	10	7 301	493	12			2	112	62
汴塘镇	8	4 322	310	5	1		1	129	62
江庄镇	5	3 298	247	7	1		2	89	51
徐州经济技术开发区									
大黄山街道	7	7 477	599	6			2	56	26
大庙街道	11	13 265	1 282	60	1	1	3	550	178
徐庄镇	12	4 201	404	27	1	1	2	80	45
丰　县									
中阳里街道	12	20 154	772	41	2		18	751	382
凤城街道	10	7 685	435	15			40	142	137
孙楼街道	6	2 621	288	15			22	180	56
首羡镇	11	5 294	465	10			60	389	90
顺河镇	8	8 660	612	25	1		25	135	110
常店镇	8	3 570	402	26			31	175	114
欢口镇	12	12 043	816	10	1	2	30	132	85
师寨镇	10	5 133	410	17	1		29	150	46
华山镇	12	14 530	1 059	26	1	1	30	139	102
梁寨镇	13	7 205	572	17	1	1	30	190	109
范楼镇	13	6 291	438	21			49	160	82
宋楼镇	12	8 680	763	24			34	215	165
大沙河镇	8	4 278	368	12			21	132	48
王沟镇	12	4 738	736	15			33	125	98
赵庄镇	9	3 578	374	17	1	1	46	106	69
沛　县									
龙固镇	10	7 718	576	14	1		23	271	56
杨屯镇	7	3 958	347	2	1	1	24	248	60
大屯镇	13	6 100	725	40	3	1	30	366	251
沛城镇	13	13 975	927	15	1	2	46	2 567	2 362
胡寨镇	6	2 228	316	12			16	172	81
魏庙镇	6	4 051	296	24		1	18	181	35
五段镇	7	8 694	579	8	1		18	196	115
张庄镇	16	7 265	556	20	1	1	32	334	147
张寨镇	14	10 732	753	22			30	308	121
敬安镇	9	4 105	466	29		2	27	290	41
河口镇	8	4 542	346	19			19	198	140
栖山镇	12	4 427	425	2			22	235	139
鹿楼镇	16	5 991	495	19	1	1	25	255	187
朱寨镇	9	3 649	664	6			27	275	95
安国镇	13	6 200	435	16			32	340	136

22-1 续表 25 （2014 年）

乡　镇	学校总数（个）	在校学生总数（人）	教师总数（人）	幼儿园、托儿所（个）	影剧院（个）	体育场馆(个)	医疗卫生机构个数(个)	医疗卫生机构床位（床）	执业(助理)医生(人)
铜山区									
新区街道	4	3 100	115	23			11	118	47
三堡镇街道	4	3 471	199	13	1	2	1	30	31
何桥镇	8	3 601	281	26		2	1	50	45
黄集镇	8	2 878	375	12	1	2	1	68	50
马坡镇	5	3 708	338	16		1	1	38	57
郑集镇	9	13 825	998	10	1	3	1	230	198
柳新镇	12	9 318	672	7	1		1	79	60
刘集镇	13	6 349	514	13		1	1	52	50
大彭镇	8	8 780	587	15	1	3	1	80	58
汉王镇	6	2 804	287	19	1	2	1	108	49
棠张镇	7	5 066	332	10	1	1	1	130	139
张集镇	11	13 823	1 082	10	1	1	2	185	126
房村镇	8	5 295	516	22		3	2	120	55
伊庄镇	7	3 027	254	14		1	2	55	30
单集镇	10	5 609	354	10		3	2	71	25
利国镇	7	5 022	385	10		1	2	115	140
大许镇	12	8 967	775	14		4	3	209	218
茅村镇	9	9 456	726	29		1	1	50	75
柳泉镇	6	5 084	312	12		3	1	40	47
睢宁县									
睢城镇	34	57 222	3 825	29	4	2	57	1 025	910
王集镇	17	12 141	907	6			18	215	92
双沟镇	10	6 181	464	9	1	1	23	241	51
岚山镇	15	6 778	425	23	1		52	156	57
李集镇	8	6 888	507	6		1	16	112	39
桃园镇	15	5 371	449	13			36	126	80
官山镇	10	5 825	490	18			2	180	110
高作镇	5	1 897	318	6			20	110	24
沙集镇	8	2 880	353	12			29	189	96
凌城镇	12	7 485	488	4		1	26	185	158
邱集镇	16	5 687	520	16	1		3	281	151
古邳镇	10	7 019	468	3			29	162	85
姚集镇	16	3 720	503	8		1	38	385	138
魏集镇	12	9 493	671	1			2	132	125
梁集镇	20	9 869	521	10	1	1	27	311	158
庆安镇	11	7 456	574	26			36	365	185

22-1 续表 26 （2014 年）

乡　镇	学校总数（个）	在校学生总数（人）	教师总数（人）	幼儿园、托儿所（个）	影剧院（个）	体育场馆(个)	医疗卫生机构个数(个)	医疗卫生机构床位（床）	执业(助理)医生(人)
新沂市									
新安街道	11	14 050	1 147	15	3	2	20	2 600	1 125
北沟街道	8	10 498	1 222	4		1	3	132	107
墨河街道	8	6 324	275	10			1	50	21
唐店街道	4	4 728	368	20		1	1	92	79
瓦窑镇	5	4 120	443	6			1	161	56
港头镇	7	4 548	318	4	1	1	1	76	58
合沟镇	7	6 016	323	4			1	138	46
草桥镇	11	5 185	440	25	1	1	2	225	78
窑湾镇	10	8 178	474	6	1		2	108	122
棋盘镇	13	6 116	564	26	1	1	2	241	160
马陵山镇	8	9 893	755	16	1		2	110	61
新店镇	8	3 416	355	5	1		2	124	69
邵店镇	7	3 485	266	5	1	1	1	169	69
时集镇	11	7 120	408	12			2	92	101
高流镇	9	11 560	576	9		1	10	290	152
阿湖镇	11	5 000	390	11		1	20	300	195
双唐镇	6	3 230	264	19		1	2	128	116
邳州市									
东湖街道	8	32 085	2 665	16		1	18	432	98
运河街道	26	66 996	3 185	29	2	4	12	1 077	2 101
戴圩街道	11	7 852	624	28			17	282	338
炮车街道	7	10 474	1 390	8		2	16	60	205
邳城镇	11	6 954	495	14			23	109	249
官湖镇	21	15 350	863	23	2	1	25	256	161
四户镇	6	5 414	308	8	1		1	40	77
宿羊山镇	10	7 699	979	12	1	1	25	260	167
八义集镇	18	15 315	853	15	1	1	27	179	243
土山镇	10	9 268	831	5	1	2	23	247	306
碾庄镇	12	10 257	556	28		1	29	101	220
港上镇	7	6 115	506	10	1	1	23	60	92
邹庄镇	7	1 240	88	5		1	17	58	47
占城镇	10	3 085	365	6	1	1	19	83	90
新河镇	10	9 867	496	8	1	1	21	25	124
八路镇	6	4 682	373	3			9	96	105
铁富镇	23	14 490	919	29		3	31	312	108
岔河镇	9	4 625	444	6	1	1	13	132	34
陈楼镇	8	4 940	490	19			1	18	141
邢楼镇	6	5 448	258	8	1	1	19	62	69
戴庄镇	6	4 513	375	11			17	60	56
车辐山镇	7	14 105	435	8			17	171	95
燕子埠镇	7	2 731	313	1			17	46	31
赵墩镇	9	14 066	968	18			29	312	85
议堂镇	10	3 610	378	5			14	30	140

22-1　续表 27　　　　　　　　　　　　　　（2014 年）

乡　镇	使　用 自来水 户　数 （户）	生活用 燃气户数 （户）	有线电视 入 户 率 （%）	住楼房 户比重 （%）	敬老院、 福利院 （个）	敬老院、 福利院 床位数 （床）	收养人数 （人）	参加农村 养老保险 人　数 （人）	参加农村 新型合作 医疗人数 （人）	享受最低 生活保障 人　数 （人）
贾汪区										
大泉街道	17 223	5 989	87	91	3	127	120	20 050	41 200	701
大吴街道	15 595	10 394	79	54	1	150	47	23 462	42 114	230
潘安湖街道	5 320	5 013	87	55				9 753	14 736	115
青山泉镇	15 432	3 772	93	66	2	145	120	30 432	46 583	362
紫庄镇	13 624	10 611	70	63	1	230	212	23 951	52 037	679
塔山镇	11 750	5 090	44	39	4	309	306	30 974	65 051	1 393
汴塘镇	9 111	7 121	93	36	6	284	226	27 482	48 490	915
江庄镇	6 982	6 521	99	42	1	78	78	12 900	34 320	1 012
徐州经济技术开发区										
大黄山街道	12 298	7 572	63	86				17 066	32 019	502
大庙街道	18 890	21 200	100	96	2	90	70	35 850	76 700	933
徐庄镇	14 993	10 674	67	60	5	402	386	19 554	60 563	1 784
丰　县										
中阳里街道	1 599	6 236	98	57				9 351	13 271	1 103
凤城街道	6 712	10 341	95	55	1	200	96	19 751	57 556	2 790
孙楼街道	12 700	11 000	100	40	1	120		15 119	47 595	667
首羡镇	18 360	15 235	67	25	2	260	24	21 917	76 359	1 863
顺河镇	12 456	11 368	93	29	1	220	216	17 147	45 537	715
常店镇	15 760	11 350	95	40	1	230	60	18 000	58 220	1 301
欢口镇	20 011	24 463	96	33	1	330	275	45 415	83 023	2 140
师寨镇	12 988	14 980	98	32	2	354	65	18 062	54 286	1 928
华山镇	22 610	18 259	100	47	2	340	125	24 500	69 790	1 860
梁寨镇	13 640	14 350	87	32	2	272	125	29 975	61 038	1 121
范楼镇	22 350	12 867	83	38	2	230	54	36 120	66 595	2 301
宋楼镇	12 790	12 395	88	26	1	368	193	30 682	86 750	947
大沙河镇	12 453	11 674	86	36	1	100	47	15 417	57 542	776
王沟镇	21 081	14 380	80	26	1	270	115	28 500	87 776	1 872
赵庄镇	18 651	13 465	88	46	2	263	105	17 727	59 612	1 007
沛　县										
龙固镇	9 752	11 852	94	58	2	200	88	25 312	59 678	1 120
杨屯镇	11 209	10 812	77	68	1	104	98	24 097	51 562	1 299
大屯镇	18 325	18 987	85	73	2	330	68	20 837	59 532	1 757
沛城镇	47 968	45 492	67	71	4	485	213	20 459	83 073	8 168
胡寨镇	9 202	9 548	73	63	2	76	46	14 905	34 954	277
魏庙镇	16 381	13 087	97	70	2	144	138	16 041	57 233	842
五段镇	10 308	10 308	98	90	1	80	71	2 379	45 862	843
张庄镇	23 765	25 713	80	78	2	100	82	31 052	84 392	1 930
张寨镇	12 100	17 620	70	52	2	220	146	35 965	83 851	1 947
敬安镇	13 860	10 110	95	68	1	192	112	16 808	57 607	1 302
河口镇	6 750	8 632	62	59	2	98	98	16 739	53 760	1 962
栖山镇	14 430	13 727	86	56	1	245	131	24 175	60 935	1 819
鹿楼镇	12 872	14 811	63	63	1	110	108	13 238	77 093	2 867
朱寨镇	900	8 944	61	65	2	260	213	26 886	57 145	2 009
安国镇	20 018	16 622	71	58	1	120	89	34 952	80 921	2 050

22-1 续表 28 （2014 年）

乡　　镇	使　用自来水户　数（户）	生活用燃气户数（户）	有线电视入户率（%）	住楼房户比重（%）	敬老院、福利院（个）	敬老院、福利院床位数（床）	收养人数（人）	参加农村养老保险人　数（人）	参加农村新型合作医疗人数（人）	享受最低生活保障人　数（人）
铜山区										
新区街道	11 744	11 572	88	83				17 102	26 868	1 291
三堡镇街道	5 447	6 149	85	70	1	120	120	10 212	24 616	204
何桥镇	5 325	7 995	71	49	3	200	175	24 739	44 520	797
黄集镇	16 036	15 274	99	85	2	240	240	21 691	52 330	794
马坡镇	1 311	5 745	48	76	4	263	263	16 160	44 048	1 647
郑集镇	15 752	14 020	100	90	3	200	122	13 892	51 870	702
柳新镇	2 310	19 610	96	75	5	171	171	20 645	67 850	782
刘集镇	6 105	16 755	95	64	4	260	152	3 705	59 323	1 073
大彭镇	11 023	16 850	93	67	1	210	190	4 760	61 400	2 015
汉王镇	9 618	5 450	98	87	3	120	114	18 218	41 481	594
棠张镇	11 000	94	95	89	1	320	190	17 754	45 680	816
张集镇	14 088	12 001	95	52	2	286	236	24 018	62 278	1 150
房村镇	6 225	8 828	76	61	5	330	280	23 081	65 135	1 938
伊庄镇	10 834	10 783	95	93	2	325	294	12 956	39 520	661
单集镇	18 652	11 725	84	53	2	310	230	19 552	59 378	1 520
利国镇	19 050	17 680	100	97	6	405	354	3 390	52 312	349
大许镇	10 723	17 566	89	71	6	605	412	38 912	70 225	2 034
茅村镇	17 850	18 960	68	77	2	82	46	15 546	63 881	636
柳泉镇	18 009	18 008	95	82	3	168	90	22 007	47 100	787
睢宁县										
睢城镇	84 000	80 785	98	64	8	673	322	67 387	125 585	9 019
王集镇	10 915	12 695	87	41	2	200	171	25 616	73 519	2 159
双沟镇	4 652	3 256	92	37	1	80	80	18 562	47 526	1 352
岚山镇	11 002	1 013	98	26	2	38	36	24 817	73 083	2 314
李集镇	13 082	9 237	98	73	1	260	145	15 370	53 285	1 520
桃园镇	16 485	6 932	86	33	3	188	132	19 942	68 492	2 162
官山镇	9 230	10 600	58	18	1	210	118	19 410	75 960	2 215
高作镇	6 257	5 782	81	34	1	96	31	12 742	35 197	1 258
沙集镇	9 860	11 000	78	40	2	140	94	43 960	55 325	2 480
凌城镇	17 390	10 480	65	20	1	337	180	19 450	72 145	2 458
邱集镇	16 605	15 930	65	34	2	200	175	33 730	103 071	3 813
古邳镇	17 783	14 951	99	52	1	168	68	2 581	65 232	4 360
姚集镇	19 210	17 610	93	19	2	148	125	49 300	91 000	1 535
魏集镇	6 428	174	87	33	1	210	139	19 913	69 723	2 184
梁集镇	1 790	65	46	31	2	194	194	30 757	47 251	3 689
庆安镇	16 523	15 862	85	46	2	86	82	20 865	62 054	3 562

22-1 续表 29 （2014 年）

乡　　镇	使用自来水户数（户）	生活用燃气户数（户）	有线电视入户率（%）	住楼房户比重（%）	敬老院、福利院（个）	敬老院、福利院床位数（床）	收养人数（人）	参加农村养老保险人数（人）	参加农村新型合作医疗人数（人）	享受最低生活保障人数（人）
新沂市										
新安街道	79 250	14 562	98	72	4	225	190	17 234	59 678	6 520
北沟街道	12 421	9 681	90	34	1	150	79	8 564	31 935	1 296
墨河街道	13 780	12 900	35	54	1	100	80	18 255	43 054	2 887
唐店街道	10 721	9 910	94	46	2	178	173	11 000	39 846	1 727
瓦窑镇	8 750	6 455	100	46	1	260	260	12 263	31 224	2 239
港头镇	10 225	9 078	100	69	1	255	242	10 002	38 912	2 720
合沟镇	8 962	4 018	99	30	1	72	58	38 950	44 557	2 048
草桥镇	13 804	17 975	97	53	2	240	190	9 854	66 441	3 864
窑湾镇	19 143	13 420	96	47	1	230	215	14 050	57 657	3 695
棋盘镇	18 974	13 528	85	28	2	361	317	24 396	68 874	3 716
马陵山镇	17 016	16 112	98	45	4	360	214	25 765	56 219	2 839
新店镇	12 423	12 965	96	31	1	412	410	18 983	45 120	1 788
邵店镇	9 612	8 287	98	29	1	160	92	13 212	36 632	1 372
时集镇	10 320	8 511	93	25	2	288	126	18 339	51 550	2 216
高流镇	13 120	12 800	99	47	1	101	92	1 210	56 965	330
阿湖镇	13 000	9 800	96	49	3	476	300	10 273	59 000	3 200
双唐镇	9 700	6 884	90	32	1	124	120	15 115	27 150	1 885
邳州市										
东湖街道	5 245	3 398	64	36	1	131	102	12 134	23 456	346
运河街道	72 961	56 011	93	91	2	60	58	98 886	197 568	8 398
戴圩街道	13 992	1 395	57	28	1	158	55	22 630	70 694	1 799
炮车街道	13 243	632	99	45	2	135	132	15 321	53 104	2 754
邳城镇	17 169	7 680	70	60	2	121	121	21 536	65 318	1 225
官湖镇	28 362	27 523	94	68	3	223	170	60 148	90 508	1 915
四户镇	9 983	6 101	62	10	2	195	142	16 121	47 500	1 032
宿羊山镇	11 213	16 541	89	44	1	161	152	2 873	63 985	1 259
八义集镇	17 379	11 125	93	11	2	310	123	35 126	71 059	1 407
土山镇	12 132	11 000	94	38	1	280	236	19 768	53 243	1 987
碾庄镇	21 488	23 305	75	45	2	335	335	40 623	89 229	1 793
港上镇	15 604	7 441	91	53	1	120	93	40 287	61 702	1 230
邹庄镇	10 050	12 094	99	76	1	58	53	14 450	53 660	28
占城镇	3 612	946	45	25	1	66	45	2 456	42 243	394
新河镇	3 820	8 376	90	52	2	268	245	23 685	58 554	390
八路镇	11 889	4 782	75	32	1	128	122	8 260	45 822	236
铁富镇	7 900	18 060	36	56	1	154	118	33 120	116 630	2 215
岔河镇	6 680	8 643	91	43	1	104	95	415	41 522	1 118
陈楼镇	11 083	11 104	92	53	1	37	28	11 094	41 172	872
邢楼镇	6 990	9 987	95	14	1	120	119	550	45 955	314
戴庄镇	9 108	5 842	95	35	1	86	82	34 265	48 200	534
车辐山镇	5 012	2 286	92	40	2	61	61	2 698	46 135	759
燕子埠镇	8 951	4 839	28	14	1	140	117	1 064	30 726	1 586
赵墩镇	18 925	7 815	48	11	1	36	33	25 616	90 428	3 512
议堂镇	7 120	7 532	45	30	1	152	82	11 250	33 926	1 758

22-2 分镇建成区主要经济指标

（2014 年）

乡 镇	城镇规划区面积（公顷）	城镇建成区面积（公顷）	#绿化面积	建成区总户数(户)	建成区总人口(人)
贾汪区					
大泉街道	310	227	81	5 237	16 788
大吴街道	560	560	323	8 772	34 497
潘安湖街道	528	520	181	1 603	8 192
青山泉镇	1 085	782	420	11 593	40 289
紫庄镇	785	661	208	5 179	17 151
塔山镇	605	605	154	5 210	19 760
汴塘镇	389	361	89	2 513	8 910
江庄镇	340	275	68	984	4 105
徐州经济技术开发区					
大黄山街道	600	400	128	6 258	22 857
大庙街道	660	660	380	17 895	60 431
徐庄镇	1 000	346	68	8 341	30 969
丰 县					
中阳里街道	400	93	41	2 281	6 594
凤城街道	2 300	182	82	4 310	15 031
孙楼街道	220	165	40	2 810	8 223
首羡镇	620	312	140	3 630	12 692
顺河镇	450	418	70	4 366	19 875
常店镇	350	330	47	3 010	9 602
欢口镇	616	611	263	16 191	51 407
师寨镇	400	170	71	3 479	14 740
华山镇	885	590	220	12 620	45 980
梁寨镇	1 000	415	180	7 989	29 049
范楼镇	300	220	65	3 215	11 054
宋楼镇	360	290	40	4 050	10 775
大沙河镇	450	380	133	5 337	30 186
王沟镇	300	240	37	3 952	15 040
赵庄镇	519	489	210	9 426	39 162
沛 县					
龙固镇	1 310	586	263	9 882	43 612
杨屯镇	240	240	80	6 251	23 823
大屯镇	1 045	555	258	11 522	49 477
沛城镇	1 437	1 186	157	57 079	146 582
胡寨镇	198	189	9	1 050	5 208
魏庙镇	440	248	120	7 404	25 914
五段镇	125	107	14	1 878	7 449
张庄镇	819	551	277	9 739	41 366
张寨镇	410	88	10	1 611	8 874
敬安镇	1 000	600	141	11 194	40 860
河口镇	132	127	38	1 376	5 804
栖山镇	65	70	29	1 771	6 759
鹿楼镇	239	178	18	2 836	12 073
朱寨镇	205	199	27	3 070	10 588
安国镇	618	402	185	8 250	44 162

22-2 续表1 （2014年）

乡 镇	城镇规划区面积（公顷）	城镇建成区面积（公顷）	#绿化面积	建成区总户数(户)	建成区总人口(人)
铜山区					
新区街道					
三堡镇街道	477	140	50	4 900	13 425
何桥镇	299	270	72	2 315	6 842
黄集镇	680	514	84	4 321	17 992
马坡镇	240	240	24	2 560	11 440
郑集镇	384	328	132	7 560	34 890
柳新镇	750	610	250	4 698	27 315
刘集镇	833	653	57	3 045	11 542
大彭镇	2 160	274	9	2 600	10 510
汉王镇	335	302	133	1 423	6 809
棠张镇	460	473	162	8 268	17 120
张集镇	410	368	48	3 426	7 443
房村镇	600	230	29	2 434	9 427
伊庄镇	245	243	20	2 455	7 448
单集镇	290	224	16	4 732	13 884
利国镇	330	356	97	6 341	30 428
大许镇	500	406	87	9 047	37 552
茅村镇	400	372	148	13 870	35 220
柳泉镇	9 980	275	25	3 720	21 100
睢宁县					
睢城镇	4 954	4 220	485	71 255	243 000
王集镇	2 410	572	75	3 962	18 956
双沟镇	2 667	612	70	4 685	18 042
岚山镇	1 566	833	9	7 128	28 627
李集镇	3 389	533	262	6 823	24 837
桃园镇	1 000	416	5	4 196	17 387
官山镇	800	484	9	2 401	8 013
高作镇	360	260	50	5 971	18 142
沙集镇	658	617	256	6 620	22 345
凌城镇	520	500	265	5 849	24 972
邱集镇	2 333	429	47	6 110	24 560
古邳镇	2 000	900	97	6 968	34 102
姚集镇	1 395	710	26	4 413	19 740
魏集镇	2 400	728	4	6 547	17 545
梁集镇	2 300	265	32	2 813	7 501
庆安镇	1 600	316	83	4 012	16 810

注：铜山区新区街道数据暂时无法取得。

22-2 续表 2 （2014 年）

乡 镇	城镇规划区面积（公顷）	城镇建成区面积（公顷）	#绿化面积	建成区总户数（户）	建成区总人口（人）
新沂市					
新安街道	985	985	342	21 023	76 965
北沟街道	3 390	1 000	190	1 129	5 126
墨河街道	400	290	93	3 370	10 647
唐店街道	500	510	139	5 168	17 832
瓦窑镇	259	259	52	4 395	16 713
港头镇	280	269	110	2 250	7 258
合沟镇	450	400	130	982	6 250
草桥镇	780	850	222	9 041	33 254
窑湾镇	500	449	195	8 511	28 240
棋盘镇	610	696	290	8 253	33 573
马陵山镇	410	310	143	12 965	24 591
新店镇	350	368	70	2 596	9 314
邵店镇	398	398	122	3 812	11 636
时集镇	240	180	47	2 583	9 031
高流镇	550	510	142	5 890	26 820
阿湖镇	600	580	137	2 200	7 000
双唐镇	400	365	80	2 580	5 844
邳州市					
东湖街道	1 184	995	226	3 812	11 341
运河街道	4 087	4 087	457	66 062	219 758
戴圩街道	4 090	1 534	694	6 174	25 394
炮车街道	1 998	610	89	6 987	26 211
邳城镇	78	52	38	6 324	33 569
官湖镇	1 477	870	189	9 328	46 598
四户镇	510	400	40	2 230	8 688
宿羊山镇	64	63	35	3 407	11 791
八义集镇	314	279	31	2 012	8 479
土山镇	660	370	200	5 687	22 653
碾庄镇	220	305	95	10 576	42 294
港上镇	660	401	107	4 243	21 005
邹庄镇	670	598	73	2 254	8 345
占城镇	300	203	4	642	2 269
新河镇	380	367	15	1 860	8 796
八路镇	272	200	32	2 462	11 820
铁富镇	1 120	968	850	17 655	75 890
岔河镇	196	120	31	2 150	8 489
陈楼镇	281	181	93	2 837	8 253
邢楼镇	50	178	27	998	4 058
戴庄镇	320	212	30	1 875	8 741
车辐山镇	550	467	17	1 981	8 315
燕子埠镇	169	119	30	924	3 752
赵墩镇	1 280	514	112	2 512	11 498
议堂镇	350	310	78	1 678	7 429

22-3 分镇主要经济指标排序(2014年)

行政区域面积

排序	乡　镇	绝对量（公顷）	排序	乡　镇	绝对量（公顷）	排序	乡　镇	绝对量（公顷）
1	新沂市棋盘镇	17 634	41	邳州市新河镇	9 797	81	邳州市戴庄镇	7 373
2	睢宁县姚集镇	16 700	42	睢宁县桃园镇	9 682	82	邳州市邹庄镇	7 366
3	铜山区张集镇	14 800	43	邳州市邢楼镇	9 650	83	新沂市港头镇	7 118
4	睢宁县邱集镇	14 079	44	沛县敬安镇	9 600	84	邳州市岔河镇	7 030
5	铜山区房村镇	13 600	45	邳州市车辐山镇	9 500	85	铜山区马坡镇	6 900
6	经济技术开发区徐庄镇	13 259	46	贾汪区塔山镇	9 468	86	新沂市合沟镇	6 872
7	铜山区单集镇	13 210	47	睢宁县凌城镇	9 365	87	铜山区郑集镇	6 800
8	睢宁县王集镇	13 152	48	经济技术开发区大庙街道	9 126	88	新沂市唐店街道	6 777
9	睢宁县魏集镇	12 938	49	邳州市八义集镇	9 112	89	邳州市八路镇	6 695
10	铜山区大许镇	12 900	50	丰县赵庄镇	9 100	90	贾汪区紫庄镇	6 668
11	睢宁县岚山镇	12 837	51	邳州市邳城镇	9 028	91	贾汪区青山泉镇	6 647
12	新沂市新店镇	12 800	52	邳州市宿羊山镇	9 013	92	丰县孙楼街道	6 608
13	丰县王沟镇	12 621	53	沛县栖山镇	8 951	93	铜山区新区街道	6 450
14	新沂市阿湖镇	12 545	54	邳州市占城镇	8 900	94	铜山区汉王镇	6 420
15	沛县鹿楼镇	12 540	55	邳州市官湖镇	8 880	95	邳州市港上镇	6 400
16	睢宁县官山镇	12 528	56	丰县凤城街道	8 846	96	邳州市土山镇	6 380
17	邳州市铁富镇	12 444	57	新沂市双塘镇	8 800	97	睢宁县李集镇	6 368
18	新沂市新安街道	12 400	58	丰县梁寨镇	8 680	98	新沂市瓦窑镇	6 312
19	新沂市高流镇	12 290	59	丰县顺河镇	8 648	99	新沂市墨河街道	5 853
20	丰县宋楼镇	12 214	60	铜山区伊庄镇	8 560	100	新沂市邵店镇	5 800
21	丰县首羡镇	12 176	61	铜山区柳新镇	8 500	101	邳州市议堂镇	5 760
22	邳州市碾庄镇	12 100	62	铜山区茅村镇	8 396	102	沛县大屯镇	5 540
23	邳州市赵墩镇	12 000	63	铜山区刘集镇	8 360	103	沛县龙固镇	5 302
24	丰县范楼镇	11 610	64	铜山区黄集镇	8 340	104	邳州市炮车街道	5 299
25	新沂市窑湾镇	11 597	65	沛县河口镇	8 257	105	沛县魏庙镇	5 200
26	睢宁县庆安镇	11 571	66	睢宁县双沟镇	8 183	106	沛县五段镇	4 700
27	沛县张庄镇	11 200	67	丰县大沙河镇	8 150	107	沛县胡寨镇	4 594
28	睢宁县梁集镇	11 036	68	邳州市四户镇	8 100	108	经济技术开发区大黄山街道	4 300
29	睢宁县古邳镇	10 666	69	铜山区棠张镇	8 030	109	睢宁县高作镇	4 171
30	沛县张寨镇	10 634	70	丰县师寨镇	8 011	110	沛县杨屯镇	4 100
31	新沂市马陵山镇	10 600	71	邳州市戴圩街道	7 999	111	睢宁县沙集镇	4 000
32	新沂市时集镇	10 600	72	沛县朱寨镇	7 900	112	邳州市陈楼镇	3 996
33	沛县沛城镇	10 560	73	邳州市运河街道	7 823	113	贾汪区大吴街道	3 840
34	铜山区柳泉镇	10 520	74	铜山区利国镇	7 769	114	铜山区三堡街道	3 540
35	丰县欢口镇	10 500	75	丰县常店镇	7 727	115	新沂市北沟街道	3 400
36	沛县安国镇	10 294	76	邳州市燕子埠镇	7 700	116	邳州市东湖街道	2 646
37	睢宁县睢城镇	10 173	77	铜山区大彭镇	7 600	117	贾汪区潘安湖街道	2 580
38	新沂市草桥镇	10 125	78	贾汪区江庄镇	7 496	118	丰县中阳里街道	990
39	丰县华山镇	10 100	79	贾汪区大泉街道	7 435			
40	贾汪区汴塘镇	10 080	80	铜山区何桥镇	7 400			

22-3 续表 1

财政总收入

排序	乡 镇	绝对量（万元）	排序	乡 镇	绝对量（万元）	排序	乡 镇	绝对量（万元）
1	丰县凤城街道	165 914	41	铜山区刘集镇	17 240	81	铜山区大许镇	9 484
2	沛县沛城镇	122 427	42	邳州市港上镇	17 235	82	铜山区黄集镇	9 332
3	邳州市运河街道	117 621	43	邳州市赵墩镇	17 016	83	丰县赵庄镇	9 188
4	经济技术开发区大庙街道	110 807	44	沛县朱寨镇	16 693	84	睢宁县双沟镇	9 088
5	睢宁县睢城镇	108 818	45	丰县欢口镇	16 195	85	丰县大沙河镇	9 031
6	新沂市新安街道	99 343	46	丰县华山镇	16 029	86	睢宁县官山镇	8 756
7	沛县大屯镇	83 876	47	睢宁县梁集镇	16 013	87	睢宁县桃园镇	8 745
8	铜山区柳新镇	82 116	48	新沂市阿湖镇	16 000	88	睢宁县岚山镇	8 614
9	经济技术开发区大黄山街道	81 642	49	邳州市四户镇	15 802	89	沛县魏庙镇	8 607
10	邳州市戴庄镇	71 354	50	新沂市邵店镇	15 779	90	铜山区马坡镇	8 558
11	铜山区利国镇	70 876	51	铜山区棠张镇	15 616	91	邳州市八义集镇	8 557
12	贾汪区青山泉镇	70 256	52	丰县宋楼镇	15 208	92	睢宁县庆安镇	8 459
13	沛县龙固镇	54 555	53	新沂市高流镇	15 026	93	铜山区单集镇	8 375
14	邳州市官湖镇	53 973	54	邳州市岔河镇	14 428	94	邳州市邳城镇	8 049
15	邳州市戴圩街道	45 849	55	贾汪区大泉街道	14 358	95	邳州市车辐山镇	7 953
16	邳州市炮车街道	39 561	56	丰县范楼镇	14 006	96	铜山区房村镇	7 822
17	邳州市碾庄镇	36 423	57	新沂市时集镇	13 968	97	邳州市新河镇	7 362
18	铜山区柳泉镇	33 595	58	睢宁县高作镇	13 929	98	铜山区伊庄镇	7 255
19	铜山区汉王镇	31 631	59	邳州市宿羊山镇	13 807	99	睢宁县邱集镇	7 049
20	沛县杨屯镇	31 585	60	沛县五段镇	13 697	100	铜山区何桥镇	6 692
21	邳州市铁富镇	30 655	61	新沂市马陵山镇	13 687	101	邳州市土山镇	6 620
22	铜山区茅村镇	28 922	62	新沂市北沟街道	13 647	102	睢宁县凌城镇	6 040
23	铜山区大彭镇	25 063	63	丰县常店镇	13 599	103	邳州市燕子埠镇	5 944
24	贾汪区江庄镇	24 327	64	邳州市邹庄镇	13 442	104	睢宁县古邳镇	5 620
25	新沂市瓦窑镇	24 237	65	贾汪区大吴街道	13 390	105	邳州市八路镇	5 280
26	沛县敬安镇	24 024	66	丰县孙楼街道	13 256	106	睢宁县沙集镇	5 243
27	新沂市窑湾镇	24 019	67	新沂市合沟镇	12 913	107	贾汪区紫庄镇	4 975
28	沛县安国镇	23 985	68	沛县胡寨镇	12 810	108	邳州市占城镇	4 891
29	邳州市陈楼镇	22 683	69	沛县鹿楼镇	12 655	109	贾汪区塔山镇	4 748
30	新沂市双塘镇	22 334	70	沛县栖山镇	12 588	110	睢宁县王集镇	4 582
31	新沂市唐店街道	22 052	71	丰县师寨镇	12 313	111	睢宁县姚集镇	4 343
32	丰县首羡镇	21 417	72	铜山区郑集镇	11 992	112	新沂市墨河街道	4 064
33	铜山区张集镇	21 311	73	睢宁县李集镇	11 502	113	贾汪区汴塘镇	3 451
34	邳州市议堂镇	21 132	74	丰县顺河镇	11 484	114	铜山区三堡街道	3 387
35	丰县中阳里街道	18 300	75	新沂市新店镇	11 478	115	贾汪区潘安湖街道	3 345
36	新沂市港头镇	18 278	76	丰县王沟镇	11 315	116	经济技术开发区徐庄镇	2 287
37	新沂市棋盘镇	18 094	77	沛县张寨镇	11 003	117	邳州市东湖街道	320
38	丰县梁寨镇	17 859	78	沛县河口镇	10 798			
39	沛县张庄镇	17 837	79	邳州市邢楼镇	10 500			
40	新沂市草桥镇	17 507	80	睢宁县魏集镇	9 529			

注：铜山区新区街道因数据无法取得，未能参与排序。

22-3 续表 2

固定资产投资完成额

排序	乡　镇	绝对量（万元）	排序	乡　镇	绝对量（万元）	排序	乡　镇	绝对量（万元）
1	沛县大屯镇	1 039 608	41	铜山区黄集镇	221 447	81	贾汪区紫庄镇	95 110
2	铜山区利国镇	1 002 560	42	邳州市八义集镇	220 719	82	丰县华山镇	92 100
3	新沂市新安街道	910 000	43	丰县欢口镇	218 750	83	新沂市北沟街道	90 384
4	铜山区新区街道	900 427	44	邳州市土山镇	213 546	84	邳州市邳城镇	89 862
5	铜山区柳泉镇	870 141	45	丰县常店镇	205 930	85	睢宁县官山镇	84 650
6	丰县中阳里街道	733 625	46	铜山区汉王镇	203 580	86	丰县师寨镇	84 475
7	邳州市运河街道	728 444	47	贾汪区江庄镇	202 978	87	邳州市赵墩镇	83 890
8	铜山区张集镇	651 400	48	邳州市陈楼镇	193 712	88	贾汪区塔山镇	82 115
9	贾汪区青山泉镇	604 632	49	沛县栖山镇	189 775	89	睢宁县睢城镇	81 253
10	铜山区何桥镇	543 261	50	沛县张寨镇	176 000	90	睢宁县凌城镇	79 950
11	沛县沛城镇	531 284	51	丰县赵庄镇	175 845	91	丰县宋楼镇	76 500
12	新沂市草桥镇	521 400	52	贾汪区潘安湖街道	167 054	92	睢宁县双沟镇	75 992
13	沛县敬安镇	492 500	53	丰县顺河镇	164 120	93	丰县孙楼街道	74 765
14	铜山区棠张镇	486 900	54	新沂市邵店镇	162 140	94	睢宁县李集镇	73 523
15	邳州市议堂镇	486 500	55	铜山区单集镇	160 195	95	邳州市燕子埠镇	70 851
16	邳州市炮车街道	463 521	56	沛县胡寨镇	158 968	96	睢宁县王集镇	69 703
17	铜山区柳新镇	461 210	57	新沂市墨河街道	154 320	97	贾汪区汴塘镇	69 500
18	邳州市官湖镇	450 323	58	新沂市新店镇	151 384	98	邳州市占城镇	66 403
19	新沂市棋盘镇	448 760	59	铜山区大许镇	150 616	99	丰县范楼镇	65 654
20	铜山区茅村镇	440 000	60	新沂市港头镇	139 450	100	邳州市新河镇	59 148
21	经济技术开发区大庙街道	435 967	61	经济技术开发区徐庄镇	138 648	101	睢宁县邱集镇	57 608
22	贾汪区大吴街道	420 000	62	贾汪区大泉街道	138 568	102	丰县大沙河镇	55 287
23	邳州市戴圩街道	417 888	63	邳州市岔河镇	130 479	103	睢宁县桃园镇	52 922
24	沛县龙固镇	409 526	64	沛县河口镇	125 410	104	睢宁县高作镇	51 610
25	铜山区大彭镇	405 210	65	邳州市邹庄镇	123 450	105	丰县王沟镇	50 060
26	沛县杨屯镇	396 200	66	睢宁县岚山镇	117 941	106	睢宁县姚集镇	48 000
27	沛县安国镇	363 000	67	铜山区马坡镇	116 232	107	新沂市合沟镇	47 552
28	铜山区郑集镇	358 260	68	新沂市双塘镇	111 990	108	睢宁县古邳镇	36 896
29	经济技术开发区大黄山街道	342 705	69	邳州市八路镇	110 860	109	邳州市邢楼镇	21 000
30	沛县张庄镇	331 170	70	丰县首羡镇	110 848	110	新沂市阿湖镇	20 000
31	邳州市碾庄镇	316 276	71	邳州市戴庄镇	108 500	111	沛县魏庙镇	19 700
32	铜山区三堡街道	307 336	72	睢宁县庆安镇	105 680	112	沛县五段镇	19 082
33	新沂市唐店街道	302 529	73	铜山区伊庄镇	104 896	113	新沂市高流镇	16 820
34	铜山区房村镇	283 659	74	新沂市窑湾镇	104 750	114	沛县鹿楼镇	16 365
35	新沂市马陵山镇	281 354	75	沛县朱寨镇	104 076	115	邳州市港上镇	15 700
36	丰县凤城街道	260 491	76	新沂市时集镇	101 600	116	邳州市四户镇	13 100
37	新沂市瓦窑镇	256 000	77	睢宁县魏集镇	99 620	117	邳州市车辐山镇	12 715
38	邳州市铁富镇	245 860	78	睢宁县沙集镇	98 990			
39	铜山区刘集镇	243 500	79	睢宁县梁集镇	98 660			
40	邳州市宿羊山镇	225 267	80	丰县梁寨镇	97 360			

注：铜山区新区街道因数据无法取得，未能参与排序。

农民人均收入

22-3 续表 3

排序	乡　镇	绝对量（元）	排序	乡　镇	绝对量（元）	排序	乡　镇	绝对量（元）
1	铜山区利国镇	21 825	41	邳州市四户镇	14 612	81	邳州市占城镇	12 495
2	铜山区柳新镇	20 896	42	邳州市八义集镇	14 467	82	睢宁县双沟镇	12 109
3	铜山区新区街道	20 646	43	沛县魏庙镇	14 288	83	丰县首羡镇	12 104
4	铜山区三堡街道	20 114	44	铜山区马坡镇	14 280	84	丰县宋楼镇	12 078
5	丰县中阳里街道	19 910	45	丰县欢口镇	14 270	85	睢宁县王集镇	12 037
6	邳州市官湖镇	19 083	46	沛县朱寨镇	14 228	86	睢宁县桃园镇	11 897
7	邳州市东湖街道	18 796	47	沛县栖山镇	14 203	87	邳州市邳城镇	11 872
8	贾汪区潘安湖街道	18 584	48	沛县杨屯镇	14 199	88	新沂市邵店镇	11 806
9	贾汪区青山泉镇	18 521	49	贾汪区紫庄镇	14 093	89	铜山区单集镇	11 792
10	贾汪区大吴街道	18 474	50	邳州市八路镇	13 982	90	邳州市新河镇	11 731
11	邳州市宿羊山镇	18 249	51	沛县张寨镇	13 911	91	邳州市戴庄镇	11 585
12	邳州市运河街道	18 067	52	沛县河口镇	13 833	92	邳州市燕子埠镇	11 476
13	经济技术开发区大庙街道	18 050	53	沛县胡寨镇	13 808	93	睢宁县沙集镇	11 442
14	新沂市新安街道	17 993	54	新沂市合沟镇	13 792	94	睢宁县魏集镇	11 406
15	铜山区张集镇	17 728	55	邳州市土山镇	13 766	95	睢宁县邱集镇	11 384
16	铜山区棠张镇	17 709	56	新沂市马陵山镇	13 725	96	丰县梁寨镇	11 300
17	铜山区茅村镇	17 438	57	邳州市邢楼镇	13 697	97	睢宁县梁集镇	11 236
18	丰县凤城街道	17 409	58	睢宁县李集镇	13 653	98	睢宁县凌城镇	11 151
19	经济技术开发区大黄山街道	17 408	59	新沂市北沟街道	13 551	99	新沂市阿湖镇	11 088
20	铜山区柳泉镇	17 096	60	沛县五段镇	13 519	100	丰县范楼镇	11 021
21	邳州市邹庄镇	16 726	61	铜山区黄集镇	13 495	101	睢宁县官山镇	10 961
22	睢宁县睢城镇	16 660	62	邳州市岔河镇	13 473	102	睢宁县古邳镇	10 868
23	邳州市港上镇	16 435	63	贾汪区江庄镇	13 395	103	新沂市双塘镇	10 859
24	邳州市铁富镇	16 405	64	邳州市议堂镇	13 380	104	睢宁县姚集镇	10 796
25	邳州市炮车街道	16 337	65	新沂市墨河街道	13 360	105	丰县常店镇	10 785
26	沛县沛城镇	16 234	66	沛县鹿楼镇	13 308	106	睢宁县庆安镇	10 769
27	邳州市戴圩街道	16 207	67	经济技术开发区徐庄镇	13 299	107	贾汪区大泉街道	10 675
28	邳州市陈楼镇	16 032	68	新沂市草桥镇	13 280	108	睢宁县岚山镇	10 599
29	沛县龙固镇	15 937	69	铜山区房村镇	13 241	109	丰县赵庄镇	10 543
30	铜山区大彭镇	15 740	70	丰县大沙河镇	13 119	110	丰县师寨镇	10 481
31	沛县大屯镇	15 345	71	丰县华山镇	13 050	111	新沂市时集镇	10 430
32	睢宁县高作镇	15 287	72	贾汪区塔山镇	13 034	112	新沂市新店镇	10 380
33	铜山区汉王镇	15 137	73	铜山区大许镇	12 919	113	丰县王沟镇	10 312
34	铜山区刘集镇	15 026	74	新沂市瓦窑镇	12 817	114	新沂市唐店街道	10 307
35	邳州市碾庄镇	14 959	75	邳州市赵墩镇	12 646	115	丰县顺河镇	10 294
36	铜山区郑集镇	14 940	76	新沂市窑湾镇	12 620	116	新沂市港头镇	10 224
37	沛县张庄镇	14 930	77	新沂市高流镇	12 618	117	贾汪区汴塘镇	10 022
38	邳州市车辐山镇	14 849	78	铜山区何桥镇	12 615	118	新沂市棋盘镇	9 268
39	沛县敬安镇	14 823	79	丰县孙楼街道	12 528			
40	沛县安国镇	14 770	80	铜山区伊庄镇	12 524			

附录一

PROCESS INVESTIGATION OF WELL-OFF SOCIETY

小康社会进程监测(2004-2014年)

版面负责人：卓卫华
编　　　辑：唐子午

江苏省统计条例

（2014 年 1 月 16 日江苏省第十二届人民代表大会常务委员会第八次会议通过）

第四十四条 违反本条例第十七条规定，地方各级人民政府、政府统计机构或者有关部门、单位的主要负责人及其他负责人有下列行为之一的，由任免机关或者监察机关依法给予处分，并由政府统计机构予以通报：

(一)自行修改统计资料、编造虚假统计数据的；

(二)要求政府统计机构、统计人员或者其他机构、人员拒报、虚报、瞒报或者伪造、篡改统计资料的；

(三)对依法履行职责或者拒绝、抵制统计违法行为的统计人员打击报复的；

(四)对揭发、检举统计违法行为的人员打击报复的；

(五)对本地区、本部门、本单位发生的严重统计违法行为不履行监督管理职责的。

【释义】 本条是关于地方人民政府、政府统计机构或者有关部门、单位主要负责人及其他负责人违法行为及法律责任的规定。

本条规定地方各级人民政府、政府统计机构或者有关部门、单位的主要负责人及其他负责人有下列违法行为之一的，应当承担法律责任：一是自行修改统计资料、编造虚假统计数据。自行修改统计资料，是指没有按照规定的权限、程序和要求，擅自修改统计资料的行为；编造虚假统计数据，是指没有事实根据，凭主观臆测捏造不真实的统计数据的行为。地方、部门、单位的主要负责人及其他负责人无权对统计资料进行修改，如果统计数据有错误，只能由政府统计机构、统计人员依照法定权限和程序进行核实订正。二是要求政府统计机构、统计人员或者其他有关机构、人员拒报、虚报、瞒报或者伪造、篡改统计资料。要求统计机构、统计人员或者其他机构、人员拒报、虚报、瞒报或者伪造、篡改统计资料，是指主要负责人及其他负责人利用职权强令、授意或者以其他方式，要求他人拒报、虚报、瞒报或者伪造、篡改的统计资料或者没有根据而修改统计资料。三是对依法履行职责或者拒绝、抵制统计违法行为的统计人员打击报复。统计人员依法履行职责的行为受法律保护，主要负责人及其他负责人不得通过调动工作、撤换职务、进行处罚以及其他任何方式，对依法履行职责或者拒绝、抵制统计违法行为的统计人员进行打击报复。四是对揭发、检举统计违法行为的人员打击报复。揭发、检举统计违法行为是包括统计调查对象在内的任何单位和个人的法定权利，主要负责人及其他负责人不得以各种方式，对揭发和检举者打击报复。五是对本地方、本部门、本单位发生的严重统计违法行为不履行监督管理职责。该行为是指当本地方、本部门、本单位发生严重的统计违法行为时，主要负责人及其他负责人不履行监督管理职责，或者发现后不立即予以纠正，而是听之任之，造成不良后果的行为。

对于有上述违法行为的地方政府、部门、单位的主要负责人及其他负责人，由任免机关或者监察机关依法给予处分。依照《行政监察法》、《公务员法》、《行政机关公务员处分条例》等法律、行政法规，对国家工作人员给予处分，由任免机关或者监察机关按照管理权限决定。处分分为警告、记过、记大过、降级、撤职、开除六种。具体应当给予何种处分，由处分决定机关根据违法行为的性质、情节及危害程度决定。

对上述主要负责人及其他负责人的违法行为，除由任免机关或者监察机关依法给予处分外，还应由政府统计机构予以通报，即在一定范围内以一定方式对违法行为及其处理情况予以公开，对违法行为人予以警戒。

第四十五条 违反本条例第十九条第二款规定，民间统计调查组织超出委托权限或者范围实施统计调查活动的，由政府统计机构责令改正，给予警告，并处一万元以上五万元以下罚款。

【释义】 本条是关于民间统计调查组织违法实施政府统计调查法律责任的规定。

本条例第十九条规定，民间统计调查组织接受地方各级人民政府、政府统计机构和有关部门的委托进行统计调查，应当在受委托的权限和范围内实施有关活动。本条规定民间统计调查组织超出委托权限或者范围实施统计调查活动，属于本条例规定的违法行为，应当承担法律责任。

民间统计调查组织有上述违法行为的，应当承担下列责任：由政府统计机构责令改正，给予警告，并处一万元以上五万元以下的罚款。

编辑：王中彬

2014 年徐州市全面建成小康社会指标评价表

指　　标		目标值	2014 年实现值	实现度(%)
经济发展				
人均地区生产总值(2010 年不变价)	(元)	90 000	54 238	60.3
二、三产业增加值占 GDP 比重	(%)	92	90.5	98.4
城镇化率		65	59.5	91.5
信息化发展水平		80	82.0	102.6
现代农业发展水平		85	75.5	88.8
研发经费支出占 GDP 比重		2.5	1.8	70.0
人民生活				
居民收入水平				
城镇居民人均可支配收入	(元)	46 000	24 080	52.3
农村居民人均可支配收入		20 000	12 811	64.1
城乡居民收入达标人口比例	(%)	>50	12.9	25.8
居民住房水平				
城镇家庭住房成套比例		90	84.3	93.7
农村家庭住房成套比例		80	43.0	53.8
公共交通服务水平				
城市万人公交车拥有量	(标台)	15	16.2	108.0
行政村客运班线通达率	(%)	100	100.0	100.0
城镇登记失业率		< 4	1.9	209.4
恩格尔系数		< 40	31.2	128.2
社会发展				
现代教育发展水平		85	70.1	82.4
基本社会保障				
城乡基本养老保险覆盖率		97	96.6	99.5
城乡基本医疗保险覆盖率		97	96.1	99.1
失业保险覆盖率		97	97.5	100.5
城镇住房保障体系健全率		90	81.0	89.9
每千名老人拥有养老床位数	(张)	32	38.6	120.6
文化产业增加值占 GDP 比重	(%)	5	3.4	67.2
人均拥有公共文化体育设施面积	(平方米)	2.3	2.7	115.4
每千人拥有医生数	(人)	2	2.0	100.0
民主法治				
党风廉政建设满意度	(%)	80	80.0	100.0
法治和平安建设水平				
法治建设满意度		80	92.9	116.2
公众安全感		90	93.2	103.5
城乡居民依法自治				
城镇居委会依法自治达标率		92	97.1	105.5
农村村委会依法自治达标率		97	97.6	100.6
生态环境				
单位 GDP 能耗	(吨标煤 / 万元)	< 0.62	0.74	83.8
环境质量				
空气质量达到二级标准的天数比例	(%)	60	65.6	109.3
地表水好于Ⅲ类水质的比例		60	76.3	127.2
城镇污水达标处理率		90	76.7	85.2
村庄环境整治达标率		95	84.3	88.7
绿化水平				
林木覆盖率		22	32.6	148.2
城镇绿化覆盖率		38	35.0	92.2

注:城镇居民人均可支配收入、农村居民人均可支配收入统计口径调整,与往年不可比。

2013年徐州市全面建成小康社会指标评价表

指　　标		目标值	2013年实现值	实现度(%)
经济发展				
人均地区生产总值(2010年不变价)	(元)	90 000	49 287	54.8
二、三产业增加值占GDP比重	(%)	92	90.3	98.2
城镇化率		65	58.1	89.4
信息化发展水平		80	79.5	99.4
现代农业发展水平		85	71.8	84.5
研发经费支出占GDP比重		2.5	1.7	67.2
人民生活				
居民收入水平				
城镇居民人均可支配收入	(元)	46 000	23 770	51.7
农村居民人均纯收入		20 000	12 052	60.3
城乡居民收入达标人口比例	(%)	>50	10.5	21.0
居民住房水平				
城镇家庭住房成套比例		90	84.3	93.6
农村家庭住房成套比例		80	35.5	44.4
公共交通服务水平				
城市万人公交车拥有量	(标台)	15	16.1	107.3
行政村客运班线通达率	(%)	100	100.0	100.0
城镇登记失业率		<4	2.1	186.9
恩格尔系数		<40	34.7	115.3
社会发展				
现代教育发展水平		85	60.9	71.6
基本社会保障				
城乡基本养老保险覆盖率		97	96.5	99.5
城乡基本医疗保险覆盖率		97	95.9	98.8
失业保险覆盖率		97	97.4	100.4
城镇住房保障体系健全率		90	77.2	85.8
每千名老人拥有养老床位数	(张)	32	35.5	110.8
文化产业增加值占GDP比重	(%)	5	3.4	67.0
人均拥有公共文化体育设施面积	(平方米)	2.3	2.6	113.0
每千人拥有医生数	(人)	2	1.9	94.0
民主法治				
党风廉政建设满意度	(%)	80	79.9	99.8
法治和平安建设水平				
法治建设满意度		80	93.2	116.5
公众安全感		90	94.1	104.6
城乡居民依法自治				
城镇居委会依法自治达标率		92	96.7	105.1
农村村委会依法自治达标率		97	97.4	100.4
生态环境				82.8
单位GDP能耗	(吨标煤/万元)	<0.62	0.805	77.0
环境质量				
空气质量达到二级标准的天数比例	(%)	60	53.6	89.3
地表水好于Ⅲ类水质的比例		60	71.1	118.5
城镇污水达标处理率		90	71.7	79.7
村庄环境整治达标率		95	43.8	46.1
绿化水平				
林木覆盖率		22	32.3	146.8
城镇绿化覆盖率		38	34.1	89.8

注:2013年起小康社会监测执行2013年版。

2012年徐州市全面建设小康社会进程测算表

指标		目标值	2012年实现值	2011年实现值	比上年增减值	年均应完成进度		时序进度情况	
						按省定时间	按自定时间	省定时间	市定时间
经济发展									
人均地区生产总值	（元）	≥24 000	46 877	41 407	5 470	—	—	√	√
二、三产业增加值占GDP比重	（%）	≥92	90.5	90.6	-0.1	0.4		△	△
城市化水平		55	56.7	55.4	1.3	—	—	√	√
城镇登记失业率		<5	2.4	2.6	-0.2	—	—	√	√
生活水平									
居民收入									
城镇居民人均可支配收入	（元）	≥16 000	21 716	19 206	2 510	—	—	√	√
农村居民人均纯收入		≥8 000	10 762	9 490	1 272	—	—	√	√
居民住房									
城镇人均住房建筑面积	（M^2）	30	35.0	34.7	0.3	—	—	√	√
农村人均钢筋、砖木结构住房面积		40	44.5	43.6	0.9	—	—	√	√
居民出行									
农村行政村通灰黑公路（或航道）比重	（%）	100	100	100.0	0.0	—	—	√	√
城镇人均拥有道路面积	（M^2）	12	19.9	17.6	2.3	—	—	√	√
居民信息化普及程度									
百户家庭电话拥有量	（部）	200	280.7	268.8	12.0	—	—	√	√
百户家庭电脑拥有量	（台）	40	66.0	51.2	14.8	—	—	√	√
居民文教娱乐服务支出占家庭消费支出比重	（%）	18	17.6	18.6	-0.9	—	—	√	√
恩格尔系数		<40	35.4	35.5	-0.1	—	—	√	√
社会发展									
R&D经费支出占GDP比重		≥1.5	1.61	1.59	0.02	—	—	√	√
高中阶段教育毛入学率		≥90	96.9	93.6	3.3	—	—	√	√
卫生服务体系健全率		≥90	100.0	100.0	0.0	—	—	√	√
社会保障									
城镇劳动保障三大保险各自覆盖面		≥95	97.0	96.2	0.8	—	—	√	√
#城镇基本养老保险		≥95	97.5	97.4	0.1	—	—	√	√
城镇失业保险		≥95	97.3	96.1	1.2	—	—	√	√
城镇基本医疗保险		≥95	96.0	95.0	1.0	—	—	√	√
新型农村合作医疗覆盖面		≥85	100.0	99.2	0.8	—	—	√	√
人民群众对社会治安的满意率		90	92.3	89.8	2.5	0.1		√	√
城乡村（居）民依法自治									
城镇社区居委会依法自治达标率		90	96.6	98.4	-1.8	—	—	√	√
农村村委会依法自治达标率		95	97.2	99.1	-1.9	—	—	√	√
生态环境									
绿化水平									
城市绿化覆盖率		40	41.3	40.8	0.5	—	—	√	√
森林覆盖率		20	31.9	31.3	0.6	—	—	√	√
环境质量综合指数	（分）	80	88.4	87.8	0.7	—	—	√	√

注：1.表中"—"表示该指标上年总体已达到目标值；"√"表示当年达到时序进度，总体达标视同当年达到时序进度；"△"表示未达到时序进度。

2.徐州市省定与市自定实现目标时间分别为2017年和2011年。

2011 年徐州市全面建设小康社会进程测算表

指标		目标值	2011 年实现值	2010 年实现值	比上年增减值	年均应完成进度		时序进度情况	
						按省定时间	按自定时间	省定时间	市定时间
经济发展									
人均地区生产总值	(元)	≥24 000	41 407	34 084	7 323	—	—	√	√
二、三产业增加值占 GDP 比重	(%)	≥92	90.6	90.4	0.2	0.3	1.6	△	△
城市化水平		55	55.4	53.9	1.5	0.2	1.1	√	√
城镇登记失业率		<5	2.6	2.6	0.0	—	—	√	√
生活水平									
居民收入									
城镇居民人均可支配收入	(元)	≥16 000	19 206	16 762	2 444	—	—	√	√
农村居民人均纯收入		≥8 000	9 490	7 955	1 535	9	45	√	√
居民住房									
城镇人均住房建筑面积	(M^2)	30	34.7	32.9	1.8	—	—	√	√
农村人均钢筋、砖木结构住房面积		40	43.6	41.4	2.2	—	—	√	√
居民出行									
农村行政村通灰黑公路(或航道)比重	(%)	100	100	100	0.0	—	—	√	√
城镇人均拥有道路面积	(M^2)	12	17.6	16.0	1.6	—	—	√	√
居民信息化普及程度									
百户家庭电话拥有量	(部)	200	268.8	268.1	0.7	—	—	√	√
百户家庭电脑拥有量	(台)	40	59.6	46.5	13.1	—	—	√	√
居民文教娱乐服务支出占家庭消费支出比重	(%)	18	18.6	14.6	4.0	0.7	3.4	√	√
恩格尔系数		<40	35.5	36.3	-0.8	—	—	√	√
社会发展									
R&D 经费支出占 GDP 比重		≥1.5	1.59	1.50	0.09	—	—	√	√
高中阶段教育毛入学率		≥90	93.6	93.5	0.1	—	—	√	√
卫生服务体系健全率		≥90	100.0	99.6	0.4	—	—	√	√
社会保障									
城镇劳动保障三大保险各自覆盖面		≥95	96.2	96.8	-0.6	—	—	√	√
#城镇基本养老保险		≥95	97.4	97.5	-0.1	—	—	√	√
城镇失业保险		≥95	96.1	97.5	-1.4	—	—	√	√
城镇基本医疗保险		≥95	95.0	95.3	-0.3	—	—	√	√
新型农村合作医疗覆盖面		≥85	99.2	99.2	0.0	—	—	√	√
人民群众对社会治安的满意率		90	89.8	87.8	2.0	0.4	2.2	√	√
城乡村(居)民依法自治									
城镇社区居委会依法自治达标率		90	98.4	97.2	1.2	—	—	√	√
农村村委会依法自治达标率		95	99.1	98.7	0.4	—	—	√	√
生态环境									
绿化水平									
城市绿化覆盖率		40	40.8	40.3	0.5	—	—	√	√
森林覆盖率		20	31.3	30.9	0.4	—	—	√	√
环境质量综合指数	(分)	80	87.8	85.6	2.2	—	—	√	√

注:1.表中"—"表示该指标上年总体已达到目标值;"√"表示当年达到时序进度,总体达标视同当年达到时序进度;"△"表示未达到时序进度。

2.徐州市省定与市自定实现目标时间分别为 2017 年和 2011 年。

3.人民群众对社会治安满意率调查方法自 2011 年起作了调整,与往年不可比。

2010年徐州市全面建设小康社会进程测算表

指标		目标值	2010年实现值	2009年实现值	比上年增减值	年均应完成进度		时序进度情况	
						按省定时间	按自定时间	省定时间	市定时间
经济发展									
人均地区生产总值	（元）	≥24 000	34 084	27 514	6 570	—	—	√	√
二、三产业增加值占GDP比重	（%）	≥92	90.4	89.5	0.9	0.3	1.2	√	△
城市化水平		55	53.9	49.1	4.0	0.7	3.0	√	√
城镇登记失业率		<5	2.6	2.9	-0.3	—	—	√	√
生活水平									
居民收入									
城镇居民人均可支配收入	（元）	≥16 000	16 762	14 798	1 964	150	601	√	√
农村居民人均纯收入		≥8 000	7 955	6 951	1 004	131	525	√	√
居民住房									
城镇人均住房建筑面积	（M^2）	30	32.9	32.5	0.4	—	—	√	√
农村人均钢筋、砖木结构住房面积		40	41.4	37.2	4.2	0.4	1.4	√	√
居民出行									
农村行政村通灰黑公路（或航道）比重	（%）	100	100	100	0.0	—	—	√	√
城镇人均拥有道路面积	（M^2）	12	16.0	16.7	-0.7	—	—	√	√
居民信息化普及程度									
百户家庭电话拥有量	（部）	200	268.1	256.8	11.3	—	—	√	√
百户家庭电脑拥有量	（台）	40	46.5	37.1	9.4	0.4	1.5	√	√
居民文教娱乐服务支出占家庭消费支出比重	（%）	18	14.6	14.5	0.1	0.4	1.8	△	△
恩格尔系数		<40	36.3	36.9	-0.6	—	—	√	√
社会发展									
R&D经费支出占GDP比重		≥1.5	1.50	1.33	0.17	0.02	0.09	√	√
高中阶段教育毛入学率		≥90	93.5	89.2	4.3	0.1	0.4	√	√
卫生服务体系健全率		≥90	99.6	99.5	0.1	—	—	√	√
社会保障									
城镇劳动保障三大保险各自覆盖面		≥95	96.8	96.5	0.3	—	—	√	√
#城镇基本养老保险		≥95	97.5	97.4	0.1	—	—	√	√
城镇失业保险		≥95	97.5	97.5	0.0	—	—	√	√
城镇基本医疗保险		≥95	95.3	94.5	0.8	0.1	0.3	√	√
新型农村合作医疗覆盖面		≥85	99.2	99.0	0.2	—	—	√	√
人民群众对社会治安的满意率		90	98.6	98.0	0.6	—	—	√	√
城乡村（居）民依法自治									
城镇社区居委会依法自治达标率		90	97.2	96.2	1.0	—	—	√	√
农村村委会依法自治达标率		95	98.7	97.7	1.0	—	—	√	√
生态环境									
绿化水平									
城市绿化覆盖率		40	40.3	39.2	1.1	0.1	0.4	√	√
森林覆盖率		20	30.9	28.7	2.2	—	—	√	√
环境质量综合指数	（分）	80	85.6	80.1	5.5	—	—	√	√

注：1.表中“—”表示该指标上年总体已达到目标值；“√”表示当年达到时序进度，总体达标视同当年达到时序进度；“△”表示未达到时序进度。

2.徐州市省定与市自定实现目标时间分别为2017年和2011年。

3.由于区划调整2010年及以后城市绿化覆盖率与往年不可比。

2009年徐州市全面建设小康社会进程测算表

指标		目标值	2009年实现值	2008年实现值	比上年增减值	年均应完成进度		时序进度情况	
						按省定时间	按自定时间	省定时间	市定时间
经济发展									
人均地区生产总值	（元）	≥24 000	27 514	24 350	3 164	—	—	√	√
二、三产业增加值占GDP比重	（%）	≥92	89.5	89.0	0.5	0.3	1.0	√	△
城市化水平		55	49.1	47.2	1.9	0.9	2.6	√	△
城镇登记失业率		<5	2.9	2.7	0.2	—	—	√	√
生活水平									
居民收入									
城镇居民人均可支配收入	（元）	≥16 000	14 798	13 205	1 593	311	932	√	√
农村居民人均纯收入		≥8 000	6 951	6 240	711	196	587	√	√
居民住房									
城镇人均住房建筑面积	（M^2）	30	32.5	32.1	0.4	—	—	√	√
农村人均钢筋、砖木结构住房面积		40	37.2	35.0	2.2	0.6	1.7	√	√
居民出行									
农村行政村通灰黑公路(或航道)比重	（%）	100	100	100	0.0	—	—	√	√
城镇人均拥有道路面积	（M^2）	12	16.7	13.9	2.8	—	—	√	√
居民信息化普及程度									
百户家庭电话拥有量	（部）	200	256.8	238.1	18.7	—	—	√	√
百户家庭电脑拥有量	（台）	40	37.1	29.7	7.4	1.1	3.4	√	√
居民文教娱乐服务支出占家庭消费支出比重	（%）	18	14.5	13.8	0.7	0.5	1.4	√	△
恩格尔系数		<40	36.9	38.6	-1.7	—	—	√	√
社会发展									
R&D经费支出占GDP比重		≥1.5	1.33	1.32	0.01	0.02	0.06	√	√
高中阶段教育毛入学率		≥90	89.2	82.9	6.3	0.8	2.4	√	√
卫生服务体系健全率		≥90	99.5	98.6	0.9	—	—	√	√
社会保障									
城镇劳动保障三大保险各自覆盖面		≥95	96.5	94.2	2.3	0.1	0.3	√	√
#城镇基本养老保险		≥95	97.4	95.7	1.7	—	—	√	√
城镇失业保险		≥95	97.5	97.3	0.2	—	—	√	√
城镇基本医疗保险		≥95	94.5	89.7	4.8	0.6	1.8	√	√
新型农村合作医疗覆盖面		≥85	99.0	97.6	1.4	—	—	√	√
人民群众对社会治安的满意率		90	98.0	99.0	-1.0	—	—	√	√
城乡村(居)民依法自治									
城镇社区居委会依法自治达标率		90	96.2	93.4	2.8	—	—	√	√
农村村委会依法自治达标率		95	97.7	96.4	1.3	—	—	√	√
生态环境									
绿化水平									
城市绿化覆盖率		40	39.2	40.1	-0.9	—	—	√	√
森林覆盖率		20	28.7	27.6	1.1	—	—	√	√
环境质量综合指数	（分）	80	80.1	79.7	0.4	0.0	0.1	√	√

注：1、表中"—"表示该指标上年总体已达到目标值；"√"表示当年达到时序进度，总体达标视同当年达到时序进度；"△"表示未达到时序进度。

2、徐州市省定与市自定实现目标时间分别为2017年和2011年。

3、本表2008年人均地区生产总值、二三产业增加值占GDP比重为2008年经济普查调整数。

2008年徐州市全面建设小康社会进程测算表

指标		目标值	2008年实现值	2007年实现值	比上年增减值	年均应完成进度		时序进度情况	
						按省定时间	按自定时间	省定时间	市定时间
经济发展									
人均地区生产总值	（元）	≥24 000	23 069	19 221	3 847	478	11 95	√	√
二、三产业增加值占GDP比重	（%）	≥92	89.5	88.5	1.0	0.3	0.9	√	√
城市化水平		55	47.2	45.8	1.4	0.9	2.3	√	△
城镇登记失业率		<5	2.7	2.8	-0.1	—	—	√	√
生活水平									
居民收入									
城镇居民人均可支配收入	（元）	≥16 000	13 205	11 418	1 787	458	1 145	√	√
农村居民人均纯收入		≥8 000	6 240	5 534	706	247	617	√	√
居民住房									
城镇人均住房建筑面积	（M^2）	30	32.1	31.5	0.6	—	—	√	√
农村人均钢筋、砖木结构住房面积		40	35.0	33.8	1.2	0.6	1.6	√	△
居民出行									
农村行政村通灰黑公路（或航道）比重	（%）	100	100	100	0.0	—	—	√	√
城镇人均拥有道路面积	（M^2）	12	15.7	15.1	0.6	—	—	√	√
居民信息化普及程度									
百户家庭电话拥有量	（部）	200	238.1	224.3	13.8	—	—	√	√
百户家庭电脑拥有量	（台）	40	29.7	23.3	6.4	1.7	4.2	√	√
居民文教娱乐服务支出占家庭消费支出比重	（%）	18	13.8	14.4	-0.6	0.4	0.9	△	△
恩格尔系数		<40	38.6	38.2	0.3	—	—	√	√
社会发展									
R&D经费支出占GDP比重		≥1.5	1.22	1.12	0.10	0.04	0.10	√	√
高中阶段教育毛入学率		≥90	82.9	70.1	12.9	2.0	5.0	√	√
卫生服务体系健全率		≥90	98.5	97.0	1.6	—	—	√	√
社会保障									
城镇劳动保障三大保险各自覆盖面		≥95	94.2	93.1	1.1	0.2	0.5	√	√
#城镇基本养老保险		≥95	95.7	95.3	0.4	—	—	√	√
城镇失业保险		≥95	97.3	98.0	-0.7	—	—	√	√
城镇基本医疗保险		≥95	89.7	86.1	3.6	0.9	2.2	√	√
新型农村合作医疗覆盖面		≥85	97.6	95.0	2.6	—	—	√	√
人民群众对社会治安的满意率		90	99.0	97.6	1.4	—	—	√	√
城乡村（居）民依法自治									
城镇社区居委会依法自治达标率		90	93.4	92.7	0.7	—	—	√	√
农村村委会依法自治达标率		95	96.4	95.8	0.6	—	—	√	√
生态环境									
绿化水平								√	√
城市绿化覆盖率		40	40.1	38.2	1.9	0.2	0.5	√	√
森林覆盖率		20	27.6	26.6	1.0	—	—	√	√
环境质量综合指数	（分）	80	79.7	79.6	0.1	0.0	0.1	√	√

注：1.表中“—”表示该指标上年总体已达到目标值；“√”表示当年达到时序进度，总体达标视同当年达到时序进度；“△”表示未达到时序进度。

2.徐州市省定与市自定实现目标时间分别为2017年和2011年。

3.2007年及以后城镇居民人均可支配收入、城镇居民人均住房建筑面积、百户家庭电话拥有量、百户家庭电脑拥有量、居民文教娱乐支出占家庭消费支出比重、城镇居民人均拥有道路面积、恩格尔系数计算口径由市区调整为全市（含县、区）城镇住户。

2007 年徐州市全面建设小康社会进程测算表

指　　标		目标值	2007 年实现值	2006 年实现值	比上年增减值	年均应完成进度		时序进度情况	
						按省定时　间	按自定时　间	省定时间	市定时间
经济发展									
人均地区生产总值	(元)	≥24 000	19 221	16 256	2 965	704	1 549	√	√
二、三产业增加值占 GDP 比重	(%)	≥92	88.5	87.3	1.2	0.4	0.9	√	√
城市化水平		55	45.8	44.8	1.0	0.9	2.0	√	△
城镇登记失业率		<5	2.8	3.0	-0.2	—	—	√	√
生活水平									
居民收入									
城镇居民人均可支配收入	(元)	≥16 000	14 875	12 836	2 039	288	633	√	√
农村居民人均纯收入		≥8 000	5 534	4 896	638	282	621	√	√
居民住房									
城镇人均住房建筑面积	(M^2)	30	26.2	25.8	0.4	0.4	0.8	√	△
农村人均钢筋、砖木结构住房面积		40	33.8	32.1	1.7	0.7	1.6	√	√
居民出行									
农村行政村通灰黑公路(或航道)比重	(%)	100	100	100	0.0	—	—	√	√
城镇人均拥有道路面积	(M^2)	12	12.9	12.7	0.2	—	—	√	√
居民信息化普及程度									
百户家庭电话拥有量	(部)	200	234.1	212.1	22.0	—	—	√	√
百户家庭电脑拥有量	(台)	40	28.8	23.9	4.9	1.5	3.2	√	√
居民文教娱乐服务支出占家庭消费支出比重	(%)	18	14.7	14.4	0.3	0.3	0.7	√	△
恩格尔系数		<40	37.1	37.8	-0.7	—	—	√	√
社会发展									
R&D 经费支出占 GDP 比重		≥1.5	1.12	0.97	0.15	0.05	0.11	√	√
高中阶段教育毛入学率		≥90	70.1	56.1	14.0	3.1	6.8	√	√
卫生服务体系健全率		≥90	97.0	86.0	11.0	0.4	0.8	√	√
社会保障									
城镇劳动保障三大保险各自覆盖面		≥95	93.1	91.8	1.3	0.3	0.6	√	√
#城镇基本养老保险		≥95	95.3	95.1	0.2	—	—	√	√
城镇失业保险		≥95	98.0	98.0	0.0	—	—	√	√
城镇基本医疗保险		≥95	86.1	82.4	3.7	1.1	2.5	√	√
新型农村合作医疗覆盖面		≥85	95.0	91.5	3.5	—	—	√	√
人民群众对社会治安的满意率		90	97.6	96.9	0.7	—	—	√	√
城乡村(居)民依法自治									
城镇社区居委会依法自治达标率		90	92.7	91.1	1.6	—	—	√	√
农村村委会依法自治达标率		95	95.8	95.0	0.8	—	—	√	√
生态环境									
绿化水平									
城市绿化覆盖率		40	38.2	37.9	0.3	0.2	0.4	√	△
森林覆盖率		20	26.6	25.5	1.1	—	—	√	√
环境质量综合指数	(分)	80	79.6	79.2	0.4	0.1	0.2	√	√

注:1.表中"—"表示该指标上年总体已达到目标值;"√"表示当年达到时序进度,总体达标视同当年达到时序进度;"△"表示未达到时序进度。
2.徐州市省定与市自定实现目标时间分别为 2017 年和 2011 年。

2006 年徐州市全面建设小康社会进程测算表

指　　标		目标值	2006 年实现值	2005 年实现值	比上年增减值	年均应完成进度		时序进度情况	
						按省定时　间	按自定时　间	省定时间	自定时间
经济发展									
人均地区生产总值	（元）	≥24 000	16 256	13 697	2 559	859	1 717	√	√
二、三产业增加值占 GDP 比重	（%）	≥92	87.3	86.0	1.3	0.5	1.0	√	√
城市化水平		55	44.8	43.4	1.4	1.0	1.9	√	△
城镇登记失业率		< 5	3.0	3.4	-0.4	—	—	√	√
生活水平									
居民收入									
城镇居民人均可支配收入	（元）	≥16 000	12 836	11 185	1 651	401	802	√	√
农村居民人均纯收入		≥8 000	4 896	4 443	453	296	593	√	△
居民住房									
城镇人均住房建筑面积	（M²）	30	25.8	24.8	1.0	0.4	0.9	√	√
农村人均钢筋、砖木结构住房面积		40	32.1	28.8	3.3	0.9	1.9	√	√
居民出行									
农村行政村通灰黑公路（或航道）比重	（%）	100	100	100	0.0	—	—	√	√
城镇人均拥有道路面积	（M²）	12	12.7	10.9	1.8	0.1	0.2	√	√
居民信息化普及程度									
百户家庭电话拥有量	（部）	200	212.1	182.9	29.2	1.4	2.9	√	√
百户家庭电脑拥有量	（台）	40	23.9	19.7	4.2	1.7	3.4	√	√
居民文教娱乐服务支出占家庭消费支出比重	（%）	18	14.4	16.6	-2.2	0.1	0.2	△	△
恩格尔系数		< 40	37.8	38.6	-0.8	—	—	√	√
社会发展									
R&D 经费支出占 GDP 比重		≥1.5	0.97	1.00	-0.03	0.04	0.08	△	△
高中阶段教育毛入学率		≥90	56.1	51.6	4.5	3.2	6.4	√	△
卫生服务体系健全率		≥90	86.0	78.4	7.6	1.0	1.9	√	√
社会保障									
城镇劳动保障三大保险各自覆盖面		≥95	91.8	91.8	0.0	0.3	0.5	△	△
# 城镇基本养老保险		≥95	95.1	98.0	-2.9	—	—	√	√
城镇失业保险		≥95	98.0	99.0	-1.0	—	—	√	√
城镇基本医疗保险		≥95	82.4	78.4	4.0	1.4	2.8	√	√
新型农村合作医疗覆盖面		≥85	91.5	82.4	9.1	0.2	0.4	√	√
人民群众对社会治安的满意率		90	96.9	96.6	0.3	—	—	√	√
城乡村（居）民依法自治									
城镇社区居委会依法自治达标率		90	91.1	91.0	0.1	—	—	√	√
农村村委会依法自治达标率		95	95.0	95.0	0.0	—	—	√	√
生态环境									
绿化水平									
城市绿化覆盖率		40	37.9	36.3	1.6	0.3	0.6	√	√
森林覆盖率		20	25.5	24.9	0.6	—	—	√	√
环境质量综合指数	（分）	80	79.2	68.8	10.4	0.9	1.9	√	√

注：1.表中“—”表示该指标上年总体已达到目标值；“√”表示当年达到时序进度，总体达标视同当年达到时序进度；“△”表示未达到时序进度。

2.徐州市省定与市自定实现目标时间分别为 2017 年和 2011 年。

2005年徐州市全面建设小康社会进程测算表

指　　标		目标值	2005年实现值	2004年实现值	比上年增减值	年均应完成进度		时序进度情况	
						按省定时　间	按自定时　间	省定时间	自定时间
经济发展									
人均地区生产总值	（元）	≥24 000	13 697	11 596	2 101	954	1 240	√	√
二、三产业增加值占GDP比重	（%）	≥92	86.0	84.6	1.4	0.6	0.7	√	√
城市化水平		55	43.4	42.0	1.4	1.0	1.3	√	√
城镇登记失业率		<5	3.4	4.0	-0.6	—	—	√	√
生活水平									
居民收入									
城镇居民人均可支配收入	（元）	≥16 000	11 185	9 840	1 346	474	616	√	√
农村居民人均纯收入		≥8 000	4 443	4 003	440	307	400	√	√
居民住房									
城镇人均住房建筑面积	（M²）	30	24.8	21.4	3.4	0.7	0.9	√	√
农村人均钢筋、砖木结构住房面积		40	28.8	27.8	1.0	0.9	1.2	√	√
居民出行									
农村行政村通灰黑公路（或航道）比重	（%）	100	100	100	0.0	—	—	√	√
城镇人均拥有道路面积	（M²）	12	10.9	11.4	-0.5	0.04	0.1	△	△
居民信息化普及程度									
百户家庭电话拥有量	（部）	200	182.9	150.6	32.3	3.8	4.9	√	√
百户家庭电脑拥有量	（台）	40	19.7	14.8	4.9	1.9	2.5	√	√
居民文教娱乐服务支出占家庭消费支出比重	（%）	18	16.6	15.2	1.4	0.2	0.3	√	√
恩格尔系数		<40	38.6	41.1	-2.5	-0.1	-0.1	√	√
社会发展									
R&D经费支出占GDP比重		≥1.5	1.00	0.83	0.17	0.05	0.07	√	√
高中阶段教育毛入学率		≥90	51.6	47.9	3.7	3.2	4.2	√	△
卫生服务体系健全率		≥90	78.4	66.8	11.6	1.8	2.3	√	√
社会保障									
城镇劳动保障三大保险各自覆盖面		≥95	91.8	87.4	4.4	0.6	0.8	√	√
#城镇基本养老保险		≥95	98.0	95.8	2.2	—	—	√	√
城镇失业保险		≥95	99.0	94.9	4.1	0.01	0.01	√	√
城镇基本医疗保险		≥95	78.4	71.6	6.8	1.8	2.3	√	√
新型农村合作医疗覆盖面		≥85	82.4	64.9	17.5	1.5	2.0	√	√
人民群众对社会治安的满意率		90	96.6	90.1	6.5	—	—	√	√
城乡村（居）民依法自治									
城镇社区居委会依法自治达标率		90	91.0	90.0	1.0	—	—	√	√
农村村委会依法自治达标率		95	95.0	95.0	0.0	—	—	√	√
生态环境									
绿化水平									
城市绿化覆盖率		40	36.3	33.4	2.9	0.5	0.7	√	√
森林覆盖率		20	24.9	24.1	0.9	—	—	√	√
环境质量综合指数	（分）	80	68.8	64.4	4.4	1.2	1.6	√	√

注：1.表中“—”表示该指标上年总体已达到目标值；“√”表示当年达到时序进度，总体达标视同当年达到时序进度；“△”表示未达到时序进度。

2.徐州市省定与市自定实现目标时间分别为2017年和2014年。

2004 年徐州市全面建设小康社会进程测算表

指　　标		目标值	2004 年实现值	2003 年实现值	比上年增减值	年均应完成进度		时序进度情况	
						按省定时　间	按自定时　间	省定时间	自定时间
经济发展									
人均地区生产总值	(元)	≥24 000	11 596	9 992	1 604	1 001	1 273	√	√
二、三产业增加值占 GDP 比重	(%)	≥92	84.6	85.1	-0.5	0.5	0.6	√	△
城市化水平		55	42.0	40.4	1.6	1.0	1.3	√	√
城镇登记失业率		<5	4.0	4.3	-0.3	—	—	√	√
生活水平									
居民收入									
城镇居民人均可支配收入	(元)	≥16 000	9 840	8 954	886	503	641	√	√
农村居民人均纯收入		≥8 000	4 003	3 605	398	314	400	√	△
居民住房									
城镇人均住房建筑面积	(M^2)	30	21.4	20.3	1.1	0.7	0.9	△	√
农村人均钢筋、砖木结构住房面积		40	27.8	26.6	1.2	1.0	1.2	√	√
居民出行									
农村行政村通灰黑公路(或航道)比重	(%)	100	100	100	0.0	—	—	√	√
城镇人均拥有道路面积	(M^2)	12	11.4	11.0	0.4	0.1	0.1	√	√
居民信息化普及程度									
百户家庭电话拥有量	(部)	200	150.6	126.0	24.6	5.3	6.7	√	√
百户家庭电脑拥有量	(台)	40	14.8	11.6	3.2	2.0	2.6	√	√
居民文教娱乐服务支出占家庭消费支出比重	(%)	18	15.2	16.3	-1.1	0.1	0.2	△	△
恩格尔系数		<40	41.1	38.3	2.8	—	—	△	△
社会发展									
R&D 经费支出占 GDP 比重		≥1.5	0.83	0.68	0.15	0.06	0.07	△	√
高中阶段教育毛入学率		≥90	47.9	45.8	2.1	3.2	4.0	△	△
卫生服务体系健全率		≥90	66.8	62.7	4.1	1.9	2.5	√	√
社会保障									
城镇劳动保障三大保险各自覆盖面		≥95	87.4	83.3	4.1	0.8	1.1	√	√
#城镇基本养老保险		≥95	95.8	94.9	0.9	0.0	0.0	√	√
城镇失业保险		≥95	94.9	86.2	8.7	0.6	0.8	√	√
城镇基本医疗保险		≥95	71.6	68.9	2.7	1.9	2.4	√	√
新型农村合作医疗覆盖面		≥85	64.9	19.6	45.3	4.7	5.9	√	√
人民群众对社会治安的满意率		90	90.1	95.5	-5.4	—	—	√	√
城乡村(居)民依法自治									
城镇社区居委会依法自治达标率		90	90.0	89.0	1.0	0.1	0.1	√	√
农村村委会依法自治达标率		95	95.0	95.0	0.0	—	—	√	√
生态环境									
绿化水平									
城市绿化覆盖率		40	33.4	29.5	3.9	0.7	1.0	√	√
森林覆盖率		20	24.1	19.7	4.4	0.0	0.0	√	√
环境质量综合指数	(分)	80	64.4	55.5	8.9	1.8	2.2	√	√

注：1.表中"—"表示该指标上年总体已达到目标值；"√"表示当年达到时序进度，总体达标视同当年达到时序进度；"△"表示未达到时序进度。

2.徐州市省定与市自定实现目标时间分别为 2017 年和 2014 年。

指标解释及计算方法

1.人均地区生产总值(元)。指一定时期内按平均常住人口计算的地区生产总值。指标值按2010年不变价计算。地区生产总值(GDP)是指一个国家(或地区)所有常住单位在一定时期内生产活动的最终成果。资料来源:统计部门。计算公式:

人均地区生产总值=GDP/年平均常住人口

2.二、三产业增加值占GDP比重(%)。指第二产业、第三产业实现的增加值之和在全部地区生产总值中所占的比重。

我国的三次产业划分是:第一产业:农业(即农林牧渔业)。第二产业:工业(包括采矿业、制造业、电力燃气及水的生产和供应业)、建筑业。第三产业:除第一、第二产业以外的其他各行业。资料来源:统计部门。计算公式:

二、三产业增加值占GDP比重=(第二产业增加值+第三产业增加值)/地区生产总值(GDP)×100%

3.城镇化率(%)。指一个地区城镇常住人口占该地区常住总人口的比重。资料来源:统计部门。计算公式:城镇化率=年末城镇常住人口/年末常住总人口×100%

4.信息化发展水平(%)。该指标是评价一个地区国民经济和社会信息化发展水平的综合性指标,衡量利用信息技术来创造、获取、使用和分享信息和知识的能力,以及信息化发展对社会经济发展的推动作用。信息化发展水平由五个分类指数构成:基础设施指数、产业技术指数、知识支撑指数、应用消费指数、发展效果指数。资料来源:经信部门。计算公式:信息化发展水平=基础设施指数×20%+产业技术指数×20%+知识支撑指数×20%+应用消费指数×20%+发展效果指数×20%

5.现代农业发展水平(%)。以江苏省农业基本现代化指标体系监测综合得分作为指标值。该指标反映农业现代化程度,从农业产出效益、科技进步、产业经营、设施装备、生态环境、支持保障等6个方面综合反映现代农业发展状况。资料来源:统计部门。

6.研发经费支出占GDP比重(%)。指用于研究与试验发展(R&D)活动的经费占地区生产总值(GDP)的比重。研究与试验发展(R&D)活动包括基础研究、应用研究、试验发展三类活动。资料来源:统计部门、科技部门。计算公式:

研发经费支出占GDP比重=研发经费支出/GDP×100%

7.居民收入水平。包括城镇居民人均可支配收入、农村居民人均纯收入、城乡居民收入达标人口比例3个子项。资料来源:调查总队、统计部门。

(1)居民可支配收入(元)。指调查户可用于最终消费支出和储蓄的总和,即调查户可以用来自由支配的收入。可支配收入既包括现金,也包括实物收入。按照收入的来源,可支配收入包含四项,分别为:工资性收入、经营净收入、财产净收入和转移净收入。(自2014年实施住户一体化调查始,城镇和农村居民收入均调整为可支配收入口径。)

(2)农村居民人均纯收入(元)。指按人口平均计算的农村住户当年从各个来源得到的总收入相应地扣除有关费用性支出后的收入总和。包括货币收入和自产自用的实物收入,不包括向银行、信用社和向亲友借款等属于借贷性的收入。

(3)城乡居民收入达标人口比例(%)。指城镇居民人均可支配收入达到或超过目标值(46000元)的人口和农村居民人均纯收入达到或超过目标值(20000元)的人口占总人口的比例。计算公式:

城乡居民收入达标人口比例=(城镇居民人均可支配收入达标人口数+农村居民人均纯收入达标人口数)/总人口数×100%

8.居民住房水平。包括城镇家庭住房成套比例和农村家庭住房成套比例2个子项。成套住房是指室外配套设施(道路、水、电、气等)和室内居住功能(具备卧室、起居室、厨房、卫生间等基本空间)基本齐全的住房。资料来源:住建部门。计算公式:

(1)城镇家庭住房成套比例=城镇国有土地上登记的成套住房面积/城镇国有土地上登记的住宅总面积×100%

(2)农村家庭住房成套比例=农村家庭成套住房面积/农村家庭住宅总面积×100%

农村家庭成套住房面积=混合结构以上的住宅建筑面积×配套设施达标比例。满足配套设施达标的住宅需同时满足以下条件:以行政村为单位,城乡统筹区域供水农户覆盖率、生活污水处理覆盖率、生活垃圾集中收运率均达到90%以上;道路满足基本出行需求比例达100%。

9.公共交通服务水平。包括城市万人公交车拥有量、行政村客运班线通达率、城市居民公共交通出行分担率和镇村公共交通开通率4个子项。资料来源:交通部门。(1)城市万人公交车拥有量(标台)。指城市每万人平均拥有的公共交通车辆标台数。计算公式:城市万人公交车拥有量=城市公共交通车辆标台数/城市人口数

(2)行政村客运班线通达率(%)。指农村通客运班线的行政村个数占行政村总数的比重。计算公式:

行政村客运班线通达率=(通客运班线的行政村个数/行政村总数)×100%

(3)城市居民公共交通出行分担率(%)。指中等以上城市居民出行方式中选择公共交通的出行量占总出行量的比重。公共

交通出行包括轨道交通、地面公交、出租车及城市轮渡等出行方式;总出行包括公共交通出行和家用汽车、摩托车、自行车、步行等其他所有方式。城市公共交通出行量和总出行量的统计范围包括省辖市建成区和人口规模20万人以上的县级城市建成区。计算公式:城市居民公共交通出行分担率=城市公共交通出行量/总出行量×100%

(4)镇村公共交通开通率(%)。指已开通镇村公共交通的乡镇个数占乡镇总数的比重。镇村公共交通指以乡镇为单位或者相邻几个乡镇为片区,连接乡镇至行政村(镇与镇之间、镇与村之间、村与村之间),具有公共交通基本特征的客运线路。计算公式:镇村公共交通开通率=已开通镇村公共交通的乡镇个数/乡镇总数×100%

10.城镇登记失业率(%)。指期末城镇登记失业人数占期末城镇从业人员总数与城镇登记失业人数之和的比重。城镇登记失业人员:指非农业人口,在劳动年龄(16周岁至退休年龄)内,有劳动能力、无业而要求就业、并在当地就业服务机构进行求职登记的人员。资料来源:人社部门。计算公式:

城镇登记失业率=年末城镇登记失业人数/(年末城镇从业人员总数+年末城镇登记失业人数)×100%

11.恩格尔系数(%)。指居民用于食品消费的支出占生活消费支出的比重。食品消费支出是指居民用于主食、副食、其他食品以及在外饮食的支出总和。资料来源:调查总队、统计部门。计算公式:

恩格尔系数=(城镇食品支出/消费性支出×100%)×城镇化率+(农村食品支出/消费性支出×100%)×(1-城镇化率)

12.现代教育发展水平(%)。以江苏省教育现代化指标体系监测综合得分作为指标值。该指标反映教育现代化程度,从教育普及度、教育公平度、教育质量度、教育开放度、教育保障度、教育统筹度、教育贡献度和教育满意度等8个方面综合反映现代教育发展状况。资料来源:教育部门。

13.基本社会保障。包括城乡基本养老保险覆盖率、城乡基本医疗保险覆盖率、失业保险覆盖率、城镇住房保障体系健全率、每千名老人拥有养老床位数等5个子项。

(1)城乡基本养老保险覆盖率(%)。指参加企业职工基本养老保险、机关事业单位社会养老保险、城镇居民养老保险、新型农村社会养老保险、被征地农民社会保障参保人数之和占应参保人数的比重。资料来源:人社部门。计算公式:

城乡基本养老保险覆盖率=(企业职工基本养老保险参保人数+机关事业单位社会养老保险参保人数+城镇居民养老保险参保人数+新型农村社会养老保险参保人数+被征地农民社会保障参保人数)/应参保人数×100%

(2)城乡基本医疗保险覆盖率(%)。指参加城镇职工基本医疗保险、城镇居民医疗保险(不含城镇居民参加新农合人数)以及参加新型农村合作医疗人数之和占应参保人数的比重。资料来源:人社部门、卫生部门。计算公式:

城乡基本医疗保险覆盖率=(城镇职工基本医疗保险参保人数+城镇居民医疗保险参保人数-城镇居民参加新农合人数+参加新型农村合作医疗人数)/应参保人数×100%

(3)失业保险覆盖率(%)。指失业保险参保人数占应参保人数的比重。失业保险覆盖范围:各类企业、民办非企业单位和与之形成劳动关系的人员,个体经济组织及其雇工,国家机关、事业单位、社会团体和与之建立劳动合同关系的人员,法律、法规规定应当参加失业保险的其他单位和人员。资料来源:人社部门。计算公式:失业保险覆盖率=失业保险参保人数/应参保人数×100%

(4)城镇住房保障体系健全率(%)。该指标包括新增保障性住房完成率、城镇保障性住房覆盖率、各类棚户和危旧房片区改造覆盖率、住房保障制度完善率、住房保障管理服务网络健全率、住房保障信息化管理达标率和住房公积金覆盖率等7项内容。对各单项指标分别赋权重加总合成。资料来源:住建部门。计算公式:

城镇住房保障体系健全率=年度保障性住房建设完成率(15%)+城镇保障性住房覆盖率(20%)+各类棚户区和危旧房片区改造覆盖率(15%)+住房公积金覆盖率(20%)+住房保障制度完善率(10%)+住房保障管理服务网络健全率(10%)+住房保障信息化管理达标率(10%)

(5)每千名老人拥有养老床位数(张)。指每千名老人平均拥有的各类养老床位数。资料来源:民政部门。计算公式:

每千名老人拥有养老床位数=公办、民办以及社会各类养老服务机构拥有床位数(含社区服务中心、居家养老服务中心等养老床位数)总和/60周岁以上常住人口数×1000

14.文化产业增加值占GDP比重(%)。指文化及相关产业创造的增加值与GDP之比。资料来源:统计部门。计算公式:

文化产业增加值占GDP比重=文化产业增加值/GDP×100%

15.人均拥有公共文化体育设施面积(平方米)。指按照本地区常住人口计算的每人拥有公共文化设施和公共体育设施的面积。资料来源:文化部门、体育部门。计算公式:

人均拥有公共文化体育设施面积=(公共文化设施面积+公共体育设施面积)/年末常住人口

16.每千人拥有医生数(人)。指一个地区平均每千人拥有的在岗执业(助理)医师数。资料来源:卫生部门。计算公式:

每千人拥有医生数=年末在岗执业(助理)医师数/年末常住人口×1000

17.党风廉政建设满意度(%)。反映党风廉政建设和反腐败的成效,根据党风廉政建设民意调查结果计算所得。资料来源:纪检部门。

18.法治和平安建设水平。包括法治建设满意度和公众安全感2个子项。资料来源:政法部门。

(1)法治建设满意度(%)。指通过对党政机关在宪法和法律范围内活动、公共权力行使、公民意识与社会秩序、人民群众民主权利和民生保障、法制宣传教育和法治文化等方面的调查,反映人民群众对法治建设成果的满意程度,通过第三方民调机构调查取得。

(2)公众安全感(%)。既反映公众的安全程度,也反映人民群众对政府和社会管理综合治理各个部门工作绩效的认可程度,通过第三方民调机构调查取得。

19.城乡居民依法自治。包括城镇居委会依法自治达标率和农村村委会依法自治达标率2个子项。资料来源:民政部门。

(1)城镇居委会依法自治达标率(%)。指按照有关文件要求,达到四民主(即民主选举、民主决策、民主管理、民主监督)、三自我(即自我管理、自我教育、自我服务)要求的居委会所占的比重。计算公式:

城镇居委会依法自治达标率 = 城镇达标居委会个数 /居委会总个数 × 100%

(2)农村村委会依法自治达标率(%)。指按照有关文件要求,达到四民主(即民主选举、民主决策、民主管理、民主监督)、三自我(即自我管理、自我教育、自我服务)要求的村委会所占的比重。计算公式:

农村村委会依法自治达标率 = 农村达标村委会个数 /村委会总个数 × 100%

20.单位GDP能耗(吨标煤 /万元)。指一定时期内能源消费总量与GDP的比值。资料来源:统计部门。计算公式:

单位GDP能耗 = 能源消费总量 /GDP

21.环境质量。包括空气质量达到二级标准的天数比例、地表水好于Ⅲ类水质的比例、城镇污水达标处理率、村庄环境整治达标率、生活垃圾无害化处理率、城镇污水达标处理率、康居乡村建设达标率等7个子项。

(1)空气质量达到二级标准的天数比例(%)。指按国家环保部新颁布的空气质量标准(空气质量指数AQI)要求,空气质量达到二级标准的天数占全年天数的比例。资料来源:环保部门。计算公式:

空气质量达到二级标准的天数比例 = 空气质量达到二级标准的天数 /全年天数 × 100%

(2)地表水好于Ⅲ类水质的比例(%)。指地表水质达到Ⅰ、Ⅱ、Ⅲ类地表水断面数占监测断面总数的比重。以国家和地方水质监测断面为基础,考核全省及各地优良水质比例。资料来源:环保部门。计算公式:

地表水好于Ⅲ类水质的比例 = 地表水质好于Ⅲ类地表水断面数 /监测断面总数 × 100%

(3)城市污水达标处理率(%)。指报告期内城镇污水达标处理总量与排放总量的比率。资料来源:住建部门。计算公式:

城镇污水达标处理率 = 城镇污水达标处理总量 /城镇污水排放总量 × 100%

(4)村庄环境整治达标率(%)。指达到村庄环境整治标准的村庄个数占村庄总数的比重。资料来源:住建部门。计算公式:

村庄环境整治达标率 = 村庄环境整治达标村庄个数 /村庄总数 × 100%

(5)生活垃圾无害化处理率(%)。指报告期内城乡生活垃圾无害化处理量与生活垃圾产生量的比率。资料来源:住建部门。计算公式:生活垃圾无害化处理率 = 城乡生活垃圾无害化处理量 /城乡生活垃圾产生量 × 100%

(6)城镇污水达标处理率(%)。指报告期内城镇污水达标处理总量与排放总量的比率。资料来源:住建部门。计算公式:

城镇污水达标处理率 = 城镇污水达标处理总量 /城镇污水排放总量 × 100%

(7)康居乡村建设达标率(%)。是指规划布点村庄达到康居乡村建设标准的比例。资料来源:住建部门。计算公式:

康居乡村建设达标率 = 达到康居乡村建设标准的村庄个数 /规划布点的村庄总数 × 100%

22.绿化水平。包括林木覆盖率和城镇绿化覆盖率2个子项。

(1)林木覆盖率(%)。指林木覆盖面积占土地面积的比重。林木覆盖面积包括:郁闭度0.2以上的乔木林地面积和竹林地面积、灌木林地面积、农田林网以及村旁、路旁、水旁、宅旁林木的覆盖面积。土地面积中扣除大于10平方公里的湖泊水面及重盐碱地等面积。资料来源:林业部门。计算公式:林木覆盖率 = 林木覆盖面积 /土地面积 × 100%

(2)城镇绿化覆盖率(%)。指城镇建成区内绿化覆盖面积与建成区总面积的比例。统计范围包括城市、县城、建制镇建成区。资料来源:住建部门。计算公式:

城镇绿化覆盖率 = 城市、县城、建制镇建成区绿化覆盖面积之和 /城市、县城、建制镇建成区面积之和 × 100%

23.服务业增加值占GDP比重(%)。指当年第三产业增加值及农林牧渔服务业增加值之和与GDP的百分比。资料来源:统计部门。计算公式:服务业增加值占GDP比重 =(第三产业增加值 + 农林牧渔服务业增加值)/GDP × 100%

24.工业全员劳动生产率(万元 /人)。该指标是反映工业企业从业人员平均生产效率的相对指标。用工业增加值除以同一时期全部工业企业从业人员的平均人数来计算。资料来源:经信部门。计算公式:

工业企业全员劳动生产率 = 工业增加值 /工业企业从业人员平均人数

25.高新技术产业产值占规模以上工业产值比重(%)。指一定时期内高新技术产业产值与规模以上工业总产值之比。资料来源:统计部门、科技部门。计算公式:

高新技术产业产值占规模以上工业产值比重 = 高新技术产业产值 /规模以上工业总产值 × 100%

26.自主品牌企业增加值占GDP比重(%)。指拥有省级以上自主品牌(驰名商标和著名商标)的企业所创造的增加值与

GDP之比。资料来源:统计部门、工商部门。计算公式:自主品牌企业增加值占GDP比重=自主品牌企业增加值/GDP×100%

27.万人发明专利拥有量(件)。指每万人口拥有的经国内外知识产权行政部门授权且在有效期内的发明专利件数。资料来源:科技部门、知识产权部门。计算公式:万人发明专利拥有量=年末发明专利拥有量/年末常住总人口×10000

28.居民健康水平。包括人均预期寿命、每千人拥有医生数和国民体质合格率等3个子项。

(1)人均预期寿命(岁)。指在当前的年龄别死亡率水平下,同批出生的人平均一生可存活的年数。资料来源:统计部门。

(2)每千人拥有医生数(人)。指一个地区平均每千人拥有的在岗执业(助理)医师数。资料来源:卫生部门。计算公式:

每千人拥有医生数=年末在岗执业(助理)医师数/年末常住人口×1000

(3)居民体质合格率(%)。指达到国家体育总局制定的《国家体质测定标准》合格以上标准城乡居民人数的比例,是反映城乡居民在生活水平、生活方式、医疗保障等因素共同作用下其体质健康状况的指标。资料来源:体育部门。计算公式:

居民体质合格率=达到《国家体质测定标准》合格以上标准城乡居民人数/人口总数×100%

29.人力资源水平。包括每万劳动力中研发人员数和每万劳动力中高技能人才数2个子项。

(1)每万劳动力中研发人员数(人年)。指每万劳动力中从事科学研究与试验发展人员全时当量数。研发(R&D)人员指参与科学研究与试验发展项目研究、管理和辅助的工作人员。资料来源:统计部门、科技部门。计算公式:

每万劳动力中研发人员数=R&D人员全时当量数/从业人员年平均人数×10000

(2)每万劳动力中高技能人才数(人)。指每万劳动力中取得高级技工、技师和高级技师职业资格人数。资料来源:人社部门。计算公式:

每万劳动力中高技能人才数=(高级技工人数+技师人数+高级技师人数)/从业人数×10000

30.基尼系数。指在全部居民收入中,用于进行不平均分配的那部分收入占总收入的百分比。资料来源:调查总队、统计部门。

31.和谐社区建设水平。包括城市和谐社区建设达标率和农村和谐社区建设达标率2个子项。资料来源:民政部门。

(1)城市和谐社区建设达标率(%)。指达到城市和谐社区建设标准的社区数占城市社区总数的比重。计算公式:

城市和谐社区建设达标率=城市和谐社区达标数/城市社区总数×100%

(2)农村和谐社区建设达标率(%)。指达到农村和谐社区建设标准的社区数占农村社区总数的比重。计算公式:

农村和谐社区建设达标率=农村和谐社区达标数/农村社区总数×100%

32.居民文明素质水平。包括居民科学素质达标率、居民综合阅读率、注册志愿者人数占城镇人口比例等3个子项。

1)居民科学素质达标率(%):指具备基本科学素质即在“了解科学知识(包括科学术语和科学观点)”、“理解科学方法”、“理解科学技术对个人和社会的影响”三方面都达到标准的18岁至69岁的居民人数占18岁至69岁居民总人数的比例。资料来源:科技协会。计算公式:

居民科学素质达标率=具备基本科学素质的18岁至69岁居民人数/18岁至69岁居民总人数×100%

(2)居民综合阅读率(%)。指18–70岁居民对各种媒介(包含图书、报纸、期刊等纸质出版物,网络在线阅读和电子阅读器阅读等数字阅读方式)的阅读率,主要体现全民阅读参与情况。委托第三方独立调查机构通过问卷调查取得。资料来源:宣传部门。

(3)注册志愿者人数占城镇人口比例(%)。指注册志愿者人数占16–70岁城镇常住人口的比例。注册志愿者是指依据《中国注册志愿者管理规定》明确的条件和程序,在文明办、民政、体育、工会、共青团、妇联、科协、残联、红十字会、老龄办等组织和志愿服务组织注册登记,每年志愿服务时间在24小时及以上的人员。资料来源:宣传部门。

33.单位GDP二氧化碳排放强度(吨/万元)。指一定时期内二氧化碳排放总量与地区生产总值(GDP)的比值。二氧化碳排放是指化石燃料燃烧过程中产生的排放量。

二氧化碳排放量=燃煤排放量+燃油排放量+燃气排放量+电力调入二氧化碳排放量–电力调出二氧化碳排放量。资料来源:发改部门。计算公式:单位GDP二氧化碳排放强度=二氧化碳年度排放总量/本年度地区生产总值

34.主要污染物排放强度。包括单位GDP化学需氧量排放强度、单位GDP二氧化硫排放强度、单位GDP氨氮排放强度、单位GDP氮氧化物排放强度等4个子项。资料来源:环保部门。

(1)单位GDP化学需氧量排放强度(千克/万元)。指一定时期内化学需氧量排放量与GDP的比值。GDP按2010年可比价计算。计算公式:单位GDP化学需氧量排放强度=化学需氧量排放量/GDP

(2)单位GDP二氧化硫排放强度(千克/万元)。指一定时期内二氧化硫排放量与GDP的比值。GDP按2010年可比价计算。计算公式:单位GDP二氧化硫排放强度=二氧化硫排放量/GDP

(3)单位GDP氨氮排放强度(千克/万元)。指一定时期内氨氮排放量与GDP的比值。GDP按2010年可比价计算。计算公式:

单位GDP氨氮排放强度=氨氮排放量/GDP

(4)单位GDP氮氧化物排放强度(千克/万元)。指一定时期内氮氧化物排放量与GDP的比值。GDP按2010年可比价计算。计算公式:单位GDP氮氧化物排放强度=氮氧化物排放量/GDP

评判指标:人民群众对全面建成小康社会成果满意度(%)和基本现代化建设成果满意度(%)。这是公众参与的主观感受指

附录二

MAJOR ECONOMIC INDICATORS OF CITIES AND COUNTIES OF JIANGSU

江苏省市、县主要经济指标(2014年)

版面负责人：卓卫华
编　　　辑：徐向忠

江苏省统计条例

（2014年1月16日江苏省第十二届人民代表大会常务委员会第八次会议通过）

第四十六条 违反本条例第二十一条规定，民间统计调查组织者有下列行为之一的，由政府统计机构责令停止调查，给予警告，并处一万元以上五万元以下罚款：

（一）强迫调查对象接受调查的；

（二）冒用政府统计调查的名义组织实施调查的；

（三）欺骗、蒙蔽调查对象的；

（四）未经调查对象同意，对外提供、泄露能够识别或者推断单个调查对象身份的信息和数据的。

民间统计调查组织者冒用政府统计调查的名义组织实施调查，情节严重的，由政府统计机构处以五万元以上十万元以下罚款。

【释义】 本条是关于民间统计调查组织者在实施调查活动中违法行为和法律责任的规定。

本条例第二十一条就开展民间统计调查活动提出了规范要求。本条规定，民间统计调查组织者有下列违法行为之一的，应当承担法律责任：一是强迫调查对象接受调查的。民间统计调查组织、个人组织实施民间统计调查时，不得以各种方式强迫调查对象接受调查。二是冒用政府统计调查的名义组织实施调查。民间统计调查组织、个人应当表明其非官方的身份，不得冒用政府统计调查的名义组织实施民间统计调查。三是欺骗、蒙蔽调查对象。民间统计调查组织、个人实施民间统计调查时，未向调查对象告知调查目的，欺骗、蒙蔽调查对象。四是未经调查对象同意，对外提供、泄露能够识别或者推断单个调查对象身份的信息和数据。民间统计调查组织、个人未经调查对象同意，对外提供、泄露直接标明了单个调查对象身份的资料，或者是通过地址、编码、有关公开资料等相关信息可以识别或者推断出单个调查对象的身份的资料等。

民间统计调查组织、个人在民间统计调查活动中有上述违法行为之一的，应当承担下列责任：由政府统计机构责令停止调查，给予警告，并处一万元以上五万元以下罚款；冒用政府统计调查的名义组织实施调查，情节严重的，处以五万元以上十万元以下罚款。

第四十七条 违反本条例第二十二条规定，应当公布统计资料而未公布，或者公布统计资料不符合规定要求的，对直接负责的主管人员和其他直接责任人员由任免机关或者监察机关依法给予处分。

【释义】 本条是关于政府统计机构、有关部门违法公布统计资料法律责任的规定。

本条规定了两类违法行为，政府统计机构、有关部门应当承担法律责任：一是应当公布统计资料而未公布公布。除依法应当保密的以外，政府统计机构、有关部门应当及时向社会公布政府统计资料。二是公布统计资料不符合规定要求。公布统计资料，应当同时公布主要统计指标含义、调查范围、调查方法、计算方法、调查样本量等信息；引用其他机构或者部门资料的，应当注明资料来源。

政府统计机构或者有关部门在统计资料公布和管理工作中，有上述违法行为之一的，应当承担下列责任：对直接负责的主管人员和其他直接责任人员，由任免机关或者监察机关按照管理权限，根据违法性质、情节及危害程度，决定给予警告、记过、记大过、降级、撤职或者开除的处分。

编辑：王中彬

江苏省市、县主要经济指标

（2014年）

市(县)	土地面积(平方公里)	年末总人口(万人)	当年出生人口(人)	当年死亡人口(人)	年末总户数(万户)	从业人员(万人)	第一产业	第二产业	第三产业
南京市	**6 587**	**648.72**	**71 302**	**37 704**	**221.60**	**453.00**	**47.40**	**149.90**	**255.70**
溧水区	790	42.71	5 251	2 859	15.21	31.09	3.96	16.43	10.70
高淳区	1 064	43.83	4 782	3 149	15.33	31.25	5.73	15.93	9.59
无锡市	**4 627**	**477.14**	**49 285**	**32 766**	**159.78**	**389.50**	**17.8**	**220.5**	**151.20**
江阴市	987	123.21	13 544	8 373	36.92	99.61	5.06	62.52	32.03
宜兴市	1 997	108.19	10 749	8 310	37.68	74.48	8.97	41.31	24.20
徐州市	**11 259**	**1 023.52**	**205 463**	**30 120**	**277.82**	**588.20**	**139.24**	**246.13**	**202.82**
丰　县	1 446	120.05	25 677	6 230	32.56	56.31	27.68	15.50	13.13
沛　县	1 349	130.63	26 533	2 748	34.78	66.55	25.01	23.66	17.88
铜山区	1 777	131.56	24 902	4 297	36.24	65.63	25.86	19.48	20.29
睢宁县	1 767	143.58	36 490	5 256	33.64	59.93	18.15	22.68	19.10
新沂市	1 571	111.89	26 160	1 845	31.91	54.30	24.96	14.92	14.42
邳州市	2 088	185.89	33 740	3 973	45.61	77.54	33.12	22.40	22.02
常州市	**4 372**	**368.64**	**37 649**	**24 962**	**129.42**	**281.00**	**30.80**	**145.80**	**104.40**
溧阳市	1 535	79.39	8 852	5 131	26.33	49.37	11.35	25.81	12.21
金坛市	976	55.34	5 132	4 247	20.47	35.13	6.86	16.48	11.79
苏州市	**8 657**	**661.08**	**76 837**	**44 178**	**217.46**	**693.4**	**24.50**	**419.8**	**249.10**
常熟市	1 276	106.88	9 344	8 413	32.95	105.10	4.13	65.51	35.46
张家港市	987	91.98	10 450	6 260	33.38	77.69	4.58	47.48	25.63
昆山市	932	76.97	9 965	4 305	25.96	116.34	1.83	75.67	38.84
吴江区	1 237	81.44	9 104	5 956	25.71	86.56	3.88	54.58	28.10
太仓市	810	47.74	3 967	3 866	14.79	45.98	2.68	27.32	15.98
南通市	**10 549**	**767.63**	**57 826**	**62 098**	**282.61**	**462.0**	**101.70**	**216.0**	**144.30**
海安县	1 184	94.26	5 966	7 526	34.19	54.50	11.60	28.80	14.10
如东县	2 791	104.37	6 341	9 659	37.06	62.30	14.10	30.90	17.30
启东市	1 715	112.32	8 101	8 121	45.37	67.90	19.60	29.60	18.70
如皋市	1 576	143.69	11 465	11 849	45.32	74.70	20.20	35.10	19.40
海门市	1 144	100.16	7 209	8 094	38.49	65.90	17.80	31.70	16.40
连云港市	**7 615**	**526.52**	**97 562**	**28 522**	**140.75**	**251.10**	**79.40**	**80.90**	**90.80**
赣榆区	1 514	119.27	22 041	4 778	31.26	57.60	18.73	22.15	16.72
东海县	2 037	121.95	25 897	6 739	28.95	56.72	18.81	17.86	20.05
灌云县	1 538	104.06	18 476	9 186	26.29	47.98	18.65	12.95	16.38
灌南县	1 028	81.44	15 642	3 023	20.70	36.53	15.21	10.99	10.33

注：2010年区划调整，铜山县改为铜山区。2014年徐州市从业人员数为全社会口径，其它12市为劳动力抽样调查推算数，两者不可比。

续表 1 （2014 年）

市(县)	土地面积（平方公里）	年末总人口（万人）	当年出生人口（人）	当年死亡人口（人）	年末总户数（万户）	从业人员（万人）	第一产业	第二产业	第三产业
淮安市	**10 030**	**560.25**	**86 533**	**25 999**	**163.12**	**281.90**	**80.20**	**87.60**	**114.10**
涟水县	1 678	113.70	21 500	3 311	29.51	48.77	17.60	11.32	19.85
洪泽县	1 273	39.09	4 797	1 329	12.25	20.17	5.95	6.88	7.34
盱眙县	2 497	80.05	11 725	5 590	21.60	38.30	12.07	12.45	13.78
金湖县	1 378	35.92	3 187	2 941	12.81	19.20	5.59	6.57	7.04
盐城市	**16 931**	**828.54**	**93 075**	**60 600**	**273.10**	**445.5**	**126.0**	**151.4**	**168.10**
响水县	1 474	62.48	7 208	4 622	16.98	28.70	9.35	9.47	9.88
滨海县	1 950	121.48	14 521	8 665	34.12	56.34	19.09	17.81	19.44
阜宁县	1 439	112.09	17 099	12 188	36.42	51.37	17.44	16.50	17.43
射阳县	2 606	96.78	9 910	6 189	31.92	56.95	18.10	18.59	20.26
建湖县	1 157	80.13	8 084	5 422	30.02	44.12	12.41	16.21	15.50
东台市	3 176	113.73	10 308	8 617	39.55	65.11	18.56	22.04	24.51
大丰市	3 008	72.54	6 188	5 634	27.59	45.97	13.44	14.92	17.61
扬州市	**6 591**	**461.34**	**41 036**	**30 612**	**150.08**	**265.6**	**50.70**	**118.30**	**96.60**
宝应县	1 462	91.13	8 575	3 758	28.19	41.90	12.70	17.60	11.60
仪征市	902	56.56	5 508	4 494	18.89	39.50	9.30	18.10	12.10
高邮市	1 922	81.81	6 341	6 174	25.84	45.90	13.10	19.20	13.60
镇江市	**3 840**	**272.07**	**24 285**	**19 432**	**101.29**	**192.7**	**23.6**	**90.0**	**79.1**
丹阳市	1 047	81.35	7 366	6 266	28.02	63.01	6.13	34.35	22.53
扬中市	327	28.26	2 601	2 141	10.57	21.54	1.41	11.94	8.19
句容市	1 378	59.05	5 576	4 496	22.62	38.97	10.17	15.91	12.89
泰州市	**5 787**	**508.51**	**48 648**	**43 052**	**168.91**	**285.00**	**69.20**	**119.30**	**96.50**
兴化市	2 395	158.00	18 337	15 023	52.43	77.12	24.23	29.87	23.02
靖江市	656	66.81	5 072	4 864	21.47	42.14	8.11	21.04	12.99
泰兴市	1 170	119.88	10 134	10 037	39.44	66.23	19.44	26.50	20.29
姜堰区	928	79.44	6 114	6 814	27.16	44.84	11.76	17.14	15.94
宿迁市	**8 524**	**580.74**	**120 941**	**29 249**	**149.47**	**279.20**	**104.80**	**97.00**	**77.40**
沭阳县	2 299	193.57	39 293	10 240	49.56	89.45	34.62	30.36	24.47
泗阳县	1 378	106.32	17 645	5 897	26.81	48.71	19.37	16.50	12.84
泗洪县	2 694	108.85	21 464	6 938	29.34	51.88	21.33	16.27	14.28

续表 2 （2014 年）

市(县)	在岗职工人数（万人）	#国有单位	城镇集体单位	港澳台商投资单位	外商投资单位	私营企业和个体从业人员（万人）	乡村从业人员（万人）	#农林牧渔业
南京市	**175.52**	**42.40**	**2.54**	**11.97**	**26.11**	**297.04**	**119.21**	**25.71**
溧水区	8.81	1.20	0.16	1.02	0.79	15.56		
高淳区	10.34	1.13	0.21	0.57	0.52	18.35		
无锡市	**114.40**	**18.46**	**4.19**	**14.73**	**37.31**	**274.01**	**112.77**	**18.97**
江阴市	25.27	3.66	3.29	5.18	3.50	70.84	38.14	5.52
宜兴市	14.70	2.90	0.18	1.31	1.68	56.59	34.71	9.83
徐州市	**99.88**	**34.06**	**3.32**	**4.26**	**3.68**	**178.63**	**358.77**	**136.31**
丰　县	8.26	2.86	0.41	0.27	0.20	13.79	53.18	25.28
沛　县	11.46	4.83	0.55	0.25	0.14	17.41	48.94	16.57
铜山区	17.21	3.44	0.31	0.31	0.41	14.25	51.65	21.56
睢宁县	8.14	4.95	0.33	0.80	0.13	15.88	59.97	23.59
新沂市	8.25	2.75	0.30	0.27	0.15	30.47	45.46	18.42
邳州市	10.94	3.65	0.96	0.65	0.60	23.67	67.02	21.89
常州市	**69.69**	**15.69**	**1.38**	**14.11**	**14.13**	**196.35**	**130.50**	**24.24**
溧阳市	5.61	2.51	0.07	0.42	1.01	26.11	31.67	7.97
金坛市	6.91	1.61	0.19	0.84	1.10	21.58	19.99	5.15
苏州市	**307.21**	**28.25**	**5.37**	**64.03**	**139.73**	**470.56**	**174.76**	**22.81**
常熟市	25.17	3.34	0.70	6.12	7.15	60.80	38.78	3.71
张家港市	28.78	3.22	0.57	2.02	4.64	62.50	30.70	3.21
昆山市	81.04	4.00	1.28	19.17	50.18	73.17	20.85	1.77
吴江区	33.48	2.84	0.49	13.4	11.96	49.65		
太仓市	14.19	2.07	0.43	2.55	6.84	26.49	15.73	3.07
南通市	**157.88**	**18.68**	**2.48**	**13.08**	**18.02**	**323.95**	**302.30**	**66.66**
海安县	18.97	1.83	0.13	1.17	1.40	41.31	37.45	7.19
如东县	17.96	2.39	0.11	1.65	1.57	37.12	47.86	8.62
启东市	22.56	2.05	0.25	1.29	2.16	35.53	50.15	12.81
如皋市	21.40	2.55	0.13	1.89	1.90	51.81	60.10	13.90
海门市	32.69	2.05	0.53	2.55	2.18	54.08	48.99	11.71
连云港市	**41.33**	**14.71**	**1.87**	**1.89**	**3.36**	**62.31**	**174.50**	**80.34**
赣榆县	8.94	2.42	0.29	0.11	0.22	13.08		
东海县	4.94	2.60	0.17	0.60	0.67	9.85	44.07	19.37
灌云县	4.70	1.80	0.40	0.08	0.27	7.97	38.01	18.60
灌南县	3.30	1.48	0.33	0.14	0.17	7.80	30.79	15.90

续表 3　　（2014 年）

市(县)	在岗职工人数（万人）	# 国有单位	城镇集体单位	港澳台商投资单位	外商投资单位	私营企业和个体从业人员（万人）	乡村从业人员（万人）	# 农林牧渔业
淮安市	**64.02**	**17.04**	**2.57**	**9.5**	**3.69**	**103.0**	**211.47**	**86.59**
涟水县	8.97	2.13	0.57	0.87	0.91	12.2	49.41	20.62
洪泽县	4.70	0.99	0.20	0.27	0.11	10.9	17.29	6.16
盱眙县	5.18	2.15	0.50	0.51	0.17	10.5	32.82	12.55
金湖县	2.68	1.15	0.16	0.62	0.05	8.9	13.61	5.10
盐城市	**75.79**	**21.2**	**2.17**	**4.33**	**5.72**	**179.4**	**301.92**	**111.30**
响水县	4.55	1.93	0.22	0.05	0.19	7.1	21.37	9.03
滨海县	8.58	1.93	0.30	0.14	0.09	19.2	44.98	17.05
阜宁县	7.60	1.75	0.14	0.13	0.51	27.4	37.21	15.37
射阳县	5.88	2.45	0.37	0.69	0.15	12.9	34.88	12.71
建湖县	6.98	1.64	0.35	0.56	0.17	15.8	30.53	9.46
东台市	10.61	2.42	0.38	0.87	1.03	27.2	48.35	19.66
大丰市	5.70	2.05	0.08	0.65	0.59	22.8	31.06	9.90
扬州市	**89.42**	**17.19**	**2.49**	**7.36**	**7.98**	**152.8**	**182.48**	**34.09**
宝应县	10.91	1.71	0.49	0.55	0.66	17.6	41.88	9.94
仪征市	9.75	2.37	0.13	0.56	1.26	16.5	22.78	3.38
高邮市	10.21	2.25	0.68	1.06	0.42	25.0	36.25	8.99
镇江市	**45.75**	**12.42**	**1.45**	**7.95**	**7.01**	**111.4**	**99.94**	**23.30**
丹阳市	10.90	2.35	0.26	2.53	2.00	35.9	36.19	7.77
扬中市	6.99	1.17	0.23	0.59	0.64	16.4	13.08	2.13
句容市	8.37	2.20	0.39	2.91	1.08	14.7	25.42	8.03
泰州市	**101.27**	**13.89**	**3.48**	**4.91**	**8.63**	**141.0**	**211.48**	**44.30**
兴化市	8.71	2.62	0.57	0.31	0.90	26.0	61.05	20.12
靖江市	17.06	2.10	0.43	1.16	2.68	23.1	27.24	5.43
泰兴市	27.78	2.63	1.05	0.72	1.49	30.3	56.58	9.02
姜堰区	20.79	1.88	0.30	0.27	0.65	22.8		
宿迁市	**46.6**	**11.57**	**0.61**	**4.30**	**1.67**	**125.0**	**224.76**	**87.38**
沭阳县	8.65	3.59	0.36	0.68	0.39	54.2	82.32	29.58
泗阳县	7.08	1.92	0.09	0.29	0.07	18.2	39.67	15.27
泗洪县	5.17	2.39	0.15	0.21	0.43	16.7	38.41	21.25

续表 4 （2014 年）

市(县)	地区生产总值(亿元)	第一产业	第二产业	#工业	第三产业	人均地区生产总值(按常住人口计算,元)	地区生产总值指数(上年=100)	三次产业占GDP比重(%) 第一产业	第二产业	第三产业
南京市	**8 820.75**	**214.25**	**3 623.48**	**3 119.12**	**4 983.02**	**107 545**	**110.1**	**2.4**	**41.1**	**56.5**
溧水区	543.65	33.03	278.84	235.39	231.78	129 440	110.7	6.1	51.3	42.6
高淳区	497.22	33.55	246.26	190.32	217.41	118 133	110.7	6.7	49.5	43.7
无锡市	**8 205.31**	**138.13**	**4 095.89**	**3 747.59**	**3 971.29**	**126 389**	**108.2**	**1.7**	**49.9**	**48.4**
江阴市	2 753.95	46.14	1 520.54	1 453.57	1 187.27	168 711	107.8	1.7	55.2	43.1
宜兴市	1 233.89	49.93	643.15	547.32	540.81	98 648	108.3	4.0	52.1	43.8
徐州市	**4 963.91**	**473.54**	**2 246.24**	**1 883.70**	**2 244.13**	**57 655**	**110.5**	**9.5**	**45.3**	**45.2**
丰　县	341.63	62.97	153.97	114.69	124.69	36 086	111.6	18.4	45.1	36.5
沛　县	564.96	80.46	260.78	210.11	223.72	50 772	111.4	14.2	46.2	39.6
铜山区	835.27	64.71	450.81	382.56	319.75	77 674	111.6	7.7	54.0	38.3
睢宁县	419.97	70.98	182.44	140.45	166.55	41 087	112.0	16.9	43.4	39.7
新沂市	473.54	57.35	200.05	170.05	216.14	52 195	111.6	12.1	42.2	45.6
邳州市	684.48	95.81	294.59	243.15	294.08	47 761	111.7	14.0	43.0	43.0
常州市	**4 901.87**	**138.46**	**2 408.11**	**2 170.19**	**2 355.30**	**104 423**	**110.1**	**2.8**	**49.1**	**48.0**
溧阳市	716.29	43.92	375.11	329.63	297.26	94 224	111.1	6.1	52.4	41.5
金坛市	471.48	30.43	243.03	202.60	198.02	84 495	113.1	6.5	51.5	42.0
苏州市	**13 760.89**	**203.98**	**6 892.98**	**6 360.14**	**6 663.93**	**129 926**	**108.3**	**1.5**	**50.1**	**48.4**
常熟市	2 009.36	38.40	1 061.55	1 011.19	909.41	133 150	107.5	1.9	52.8	45.3
张家港市	2 180.25	28.64	1 186.39	1 131.02	965.22	174 148	106.0	1.3	54.4	44.3
昆山市	3 001.02	27.46	1 687.10	1 592.57	1 286.46	182 222	107.7	0.9	56.2	42.9
吴江区	1 486.51	39.53	794.54	745.92	652.44	114 731	108.0	2.7	53.5	43.9
太仓市	1 065.33	35.24	556.65	522.60	473.44	150 523	108.6	3.3	52.3	44.4
南通市	**5 652.69**	**339.57**	**2 812.34**	**2 307.64**	**2 500.78**	**77 457**	**110.5**	**6.0**	**49.8**	**44.2**
海安县	624.14	51.27	304.13	245.80	268.74	72 051	111.0	8.2	48.7	43.1
如东县	615.51	62.17	297.11	245.42	256.23	62 631	110.2	10.1	48.3	41.6
启东市	739.13	62.93	369.03	287.41	307.17	77 242	110.6	8.5	49.9	41.6
如皋市	743.64	57.60	377.24	311.08	308.80	59 158	110.5	7.7	50.7	41.5
海门市	836.50	49.07	443.16	365.88	344.27	92 697	110.2	5.9	53.0	41.2
连云港市	**1 965.89**	**261.98**	**889.68**	**706.89**	**814.23**	**44 277**	**110.2**	**13.3**	**45.3**	**41.4**
赣榆区	426.87	62.20	212.19	166.62	152.48	44 717	112.0	14.6	49.7	35.7
东海县	359.32	56.95	163.13	140.75	139.24	37 580	111.5	15.8	45.4	38.8
灌云县	274.98	55.12	125.50	94.52	94.36	34 532	109.5	20.0	45.6	34.3
灌南县	259.25	44.75	128.76	110.64	85.74	41 364	110.1	17.3	49.7	33.1

续表 5 (2014 年)

市(县)	地区生产总值(亿元)	第一产业	第二产业	#工业	第三产业	人均地区生产总值(按常住人口计算,元)	地区生产总值指数(上年=100)	三次产业占GDP比重(%)		
								第一产业	第二产业	第三产业
淮安市	**2 455.39**	**286.99**	**1 085.96**	**903.34**	**1 082.44**	**50 736**	**110.9**	**11.7**	**44.2**	**44.1**
涟水县	302.35	49.97	120.82	96.94	131.56	35 843	111.3	16.5	40.0	43.5
洪泽县	207.35	29.44	88.32	74.97	89.59	61 812	111.2	14.2	42.6	43.2
盱眙县	290.04	48.42	118.86	93.77	122.76	44 714	111.0	16.7	41.0	42.3
金湖县	193.61	28.30	76.39	66.77	88.92	58 785	111.4	14.6	39.5	45.9
盐城市	**3 835.62**	**489.50**	**1 782.41**	**1 524.64**	**1 563.71**	**53 115**	**110.9**	**12.8**	**46.5**	**40.8**
响水县	222.00	38.16	105.11	94.07	78.73	44 170	110.7	17.2	47.3	35.5
滨海县	328.19	53.10	138.63	116.80	136.46	34 806	111.0	16.2	42.2	41.6
阜宁县	330.62	50.84	148.14	109.18	131.64	39 411	111.0	15.4	44.8	39.8
射阳县	370.10	72.14	139.47	125.11	158.49	41 510	109.8	19.5	37.7	42.8
建湖县	392.00	45.21	175.34	149.41	171.45	53 178	111.5	11.5	44.7	43.7
东台市	610.33	84.60	261.81	228.01	263.92	61 868	111.2	13.9	42.9	43.2
大丰市	486.70	68.68	204.42	175.65	213.60	69 350	112.1	14.1	42.0	43.9
扬州市	**3 697.91**	**227.36**	**1 885.75**	**1 634.48**	**1 584.80**	**82 654**	**111.0**	**6.1**	**51.0**	**42.9**
宝应县	418.30	61.60	189.80	154.29	166.90	55 525	111.2	14.7	45.4	39.9
仪征市	465.06	21.13	255.76	146.76	188.17	82 633	111.4	4.5	55.0	40.5
高邮市	445.20	62.72	201.13	166.28	181.35	60 203	111.0	14.1	45.2	40.7
镇江市	**3 252.44**	**121.45**	**1 631.10**	**1 498.41**	**1 499.89**	**102 652**	**110.9**	**3.7**	**50.2**	**46.1**
丹阳市	1 008.96	47.22	518.58	497.75	443.16	103 187	112.8	4.7	51.4	43.9
扬中市	445.35	10.86	237.90	228.89	196.59	130 467	112.4	2.4	53.4	44.1
句容市	440.96	37.26	215.42	195.43	188.28	70 684	112.5	8.4	48.9	42.7
泰州市	**3 370.89**	**209.25**	**1 697.45**	**1 462.03**	**1 464.19**	**72 706**	**110.8**	**6.2**	**50.4**	**43.4**
兴化市	624.83	89.08	264.28	228.22	271.47	49 803	111.0	14.3	42.3	43.4
靖江市	666.19	19.84	349.18	314.50	297.17	97 063	110.2	3.0	52.4	44.6
泰兴市	675.84	46.93	348.68	303.84	280.23	62 772	111.9	6.9	51.6	41.5
姜堰区	488.52	35.16	242.99	197.99	210.37	66 934	111.1	7.2	49.7	43.1
宿迁市	**1 930.68**	**246.37**	**933.24**	**780.91**	**751.07**	**39 963**	**110.8**	**12.8**	**48.3**	**38.9**
沭阳县	579.96	78.83	268.55	236.82	232.58	37 525	110.8	13.6	46.3	40.1
泗阳县	332.24	49.89	173.74	144.17	108.61	39 365	110.7	15.0	52.3	32.7
泗洪县	330.00	51.87	141.42	116.81	136.71	36 484	110.7	15.7	42.9	41.4

续表 6 （2014 年）

市(县)	农林牧渔业总产值（亿元）（现价）	农作物总播种面积（千公顷）	#粮食作物	粮食总产量（万吨）	油料产量（万吨）	棉花产量（吨）	肉类总产量（万吨）	水产品产量（万吨）	农业机械总动力（万千瓦）
南京市	**384.63**	**320.62**	**157.11**	**114.72**	**11.47**	**4 175**	**11.83**	**22.88**	**221.00**
溧水区									
高淳区									
无锡市	**253.76**	**178.66**	**108.99**	**77.20**	**0.94**		**8.84**	**13.00**	**100.44**
江阴市	88.61	47.41	27.81	19.78	0.29		4.17	2.68	25.13
宜兴市	88.45	95.77	66.70	47.18	0.62		3.44	8.39	53.47
徐州市	**893.65**	**1127.21**	**732.96**	**469.18**	**10.62**	**32 426**	**99.77**	**18.60**	**657.01**
丰　县	123.22	147.41	86.71	53.49	0.48	16 853	15.92	0.29	80.27
沛　县	150.19	148.26	89.04	60.71	0.26	1 551	18.96	1.61	97.80
铜山区	128.68	174.80	120.51	78.94	0.49	6 300	10.59	4.40	199.44
睢宁县	134.26	187.21	148.60	90.98	1.49	1 442	14.21	2.25	111.80
新沂市	117.55	160.19	100.37	65.97	6.23		13.60	5.80	94.93
邳州市	187.36	229.67	123.78	80.85	1.47	5 211	21.01	2.95	116.02
常州市	**256.81**	**221.64**	**147.56**	**112.16**	**4.17**	**433**	**14.62**	**18.68**	**154.75**
溧阳市	81.67	94.21	68.78	53.89	3.08	409	2.33	6.64	54.57
金坛市	62.16	55.55	36.71	27.55	0.83	24	5.02	4.63	41.45
苏州市	**392.49**	**253.02**	**151.29**	**110.46**	**2.04**	**882**	**11.43**	**26.70**	**163.28**
常熟市	72.28	72.95	42.36	31.09	0.55	545	1.83	3.77	33.48
张家港市	56.18	52.34	36.08	25.62	0.39	35	1.27	1.66	28.72
昆山市	49.16	22.69	15.65	11.37	0.16	44	0.50	4.39	18.11
吴江区									
太仓市	66.30	48.56	28.12	20.24	0.47	258	4.53	2.51	20.06
南通市	**631.32**	**835.55**	**515.56**	**334.02**	**39.06**	**43 644**	**49.48**	**88.21**	**387.02**
海安县	102.71	102.67	78.95	64.12	1.53	12	9.37	3.46	63.65
如东县	126.86	170.27	132.03	92.74	4.64	11 801	10.72	30.97	87.59
启东市	121.52	147.73	68.44	24.98	9.38	13 616	5.80	36.02	54.13
如皋市	98.98	151.11	108.79	74.69	3.82	117	11.65	2.59	83.81
海门市	86.38	106.87	38.81	18.96	9.10	10 669	4.34	9.40	34.87
连云港市	**507.39**	**631.98**	**501.82**	**359.33**	**11.39**	**1 719**	**30.67**	**76.04**	563.02
赣榆区									
东海县	113.18	203.93	158.48	111.91	4.80		7.74	6.43	148.50
灌云县	109.09	135.32	112.52	81.75	0.07	109	5.47	5.77	125.85
灌南县	83.69	109.52	86.79	63.11	0.20	40	5.50	3.44	110.12

续表 7 （2014 年）

市(县)	农林牧渔业总产值（亿元）（现价）	农作物总播种面积（千公顷）	# 粮食作物	粮 食 总产量（万吨）	油料产量（万吨）	棉花产量（吨）	肉 类 总产量（万吨）	水产品 产 量（万吨）	农业机械总 动 力（万千瓦）
淮安市	**535.56**	**796.44**	**658.52**	**467.19**	**9.16**	**82**	**31.29**	**26.51**	**568.57**
涟水县	96.94	167.33	133.32	91.32	3.39		6.50	1.88	108.87
洪泽县	59.96	70.79	59.91	45.41	0.27		2.37	5.75	77.62
盱眙县	90.42	164.36	142.37	98.56	1.85	82	7.53	5.85	109.69
金湖县	53.20	82.61	74.79	54.49	0.79		1.42	4.80	78.82
盐城市	**1 035.82**	**1 445.02**	**978.77**	**703.07**	**29.88**	**63 851**	**90.82**	**114.32**	**635.16**
响水县	71.20	113.05	78.79	54.35	2.26	58	5.40	6.71	70.24
滨海县	99.95	171.82	128.19	96.52	3.99	390	11.80	9.95	80.96
阜宁县	103.27	168.23	125.96	94.40	1.67	79	18.82	7.45	83.18
射阳县	170.61	207.95	155.30	112.95	3.43	12 146	8.56	20.95	92.04
建湖县	86.79	116.31	100.06	74.31	1.85	680	6.46	10.01	54.41
东台市	189.68	249.48	147.32	100.08	7.87	7 137	14.34	18.11	87.15
大丰市	162.02	239.63	119.34	79.26	5.84	25 939	11.88	17.41	80.59
扬州市	**431.98**	**510.93**	**422.36**	**314.10**	**7.39**	**2 482**	**18.22**	**39.65**	**252.33**
宝应县	115.39	138.16	120.36	93.09	1.56		4.80	15.02	50.60
仪征市	40.99	60.18	48.41	33.69	1.02	28	2.18	0.63	35.92
高邮市	121.72	142.65	117.15	88.59	2.29	1 277	4.71	16.12	69.05
镇江市	**214.02**	**235.83**	**175.82**	**126.02**	**5.93**	**1 077**	**8.06**	**9.49**	**152.44**
丹阳市	77.76	84.10	70.90	51.56	1.02		2.44	3.89	41.40
扬中市	21.69	18.36	13.51	10.27	0.17		0.95	0.73	21.79
句容市	63.69	77.20	50.02	35.29	3.59	1 027	1.54	2.63	54.14
泰州市	**361.94**	**581.98**	**438.66**	**328.53**	**12.55**	**11 116**	**26.83**	**38.38**	**260.23**
兴化市	155.84	229.44	185.19	142.32	3.66	9 754	5.92	29.29	113.18
靖江市	35.00	54.57	45.76	33.90	0.52		3.27	1.03	26.55
泰兴市	79.67	137.58	95.70	70.56	4.24		8.92	2.48	60.55
姜堰区									
宿迁市	**463.16**	**709.84**	**576.79**	**389.15**	**4.56**	**1 142**	**34.03**	**26.37**	**534.73**
沭阳县	152.27	250.21	185.53	130.15	1.45		10.12	1.81	189.07
泗阳县	91.87	114.04	91.88	60.98	0.91	12	5.03	8.44	90.67
泗洪县	111.72	187.88	166.66	106.40	1.81	1 055	7.29	9.91	133.92

续表 8

（2014 年）

市(县)	工业企业个数(个)	工业总产值(当年价)(亿元)	# 内资企业	# 大中型企业	# 轻工业	主营业务收入(亿元)	利税总额(亿元)	利润总额(亿元)	从业人员年平均人数(万人)
南京市	**2 748**	**13 199.67**	**7 647.59**	**9 200.80**	**2 709.85**	**13 003.84**	**1 724.87**	**879.39**	**80.64**
溧水区	460	900.91	745.35	330.99	227.42	899.78	100.67	149.30	7.49
高淳区	325	802.76	709.74	495.40	285.73	819.11	59.38	95.01	8.69
无锡市	**5 163**	**14 425.66**	**9 260.74**	**9 735.30**	**3 625.16**	**14 190.87**	**1 263.99**	**873.14**	**129.15**
江阴市	1 422	5 657.14	4 223.21	4 428.84	1 766.13	5 532.39	534.30	356.16	44.62
宜兴市	932	2 784.39	2 385.89	1 371.14	294.34	2 733.89	160.89	105.46	17.06
徐州市	**2 861**	**11 390.64**	**10 300.78**	**6 625.86**	**3 538.78**	**11 311.94**	**1 639.85**	**899.73**	**80.25**
丰　县	307	520.54	481.30	116.94	233.47	505.64	71.77	41.84	4.60
沛　县	463	1 355.17	1 335.28	894.71	541.33	1 305.33	163.63	85.54	12.12
铜山区	433	2 990.24	2 802.67	1 934.27	861.16	2 950.43	277.80	437.38	16.09
睢宁县	311	782.69	678.60	294.45	422.08	773.19	121.14	86.04	5.93
新沂市	478	1 394.28	1 322.62	314.69	433.60	1 382.78	170.25	90.88	8.35
邳州市	498	2 050.28	1 888.85	774.98	539.72	2 020.47	281.81	170.94	12.13
常州市	**4 350**	**11 037.46**	**7 575.43**	**6 998.05**	**2 448.53**	**11 379.01**	**1 006.41**	**618.49**	**86.15**
溧阳市	412	1 732.29	1 288.84	977.24	115.20	1 738.41	166.57	95.46	7.60
金坛市	432	820.74	609.87	386.49	205.22	845.39	97.35	68.36	8.71
苏州市	**10 432**	**30 322.17**	**11 142.22**	**22 348.00**	**7 831.81**	**30 397.27**	**2 074.08**	**1 460.13**	**310.15**
常熟市	1 441	3 668.70	2 067.05	2 584.62	1 537.01	3 642.64	247.11	172.77	34.84
张家港市	1 235	4 863.71	3 713.44	3 808.07	1 157.92	5 044.54	240.29	131.34	30.22
昆山市	1 900	7 852.39	1 012.21	6 372.82	1 066.85	7 855.64	549.55	398.61	80.21
吴江区	1 537	3 080.70	1 363.86	2 067.75	1 231.00	3 065.24	106.51	164.62	42.65
太仓市	1 166	2 081.35	1 055.22	1 098.17	775.71	2 032.69	167.72	112.70	18.87
南通市	**5 081**	**12 499.70**	**8 233.93**	**6 422.65**	**3 955.64**	**12 351.36**	**1 477.71**	**937.85**	**98.83**
海安县	863	1 789.96	1 458.90	984.80	675.63	1 786.35	203.64	131.75	13.84
如东县	658	1 670.98	1 153.38	686.81	728.01	1 662.68	214.35	131.70	11.02
启东市	512	1 508.48	1 042.64	589.88	307.64	1 486.23	180.01	107.85	10.87
如皋市	820	1 589.78	1 251.15	926.48	447.79	1 581.02	136.89	78.43	17.57
海门市	648	1 736.29	1 066.33	837.95	440.28	1 730.57	293.51	194.71	11.92
连云港市	**1 649**	**4 865.00**	**3 779.85**	**2 894.94**	**1 437.26**	**4 820.99**	**612.09**	**372.29**	**27.17**
赣榆县	336	621.12	559.37	810.75	289.45	1 085.61	77.64	107.48	6.14
东海县	463	814.02	694.83	130.24	311.90	802.71	87.82	55.41	5.25

续表 9　　（2014 年）

市(县)	工业企业个数(个)	工业总产值(当年价)(亿元)	# 内资企业	# 大中型企业	# 轻工业	主营业务收入(亿元)	利税总额(亿元)	利润总额(亿元)	从业人员年平均人数(万人)
淮安市	**2 474**	**5 643.77**	**4 270.95**	**2 499.04**	**2 247.66**	**5 618.24**	**547.59**	**304.64**	**45.65**
涟水县	329	543.60	485.89	242.52	318.71	532.33	50.85	31.07	7.33
洪泽县	317	550.97	500.95	77.20	197.07	543.25	58.83	39.97	4.46
盱眙县	452	751.59	709.63	196.59	322.00	761.73	53.64	30.55	6.42
金湖县	271	411.44	348.87	141.09	176.24	410.05	27.07	18.70	2.79
盐城市	**3 002**	**7 238.02**	**5 356.44**	**3 533.24**	**2 428.65**	**7 209.61**	**900.30**	**509.32**	**56.25**
响水县	166	583.35	494.11	346.31	180.88	599.98	93.77	67.91	3.18
滨海县	216	561.64	535.13	238.45	285.52	563.23	59.31	32.71	4.37
阜宁县	247	536.15	488.46	110.66	185.95	523.83	46.80	25.10	4.24
射阳县	269	529.30	471.22	99.75	356.06	512.52	41.78	20.92	4.07
建湖县	415	790.02	667.27	361.87	304.95	743.33	94.94	51.13	7.14
东台市	554	948.78	816.51	275.14	367.21	987.51	92.89	52.02	9.48
大丰市	438	727.31	615.10	363.24	251.61	741.08	68.90	42.87	7.66
扬州市	**2 681**	**8 840.99**	**6 564.35**	**5 751.13**	**2 054.12**	**8 640.76**	**1 051.82**	**606.82**	**75.21**
宝应县	354	886.33	812.08	525.08	178.50	823.55	73.78	44.25	7.49
仪征市	340	1 396.11	730.49	888.60	182.77	1 364.52	174.33	106.37	7.87
高邮市	503	1 020.37	883.12	389.76	360.53	995.47	109.57	69.53	9.59
镇江市	**2 938**	**8 084.47**	**5 461.79**	**5 460.63**	**1 417.96**	**7 897.58**	**803.65**	**516.58**	**58.37**
丹阳市	801	2 419.83	1 767.06	1 801.93	438.93	2 381.81	200.08	132.92	19.37
扬中市	462	1 198.54	1 052.85	924.77	52.52	1 157.91	132.91	79.90	7.98
句容市	604	1 260.78	867.25	599.27	409.94	1 229.05	123.27	65.07	14.13
泰州市	**2 709**	**9 456.36**	**7 316.75**	**4 983.28**	**2 623.40**	**9 355.94**	**1 220.77**	**713.87**	**55.40**
兴化市	579	1 352.08	1 228.68	232.95	326.73	1 327.20	141.78	77.82	6.66
靖江市	456	1 982.31	1 218.31	1 515.09	267.97	1 902.10	257.22	160.34	13.06
泰兴市	612	2 054.46	1 576.46	1 018.43	526.84	2 047.31	306.54	187.96	13.49
姜堰区	473	1 131.30	977.52	320.35	326.52	1 050.23	78.44	123.94	6.03
宿迁市	**2 517**	**3 368.77**	**3 076.15**	**1 209.79**	**1 700.87**	**3 282.89**	**481.36**	**333.59**	**40.09**
沭阳县	877	1 103.51	1 040.73	230.90	485.05	1 084.36	153.98	104.89	10.45
泗阳县	493	498.04	482.79	110.85	234.42	495.24	54.98	37.79	7.92
泗洪县	526	629.04	599.24	150.07	343.20	605.65	94.76	59.74	6.56

续表 10 （2014 年）

市(县)	社会消费品零售总额(亿元)	#批发和零售业	进出口总额(海关数)(亿美元)	#出口总额	实际到帐外资(商务部口径)(亿美元)	固定资产投资(亿元)	#房地产开发投资	商品房建筑面积(万平方米)	#住宅
南京市	**4 167.19**	**3 785.81**	**572.21**	**326.28**	**32.91**	**5 430.77**	**1 125.49**	**1 207.58**	**1 124.73**
溧水区	155.96	145.70	5.17	5.05	1.45	460.41	47.34		
高淳区	154.79	147.54	5.18	4.60	1.21	395.06	38.51		
无锡市	**2 607.90**	**2 409.67**	**741.70**	**442.31**	**29.04**	**4 610.77**	**1 252.22**	**839.15**	**738.48**
江阴市	643.07	606.94	223.04	130.23	8.55	1 045.97	328.91	190.47	164.48
宜兴市	464.42	442.21	55.46	36.76	1.53	602.15	134.43	86.02	75.40
徐州市	**2 099.20**	**1 925.89**	**59.88**	**46.77**	**16.58**	**3 671.56**	**468.88**	**738.03**	**650.39**
丰 县	118.06	108.85	1.66	1.62	1.00	180.14	27.68	47.77	44.55
沛 县	192.13	174.84	3.49	3.36	0.72	409.06	17.31	46.11	41.75
铜山区	190.26	175.04	8.62	7.38	2.20	566.54	30.15	47.36	42.74
睢宁县	139.62	129.15	4.75	2.92	1.22	218.55	41.93	74.09	68.40
新沂市	135.72	123.78	4.29	2.28	0.34	386.29	35.00	80.84	77.81
邳州市	197.90	182.07	8.76	7.25	1.88	545.96	47.27	119.80	113.67
常州市	**1 805.40**	**1 659.89**	**288.10**	**213.64**	**24.09**	**3 310.05**	**681.53**	**787.50**	**674.66**
溧阳市	259.22	235.34	10.08	7.32	4.00	438.01	51.52	80.04	72.56
金坛市	197.61	179.25	15.25	12.20	1.00	268.99	21.39	58.63	47.08
苏州市	**4 095.09**	**3 610.36**	**3 113.06**	**1 811.78**	**81.20**	**6 054.00**	**1 764.44**	**1 599.16**	**1 446.07**
常熟市	618.67	565.07	201.80	125.53	10.52	631.82	147.81	144.36	129.68
张家港市	458.32	396.30	328.26	148.10	6.72	763.62	145.74	99.75	88.15
昆山市	650.09	516.68	847.91	535.77	12.84	838.18	371.80	446.73	405.27
吴江区	392.50	336.16	233.36	144.88	9.70	754.90	197.10		
太仓市	239.04	204.35	137.91	60.80	3.96	513.36	71.74	78.99	68.69
南通市	**2 166.10**	**1 982.88**	**316.47**	**224.80**	**23.05**	**3 896.39**	**678.92**	**919.17**	**843.35**
海安县	221.95	191.99	24.52	21.44	3.32	448.95	52.48	63.11	57.00
如东县	257.89	243.37	33.11	12.89	3.43	427.93	31.47	29.10	27.73
启东市	266.41	243.44	30.72	23.05	0.55	483.41	47.03	87.84	84.24
如皋市	280.77	250.71	32.12	25.55	3.31	445.08	58.53	80.69	65.83
海门市	282.48	260.54	20.36	14.55	1.55	501.40	43.71	74.55	70.12
连云港市	**739.40**	**676.26**	**80.30**	**43.55**	**9.54**	**1 716.57**	**189.28**	**337.64**	**298.26**
赣榆区	94.47	676.26	4.82	3.24	1.51	252.80	23.19		
东海县	139.03	125.97	3.65	2.90	1.15	233.63	29.72	65.74	57.27
灌云县	94.93	87.10	1.84	1.60	0.59	198.41	13.35	39.97	33.61
灌南县	74.53	67.52	2.34	2.03	0.02	195.17	18.15	40.92	37.34

续表 11 （2014 年）

市(县)	社会消费品零售总额（亿元）	#批发和零售业	进出口总额（海关数）（亿美元）	#出口总额	实际到帐外资（商务部口径）（亿美元）	固定资产投资（亿元）	房地产开发投资	商品房建筑面积（万平方米）	#住宅
淮安市	**864.80**	**778.19**	**41.06**	**31.61**	**11.99**	**1 795.73**	**357.66**	**614.53**	**538.37**
涟水县	103.90	93.33	4.03	3.50	0.22	215.84	35.77	75.59	62.34
洪泽县	75.13	67.22	2.36	2.10	0.79	132.98	20.61	39.70	33.54
盱眙县	99.08	86.20	2.10	1.34	0.94	260.08	57.83	76.75	57.77
金湖县	71.95	63.74	3.56	3.47	1.01	128.53	18.80	34.97	27.58
盐城市	**1 312.70**	**1 179.44**	**75.17**	**43.94**	**10.47**	**2 751.35**	**379.64**	**624.52**	**513.84**
响水县	53.60	48.93	4.09	3.36	0.75	203.95	7.85	27.41	22.85
滨海县	88.99	80.22	4.63	3.22	0.86	265.45	16.00	49.22	43.16
阜宁县	104.45	98.31	2.17	1.85	0.76	226.18	27.27	50.15	48.27
射阳县	135.28	120.62	3.13	1.58	0.60	213.43	37.94	38.12	36.71
建湖县	139.09	117.31	3.99	3.76	0.90	252.34	10.51	46.31	38.04
东台市	203.37	182.52	6.61	6.24	0.96	409.82	48.02	74.62	51.93
大丰市	139.21	127.06	13.82	7.75	2.06	322.67	36.33	67.22	52.48
扬州市	**1 128.10**	**1 016.65**	**100.12**	**76.82**	**13.88**	**2 416.66**	**360.44**	**635.07**	**569.75**
宝应县	122.94	112.35	7.79	6.10	0.32	237.39	33.82	112.59	107.38
仪征市	91.95	82.23	10.25	6.60	3.16	314.14	24.79	60.83	55.40
高邮市	138.65	122.07	4.19	3.86	0.29	280.20	54.23	105.86	96.56
镇江市	**1 003.80**	**894.53**	**103.07**	**66.02**	**12.95**	**2 142.34**	**319.05**	**520.15**	**473.87**
丹阳市	255.71	226.11	27.73	22.41	3.48	386.73	56.84	98.58	88.81
扬中市	114.22	96.55	5.60	4.48	1.16	216.09	15.11	23.89	20.29
句容市	116.07	106.06	5.79	4.52	2.57	258.16	79.60	149.73	135.05
泰州市	**903.60**	**774.34**	**108.93**	**61.78**	**9.39**	**2 197.34**	**285.54**	**440.21**	**404.89**
兴化市	139.97	120.25	5.83	5.25	1.16	284.80	21.46	53.26	45.70
靖江市	144.85	119.70	27.35	12.71	0.26	405.76	53.65	48.20	41.88
泰兴市	170.75	137.41	26.75	13.25	2.38	454.53	55.07	94.84	88.40
姜堰区	137.63	126.39	10.69	9.06	1.50	345.56	51.93		
宿迁市	**564.80**	**493.59**	**37.55**	**29.40**	**6.65**	**1 559.22**	**377.14**	**584.12**	**524.29**
沭阳县	145.53	126.70	9.21	8.02	1.47	383.91	82.01	110.17	95.08
泗阳县	80.00	68.91	6.96	6.88	0.96	283.44	56.50	93.62	86.21
泗洪县	84.00	76.99	3.85	3.70	0.73	281.89	75.40	203.90	184.69

续表 12　　（2014 年）

市(县)	公共财政预算收入（亿元）	#税收收入	公共财政预算支出（亿元）	年末金融机构各项存款余额（亿元）	#居民储蓄存款	年末金融机构各项贷款余额（亿元）	公路里程（公里）	#等级公路	公路客运量（万人）
南京市	**903.49**	**757.21**	**921.20**	**20 161.86**	**5 055.77**	**15 628.53**	**11 309**	**10 355**	**10 596**
溧水区	41.07	33.96	41.53	303.55		257.43	1 714	1 686	293
高淳区	29.37	24.68	30.48	250.81		245.12	1 558	1 511	295
无锡市	**768.01**	**620.34**	**748.06**	**11 849.03**	**4 341.45**	**8 669.62**	**7 655**	**7 655**	**7 222**
江阴市	200.66	164.88	187.28	2 813.03	938.76	2 198.16	2 362	2 362	501
宜兴市	94.45	80.36	100.29	1 707.10	819.53	1 325.98	2 365	2 365	703
徐州市	**472.33**	**386.43**	**661.84**	**4 286.46**	**2 377.44**	**2 724.79**	**16 428**	**15 314**	**15 063**
丰　县	38.12	32.84	62.71	239.84	190.30	128.09	1 847	1 847	573
沛　县	53.13	44.66	73.15	336.53	252.34	157.33	2 290	2 290	984
铜山区	68.32	57.34	94.59						
睢宁县	38.63	33.22	67.56	282.79	214.29	169.40	2 462	2 281	1 089
新沂市	45.82	39.33	68.50	235.37	169.07	202.09	2 849	2 348	979
邳州市	55.58	47.25	88.62	346.34	254.42	271.39	3 052	2 738	1 063
常州市	**433.88**	**348.38**	**434.93**	**6 758.57**	**2 934.19**	**4 789.74**	**8 906**	**8 856**	**6 769**
溧阳市	50.62	43.11	57.01	848.45	414.03	604.06	2 520	2 520	1 181
金坛市	30.12	26.50	37.46	544.80	299.01	418.98	2 073	2 023	836
苏州市	**1 443.82**	**1 244.37**	**1 304.83**	**21 428.20**	**6 753.44**	**17 247.94**	**12 665**	**12 665**	**39 432**
常熟市	147.40	122.90	138.02	2 265.93	1 021.99	1 816.30	3 093	3 093	4 487
张家港市	162.66	133.67	152.78	2 323.83	877.06	1 787.62	1 522	1 522	4 112
昆山市	263.66	236.19	222.98	2 882.89	970.90	2 043.47	1 796	1 796	4 830
吴江区	137.36	112.05	126.28	2 040.87	738.70	1971.31	2 035	2 035	2 482
太仓市	106.47	90.97	97.68	1 172.26	450.61	1 068.03	1 304	1 304	1 975
南通市	**550.00**	**457.34**	**649.58**	**8 339.54**	**4 602.87**	**5 130.38**	**18 094**	**18 031**	**9 998**
海安县	54.10	46.23	70.58	975.91	565.35	682.49	2 355	2 334	841
如东县	50.01	41.53	79.20	723.57	478.73	342.90	2 534	2 529	418
启东市	67.25	55.90	74.01	944.22	637.96	550.04	3 576	3 566	891
如皋市	67.45	56.05	91.29	849.56	576.27	519.70	3 219	3 219	441
海门市	68.57	56.92	73.62	1 015.12	626.34	630.58	2 488	2 474	705
连云港市	**261.77**	**213.42**	**375.95**	**1 852.67**	**924.03**	**1 549.34**	**11 914**	**11 839**	**5 433**
赣榆区	40.17	33.83	66.49	246.68	163.51	204.73	2 849	2 849	528
东海县	37.20	31.31	61.74	242.53	162.74	181.51	2 966	2 966	581
灌云县	35.59	30.90	55.74	189.36	118.23	135.81	2 592	2 591	513
灌南县	35.12	30.38	52.54	124.08	82.92	106.95	1 920	1 897	418

续表 13　　（2014 年）

市(县)	公共财政预算收入（亿元）	#税收收入	公共财政预算支出（亿元）	年末金融机构各项存款余额（亿元）	#居民储蓄存款	年末金融机构各项贷款余额（亿元）	公路里程（公里）	#等级公路	公路客运量（万人）
淮安市	**308.51**	**251.94**	**431.65**	**2 005.72**	**1 044.52**	**1 617.55**	**13 071**	**12 197**	**8 435**
涟水县	29.72	25.19	54.09	238.69	138.76	164.07	2 535	2 281	1 514
洪泽县	22.23	18.72	36.33	140.36	69.62	114.23	1 489	1 380	579
盱眙县	30.77	25.25	47.12	218.15	122.45	203.46	2 699	2 699	1 164
金湖县	21.40	18.64	33.73	165.96	102.42	130.92	1 427	1 259	682
盐城市	**418.02**	**341.41**	**603.21**	**3 692.75**	**2 062.39**	**2 567.98**	**19 256**	**17 272**	**9 440**
响水县	27.82	22.85	43.67	115.37	67.32	103.47	1 764	1 684	775
滨海县	33.45	27.32	58.07	207.93	131.76	156.74	2 156	1 870	364
阜宁县	33.57	27.92	56.46	283.95	193.77	198.17	1 870	1 529	1 091
射阳县	17.50	12.48	45.07	270.70	196.61	191.74	2 483	1 933	387
建湖县	44.76	36.77	65.88	306.53	217.38	235.52	1 767	1 652	895
东台市	61.31	51.95	84.26	553.89	425.48	301.01	3 211	3 001	868
大丰市	60.02	49.52	82.90	436.68	274.38	283.43	3 088	2 732	974
扬州市	**295.19**	**242.22**	**367.73**	**4 269.75**	**2 117.09**	**2 732.42**	**10 525**	**9 270**	**4 792**
宝应县	27.28	22.37	46.25	342.32	228.51	229.71	2 263	1 911	697
仪征市	34.66	29.63	41.51	461.08	248.13	257.85	1 510	1 510	337
高邮市	29.32	24.04	46.64	394.68	269.15	241.60	2 535	2 077	718
镇江市	**277.76**	**228.82**	**311.85**	**3 536.27**	**1 569.40**	**2 679.83**	**7 263**	**7 263**	**4 461**
丹阳市	64.16	54.81	74.93	872.00	453.55	791.74	2 165	2 165	950
扬中市	30.72	26.23	34.71	441.25	238.25	332.59	1 008	1 008	449
句容市	35.91	30.65	43.65	419.98	237.50	315.41	2 473	2 473	795
泰州市	**277.95**	**225.80**	**371.21**	**3 955.84**	**1 984.80**	**2 751.51**	**9 457**	**9 445**	**8 895**
兴化市	36.95	30.61	73.56	514.93	374.06	352.54	2 716	2 710	2 153
靖江市	54.04	44.42	61.49	785.81	381.47	549.05	1 323	1 323	1 335
泰兴市	45.08	37.47	61.20	644.63	383.18	388.36	2 109	2 109	1 932
姜堰区	30.35	25.16	44.28	528.72	338.76	386.37	1 917	1 917	1 241
宿迁市	**210.10**	**180.69**	**345.59**	**1 598.96**	**813.20**	**1 483.05**	**10 977**	**9 683**	**6 734**
沭阳县	64.04	53.85	100.49	354.26	241.86	303.52	3 486	2 689	1 958
泗阳县	30.05	25.35	54.84	228.50	146.71	240.19	1 735	1 693	1 266
泗洪县	28.01	23.79	57.97	233.63	148.33	237.51	2 436	2 428	2 340

续表 14　　　　（2014 年）

市(县)	公　路货运量（万吨）	私人汽车拥有量（万辆）	全　年用电量（亿千瓦时）	#工业用电	邮电业务总量（亿元）	本地电话用　户（万户）	移动电话年末用户（万户）	国　际互联网用　户（万户）
南京市	**12 143**	**148.55**	**470.50**	**289.02**	**237.94**	**282.52**	**1 042.44**	**226.98**
溧水区	607		17.09	12.58	5.16	9.47	36.98	6.77
高淳区	534		8.26	3.86	4.75	8.21	33.08	6.11
无锡市	**12 885**	**102.63**	**598.18**	**477.47**	**169.57**	**213.23**	**832.53**	**153.00**
江阴市	2 871	27.00	237.87	212.09	28.38	44.68	241.48	54.58
宜兴市	1 640	17.14	88.28	69.51	17.67	32.92	122.73	36.94
徐州市	**16 967**	**66.46**	**332.47**	**247.48**	**100.72**	**145.91**	**751.01**	**107.65**
丰　县	1 361	5.68	18.04	10.80	6.08	10.21	70.87	8.17
沛　县	1 295	5.55	31.93	23.94	7.39	16.87	85.04	10.56
铜山区		10.87	47.83	38.12		17.87	80.10	12.45
睢宁县	1 603	6.29	21.44	13.62	7.67	16.94	80.29	10.19
新沂市	1 646	5.20	37.46	30.70	7.67	13.88	73.74	10.62
邳州市	2 130	8.94	25.68	15.41	8.99	16.64	101.01	12.51
常州市	**10 705**	**72.64**	**395.06**	**316.09**	**110.90**	**151.73**	**520.18**	**116.86**
溧阳市	1 956	9.19	68.80	58.61	7.95	22.71	69.39	14.39
金坛市	1 035	6.42	45.77	38.56	6.29	18.34	55.66	11.75
苏州市	**11 855**	**200.86**	**1 268.12**	**1 044.14**	**337.66**	**340.53**	**1 468.74**	**295.70**
常熟市	1 363	26.95	155.20	130.63	31.32	38.14	207.25	47.17
张家港市	2 123	23.06	283.05	262.80	26.50	29.84	170.68	37.22
昆山市	1 481	30.10	194.35	155.99	47.33	44.61	293.15	61.07
吴江区	828	20.65	216.84	193.43	30.66	29.58	195.54	37.90
太仓市	1 405	13.22	90.05	77.08	14.50	17.77	97.20	21.40
南通市	**11 129**	**86.94**	**333.23**	**242.89**	**123.93**	**235.38**	**644.77**	**129.07**
海安县	1 830	8.41	43.01	33.96	7.51	32.21	87.67	23.61
如东县	1 121	9.72	41.94	31.39	7.72	26.28	86.91	20.95
启东市	816	11.21	26.87	17.35	8.87	32.25	87.91	22.54
如皋市	1 552	13.94	45.76	32.79	11.31	33.58	118.85	25.68
海门市	640	10.71	35.12	24.55	9.19	31.39	94.82	21.73
连云港市	**8 406**	**31.83**	**157.51**	**110.44**	**63.41**	**94.96**	**366.52**	**68.18**
赣榆区	1 502	6.37	35.75	26.93	7.06	18.43	86.57	19.05
东海县	1 832	7.03	20.40	12.76	8.27	15.88	84.43	17.40
灌云县	887	4.77	10.46	5.04	5.10	11.44	61.85	10.43
灌南县	705	3.20	31.20	26.04	3.85	9.12	49.22	8.37

注：公路客货运量为营业性口径，下同；邮电业务总量按 2010 年价格计算。

续表 15　　　　　　　　　　　　（2014 年）

市(县)	公路货运量（万吨）	私人汽车拥有量（万辆）	全年用电量（亿千瓦时）	#工业用电	邮电业务总量（亿元）	本地电话用户（万户）	移动电话年末用户（万户）	国际互联网用户（万户）
淮安市	**5 572**	**29.62**	**151.53**	**106.89**	**73.95**	**88.99**	**375.99**	**58.57**
涟水县	1 316	4.56	15.43	9.58	4.18	10.60	44.40	6.26
洪泽县	256	1.48	17.00	14.07	1.91	5.67	21.54	4.43
盱眙县	1 272	2.59	15.29	9.43	3.32	7.92	36.25	6.06
金湖县	202	1.58	10.44	7.31	2.14	5.61	22.13	4.20
盐城市	**5 093**	**47.53**	**278.55**	**209.02**	**97.01**	**144.90**	**569.80**	**91.98**
响水县	335	2.50	43.73	39.21	3.35	8.82	40.34	7.51
滨海县	701	4.94	25.19	18.14	5.70	12.94	63.48	10.68
阜宁县	166	4.26	32.20	25.30	5.43	9.44	66.74	11.11
射阳县	102	5.24	18.53	11.35	6.01	17.99	80.15	12.01
建湖县	271	3.20	20.16	13.81	5.57	13.80	66.36	11.45
东台市	796	6.23	38.82	29.92	7.01	22.39	80.55	15.41
大丰市	404	5.93	52.74	44.62	6.47	11.17	80.80	14.80
扬州市	**6 504**	**41.70**	**204.36**	**147.89**	**84.42**	**134.04**	**422.42**	**82.80**
宝应县	554	4.12	16.70	10.45	6.92	15.35	78.88	13.43
仪征市	839	4.85	33.75	28.25	6.56	14.75	61.07	12.40
高邮市	796	4.63	29.86	22.56	7.75	17.63	63.18	13.85
镇江市	**6 905**	**32.87**	**209.41**	**162.44**	**64.39**	**97.28**	**317.37**	**61.98**
丹阳市	1 573	10.79	65.77	53.19	13.71	27.33	100.21	24.13
扬中市	420	4.06	16.45	12.06	5.11	12.06	38.68	8.23
句容市	1 037	2.66	22.69	15.36	6.91	15.81	54.24	11.25
泰州市	**2 487**	**40.43**	**232.30**	**180.73**	**76.61**	**131.08**	**382.88**	**75.29**
兴化市	396	7.24	63.58	52.93	7.99	25.71	87.80	19.22
靖江市	321	8.09	36.01	26.48	6.38	20.61	64.59	17.86
泰兴市	458	7.84	54.26	44.47	8.09	29.11	86.45	21.03
姜堰区	458	6.27	28.94	22.33	6.77	17.43	64.44	14.86
宿迁市	**3 797**	**33.62**	**146.38**	**103.90**	**84.12**	**73.07**	**375.70**	**55.29**
沭阳县	1 926	9.39	39.67	27.86	11.26	22.63	126.94	23.12
泗阳县	457	5.18	20.11	12.63	5.64	11.59	71.75	11.58
泗洪县	445	4.55	15.58	7.95	5.95	9.62	74.23	12.45

续表 16 （2014 年）

市(县)	在校学生总数（万人）	#普通中学	小学	专任教师总数（万人）	公共图书馆（个）	公共图书馆图书总藏量（千册、件）	卫生机构床位数（张）	卫生技术人员（人）	#执业(助理)医师
南京市	**146.64**	**22.28**	**33.93**	9.78	**14**	**5 188**	**43 688**	**62 068**	**21 602**
溧水区	4.29	1.47	2.02	0.31	2	388	1 481	1 817	661
高淳区	3.66	1.45	1.94	0.29	1	227	1 717	2 127	710
无锡市	**73.13**	**20.94**	**33.62**	5.10	**10**	**4 498**	**34 998**	**41 563**	**15 562**
江阴市	16.49	5.48	9.10	1.23	1	996	7 605	8 435	3 199
宜兴市	11.95	4.27	6.04	0.91	1	524	4 856	7 226	2 708
徐州市	**136.18**	**35.93**	**75.45**	8.54	**8**	**3 023**	**46 213**	**47 007**	**17 518**
丰　县	12.92	4.45	7.81	0.93	1	206	3 969	3 883	1 934
沛　县	14.20	3.72	8.96	0.92	1	320	4 476	4 676	1 985
铜山区	15.80	4.12	10.09	0.96	1	315	2 848	3 564	1 519
睢宁县	14.53	5.73	8.17	1.08	1	411	3 566	3 356	1 171
新沂市	13.72	3.20	10.09	0.78	1	128	3 117	4 058	1 596
邳州市	24.56	6.87	16.53	1.39	1	438	4 867	6 271	2 091
常州市	**60.46**	**16.25**	**25.33**	3.62	**4**	**3 030**	**23 634**	**28 090**	**11 381**
溧阳市	7.37	2.78	3.84	0.57	1	344	2 879	3 812	1 702
金坛市	4.75	1.89	2.54	0.44	1	250	2 444	2 747	1 184
苏州市	**117.71**	**27.96**	**60.63**	7.60	**11**	**15 099**	**55 218**	**64 281**	**25 352**
常熟市	15.19	4.21	8.13	1.02	1	2 356	7 052	8 278	3 495
张家港市	13.55	3.94	7.56	0.88	1	1 990	8 588	8 441	3 331
昆山市	17.52	3.97	10.62	1.01	1	2 116	6 300	10 375	4 194
吴江区	12.19	3.56	7.61	0.78	1	2 072	5 317	6 357	2 536
太仓市	6.82	1.99	4.01	0.44	1	934	3 577	4 143	1 615
南通市	**73.18**	**24.74**	**32.04**	5.31	**11**	**4 455**	**35 136**	**39 481**	**16 366**
海安县	7.57	2.88	3.38	0.60	1	429	4 232	4 153	1 869
如东县	6.41	2.85	3.01	0.55	1	404	3 286	3 780	1 608
启东市	7.40	3.06	3.76	0.64	1	417	3 815	3 721	1 555
如皋市	11.99	4.76	6.15	0.87	2	855	5 189	5 540	2 533
海门市	8.79	3.45	4.63	0.70	1	511	3 480	3 800	1 673
连云港市	**70.65**	**22.53**	**38.42**	4.75	**7**	**2 485**	**18 061**	**21 896**	**8 065**
赣榆县	15.49	3.15	5.95	1.09	1	504	2 892	3 818	2 375
东海县	15.98	4.92	10.21	1.02	1	984	2 823	3 201	1 140
灌云县	11.10	4.09	6.49	0.68	1	399	2 439	2 559	888
灌南县	9.65	3.18	5.74	0.66	1	290	2 770	2 723	1 020

注：本部分地市级卫生机构数、卫生技术人员数和其中的执业（助理）医师均包括村卫生室，与本书第 16 部分卫生机构数口径不同。

续表 17 （2014 年）

市(县)	在校学生总数（万人）	#普通中学	小学	专任教师总数（万人）	公共图书馆（个）	公共图书馆图书总藏量（千册、件）	卫生机构床位数（张）	卫生技术人员（人）	#执业(助理)医师
淮安市	**17.45**	**21.54**	**33.66**	**4.59**	**9**	**2 368**	**24 642**	**28 976**	**11 599**
涟水县	3.21	4.47	8.08	0.82	1	129	3 755	4 176	1 895
洪泽县	0.89	1.39	1.88	0.27	1	244	1 503	1 702	708
盱眙县	2.02	3.01	5.23	0.67	1	198	3 106	3 505	1 470
金湖县	0.78	1.08	1.42	0.21	1	194	1 477	1 713	706
盐城市	**82.91**	**27.19**	**42.57**	**5.96**	**11**	**2 831**	**35 282**	**36 634**	**16 233**
响水县	6.81	1.96	4.63	0.49	1	73	2 278	2 561	1 199
滨海县	11.35	3.33	7.65	0.76	1	206	4 390	4 192	1 791
阜宁县	9.72	3.41	5.88	0.72	2	272	3 684	3 087	1 521
射阳县	8.18	3.14	4.72	0.63	1	200	3 252	3 795	1 888
建湖县	7.21	2.66	4.15	0.54	1	238	3 335	3 364	1 766
东台市	7.35	3.44	3.54	0.66	1	263	5 246	4 703	2 236
大丰市	5.56	2.42	2.78	0.48	1	366	3 216	3 529	1 750
扬州市	**54.82**	**18.42**	**21.88**	**3.90**	**7**	**2 937**	**19 765**	**23 338**	**9 491**
宝应县	7.66	3.42	3.96	0.59	1	138	2 203	2 668	1 230
仪征市	5.24	2.01	2.42	0.43	1	338	2 080	2 651	1 039
高邮市	6.57	3.05	2.86	0.51	1	207	2 536	2 968	1 376
镇江市	**34.92**	**9.59**	**13.76**	**2.68**	**8**	**2 829**	**14 490**	**18 373**	**7 516**
丹阳市	8.41	3.24	4.74	0.70	2	565	3 314	4 371	1 912
扬中市	2.52	0.95	1.40	0.22	1	306	970	1 593	705
句容市	4.58	1.75	2.34	0.39	1	174	1 832	2 349	1 036
泰州市	**48.64**	**17.74**	**21.94**	**3.92**	**7**	**2 439**	**20 926**	**22 965**	**9 708**
兴化市	10.40	4.10	5.82	0.89	1	239	4 281	4 330	1 899
靖江市	5.83	2.39	3.08	0.55	1	493	3 689	4 011	1 695
泰兴市	10.57	4.64	5.14	0.91	1	311	3 964	4 611	2 062
姜堰区	6.96	3.29	3.32	0.54	1	359	3 311	3 469	1 472
宿迁市	**71.41**	**23.52**	**38.26**	**4.52**	**6**	**1 132**	**20 240**	**23 862**	**8 158**
沭阳县	21.38	7.37	12.73	1.40	1	163	5 608	7 116	2 694
泗阳县	13.71	4.91	7.93	0.81	1	262	4 336	4 326	1 377
泗洪县	12.89	4.64	7.53	0.78	1	92	3 904	4 708	1 531

续表 18　　（2014 年）

市(县)	城镇居民人均可支配收入（元）	城镇居民人均消费支出（元）	#食品烟酒	城镇居民恩格尔系数（%）	城镇居民人均现住房建筑面积（平方米）	农村居民人均可支配收入（元）	农村居民人均消费支出（元）	#食品烟酒	农村居民恩格尔系数（%）	农村居民人均现住房建筑面积（平方米）
南京市	**42 568**	**25 855**	**6 713**	**26.0**	**36.3**	**17 661**	**12 818**	**3 861**	**30.1**	**55.4**
溧水区	37 659	21 921	6 879	31.4	47.3	17 233	12 065			
高淳区	38 530	24 201	7 379	30.5	45.9	17 693	12 981			
无锡市	**41 731**	**27 358**	**7 862**	**28.7**	**44.8**	**22 266**	**15 114**	**4 737**	**31.3**	**54.3**
江阴市	46 880	24 976	7 318	29.3	59.3	23 965	15 304	4 637	30.3	50.3
宜兴市	39 492	25 035	7 712	30.8	46.5	20 178	13 792	4 335	31.4	61.4
徐州市	24 080	15 005	4 618	30.8	40.5	12 811	9 011	2 879	32.0	49.7
丰　县	19 363	14 573	4 366	30.0	42.1	11 757	7 641	2 601	34.0	46.9
沛　县	23 078	14 807	4 171	28.2	42.5	13 249	8 682	2 428	28.0	47.6
铜山区	27 100	18 702	5 999	32.1	50.6	15 100	8 066	3 016	37.4	58.3
睢宁县	19 687	11 315	3 605	31.9	46.6	11 600	7 293	2 390	32.8	51.4
新沂市	20 984	14 215	4 751	33.4	44.8	12 140	8 201	2 784	33.9	46.6
邳州市	24 151	13 726	4 224	30.8	61.8	12 846	7 990	2 607	32.6	63.7
常州市	**39 483**	**23 590**	**6 671**	**28.3**	**43.7**	**20 133**	**13 529**	**4 300**	**31.8**	**59.7**
溧阳市	35 531	18 900	6 305	33.4	38.3	18 222	13 701	4 736	34.6	47.2
金坛市	36 902	19 781	6 904	34.9	42.0	18 733	11 614	4 223	36.4	53.0
苏州市	**46 677**	**28 973**	**7 807**	**26.9**	**44.0**	**23 560**	**15 390**	**4 041**	**26.3**	**66.0**
常熟市	46 571	27 412	8 115	29.6	48.5	23 767	17 184	5 003	29.1	68.3
张家港市	46 852	27 760	7 982	28.8	56.7	23 722	15 430	4 288	27.8	69.3
昆山市	46 920	28 332	7 946	28.0	36.5	23 921	15 374	4 456	29.0	49.9
太仓市	46 377	29 250	8 945	30.6	58.2	23 590	15 838	5 005	31.6	77.8
南通市	**33 374**	**22 035**	**6 399**	**29.0**	**46.3**	**15 821**	**11 051**	**3 271**	**29.6**	**58.6**
海安县	31 597	20 125	5 745	28.5	49.3	15 155	12 447	3 908	31.4	54.6
如东县	31 557	18 819	6 512	34.6	53.5	14 494	10 928	2 608	31.5	53.5
启东市	31 708	26 249	8 076	30.8	41.1	16 762	11 931	3 814	32.0	59.6
如皋市	31 026	19 116	5 830	30.5	49.2	14 210	10 225	3 272	32.0	52.9
海门市	34 280	22 830	6 803	29.8	43.0	17 419	12 081	3 600	29.8	60.0
连云港市	**23 595**	**16 016**	**5 169**	**32.3**	**45.3**	**11 698**	**8 282**	**2 706**	**32.7**	**47.9**
赣榆区	23 004	11 087	4 608	32.3	43.4	12 378	8 737			
东海县	23 151	16 504	5 776	35.0	44.9	12 171	8 370	2 980	35.6	48.6
灌云县	19 486	12 093	4 524	37.4	42.6	10 864	7 492	2 694	36.0	45.9
灌南县	20 805	13 569	4 722	34.8	49.0	10 442	7 288	2 704	37.1	50.6

续表 19 （2014 年）

市(县)	城镇居民人均可支配收入（元）	城镇居民人均消费支出（元）	#食品烟酒	城镇居民恩格尔系数（%）	城镇居民人均现住房建筑面积（平方米）	农村居民人均可支配收入（元）	农村居民人均消费支出（元）	#食品烟酒	农村居民恩格尔系数（%）	农村居民人均现住房建筑面积（平方米）
淮安市	**25 798**	**14 703**	**4 602**	**31.3**	**43.6**	**12 010**	**7 836**	**2 518**	**32.1**	**50.2**
涟水县	21 389	13 760	4 871	35.4	51.3	11 206	6 809	2 315	34.0	64.8
洪泽县	25 751	12 250	3 901	31.8	37.5	13 161	9 199	2 952	32.1	46.0
盱眙县	26 041	13 913	4 393	31.6	48.4	12 175	6 405	2 088	32.6	50.5
金湖县	26 081	17 137	5 587	32.6	41.4	13 131	10 892	3 649	33.5	59.7
盐城市	**25 854**	**15 372**	**4 902**	**31.9**	**42.7**	**14 414**	**10 782**	**3 357**	**31.1**	**48.0**
响水县	21 710	9 924	3 265	32.9	32.5	11 964	7 922	2 791	35.2	43.1
滨海县	22 432	13 759	4 265	31.0	32.4	12 524	9 204	2 925	31.7	40.9
阜宁县	21 546	17 578	6 353	36.1	33.8	12 959	6 672	2 311	34.6	42.6
射阳县	22 440	19 234	6 341	33.0	44.6	13 848	6 687	2 414	36.1	38.9
建湖县	25 178	13 801	4 098	29.7	41.8	14 345	9 111	3 205	35.2	40.7
东台市	27 800	15 709	5 143	32.7	53.9	16 565	10 643	3 482	32.7	60.8
大丰市	26 354	15 331	4 907	32.0	40.0	16 414	10 988	3 188	29.0	55.8
扬州市	**30 322**	**18 417**	**5 692**	**30.9**	**42.1**	**15 284**	**11 266**	**3 544**	**31.5**	**53.7**
宝应县	22 739	14 026	5 011	35.7	37.3	14 246	9 923	3 318	33.4	47.8
仪征市	31 123	18 123	5 813	32.1	45.4	14 860	13 389	4 127	30.8	64.3
高邮市	26 632	18 024	5 570	30.9	38.5	14 335	10 898	3 428	31.5	42.4
镇江市	**35 752**	**21 310**	**6 077**	**28.5**	**44.2**	**17 617**	**13 081**	**3 868**	**29.6**	**55.8**
丹阳市	35 691	19 498	7 078	36.3	48.8	18 250	15 352	5 084	33.1	59.9
扬中市	39 237	20 972	6 805	32.4	54.5	20 078	13 669	4 538	33.2	62.1
句容市	34 678	19 980	6 288	31.0	42.0	15 893	12 241	4 027	33.0	46.9
泰州市	**31 346**	**19 517**	**5 679**	**29.1**	**48.0**	**15 076**	**10 849**	**3 309**	**30.5**	**62.0**
兴化市	28 691	16 571	4 971	30.0	38.0	14 258	9 594	3 243	33.8	45.0
靖江市	33 864	23 069	7 088	30.7	51.5	16 570	13 963	4 383	31.4	69.3
泰兴市	31 038	19 644	6 400	32.6	52.6	15 066	9 681	2 736	28.3	73.7
姜堰区	31 375	18673	5 529	29.6	39.8	14 887	10 749			
宿迁市	20 396	13 463	4 856	36.1	46.5	11 677	7 702	2 822	36.6	49.8
沭阳县	20 310	13 691	5 339	39.0	46.1	11 828	8 187	3 193	39.0	49.2
泗阳县	19 909	13 025	4 578	35.2	55.8	11 690	8 691	3 096	35.6	50.4
泗洪县	19 388	13 202	4 792	36.3	43.2	11 405	6 362	2 404	37.8	42.8

附录三

MAJOR ECONOMIC INDICATORS OF HUAIHAI ECONOMIC ZONE

淮海经济区主要经济指标(2014年)

版面负责人：卓卫华

编　　　辑：唐子午

江苏省统计条例

（2014年1月16日江苏省第十二届人民代表大会常务委员会第八次会议通过）

第四十八条 违反本条例第二十四条规定，有下列情形之一的，由政府统计机构责令停止发布、公开更正，给予警告，可以处以五千元以上二万元以下罚款：

（一）民间统计调查组织者发布伪造、篡改的民间统计调查资料，发布时不按照要求说明相关内容，或者不注明资料来源的；

（二）新闻媒体和其他单位、组织对外发布信息引用民间统计调查资料未注明民间统计调查组织者名称，或者伪造、篡改民间统计调查资料的。

【释义】 本条是关于民间统计调查组织者、新闻媒体和其他单位、组织违法发布和使用民间统计调查资料违法行为和法律责任的规定。

本条例第二十四条规定了民间统计调查组织者、新闻媒体和其他单位、组织发布或者引用民间统计调查资料应当客观真实、准确引用，说明调查目的以及主要技术规范，不得伪造、篡改。本条规定了两类违法行为，民间统计调查组织、个人应当承担法律责任：一是发布伪造、篡改的民间统计调查资料；二是发布时不按照要求说明相关内容，或者不注明资料来源。对新闻媒体和其他单位、组织对外发布信息引用民间统计调查资料，本条规定，未注明民间统计调查组织者名称，或者伪造、篡改民间统计调查资料，承担法律责任。

民间统计调查组织、个人、新闻媒体和其他单位、组织在发布和使用民间统计调查资料中，有上述违法行为的，应当承担下列责任：由政府统计机构责令停止发布、公开更正，给予警告，处以五千元以上二万元以下罚款。

第四十九条 违反本条例第三十二条规定，承担经常性政府统计调查任务的国家机关、企业事业单位和其他组织，任用、聘用不具有统计从业资格或者统计专业技术职务资格的人员从事统计工作的，由政府统计机构责令改正，给予警告；拒不改正的，直接负责的主管人员和其他直接责任人员属于国家工作人员的，由任免机关或者监察机关依法给予处分。

企业事业单位或者其他组织有前款行为，拒不改正的，由政府统计机构处以二千元以上一万元以下罚款。

【释义】 本条是关于经常性政府统计调查对象安排未取得资格人员从事统计工作法律责任的规定。

本条例第三十二条规定了承担经常性政府统计调查任务的统计调查对象应当任用、聘用具有一定资格的人员从事统计工作。本条规定，作为经常性政府统计调查对象的国家机关、企业事业单位和其他组织任用、聘用不具有统计从业资格或者统计专业技术职务资格的人员从事统计工作，应当承担下列责任：由政府统计机构责令改正，给予警告；拒不改正的，处以二千元以上一万元以下罚款，其直接负责的主管人员和其他直接责任人员属于国家工作人员的，由任免机关或者监察机关依法给予处分。

编辑：王中彬

淮海经济区主要经济指标

（2014 年）

地 区	地区生产总值（亿元）	第一产业增加值	第二产业增加值	第三产业增加值	人均地区生产总值（元）
江苏省					
徐州市	4 963.91	473.54	2 246.24	2 244.13	57 655
连云港市	1 965.89	261.98	890.89	813.02	44 277
淮安市	2 455.39	286.99	1 100.69	1 067.71	50 736
盐城市	3 835.60	489.50	1 782.41	1 563.71	53 115
宿迁市	1 930.68	246.37	933.24	751.07	39 963
山东省					
菏泽市	2 222.19	265.01	1 190.83	766.35	26 446
聊城市	2 516.40	310.83	1 296.19	909.38	42 482
枣庄市	1 980.13	147.71	1 075.73	756.69	51 890
济宁市	3 800.06	443.33	1 912.58	1 444.15	46 213
泰安市	3 002.20	271.40	1 447.50	1 283.30	53 853
日照市	1 611.87	139.34	811.39	660.64	56 349
莱芜市	687.60	52.74	373.62	261.24	51 352
临沂市	3 569.80	340.90	1 648.90	1 580.00	35 032
德州市	2 596.08	270.53	1 306.21	1 019.34	45 641
安徽省					
亳州市	850.50	204.90	341.20	304.40	17 102
淮南市	789.30	69.50	453.20	266.60	33 361
蚌埠市	1 108.44	182.05	572.25	354.14	34 222
淮北市	747.50	60.10	497.80	189.60	34 758
阜阳市	1 146.10	289.40	471.40	385.30	14 752
宿州市	1 126.07	269.95	474.60	381.52	20 630
滁州市	1 214.40	214.10	651.20	349.10	30 562
六安市	1 086.30	220.60	516.10	349.50	19 044
河南省					
周口市	1 992.08	459.22	1 026.38	506.48	22 651
商丘市	1 697.58	380.48	783.02	534.08	23 358
信阳市	1 757.34	439.81	730.06	597.76	27 490

续表 1　　（2014 年）

地　区	地区生产总值中三次产业比重（%）	粮食总产量（万吨）	油料总产量（万吨）	棉花总产量（万吨）	肉类总产量（万吨）	水产品产量（万吨）
江苏省						
徐州市	9.5：45.3：45.2	469.18	10.62	3.24	101.45	18.60
连云港市	13.3：45.3：41.4	359.33	11.39	0.17	30.81	76.04
淮安市	11.7：44.8：43.5	467.19	9.16	0.01	31.29	26.08
盐城市	12.8：46.4：40.8	703.07	29.88	6.39	90.82	114.32
宿迁市	12.8：48.3：38.9	389.15	4.56	0.11	34.03	26.37
山东省						
菏泽市	11.9：53.6：34.5	702.27	26.19	17.64	67.85	13.09
聊城市	12.4：51.5：36.1	509.75	10.11	4.31	54.82	8.04
枣庄市	7.5：54.3：38.2	170.55	9.64	0.49	26.04	9.40
济宁市	11.7：50.3：38.0	579.20	17.00	10.50	80.10	31.30
泰安市	9.0：48.2：42.8	281.70	23.40	0.85	46.20	9.30
日照市	8.6：50.4：41.0	100.17	24.34	0.23	21.07	58.44
莱芜市	7.7：54.3：38.0	24.70	1.95	0.14	6.41	0.36
临沂市	9.5：46.2：44.3	435.20	81.19	1.04	76.16	14.90
德州市	10.4：50.3：39.3	868.50	2.08	8.60	71.89	10.00
安徽省						
亳州市	24.1：40.1：35.8	467.50	5.30	2.00	31.90	5.18
淮南市	8.8：57.4：33.8	139.40	1.60	0.18	9.10	7.80
蚌埠市	16.4：51.6：32.0	275.51	40.50	1.56	32.56	12.00
淮北市	8.0：66.6：25.4	125.00	0.45	…	9.08	2.84
阜阳市	25.3：41.1：33.6	548.10	8.00	1.50	63.10	10.00
宿州市	24.0：42.1：33.9	396.67	24.37	2.60	51.30	4.35
滁州市	17.6：53.6：28.7	430.69	20.06	0.94	38.96	33.40
六安市	20.3：47.5：32.2	463.10	17.30	1.87	54.50	30.20
河南省						
周口市	23.1：51.5：25.4	806.70	39.15	3.03	69.77	5.80
商丘市	22.4：46.1：31.5	535.12	37.53	2.41	47.26	
信阳市	25.0：41.6：33.4	592.18	67.09	0.12	66.92	25.43

续表2 （2014年）

地　区	规模以上工业企业个数（个）	规模以上工业主营业务收入（亿元）	规模以上工业利税合计（亿元）	规模以上工业利润总额	规模以上固定资产投资（亿元）	房地产开发投资	社会消费品零售总额（亿元）	居民消费价格总指数(以上年为100)（%）
江苏省								
徐州市	2 822	11 311.94	1 639.85	899.73	3 671.56	468.88	2 099.20	102.1
连云港市	1 532	4 731.48	605.43	367.73	1 716.57	189.28	740.47	102.4
淮安市	2 228	5 568.85	529.45	295.90	1 795.73	357.66	814.81	102.1
盐城市	2 776	7 204.17	816.38	469.66	2 751.35	379.64	1 312.70	102.3
宿迁市	2 482	3 330.55	469.95	328.93	1 559.22	377.14	564.80	102.4
山东省								
菏泽市	2 647	6 267.62	825.10	507.63	940.70	230.33	1 215.22	101.9
聊城市	2 602	8 592.91	819.92	576.74	1 833.13	169.97	924.66	101.8
枣庄市	1 464	3 530.07	347.93	188.46	1 430.01	215.70	706.30	101.9
济宁市	2 333	5 980.14	575.68	341.84	2 538.20	356.10	1 664.10	103.2
泰安市	1 882	7 115.10	298.40	186.40	2 299.00	143.10	1 188.10	101.8
日照市	573	2 875.73	122.49	83.74	1 234.75	91.93	535.98	101.8
莱芜市	595	1 948.52	52.47	23.13	545.43	29.25	290.36	102.0
临沂市	3 934	10 021.90	813.30	530.40	2 826.00	370.90	2 008.40	102.1
德州市	3 387	8 831.48	957.29	541.03	1 961.34	209.78	1 116.79	102.0
安徽省								
亳州市	671	741.50	65.50	37.90	650.90	209.10	388.40	101.4
淮南市	637	918.70	22.86	–34.39	755.30	110.50	316.30	101.4
蚌埠市	768	1 657.08	148.55	61.70	1 244.18	406.96	481.50	102.2
淮北市	739	2 385.30	111.80	40.00	840.80	152.40	219.80	101.3
阜阳市	1 317	1 522.30	169.00	71.28	805.10	215.70	573.30	101.8
宿州市	1 010	1 342.70	77.38	52.28	945.80	182.33	344.24	101.4
滁州市	1 268	2 187.10	343.30	237.30	1 248.20	305.50	406.40	101.4
六安市	1 010	1 502.90	113.20	79.16	1 003.80	182.30	487.00	101.7
河南省								
周口市	1 124	3 499.59	472.71	376.14	1 375.44	209.87	852.90	101.7
商丘市	837	1 790.92	108.01	42.76	1 233.83	172.33	579.69	101.7
信阳市	1 193	2 097.20	188.33	127.57	1 723.17	248.43	761.43	101.7

续表 3 （2014 年）

地　区	进出口总额（亿美元）	#进口总额	出口总额	实际利用外资（亿美元）	邮电业务总量（亿元）	年末固定电话用户（万户）
江苏省						
徐州市	59.88	13.12	46.77	16.58	82.91	145.91
连云港市	80.30	36.75	43.55	9.54	37.89	88.62
淮安市	41.06	9.45	31.61	11.79	28.25	80.71
盐城市	75.17	31.23	43.94	10.47	57.50	137.41
宿迁市	37.55	8.15	29.40	6.65	49.76	82.70
山东省						
菏泽市	35.22	13.65	21.58	2.18	50.69	40.32
聊城市	57.53	33.68	23.86	1.06	3.88	51.64
枣庄市	14.40	2.87	11.54	1.05	59.33	52.73
济宁市	52.30	19.60	32.70	8.90	54.20	71.30
泰安市	29.70	12.40	17.30	4.13	36.40	90.90
日照市	347.69	299.80	47.89	5.73	18.98	38.84
莱芜市	22.19	12.98	9.21	0.61	8.44	22.49
临沂市	107.90	51.00	56.90	3.40		
德州市	35.07	12.80	22.27	1.57	47.86	54.62
安徽省						
亳州市	3.70	0.50	3.20	6.00	26.00	34.30
淮南市	4.47	0.90	3.57	2.01	16.86	33.50
蚌埠市	20.80	4.58	16.23	12.50	22.92	48.18
淮北市	5.48	0.28	5.20	5.44	13.60	35.30
阜阳市	16.10	1.60	14.50	1.65	38.50	64.90
宿州市	6.51	0.77	5.74	5.90	29.67	
滁州市	22.04	6.89	15.15	5.28	32.73	54.60
六安市	6.87	0.24	6.63	3.52	29.10	61.00
河南省						
周口市	7.92	0.79	7.13	4.85	66.28	42.28
商丘市	3.41	0.56	2.84	3.09	60.00	52.81
信阳市	7.56	3.52	4.04	4.22	33.80	61.36

续表 4　　（2014 年）

地　区	年末移动电话用户（万户）	公共财政一般预算收入（亿元）	公共财政一般预算支出（亿元）	金融机构年末存款余额（亿元）	#城乡居民储蓄存款余　额	金融机构年末贷款余额（亿元）	各级各类学校数（所）	各级各类学校在校学生数(万人)
江苏省								
徐州市	751.01	472.33	660.93	4 286.46	2 377.44	2 724.79	1 270	140.85
连云港市	429.62	261.77	375.36	1 887.31	953.41	1 607.42	653	70.65
淮安市	303.05	308.51	431.38	2 036.86	1 047.22	1 635.59	787	87.70
盐城市	653.02	418.02	602.22	3 721.03	2 067.74	2 603.82	955	103.51
宿迁市	415.87	210.10	345.59	1 598.96	813.20	1 483.05	379	71.41
山东省								
菏泽市	691.18	161.97	341.81	2 228.28	1 663.12	1 447.04	2 034	141.90
聊城市	435.86	156.19	285.96	2 270.43	1 409.74	1 674.22		
枣庄市	316.82	137.88	217.21	1 330.38	867.30	1 018.20	699	57.82
济宁市	1 309.00	334.20	466.69	3 691.59	2 181.09	2 563.04	1 415	119.00
泰安市	584.60	187.40	285.80	2 458.40	1 530.70	1 591.60	735	78.30
日照市	277.47	111.07	167.77	1 921.49	861.28	1 887.57	437	44.21
莱芜市	133.94	49.60	80.12	788.25	458.62	603.53	197	16.52
临沂市		251.00	455.10	4 225.30	2 583.80	2 992.60	1 750	148.55
德州市	483.61	171.26	275.22	2 152.78	1 485.43	1 444.85	2 031	95.10
安徽省								
亳州市	291.60	72.70	227.60	1 060.80	741.60	641.70	1 591	82.50
淮南市	170.80	75.40	146.00	1 228.70	691.00	896.20		37.30
蚌埠市	243.82	105.34	208.66	1 433.46	681.86	1 003.22	1 210	46.17
淮北市	172.70	52.80	116.00	946.90	530.70	664.20	490	31.11
阜阳市	491.40	103.50	350.56	2 047.50	1 447.00	961.20	3 265	164.90
宿州市	488.42	76.94	247.40	1 314.59	883.40	686.70	1 741	91.29
滁州市	296.50	123.60	268.40	1 421.80	828.50	1 037.90	690	51.58
六安市	317.40	94.90	319.40	1 715.60	1 022.20	958.10	1 794	82.45
河南省								
周口市	544.26	90.95	387.64	1 881.22	1 496.03	818.34	6 378	208.72
商丘市	624.88	100.75	352.55	1 759.88	1 233.20	100.19	2 660	142.93
信阳市	389.32	80.33	335.37	2 094.96	1 488.43	1 107.74	2 332	122.38

续表 5 （2014 年）

地　区	卫生机构数（个）	卫生技术人员数（人）	卫生机构床位数（张）	年末常住人口数（万人）	城镇居民人均可支配收入（元）	农村居民人均可支配收入（元）
江苏省						
徐州市	4 620	47 007	46 213	862.83	24 080	12 811
连云港市	2 702	21 896	18 061	445.17	23 595	11 697
淮安市	822	28 900	24 642	485.21	25 798	12 010
盐城市	3 217	36 634	35 282	722.28	25 854	14 414
宿迁市	2 462	23 862	20 240	484.32	20 396	11 677
山东省						
菏泽市	3 783	46 918	33 059	843.79	23 344	10 436
聊城市	558	27 400	26 000	593.57	28 382	11 232
枣庄市	2 425	20 363	17 366	383.10	27 596	12 145
济宁市	6 869	51 253	75 422	824.00	30 428	12 650
泰安市	4 200	34 578	27 960	558.10	30 715	12 913
日照市	597	13 792	11 937	287.05	27 540	12 635
莱芜市	315	7 619	6 486	134.53	31 728	13 540
临沂市				1 022.10	30 345	11 629
德州市	210	26 177	21 895	570.51	27 180	12 135
安徽省						
亳州市	378	14 000	14 000	499.60	21 192	8 967
淮南市	1 208	17 877	13 000	237.50	26 267	10 547
蚌埠市	1 418	16 274	16 321	325.80	24 147	10 511
淮北市	705	10 442	11 713	215.90	23 787	9 116
阜阳市	2 647	28 217	29 326	782.30	21 715	8 213
宿州市	1 895	19 900	17 800	548.60	21 941	8 332
滁州市	1 640	12 000	15 020	398.50	22 091	9 171
六安市	2 683	19 826	19 341	572.50	20 610	8 287
河南省						
周口市	8 003	45 553	44 381	880.49	19 742	7 742
商丘市				604.70	22 274	8 025
信阳市	3 991	22 895	21 509	640.80	21 060	8 868

附录四

INTRODUCTION OF ENTERPRISES

企业选介（2014年）

版面负责人：李　燕　王廷宝　许　清
陈晓红　袁晓昀

编　　　辑：李增有　柏　慧　刘云祥
孙　伟　王玉叶　董　方

江苏省统计条例

（2014年1月16日江苏省第十二届人民代表大会常务委员会第八次会议通过）

第五十条 涉外民间统计调查活动，按照国家有关规定执行。

【释义】 本条是关于涉外民间统计调查活动法律适用的规定。

在实践中，有些国际组织或者境外机构、个人来华进行形式不同的民间统计调查活动。为规范涉外的民间统计调查活动，并加强管理，维护我国的国家安全和利益，《统计法》规定，中华人民共和国境外的组织、个人需要在中华人民共和国境内进行统计调查活动的，应当按照国务院的规定报请审批。另外，我省还按照《涉外调查管理办法》（2004年10月13日国家统计局令第7号公布），对涉外的民间统计调查活动进行管理。

第五十一条 本条例自2014年5月1日起施行。1989年12月15日江苏省第七届人民代表大会常务委员会第十二次会议通过，1997年7月31日江苏省第八届人民代表大会常务委员会第二十九次会议修正的《江苏省统计管理条例》同时废止。

【释义】 本条是关于本条例正式施行生效日期和《江苏省统计管理条例》废止的规定。

法律的施行日期，即生效日期。本条例于2014年1月16日省十二届人大常委会第八次会议通过，于2014年5月1日起施行，具有法律效力。

本条例不溯及既往。即对本条例施行前的行为应当适用《江苏省统计管理条例》。

地方各级人民政府及其有关部门应当对其制定的规章、规范性文件进行清理，并依照本条例规定制定配套规定，加强对本条例的宣传教育，切实保障本条例的顺利实施。

编辑：王中彬

2014年徐州市工业企业前五十强

（按主营业务收入排序）

序号	企业名称	序号	企业名称
1	徐州工程机械集团有限公司	26	徐州伟天化工有限公司
2	维维集团股份有限公司	27	国华徐州发电有限公司
3	江苏中烟工业有限责任公司徐州卷烟厂	28	徐州固城铜业有限责任公司
4	江苏天裕能源化工集团有限公司	29	睢宁县宁峰钢铁有限公司
5	徐州矿务集团有限公司	30	铜山华润电力有限公司
6	江苏协鑫硅材料科技发展有限公司	31	铜山县宏达精细化工厂
7	江苏中能硅业科技发展有限公司	32	徐州丰源铝业有限公司
8	徐州东南钢铁工业有限公司	33	江苏江昕轮胎有限公司
9	沛县金虹特钢有限公司	34	邳州市金龙生化制品有限公司
10	江苏胜阳木业集团有限公司	35	江苏沂州煤焦化有限公司
11	徐州东亚钢铁有限公司	36	徐州富山医疗制品有限公司
12	徐州大长实工程机械有限公司	37	江苏宗申三轮摩托车制造有限公司
13	大屯煤电(集团)有限责任公司	38	江苏润阳药业有限公司
14	徐州光环钢管科技有限公司	39	徐州金广机械有限公司
15	江苏星星家电科技有限公司	40	徐州金属熔剂厂
16	卡特彼勒(徐州)有限公司	41	江苏原元生物工程有限公司
17	徐州市永大化工有限公司	42	徐州天龙液压机械有限公司
18	江苏金彭车业有限公司	43	圣戈班(徐州)管道有限公司
19	徐州三原电力测控技术有限公司	44	徐州中宇石油化工科技有限公司
20	徐州海天石化有限公司	45	沛县万隆化工厂
21	江苏省精创电气股份有限公司	46	江苏侨昌诺恩农化有限公司
22	徐州宝丰特钢有限公司	47	江苏兴达钢铁集团有限公司
23	江苏嘉利精细化工有限公司	48	江苏晋煤恒盛化工有限公司
24	肯纳金属(徐州)有限公司	49	徐州金石彭源稀土材料厂
25	江苏四方锅炉有限公司	50	江苏万邦生化医药股份有限公司

2014年徐州市高新技术产业前五十强

（按主营业务收入排序）

序号	企业名称	序号	企业名称
1	徐州工程机械集团有限公司	26	江苏晋煤恒盛化工有限公司
2	江苏协鑫硅材料科技发展有限公司	27	徐州金石彭源稀土材料厂
3	江苏中能硅业科技发展有限公司	28	江苏万邦生化医药股份有限公司
4	徐州大长实工程机械有限公司	29	徐州崇德化工助剂厂
5	徐州光环钢管科技有限公司	30	铜山县光明金属添加剂厂
6	江苏星星家电科技有限公司	31	徐州卫生材料厂有限公司
7	卡特彼勒(徐州)有限公司	32	徐州程铭漆衬实业有限公司
8	徐州市永大化工有限公司	33	徐州市建平化工有限公司
9	徐州三原电力测控技术有限公司	34	徐州科达电器厂
10	江苏省精创电气股份有限公司	35	徐州诺特化工有限公司
11	江苏嘉利精细化工有限公司	36	沛县卫星化工厂
12	肯纳金属(徐州)有限公司	37	徐州吉文电子有限公司
13	江苏四方锅炉有限公司	38	徐州同一工程机械科技有限公司
14	铜山县宏达精细化工厂	39	沛县恒瑞化工有限公司
15	江苏江昕轮胎有限公司	40	江苏恩华药业股份有限公司
16	邳州市金龙生化制品有限公司	41	徐州彭祖中药饮片有限公司
17	江苏沂州煤焦化有限公司	42	徐州市东亚电器有限公司
18	江苏润阳药业有限公司	43	江苏润源能源科技发展有限公司
19	徐州金广机械有限公司	44	徐州通用高新磁电有限公司
20	徐州金属熔剂厂	45	徐州佳亿电源有限公司
21	江苏原元生物工程有限公司	46	徐州雷奥医疗设备有限公司
22	徐州天龙液压机械有限公司	47	徐州格利尔数码科技有限公司
23	徐州中宇石油化工科技有限公司	48	徐州龙田合成材料有限公司
24	沛县万隆化工厂	49	徐州市恒源电器有限公司
25	江苏侨昌诺恩农化有限公司	50	徐州科源液压有限公司

2014年徐州市贸易零售企业前五十强

（按销售额排序）

序号	企业名称	序号	企业名称
1	徐州金鹰国际实业有限公司	26	徐州市五星空调器有限公司
2	徐州申鑫建材市场管理有限公司	27	徐州润东之风汽车销售服务有限公司
3	徐州医药股份有限公司	28	徐州润东丰田汽车销售服务有限公司
4	江苏欢乐买商贸股份有限公司	29	徐州沪彭东源汽车销售服务有限公司
5	云光视听科技(徐州)有限公司	30	徐州国美电器有限公司
6	徐州中央百货大楼股份有限公司	31	徐州市国美家用电器有限公司
7	徐州市海荧汽车销售维修有限公司	32	徐州通亚汽车销售服务有限公司
8	徐州宝景汽车销售服务有限公司	33	徐州润平商业有限公司
9	徐州中收农机汽车销售有限公司	34	徐州金鹰人民广场购物中心有限公司
10	徐州恒运汽车销售服务有限公司	35	徐州联矿钢铁有限公司
11	徐州悦家商业有限公司	36	徐州金慧汽车销售服务有限公司
12	徐州弛平汽车销售有限公司	37	徐州润东洲际汽车销售服务有限公司
13	徐州润东汇通汽车销售服务有限公司	38	徐州安达汽车销售服务有限公司
14	徐州之星汽车有限公司	39	江苏良宇汽车销售服务有限公司
15	徐州东辰汽车销售服务有限公司	40	徐州宏图三胞科技发展有限公司
16	徐州苏宁云商销售有限公司	41	徐州润东嘉华汽车销售服务有限公司
17	徐州海宁皮草城有限公司	42	铜山县金桥超市连锁有限公司
18	徐州金茂汽车贸易有限公司	43	徐州金路汽车销售服务有限公司
19	徐州北方汽车销售服务有限公司	44	徐州万帮金通汽车销售服务有限公司
20	徐州沪彭奥通汽车销售服务有限公司	45	徐州天虹汽车销售有限公司
21	兖州中材建设有限公司徐州分公司	46	徐州市瑞驰汽车销售服务有限公司
22	徐州朗驰汽车销售服务有限公司	47	徐州润华商业有限公司
23	徐州润东之田汽车销售服务有限公司	48	苏果超市沛县有限公司
24	徐州绿健乳业有限责任公司	49	徐州润东瑞景汽车销售服务有限公司
25	徐州久誉汽车贸易有限公司	50	徐州合众汽车销售服务有限公司

2014年徐州市建筑企业前三十强

（按总产值排序）

序号	企 业 名 称	序号	企 业 名 称
1	江苏九鼎环球建设科技集团有限公司	16	沛县防腐保温工程总公司
2	江苏中阳建设集团有限公司	17	江苏汉皇安装工程有限公司
3	江苏大汉建设实业集团有限责任公司	18	徐州汉源建筑工程有限公司
4	中煤第五建设有限公司	19	江苏嘉泰建设工程有限公司
5	江苏汉中建设集团有限公司	20	江苏中昊建设工程有限公司
6	江苏集慧建设集团有限公司	21	新沂市远大建筑安装工程有限公司
7	江苏长安建设集团有限公司	22	江苏胜威建设有限公司
8	江苏中盛建设集团有限公司	23	江苏荣德建设有限公司
9	陇海建设集团有限公司	24	江苏荣邦建设有限公司
10	徐州运成建设(集团)有限公司	25	睢宁县城市建设工程总公司
11	徐州汉韵环球建筑安装工程公司	26	徐州送变电有限公司
12	江苏圣邦建设集团有限公司	27	徐州盛达公路养护工程有限公司
13	江苏汉邦建设集团有限公司	28	江苏陆峰建设工程有限公司
14	江苏昱诚建设有限公司	29	徐州市政建设集团有限责任公司
15	中国石油天然气管道第二工程公司	30	徐州大通市政建设工程有限公司

2014年徐州市房地产企业销售前三十强

（按销售面积排序）

序号	企业名称	序号	企业名称
1	上海绿地集团徐州新诚置业有限公司	16	华润置地(徐州)发展有限公司
2	绿地地产集团徐州东部置业有限公司	17	邳州市宏利达房地产开发有限公司
3	徐州康乐房屋开发经营公司	18	徐州鑫海房地产开发有限公司
4	徐州高铁置业有限公司	19	徐州富兴源置业有限公司
5	徐州广达置业有限公司	20	徐州安冉房地产开发有限公司
6	荣盛(邳州)房地产开发有限公司	21	徐州美的置业有限公司
7	新沂阳光置业有限公司	22	睢宁碧桂园房地产开发有限公司
8	徐州龙强置业有限公司	23	新苏商业(邳州)有限公司
9	徐州高铁置业有限公司	24	徐州嘉南房地产开发有限公司
10	徐州精达置业有限公司	25	徐州润超房地产开发有限公司
11	新沂市国信置业有限公司	26	汇邻湾置业(徐州)有限公司
12	徐州金顶房地产开发有限公司	27	邳州市恒安置业有限公司
13	徐州澳东置业有限公司	28	徐州铭智房地产开发有限公司
14	徐州万科城置业有限公司	29	江苏辰华房地产开发有限公司
15	江苏正润置业有限公司	30	徐州汇力置业有限公司

2014年徐州市重点耗能工业企业前百家

（按综合耗能量排序）

序号	单位名称	序号	单位名称
1	国华徐州发电有限公司	26	江苏润丰生化有限公司
2	铜山华润电力有限公司	27	徐州丰成盐化工有限公司
3	江苏晋煤恒盛化工有限公司	28	铜山县利国钢铁有限公司
4	江苏阚山发电有限公司	29	江苏恒鑫化工有限公司
5	徐州华润电力有限公司	30	江苏兴达钢铁集团有限公司
6	江苏徐塘发电有限责任公司	31	沛县金虹特钢有限公司
7	徐州东南钢铁工业有限公司	32	徐州博丰钢铁有限公司
8	大屯煤电(集团)有限责任公司	33	睢宁县宁峰钢铁有限公司
9	徐州矿务集团有限公司	34	江苏协鑫硅材料科技发展有限公司
10	江苏天裕能源化工集团有限公司	35	徐州中泰能源科技有限公司
11	徐州宝丰特钢有限公司	36	徐州聚成铸造科技有限公司
12	徐州中联水泥有限公司	37	徐州天成氯碱有限公司
13	徐州东亚钢铁有限公司	38	徐州泰发特钢科技有限公司
14	徐州华鑫发电有限公司	39	徐州腾达焦化有限公司
15	徐州华宏特钢有限公司	40	徐州利国镇北钢铁有限公司
16	江苏中能硅业科技发展有限公司	41	徐州华联玻璃制品有限公司
17	维维集团股份有限公司	42	徐州建平环保热电有限公司
18	江苏沂州煤焦化有限公司	43	泰山石膏(邳州)有限公司
19	圣戈班(徐州)管道有限公司	44	徐州金山桥热电公司
20	淮海中联水泥有限公司	45	徐州大华玻璃制品有限公司
21	江苏成钢集团有限公司	46	保利协鑫(徐州)再生能源发电有限公司
22	徐州牛头山钢铁有限公司	47	徐州建平纸业有限公司
23	徐州伟天化工有限公司	48	徐州华隆热电有限公司
24	徐州市龙山水泥有限公司	49	徐州恒发玻璃制品有限公司
25	徐州荣阳钢铁有限公司	50	徐州腾达玻璃制品有限公司

（按综合耗能量排序）

序号	单 位 名 称	序号	单 位 名 称
51	沛县坑口环保热电有限公司	76	利民化工股份有限公司
52	徐州荣昌玻璃制品有限责任公司	77	江苏花厅生物科技有限公司
53	徐州东兴能源有限公司	78	徐州三合木业有限公司
54	徐州坝山环保热电有限公司	79	徐州天虹时代纺织有限公司
55	徐州铁矿集团有限公司	80	徐州西区环保热电有限公司
56	徐州强盛城市煤气有限公司	81	徐州天能姚庄煤矸石热电有限公司
57	邳州市金龙生化制品有限公司	82	徐州罗特艾德环锻有限公司
58	徐州工程机械集团有限公司	83	睢宁县冠兴轧辊制造有限公司
59	江苏胜阳木业集团有限公司	84	江苏新春兴再生资源有限责任公司
60	江苏省瑞丰盐业有限公司	85	徐州科达电器厂
61	徐州徐轮橡胶有限公司	86	徐州市第五制药厂有限公司
62	丰县鑫源生物质环保热电有限公司	87	徐州卫生材料厂有限公司
63	江苏苏醇酒业有限公司	88	邳州市鑫达化工有限公司
64	徐州市东风气体厂	89	徐州南区热电有限责任公司
65	铜山县新汇热电有限公司	90	徐州得隆生物科技有限公司
66	徐州嘉丰特种合金有限公司	91	徐州徐腾木业有限公司
67	徐州建滔能源有限公司	92	徐州宏昌粮油购销有限责任公司
68	邳州市瑞丰木业有限公司	93	江苏生力玻璃制品有限公司
69	江苏久久水泥有限公司	94	睢宁县永华木业有限公司
70	徐州海天石化有限公司	95	徐州光大铸管有限公司
71	江苏大运发玻璃制品有限公司	96	徐州程铭漆衬实业有限公司
72	徐州诺特化工有限公司	97	徐州胜海机械制造科技有限公司
73	徐州天福缘食品有限公司	98	徐州市华圆机械厂
74	徐州蔺家坝水泥制造有限公司	99	睢宁县鑫旺轧辊有限公司
75	江苏星星家电科技有限公司	100	江苏中烟工业有限责任公司徐州卷烟厂

2014年徐州市其他服务业企业前五十强

（按主营业务收入排序）

序号	企业名称	序号	企业名称
1	江苏徐工工程机械租赁有限公司	26	徐州大屯劳动服务有限公司
2	中国石油化工股份有限公司管道储运分公司	27	徐州中国矿大岩土工程新技术发展有限公司
3	江苏徐州港务(集团)有限公司	28	徐州市鹏顺运输有限公司
4	江苏宝通物流发展有限公司	29	徐州仁慈创伤外科医院(徐州市急救医疗中心金山桥分站)
5	中国移动通信集团江苏有限公司徐州分公司	30	江苏创新投资集团有限公司
6	中国电信股份有限公司徐州分公司	31	徐州矿务集团第二医院
7	邳州市润城资产经营集团有限公司	32	沛县西集港
8	睢宁县润企投资有限公司	33	江苏徐工广联机械租赁有限公司
9	中国石化集团管道储运公司	34	徐州五岳生辉生态农业发展有限公司
10	新沂市交通投资有限公司	35	徐州飞达运输有限公司
11	江苏省邮政公司徐州分公司	36	徐州市保安公司
12	中国联合网络通信有限公司徐州市分公司	37	邳州市汽车运输公司
13	江苏集群信息产业股份有限公司	38	邳州市铁佛寺景区管理有限公司
14	徐州矿务集团总医院	39	徐州矿务集团第一医院
15	徐州公路运输集团有限责任公司	40	邳州苏源农电管理有限公司
16	上海铁路局徐州货运中心	41	徐州润东汽车营销管理有限公司
17	徐州金地商都集团有限公司	42	沛县航联运输有限公司
18	徐州报业传媒集团(徐州日报社)	43	徐州大屯工程咨询有限公司
19	云光信息技术(徐州)有限公司	44	邳州市中远运输有限公司
20	徐州报业传媒有限公司	45	中国铁通集团有限公司徐州分公司
21	徐州市公共交通有限责任公司	46	邳州市广播电视信息网络有限公司
22	邳州华通物资贸易有限公司	47	徐州大汉船务有限公司
23	邳州港上银杏博览园景区管理有限公司	48	邳州市九龙山景区开发有限公司
24	江苏公信资产经营管理有限公司	49	徐州全鸿运输有限公司
25	邳州市东方航运有限公司	50	新沂市江海航运有限公司

中国统计出版社最新图书简目

(仅供参考,以实际出版为准)

统计资料

中国统计年鉴　中国统计摘要　中国发展报告
中国经济普查年鉴2013　国际统计年鉴　金砖国家联合统计手册
中国-东盟国家统计手册　中国区域经济统计年鉴　中国县域统计年鉴
中国城市统计年鉴　中国农村统计年鉴　中国地区经济监测报告
中国贸易外经统计年鉴　中国对外直接投资统计公报　中国商品交易市场统计年鉴
大中型批发零售和住宿餐饮企业统计年鉴　中国零售和餐饮连锁企业统计年鉴　中国住户调查年鉴
中国价格统计年鉴　中国农产品价格调查年鉴　全国农产品成本收益资料汇编
中国环境统计年鉴　中国能源统计年鉴　国外资源、能源和环境统计资料汇编
中国工业统计年鉴　中国建筑业统计年鉴　中国房地产统计年鉴
中国城市建设统计年鉴　中国城乡建设统计年鉴　中国第三产业统计年鉴
中国证券期货统计年鉴　中国科技统计年鉴　中国高技术产业统计年鉴
工业企业科技活动资料　中国劳动统计年鉴　中国人口和就业统计年鉴
中国人才资源统计报告　中国社会统计年鉴　中国文化及相关产业统计年鉴
文化及相关产业统计概览　中国教育经费统计年鉴　中国民政统计年鉴
中国民族统计年鉴　中国工会统计年鉴　中国残疾人事业统计年鉴
中国妇女儿童状况统计资料（英）　中国乡镇街道行政区域简册

省级综合统计年鉴系列

北京 天津 河北 山西 内蒙古 辽宁 吉林 黑龙江 上海 江苏 浙江 安徽 福建 江西 山东 河南 湖北 湖南 广东 广西 海南 重庆 四川 贵州 云南 西藏 陕西 甘肃 青海 宁夏 新疆 新疆生产建设兵团

市(县)级综合统计年鉴系列

天津滨海新区 石家庄 唐山 邯郸 保定 沧州 邢台 廊坊 承德 衡水 秦皇岛 张家口 太原 大同 阳泉 长治 晋城 朔州 晋中 运城 忻州 临汾 呼和浩特 呼和浩特新城区 鄂尔多斯 包头 沈阳 大连 长春 四平 哈尔滨 齐齐哈尔 黑龙江垦区 上海浦东新区 南京 无锡 徐州 常州 苏州 南通 连云港 淮安 盐城 扬州 镇江 泰州 宿迁 江阴 丹阳 杭州 宁波 温州 嘉兴 绍兴 金华 衢州 舟山 台州 丽水 合肥 安庆 马鞍山 福州 厦门 宁德 南昌 九江 上饶 新余 抚州 济南 青岛 枣庄 滕州 郑州 洛阳 平顶山 三门峡 南阳 商丘 济源 武汉 十堰 荆州 宜昌 荆门 咸宁 长沙 广州 深圳 惠州 东莞 南宁 柳州 桂林 来宾 海口 三亚 成都 贵阳 昆明 西安 兰州 庆阳 银川 乌鲁木齐 兵团一师 兵团十师

调查年鉴系列

天津 山西 内蒙古 辽宁 吉林 上海　福建 河南 湖北 湖南 广西 重庆　四川 云南 甘肃 宁夏 新疆

“十二五”规划教材

统计学（经济管理类专业本科适用，单薇 等）　抽样调查理论与方法（冯士雍 等）
贝叶斯统计（茆诗松 等）　统计学（黄良文 等）　试验设计（茆诗松 等）
统计学：从数据到结论（吴喜之）　医学统计学（于浩）　统计学（经济、管理类专业基础教材，张小斐）
概率论与数理统计三十三讲（魏振军）　概率论与数理统计三十三：学习指导与习题解答（魏振军）
非参数统计（吴喜之 等）　统计学：经济与管理中的数据分析（李慧云 等）
卫生管理统计学（新编医学院校基础课教材，尚磊）　医院统计学（新编医学院校基础课教材，徐天和 等）
社会统计学（蒋萍 等）　现代金融投资统计分析（李腊生 等）
国民经济核算初级教程（经济类、统计类、管理类专业适用，蒋萍 等）

重点图书

图解中国经济2015　新编英汉汉英统计大词典　中华医学统计百科全书
挑大学选专业2016—考研择校指南　挑大学选专业2015—高考志愿填报指南